Ira Spieker und Sönke Friedreich (Hg.)

Fremde – Heimat – Sachsen

»Es ist Nacht, und ich möchte schlafen, aber das darf ich nicht; wir müssen gehen, wir müssen fliehen. Wohin wir fliehen, weiß ich nicht, aber ich begreife, dass die Flucht plötzlich zur höheren Notwendigkeit geworden ist, zu einer neuen Form des Lebens, denn alle flüchten. Alle Straßen, Wege und selbst die kleinsten Pfade sind voller Fuhrwerke, Leiterwagen und Fahrräder, übersät von Bündeln, Koffern und Eimern, überschwemmt von verschreckten, ratlos herumirrenden Menschen. Die einen flüchten nach Osten, die anderen nach Westen, nach Norden, nach Süden, sie fliehen in alle Himmelsrichtungen, bewegen sich im Kreis, rennen durcheinander, fallen erschöpft neben der Straße nieder und sinken in Schlaf, um nach kurzem Verschnaufen den letzten Rest der Kräfte zu sammeln und neuerlich die ziellose Wanderung aufzunehmen. Auf der Flucht muss ich meine jüngere Schwester fest bei der Hand nehmen, wir dürfen einander nicht verlieren, schärft uns die Mutter ein, aber auch ohne ihre Ermahnung spüre ich, dass die Welt mit einem Mal bedrohlich, fremd und böse geworden ist, und man sich in Acht nehmen muss. Ich stapfe mit der Schwester neben dem Fuhrwerk her, einem einfachen hölzernen Leiterwagen, der mit Heu ausgelegt ist, und hoch oben auf dem Heu, auf einer leinenen Plane, liegt mein Großvater. Er kann sich nicht rühren, denn er ist gelähmt. Wenn ein Fliegerangriff beginnt, bringt sich die geduldig dahinstapfende, dann schlagartig von Panik erfasste Schar von Flüchtlingen im Straßengraben in Sicherheit, versteckt sich in Büschen, sucht in Kartoffeläckern Deckung. Auf der leer gefegten, wie ausgestorbenen Straße bleibt allein das Fuhrwerk zurück mit dem Großvater darauf.«

Ryszard Kapuściński, Ein Paradies für Ethnographen: polnische Geschichten, Frankfurt/M. 2010, S. 12 f.

Ira Spieker und Sönke Friedreich (Hg.)

Fremde – Heimat – Sachsen

Neubauernfamilien in der Nachkriegszeit

Redaktion: Max Lewa, Merve Lühr, Richard Stoenescu
Layout und Satz: Nadine Kulbe
Druck: Schultheis Druckerzeugnisse, Offenbach am Main

Gefördert vom Beauftragten der Bundesregierung
für Kultur und Medien aufgrund eines Beschlusses
des Deutschen Bundestages.

Ira Spieker/Sönke Friedreich (Hg.),
Fremde – Heimat – Sachsen. Neubauernfamilien in der Nachkriegszeit,
hg. im Auftrag des Instituts für Sächsische Geschichte und Volkskunde e.V.,
Sonderausgabe der Sächsischen Landeszentrale für politische Bildung,
Dresden 2014.

Umschlagabbildungen: Lebensgeschichtliches Archiv für Sachsen, ISGV,
Teilprojekt 45: Neubauern;
Archiv Hanns Tschira, © Wolfgang und P. Christian Tschira;
Archiv Hennebergisches Museum Kloster Veßra

ISGV
Institut für
Sächsische
Geschichte und
Volkskunde e.V.

LSB
Sächsische Landeszentrale
für politische Bildung

Inhalt

Vorwort

Eine Million Menschen gelangte durch Flucht und Vertreibung in Folge des Zweiten Weltkriegs nach Sachsen. Die meisten von ihnen wurden im ländlichen Raum angesiedelt, wo die Versorgung mit Wohnraum, Nahrung und Arbeitsmöglichkeiten eher gewährleistet werden konnte als in den kriegszerstörten Städten. Die Bodenreform ermöglichte einem Teil der »Umsiedler«, wie die Flüchtlinge und Vertriebenen ab Herbst 1945 genannt wurden, einen Neubeginn. Im Zuge der Enteignung und Umverteilung von Land, Gebäuden und Inventar entstanden allein in Sachsen etwa 18.000 Neubauernstellen, 7.000 davon wurden an »Umsiedlerfamilien« vergeben.

Das Forschungsprojekt »Fremde – Heimat – Sachsen: Vertriebene als Neubauern. Staatliche Integrationsmaßnahmen und individuelle Adaptionsstrategien«, das am Institut für Sächsische Geschichte und Volkskunde e. V. in Dresden (ISGV) durchgeführt wurde, rückt diese Gruppe der Neubauernfamilien und den Alltag im ländlichen Raum in den Mittelpunkt. Die sozialen und gesellschaftlichen Transformationsprozesse der Nachkriegszeit werden hier besonders deutlich.

Im Rahmen des Projektes wurden über 60 Interviews mit Zeitzeuginnen und Zeitzeugen geführt und die Bestände zahlreicher lokaler und übergeordneter Archive ausgewertet. Eine weitere Quellengrundlage bilden zeitgenössische (landwirtschaftliche) Zeitschriften sowie literarische Werke. Durch die Kombination dieser unterschiedlichen Zugänge ergibt sich ein facettenreiches Bild der Themen Flucht, Vertreibung und Neuanfang im ländlichen Raum. Die ›magische Grenze‹ von 1952 wird dabei überschritten: Denn 1952 wurden zwar die Akten geschlossen, dieses Kapitel der Nachkriegszeit war dagegen noch lange nicht beendet.

In diesem Buch stehen vor allem die Flüchtlinge und Vertriebenen, die »Umsiedler-Neubauernfamilien«, im Mittelpunkt. Das heißt jedoch nicht, dass das Kriegsgeschehen und das Leiden der Millionen nichtdeutscher Opfer der NS-Gewaltherrschaft ausgeblendet werden sollen. Auch in den Interviews wurde immer wieder betont, dass insbesondere diejenigen, die sich um 1945 im nunmehr polnischen Niederschlesien ansiedelten, ebenso ihre Heimat verlassen und einen erzwungenen Neuanfang wagen mussten.

Die Beiträge des vorliegenden Bandes beleuchten das große Themenspektrum um Flucht, Vertreibung und Neuanfang auf dem Land unter verschiedenen Schwerpunktsetzungen und auf unterschiedlichen Ebenen. Die Einleitung informiert über die Verhältnisse in Sachsen nach dem Zweiten Weltkrieg und zeigt, vor welchen Herausforderungen sowohl Neuankommende wie auch die Aufnahmegesellschaft standen. Weiterhin wird der (agrar-)politische Weg von der Bodenreform bis zur Kollektivierung nachgezeichnet.

»Lebenslinien« beschreibt den ländlichen Alltag aus der Perspektive derjenigen, die die Nachkriegszeit selbst erlebten. In ihren Erinnerungen und Erzählungen werden die alltäglichen Probleme um ausreichende Mahlzeiten und eine Unterkunft für die Familie, den Aufbau einer neuen Existenz in Zeiten des Mangels und die Beziehungen von »alt« und »neu« im Dorf geschildert. »Konfliktpotenzial und Integrationsprozesse im Spiegel archivalischer Überlieferung« macht deutlich, wie sich die staatlichen Organe bemühten, die Bedingungen für die »neue« Gesellschaft zu schaffen, auf welche Hindernisse und Widerständigkeiten sie dabei jedoch trafen. Außerdem scheinen in diesen amtlichen Dokumenten auch die Lebensumstände der »Umsiedler« auf: direkt durch ihre Eingaben oder indirekt durch behördliche Berichte. »Dokumente aus Dörfern« nimmt gewissermaßen wie unter einer Lupe einzelne Gemeinden in den Blick und lässt so das Dorf lebendig werden: Der Beitrag beschreibt anhand konkreter Beispiele die Herausforderungen und Konflikte, die sich durch den Zuzug der Flüchtlinge, durch den Wandel der Gesellschaft und der Landwirtschaft ergaben. »Zwischen Geschichte und Erinnerung« zeigt eindrücklich, dass eine literarische Verarbeitung des Themas bis kurz vor der politischen Wende 1989 stattgefunden hat. Je nach politischer Gemengelage und Intention der Autorinnen und Autoren lassen sich, unabhängig vom eigenen Stil, aktuelle Sichtweisen, Schwerpunkte und Verarbeitungsstrategien identifizieren. »Die Bodenreform wurde auch für sie die Rettung« deutet schon im Titel an, wie das Thema »Umsiedler« in der landwirtschaftlichen Presse dargestellt wurde: als Erfolgsgeschichte der Betroffenen, die sowohl mit ihrer (landwirtschaftlichen) Arbeitsweise wie auch ihrem gesellschaftlichen und politischen Engagement als Vorbild dienen konnten. Der Fokus richtete sich stets auf die Gegenwart, die Geschichte wurde ausgeblendet.

Das Projekt »Fremde – Heimat – Sachsen« wurde vom Beauftragten der Bundesregierung für Kultur und Medien gefördert. Weiterhin unterstützten das Sächsische Staatsministerium für Wissenschaft und Kunst sowie das Sächsische Staatsministerium des Innern das Vorhaben. Die Autorinnen und der Autor danken für die Förderung und die Möglichkeit, in diesem Rahmen ihre Forschungen durchführen zu können.

Unser Dank gilt weiterhin insbesondere den Zeitzeuginnen und Zeitzeugen, die uns nicht nur an ihren Geschichten teilhaben ließen, sondern auch Dokumente, Objekte und Fotografien zur Verfügung stellten. Ferner sind wir den beteiligten Archiven (Hauptstaatsarchiv Dresden, Staatsarchiv Leipzig, Staatsfilialarchiv Bautzen, Kreisarchiv Bautzen, Kreisarchiv Borna, Stadtarchiv Trebsen, Landeskirchenarchiv Dresden, Sorbisches Kulturarchiv und der Behörde des Bundesbeauftragten für die Unterlagen des Staatssicherheitsdienstes der ehemaligen DDR) und allen ihren Mitarbeiterinnen und Mitarbeitern für ihre Unterstützung zu Dank verpflichtet.

Die Kooperation mit der Sächsischen Landeszentrale für politische Bildung bildete die Grundlage, um die Ergebnisse in dieser Form publizieren zu können. Wir danken insbesondere Herrn Werner Rellecke sowie Frau Dr. Annette Rehfeld-Staudt für ihre Unterstützung bei der Publikation.

Schließlich gebührt unser Dank dem Institut für Sächsische Geschichte und Volkskunde e.V., das den institutionellen Rahmen für unsere Arbeit bereitstellte. Herr Prof. Dr. Manfred Seifert leitete das Projekt von der Antragstellung bis zum Abschluss, war jederzeit zu inhaltlichen Diskussionen bereit und gab wichtige organisatorische Hilfestellungen. Den Direktoren des ISGV, Herrn Prof. Dr. Enno Bünz und Herrn Prof. Dr. Winfried Müller, danken wir für die Möglichkeit, das Vorhaben unter den ausgezeichneten Arbeitsbedingungen des ISGV durchführen zu können.

Ira Spieker und Sönke Friedreich

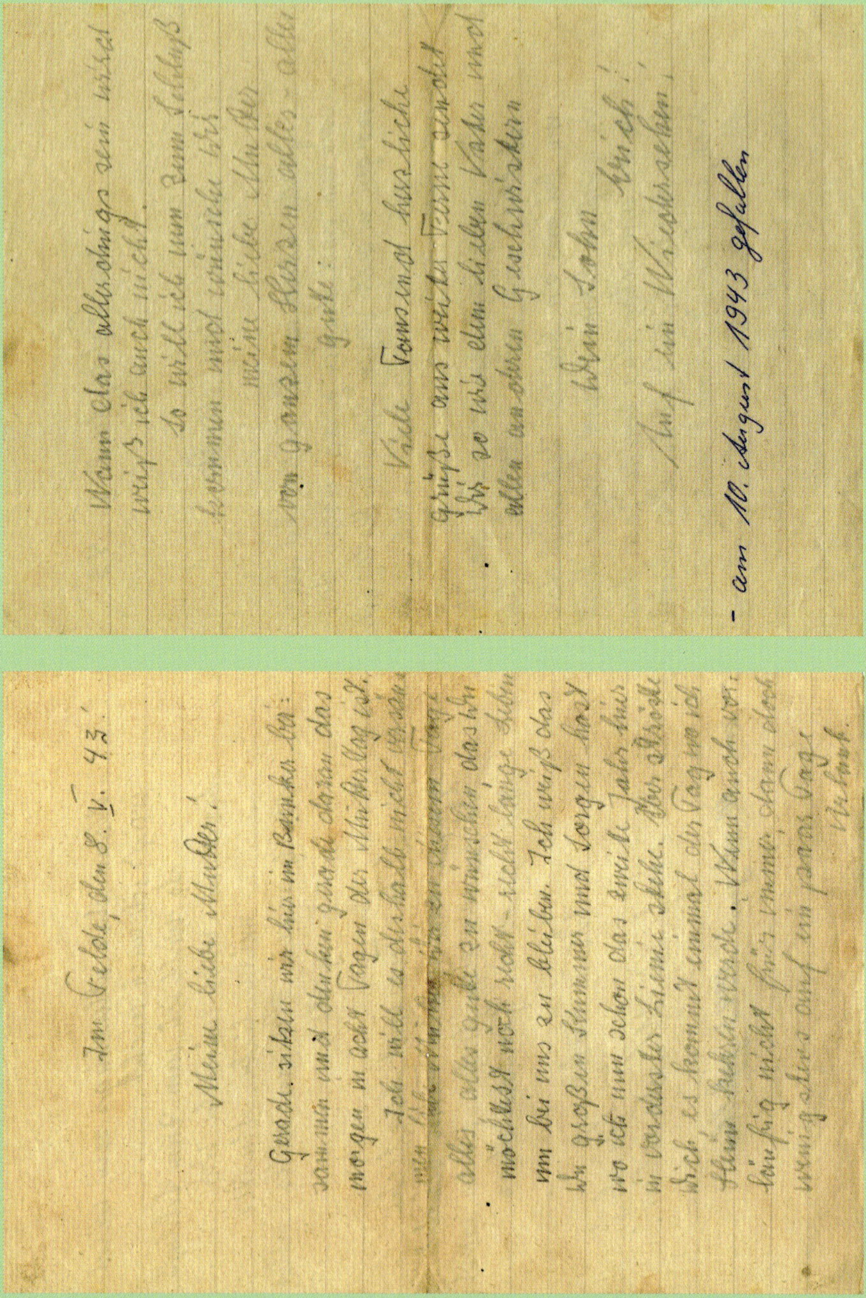
Im Felde, den 8. V. 43.

Meine liebe Mutter!

Gerade sitzen wir hier im Bunker bei-
sammen und denken gerade daran das
morgen in acht Tagen der Muttertag ist.
Ich will es deshalb nicht versäu-
men liebe Mutter Dir zu diesem Tage
alles, alles gute zu wünschen, das Du
möchtest noch recht- recht lange leben
um bei uns zu bleiben. Ich weiß das
Du großen Kummer und Sorgen hast
wo ich nun schon das zweite Jahr hier
in vorderster Linie stehe. Aber tröste
Dich, es kommt einmal der Tag wo ich
heim kehren werde. Wenn auch vor-
läufig nicht für immer, dann doch
wenigstens auf ein paar Tage
Urlaub.

Wann das allerdings sein wird
weiß ich auch nicht.
So will ich nun zum Schluß
kommen und wünsche Dir
meine liebe Mutter
von ganzem Herzen alles-alles
gute:

Viele Tausend herzliche
grüße aus weiter Ferne sendet
Dir so wie dem lieben Vater und
allen anderen Geschwistern

Dein Sohn
Erich!
Auf ein Wiedersehen!

- am 10. August 1943 gefallen

Abb. 1: Feldpostbrief von Erich Labitzke an seine Mutter, 1943.

Fremde – Heimat – Sachsen
Einleitung

Sönke Friedreich und Ira Spieker

»Wir übernehmen ein fürchterliches Erbe. Städte und Dörfer sind zerstört, Industrie und Landwirtschaft zerrüttet, Verkehrseinrichtungen zerschlagen und beschädigt, die Bevölkerung dezimiert, die Volksgesundheit unterhöhlt, Familien auseinandergerissen, die Menschen verbraucht – alles liegt am Boden. [...] Not und Elend auf allen Straßen. Heimatlos irren Millionen durch zerstörte Dörfer und Städte, über wüste Felder, ohne Verpflegung und Obdach.« So drastisch beschrieb der Präsident der sächsischen Landesverwaltung Rudolf Friedrichs (SPD) in seiner Antrittsrede vom 18. Juli 1945 die Situation nach dem Ende des Zweiten Weltkrieges.[1] Wenn diese deutlichen Worte auch dem hohen Anlass und damit einer gewissen Rhetorik geschuldet waren, so beschrieben sie die Situation in Deutschland und in Sachsen doch durchaus zutreffend. Die Aufgaben des Wiederaufbaus sowie der gesellschaftlichen Demokratisierung schienen im Nachkriegschaos geradezu überwältigend zu sein. Diese Aufgaben erstreckten sich auch und gerade auf die ländliche Gesellschaft im Industrieland Sachsen.

Etwa 14 Millionen Menschen hatten ihre Heimat infolge der Bevölkerungsverschiebungen durch den Zweiten Weltkrieg, durch Flucht und Vertreibung verloren. Mehr als vier Millionen von ihnen verblieben in der Sowjetischen Besatzungszone, der späteren DDR – davon eine Million allein in Sachsen. Dieser enorme Bevölkerungszuwachs stellte eine große Herausforderung für die Behörden und eine starke Belastungsprobe für die Gemeinden dar. Unzählige Menschen mussten versorgt werden: mit Wohnraum und Lebensmitteln, mit Kleidung und Hausrat, mit Arbeitsmöglichkeiten und Geldmitteln. Nur die tatkräftige und erfolgreiche Unterstützung dieser bedürftigen Menschen konnte deren möglichst schnelle Eingliederung in die (neu aufzubauende) Gesellschaft gewährleisten.

Zwei politisch motivierte Entwicklungen prägten die Transformation der ländlichen Gesellschaft, die unter den Verlusten und Verwüstungen des Krieges litt:

Zum einen die Enteignung eines großen Teils der Großgrundbesitzer und die anschließende Aufteilung von Grund und Boden unter der landlosen und landarmen Bevölkerung, zum anderen der Zustrom und die Ansiedlung von etwa einer Million Flüchtlingen und Vertriebenen. Der Begriff »Transformation« wirkt dabei beinahe unzureichend, um die Wandlungsprozesse nach 1945 zu beschreiben. Es handelt sich eher um eine Vielzahl paralleler und miteinander verzahnter Umbruchprozesse, deren Dynamik sich in durchaus unterschiedliche (und widersprüchliche) Richtungen entfaltete.

Abb. 2: Im Treck unterwegs, Januar 1945.

Abb. 3: Der Treck macht Halt in der Stadt Kotzenau (poln. Chocianów), Januar 1945.

Flüchtlinge – Vertriebene – »Umsiedler«

Die Flüchtlinge und Vertriebenen, die für den Neuanfang von entscheidender Bedeutung waren, stellten selbst keine homogene Gruppe dar. So unterschieden sich etwa der Zeitpunkt und die Umstände der erzwungenen Migration Richtung Westen deutlich voneinander: Die Flucht vor der vorrückenden Front hatte schon seit dem Jahr 1944 für einen wachsenden Zustrom von Menschen in die westlichen Landesteile gesorgt, wobei die Evakuierungen aus den bedrohten Gebieten oftmals spät und unter chaotischen Umständen verliefen. In den ersten Wochen nach Kriegsende kam es zu »wilden Vertreibungen«, insbesondere aus Ost- und Westpreußen, Schlesien und dem damaligen Sudetenland. Auf Grundlage der Beschlüsse der Potsdamer Konferenz im Juli/August 1945 wurde schließlich die »planmäßige« Aussiedlung der verbliebenen deutschen Bevölkerung aus Polen bzw. polnisch verwalteten Gebieten, der Tschechoslowakei und Ungarn durchgeführt.[2] Neben diesen Phasen von Flucht und Vertreibung sorgte auch die unterschiedliche Herkunft dafür, dass es keine einheitliche Identität der »Flüchtlinge« gab. »Umsiedler« bezeichnete ebenso Flüchtlinge und Vertriebene aus den ehemals deutschen und deutsch besiedelten Gebieten des östlichen Europas wie Personen, die als Angehörige der deutschen Minderheit ehemals in Russland, der Ukraine, Ungarn oder Rumänien gelebt hatten. Während der Staat kein Interesse an den unterschiedlichen Notlagen und Bedürfnissen der Vertriebenen zeigte, blieben diese regionalen Unterschiede noch lange nach Kriegsende für die Betroffenen selbst von großer Bedeutung.

Da der Gebrauch von Begriffen wie »Flüchtlinge« und »Vertriebene« den kommunistischen Machthabern aus politischen Gründen nicht genehm war, wurde die beschönigende Bezeichnung »Umsiedler« bereits Anfang Oktober 1945 eingeführt. Der Begriff »Umsiedler« verweist auf die forcierte Integration und verschleiert das Unfreiwillige des Ortswechsels, die Unmöglichkeit der Rückkehr. Über die Verwendung dieser Benennung herrschte jedoch längere Zeit Unklarheit. So sah sich die für die Durchführung der »Umsiedlerpolitik« in Sachsen zuständige Hauptabteilung Umsiedler im Ministerium für Arbeit und Sozialfürsorge noch Mitte 1947 genötigt, folgende Aussage zu treffen: »Umsiedler sind alle Deutsche[n], die ihren Wohnort, der sich nach dem 12.3.38 jenseits der jetzigen deutschen Grenze befand, verließen. Der Beweggrund der Aufgabe des Wohnortes ist von untergeordneter Bedeutung. Die Bezeichnung ›Umsiedler‹ kann diesen Menschen nie genommen werden. Die Anwendung dieser Bezeichnung muß als Kenntlichmachung eines besonderen Bevölkerungsteiles beibehalten werden, jedoch spätestens nach Abschluß der Assimilation aus dem öffentlichen Sprachgebrauch verschwinden.«[3] Hier wurde das Ziel eines raschen und vollständigen Aufgehens der Flüchtlinge und Vertriebenen in der Bevölkerung klar zum Ausdruck gebracht. Bereits 1950 sollte der »Umsiedler«-Begriff aus dem behördlichen Sprachgebrauch verschwinden, da zu diesem Zeitpunkt die »Umsiedlerfrage« als beantwortet galt. Die betroffenen Personen wurden forthin als »Neubürger« bezeichnet.[4] Die Benennung »Umsiedler« bürgerte sich dennoch im offiziellen Sprachgebrauch ein und findet zum Teil bis heute Verwendung.[5]

Abb. 4: Sperrholzkoffer, in dem das Fluchtgepäck transportiert wurde.

Die offizielle Umsiedlerpolitik in der Sowjetischen Besatzungszone (SBZ) stellte die Akteure und Institutionen vor bis dahin ungekannte Herausforderungen. Nach einer Zählung vom Januar 1948 befanden sich zu dieser Zeit 963.076 »Umsiedler« in Sachsen, davon fast 60 Prozent Frauen.[6] Ende November 1948 war die Gesamtzahl auf über eine Million Menschen gestiegen und entsprach somit etwa 17 Prozent der Gesamtbevölkerung des Landes.[7] Die weitaus meisten »Umsiedler« kamen aus den ehemaligen deutschen, nunmehr zu Polen gehörigen Ostgebieten (76,8 %), aus den deutsch besiedelten Gebieten der Tschechoslowakei (13,2 %) und aus der UdSSR (5,4 %). Die Kreise Löbau, Zittau und Bautzen nahmen dabei überdurchschnittlich viele Flüchtlinge und Vertriebene aus der Tschechoslowakei auf.[8] Die überwiegende Mehrheit der in Sachsen verbliebenen »Umsiedler«, nämlich 83 Prozent, siedelten sich im ländlichen Raum an, lediglich 17 Prozent in den kreisfreien Städten.[9] Die Verteilung auf Städte und Kreise war höchst ungleichmäßig. Im Kreis Meißen waren zum 30. November 1948 47.960 Personen untergekommen, wogegen der Minimalwert bei 8.919 Personen im Kreis Marienberg lag. Den prozentual größten Anteil von Umsiedlern an der Kreisbevölkerung wies der Kreis Zittau mit fast einem Drittel auf.[10]

Im Folgenden werden die Entwicklungen an konkreten Beispielen verdeutlicht: Die Untersuchungen wurden vorwiegend in zwei Regionen durchgeführt, dem Altkreis Bautzen sowie dem ehemaligen Muldentalkreis (Grimma). Beide Untersuchungsregionen lassen einige Unterschiede erkennen, die für eine Binnendifferenzierung innerhalb des Forschungsprojekts von Bedeutung sind. Die grenznahe Oberlausitz ist eher kleinparzellig geprägt und weist hügelige und waldreiche Flächen auf. Der innersächsische Muldentalkreis hingegen verfügt über eine (groß-)städtische Anbin-

Abb. 5: Flüchtlingsfamilie in Dresden-Trachenberge, 1945.

Abb. 6: Flüchtlinge am Bahnhof Dresden-Neustadt, 1945.

dung und zusammenhängende Bewirtschaftungsflächen. Während es sich bei den Dörfern in der Oberlausitz um relativ kleine Gemeinden handelt (mit aktuellen Bevölkerungszahlen zwischen 150 und 320), bilden die Ortschaften des ehemaligen Muldentalkreises weitaus größere Einheiten (mit Bevölkerungszahlen zwischen 500 und 1.000).

In beiden Regionen überwog um 1945 die Zugehörigkeit zur evangelisch-lutherischen Kirche. Die Muldentalregion nahm überwiegend evangelische Flüchtlinge aus Niederschlesien auf; in der Oberlausitz hingegen siedelten sich hauptsächlich Familien katholischen Glaubens an. Zudem wiesen diese Dörfer in der Nachkriegszeit einen hohen Anteil an sorbischer Bevölkerung auf.

	März 1947	**Jan. 1948**	**März 1949**
Kreis Bautzen	31.707	38.007	39.554
Kreis Grimma	29.635	33.193	35.437

Tab. 1: Umsiedler in den Kreisen Bautzen und Grimma.[11]

Der prozentuale Anteil der »Umsiedler« an der Bevölkerung lag im November 1948 im Kreis Bautzen bei 22 Prozent, im Kreis Grimma bei 23 Prozent.[12] Innerhalb der Bezirke verteilte sich die »Umsiedler«-Bevölkerung überwiegend auf kleinere Gemeinden: Im Mai 1947 lebten im Kreis Bautzen etwa 44 Prozent, im Kreis Grimma 39 Prozent aller Umsiedler in Orten mit weniger als 2.000 Einwohnern.[13] Während im Kreis Bautzen diese Zahl bis Dezember 1947 stagnierte, stieg sie im Kreis Grimma auf fast 59 Prozent, da hier die neu ankommenden »Umsiedler« fast ausnahmslos auf die Dörfer verteilt wurden.[14] Die Ansiedlung vorwiegend in ländlichen Regionen war zum einen der besseren Versorgungslage geschuldet, zum anderen entsprach sie der überwiegend ländlichen Herkunft der »Umsiedler«.[15]

Die räumliche Mobilität von »Umsiedlern« in Sachsen war in der unmittelbaren Nachkriegszeit sehr hoch. Viele Flüchtlinge und Vertriebene überschritten die Zonengrenze Richtung Westen, und auch innerhalb des Landes erwiesen sich viele Menschen als mobil. Anfang Oktober 1945 sah sich die kurz zuvor durch die sowjetische Besatzungsmacht gegründete Zentralverwaltung für deutsche Umsiedler (ZVU) veranlasst, die Landesregierungen und Landkreise in der SBZ anzuweisen, jedes Herumziehen von Flüchtlingen zu verhindern, notfalls mit Polizeigewalt.[16] Anfang März 1946 wurde dann verfügt, dass die Vertriebenen an jenen Orten dauerhaft anzusiedeln seien, an denen sie sich gerade befanden. Im Kreis Bautzen gab diese Anweisung zu der Hoffnung Anlass, es werde in der Zukunft keine größeren Zugänge von »Umsiedlern« mehr geben und der Prozess der Ansiedlung damit rasch abgeschlossen[17] – eine dramatische Fehleinschätzung. Noch über Jahre verließen viele Menschen die ihnen zugewiesenen Gemeinden, auf der Suche nach einem angemessenen Arbeitsplatz oder in der Hoffnung darauf, ihre Familienangehörigen andernorts wiederzufinden.

Die Hauptabteilung Umsiedler im Sächsischen Ministerium des Innern wurde daher über Jahre mit Bittschriften konfrontiert, in denen die Petenten um Auskunft über

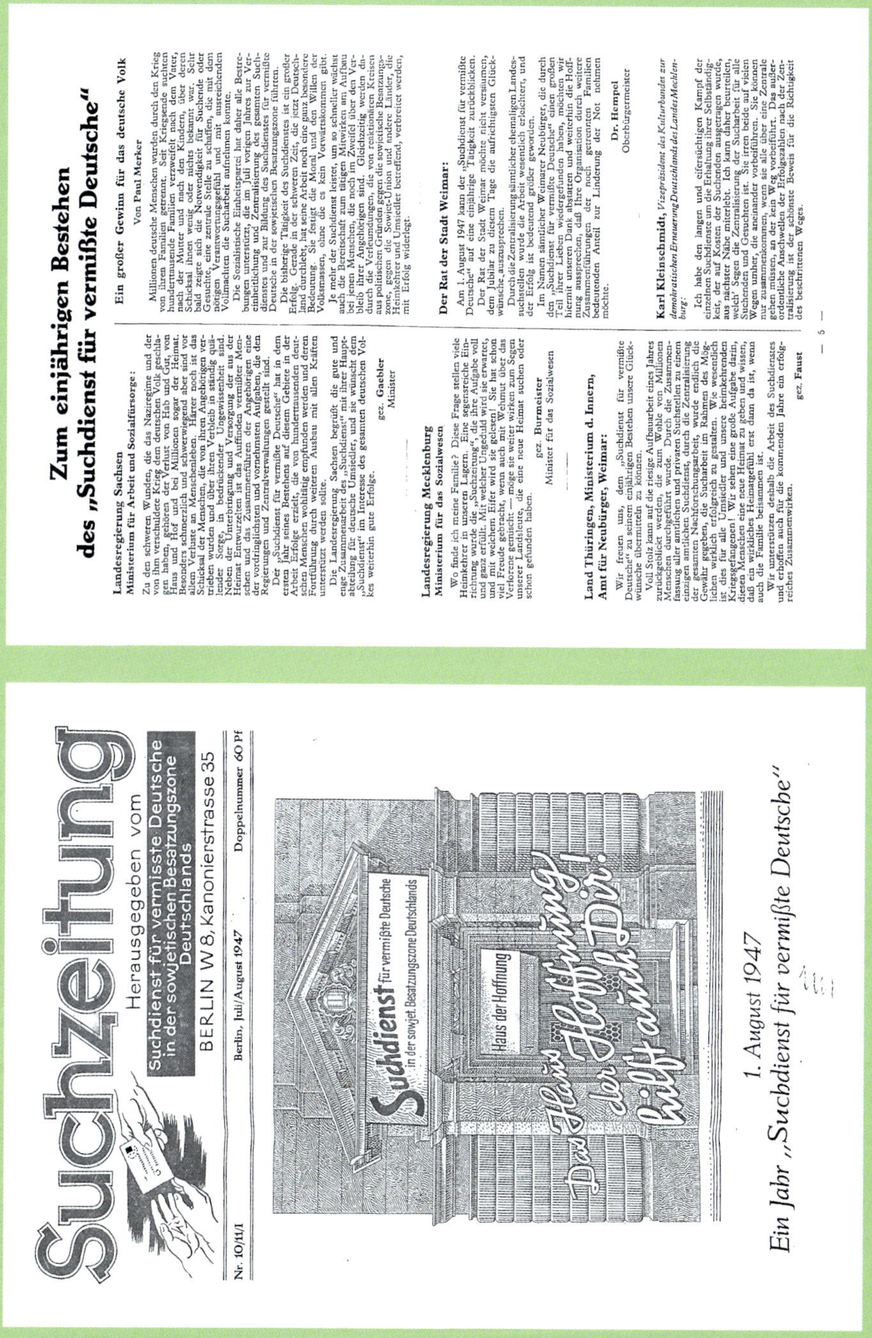

Suchzeitung

Herausgegeben vom Suchdienst für vermisste Deutsche in der sowjetischen Besatzungszone Deutschlands

BERLIN W 8, Kanonierstrasse 35

Nr. 10/11/I — Berlin, Juli/August 1947 — Doppelnummer 60 Pf

1. August 1947

Ein Jahr „Suchdienst für vermißte Deutsche"

Zum einjährigen Bestehen des „Suchdienst für vermißte Deutsche"

Landesregierung Sachsen
Ministerium für Arbeit und Sozialfürsorge:

Zu den schweren Wunden, die das Naziregime und der von ihm verschuldete Krieg dem deutschen Volk geschlagen haben, gehören der Verlust von Hab und Gut, von Haus und Hof und bei Millionen sogar der Heimat. Besonders schmerzlich und schwerwiegend aber sind vor allem Verluste an Menschenleben. Härter noch ist das Schicksal der Menschen, die von ihren Angehörigen vertrieben wurden und über ihren Verbleib in ständig quälender Sorge, in bedrückender Ungewissenheit sind. Neben der Unterbringung und Versorgung der aus der Heimat Entwurzelten ist das Auffinden vermißter Menschen und das Zusammenführen der Angehörigen eine der vordringlichsten und vornehmsten Aufgaben, die den Regierungen und Zentralverwaltungen gestellt sind.

Der „Suchdienst für vermißte Deutsche" hat in dem ersten Jahr seines Bestehens auf diesem Gebiete in der Arbeit Erfolge erzielt, die von hunderttausenden deutschen Menschen wohltätig empfunden werden und deren Fortführung durch weiteren Ausbau mit allen Kräften unterstützt werden sollte.

Die Landesregierung Sachsen begrüßt die gute und enge Zusammenarbeit des „Suchdienst" mit ihrer Hauptabteilung für deutsche Umsiedler, und sie wünscht dem „Suchdienst" im Interesse des gesamten deutschen Volkes weiterhin gute Erfolge.

gez. **Gaebler**
Minister

Landesregierung Mecklenburg
Ministerium für das Sozialwesen

Wo finde ich meine Familie? Diese Frage stellen viele Heimkehrer in unseren Lagern. Eine segensreiche Einrichtung wurde die „Suchzeitung", die ihre Aufgabe voll und ganz erfüllt. Mit welcher Ungeduld wird sie erwartet, und mit welchem Eifer wird sie gelesen! Sie hat schon viel Freude gebracht, wenn auch mit Wehmut über das Verlorene gemischt — möge sie weiter wirken zum Segen unserer Landsleute, die eine neue Heimat suchen oder schon gefunden haben.

gez. **Burmeister**
Minister für das Sozialwesen

Land Thüringen, Ministerium d. Innern,
Amt für Neubürger, Weimar:

Wir freuen uns, dem „Suchdienst für vermißte Deutsche" zu seinem einjährigen Bestehen unsere Glückwünsche übermitteln zu können.

Voll Stolz kann auf die riesige Aufbauarbeit eines Jahres zurückgeblickt werden, die zum Wohle von Millionen Menschen durchgeführt wurde. Durch die Zusammenfassung aller amtlichen und privaten Suchstellen zu einem einzigen amtlichen Suchdienst, durch die Zentralisierung der gesamten Nachforschungsarbeit, wurde endlich die Gewähr gegeben, die Sucharbeit im Rahmen des Möglichen wirklich erfolgreich zu gestalten. Wie wesentlich ist dies für alle Umsiedler und unsere heimkehrenden Kriegsgefangenen! Wir sehen eine große Aufgabe darin, diesen Menschen eine neue Heimat zu geben und wissen, daß ein wirkliches Heimatgefühl erst dann da ist, wenn auch die Familie beisammen ist.

Wir unterstützen deshalb die Arbeit des Suchdienstes und erhoffen auch für die kommenden Jahre ein erfolgreiches Zusammenwirken.

gez. **Faust**

Ein großer Gewinn für das deutsche Volk

Von Paul Merker

Millionen deutsche Menschen wurden durch den Krieg von ihren Familien getrennt. Seit Kriegsende suchten hunderttausende Familien verzweifelt nach dem Vater, nach der Mutter und nach den Kindern, über deren Schicksal ihnen wenig oder nichts bekannt war. Sehr bald zeigte sich die Notwendigkeit für Suchende oder Gesuchte, eine zentrale Stelle zu schaffen, die mit dem nötigen Verantwortungsgefühl und mit ausreichenden Vollmachten die Sucharbeit aufnehmen konnte.

Die Sozialistische Einheitspartei hat daher alle Bestrebungen unterstützt, die im Juli vorigen Jahres zur Vereinheitlichung und Zentralisierung des gesamten Suchdienstes und zur Bildung des Suchdienstes für vermißte Deutsche in der sowjetischen Besatzungszone führten.

Die bisherige Tätigkeit des Suchdienstes ist ein großer Erfolg. Gerade in der schweren Zeit, die jetzt Deutschland durchlebt, hat seine Arbeit noch eine ganz besondere Bedeutung. Sie festigt die Moral und den Willen der Volksmassen, ohne die es kein Vorwärtskommen gibt.

Je mehr der Suchdienst leistet, um so schneller wächst auch die Bereitschaft zum tätigen Mitwirken am Aufbau bei jenen Menschen, die noch im Zweifel über den Verbleib ihrer Angehörigen sind. Gleichzeitig werden dadurch die Verleumdungen, die von reaktionären Kreisen aus politischen Gründen gegen die sowjetische Besatzungszone, gegen die Sowjet-Union und andere Länder, die Heimkehrer und Umsiedler betreffend, verbreitet werden, mit Erfolg widerlegt.

Der Rat der Stadt Weimar:

Am 1. August 1947 kann der „Suchdienst für vermißte Deutsche" auf eine einjährige Tätigkeit zurückblicken.

Der Rat der Stadt Weimar möchte nicht versäumen, dem Jubilar zu diesem Tage die aufrichtigsten Glückwünsche auszusprechen.

Durch die Zentralisierung sämtlicher ehemaligen Landessuchstellen wurde die Arbeit wesentlich erleichtert, und der Erfolg ist bedeutend größer geworden.

Im Namen sämtlicher Weimarer Neubürger, die durch den „Suchdienst für vermißte Deutsche" einen großen Teil ihrer Lieben wiedergefunden haben, möchten wir hiermit unseren Dank abstatten und weiterhin die Hoffnung aussprechen, daß Ihre Organisation durch weitere Zusammenführungen der noch getrennten Familien bedeutenden Anteil zur Linderung der Not nehmen möchte.

Dr. Hempel
Oberbürgermeister

Karl Kleinschmidt, *Vizepräsident des Kulturbundes zur demokratischen Erneuerung Deutschlands des Landes Mecklenburg:*

Ich habe den langen und eifersüchtigen Kampf der einzelnen Suchdienste um die Erhaltung ihrer Selbständigkeit, der auf Kosten der Suchenden ausgetragen wurde, aus nächster Nähe miterlebt. Ich kann daher beurteilen, welch' Segen die Zentralisierung der Sucharbeit für alle Suchenden und Gesuchten ist. Sie irren beide auf vielen Wegen umher, die aneinander vorbeiführen. Sie können nur zusammenkommen, wenn sie alle über eine Zentrale gehen müssen, an der kein Weg vorbeiführt. Das außerordentliche Anschwellen der Erfolgszahlen nach der Zentralisierung ist der schönste Beweis für die Richtigkeit des beschrittenen Weges.

— 5 —

Abb. 7: Zeitung des Suchdienstes für Vermisste, 1947 (S. 1 und 5).

ihre Familienangehörigen ersuchten sowie um die Genehmigung zur Familienzusammenführung, d. h. ihre Übersiedlung in andere Städte und Landkreise. Um individuelle Familienzusammenführungen zu erleichtern, wurde Ende 1947 die »Verordnung über die Erteilung von Zuzugsgenehmigungen zur Förderung der Wiedervereinigung von Umsiedlerfamilien« erlassen. Sie entsprang der Einsicht, dass diese Zusammenführung »eine aus sozialen und wirtschaftlichen Gründen notwendige Massnahme« war.[18]

Eine Möglichkeit, der Mobilität der »Umsiedler« entgegenzuwirken und zugleich den Neuanfang in den Aufnahmegebieten zu erleichtern, stellte die geschlossene Ansiedlung ganzer Dorfgemeinschaften an einem Ort oder mehreren benachbarten Gemeinden dar. Ein Beispiel hierfür bildet Seelingstädt im Kreis Grimma: Im Januar 1946 hatte der Ort 773 Einwohner, darunter 136 Umsiedler, was einem Anteil von fast 18 Prozent entsprach.[19] Bis zum Mai 1946 stieg die Zahl der »Umsiedler« auf 167. Von diesen stammten allein 91 Personen, also mehr als die Hälfte, aus dem schlesischen Waldheide bei Militsch (heute poln. Świętoszyn).[20] Die gemeinsame Herkunft erleichterte den Neuanfang, da man Nachbarn und Bekannte wiedertraf, die ein ähnliches Schicksal erlitten hatten und mit denen die Erinnerung an die Heimat wachgehalten werden konnte. Die gemeinsame Siedlung erhöhte jedoch die Wahrscheinlichkeit, dass die Vertriebenen ein Sonderbewusstsein der gemeinsamen Geschichte und Kultur aufrechterhalten würden, eine Entwicklung, die gerade nicht im Interesse des Staates lag.[21]

Dörfer im Wandel: die Durchführung der Bodenreform und ihre Auswirkungen

Die Tatsache, dass der überwiegende Teil der Neuankommenden in Dörfern und Kleinstädten untergebracht wurde, erklärte sich vor allem aus dem hohen Zerstörungsgrad der Großstädte und der dort herrschenden Wohnungsnot. Für die Flüchtlinge stellte eine Ansiedlung auf dem Land insofern einen Vorteil dar, als hier größere Chancen auf Sicherstellung der Ernährung bestanden. Um Verpflegung zu erhalten, verdingten sich zahlreiche Menschen in den ersten Wochen und Monaten nach ihrer Ankunft als Landarbeiter und Erntehelfer – nicht selten nahmen die Vertriebenen damit die Stelle von Zwangsarbeitern auf dem Lande ein.[22] Die Behörden beobachteten diese Entwicklung misstrauisch, da man die Etablierung neuer ›Ausbeutungsverhältnisse‹ fürchtete.[23] Die günstigste Perspektive bot die Übernahme einer eigenen Bauernstelle, wie sie durch die Bodenreform vom Herbst 1945 ermöglicht wurde.

Die Bodenreform gehört zu den Kernstücken des historischen Neubeginns unter kommunistischen Vorzeichen nicht nur in der SBZ, sondern ebenso im sowjetisch beherrschten Ostmittel- und Osteuropa nach dem Zweiten Weltkrieg. Das vorrangige Ziel bestand in der Beseitigung des Großgrundbesitzes, der als eine tragende Schicht der NS-Herrschaft wahrgenommen wurde, und einer Neuverteilung des bewirtschafteten Bodens an die (vermeintlich) politisch zuverlässige Gruppe der Neubauern. Nachdem ein entsprechender Beschluss durch das Zentralkomitee der KPD am

Der Boden – dem Bauern

„DER GRUNDBESITZ SOLL SICH IN UNSERER DEUTSCHEN HEIMAT AUF FESTE, GESUNDE UND PRODUKTIVE BAUERNWIRTSCHAFTEN STÜTZEN, DIE PRIVATEIGENTUM IHRES BESITZERS SIND."

URKUNDE

Auf Grund der Verordnung der Landesverwaltung Sachsen über die Bodenreform vom 10. Sept. 1945 wird der Bäuerin

wohnhaft in der Gemeinde Kreis Bautzen

ein Grundstück

im Umfang von 7,65 ha, einschließlich Wald

rechtskräftig

zum persönlichen, vererbbaren Eigentum übergeben

Das der Bäuerin übergebene Grundstück liegt in der Gemeinde und hat laut dem von der Bodenkommission aufgestellten Verteilungsplan die Nummer 20

Die Bäuerin erhält das Grundstück

schuldenfrei

Diese Urkunde berechtigt zur Eintragung des Grundstücks in das Grundbuch.

Dresden, den 31. Oktober 1945 Kreis Bautzen

Der Präsident Der Landrat

Dr. h. c. Friedrichs

LANDESVERWALTUNG SACHSEN

Abb. 8: Bodenreformurkunde aus dem Kreis Bautzen, 1945.

22. August 1945 gefasst worden war, begann die Landesverwaltung in Sachsen am 10. September 1945 mit der Durchführung.

Alle Güter mit einem Umfang von mehr als 100 Hektar und der Landbesitz von nationalsozialistisch belasteten Eigentümern sowie auch von vermeintlichen NS-Profiteuren wurden enteignet, das Land in einen Bodenfonds überführt und durch Bodenkommissionen neu verteilt, ebenso die Gebäude und das Inventar. Drei Jahre später, im Sommer 1948, galt die Bodenreform weitgehend als abgeschlossen. Insgesamt wurden etwa 3,2 Millionen Hektar Land enteignet, das entspricht etwa einem Drittel der gesamten land- und forstwirtschaftlichen Nutzfläche der späteren DDR. Davon wurden etwa 2,2 Millionen Hektar an Einzelbesitzer neu vergeben – gut ein Drittel davon waren Flüchtlinge und Vertriebene. Bei den anderen Landempfängern handelte es sich zumeist um ehemalige Knechte und Mägde, Landarbeiter oder Kleinbauern, deren Betriebe zuvor kaum wirtschaftsfähig waren.

Obgleich viele »Umsiedler« gewillt waren, einen Neuanfang als Bauern zu unternehmen, standen Flüchtlinge und Vertriebene nicht im Mittelpunkt der Bodenreform. Andere reagierten eher zögerlich – rechneten sie doch mit einer baldigen Rückkehr in die alte Heimat. Der Großteil des Bodenreform-Landes sollte »zur Vergrößerung des Besitzes der Kleinbauern und Pächter verwendet werden«, wie es seitens der Landesverwaltung hieß: »Bodenflächen, die für die Ansiedlung einer größeren Zahl von Flüchtlingen infrage kämen, werden bei der Aufteilung der Großgüter im Bundesland Sachsen nicht anfallen.«[24] Dennoch erhielten mehrere Tausend »Umsiedler« Neubauernstellen, die nicht zuletzt eine Verwurzelung in der ›neuen Heimat‹ bewirken sollten.

Da Sachsen im Vergleich zu den anderen Ländern der SBZ weniger stark durch große Rittergüter geprägt war, blieb die Zahl der Neubauern allerdings – im Vergleich etwa zu Brandenburg oder Mecklenburg-Vorpommern – relativ gering.[25] Im Zuge der Bodenreform wurden hier über 2.000 Objekte mit mehr als 340.000 Hektar enteignet – davon ein Viertel von »Kriegsverbrechern und NS-Aktivisten«, die allerdings nur einen Anteil von knapp fünf Prozent an der Fläche hatten. Aus dem Bodenfonds wurden dann 220.000 Hektar – also knapp zwei Drittel des enteigneten Grund und Bodens – an über 95.000 Landnehmer (mit Familienangehörigen fast 400.000 Personen) aufgeteilt.[26]

Eine Neubauernstelle für »Umsiedler« umfasste im Durchschnitt 6,8 Hektar, was etwas über dem Durchschnitt der an landlose Bauern (Bauernsöhne) vergebenen Fläche von 6,35 Hektar lag, aber unter dem Wert von 8,0 Hektar für Neubauern in Sachsen insgesamt.

	Landnehmer (Ende 1947)	**Neubauern (Okt. 1947)**	**Anteil an Neubauern (sachsenweit)**	**»Umsiedler« unter den Neubauern**
Bautzen	7.459	2.043	11,2 %	22 %
Grimma	7.033	1.870	10,2 %	29 %

Tab. 2: Bodenreform in den Kreisen Bautzen und Grimma.[27]

Die Kreise Bautzen und Grimma bildeten in Sachsen (insgesamt 18.314 Neubauern) die Kreise mit den meisten Neubauern. Der Anteil der Flüchtlinge und Vertriebenen an den Neubauern lag landesweit bei 34 Prozent, in der SBZ insgesamt bei 43 Prozent. Die Regionen mit dem höchsten Anteil an »Umsiedlern« unter den Neubauern stellten der Kreis Görlitz/Weißwasser mit 68 Prozent und der Kreis Löbau mit 55 Prozent.[28]

Wie die Zahlen für das Land Sachsen insgesamt, aber auch für die einzelnen Landkreise zeigen, war die Bodenreform keine speziell auf die »Umsiedlerintegration« zielende Maßnahme. Angesichts von einer Million Flüchtlingen und Vertriebenen, die schließlich in Sachsen verblieben, mutet die Gesamtzahl von etwa 36.000 Personen, die als Landempfänger bzw. deren Familienangehörige zu den Neubauern zu zählen sind, gering an.[29] Von den etwa 210.000 Neubauernstellen in der SBZ insgesamt wurden allerdings über 91.000 von »Umsiedlern« bewirtschaftet.

Vertriebene, die erst ab 1946 ins Land kamen (wie etwa der Großteil der Ungarndeutschen), gingen in der Regel leer aus oder erhielten eher minderwertigen Boden. Sie wurden oft nur dann berücksichtigt, wenn aufgegebene Bauernstellen erneut zur Verteilung kamen. Die Bemühungen der ZVU, Land aus der Bodenreform für Flüchtlinge reservieren zu lassen, waren zumeist erfolglos, da die Bodenreform aus politischen Gründen so schnell wie möglich abgeschlossen werden sollte.[30] So wurde der überwiegende Teil der in der Landwirtschaft tätigen Flüchtlinge und Vertriebenen nicht zu Neubauern, sondern zu Landarbeitern.

Die Tatsache, dass nur eine Minderzahl von »Umsiedlern« als Neubauern auf dem Lande ansässig wurde, bedeutet auch, dass die angestrebte politische Neuausrichtung im ländlichen Raum nicht so stringent im Sinne der KPD erfolgte wie gedacht. Denn der Typus »Neubauer« hatte neben dem wirtschaftlichen auch einen politischen Hintergrund: Die Bezeichnung verweist nicht nur darauf, dass eine Siedlerstelle neu eingerichtet wurde, sondern ebenso auf einen neuen Bauerntyp. Kleinbauern und Landarbeiter sollten durch die Bodenreform wirtschaftlich gestärkt werden, damit sie politische Führungspositionen in den Dörfern übernehmen konnten. Die Wirtschaftsform »Neubauernstelle« sollte Schritt für Schritt das angestrebte Bündnis zwischen Arbeiterklasse und den nunmehr »werktätigen« Bauern stärken. Zudem sollte durch die Dankbarkeit der Landempfänger die Loyalität gegenüber Partei und Staat gefördert werden. Der Wunsch, die Neubauern als Vorhut der KPD aufzubauen, ging jedoch nicht in Erfüllung: »Die Übernahme von Land hatte vielen Flüchtlingsneubauern als ›Profiteuren‹ der Bodenreform zwar durchaus einen sozialen Aufstieg in der ländlichen Gesellschaft eröffnet. Dieser agrarische Transformationsprozess führte aber nur kurzfristig zu einer Klientelbildung und band die Flüchtlingsneubauern keineswegs durchweg und bedingungslos an die Führung der KPD bzw. SED.«[31] Letztlich waren auch der Umfang des Bodens sowie die Ausstattung der Höfe nicht ausreichend, um dem dominanten Einfluss der Altbauern – nach Ansicht der KPD die Träger ›reaktionären‹ Gedankenguts in den Dörfern – etwas entgegenzusetzen. Außerdem bildete der agrarische Mittelstand einen wichtigen Stützpfeiler der Lebensmittelproduktion: Diese Höfe zeichneten sich durch eine weitaus größere Wirtschaftlichkeit aus. Die Nachteile bei der Bodenzuteilung, der Ausstattung der Bauernstellen mit Vieh und Geräten sowie bei der Besetzung einflussreicher Stellen (z. B. in der

Vereinigung der gegenseitigen Bauernhilfe oder in den Maschinenausleihstationen) sorgten zudem dafür, dass die Vertriebenen unter den Neubauern oftmals die »unterste Stufe in der sozialen Rangfolge« einnahmen.[32] So ist als Ergebnis festzuhalten, dass nur eine kleine Minderheit der Flüchtlinge und Vertriebenen in Sachsen von der Bodenreform profitierte, zugleich aber auch der Gewinn für die Machthaber nicht so groß war wie erhofft.[33] Die »Umsiedler-Neubauern« bildeten nicht nur aus Sicht von Staat und Partei eine klar abgegrenzte Gruppe, sondern nahmen auch im dörflichen Sozialgefüge eine Sonderrolle ein. Durch die Siedlungsstruktur wurde eine räumliche Segregation vielfach begünstigt, die bis heute im Ortsbild optisch präsent und im Bewusstsein verankert ist. Regelrechte Neubauernsiedlungen entstanden häufig außerhalb der eigentlichen Dörfer – an den Ortsrändern oder in der Feldmark.

Von der Bodenreform zur Kollektivierung – das Ende einer kurzen Ära

Wie die Ergebnisse der Bodenreform nahelegen, war die Transformation der wirtschaftlichen und sozialen Verhältnisse auf dem Lande ein vielschichtiger Prozess, der den Einzelnen in unterschiedlich starkem Maße betraf, letztlich aber jede Bevölkerungsgruppe berührte. Da die politischen Verhältnisse nach Kriegsende in Bewegung waren und eine Konsolidierung der kommunistischen Herrschaft erst noch erfolgen musste, kann man von einer Suchbewegung sowohl der einzelnen Bauern wie auch der politisch Verantwortlichen sprechen. Die Flüchtlinge und Vertriebenen trafen nicht auf eine stabile ländliche Sozialordnung, sondern fügten sich ein in eine ›Gesellschaft in Bewegung‹, deren Struktur und Gestalt noch nicht absehbar waren und die sie in vielerlei Hinsicht aktiv mitgestalteten. Nur wenige Jahre nach der Bodenreform wurde mit der Kollektivierung eine weitere Umstrukturierung der bäuerlichen Gemeinschaft und der Landwirtschaft eingeleitet. War dieser Schritt in der unmittelbaren Nachkriegszeit deutlich abgelehnt und noch im April 1952 eine bevorstehende Kollektivierung dementiert worden, so entschloss sich das SED-Politbüro auf Druck Moskaus Anfang Juni 1952 zu einer Kehrtwende hin zur genossenschaftlichen Betriebsform.[34] Zwar interpretierte die offizielle Geschichtsschreibung der DDR später die Kollektivierung als einen logischen Schritt nach Abschluss der Bodenreform,[35] doch beruhte der Entschluss vor allem auf der Erkenntnis, dass zahlreiche Neubauernwirtschaften so unrentabel waren, dass ihre Eigenständigkeit langfristig nicht gewährleistet werden konnte. Deutliche Symptome dieser Schieflage waren die wachsende Zahl an aufgegebenen Neubauernstellen und die Fluchtbewegung Richtung Westen.[36] Bis Anfang des Jahres 1950 waren in Sachsen etwa 2.600 Neubauernstellen, also rund zwölf Prozent, aufgegeben worden; jede vierte davon hatte einem »Umsiedler« gehört.[37] Da angesichts der schlechten Ausstattung, von fehlendem Kapital und steigendem Ablieferungssoll die Existenz einer zunehmenden Zahl von Höfen bedroht war, stieg die Fluktuation in Sachsen im Laufe der Jahre sogar noch weiter an.[38] Dies zeigte sich beispielsweise im Kreis Grimma, wo im Jahr 1947 erst 46 und 1948 insgesamt 60 Stellen aufgegeben wurden, im Jahr 1949 aber bereits 124 Höfe. Ähnlich sah es in anderen landwirtschaftlich geprägten Kreisen aus.[39]

Die Gründung von Landwirtschaftlichen Produktionsgenossenschaften (LPG) seit dem Sommer 1952 sollte die kommunistische Herrschaft auf dem Lande festigen und zugleich die wirtschaftlichen Probleme der Landwirtschaft beseitigen. Doch stieß diese Entwicklung keineswegs überall auf Gegenliebe und geriet rasch in die Kritik auch innerhalb der Partei. Die Unrentabilität der Genossenschaftsbetriebe, der Arbeitskräftemangel, die Verschlechterung der Ernährungssituation sowie der machtpolitisch motivierte ›Klassenkampf‹ führten die LPG wie auch die ländliche Gesellschaft der DDR insgesamt in eine Krise, die schließlich im Frühjahr 1953 nicht länger ignoriert werden konnte. Im Mai jenes Jahres wurde die Gründung weiterer LPG zunächst gestoppt und Anfang Juni die Zusicherung ausgesprochen, die bestehenden Einzelwirtschaften stärker zu fördern. Diese Politik des »Neuen Kurses« konnte die wachsende Unzufriedenheit jedoch nicht mehr beseitigen: Ebenso wie in den großen Städten kam es am 17. Juni 1953 auch auf dem Land zu spontanen Protesten, Arbeitsniederlegungen und Angriffen auf die Obrigkeit.[40] Die gewaltsame Niederschlagung der Aufstandsbewegung stellte die Ruhe zwar äußerlich wieder her, doch wurde die Kollektivierung über Jahre hinweg nur mehr zögerlich vorangetrieben. Erst 1959/60 setzte die Welle der Zwangskollektivierung ein, in deren Verlauf die weit überwiegende Mehrzahl der landwirtschaftlichen Betriebe in LPG überführt wurde. Nachdem im sogenannten Sozialistischen Frühling Hunderttausende unter großem Druck zum Beitritt genötigt worden waren, galt die Kollektivierung im Mai 1960 als abgeschlossen.

Die Vertriebenen-Neubauern sahen sich in einem Zeitraum von wenigen Jahren einer durchaus widersprüchlichen Behandlung durch den Staat ausgesetzt. Einerseits zielte die offizielle Umsiedlerpolitik auf eine rasche Eingliederung in die Aufnahmegesellschaft, andererseits waren Ressourcen wie Land, Vieh und Maschinen ungerecht verteilt und nicht selten in der Hand von alteingesessenen Bauern. Zwar sollten die »Umsiedler« als Vorhut des Politisierungsprozesses auf dem Land dienen, andererseits wurden sie von der SED misstrauisch beäugt und als potenzielle ›Revanchisten‹ ins Visier genommen. Die Bodenreform, die zumindest einem kleinen Teil der Flüchtlinge und Vertriebenen die Chance zur Eigenständigkeit geboten hatte, wurde durch die einsetzende Kollektivierung abgelöst, in deren Folge jede Eigenständigkeit unmöglich wurde. Alle diese Prozesse erschwerten den Flüchtlingen und Vertriebenen den Neuanfang in einer Zeit großer Unsicherheit. Daneben sorgte auch die Tabuisierung der Vertreibung, also die Verdrängung dieses Themas aus der Öffentlichkeit samt der offiziellen Ignoranz gegenüber dem erfahrenen Leid, dafür, dass Flüchtlinge und Vertriebene oft fremd blieben – wenn nicht in ihrer lokalen Aufnahmegesellschaft, so doch im sozialistischen Staat.

In den letzten 20 Jahren war die ländliche Gesellschaft unter den Bedingungen der SED-Agrarpolitik Gegenstand zahlreicher Forschungen. So entstand allmählich ein differenziertes Bild, das auch die von den »Umsiedlern« erfahrene Ablehnung und Marginalisierung thematisiert – ganz im Gegensatz zu den während der DDR-Zeit vorgelegten Publikationen.[41] Trotz der negativen Komponenten ist zu betonen, dass in vielen Fällen die Vertriebenen in der ›fremden Heimat Sachsen‹ ihren Neuanfang erfolgreich meisterten. Selbstverständlich sollten die Schwierigkeiten der Anpassung oder die den Vertriebenen entgegengebrachte Ablehnung nicht unterschätzt oder gar geleugnet werden. Dennoch bleibt festzuhalten, dass nicht an jedem Ort die alteingesessene Bevölkerung und die »Neubürger« in Konflikt gerieten und dass es außer der »Neidgesellschaft« auch Kooperation und gegenseitige Hilfestellung gab.[42] Die Vielfalt der Begegnungen und die Vielschichtigkeit der Auseinandersetzung mit den ›Anderen‹ werden erst in der subjektiven Sichtweise der Betroffenen erkennbar. Wenn es letztlich zu einer Stabilisierung der Verhältnisse auf dem Land und zu einem Neuaufbau der dörflichen Gemeinschaften unter realsozialistischen Vorzeichen kam, so verdankte sich diese Entwicklung nicht der staatlichen Umsiedler- und Agrarpolitik, sondern vielmehr dem Engagement und der Initiative einzelner Personen und lokaler Institutionen in den Dörfern.

Anmerkungen

1 Zit. nach Regine Just, Die Integration der Umsiedler im Land Sachsen, in: Sächsische Heimatblätter 35 (1989), H. 4, S. 145-174, hier S. 145.

2 Andreas Kossert, Kalte Heimat. Die Geschichte der deutschen Vertriebenen nach 1945, München 2008, S. 27; Alexander von Plato/Wolfgang Meinicke, Alte Heimat – neue Zeit. Flüchtlinge, Umgesiedelte, Vertriebene in der Sowjetischen Besatzungszone und in der DDR, Berlin 1991, S. 15 ff.

3 HStA Dresden, 11391 Ministerium für Arbeit und Sozialfürsorge, Nr. 418: Umsiedler- und Heimkehrerangelegenheiten, 1947–48: Memorandum »Begriffsbestimmung Umsiedler, Neubürger usw.« der HA Umsiedler, Abt. Einbürgerung, d. LRS, Min. f. Arb. u. soz. Fürsorge, v. 23.5.1947, fol. 54-55.

4 Vgl. Michael Schwartz, Tabu und Erinnerung. Zur Vertriebenen-Problematik in Politik und literarischer Öffentlichkeit der DDR, in: Zeitschrift für Geschichtswissenschaft 51 (2003), H. 1, S. 85-101, hier S. 87; Manfred Wille, Die Vertriebenen und das politisch-staatliche System der SBZ/DDR, in: Dierk Hoffmann/Marita Krauss/Michael Schwartz (Hg.), Vertriebene in Deutschland. Interdisziplinäre Ergebnisse und Forschungsperspektiven, München 2000, S. 203-217, hier S. 207. Zur Verwendung des Begriffes »Neubürger« vgl. Ute Schmidt, Flüchtlingsmilieus in der SBZ/DDR. Formen kultureller Selbstbehauptung und Identitätswahrung am Beispiel der Deutschen aus Bessarabien, in: Zeitschrift des Forschungsverbundes SED-Staat 20 (2006), S. 3-19, hier S. 4.

5 Den Bezeichnungen »Vertriebene«, »Flüchtlinge«, »Umsiedler« etc. liegen in der Forschung klare Definitionen zugrunde, die auch deren ideologischen Hintergrund berücksichtigen. Aus pragmatischen Gründen – und in der Alltagssprache – werden diese Begriffe jedoch weitgehend synonym und ohne politischen Hintergrund verwendet; vgl. Michael Schwartz, »Vom Umsiedler zum Staatsbürger«. Totalitäres und Subversives in der Sprachpolitik der SBZ/DDR, in: Dierk Hoffmann/Marita Krauss/Ders. (Hg.), Vertriebene in Deutschland. Interdisziplinäre Ergebnisse und Forschungsperspektiven, München 2000, S. 135-165. Auch in dem vorliegenden Band orientieren wir uns an dieser Gepflogenheit und verwenden diese Begriffe parallel für Menschen, die ihre Heimat infolge der Kriegsereignisse (unfreiwillig) verließen.

6 HStA Dresden, 11377 Landesregierung Sachsen, Ministerium des Innern, Nr. 2739: Umsiedlerstatistiken, o.J.: Tabelle »Umsiedlerzählung im Land Sachsen vom 15.1.1948«, Tabelle Um. 2 »Umsiedler nach wichtigen Altersgruppen«, fol. 128.

7 HStA Dresden, 11377 Landesregierung Sachsen, Ministerium des Innern, Nr. 3001: Umsiedlerstatistiken, 1947–48: Tabelle über die Bevölkerungszahl in den Landkreisen und die Zahl der dort befindlichen Umsiedler, Hauptabt. Umsiedler, Min. f. Arbeit u. Sozialfürsorge, Stand 30.11.1948, o. S.

8 HStA Dresden, 11377 Landesregierung Sachsen, Ministerium des Innern, Nr. 2739: Umsiedlerstatistiken, o.J.: Tabelle »Umsiedlerzählung im Land Sachsen vom 15.1.1948«, Tabelle Um. 3a »Umsiedler nach Staaten«, fol. 129. Es ist unklar, ob die Zahlen zu den Umsiedlern aus der Tschechoslowakei auch die sog. »Antifa-Umsiedler« umfassten. Ursprünglich war eine Aufnahme in

Sachsen nicht geplant; bis Dezember 1946 hatten jedoch insgesamt 5.628 Antifa-Umsiedler in Sachsen Aufnahme gefunden. Vgl. Heike van Hoorn, Neue Heimat im Sozialismus. Die Umsiedlung und Integration sudetendeutscher Antifa-Umsiedler in die SBZ/DDR, Essen 2004, S. 114 ff.

9 HStA Dresden, 11377 Landesregierung Sachsen, Ministerium des Innern, Nr. 3001: Umsiedlerstatistiken, 1947–48: Schreiben der Hauptabt. Umsiedler (Ministerialrat Fabisch) an die Personalabteilung des Min. f. Arbeit und Sozialfürsorge v. 18.6.1948 betr. Terminmeldung v. statist. Angaben z. 1.6.48, o. S.

10 HStA Dresden, 11377 Landesregierung Sachsen, Ministerium des Innern, Nr. 3001: Umsiedlerstatistiken, 1947–48: Tabelle über die Bevölkerungszahl in den Landkreisen und die Zahl der dort befindlichen Umsiedler, Hauptabt. Umsiedler, Min. f. Arbeit u. Sozialfürsorge, Stand 30.11.1948, o. S.

11 HStA Dresden, 11391 Ministerium für Arbeit und Sozialfürsorge, Nr. 428: Monatliche Meldungen der Umsiedler nach Berufsgruppen, März 1947/Juni 1948: Meldezettel des Arbeitsamtes Bautzen an das LAA v. 2.4.47 betr. statistische Feststellungen über den Kreis der Umsiedler, fol. 7, sowie Meldezettel des Arbeitsamtes Grimma an das LAA v. 3.4.47 betr. statistische Feststellungen über den Kreis der Umsiedler, fol. 18.

12 HStA Dresden, 11377 Landesregierung Sachsen, Ministerium des Innern, Nr. 3001: Umsiedlerstatistiken, 1947–48: Tabelle über die Bevölkerungszahl in den Landkreisen und die Zahl der dort befindlichen Umsiedler, Hauptabt. Umsiedler, Min. f. Arbeit u. Sozialfürsorge, Stand 30.11.1948, o. S.

13 Zum Vergleich: Dippoldiswalde 78,8 %, Kamenz 74 %, Oschatz 69,6 %, Döbeln 27,4 %, Görlitz 23,8 %, Annaberg 18,6 %, vgl. HStA Dresden, 11391 Ministerium für Arbeit und Sozialfürsorge, Nr. 431: Monatliche Meldungen der Umsiedler nach den Größen der Gemeinden, 1947: Formular »Monatliche Meldung über die Zahl und Entwicklung der erfaßten Ostumsiedler für den Bereich des Arbeitsamtes Bautzen für den Monat Mai 1947«, o. D., fol. 6, sowie Formular »Monatliche Meldung über die Zahl und Entwicklung der erfaßten Ostumsiedler für den Bereich des Arbeitsamtes Grimma für den Monat Mai 1947«, o. D., fol. 20.

14 HStA Dresden, 11391 Ministerium für Arbeit und Sozialfürsorge, Nr. 432: Monatliche Meldungen der Umsiedler nach den Größen der Gemeinden, 1947: Formular »Monatliche Meldung über die Zahl und Entwicklung der erfaßten Ostumsiedler für den Bereich des Arbeitsamtes Bautzen für den Monat Dezember 1947«, o. D., fol. 98, sowie Formular »Monatliche Meldung über die Zahl und Entwicklung der erfaßten Ostumsiedler für den Bereich des Arbeitsamtes Grimma für den Monat Dezember 1947«, o. D., fol. 109. Dies bedeutete auch, dass vor allem ländliche Regionen mit der Integrationsproblematik von Vertriebenen konfrontiert waren. Vgl. Michael Schwartz, Vertriebene als Fremde. Integrationsprobleme deutscher Zwangsmigranten in der SBZ/DDR, in: Christian Th. Müller/Patrice G. Poutrus (Hg.), Ankunft – Alltag – Ausreise. Migration und interkulturelle Begegnung in der DDR-Gesellschaft, Köln/Weimar/Wien 2005, S. 135-173, hier S. 138.

15 Vgl. Arnd Bauerkämper, Von der Bodenreform zur Kollektivierung. Zum Wandel der ländlichen Gesellschaft in der Sowjetischen Besatzungszone Deutschlands und DDR 1945–1952, in: Hartmut Kaelble/Jürgen Kocka/Hartmut Zwahr (Hg.), Sozialgeschichte der DDR, Stuttgart 1994, S. 119-143, hier S. 126.

16 HStA Dresden, 11410 Kreistag/Kreisrat Bautzen, Nr. 882: Lenkung und Betreuung der Flüchtlinge, u. a. Steuerung des Flüchtlingsstroms, Verteilung der Umsiedler, 1945-46: »Rundschreiben Nr. 1« der Zentralverwaltung für deutsche Umsiedler, Berlin, an die Unterabteilungen der ZVU und die Landesregierungen und Landräte v. 2.10.1945 betr. Maßnahmen zur Regelung des Flüchtlingsproblems, o. S.

17 HStA Dresden, 11410 Kreistag/Kreisrat Bautzen, Nr. 882: Lenkung und Betreuung der Flüchtlinge, u. a. Steuerung des Flüchtlingsstroms, Verteilung der Umsiedler, 1945–46: »Rundschreiben Nr. 13« des Landrates Bautzen, Abt. Umsiedler, an die Bürgermeister des Landkr. Bautzen v. 29.3.1946, o. S.

18 HStA Dresden, 11377 Landesregierung Sachsen, Ministerium des Innern, Nr. 1101: Landesgesetze, Verordnungen und Verfügungen, u. a. VO über Erteilung von Zuzugsgenehmigungen zur Förderung der Wiedervereinigung von Umsiedlerfamilien, o.J. [1946–48]: »Entwurf der Verordnung über die Erteilung von Zuzugsgenehmigungen zur Förderung der Wiedervereinigung von Umsiedlerfamilien« der ZVU v. 2.12.1947 zur Prüfung an die LRS, fol. 29.

19 StadtA Trebsen, Best. Seelingstädt Nr. 17: Personenstandsaufnahme v. 1.12.1945, Umsiedlermeldungen 1945, 1947, 1950: Schreiben des Bürgermeisters v. Seelingstädt an den Landrat Grimma betr. Rundverfügung Nr. 14/46 v. 15.1.46, o. S.

20 StadtA Trebsen, Best. Seelingstädt Nr. 17: Personenstandsaufnahme v. 1.12.1945, Umsiedlermeldungen 1945, 1947, 1950: Tabelle »Alle Flüchtlinge in der Gemeinde Seelingstädt«, o. D. [Mai 1946], o. S.

21 Vgl. Schwartz, Tabu und Erinnerung (wie Anm. 4), S. 87.

22 Vgl. Bauerkämper, Von der Bodenreform zur Kollektivierung (wie Anm. 15), S. 126.

23 Vgl. HStA Dresden, 11410 Kreistag/Kreisrat Bautzen, Nr. 882: Lenkung und Betreuung der Flüchtlinge, u. a. Steuerung des Flüchtlingsstroms, Verteilung der Umsiedler, 1945–46: Rundschreiben »Betr.: Bekämpfung d. Flüchtlingsnot« des Landrates Bautzen an die Bürgermeister des Kreises v. 4.8.1945, o. S. Vgl. auch Arnd Bauerkämper, Die vorgetäuschte Integration. Die Auswirkungen der Bodenreform und Flüchtlingssiedlung auf die berufliche Eingliederung von Vertriebenen in die Landwirtschaft in Deutschland 1945–1960, in: Dierk Hoffmann/Michael Schwartz (Hg.), Geglückte Integration? Spezifika und Vergleichbarkeiten der Vertriebenen-Eingliederung in der SBZ/DDR, München 1999, S. 193-214, hier S. 196 ff.

24 HStA Dresden, 11391 Ministerium für Arbeit und Sozialfürsorge, Nr. 414: Umsiedler- und Heimkehrerangelegenheiten, 1945–48: Schreiben der LV Sachsen, Abt. Wirtschaft und Arbeit, an die Zentralverwaltung für Arbeit und soziale Fürsorge der SMAD v. 28.9.45 betr. Fragebogen f. zentrale Erfassung und Unterbringung v. Flüchtlingen, fol. 4-5.

25 Vgl. Notker Schrammek, Alltag und Selbstbild von Flüchtlingen und Vertriebenen in Sachsen 1945–1952, Frankfurt a. M. u. a. 2004, S. 236.

26 Ein Viertel der Fläche ging an etwa 7.300 »Umsiedler« (mit Familienangehörigen über 36.000 Personen). Insgesamt wurde nur knapp 65 % des enteigneten Landes individuellen Landempfängern zur Verfügung gestellt, der Rest an Körperschaften (Land Sachsen, Kreise und Gemeinden, VdgB) verteilt. Vgl. hierzu auch die Angaben unter HStA Dresden, 11377 Landesregierung Sachsen, Ministerium des Innern, Nr. 3104: Statistik über die Bodenreform, 1945–47: Tabelle »2 Jahre Bodenreform – Landzuweisungen an die Bodennehmer« des MdI, fol. 24-29. Wie aus einer späteren Statistik hervorgeht, sind neben den Enteignungen von Privateigentümern auch Enteignungen von Staatsbesitz, Siedlungs- und Spekulationsgesellschaften sowie Staatswäldern/-forsten hinzuzuzählen. Von den privaten Enteignungen betrafen 52 % Güter über 100 ha und 48 % Güter mit weniger als 100 ha. Vgl. HStA Dresden, 11394 Ministerium für Land- und Forstwirtschaft, Nr. 339: Sicherung der Bodenreform (Neubauernhilfe), 1949: Tabelle »Enteignete und in den Bodenfonds überführte Liegenschaften«, Stand: 1.1.1949, o. S. – HStA Dresden, 11377 Landesregierung Sachsen, Ministerium des Innern, Nr. 3098: 3. Jahrestag der demokratischen Bodenreform, 1948: Statistische Angaben »Drei Jahre Bodenreform« anlässlich der Feier »3 Jahre Bodenreform«, o. D. [Sept. 1948], fol. 40. Leicht abweichende Angaben für dieselbe Zeit finden sich in HStA Dresden, 11377 Landesregierung Sachsen, Ministerium des Innern, Nr. 3001: Umsiedlerstatistiken, 1947–48: Statistische Notiz »Bodenreform Stand 1.9.48«, Min. f. Arbeit u. Sozialfürsorge, Land Sachsen, o. Verf., v. 17.9.1948, o. S.

27 HStA Dresden, 11377 Landesregierung Sachsen, Ministerium des Innern, Nr. 3103: Berichte und Statistik für die SMA (u. a. zu Ratenzahlungen der Neubauern), 1947-48: Tabellarische Übersicht über die Statistik der Bodenreform in den Landkreisen, Stichtag 15.12.1947, o. D., fol. 30.

28 HStA Dresden, 11377 Landesregierung Sachsen, Ministerium des Innern, Nr. 3177: Statistik und Berichte über die Sicherung der Bodenreform, 1947–48: Tabelle »Neubauern im Lande Sachsen« des MdI v. 8.10.1947, fol. 9. Vgl. Michael Schwartz, Vertriebene als Fremde. Integrationsprobleme deutscher Zwangsmigranten in der SBZ/DDR, in: Christian Th. Müller/Patrice G. Poutrus (Hg.): Ankunft – Alltag – Ausreise. Migration und interkulturelle Begegnung in der DDR-Gesellschaft, Köln/Weimar/Wien 2005, S. 135-173, hier S. 139.

29 Vgl. Michael Schwartz, Vertriebene und »Umsiedlerpolitik«. Integrationskonflikte in den deutschen Nachkriegs-Gesellschaften und die Assimilationsstrategien in der SBZ/DDR 1945–1961, München 2004, S. 642; Schrammek, Alltag und Selbstbild von Flüchtlingen (wie Anm. 25), S. 238.

30 Vgl. Bauerkämper, Die vorgetäuschte Integration (wie Anm. 23), S. 201 f.

31 Ebd., S. 211.

32 Wolfgang Meinicke, Die Bodenreform und die Vertriebenen in der SBZ und in den Anfangsjahren der DDR, in: Manfred Wille/Johannes Hoffmann/Wolfgang Meinicke (Hg.), Sie hatten alles verloren. Flüchtlinge und Vertriebene in der sowjetischen Besatzungszone Deutschlands, Wiesbaden 1993, S. 55-85, hier S. 82.

33 Vgl. Schwartz, Vertriebene und »Umsiedlerpolitik« (wie Anm. 29), S. 1144.

34 Vgl. Joachim Piskol, Zum Beginn der Kollektivierung der Landwirtschaft in der DDR im Sommer 1952, in: Beiträge zur Geschichte der Arbeiterbewegung 37 (1995), S. 19-26. Vgl. auch Jens Schöne, Das sozialistische Dorf. Bodenreform und Kollektivierung in der Sowjetzone und DDR (Schriftenreihe des Sächsischen Landesbeauftragten für die Stasi-Unterlagen, Bd. 8), Leipzig 2008, S. 101 ff.; Arnd Bauerkämper, Traditionalität in der Moderne. Agrarwirtschaft und ländliche Gesellschaft in Mecklenburg nach 1945, in: Zeitschrift für Agrargeschichte und Agrarsoziologie 51 (2003), S. 9-33, hier S. 16; Elke Scherstjanoi, Die DDR im Frühjahr 1952. Sozialismuslosung und Kollektivierungsbeschluß in sowjetischer Perspektive, in: Deutschland-Archiv 27 (1994), S. 354-363.

35 Vgl. Manfred Unger, Zur Geschichte der Bodenreform in Sachsen, in: Jahrbuch für Regionalgeschichte 14 (1987), S. 326-336, hier S. 334 f.

36 Vgl. Jens Schöne, Die Landwirtschaft der DDR 1945–1990 (Landeszentrale für politische Bildung Thüringen), Erfurt 2005, S. 28. Zur Flucht von Vertriebenen nach Westdeutschland allg. vgl. Schrammek, Alltag und Selbstbild von Flüchtlingen (wie Anm. 25), S. 294 ff.

37 Vgl. die Angaben in HStA Dresden, 11377 Landesregierung Sachsen, Ministerium des Innern, Nr. 3166: Tabellarisches Verzeichnis »Aufgegebene Neubauernstellen« v. 15.2.1948, fol. 88; HStA Dresden, 11377 Landesregierung Sachsen, Ministerium des Innern, Nr. 3166: Schreiben des Kreisrates Grimma an d. Min. f. Land- und Forstwirtsch. Sachsen v. 19.7.1950 betr. Bericht über den Entzug/die Aufgabe von Neubauernstellen, o. S.

38 Vgl. etwa die Beschwerde der HA Umsiedler hierüber in HStA Dresden, 11377 Landesregierung Sachsen, Ministerium des Innern, Nr. 197: SW mit nachgeordneten Hauptabteilungen und Abteilungen, u. a. Landesbodenkommission, Umsiedler-Neubauern-Programm, 1952: »Niederschrift über die Dienstbesprechung bei der DDR-Min. f. Land- u. Forstwirtschaft – HA 3 – am 12.2.1952« betr. die Rückgabe von Neubauernstellen, fol. 465. Siehe auch Arnd Bauerkämper, Zwangsmodernisierung und Krisenzyklen. Die Bodenreform und Kollektivierung in Brandenburg 1945-1960/61, in: Geschichte und Gesellschaft 25 (1999), S. 556-588, hier S. 570.

39 HStA Dresden, 11377 Landesregierung Sachsen, Ministerium des Innern, Nr. 3169: Statistik über die Rückgabe von Neubauernstellen, o. J. [1949–50]: Schreiben des Kreisrates Grimma an die LRS v. 21.12.1949 betr. »Bericht über den Entzug bzw. freiwillige Aufgabe von Neubauernstellen in den Jahren 1945, 1946, 1947, 1948, 1949 mit Angabe der Gründe«, fol. 25.

40 Jens Schöne, Frühling auf dem Lande? Die Kollektivierung der DDR-Landwirtschaft, Berlin 2005, S. 146 ff.; Ders., Die Landwirtschaft der DDR 1945–1990 (Landeszentrale für politische Bildung Thüringen), Erfurt 2005, S. 29.

41 Vgl. Regine Just, Die Lösung der Umsiedlerfrage auf dem Gebiet der Deutschen Demokratischen Republik, dargestellt am Beispiel des Landes Sachsen (1945–1952), 2 Bde., Magdeburg 1985; Wolfgang Meinicke, Zur Integration der Umsiedler in der Gesellschaft 1945–1952, in: Zeitschrift für Geschichtswissenschaften 36 (1988), S. 867-878.

42 Zum Begriff »Neidgesellschaft« vgl. Ulrich Kluge, »Die Bodenreform ist in erster Linie eine politische Angelegenheit«. Agrarstruktureller Wandel in Sachsen 1945/46, in: Arnd Bauerkämper (Hg.), »Junkerland in Bauernhand«? Durchführung, Auswirkungen und Stellenwert der Bodenreform in der Sowjetischen Besatzungszone, Stuttgart 1996, S. 103-117, hier S. 116.

Lebenslinien

Neuanfänge in einem fremden Land

Ira Spieker

Lebensgeschichten sind unverwechselbar – sie lassen sich nicht verallgemeinern. Sie spiegeln die große Geschichte im Kleinen. In Biographien werden die Auswirkungen der Zeitgeschichte auf das einzelne Schicksal sichtbar; sie zeigen die unterschiedlichen Wege, mit den gegebenen Verhältnissen umzugehen und den Lauf der Dinge mitzugestalten. Erzählte Lebensgeschichten erheben daher nicht den Anspruch, detailgenau die ›Wahrheit‹ wiederzugeben.

Erzählen ist ein menschliches Grundbedürfnis. Bei der Beschäftigung mit Erinnerungen geht es nie um ›richtig‹ oder ›falsch‹, um ›wahr‹ oder ›unwahr‹. Die Durchführung von Interviews zielt daher auch niemals auf die Rekonstruktion von Vergangenheit, denn statt um Geschichte geht es um Geschichten.[1] Erinnerungen haben einen Wert an sich: Sie zeigen an, was dem Bewusstsein als wichtig genug erscheint, um an die Oberfläche zu gelangen oder was verkraftet werden kann. Die eigenen Erfahrungen sollen der Nachwelt, den Kindern und Enkeln vermittelt werden. Viele Menschen haben den Wunsch, die nachfolgenden Generationen – insbesondere mit Blick auf die eigene Familie – vor solch belastenden Erlebnissen, die sie in ihrer Jugend machen mussten, zu bewahren.

*Es ist ja so: Es muss irgendwo haften bleiben. Denn wenn ich mir jetzt meine Urenkelchen ansehe, und ich denke, diese Kinder sind alle auf der Straße in der bitteren Kälte, ohne ein Ziel und irgendwas. Wenn ich mir das vorstelle – das ist doch grausam! Und wenn das so leichtfertig hingenommen wird und gar keiner weiß, was ein Krieg bedeutet. Darüber muss man doch reden! (Irmgard Neumüller, *1932 in Schlesien)*

Das schier Unfassbare wird durch den Vergleich noch plastischer: Der Vergleich der Urenkelkinder mit dem Kind, das man selbst damals war, macht das Ausmaß des Schreckens deutlich. Heute erscheint es den Betroffenen beinahe unglaublich, dass und wie Kinder solche Erfahrungen überhaupt durchleiden und verkraften können.

*Grade für ein Kind, also wenn ich mir das so heute vorstelle – unsre Enkel sind ja jetzt auch groß, aber als die klein waren, wenn die hätten so was erleben müssen, das kann man sich gar nicht vorstellen! Die sind doch in Geborgenheit aufgewachsen und würden dann reingeschmissen in so eine Kriegssituation. Nee, furchtbar! (Karla Fügmann, *1937 in Schlesien)*

Geschichten werden immer aus der aktuellen Perspektive erzählt, mit dem Wissen um den Verlauf der Ereignisse und ihren Ausgang. Aus dem Bewusstsein heraus, was seither geschah, fließt auch eine Bewertung in die Erzählung ein. Lebensgeschichten sind daher durch die gemachten Erfahrungen überformt; sie werden – je nach Anlass – variiert und geglättet und teilweise stilistisch aufbereitet. Und nicht zuletzt haben die medialen Großereignisse der letzten Jahre, insbesondere Fernseh-Produktionen mit hohen Einschaltquoten wie die TV-Zweiteiler »Dresden« (2006), »Die Flucht« (2007) und zahlreiche Dokumentationssendungen, die Erinnerungen ›ergänzt‹ oder auch die Art des Erzählens geprägt. Gerade für diejenigen, die über ihre frühe Kinderzeit sprechen, ist es schwierig, zwischen Selbsterlebtem und Gehörtem zu unterscheiden. Aber auch sie waren als Kinder aktiv in das Fluchtgeschehen einbezogen und somit in gewisser Hinsicht Handelnde, sodass ihre Wahrnehmungen berücksichtigt werden sollten.

Die Biographien der Zeitzeuginnen und Zeitzeugen, die im Folgenden zu Wort kommen, sind ganz unterschiedlich im Hinblick auf Herkunftsgebiet, Alter und sozialen Hintergrund.[2] Es handelt sich in erster Linie um Flüchtlinge und Vertriebene, aber selbstverständlich auch um Einheimische. Alle waren von den krisenhaften Ereignissen in Nachkriegsdeutschland betroffen: Dazu zählten Hunger, Kriegszerstörung, Tod, der Zusammenbruch der nationalsozialistischen Herrschaft. Für die Flüchtlinge kamen noch ganz spezifische Belastungen hinzu. Ihre Biographien weisen eine Gemeinsamkeit auf: den kollektiven historisch-biographischen Bruch,[3] also das einschneidende Erlebnis von Flucht oder Vertreibung und den darauf folgenden mühevollen Aufbau einer neuen Existenz im ländlichen Raum. Diese Situation konfrontierte die Betroffenen mit ganz unterschiedlichen Problemen.

Nur die individuellen Geschichten können den Blick schärfen für das persönliche Erleben und Erfahren – dafür, wie jeder Einzelne die schwere Zeit mit ihren Entbehrungen erlebt hat, aber auch Unterstützung erfuhr, Freundschaften aufbaute sowie selbst Neues ins Dorf einbrachte. Denn Zahlen und Fakten allein machen nicht deutlich, was es für eine Familie bedeutete, alles verloren zu haben und neu anzufangen, sich an einem fremden Ort zurechtfinden zu müssen. Wie es sich für ein Kind anfühlte, in eine neue Schule zu kommen und zugleich zu Hause hart mitarbeiten und Verantwortung für die fehlenden Erwachsenen übernehmen zu müssen. Wie es trotz aller Widrigkeiten überhaupt funktionieren konnte, sich eine neue Existenz aufzubauen. Und wie schließlich Alt und Neu zu einer Dorfgemeinschaft zusammenfanden.

Flucht – die Heimat verlassen müssen

Für die Millionen von Menschen, die infolge des Zweiten Weltkrieges ihre Heimat verlassen und sich in einer völlig unbekannten Umgebung eine Existenzgrundlage aufbauen mussten, begann die neue Zeitrechnung nicht erst mit der Flucht oder gar ihrer Ankunft. Unsicherheit und Sorgen, Entbehrungen und Nöte begleiteten sie seit vielen Wochen, Monaten oder sogar schon seit Jahren. Die meisten bangten um Familienangehörige im Feld, hatten das Leid von Kriegsgefangenen und Zwangsarbeitern vor Augen oder sorgten sich wegen der näher rückenden Frontlinien um die eigene Sicherheit.

Viele der Flüchtlinge hatten beim Aufbruch geglaubt, es handele sich nur um eine kurzfristige Evakuierung, um eine vorübergehende Abwesenheit von Zuhause. Frauen packten in aller Eile das Nötigste zusammen, das für maximal vier Wochen reichen sollte. In der Aufregung blieben oftmals wichtige Dinge zurück. Kinder mussten eher ›Sinnvolles‹ in ihren Rucksack packen; die Puppe nahm unnötigen Platz weg. Aber auch die Transportbedingungen gaben Beschränkungen vor und limitierten das Gepäck. Zudem musste ausreichend Futter für die Tiere mitgenommen werden – ein überlebenswichtiges Gut und großes Kapital.

Wir waren im Hofe draußen. Und die Oma füttert aus so einer alten Bratpfanne die Enten, wie's so ist. Und da kommt der Postbote – es waren ja alle per du auf dem Dorfe und alle gut bekannt. Der kommt und gibt der Oma einen Brief. Die Oma macht den Brief auf und fällt um wie ein Baum. Und seitdem ist sie ganz in Schwarz gegangen. Ich hab's damals nicht begriffen, der Onkel Johann war gefallen.

Ruth Lohmann, * 1935 in Sachsen

*Und jeder hat's geglaubt: In 14 Tagen sind wir wieder zu Hause. Da hätten vielleicht die Bauern, die eben viel hatten, gesagt: »Ja, dann verstecken wir das und nehmen auch noch mehr mit.« Wenn sie einen eigenen Wagen hatten, dann kamen sie an erster Stelle. Aber die durften ja auch nicht alles mitnehmen. Die mussten ja so und so viele Leute mitnehmen. Nein, wenn sie zu viel aufgeladen hatten von sich selber, mussten sie das auch wieder abladen. (Christa Druskat, * 1926 in Schlesien)*

Dass eine Rückkehr nicht möglich sein würde, konnten sich die meisten Menschen zu diesem Zeitpunkt nicht vorstellen. Väter und ältere Jungen mussten bisweilen ohnehin zurückbleiben, sofern sie nicht eingezogen waren. Die Trennung der Familie bereitete zusätzliche Unsicherheit und Sorgen.

*Erst wurden die Frauen mit den Kindern auf den Weg gebracht. Die haben Wagen gekriegt. Wir waren zum Schluss dran. Da waren wir sieben Frauen auf dem Wagen, haben dann die schlechtesten Pferde gekriegt, die guten waren ja schon raus. Und der Papa konnte nicht mit. Meine Mutter und drei Geschwister – und dann war da noch eine Frau, mit zwei Kindern. So sind wir geflüchtet. Im ersten Quartier [ein verlassener Hof], als wir dort reinkamen, haben die Kühe gebrüllt, und ein Mensch lag allein im Bett – den konnten sie nicht mitnehmen. Meine Mutter hat erst mal die Kühe gemolken. Na, und dann ging das immer weiter. (Elisabeth Jung, * 1929 in Schlesien)*

Junge Frauen wie Christa Druskat waren auf sich allein gestellt und mussten für sich selbst sorgen. Christa hatte kurze Zeit zuvor ihre Mutter verloren; der Vater war zum Volkssturm eingezogen, der Bruder zu Kampfhandlungen in Russland abkommandiert. Die Flucht musste sie daher alleine antreten. Nun galt es, Anschluss und Unterstützung zu finden, denn die Kapazitäten waren begrenzt.

Abb. 9: Mit dem Fahrrad auf der Flucht, Januar 1945.

Abb. 10: Nach wochenlangem Marsch, Februar 1945.

*Na ja, uns haben sie auch einmal abgeladen, gleich am zweiten Tag. Das waren auch bloß so ein paar alte Pferde gewesen, die zurückgeblieben waren, schon ein bissel lahm. Und da haben sie nicht mehr gezogen. Die auf dem Gut dort gearbeitet haben, die hatten eben den Vorzug, die Pferde behalten zu können. Und da haben sie uns – zwei junge Mädel waren wir, und eine war eben schon 40 – uns haben sie runtergeholt: Sie nehmen uns nicht mehr mit, wir müssen hier abladen. Na ja, man sieht's ja ein, die Pferde ziehen es nicht. Und da hat uns dann die eine Großbauersfrau mitgenommen, die hatte zwei Gespanne. Na, wir hatten ja bloß ein Bett und ein kleines Köfferle. Hat die das mitgenommen. Dafür haben wir dann eben die Pferde versorgt. Dass sie Quartier kriegten, die Pferde, und Futter besorgt, dass sie uns hat lassen mitfahren auf ihrem Wagen. (Christa Druskat, *1926 in Schlesien)*

Viele Flüchtlinge mussten wochenlange Strapazen überstehen: Eisige Kälte, Hunger und Ungewissheit waren die ständigen Begleiter. Die endlos langen Fußmärsche durch den Schnee mit gefrorenen Strümpfen und kaputten Schuhen verursachten schlimme Krankheiten – Leiden, die manche Menschen ihr Leben lang begleiteten. Verstopfte Straßen mit Menschenmassen und Planwagen, soweit das Auge reichte. Die mangelhafte Ernährung schwächte zusätzlich, und die räumliche Nähe in den Fluchtquartieren begünstigte die Verbreitung von Infektionskrankheiten wie Fleckfieber und Typhus. Ungeziefer vergrößerte die Ansteckungsgefahr und schürte insbesondere bei Kindern Ängste.

*Wenn wir dann keine Unterkunft bekommen haben und mussten in einer Scheune schlafen, dann hatten wir Angst, weil es hieß: »Du musst aufpassen, wenn was kitzelt. Da kommt die Ratte und beißt dir die Nase ab.« (Käthe Giesler, *1940 in Schlesien)*

Neben der Sorge ums Überleben und der Suche nach dem nächsten Quartier für Mensch und Tier mussten auch die alltäglichen Gräuel verkraftet werden: der Anblick von Leichen am Straßenrand, verendete Tiere und brennende Städte. Der Luftangriff auf Dresden in der Nacht vom 13. auf den 14. Februar 1945 ist in vielen Erzählungen Thema und bildet eine Art Orientierungspunkt.

*Wir sind in der Bombennacht in Radeberg gewesen, weil wir nach Dresden nicht reindurften. Und am nächsten Tag, als wir in Meißen über die Brücke sind, da haben wir dort gesehen, wie die Balken und zum Teil auch Menschen geschwommen kamen. Also, es waren böse Kindheitserinnerungen. Denn der Vater war ja seit Anfang des Krieges eingezogen. (Hans Neumüller, *1931 in Schlesien)*

Für andere Kinder, insbesondere jene, die im Familienverband die Flucht antraten, waren die Schrecken nicht ganz so groß. Zum Teil konnten sie das Ausmaß dessen, was um sie herum passierte, nicht einmal im Ansatz erfassen, es erschien ihnen eher wie ein großes Abenteuer – eine Einstellung, die vielen im Nachhinein ein schlechtes Gewissen und Unverständnis wegen ihrer Sorglosigkeit bereitete. Im Moment der Flucht bot sie hingegen Schutz.

Na ja, hätte man nie gedacht, dass man so alt wird. Das alles – klar, die Leiden hat man ja behalten. Ich hab mir ein Blasenleiden zugezogen. Das hab ich bis heute. Ich brauch bloß ein bissel dünn angezogen zu gehen. Und solange hat niemand was gemerkt, solange wie wir auf der Flucht waren. Da waren alle fidel. Und ins Quartier gekommen, drei, vier Tage im Quartier gewesen, war im Bett gelegen, und ich hatte es mit der Blase gekriegt. Die andere Frau, die hatte eine ganz schwere Lungenentzündung und es auch schlimm mit der Blase gehabt. Weil ja auch nicht viel zum Anziehen da war, und wer kannte denn dazumal Hosen oder was, nicht? Wenn man auch einen Mantel hatte, aber es war ja nicht so lang alles. Na ja, die ältere Frau, die konnte immer wieder noch mal auf den Wagen, die ist nicht so viel gelaufen. Aber trotzdem hat die sich auch erkältet. Aber wir sind ja tagtäglich, abends ins Quartier: Strümpfe, Schuhe alles nass. Ja, manche hatten ja noch Feuer. Die haben schon immer auf Flüchtlinge gerechnet, nicht? Da haben sie so gefeuert, dass es noch bissel warm war. Da konnten wir die Schuhe hinstellen, wenn da wenigstens ein bissel die Feuchtigkeit raus war, die Strümpfe bissel trocknen. Aber manchmal mussten wir sie früh wieder so anziehen. Und wenn dann Frost war, da brauchte man nicht lange zu laufen, da war das immer angefroren, nicht? Musste man durch. Und weil eben auch immer wieder so viel frischer Schnee gefallen war. So war es ja festgefahren durch die vielen Fahrzeuge, aber es ist immer wieder frischer Schnee gefallen. Und frischer Frost wieder gekommen.
Klar, als wir konnten dort in W. bleiben, da wurde geheizt. Weil's Kaserne war. Und schöne Stuben. In den Kasernen sind ja auch Tisch und Stühle gewesen und Spinde oder wie man sagt. Und da hatten wir uns so richtig gefreut: »Ach, Gott sei Dank haben wir jetzt ein Quartier!«, wo wir uns auf dem Gang getroffen haben. »Haben wir es nicht schön jetzt hier?«, haben wir gesagt. Oh je, die große Überraschung kam dann früh! Und dann ging's bis ins Endquartier.

Christa Druskat, * 1926 in Schlesien

*Und eine Kälte, eine Kälte war das dort! Meine Mutter machte uns immer einen Schal um. Oh, das dauerte nicht lange, da war das alles gefroren. Tja, aber so als Kind oder als junges Mädel, ich hab das nicht so, wir haben das gar nicht so gesehen. Ach, das war gar nicht mal schlecht – Hauptsache, Mama und Papa waren dabei. (...) Mein Opa noch, der war aber auch schon über 80, als wir hierher kamen. Den hatten wir nun in einen Pelz eingewickelt – mein Vater hatte einen Pelz, so einen richtig dicken Pelz, weil er auch Langholz gefahren hat. Da haben wir den Großvater in den Pelz eingewickelt und immer abends dann runtergehoben vom Wagen. Wenn man sich das alles so überlegt! Und viele sind ja dann auch auf der Flucht gestorben. Ja, was wollten Sie aber machen? Die wurden in den Schnee gelegt und ein bissel Schnee drauf. Ging ja nicht anders, es ging nicht anders! So traurig, wie das klingt, aber es musste – wir mussten weiter, wir mussten weiter gehen. (Hilla Spillner, * 1930 in Schlesien)*

Junge Erwachsene trugen die Verantwortung für ihre kleinen Kinder und hatten sich gegebenenfalls auch um ältere und gebrechliche Familienmitglieder zu kümmern.

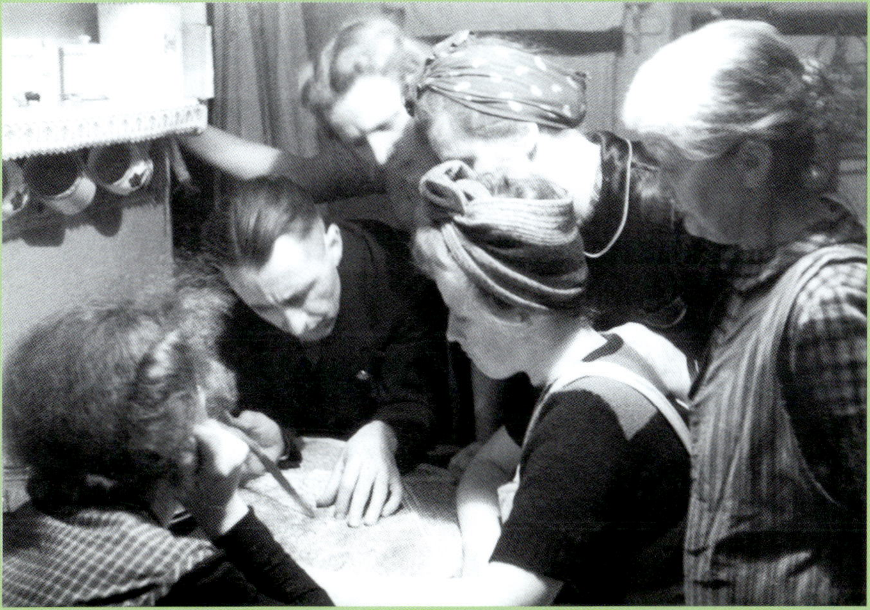

Abb. 11: Frauen und Kinder auf dem Weg zur nächsten Station: Parchau (poln. Parchów), Januar 1945.

Abb. 12: Lagebesprechung im Quartier, Februar 1945.

Die Angehörigen der weitverzweigten Familie Wollny hatten bereits zu Kriegszeiten Vorkehrungen getroffen und für den Krisenfall einen gemeinsamen Treffpunkt bei Verwandten in Schlesien vereinbart: Sechs Familienverbände trafen sich dort und machten sich dann gemeinsam mit sechs Pferdegespannen auf den Weg, darunter fünf Frauen mit ihren jeweils bis zu fünf Kindern sowie einige ältere Verwandte. Ihre Gruppe bildete eine Solidargemeinschaft und wahrte den Anschein von Normalität, um die Kinder zu schützen. Noch unter widrigsten Umständen feierte und würdigte der Familienverband beispielsweise einen Geburtstag.

*Ja, ich kann mich noch an die Flucht, an Einzelheiten erinnern. Zum Beispiel hatte ich im März Geburtstag. Und da hat man mich vom Wagen heruntergeholt und mir eine weiße bestickte Schürze umgebunden. Alle haben sich um mich herum gestellt und ein Geburtstagslied gesungen. Darauf hat meine Mutter – die Väter waren ja im Krieg – immer sehr geachtet. Das ist mir noch in Erinnerung, dass es doch was anderes gibt, auf der Flucht. Und meine Mutter hatte fünf Kinder, da war doch schon vieles zu verkraften. Das kann ich mir gut vorstellen. Aber das gefällt mir im Nachhinein, dass die Mutter eben und die Verwandtschaft auch trotzdem immer darauf geachtet haben, dass die Kinder was Positives noch haben. Muss ich sagen, dass da nicht bloß Angst und Schrecken war. (Käthe Giesler, geb. Wollny, *1940 in Schlesien)*

Auch Einheimische teilten, wenn auch in weitaus abgeschwächter Form, die Fluchterfahrung. In der Oberlausitz flohen viele Menschen vor der heranrückenden Frontlinie. Sie mussten ebenfalls von heute auf morgen alles verlassen und erinnern sich an die Details, wie beispielsweise die pfeifenden Geräusche der Raketenwerfer, bis heute.

*Na ja, und das Schlimmste, an was ich mich jetzt erinnere, war Krieg. Da sind wir vier Wochen unterwegs gewesen hier in S. oben, dann nach Schluckenau rüber. Bis dorthin waren wir. (...) Weil hier kamen dann die Russen. (...) Es hat gedonnert die ganze Nacht und den Tag zuvor, das haben wir ja weit gehört, als die Front kam von Görlitz und hier so. Es hieß immer, die Stalinorgel, das kommt immer näher. Ja, wir haben ja nicht viel verstanden, als Kinder. Da haben wir uns auch noch gar nicht irgendwie Gedanken gemacht. Und der Wagen war beladen, wie wir fortgefahren sind dann, wie eben die Trecks. Und auf einmal hieß es: »Los!« (Ruth Lohmann, *1935 in Sachsen)*

Kinder konnten die Erlebnisse nicht in ihren damaligen Erfahrungshorizont einordnen. Als Erwachsene versuchen sie daher häufig, eine Erklärung dafür zu finden. Else Lohmann, die Schwägerin von Ruth Lohmann, erlebte das Kriegsende als achtjähriges Mädchen. Auch sie musste ihr sorbisches Dorf in der Oberlausitz mit der Familie für einige Zeit verlassen und beim deutschen (d.h. nicht-sorbischen) Teil der Verwandtschaft Zuflucht suchen.

Es waren schon Zeiten, für uns Kinder auch so. Vieles erlebt. Dann mussten wir selber flüchten, zu dem deutschen Großvater. Sind wir dann hier ins Gebirge nach N. geflüchtet, am 20. April '45. Die Soldaten und die Front waren doch ganz nahe. Da haben alle gesagt:

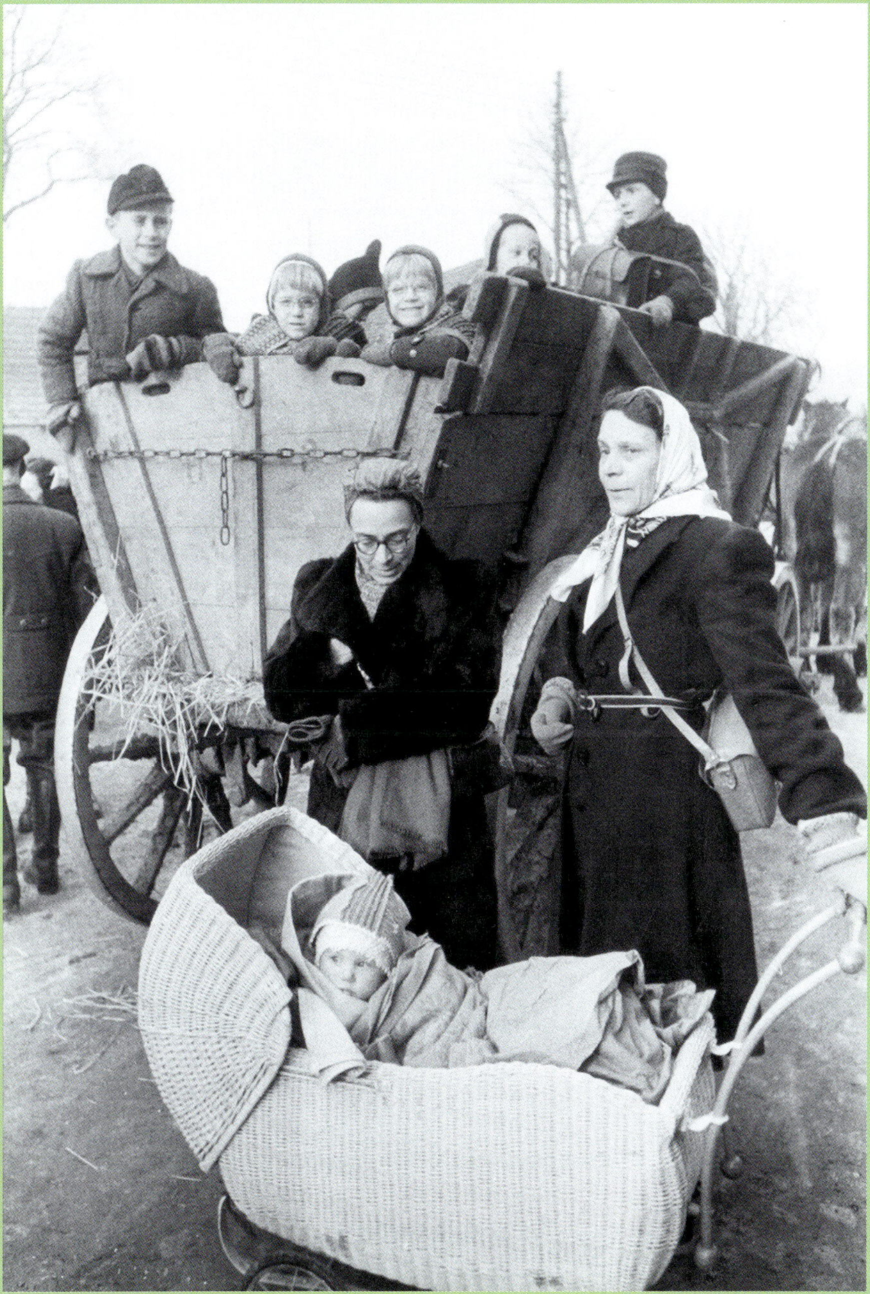

Abb. 13: Aufbruch aus Lübchen (poln. Lubów), Januar 1945.

Dann sind wir gefahren. Dann hat das ja hier alles bissel aufgehalten, und wir sind weiter. Dann waren wir dort oben in Schluckenau. Und ich hab draußen gestanden auf so einem Platz. Da war die Pferdekoppel. Und da waren alle Pferde dort in der Koppel. Und wir sind erst auch über den Marktplatz gekommen, war ja verstopft von den Trecks und Pferdewagen und Militär. Ich hab dort so gestanden, und dann kamen die Flieger. Und Flieger, wenn die so kommen, das Brummen, bei uns sind etliche Bomben gefallen in K. und hier an der Autobahn – wenn sie abgeschossen haben, haben die dann das fallen gelassen. Aber Dresden und so, das hab ich nicht gehört, aber unsere Erwachsenen haben das gehört. Wir als Kinder haben das nicht so gehört, haben auch fest geschlafen, wie's so ist. Aber da hab ich dort gestanden in Schluckenau, meine Geschwister auch. Auf einmal kommen die Eltern und Großeltern gerannt und raffen uns und ins Haus rein! Und da kamen lauter solche schwarzen länglichen Dinger am Himmel geflogen. Und das waren Bomben. Wir haben's ja nicht gewusst. Also wenn ich das so zeige jetzt und davon erzähle ... Unten waren ja überall Menschen. Also das ist schrecklich. Schrecklich! Und wir haben geguckt, ich hab das auch gesehen, und da haben wir gedacht, nanu. Und die kamen alle so versetzt. Rein, und dann hat die Erde gebebt! Als wir dann fort sind aus der Stadt und über den Marktplatz kamen: eine junge Frau, der war der Arm abgerissen. Das sehe ich auch noch. Alles Blut, Pferde aufgerissen, die lagen auf dem Marktplatz, Federbetten und die Pferde so – das sind solche Erinnerungen. (...)
Und was sich dann so abgespielt hat, das kann ich nicht sagen. Jedenfalls weiß ich, dass viele Tote gelegen haben, am Wegrand Soldaten, Russen wie Deutsche. Die hatten ja alle Uniformen an. Die lagen eben mit den Stiefeln und Helmen. Wir sind dann hier heim, im Hof nebenan lag auch ein beerdigter Soldat. Aber da guckte oben noch was raus, die Uniform und die Schuhe. Das wurde dann in den nächsten Tagen von Einheimischen, das haben die Russen dann eingeteilt, die mussten dann alle ausgegraben werden, wegen Krankheiten – und dann in ein Massengrab. Da hat man das so gesehen. Und überall hat eine Mutter gewartet oder eine Frau, nicht? Das ist so.

Ruth Lohmann, * 1935 in Sachsen

*»Ihr müsst fort, Ihr müsst fort!« Und dann sind wir auch weg. Ach, und unser Dienstmädel hat geweint: »Ich geh' nicht mit!« und »Ich will nicht!« Und die war dann froh, dass sie mit war. Da war allerhand in R. los – es wurden auch welche erschossen und so. Obwohl sie die Fahnen draußen hatten, aber die (Soldaten) haben selber so Schlimmes erlebt, die waren nicht zu bremsen. Und wie das so ist in jedem Krieg, nicht? Das ist ja immer dasselbe. (Else Lohmann, * 1936 in Sachsen)*

Das Ende des Krieges wurde nicht zwangsläufig mit Jubel begrüßt. Für viele Menschen bedeutete die ›Niederlage‹ des Deutschen Reiches eine herbe Enttäuschung – die Allmachtphantasien und der jahrelang propagierte Herrschaftsanspruch der Nationalsozialisten waren nicht wirkungslos geblieben. Zwar hatten die Kriegshandlungen nun endlich ein Ende, aber viele Erwachsene und auch Jugendliche hegten durchaus gemischte Gefühle angesichts der Militärfahrzeuge und marschierenden

Abb. 14: Massenunterkunft in einer Schule, Februar 1945.

Kolonnen der Siegermächte. Nicht alle sahen in ihnen sogleich die »Befreier«. Zudem bedeutete das Kriegsende nicht zugleich das Ende von Not und Sorge, von Hunger und Entbehrung. Unsicherheit und Ungewissheit in Bezug auf die Zukunft blieben bestehen; überall herrschte Chaos und Zerstörung, vertraute Werte und Normen waren (weiterhin) außer Kraft gesetzt. Viele, insbesondere die Flüchtlinge und Vertriebenen, fühlten sich in einem rechtsfreien Raum und ohne jeden Schutz.

Fremdes Land – Ankunft und Rückwärtsbewegungen

Ein Großteil aller Flüchtlinge wurde durch Sachsen geschleust. Geschätzte 20 Millionen Menschen bewegten sich gegen Kriegsende auf den Straßen der SBZ: Flüchtlinge und Ausgebombte, ehemalige Zwangsarbeiter und KZ-Häftlinge sowie Militärs. Diese Menschenmenge ausreichend mit Quartieren, Lebensmitteln und ärztlicher Hilfe zu versorgen, war schlicht unmöglich. Mehr als vier Millionen Flüchtlinge und Vertriebene verblieben in der SBZ, eine Million allein in Sachsen. Die Versorgung dieser Menschen mit Wohnraum und Lebensmitteln, mit Kleidung und Hausrat, mit Arbeitsmöglichkeiten und Geldmitteln stellte für die Behörden und die aufnehmenden Gemeinden eine starke Belastungsprobe dar.[4] Die Wohn- und Wirtschaftsbedingungen der Gegenden, in die Flüchtlinge geleitet wurden, waren oftmals ebenso unbekannt wie deren Zerstörungsgrad. Schnell gerieten einige Regionen daher an die Grenzen der Belastbarkeit. Gruppen von Flüchtlingen zogen mehr oder weniger ziellos umher, weil Bürgermeister die Menschen aufgrund der ablehnenden Haltung der Dorfbevölkerung an vermeintlich geeignetere Orte weiterleiten wollten.

Wir sind dann also hier nach R. gekommen. In R. wollte uns der letzte Bauer nicht reinlassen. Denn er hatte schon eine Großmutter mit Enkeltochter aus Ostpreußen und wollte niemanden weiter. Es war ja im Allgemeinen so: Wenn Flüchtlinge in den Ort kamen, dann waren die Leute auf der Straße, und dann haben die erst einmal ausgesucht – Arbeitskräfte, Pferde eventuell, das war das Wichtigste. Wer nimmt jemanden auf? Wer wird aufgenommen? Wie viele Kinder? Was ist zu versorgen? Und wir waren eben dann eine Frau, zwei alte Leute, zwei Kinder – das war kein Schnäppchen, um es mal spöttisch zu sagen.

Nach dieser unverhohlenen Ablehnung kam aber umgehend Hilfe aus dem Dorf, sozusagen von ›hinten herum‹. Ein bitterer Nachgeschmack blieb jedoch:

*Ein Sohn vom Fleischer in R., der ist dann übers Tor geklettert und hat bei dem größten Bauern das Tor aufgemacht. Und uns doch noch reingenommen. Wir waren die Letzten auf der Straße, und dann war der Zug erst mal untergebracht. Das war unsere Ankunft in Sachsen. (Hans Neumüller, *1931 in Schlesien)*

Die ›Aufnahmepolitik‹ der sächsischen Landesverwaltung erwies sich als besonders rigoros und wenig empathisch: Im August 1945 teilte diese Oberbehörde den Bürgermeistern und Landräten ihren Beschluss mit, bis Monatsende zwei Millionen Menschen abzuschieben und einen Aufnahmestopp zu verhängen.[5] Ohne Vorankündigung und ohne vorherige Absprache mit Sachsen-Anhalt, Brandenburg und Thüringen wurden Menschen mit LKW und anderen Fuhrwerken über die Landesgrenzen gebracht und z. T. auf freiem Feld abgesetzt.

*Die erste Begegnung war schon, wir kamen nach N., sollten dort eigentlich ankommen. Nachdem alles ausgeladen war und wir dort uns irgendwo sammelten, kam der Bürgermeister und sagte: »Wir können keine Flüchtlinge mehr aufnehmen, es geht weiter.« Wir waren von Anfang an unerwünscht, kann man sagen. (Margarethe Gärtner, *1936 in Schlesien)*

Dieses zweite Aufbrechen, nachdem das Ende einer langen Odyssee endlich erreicht schien, wurde häufig als noch schlimmer empfunden als die eigentliche Flucht. Auf dem langen Weg von Schlesien oder Ostpreußen nach Sachsen hatte es noch genügend Quartiere und hilfsbereite Menschen gegeben, nun machte sich verstärkt Ablehnung breit. Die Dörfer und Häuser waren bereits belegt, die Bewohner hatten Sorgen, dass die knappen Ressourcen nicht ausreichten. Noch mehr Flüchtlinge wollte man nicht dulden. Christa Druskat, die sich dann gemeinsam mit ihrem Vater von der Oberlausitz in die Uckermark aufmachen musste, traf vielerorts auf verschlossene Türen.

Überall hieß es: Die nehmen keine auf hier. So ziemlich zwei Wochen sind wir gefahren. Einmal in der Woche mussten wir ja mal aussetzen für einen Tag, denn einmal sind die

*Beine auch kaputt. Auch die Pferde mussten sich mal ausruhen. Aber das war schlimm. Diese Fahrt war schlimm! Und dann ist uns noch alles erfroren, wir mussten die erfrorenen Kartoffeln essen. Als wir weggefahren sind, hat es geregnet, und dann ist uns alles erfroren. Paar Äpfel hatten wir uns noch mitgenommen, ein bissel was Frisches, weil man ja auch nichts zu trinken kriegte. (...) Wir haben es dann im Quartier etwas aufgetaut: Äpfel ins heiße Wasser, das schmeckt auch gut. So ein Apfel, der gefroren ist und dann aufgetaut wird im kochenden Wasser, ist dann so wie Apfelmus. Und die Kartoffeln, die haben wir eben auch im heißen Wasser auftauen lassen und dann geschält und gekocht. Hauptsache, die oberste Schale war da. Wir haben sie mit der Schale gekocht, da ging's schon. Aber so – nirgends durften wir rein. Diese Fahrt war noch schlimmer. (Christa Druskat, *1926 in Schlesien)*

Insbesondere diejenigen, die erst später, also nach den großen Fluchtwellen, in den Besatzungszonen ankamen, trafen vermehrt auf Ablehnung und Unverständnis. Das lag nicht allein daran, dass inzwischen alle Quartiere überfüllt waren, sondern hatte seine Ursache auch darin, dass diese Vertriebenen noch stärker als »Fremde«, im Sinne von nichtdeutsch, wahrgenommen wurden – hatten sie doch in den nunmehr polnischen oder tschechischen Gebieten gelebt. Alte Vorurteile waren schnell bei der Hand, werteten die Ankommenden ab und sprachen ihren Ansprüchen jegliche Berechtigung ab.[6]

*Die hier Ansässigen, die sahen uns ja wie so Ausländer: »Und jetzt kommen die und wollen uns vereinnahmen.« Dass wir aber alles verloren hatten und nicht freiwillig gekommen sind ... Wir sind auch nicht Flüchtlinge, wir sind ja wirklich ausgewiesen worden! Wir sind ja nicht von uns aus von zu Hause weggegangen. Und deshalb unterscheide ich eigentlich immer sehr, wenn es immer so heißt, »Flüchtlinge«. Wir mussten ja wirklich raus, wir mussten alles verlassen und haben dadurch keinen guten Start gehabt. Und hatten hier auch keinerlei Bekannte oder Verwandte. Unsere Verwandtschaft, die stammte eigentlich alle aus Schlesien, und daher waren jetzt die andern Verwandten, Geschwister von unserer Mutter und Großeltern und so, auch verstreut in alle Himmelsrichtungen. (Margarethe Gärtner, *1936 in Schlesien)*

Neben unfreiwilligen, ziellosen Weiterleitungen von Flüchtlingsströmen gab es jedoch auch viele, die sich nach Kriegsende freiwillig wieder auf den Weg machten: zurück in die Heimat. Zur Frühjahrsbestellung oder zur Ernte wollte man zurück sein – in der sicheren Erwartung, die anderen Dorfbewohner würden ebenso bald eintreffen. Auch Gerüchte schürten die Aufbruchstimmung; das Eigentum sollte bewahrt werden.

*Um Pfingsten rum hieß es: Wer nicht bis zum 15. Oktober in Schlesien zu Hause ist, verliert das Heimatrecht. (...) Und wir hatten immer gesagt, auf die Straße kriegt uns keiner mehr. Alles andere ist egal. Na, jedenfalls blieb uns nichts weiter übrig. Dann haben sie sich zusammengetan, die wir eben hingekommen waren: »Was machen wir? Fahren wir heim, fahren wir nicht?« Jedenfalls – wir fahren. Also zusammengetan eines Tages und auf die Straße, wir fahren heim. (Hans Neumüller, *1931 in Schlesien)*

Die Rückkehrwilligen bezogen Quartier in einem grenznahen Dorf in der Oberlausitz und schickten aus ihren Reihen einen ›Abgeordneten‹ mit einem der nächsten Trecks mit, um die Lage zu sondieren. Dieser ›Späher‹ kehrte nach drei, vier Wochen zurück und berichtete, dass die Reise 30 Kilometer hinter Görlitz vorbei sei. Gepäck, Pferd und Wagen mussten zurückgelassen, der Weg nach Westen nun – über eine andere Route – zu Fuß angetreten werden. Das Fazit des Kundschafters fiel daher folgendermaßen aus: *Also heim kommen wir nicht. Und wenn wir heimkommen, kommen wir zu Fuß heim.*

Viele Erwachsene waren jedoch geradezu getrieben von dem Wunsch und der Hoffnung, zurückkehren zu können und klammerten sich an jeden Strohhalm, um eine vermeintliche Rückkehrmöglichkeit ausmachen zu können. Einige Familienmitglieder waren so umsichtig, dass sie den Verbleib von Menschen und Gütern an unterschiedlichen Zwischenstationen vereinbarten – als eine Art Risikominimierung.

*Wir sind geflüchtet bis in den Kreis Rochlitz. Dort wurden wir verteilt, die Mutter und wir drei Geschwister. Wir haben auch dort gearbeitet. Und dann hieß es, wir können nach Hause. Ich und die eine Schwester, wir sind bei dem Bauern geblieben, und meine Mutter und die (andere) Schwester, die sind mit dem Pferd losgezogen. Die wollten über die Mulde. Das erste Mal konnten sie nicht rüber, sind wieder zurückgekommen. Das zweite Mal sind sie dann, am nächsten Tag, über die Mulde gekommen. Wir sind aber beim Bauern geblieben und haben irgendwas zurückbehalten, dass nicht alles verloren geht. (Elisabeth Jung, *1929 in Schlesien)*

Bis in die Oberlausitz kamen die beiden Frauen – dann fand auch diese vermeintliche Heimreise ein jähes Ende. Mutter und Tochter wurden dort wiederum auf Bauerngüter verteilt, wie auch die übrigen ›Rückkehrer‹. Eine weitere Schwester war mit ihrem Treck bis in die Nähe von Dessau gekommen. Es dauerte Jahre, bis alle Familienangehörigen wieder mehr oder weniger zueinander gefunden hatten. Die Mutter war natürlich bestrebt, mit ihrem Mann zusammenzukommen, der nach wie vor – in dem nun polnischen – Heimatdorf festgehalten wurde. Die geplante Familienzusammenführung warf alledings etliche Probleme auf. Elisabeth als jüngstes und noch minderjähriges Kind sollte die Mutter nach Hause begleiten, hatte jedoch Angst vor der ungewissen Zukunft.

*Plötzlich hieß es, die Mama könnte zum Papa rüber. Da war ich noch keine 18. Und da mussten wir in Leipzig aufs Konsulat gehen. Ich hab auf dem Bahnhof gesessen, ich hab geheult, ich hab gesagt: »Ich geh' nicht mit! Meine ganzen Geschwister sind hier. Und die Eltern sterben mir weg, und dann bin ich alleine in Polen.« Da hat die Mama gesagt: »Na, dann bleibst du eben auch hier.« (Elisabeth Jung, *1929 in Schlesien)*

Es kam aber nicht mehr zur Heimreise der Mutter und zu einem Wiedersehen. Der Vater war in der Zwischenzeit verstorben.

Alte Heimat – Rückkehr und Vertreibung

Nicht alle wollten, konnten oder durften gegen Kriegsende ihre Heimat in den ehemals deutschen Gebieten verlassen. Einige machten auf ihrem Fluchtweg kehrt und zogen Richtung Heimat zurück, andere wollten zu Hause die Zeit abwarten – im festen Glauben daran, die Verhältnisse würden sich wieder ändern und so werden wie zu Vorkriegszeiten. Für die meisten derjenigen, die nach dem 8. Mai 1945 in den nunmehr polnischen oder tschechischen Gebieten verblieben oder dorthin zurückgekehrt waren, bedeutete das früher oder später: Vertreibung. Bis dahin hatten sie ihre Häuser und Wohnungen räumen und sich mit den neuen Bewohnern – oftmals ebenfalls umquartiert und vertrieben – arrangieren müssen.[7] Manche konnten in ihrem ehemaligen Haus wohnen bleiben und dort ein Zimmer beziehen. Der neue Hausherr wurde als der zuständige, als »ihr« Pole wahrgenommen.

Wir durften im Haus wohnen bleiben. Wir hatten ja früher zwei Mieter, und da durften wir dort uns eine Wohnung bewohnbar machen. Es war ein vollkommenes Chaos in den Wohnungen. Das kann sich kein Mensch vorstellen! Bis in der Höhe lag da Unrat und Zeug. Die hatten alle Schränke ausgeräumt und dann alles in die Wohnung geschmissen. (...)
Im November 1945 ging dann die Vertreibung los. Da kam in der Nacht die polnische Miliz mit Gewehrkolben an die Haustüren donnern: binnen einer Stunde raus. Das haben wir im Nachbarhaus erlebt. Da war eine Frau mit einem kleinen einjährigen Kind – machen Sie mal das Kind wach und ziehen Sie sich an, was schaffen Sie denn da in einer Stunde? Dann hörten wir, es geht ein Freiwilligentransport raus. Und da haben wir uns für den Freiwilligentransport gemeldet. Weil meine Mutter auch sagte – der Vater war nun schon gestorben und mein Bruder 19, und ich war ja damals noch Schulkind – was sollen wir dort unter Polen? Wie gesagt, Zukunft gab es dort keine. Haben wir uns gemeldet: bitte in den Freiwilligentransport. Das war dann ein Güterzug. Da mussten wir früh antreten, und da wurde der Waggon vollgepfercht mit Leuten, und dann standen wir mittags aber immer noch auf dem Bahnsteig. Da hieß es, aus den umliegenden Dörfern werden die Vertriebenen noch dazu transportiert. Dann haben wir am Bahnsteig meinen Cousin entdeckt. Der war mit 16 Jahren vom Volkssturm zurückgelaufen und hat seine Eltern gesucht und nicht gefunden. Wir haben ihn dann in unsern Waggon hineingezerrt. Dass der einen Halt hatte. Ja, und da kam dann unser Pole an dem Tag auch noch mal gucken, brachte uns heißen Tee und etwas zu essen. Und dann kam noch eine Mieterin aus unserem Haus, die konnte Polnisch. Da haben die Milizen den Polen angeschrien, was er hier wollte, die Mieterin hat uns das übersetzt. Sie haben gesagt, dann sollte er doch gleich mitfahren mit den Deutschen.
*(Irmgard Neumüller, *1932 in Schlesien)*

Die beiden Schwestern Dorothea und Margarethe Gärtner lebten gemeinsam mit ihrer Mutter und der älteren Schwester noch zwei Jahre lang in ihrem Heimatort – wie in einer Art Vakuum. Während dieser Zeit hatten die Mädchen versucht, nach ihren Kräften zum Familienunterhalt beizutragen. Bei der Ausweisung 1947 waren die beiden, die nur ein knappes Jahr Altersunterschied trennt, elf Jahre alt.

Dann war der achte Mai, und da war der Waffenstillstand. Da sagten die Leute in unserem Quartier: »Bleiben Sie doch hier!« Aber mein Vater, der sagte: »Was wollen wir hier? Nach jedem Krieg sind die Flüchtlinge nach Hause gegangen. Wir machen nach Hause, die andern W.'er werden auch kommen.« Und da sind wir dann am 10. Mai früh, haben wir uns auf die Socken gemacht, und da sind wir nach Hause gelaufen. Im Winter nur gelaufen und dann wieder gelaufen. Da sind wir gelaufen jeden Tag so 25 Kilometer. Das war ein wunderschöner Frühling gewesen. Und wie wir dann eben wieder nach S. gekommen sind, dort haben wir Rast gemacht einen Tag, und dort war alles niedergebrannt, alles verwüstet. Also, wer dort geblieben ist, der hat es nicht überlebt. Und da sind wir von dort eben weiter und ja, jeden Tag und jeden Tag sind wir gelaufen, gelaufen. Dann waren die deutschen Verkehrsschilder schon, innerhalb von ein, zwei Tagen waren die deutschen Verkehrsschilder schon weggeräumt und alles. Und dann kamen die Russen, die haben dann die Tore von den Bauernhöfen aufgemacht. Dort mussten wir immer wieder rein. Die haben die Tore zugemacht, und da mussten wir den Wagen immer abräumen. Wurden wir wegen – da haben sie immer die Ausrede gehabt oder es war vielleicht auch so – wegen Waffen durchsucht. Und da stand in dem einen Bauernhof, also ich denke so oft daran, eine junge Frau, die hat bitterlich geweint. Die war so an die Mauer angelehnt dort, und zwei Kinder, vielleicht so fünf und sieben Jahre, ein Junge ist dabei gewesen. Und bei dem hatten sie eine kleine Patrone in der Hosentasche gefunden, wie Kinder so sind. Und die Frau, wir durften miteinander, wir durften kein Wort sprechen, gar nichts, gar nichts. Und wir hätten ja gerne die Frau mit rausgenommen. Aber es war nicht möglich. Was aus ihr mag geworden sein? Was sie mit der mögen gemacht haben? Man weiß es nicht. Ja, und da wurde dann, uns wurde dann immer weggenommen, was eben, was ihnen aus dem Koffer so an Wäsche gefallen hat. Da haben wir wieder zusammengepackt und wieder rein. Da durften wir wieder weiterfahren. Und da haben sie schon am zweiten, dritten Tag, haben sie uns unsre Pferde ausgespannt. Da haben sie uns dann zwei Ponys gegeben, die waren aber krank. Da sind wir bloß bis ans Dorfende gekommen, da haben sie uns die Ponys wieder ausgespannt. Dann haben sie uns zwei Ochsen gegeben. Das ging dann nur so im Schneckentempo. Und ach, da sind wir keinen ganzen Tag lang gefahren, da haben sie uns die Ochsen weggenommen. Dann haben sie uns gar nichts, gar kein Tier gelassen, da haben wir uns vorm Wagen gespannt. Aber inzwischen hatten wir nichts mehr, wir hatten nur noch einen Sack gehabt, der da noch übrig blieb. Und da haben wir die Lumpen, kann man sagen, reingeschmissen. Wir wollten nur immer wieder fort und heim. Am 19. Mai waren wir zu Hause. Also wir haben uns vor den Wagen gespannt, die Tanten haben geschoben. Wir wollten auch den Wagen nicht stehen lassen. Der Papa hat gesagt, wir müssen: »Zu Hause brauchen wir ja den Wagen wieder.« Und, ja, dann waren wir am 19. Mai zu Hause, das war Pfingstsonnabend, ein wunderschöner Tag. Unsre Oma hatte Geburtstag. Und da sind wir dann in unsern Hof gekommen, und meine Tanten, die hatten auch Grundstücke, die sind in ihr Grundstück gegangen. Es war zum Glück noch frei gewesen. Es waren ja teilweise schon Polen eingezogen. Dort in

W. haben wir dann erst mal sauber gemacht. Ausgeräumt waren die ganzen Möbel. Es standen noch ein oder zwei leere Bettstellen da, weiter nichts. Und den ganzen Tag waren die Russen, das Haus war voller Russen. Die Mutter musste für die irgendwas zu essen machen, obwohl wir selber gar nischt hatten. Und wir haben dann, an dem Tag haben wir nichts gemacht, und am andern Tag sind wir dann ans Aufräumen gegangen. Aus den Mieten waren die Kartoffelkeime so durchgewachsen. Da haben wir die Kartoffeln raus genommen. Und unser Vater, der konnte ja gar nischt mit seinen Beinen machen. Wir Kinder haben uns vor den Pflug gespannt. Da haben wir sechs Morgen Kartoffeln gesteckt. Die Eltern haben immer gesagt: »Wenn die andern W.'er kommen, die haben dann nicht mehr die Zeit dazu, dass sie wenigstens im Winter, dass wir bissel aufteilen können.« Und wir haben gewartet und gewartet. (...) Wir waren eben so richtig zuversichtlich gewesen. Und eines Tages kam mein Bruder von der Straße gerannt und sagt: »Mama, ich hab eben gehört, die Deutschen müssen raus.« Da sagt meine Mutter: »Junge, du dummer Junge, wir sind doch hier zu Hause! Uns kann hier niemand rausjagen.« Und abends, halb neune, kamen polnische Soldaten, russische Soldaten mit Gewehr und Gummiknüppel: »In einer halben Stunde den Ort verlassen!« Da wollten wir noch meine Schwester holen. Uns wurde aber die Straße verwehrt, wir durften nirgends hin, keinen Schritt mehr ohne Beobachtung tun. Da haben wir aber Leuten gesagt, die möchten sie doch benachrichtigen, dass wir gehen nach Sachsen. Wir wussten, dass unsre anderen W.'er alle hier in Sachsen untergebracht waren. Und die sollten ihr das doch ausrichten. Aber das hat niemand gemacht. Die hat nicht gewusst, dass wir weg waren, ein paar Tage nichts erfahren. Und die hat ja dann auch bitterlich geweint. Sie war neunzehn, zwanzig. Ein Jahr später ist sie dann ausgewiesen worden.

Martha Leibelt, * 1931 in Schlesien

MG: Na ja, und dann haben wir noch die zwei Jahre bis 1947 unter den Polen gelebt, wo weder Schule noch sonst irgendwas gewesen ist.
DG: Dort haben wir unsere Puppen und Puppenstubensachen an die Polen verkauft, um Brot zu kaufen, um leben zu können. Unser Vater war im Krieg geblieben. Weder amtlich vermisst, noch gefallen. Also einfach keine Post mehr gekriegt. Im Januar '45 kam, glaube ich, die letzte Post. Da ging's dann schon durcheinander mit dem Kriegsende.
MG: Und unsere Mutter hat dann versucht, mühsam – obwohl sie auch gesundheitlich sehr angeschlagen war und ganz schlimm mit Migräne belastet war – hat sie dann dort bei einem Bauern versucht, mitzuhelfen, bloß um irgendwas zu bekommen. Und weil man dort eher die Chance hatte, irgendwas an Naturalien zu bekommen. Aber das war auch so gut wie nicht bezahlt. Also es war mehr als spärlich. Und Schule hatten wir auch gar nicht. (...)
DG: Wir sind in Schlesien noch in den zwei Jahren im Frühjahr in leerstehende Gärten, wo keine Deutschen mehr waren, gegangen, haben Blumen gepflückt und verkauft.
MG: Kleine Sträuße, sind zum Bäcker und Fleischer gegangen, um sie zu verkaufen. Fünf Złoty oder zehn Złoty, und ein Brot kostete, glaube ich, 60 Złoty. Also können Sie sich vorstellen, wie mühsam das war, um das Leben zu fristen. Ja, und Schule war in der Zeit gar nicht. Dort hat die Kirche eigentlich dann jeden Tag so eine Art Christenlehre

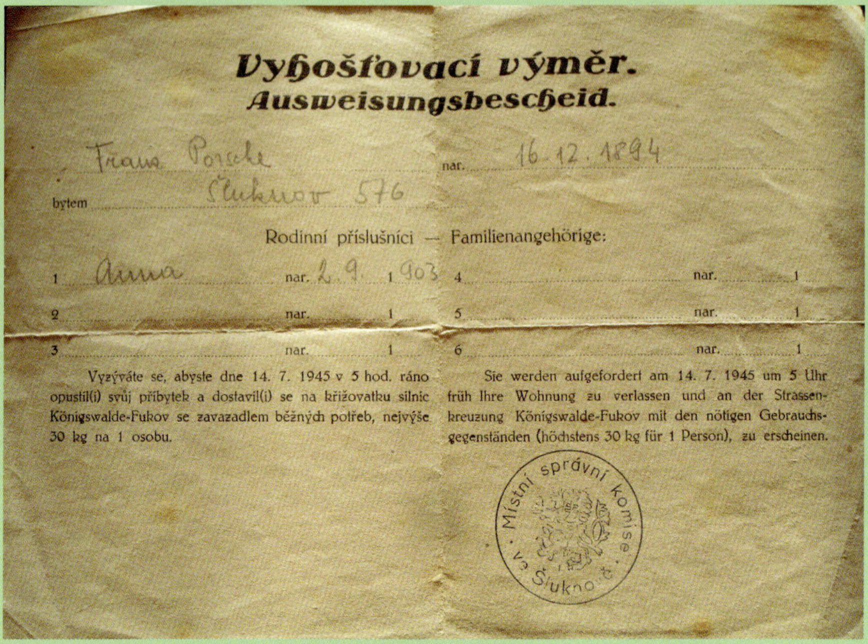
Vyhošťovací výměr.
Ausweisungsbescheid.

Franz Porsche nar. 16.12.1894
bytem Šluknov 576

Rodinní příslušníci — Familienangehörige:

1 Anna nar. 2.9.1903 4 nar. 1
2 nar. 1 5 nar. 1
3 nar. 1 6 nar. 1

Vyzýváte se, abyste dne 14. 7. 1945 v 5 hod. ráno opustil(i) svůj příbytek a dostavil(i) se na křižovatku silnic Königswalde-Fukov se zavazadlem běžných potřeb, nejvýše 30 kg na 1 osobu.

Sie werden aufgefordert am 14. 7. 1945 um 5 Uhr früh Ihre Wohnung zu verlassen und an der Strassenkreuzung Königswalde-Fukov mit den nötigen Gebrauchsgegenständen (höchstens 30 kg für 1 Person), zu erscheinen.

Místní správní komise ve Šluknově

Abb. 15: Zweisprachiger Ausweisungsbescheid, Juli 1945.

*veranstaltet, die Kinder ein bissel zusammengenommen, damit sie überhaupt ein bissel mal für eine Stunde am Tage zusammen waren. Und dort haben wir auch viel gelernt, an Psalmen, an Liedern und so manches. Aber es war halt keine Schule, kein Unterricht, keine Fächer und gar nichts. (Dorothea Gärtner, *1935 in Schlesien, und Margarethe Gärtner, *1936 in Schlesien)*

Während die Kinder weitgehend sich selbst überlassen blieben, wurden Arbeitskräfte dringend benötigt, auch in den mittlerweile polnischen oder tschechischen Gebieten. Jugendliche über 14 Jahre durften daher nicht ohne weiteres ausreisen, sondern sollten zwangsverpflichtet werden. Der damals 17-jährige Albert Pittner kam mit dem Schrecken davon:

Das ist der Ausweisungsbescheid. So einen Zettel haben sie uns gebracht, den Tag zuvor. Und da stand ich gar nicht mit drauf. Ich hätte gar nicht mit raus gedurft. Aber ich hab mich da klein gemacht, hab kurze Hosen angezogen – ich war sowieso ein kleiner Kerl –, aber sie haben trotzdem gesagt: »Also, der nicht!« Da hat der Vater gesagt: »Er ist ja erst 14 Jahre.« Dann hat er geguckt: »Na gut, dann mit!«
Wir mussten früh dort sein, mit 30 Kilo Gepäck. Und am Bahnhof, da standen noch Tschechen und auch Tschechinnen, die haben diese 30 Kilo noch durch- und rausgesucht, was sie noch wegnehmen konnten. So, dann hatten wir alles auf den Handwagen gepackt und sind in den Bahnhof, auf den Güterbahnhof, und da stand ein Zug. Da haben sie uns

*eingewiesen in die Waggons. Und die Wagen mussten wir alle woanders hinstellen, an die Seite. Und fünf Minuten vor Abfahrt des Zuges, da haben sie erst den Zug 100 Meter weiter gefahren. Und dann haben sie gesagt: »Wer noch einen Wagen haben will, soll sich einen holen.« Und da bin ich noch mal runtergeklettert – das waren offene Waggons – und hab einfach, weil die sagten: »Fünf Minuten!«, hab einfach einen erwischt dort und hab den hochgegeben, der Vater hat von oben gezogen. Na ja, und so ist das losgegangen. (Albert Pittner, *1928 in Böhmen)*

Einquartierungen – enge Kammern und riesige Säle

Etwa Dreiviertel aller Flüchtlinge lebten auch in Sachsen zunächst auf dem Land. Hier waren die Lebens- und Arbeitsbedingungen unmittelbar nach Kriegsende wesentlich günstiger als in den zum Teil großflächig zerstörten Städten. Der Anteil der Landbevölkerung an der Bevölkerung insgesamt stieg von 31 Prozent im Jahr 1939 auf 35 Prozent im Jahr 1946, trotz des Verlustes durch die Kriegsopfer. Die Dorfbevölkerung musste zusammenrücken, damit auch die Neuangekommenen noch Platz finden konnten.

*Die haben praktisch im Korridor geschlafen. Und eine kleine Kammer gab es noch damals, das war dann die Küche, drin haben sie gewohnt. Und in unserer Stube, die hatten wir ausgeräumt, ins Bad die Möbel alle reingeschachtelt, geschichtet, und da haben sie dort drin dann auch noch (gwohnt), die Frau Wagner mit den drei Mädchen. Na ja, bis das dann langsam bisschen Luft gab. Und da haben die dann in der alten Schule gewohnt hier drüben, was zur Kirchgemeinde früher gehörte, dann Gemeindehaus war, und jetzt haben sie es privat gekauft. Und da wohnen die jetzt noch. (Maria Klüber, *1938 in Sachsen)*

Die Versorgung mit Wohnraum stellte ein großes Problem dar, das sich über viele Jahre hinziehen sollte. Als Notunterkünfte mussten auch Abstellräume, Hausflure, Bodenkammern, Waschküchen, Stallgebäude und dumpfe Kellerlöcher dienen. Wohnraum war insgesamt knapp, denn durch die Kriegszerstörungen standen im November 1945 jedem Erwachsenen nur noch 9,2 Quadratmeter Wohnfläche zu Verfügung – im September 1939 waren es noch 15 Quadratmeter gewesen.[8] In Sachsen klafften die Werte noch weiter auseinander: 8,3 Quadratmeter waren es im Jahr 1945 gegenüber 16,2 Quadratmetern vor Kriegsbeginn. Diese Zahlen geben Durchschnittswerte an, in der Realität sah es natürlich anders aus: Der Altbevölkerung stand in der Regel doppelt so viel Wohnraum zur Verfügung wie den Neuangekommenen.

Die kleinsten zwei Zimmerchen – ach, vielleicht beide zusammen so groß wie der Raum hier! – die wir zur Verfügung bekommen hatten. Nebenan war eine herrliche große Küche mit fließendem Wasser, mit Abfluss, (...) mit Abstellkammer, dort wurden die Mägde untergebracht, die hatten es viel größer. Wir mussten vom ersten Stock im Keller unten unser Wasser holen. Wir mussten das Wasser runtertragen. Ganz unten war eine Toilette zur Verfügung, obwohl auf der halben Treppe auch eine Toilette war. Also, was nur ging

*– man kann sagen, es war die reinste Schikane. Wenn da nicht mal eine Angestellte, die nebenan praktisch wohnte, mal kam und sagte: »Sie können sich schnell mal einen Eimer Wasser holen«, um ihn nicht von ganz unten hochholen zu müssen. Acht Jahre (haben wir dort gewohnt). (Margarethe Gärtner, *1936 in Schlesien)*

Das Gesetz Nr. 18 des Alliierten Kontrollrates vom 8. März 1946 sah die Einrichtung von Landeswohnungsämtern vor: Auf kommunaler Ebene sollten Wohnraumkommissionen den Zustand und die Belegung von Gebäuden und Räumen erfassen. Nach der Feststellung des Ist-Zustandes kam es zu Beschlagnahmungen und Umverteilungen. Diese erzwungenen Einquartierungen bildeten die Ursache zahlreicher Konflikte zwischen Alteingesessenen und Hinzugekommenen: Die drangvolle Enge sowie die gemeinsame Nutzung von Küchen, Waschküchen und Aborten stellten ein große Herausforderung für alle Betroffenen dar. Viele Menschen zeigten dennoch Mitgefühl und räumten hilfsbereit eine Stube aus:

*Wir sind dann bis nach A. Es hat doch keiner gewusst, was das überhaupt für ein Dorf ist! Wir sind aber gut aufgenommen worden. Wir kamen gleich in eine Bauernfamilie, wo wir erst mal ein richtiges Bett hatten. Die haben gleich ihre Ehebetten zur Verfügung gestellt. Wir hatten ja immer bloß in Sälen geschlafen unterwegs. (Hilla Spillner, *1930 in Schlesien)*

Andere hingegen empfanden die ungeladenen Gäste als Belastung – und als unangemessene Bedrohung der eigenen Ressourcen.

*In S., da haben wir bei einem Bauern gewohnt. (…) Da hat meine Mutter dann gefragt – wir haben in so einer alten Kammer geschlafen –, ob sie uns wenigstens mal bissel Stroh geben, wo wir drauf schlafen können. Und da hat die Frau gesagt: »Was sollen wir denn dann unserm Viehzeug geben zum Einstreuen?« (Ernst Wischnowski, *1939 in Schlesien)*

Hier wird das Wohl des Viehs – wertvolles Kapital für die Wirtschaftsfähigkeit eines Hofes und die eigene Existenz – über das Wohl von »Fremden« gestellt. Die Familie musste im Wortsinne zusammenrücken, um Wärme und Schutz zu finden:

*Mein Großvater, der war im Ersten Weltkrieg gewesen und hatte noch so einen alten Militärmantel. Und da hat er uns hüben und drüben zusammengenommen – das war ja kalt gewesen – und da lagen wir nun hüben und drüben dran. Da haben wir uns wenigstens so gegenseitig gewärmt. Na ja, das war schon nicht so … Das einzige, was wir hatten: nichts zu essen. Es gab ja gar nichts. Nur ein paar Sachen, die hatten wir von Schlesien bis hierher mitgebracht. (Ernst Wischnowski, *1939 in Schlesien)*

Und falls der zugewiesene Wohnraum dann wieder als Eigenbedarf beansprucht werden konnte, mussten sich die Flüchtlinge erneut auf die Suche nach einer vorübergehenden Bleibe machen.

*Ja, war schon schwer, die Zeit. Und in G. (…) mit den Wohnungen und Wohnraum war's auch schwierig. Da sind wir sechs-, siebenmal umgezogen. Na ja, einmal dort und (dann hieß es): »Das brauchen wir für unsre Leute. Na ja, müsst ihr eben dorthin.« (…) Zum Beispiel: Wir kamen an, da war ein Zimmer frei, und da standen ein paar Möbel drin. Dort durften wir einziehen. Und dann kamen Verwandte von denen. Und dann sagten die: »Wir brauchen das für uns.« Dann sind wir zu den nächsten, und dann haben wir dort oben bei Noacks gewohnt. (Irmtraud Meißner, *1937 in der Woiwodschaft Posen, Polen)*

Neben den Privatquartieren wurden die Flüchtlinge vielfach in ehemaligen Rittergütern und Schlössern bzw. deren Nebengebäuden untergebracht. Diese waren oftmals in schlechtem baulichen Zustand, die Wohnbedingungen völlig unakzeptabel und alles andere als herrschaftlich.

Das Leben im Schloss – vielfach handelte es sich um ein stattliches Gutshaus, das von den Einwohnern als »Schloss« bezeichnet wurde – bedeutete Wohnen in riesigen Räumen, zumeist Durchgangszimmern, die oftmals mehrere Familien gemeinsam nutzten. Auch die Vorräte mussten dort untergebracht, Wasserquellen und Kochgelegenheiten geteilt werden. Neugeborene, Kleinkinder, alte und kranke Menschen lebten auf engstem Raum zusammen. Diesen unfreiwilligen Wohngemeinschaften wurden ein Höchstmaß an Toleranz und Rücksichtnahme abverlangt. Ernst Wischnowski, zum Zeitpunkt der Ankunft in Sachsen sechs Jahre alt, wohnte fast sieben Jahre lang in einem Schloss.

*Wir haben ganz oben gewohnt. Da war gar nichts gewesen. Das Schloss muss ja ganz gut bewirtschaftet gewesen sein hier. (…) Und als wir dann herkamen, da war das ja alles noch toll eingerichtet. Da waren ja noch so die Trophäen und alles, das war alles ausgelegt mit Fußboden – und die Möbel. Na, da kamen dann hier die Kommunisten, heutzutage kann man es ja sagen, und wir hätten gern ein Stückel gehabt und gebraucht, aber die haben das alles zum Fenster runtergeschmissen, weil das Kapitalismus war. Wurde alles vernichtet. Und das waren Möbel gewesen, da hätte man heutzutage einen Haufen Geld dafür gekriegt. Das wurde alles kaputt gemacht. (…) Die untersten Etagen, da war ja alles Kamin drin, wurden Kamine gefeuert dann, wenn's wirklich mal (kalt) war. (…) Da kamen ja dann so viele, jedes Zimmerchen wurde dann belegt. (…) Na ja, wir haben alle zusammen in einem Zimmer (geschlafen): mein Großvater, mein Bruder und meine Mutter. (…) Die Essen gingen ja durch von den Kaminen. Und da wurde dann ein Loch reingemacht, so dass wir dann einen Ofen stellen konnten. Und da wurde dann auch bissel geheizt, dass wir nicht im Winter erfroren sind und auch gekocht werden (konnte). (Ernst Wischnowski, *1939 in Schlesien)*

Viele Gutsgebäude hatten zuvor häufig als Unterkunft für Soldaten oder als Gefangenenlager gedient – entsprechend war der Zustand der Räume und des Mobiliars. Unterschiedliche Interessenlagen stießen hier aufeinander: Wollten die einen »Schlösser« und Inventar als Zeichen überwundener Feudalherrschaft vernichten, benötigten die anderen dringend intakte Wohnräume und Einrichtungsgegenstände.

*Na ja, und dann noch die Ankunft: Wir waren ja im Schloss, alles eng und vor allen Dingen erst mal schmutzig. Dort war das Soldatenlager für die Russen. Da haben sie das Stroh rausgebracht. Und das roch dann so – das war ja das Wasserschloss in W. Und da hab ich mich immer gefürchtet. (…) und es war eng, jede Familie bloß ein Zimmer und mehr nicht. Und keine Heizung, gefroren haben wir viel. Und die Mutter hat sich alle Mühe gegeben, aber es war nicht zu ändern. (Käthe Giesler, *1940 in Schlesien)*

Anfangs hatte jede der sechs Familien nicht einmal ein Zimmer für sich, sondern erhielt erst, als die Männer aus der Gefangenschaft heimkehrten, einen eigenen Bereich. Gekocht wurde in einer Großküche im Erdgeschoss.

Andere nahmen als Kinder die Wohnverhältnisse im Schloss als weitaus komfortabler wahr als die Bedingungen ihrer eigenen Unterbringung. Sei es, weil die Ausstattung insgesamt besser war oder weil der Nimbus des Begriffes »Schloss« schon von vornherein Wohlstand und Sorglosigkeit suggerierte.

*Als wir kamen, waren Möbel und alles weg. Andere haben im Schloss gewohnt. Die hatten wunderschöne Zimmer. Der einen Frau, der tat ich dann so leid. Die sagte immer: »Komm nur mal Sonntag zu mir. Ich kann Kuchen backen« und so weiter. Da hab ich (gesagt): »Ach wie wohnt ihr denn, in so schönen Möbeln?« »Ja, das sind die Schlossmöbel.« Die von Kraus' waren weg, haben alles so gelassen, wie's war. Und da waren die Flüchtlinge drin. Und wir wohnten bei Donaths auf dem Stroh und ja – an Kuchen war nicht zu denken … (Margarethe Kirchner, *1930 in Schlesien)*

Das Schloss, das kann man sich nicht vorstellen, das war voller Flüchtlinge. Das waren ja nicht nur die Familien, das war auch alles andere. Doktor Vogel, der ist als Kinderarzt ins Schloss gekommen. Und der hatte selber nischt. Der hatte auch zehn Kinder. Nischt zu essen, und da hat er die Kinder behandelt und gesagt: »Gebt mir Essen.« Mit dem Rucksack ist er dann nach Hause gegangen. Und die jüngste Tochter, das hat sie jetzt erzählt: »Ja, ich kann mich noch erinnern. Der Vater hat gefragt: ›Kommst du nicht mit?‹ Aber ins Schloss wollt' ich nie gehen. Das war ja so brutal. Dort musste man sich ja durchschlängeln durch die …« War ja alles vollgestellt, war ja alles vollgestellt! Die Familien hatten einen Raum, das war's, und auf den Fluren und überall, wie es so gewesen ist. Die hatten ja dann auch noch die Landwirtschaft. Alles war vollgestellt.

Käthe Giesler, * 1940 in Schlesien

Die Unterbringung in Bauernhäusern und geräumten Gutsgebäuden war ursprünglich als kurzfristige Notlösung gedacht: Edwin Hoernle, Präsident der Zentralverwaltung für Land- und Forstwirtschaft, hatte bereits im Februar 1946 angemahnt, dass diese Art der Einquartierung höchstens einige Monate, allenfalls ein Jahr oder zwei funktionieren könne. Tatsächlich aber handelte es sich häufig um ein ›dauerhaftes Provisorium‹: Zahlreiche Familien lebten fünf oder gar sieben Jahre lang auf engstem Raum in diesen maroden Gutsgebäuden und teilten sich Stalleinheiten und Stauraum in Scheunen. Der Aufbau eines eigenen landwirtschaftlichen Betriebes beispielsweise war daher kaum möglich.

*Bei dem Bauern mussten wir '46 dann raus. (...) Auf dem Rittergut in R. waren die Russen. Und die haben das Rittergut dann aufgegeben und haben ihre Kommandantur nur noch in W. gehabt. Und dort in dem Rittergutsgebäude haben wir eine Wohnung gekriegt. Also unten die Wirtschaftsräume, Küche und die Rentamt-Zimmer, das waren zwei Zimmer und eine Kammer. Also für uns Schlafstube, Küche und die Futterkammer. Das war die Wohnung, die wir im Rittergut bekommen haben. Gegenüber, die andere Hälfte vom Parterre, war Kindergarten. Und erste Etage war Gemeindeamt. (...) Und haben eben auch in dem langen Rittergutsstall ein(en Stand gehabt) für unser Vieh, dort waren vier oder fünf gar, die sich in den Stall geteilt haben. (...) Na ja, und da hat man dann eben die Kühe, Kuh, Kalb und das Pferd, dann war noch ein Stand hinten übrig, und dort wurde ein Karnickelstall reingestellt. (Hans Neumüller, *1931 in Schlesien)*

Auch wenn das Leben im Schloss als eine Zeit drangvoller Enge, des Mangels und der Provisorien erinnert wird, stellt dieser Abschnitt für viele eine sehr wichtige Phase dar – immerhin waren es oftmals mehrere Jahre, in denen das Schloss das ›Zuhause‹ darstellte. Die Räume und das Gelände waren vertraut, das Gebäude fast liebgewonnen, sodass die ehemaligen Bewohnerinnen und Bewohner die weitere Entwicklung der vielfach baufälligen oder sanierungsbedürftigen Anlagen interessiert verfolgten, an ihrem Schicksal Anteil nahmen und sich heute darüber freuen, wenn die Bauten erhalten und saniert wurden.

*Zuerst wohnten wir ja im Schloss. Und das berührt mich immer, das Schloss. Wenn der Herr von Zenker kommt, dann fahren wir auch immer mal rüber, und dann will man mal sehen, wo man gewohnt hat dort oben. Das wird ja jetzt alles so schön hergerichtet. Also, es ist wirklich toll gemacht. (Irmtraud Meißner, *1937 in der Woiwodschaft Posen, Polen)*

Versorgung – Brotkanten und Mehlsuppe

Nach der Einquartierung in Massenunterkünften fehlte die notwendige Ausstattung mit Möbeln und Geschirr. Es musste in jeder Beziehung improvisiert werden. Für Kinder bedeutete dies eine Mischung aus Abenteuer und Schrecken:

*Ich weiß noch genau, wie wir als Kinder dort herum gestromert sind in dem Gut. Die Tore waren ja noch zu, als es noch das Rittergut war. Und da standen die ganzen Wagen (vom Treck) drin. Draußen haben wir so Ziegel gehabt und Platten. Da wurde gekocht draußen – wie bei den Zigeunern, kann man bald sagen. (Dirk Matuschek, *1942 in Schlesien)*

Auf dem Land gab es noch Vorräte und außerdem die Möglichkeit, Gemüse und Obst anzubauen. Natürlich verfügte nicht jeder über einen eigenen Garten und natürlich gab es auch nicht genug zu essen – zumindest nicht für alle. Aber immerhin waren die Aussichten auf Erfolg bei der Nahrungsmittelbeschaffung weitaus größer als in der Stadt.

*Früh gab's immer, werd' ich nie vergessen, hat die Oma immer Mehlsuppe gemacht und Kartoffeln. Das war unser Frühstück, Mehlsuppe, weil von der Wirtschaft hatten wir hier Getreide dann, (das wurde) in die Mühle geschafft und dann immer ein Sack Mehl geholt. Da hatten wir immer einen Sack Roggenmehl und einen Sack Weizenmehl da. Das war die Grundlage. (Dirk Matuschek, *1942 in Schlesien)*

Jedes Stückchen Land wurde urbar gemacht und bearbeitet. In einigen Gemeinden erhielten die Flüchtlinge Flächen zugeteilt, in der Regel Gemeindeland, die sie bepflanzen konnten. Am Rande eines Dorfteiches beispielsweise wurden nach der Ankunft in ihrem Aufnahmeort im Juni noch Gurkensamen ausgebracht, die reiche Ernte trugen.

*Und sie haben dort solche großen Gurken, das haben sie dann hinterher erzählt, geerntet. »Das hat der liebe Gott uns gegeben, damit wir noch was zu essen haben.« (Käthe Giesler, *1940 in Schlesien)*

*Und dann war es ja so bei uns: Die konnten alle einen Schrebergarten kriegen. Dort war der ganze Hang, das war früher Rittergut, Schweinewiese, da wurden die Schweine gehütet, und das ganze Gelände hatten sie dann als Schrebergarten gemacht für die Leute. Die zahlten paar Pfennige Gebühren an die Gemeinde und konnten sich dort oben (etwas) anbauen. Das war eben auch ein Vorteil für die Umsiedler. Die eben nichts hatten, dass die da was anbauen konnten. (Benno Nürnberger, *1937 in Sachsen)*

Also Rapsöl hat ja nicht geschmeckt. Das weiß ich heute noch, so brennig. Aber na ja, wir haben's eben gehabt. Und das hieß dann »Stalinschmiere«: mit bissel Öl und Einbrenne gemacht. Ja, so wurde gesagt: Stalinschmiere.

Ruth Lohmann, * 1935 in Sachsen

Zu essen war immer was da. Aber Hunger hat man trotzdem gehabt, das ist klar. Ich bin mal mit der einen Mitschülerin gegangen, die hatte eine Marmeladenschnitte. Da bin ich nicht zu Hause angekommen, sondern bei ihr, weil das so geduftet hat. Die hat auf dem Heimweg die Marmeladenschnitte gegessen.

Käthe Giesler, * 1940 in Schlesien

Der Hunger blieb trotzdem lange Zeit ständiger Begleiter. Bis 1958 gab es noch Lebensmittelkarten, und der Bezug von Nahrungsmitteln war rationiert. Auch für Alteingesessene bedeutete das Kriegsende einen Einschnitt in der Erwerbs- und Versorgungssituation und eine Gewöhnung an neue Verhältnisse. Allerdings konnten diese Familien zumeist an ihre Arbeitsbiographien anknüpfen und hatten ihren, wenn auch kärglichen Besitz, als Grundlage.

*Zum Kriegsende, da war ja nun alles durcheinander. Damit kam ja der Russe hierher. Und der Russe verwaltete das Gut. Die Angestellten auf dem Rittergut mussten weiter arbeiten. Als mein Vater dann zurückkam (aus der Gefangenschaft), ging er auch wieder ins Rittergut, eben zum Russen arbeiten. Und meine Mutter ging schon die ganze Zeit. Wir hatten ja auch unser Deputat Milch jeden Tag. Damit war das schon mal (gesichert), und zu Hause wurde was gefüttert. Wir hatten noch bissel eigenes Feld. Und dann wurden eben auch Zicken und Hühner und was so war (gehalten). Und damit hatten wir eigentlich eine gewisse Lebensgrundlage. (Benno Nürnberger, *1937 in Sachsen)*

Diejenigen, die (noch) kein Land besaßen und nichts angebaut hatten, lasen nach der Ernte die Getreidefelder und Kartoffeläcker nach. Jeder Halm, jede Knolle wurde so verwertet.

*Da waren wir Kartoffeln und Zuckerrüben stoppeln. Und dann haben wir die (Zuckerrüben) kleingeschnitten, durch ein Kopftuch durchgedrückt und den Sirup gekocht, aber nicht als Sirup, sondern als Saft. Das wäre sonst schon wieder zu kostspielig gewesen. Wir haben also die gestoppelten Kartoffeln in den Sirupsaft getunkt. Und dann hatten wir noch irgendwie rotes Viehsalz, das weiß ich noch. Dann gab's mal Kartoffeln und Viehsalz, und dann gab's mal Kartoffeln und diese Sirupsoße. Und ich kriegte dann Magengeschwüre und war in Bautzen in Behandlung. (Margarethe Kirchner, *1930 in Schlesien)*

Bereits im September 1945 wurde die Zentralverwaltung für deutsche Umsiedler (ZVU) gegründet.[9] Sie sollte die Hilfsmaßnahmen koordinieren, Wohnraum beschaffen helfen, die Versorgung mit Nahrungsmitteln und Kleidung unterstützen sowie Aufnahme- und Quarantänelager errichten und betreuen. Die Maßnahmen waren aber nicht immer und überall erfolgreich; sie scheiterten nicht nur an den fehlenden Ressourcen, sondern bisweilen auch an der mangelnden Bereitschaft der Zuständigen, diese Hilfsmaßnahmen zu gewähren. So musste die ZVU beispielsweise feststellen, dass Bürgermeister bisweilen die Lebensmittelversorgung für Flüchtlinge nicht oder nur unvollständig organisierten oder zum Teil offen verweigerten. In einigen Gegenden kam es daher zur Plünderungen von Geschäften.[10]

Der Zwang zur Teilung der knappen Güter prägte das Zusammenleben und den Umgang miteinander entscheidend. Natürlich gab es auch Gesten von Mitmenschlichkeit und Solidarität, wie sie Familie Neumüller erlebte, die auf dem vermeintlichen Rückweg nach Schlesien in der Oberlausitz ›strandete‹.

So, nun saßen wir in H., und H. ist eine Hungergegend. Dass es eine Hungergegend ist, wissen wir ja, sonst hätten sie dort nicht alles abgekohlt. Jetzt ist die ganze Braunkohle (gefördert), ist ja nichts drunter. Und dort waren wir bei guten Leuten, die noch ärmer waren als wir. Kann man sagen. Der hatte zwei Kühe zum Anspannen und hatte ein bissel Getreide, das er versteckt hatte vor den Russen, als sie kamen. Und sonst nichts. Und seine Wirtschaft. Und wir hatten noch ein Stückchen Speck von zu Hause, was wir vom vorigen Winter vom Schlachten mithatten. Und Pilze gab's zum, kann man sagen, Mulde Zuschippen. Also gab's jeden Tag früh, mittags und abends Pilze. Früh gab's die großen

*Lappen, und mittags gab's Pilze und Kartoffeln. Ein paar Kartoffeln hatte er auch noch, und abends gab's gebratene Pilze und ... Die Mutter kam mit ihrem Streifel Speck, und der kam mit seinem bissel Mehl, und da haben wir uns eben zusammen durchgelebt dort. Und er hat aber schon gleich gesagt: »Also wenn ihr hierbleiben wollt, wir vertreiben euch nicht. Das Häuschen ist (frei) drüben, die Großeltern sind gestorben. Aber im Winter muss ich mit dem Hans, mit dem Pferde, nach K. Kohle fahren.« Das war bei denen praktisch, wer ein Pferd hatte, hatte ein Auskommen in der Gegend. (Hans Neumüller, *1931 in Schlesien)*

Mitgefühl und Unterstützung gab es auf dem Dorf eher als in der Stadt. Denn hier lebte man enger beieinander, kannte sich und die jeweiligen Lebensumstände und war gegebenenfalls auch darauf angewiesen, in Zukunft gut miteinander auszukommen. So stifteten auch kleine Gesten ein Zusammengehörigkeitsgefühl. Als Junge erlebte Wilhelm Spillner, wie seine Mutter ganz selbstverständlich eine Portion vom eigenen Mittagessen für ein Flüchtlingsmädchen einpackte – eine Situation, an die sich auch das Mädchen von damals bis heute erinnert.

*Wenn Fischer Lotte erzählt: Die haben paar Ferkel bei uns geholt, und meine Mutter, die hatte gerade Kartoffelpuffer gebacken. Ja. Hat sie ihrer Mutter paar Kartoffelpuffer gegeben und hat gesagt: »Hier, das nehmt ihr eurer Tochter mit.« Das war auch noch ein kleines Mädel, Fischers Lotte. »Das nehmt aber eurer Tochter mit.« Das erzählt die jetzt manchmal noch. War auch ein Flüchtling. Ja, ich meine, in so einer Situation, das sind Vorkommnisse, die man dann auch nicht vergisst. Und das macht dann auch bissel Vertrauen zueinander. (Wilhelm Spillner, *1929 in Sachsen)*

Im Allgemeinen wurde jedoch sehr genau abgemessen und ausgehandelt, wie sich Leistung und Gegenleistung rechneten. Für die Neuankommenden waren vor diesem Hintergrund weniger die staatlichen Maßnahmen von Bedeutung, sondern eher die lokalen Verhältnisse und die Aufnahmebereitschaft der Bevölkerung im Dorf.

MG: Ja, wir kamen im Mai (1947) hierher. Hatten nichts zu essen. Die Ernte war noch weit entfernt, haben wir nur gehungert.
DG: Damals gab's noch Lebensmittelkarten.
*MG: Ja. Und das reichte weder hin noch her. Mussten miterleben, wie zwar unten (im Haus) Schweine, Hühner, Kühe gefüttert wurden. Auch dann Kartoffeln: Alles wurde zum Vieh hingetragen. Und wir mussten oben zugucken, und unser Magen knurrte. Ja, also haben wir weniger Schönes erlebt! Und auch dann die ganze Zeit uns mühsam durchkämpfen müssen. (Margarethe Gärtner, *1936 in Schlesien, und Dorothea Gärtner, *1935 in Schlesien)*

Um die Versorgung sicherzustellen, galt oftmals die einfache Gleichung: Essen gegen Arbeit. In der Landwirtschaft wurde dringend Hilfe benötigt. Arbeitskräfte fehlten auch durch die Freilassung der unzähligen Kriegsgefangenen und Zwangsarbeiter. Die »Umsiedler« waren in dieser Hinsicht willkommen. Natürlich passte das nicht immer: Viele der Flüchtlinge kamen aus der Stadt und hatten einen Beruf erlernt, der nicht im Entferntesten im Dorf benötigt wurde oder Ähnlichkeit hatte mit den Arbeiten, die auf einem Bauernhof anfielen. Sich auf dem Land anzusiedeln, war nicht immer eine freiwillige Entscheidung: Die Ankommenden wurden in der Regel bestimmten Orten zugewiesen. »Umsiedler« profitierten somit einerseits von der Versorgungssituation auf dem Land, andererseits arbeiten sie häufig als billige Saisonkräfte.

*Wir kamen hier an: Eltern, Großeltern und kein Essen, kein Trinken, und dann wurden wir zu Bauern verteilt. Ich kam auch zu einem Bauer nach W., und da sagte die kräftige Frau: »Ja, gestern ist unsre Polenmagd abgereist. Du kannst gleich die Sachen von ihr anziehen. Und früh um fünfe geht's los. Aber du mit deinen Zöpfen, du brauchst ja länger. Ich werde dich um viere wecken, dass du dir noch die Haare kämmen kannst.« Und dann ging das mit dem Ochsenwagen hier aufs Kleefeld. Also, es war ganz schwer! Ich war das nicht gewöhnt, nach der Schule dann hier so schwer zu arbeiten. Und auf der Flucht hatten wir kaum etwas zu essen gehabt. Man war so abgekämpft. (Margarethe Kirchner, *1930 in Schlesien)*

Bargeld gab es kaum, und die ›Entlohnung‹ mit dringend benötigten Naturalien fiel schon deshalb sehr begrenzt aus, da der Besatz mit Arbeitskräften den Bedarf bald um ein Vielfaches überstieg, sich die Ressourcen dagegen nicht beliebig steigern ließen. Zur Existenzsicherung trugen diese Verhältnisse daher nicht bei, bildeten aber oftmals die einzige Möglichkeit, um überhaupt an Essbares für die Familie zu kommen. Unzureichende Zuteilungen wurden daher bisweilen eigenmächtig erhöht.

*Die Mutter hat bei dem Bauern von Anfang an geholfen. Wir wollten ja, mussten was zu essen kriegen. Also bei uns gab's nichts anderes. Willst du essen, musst du arbeiten. (...) Die Mutter hat also dort mit Kühe gemolken, dafür kriegten wir einen Viertelliter Milch jeden Tag. Und ein bisschen Mehl. Aber das war wirklich knapp bemessen. Da haben wir einmal dann, wo die Wirtschafterin, die der Bauer hatte, nicht da war, da mussten wir mal Schrot holen vom Boden, der war auch abgeschlossen. Für das Vieh. Da haben wir den Eimer mit Schrot schnell bei uns reingestellt und haben den Schrot durchgesiebt. (...) dass wir zu dem bissel Milch wenigstens das bissel Schrot hatten, um regelmäßig die Suppe zu kochen. Beim größten Bauern. (Hans Neumüller, *1931 in Schlesien)*

Auch Kinder und Jugendliche mussten Essbares besorgen: Das bedeutete sammeln, bitten, betteln – unter Umständen auch stehlen. Ihr Wertesystem geriet in Unordnung, sahen sie doch ihre Eltern bei Handlungen, die früher als strikt verboten gegolten hatten. Die Not zwang sie dazu.

*In S., da haben wir bei so einem Bauern gewohnt. Das einzige, was wir hatten, war Hunger. Meine Mutter, die hat immer was geklaut. Die hat mal paar Kartoffeln mitgebracht unter der Schürze, dass wir überhaupt was zu essen hatten. (Ernst Wischnowski, *1939 in Schlesien)*

Kindern wurden nun zwangsläufig Aufgaben übertragen, die bislang die Erwachsenen in der Familie übernommen hatten: Neben der Nahrungsbeschaffung waren das die Fürsorge für jüngere Geschwister, die Mitarbeit in der Hauswirtschaft, die Unterstützung alleinstehender Mütter auch als Gesprächspartner sowie der Beitrag zum Familieneinkommen.[11]

Ende des Jahres 1946 waren auf dem Gebiet der SBZ über 40 Prozent aller Landarbeiterinnen und Landarbeiter und gut 85 Prozent aller mithelfenden (familienfremden) Arbeitskräfte Flüchtlinge und Vertriebene.[12] Insgesamt bereicherten die Flüchtlinge den Bestand an Arbeitskräften; sie verjüngten die Altersstruktur und verrichteten auch in der Folgezeit häufig untergeordnete und ungeliebte Arbeiten. Der Anteil der Frauen an den Landarbeitern betrug fast 60 Prozent; mehr als die Hälfte davon waren Flüchtlinge oder Vertriebene.[13]

*Hier in K. waren wir mit zehn Wagen auf einem Bauernhof. Das geht doch nicht. Da haben wir gesagt: »Wir müssen uns was suchen.« Wir drei Frauen, wir haben gleich uns dort bei dem Chef erkundigt, ob wir können mitarbeiten. Und der war ja froh. Da konnten wir dann mitarbeiten. Wir haben früh eine Suppe gekriegt, eine warme. Dann sind wir aufs Feld gegangen. Mittag gab's auch immer einfach. Die hatten doch selber nichts. Die ganze Flüchtlingsschar und alles beköstigen, nicht? Also mittags haben wir auch was gekriegt, und abends gab's dann Bratkartoffeln und auch noch mal bissel Suppe. Ach, und wir haben uns gefreut, wir waren satt! Aber das ging ja nicht für die Ewigkeit, es wird ja auch mal Winter. Dann gibt's keine Arbeit und nichts. (...) Da hieß es dann: In P., das Rittergut sucht Leute. Da sind wir hin, und da haben wir dort was gekriegt. Und da haben wir uns dann allmählich, da haben wir uns die Ähren gelesen und vom Rittergut bissel Deputat gekriegt, und da hat sich das dann verbessert. Ach, das erste Brot! (Christa Druskat, *1926 in Schlesien)*

Am 7. Dezember 1949 verabschiedete die DDR-Regierung ein Landarbeiterschutz-Gesetz sowie im Zusammenhang damit einen entsprechenden Tarifvertrag.[14] Der vorgesehene Stundenlohn von 73 Pfennig überstieg, ebenso wie die Forderung nach Mindesturlaub und einer jahreszeitlich vorgeschriebenen Arbeitszeit, die Möglichkeiten

Und wo wir dort draußen gebaut haben, hatten wir eigentlich für uns eine schöne Jugendzeit. War nicht schlecht. Konnten wir in den Büschen rumstromern und in die Teiche und Fische räubern zum Essen. Na ja, und Obst hatten wir ja gar nicht. Da sind wir nach N., da gab es Obstplantagen: Kirschen. Dahin sind wir gegangen, mussten bloß aufpassen, denn das war ja auch bewirtschaftet, dass uns niemand erwischt. Da haben wir immer in ein kleines Säckel, hat uns die Mutter gegeben, reingepflückt vom Baum und über die Wiesen wieder heim. Das war ja nicht weit. Das waren Zeiten, war schon schlimm! Wir haben ja nicht mal einen Obstbaum dort gehabt. Da stand das Haus und nichts rum, mitten auf dem Feld. Gemüse haben wir ja angebaut und alles. Aber Obst hatten wir gar nichts. Die kleinen Bäume, ehe die dann so tragen, das dauert. Haben wir ja dann auch gehabt, aber das dauert schon ein paar Jahre.

Dirk Matuschek, * 1942 in Schlesien

MG: Wir haben die Zeit im Sommer vor allen Dingen genutzt, um nach der Schule Rübenverziehen zu gehen und dann im Nachhinein die schon inzwischen welk gewordenen, rausgerissenen Rübenpflanzen aufzusammeln, um sie mit nach Hause zu nehmen und davon sogenannten Spinat zu kochen und so was alles. Das war unsere Freizeitgestaltung. Also spielen oder was – gar nicht mehr.
DG: Das hörte ja schon auf, indem wir unsere – paar Jahre vorher – unsere Puppensachen und so verkauft haben. Um Lebensmittel dafür zu kaufen. Das war die Zeit, wo man noch hätte mit Puppen spielen können.

Margarete Gärtner, * 1936 in Schlesien, und Dorothea Gärtner, * 1935 in Schlesien

vieler Bauern als Arbeitgeber und widersprach teilweise auch ihrer Bereitschaft hierzu. Es darf nicht außer Acht gelassen werden, dass viele Bauernwirtschaften selbst nur geringe Überschüsse aufwiesen. Kriegsbedingte Abgaben und Schäden hatten allgemein den Viehbestand und die Ernte dezimiert, die Flächen zerstört. Außerdem standen die festgelegten Arbeitszeiten im krassen Widerspruch zur landwirtschaftlichen Betriebsführung mit ihren Arbeitsspitzen bei Bestellung und Ernte.

Auch die ehemalige Wirtschaftsstruktur in den Aufnahmeregionen spielte eine Rolle: In den Rittergutsdörfern gehörte die landwirtschaftliche Nutzfläche weitgehend zu den großen Gütern. Durch die Vertreibung der Gutsbesitzer und Großbauern im Zuge der Bodenreform entstand oftmals ein Vakuum bei der Bewirtschaftung. Nun mussten die Flächen von den ehemaligen Landarbeitern – ggf. mithilfe der Verwalter – bestellt werden. Viele »Umsiedler« kamen auf die wüsten Güter. Die Äcker lagen brach, Saat- und Pflanzgut waren geraubt oder aufgezehrt, Vieh und Zugkräfte beschlagnahmt, Maschinen defekt. Ohne die entsprechende Sachkenntnis wurden gute Böden oftmals nicht oder nur nachlässig bewirtschaftet, Produktionsmittel verschwendet, Maschinen und Geräte nicht effizient eingesetzt.

Für Flüchtlinge boten die Rittergutsdörfer dennoch zumeist die besseren Bedingungen: Sofern sie selbst bereits in ihren Herkunftsgebieten einen Hof bewirtschaftet hatten, konnten sie ihre Kenntnisse und Fähigkeiten in der Wirtschaftsführung einbringen. Denn in den Gutsdörfern wurden die meisten Betriebe nun von ehemaligen Landarbeiterinnen und Landarbeitern bewirtschaftet, die wohl über vielfältige Erfahrungen in Bezug auf die zu verrichtenden Tätigkeiten verfügten, weniger jedoch über strategische Kompetenzen und landwirtschaftliches Fachwissen.

Angewiesen sein – Bedürftigkeit und Unterstützungsleistungen

Die Sicherung des Lebensunterhalts und der Grundbedürfnisse erforderte oftmals private und staatliche Hilfe. Die ZVU formulierte bereits im November 1946 einen Gesetzesentwurf, der die »Umsiedler« in ihren Rechten und Pflichten den Altbürgern gleichstellte. Anstrengungen in Bezug auf eine angemessene Unterbringung sollten intensiviert werden, ebenso die Versorgung mit Gebrauchsgegenständen und Mobiliar. Auch die Familienzusammenführung (durch Lockerung von Zuzugssperren) stand auf dem Programm und weiterhin der Schutz mittelloser Flüchtlinge vor der Übernahme von Arbeiten ohne entsprechendes Entgelt.[15]

Der Anspruch auf Unterstützungsleistungen war jedoch an eine Vielzahl von Härtefall-Bedingungen geknüpft. So mussten mittellose »Umsiedler« gemäß dem Befehl Nr. 304 der Sowjetischen Militäradministration (SMAD) vom 15. Oktober 1946 folgende Kriterien erfüllen, um einen Anspruch geltend machen zu können: den Nachweis einer Arbeitsunfähigkeit von mehr als 66 Prozent (für die Gewährung von Invalidenrenten), ein Lebensalter von mindestens 65 bei Männern bzw. 60 Jahren bei Frauen, mindestens ein Kind unter sechs Jahren bei alleinstehenden Frauen, sofern die Familie kein weiteres erwerbsfähiges Mitglied über 18 Jahre aufwies.

Vertriebene, die nach der Währungsreform im Juni 1948 in der SBZ eintrafen, erhielten eine einmalige Unterstützung von 50 DM. Bis Ende 1949 waren allein auf

Wenn wir wollten Brot haben, zum Bäcker, da mussten wir sechs Kilometer laufen. Na, die sind dann mit einem Pferd gefahren, und da haben sie für alle (Brot geholt). Einmal in der Woche ist der Bauer gefahren. Aber das war ja alles erwachsenes Getreide gewesen, weil ja das mit dem Ernten, da waren ja keine Leute, das war ja alles dann ausgewachsen. Das Brot, oh, das hat gar nicht gehalten! Wenn wir wollten eine Schnitte schneiden, da ist das auseinandergefallen von dem ausgewachsenen Mehl. Und auf dem Rittergut, das war vier Kilometer weiter, wir gehörten ja zu dem Rittergut noch, da war eine Kuh. Und ich weiß nicht, wie viele Dämpfer dazu. Da haben wir die Milch geleiert, und da kriegten wir jede vierzehn Tage mal ein Stückel Butter. (...) Genau, als wir hierher kamen von dort oben, von Chemnitz hier runter, als wir sollten nach Hause fahren: hier beim Bäcker jeden Tag vorbeigegangen. Erst haben wir ja nichts gekriegt, die haben ja auch erst müssen ernten. Beim Bäcker immer vorbeigegangen, und das hat geduftet, das Brot! Da (...) wurden Erbsen angebaut und dann solche Wicken, und die mussten wir dann – waren ja keine Maschinen, die haben sie so gehauen, mit der Flügelmaschine. Und dann mussten wir sie aufraffen, und die Schoten, die abgefallen sind – haben wir uns immer was umgebunden, und die haben wir gesammelt. Dann haben wir sie ausgepult, und da haben wir eben Essen gekocht. Und aufs Brot: Da war 'ne Allee, 'ne Apfelallee, aber die waren ja auch noch so sauer. Da haben wir uns Äpfel geholt und gekocht, Äpfelmus, und das wurde auf die Schnitte geschmiert. Gab ja nichts, gab ja keine – kriegten ja dann erst Marken. Das musste sich ja alles erst einlaufen. Da musste jeder ja sehen, wie er eben (zurechtkam). In P. ganz zu Anfang war das so: Da sind wir dann bei den Bauern auf die Felder gegangen, Bombentrichter zuschippen. Und da haben wir wenigstens Sonnabend, Sonntag mal bissel Fleisch und Klöße oder, ist egal, Kartoffeln eben zu essen gekriegt. Und so unter der Woche, da haben wir eben eine Zwiebel – Hauptsache, wir kriegten mal wo eine Zwiebel, dass uns jemand aus dem Dorf mal eine gegeben hat – eine Zwiebel und Kartoffeln und Wasser, und da wurde Kartoffelsuppe gekocht. Und das hat auch geschmeckt. Hat's dazumal besser geschmeckt als heute, wenn man Hunger hat. Und dann, als die Ernte war, erst gedroschen haben wir das erste Getreide. Dann haben wir ja Deputat gekriegt, dann hatte ja die Gutsherrin dort in der Mühle Getreide gegeben, und dann haben wir auf

die Woche so und so viele Brot gekriegt und ein Stückel Butter und so, das haben wir dann gekriegt. Und noch bissel so zusätzlich für Mehl, dass wir uns wenigstens 'ne Suppe mal kochen konnten. Da sind wir Sonnabend gegangen und Sonntag Ähren lesen, wenn das Feld abgedroschen war, dann fallen ja die Ähren manchmal, wenn's trocken ist, ab. Haben wir uns die Ähren aufgelesen und dann mit dem Stock ausgekloppt und dann in die Mühle geschafft. Und da haben wir paar Pfund Mehl gekriegt. Da ging's dann langsam aufwärts.
Ach, das erste Brot! Ja, das sollte die ganze Woche reichen. Das erste Brot, das weiß ich noch, das erste Brot für drei Mann, das muss die Woche reichen. Wir das geholt aus der – das war Mühle und Bäckerei –, das frische Brot geholt: Oh, das duftet! Eine Schnitte, jeder eine Schnitte. »Ach, eine essen wir noch. Das schmeckt so gut!« Noch eine Schnitte, oh je, auf einmal war bloß noch so ein Stückel da, und das sollte die ganze Woche reichen. Aber wir haben uns einmal richtig sattgegessen. Äppelmus drauf, da hatten wir ja auch keinen Zucker, bloß die Äppel gekocht. Und die waren ja im Juni, die Frühäppel, das war ja auch noch alles grün. Juli, August dann, als die Ernte war. Aber trotzdem – wird ein bissel mehr Wasser gegossen, dass es bissel verdünnt war. Wenn nicht, dann haben wir das dazu getrunken, wenn's zu sauer war. (...) Das werde ich nicht vergessen – oh, das erste Brot, das war was. Oh, das erste Brot!
Na ja, dann haben wir unsre Zuteilung gekriegt, und dann haben wir uns die Körner gemacht. Dann haben wir uns Mehl eingetauscht. Die waren prima, die Leute da in der Mühle und in der Bäckerei. Und da hatten wir Beutel Mehl. Wenn auch keine Milch war. Einmal in der Woche hatten wir ja von den zwei Kühen mal bissel gekriegt, einen Liter, aber den (...) muss man ja auch bald verbrauchen, im Sommer kann man ja nicht ... Na ja, da haben wir einmal mit Milchsuppe gegessen, und das nächste Mal haben wir die Suppe wieder so gegessen.

Christa Druskat, * 1926 in Schlesien

dieser Grundlage fast drei Millionen Mark ausbezahlt worden.[16] Die Leistungen für erwerbsunfähige »Umsiedler« lagen demnach nur etwa halb so hoch wie in den westlichen Zonen, die Sätze für die Familienangehörigen waren jedoch gleich. In der Bundesrepublik wurde im August 1949 ein Soforthilfegesetz erlassen, das unterhaltsberechtigte Flüchtlinge und Vertriebene unterstützte, um den Gang zur Fürsorge zu vermeiden.[17] Darüber hinaus regelte das sogenannte Lastenausgleichsgesetz vom August 1952 die finanzielle Entschädigung und Versorgung der von den Kriegsfolgen besonders Betroffenen. Damit verringerte sich die Quote der Fürsorgeunterstützten allmählich auf das Niveau der SBZ, die aufgrund der restriktiven Bewilligungspraxis hier bereits im Jahr 1948 sehr niedrig war. Es herrschte die Annahme vor, das neue Wirtschaftssystem werde per se soziale Gerechtigkeit herstellen. Allenfalls Notbeihilfen konnten gewährt werden, Fürsorgeempfänger sollten selbst die Ursachen ihrer (Unterstützungs-)Bedürftigkeit beseitigen. Der Abbau der Quote war somit kein Gradmesser der abnehmenden Bedürftigkeit, sondern spiegelte in erster Linie die rigide Einsparung von Mitteln wider. Ab 1952 schließlich wurde der

Empfang von Unterstützungsleistungen rigoros beschränkt: Für Schwerstgeschädigte gab es zwar ab 1954 ein Sonderpflegegeld; anspruchsberechtigt waren jedoch nur mehrfach Geschädigte, beispielsweise dreifach Amputierte oder Blinde mit weiteren Einschränkungen wie Taubheit, zweifacher Amputation, starken Lähmungen, sodass nur ein verschwindend geringer Prozentsatz an Schwerbeschädigten überhaupt berücksichtigt werden konnte.

Ich weiß noch, als meine Schwester auslernte: Das erste Gehalt gab's ja erst Ende des Monats. Aber am Ersten wurde unserer Mutter schon die Fürsorge gekürzt von der Stadt. Also wovon wir dann den Monat leben sollten, das (interessierte niemanden). In keiner Weise haben wir da gute Erinnerungen, dass wir irgendeine Unterstützung, sei es von der Stadt, noch von sonst wo, erfahren hätten.
*Drum sagte ich schon, man denkt nicht gern an die Zeit zurück. Man verdrängt es lieber. Ja, es wühlt eigentlich vieles wieder auf, wenn man das mal alles so durchdenkt. (Margarethe Gärtner, *1936 in Schlesien)*

Es waren vor allem die Kirchen und Gemeinden, die für eine erste Unterstützung der Flüchtlinge sorgten. Aber auch Organisationen wie die Volkssolidarität leisteten wichtige Arbeit. Ein Vorläufer dieser Bewegung wurde im Oktober 1945 mit der »Volkssolidarität gegen Wintersnot!« in Sachsen gegründet, mit dem Ziel der wechselseitigen Aufbauhilfe für besonders betroffene Gebiete. Im Mai 1946 wurde der Zentralausschuss der Volkssolidarität (Berlin) gebildet, der aus Vertretern der Parteien, Kirchen, staatlicher Organe und sozialer Ausschüsse bestand. Vordringliche Aufgabe war die Betreuung derjenigen, die am meisten unter den Kriegsfolgen zu leiden hatten: Kinder, Alte und Kranke, Vertriebene und heimkehrende Kriegsgefangene. In der Nachkriegszeit rief die Volksolidarität in Kooperation mit der sächsischen Landesregierung beispielsweise eine Initiative ins Leben, die Patenschaften für bedürftige Kinder und Jugendliche vermitteln und so deren Lebensunterhalt und Ausbildung garantieren sollte. Später verlegte sich die Volkssolidarität insbesondere auf die Betreuung und Versorgung älterer Menschen.

Auch die Frauenausschüsse, ab März 1947 im Demokratischen Frauenbund Deutschlands (DFD) zusammengefasst, engagierten sich bei Hilfsleistungen für Flüchtlinge und Kriegsopfer, insbesondere für die Kinder.[18] Als Hauptziel dieser Vereinigung, die schwesterliche Verbundenheit über Politik, Konfession und beruflichen Status hinweg propagierte, wurde die antimilitaristische und antifaschistische, politische Arbeit genannt. Weiterhin wollten die Mitglieder beim Aufbau des Landes und der Bekämpfung der Notstände helfen. Auch die Lösung rechtlicher, gesellschaftlicher und wirtschaftlicher Grundfragen bei gleichen Rechten und Pflichten für beide Geschlechter war angestrebt, wenngleich die Vereinigung in der gesamten Zeit ihres Bestehens niemals explizit feministisches Gedankengut vertrat.[19] Bis Jahresende 1947 verschmolzen fast 7.500 Frauenausschüsse mit dem bzw. zu dem DFD. Die Grundlage für diesen Zusammenschluss bildete der Befehl Nr. 254 der SMAD. Die Mitgliederzahl betrug zu diesem Zeitpunkt knapp 230.000, stieg zwei Jahre später auf über 500.000 Mitglieder und erreichte Ende 1952 mehr als 1,2 Millionen – ein Wert, der sich bis 1989 in etwa

Bautzen, im März 1948

**An die Ortsgruppen aller Parteien und Organisationen,
an die Vertreter der Kirchen,
an alle Bürgermeister**

Aufruf der Volkssolidarität!

In diesen Tagen beendet die Volkssolidarität ihre drei einwöchigen Schulungskurse, an denen alle Ortsausschüsse der Volkssolidarität, Vertreter aller Parteien, Organisationen und Behörden teilnahmen. In diesen Lehrgängen wurden den Beteiligten in aller Deutlichkeit die große wirtschaftliche und politische Bedeutung und die ungeheuren Aufgaben der Volkssolidarität in der nächsten Zukunft grundsätzlich zum Bewußtsein gebracht.

Diese großen Aufgaben können jedoch nur gemeistert werden, wenn alle Parteien und Organisationen, Kirchen und Behörden, die die Träger der Volkssolidarität sind, bis in die kleinsten Zellen, die Arbeit ganz aktiv unterstützen. Wenn bisher die Arbeit der Volkssolidarität in fast allen Orten gute Erfolge zeitigte, so genügen diese nicht, die noch große Not Tausender merklich zu lindern. Die Ursache der relativ geringen Hilfeleistung liegt darin, daß sich dieser Aufgabe bisher nur wenig Kräfte widmeten.

Wir müssen uns darüber im klaren sein, daß als einzige Voraussetzung, die breite Masse er Bevölkerung für den demokratischen Aufbau unseres Staates zu gewinnen, die Schaffung einigermaßen gesunder Lebensbedingungen ist. Zur Verwirklichung dieser elementarsten Grundsätze ist die Mitwirkung der aktivsten Männer und Frauen aller Organisationen notwendig.

Es ergeht deshalb an Sie der dringende Ruf, die künftigen Aktionen nicht nur Aufgabe der wenigen im Ortsausschuß der Volkssolidarität verankerten Kräfte sein zu lassen, sondern eine große Zahl der besten und einflußreichsten Personen zur Verfügung zu stellen.

In der Woche vom 4. bis 11. April 1948 führt die Volkssolidarität eine große Werbe- und Sammelwoche in der gesamten sowjetischen Zone durch
unter der Bezeichnung

„Woche der Volkssolidarität"

Das Programm dieser Woche zeigt schon die große Bedeutung der Volkssolidarität für alle Fragen der Gegenwart.

4. 4. 1948 Deutschland sagt „ja" zum Leben
5. 4. 1948 Volkssolidarität und die Werktätigen
6. 4. 1948 Sichert die Volksernährung durch [Volkssolidarität
7. 4. 1948 Die Heimat ruft
8. 4. 1948 Werde Helfer der Volkssolidarität
9. 4. 1948 Das soziale Werk der Volkssolidarität
10. 4. 1948 Ganz Deutschland muß es sein
11. 4. 1948 Tag des Kindes

Durch unsere Mitarbeiter werden Sie im einzelnen über die Organisation dieser Woche Mitteilung erhalten. Wir bitten dringend, in einer Mitgliederversammlung oder sonstigen Zusammenkunft einem Vertreter der Volkssolidarität Gelegenheit zu geben, Sie über alle Einzelheiten zu informieren und erwarten eine positive Untersützung.

Die Volkssolidarität ist keine eigene Organisation, sondern eine Bewegung des ganzen Volkes, getragen von allen demokratischen Parteien, Organisationen und Behörden. Die Volkssolidarität ist somit ein Teil Ihrer Organisation und Ihre Aufgabe ist es, ihr die erforderliche Unterstützung angedeihen zu lassen. Wir rechnen durch Ihre tatkräftige Mithilfe auch in Ihrem Ort auf einen großen Erfolg dieser „Woche der Volkssolidarität".

Mit solidarischem Gruß!

Kreisausschuß der „Gegenseitigen Bauernhilfe" Bautzen

Vorsitzender des Kreisausschusses der
Volkssolidarität Bautzen-Stadt und -Land

B-K 214 5275/1000 III/159

Abb. 16: Aufruf zur »Werbe- und Sammelwoche«, April 1948.

halten sollte, d.h. der Organisationsgrad lag demnach zwischen 17 und 21 Prozent aller erwachsenen Frauen in der DDR.

In der unmittelbaren Nachkriegszeit reichten die Unterstützungsleistungen der Frauenausschüsse von der Gewährleistung einer Schulspeisung bis zur Organisation von Pflegefamilien. Durch Sammlungen wurden Spielzeug und Bilderbücher zusammengetragen, in Nähstuben Kleidung hergestellt. In zahlreichen Orten erhielten Kinder unter sechs Jahren zu Weihnachten 1945 ein kleines Geschenk. Die Versorgung der »Umsiedler« insgesamt bildete einen Schwerpunkt der Arbeit der Frauenausschüsse. Im sächsischen Döbeln beispielsweise wurden in den anderthalb Jahren vom Juni 1946 bis zum Januar 1948 mehr als 2.800 Möbelstücke, 650 Töpfe, 300 Wolldecken, 200 Betten und 300 Strohsäcke gesammelt. In 98 Nähstuben stellten die so engagierten und organisierten Frauen fast 5.000 Bekleidungsstücke her. Für ihre Leistungen wurden sie übrigens vom Landesfrauenausschuss Sachsen mit einem Karton Nähseide und Nähgarn ausgezeichnet.[20]

Auch die ZVU koordinierte und regte private Hilfsleistungen an, wie 1946 unter dem Motto »Helft den Umsiedlern! Schafft ihnen Heimat, Brot und Arbeit!« oder »Die ehemaligen Umsiedler müssen in ihrem jetzigen Wohnort eine neue Heimat finden!«

Der Kreisverband Bautzen der Vereinigung der gegenseitigen Bauernhilfe (VdgB) beispielsweise kündigte die Aktion »Neue Heimat – Neues Leben« (16. bis 24. Okt. 1948) an und rief zur Unterstützung auf: »Es wurde dabei an die Sammlung von Lebensmitteln usw. gedacht, um damit den Neubürgern, Heimkehrern und Totalgeschädigten ein zusätzliches Mahl bereiten zu können«.[21] Aber derartige Spenden- und Solidaraktionen im Rahmen solcher »Umsiedlerwochen« konnten die Not nur partiell lindern.

Bodenreform – Land nehmen und siedeln

Auf dem Land sollte die Umstrukturierung der Besitzverhältnisse ebenfalls dazu beitragen, die Versorgung und Unterbringung vieler Menschen zu sichern: Möglichst viele kleine Parzellen Land sollten möglichst viele Menschen in Eigenwirtschaften ernähren. Die Voraussetzung hierfür bildete die Bodenreform. ›Bodenreform‹ steht als Sammelbegriff für die großangelegte Umverteilung von Grundbesitz, aber auch von Gebäuden und Inventar. Ab dem Herbst 1945 wurden in der Sowjetischen Besatzungszone alle diejenigen entschädigungslos enteignet, deren Landbesitz mehr als 100 Hektar umfasste.[22] Drei Jahre später, im Sommer 1948, war die Bodenreform weitgehend abgeschlossen. Von den etwa 3,2 Millionen Hektar Land, also rund einem Drittel der gesamten land- und forstwirtschaftlichen Nutzfläche der späteren DDR, wurden etwa 2,2 Millionen Hektar an Einzelbesitzer neu vergeben – mehr als 43 Prozent aller Neubauern waren Flüchtlinge und Vertriebene.[23] Bei den anderen Landempfängern handelte es sich zumeist um ehemalige Knechte und Mägde, Landarbeiter oder Kleinbauern, deren Betriebe zuvor kaum wirtschaftsfähig waren. Die Bewerber mussten mindestens 18 Jahre alt sein; ihr Familienstand sowie Zugehörigkeiten zu Parteien

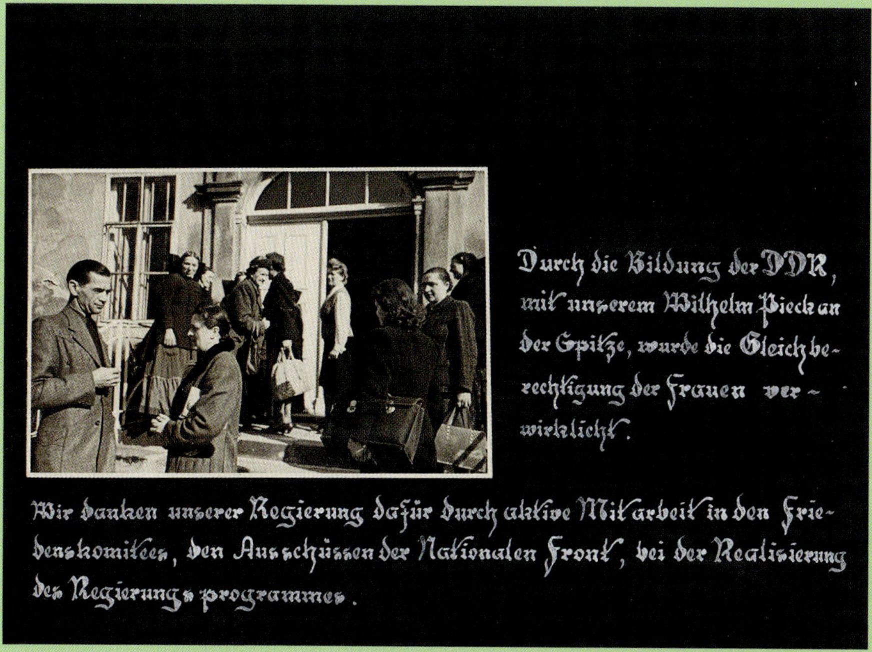

Abb. 17: Aus einem Fotoalbum zur Arbeit des DFD im Kreis Bautzen, Juli 1950.

Abb. 18: Aufrufe der Landesausschüsse Thüringen und Sachsen, ca. 1946.

und Verbänden spielten angeblich keine Rolle. Die neuen Landnehmer erhielten eine Urkunde, die ihren schuldenfreien Landbesitz verbürgte und wurden als »Neubauern« geführt. Der Begriff »Neubauer« setzte sich – ohne offizielle Maßgabe oder Verwendung – bereits 1945 als Bezeichnung für alle Landnehmer der Bodenreform mit einem Besitz von mehr als fünf Hektar durch.

Die Vermessung und Verteilung des Landes übernahmen Gemeindebodenkommissionen, von denen landesweit etwa 12.000 gegründet wurden. Diese Kommissionen unterstanden zumeist der Leitung des örtlichen Bürgermeisters und wurden durchschnittlich von vier bis fünf Landarbeitern, Kleinbauern oder »Umsiedlern« gebildet. Zwölf Prozent davon waren »Umsiedler«, also jedes achte Kommissionsmitglied.

Der Landbesitz umfasste in der Hauptsache Ackerflächen, aber auch Wiesen und Weiden sowie Wald. Die »Umsiedler«-Neubauernwirtschaften erhielten im Verhältnis mehr Ackerflächen. In Sachsen betrug der Anteil an Acker 68,9 Prozent (SBZ insges. 56,5 Prozent), an Wiesen und Weiden 12,5 Prozent (SBZ insges. 12,3 Prozent), an Wald 16,4 Prozent (SBZ insges. 28,6 Prozent) sowie an sonstigen Flächen 2,2 Prozent (SBZ insges. 2,6 Prozent).[24]

Die Landstücke, je nach Bodenqualität und Waldanteil zwischen fünf und maximal zehn Hektar groß, durften nicht verpachtet, verkauft, belastet, geteilt oder aufgestockt werden. Den Grundbesitz gab es entgegen landläufiger Meinung nicht umsonst: Er entsprach in der Regel dem Wert einer Jahresernte und musste wie ein Kredit über Jahre abgelöst werden.

Obwohl die Parzellen eigentlich verlost werden sollten, gab es häufig Unregelmäßigkeiten: Alte Zugehörigkeiten und Bekanntschaften wurden bei der Verteilung berücksichtigt; die Bindungskräfte der traditionellen dörflichen Milieus wirkten fort. Flüchtlinge, die nicht an die gewachsenen Strukturen anknüpfen konnten, wurden bei der Verteilung daher nicht selten benachteiligt. Insbesondere diejenigen, die erst mehrere Monate, teils Jahre nach Kriegsende aus den ehemals deutschen Gebieten im östlichen Europa vertrieben wurden, hatten das Nachsehen: Inzwischen war der beste Boden, waren die begehrten Maschinen längst verteilt.

Manche Bürgermeister griffen unrechtmäßig in die Befugnisse der Bodenkommissionen ein. Edwin Hoernle klagte Ende Februar 1946 über Amtsanmaßungen am Beispiel eines Bürgermeisters aus dem Kreis Lebus: »Wenn ein Umsiedler ihm in irgendeiner Weise nicht zu Willen war oder nicht gefiel, oder er vielleicht einen anderen an seine Stelle bringen wollte, und er dafür nach einem Argument suchte, hat er einfach gedroht: Ich nehme dir den Boden wieder weg. Man hat Neubauern, denen nach dem Gesetz der Boden bereits als persönliches Privateigentum übergeben war und die auch schon die Urkunde mit der Unterschrift des Präsidenten in der Hand hatten, den Boden wieder weggenommen.«[25]

Als es hieß, die Bodenreform kommt, da haben sie gesagt, also für uns haben sie keinen Acker. Wir müssen uns umtun, ob wir woanders (siedeln können). Wir sind dann mit zwei Bauern gefahren, und da haben sie dann Prospekte gekriegt, wo es eben dann viel Land gibt, und dann sind wir wieder 14 Tage getreckt bis in die Uckermark. (…) Das war *noch schlimmer. Dann hat uns niemand mehr aufgenommen. Dann haben wir nur noch in Ställen und Scheunen geschlafen und alles. Und dann sind wir dort oben angekommen, und da haben die dann erst alles festgelegt, die Siedlung. Hat jeder fünf Hektar gekriegt und so. Und es war ja Winter. Wir waren kurz vor Weihnachten dort oben gelandet. Und da haben wir noch einmal bei Bauern eben Quartiere gekriegt in einem Nachbarort. Wir hatten dann unsre Siedlung auf einem Vorwerk. Da waren bloß zwei Wohnhäuser und so lange Schnitterkasernen, die früher für die Arbeiter auf dem Rittergut waren. Und da waren wir dort bis Januar, und im Januar haben wir dort auf dem Vorwerk jeder eine Stube gekriegt. War ja nicht mehr da. Und dann hat jeder mittlerweile eine Kuh gekriegt und noch paar Schweine (…). Was geerntet wurde, Getreide und Heu und so, haben sie nach Sachsen geliefert, und die Sachsen haben Vieh geliefert hoch. Dort oben war ja gar nichts. Nicht mal eine Henne. Denen hatten sie alles ausgeraubt, alles, alles. Dort war gar nichts! Ein Jahr lang lagen die Felder brach. Als wir hinkamen, waren die Disteln und Dornen so hoch. Und dann wieder ein Anfang ohne alles, das ist – das ist schon schwer. (Christa Druskat, *1926 in Schlesien)*

Die Bodenreform sollte in erster Linie die alten Herrschaftsstrukturen (wie den Großgrundbesitz) zerstören, die Ernährung der Bevölkerung sichern, aber auch die Eingliederung der Flüchtlinge erleichtern – ihnen dabei helfen, sich in der neuen Heimat zu ›erden‹. Die ZVU bewertete die Einrichtung von Neubauernstellen als einen Beitrag zur »Wiederseßhaftmachung«. Bereits der programmatische Titel der von der ZVU seit 1947 herausgegebenen Zeitschrift ließ keinen Zweifel an ihrer Intention: »Die neue Heimat« sollte als solche akzeptiert und Rückkehrhoffnungen abgewehrt werden. Viele der Beiträge in Presse und Rundfunk sollten davon überzeugen, dass es kein Zurück geben werde.[26] Die Eingliederung in den Arbeitsprozess war eine der Voraussetzungen, um der Bewegung »Zurück in die Heimat« zu begegnen. Dieses Ziel wurde in Ansätzen auch erreicht: Immerhin entstanden insgesamt etwa 210.000 Neubauernstellen mit einer durchschnittlichen Größe von 8,4 Hektar. Bis zum 1. Oktober 1947 hatten mehr als 85.000 Flüchtlinge und Vertriebene eine Neubauernstelle übernommen, mit einer Zuteilung von insgesamt 708.000 Hektar Land. Im März 1950 waren es mehr als 91.000 Höfe, die von Umsiedlern bewirtschaftet wurden.[27] Diese Zahlen sind beachtlich. Über 91.000 Familien erhielten durch diesen Besitz einen gewissen materiellen und auch sozialpsychologischen Halt. Mehr als 43 Prozent der Neubauern waren ehemalige Flüchtlinge: Diese Tatsache kann als beträchtlicher Integrationserfolg gewertet werden – gerade auf dem Land mit seinen zum Teil sehr traditionellen Strukturen.

*Dann kam schon bald die Bodenreform. Mein Vater war ja Landwirt, er hatte die Landwirtschaft zu Hause von seinem Vater übernommen. Und er hat dann hier den Mut gehabt, zu siedeln. Weil wir auch die Pferde hatten und so weiter, das hatten wir ja alles mit hierhergekriegt. Dann hat er hier fünf Hektar Land übernommen mit Wald und dergleichen. Und dann haben wir eben hier gearbeitet in der Landwirtschaft und haben versucht, wieder auf die Beine zu kommen. Es ging auch ganz gut, aber reich sind wir nicht geworden dadurch, auf keinen Fall. (Karla Fügmann, *1937 in Schlesien)*

Auch Alteingesessene, wie die Familie von Ruth Lohmann in der Oberlausitz, nutzten die Chance, sich durch die Bodenreform eine Existenzgrundlage zu verschaffen:

*Dann 1945 hat meine Mutter gesiedelt und auch die Oma und der Opa. Da hatte jeder eben dann etwas Feld. Und meine Mutter: vier kleine Kinder und zwei Hände, mehr war ja nicht da. Oma und Opa auch, und dann wurde zusammengelegt und eine Kuh gekauft. (Ruth Lohmann, *1935 in Sachsen)*

Die Wirtschaftsgröße war mit durchschnittlich acht Hektar landwirtschaftlicher Nutzfläche sehr bescheiden. Viele der »Umsiedler«-Neubauernfamilien hatten jedoch auch in ihrer Heimat keinen größeren Besitz gehabt. Die Bodenqualität war in vielen Herkunftsregionen von geringer Güte. Die wasserreiche Gegend des schlesischen Kreises Militsch beispielsweise (mit ihren überschwemmten Teichwiesen) war weithin bekannt aufgrund der Karpfenzucht. Andere Landstriche hingegen waren waldreich oder hatten sandige Böden.

*Die Wollnys wohnten in einer Gegend mit sehr leichten Böden. Dort gab es zum Beispiel einen Ort, der hieß O. Da hieß es immer früher: »O. liegt zwischen Sorge und Kummernick. Wer sich dort will ernähren, muss suchen Pilze und Beeren. Und wer die nicht kann finden, der muss Besen binden.« Also, das war eine armselige Landschaft. Die Familie hat dort eben auch viel Kirschen angebaut. Die wachsen ja meist auf leichten Böden. Und Möhren hatten die dort, Möhrenanbau und Gemüseanbau. Dazu war der Boden ganz gut. Die hatten ja auch Teiche und Bachläufe, um die Felder zu bewässern. Jedenfalls sagte unser Vater: »So günstigen Boden kriegt man nie wieder, wie man hier haben kann.« (Georg Leipold, *1934 in Schlesien)*

Also wir haben gesiedelt, wir haben das Risiko auf uns genommen. Es gab ja auch in R. dann Leute, die wenig zu essen hatten. Es waren ja auch nach dem Krieg welche, die selber kein Land hatten, die dann arbeiten gekommen sind. Aber es war ja auch nichts da. Es war kein Saatgut da, es waren keine Saatkartoffeln da, wir kriegten ein Kalb und eine Kuh. Und unser Pferd hatte der Bauer inzwischen zum Rossschlächter geschafft, weil es krank geworden war. Also kriegten wir noch ein ausgemustertes Pferd mit einem dicken Bein, aber wir kriegten wenigstens ein Pferd dazu. Das hatten wir also. Es waren sieben Hektar, haben wir gesiedelt. Sind eigentlich für anderthalb Leute genug. Wir hatten Land zugeteilt bekommen. Dann ging's auf die Felder raus. Dann hieß es, irgendwo (kann man) auch ein paar Stückchen Holz kriegen. Es wurden dann Felder angelegt. Das haben aber andere gemacht, da musste man bloß mitgehen. Dann wurden die Felder ums Dorf in drei Kategorien eingeteilt: nahe Felder, mittlere Felder, weite Felder. Also das war soweit vollkommen in Ordnung. Jeder kriegte von den nahen Feldern was. Jeder kriegte aus jeder Kategorie etwas zugeteilt. Die (Bodenqualität) war auf jeden Fall hier bedeutend besser als bei uns zu Hause. Erst einmal, von uns aus gesehen. Ja, Sachsen war früher schon ein fruchtbares Land. Und hier, na ja, das kann man nicht so genau austarieren. Aber sie haben es schon einigermaßen versucht. Ein Teil geht hier hinten auf die Steinbrüche zu, also hat auch jeder an der F.'er Straße ein Feld gehabt, von dem er wusste, dass er als Untergrund entweder Stein hat, oder er kam unten in die W., dass er ein nasses Gelände hatte. Also jeder hatte ein nasses Gelände, jeder hatte ein steiniges Gelände, und jeder hatte ein Gelände rund ums Dorf. Damit man um Futter usw. nicht gar so weit fahren musste. Man muss ja jeden Tag für das Viehzeug Futter ran holen. So, das war soweit ganz gut organisiert. Dann kam ja dazu, man musste Flurschutz stellen. Die Kartoffelmieten mussten über Nacht bewacht werden. Damit die Leute sie nicht ausräumten, ehe wir sie in der Erde hatten. Auch die Felder mussten bewacht werden. Die Leute hatten ja wirklich Hunger. Auch die Hiesigen, genauso wie wir. Man konnte es niemandem übel nehmen.

Das waren zum Beispiel solche Sachen, die wir nicht stellen konnten, ich und die Mutter. Wir konnten also weder zur Nachtwache an die Mieten, noch zum Flurschutz gehen. Dafür musste man was anderes machen. Und ich kann mich erinnern, wenn es im Sommer hieß: an die Dreschmaschine. Da wurde die Dreschmaschine aufgestellt für alle, und da wurde ein Plan gemacht, dass jeder in der Woche regelmäßig dran war. Wurde geguckt, wie ist das Getreide, wer kommt Anfang der Woche, wer kommt Ende der Woche. Jeder musste zum Dreschen jemanden stellen. Ich hatte meinen festen Platz. Da war hinten eine Strohpresse dran, mit Draht zu binden.

Hans Neumüller, * 1931 in Schlesien

Bei der Landvergabe infolge der Bodenreform scheint die Bodenqualität nicht unbedingt den Ausschlag gegeben zu haben; die Lage bildete eher das entscheidende Kriterium. Die begehrtesten Flächen lagen am Dorfrand, in erreichbarer Nähe der Wohn- und Wirtschaftsgebäude: Weite Wege sollten vermieden werden. Einige Siedlungen entstanden in der freien Feldmark, weil sich mehrere Flüchtlingsfamilien gemeinsam in unmittelbarer Nähe ihres zugewiesenen Landes niederließen. Die räumliche Entfernung vom Dorf konnte dabei ein Nachteil sein, wurde jedoch bisweilen auch als Vorteil wahrgenommen. Angehende Neubauern mit dem entsprechenden Erfahrungshintergrund konnten die Bodenflächen und deren Qualität sehr wohl einschätzen – im Gegensatz zu denjenigen, die nun erstmals eigenverantwortlich eine Wirtschaft betrieben oder aufbauten.

*Die alten, eingesessenen Bauern, die haben gesagt: »Wir wollen alles erst mal rings ums Dorf haben. Das wollen wir erst mal haben.« So, und nun waren das aber auch meist die alten Rittergutsarbeiter gewesen. Die haben das gar nicht so einschätzen können, was für Ländereien das hier sind. Das sind nämlich hier die besten Flächen, die der Ort eigentlich hatte. Die lagen eben bloß so weit weg. Und die haben gedacht: »Wir nehmen erst mal das, was so dicht bei ist, da brauchen wir nicht weit weg« und so weiter. Auch die Bauern, die kleineren Bauern, die dort waren, die haben das, was so an ihren Feldern dran lag, genommen. Na, jedenfalls hatten wir dadurch die Flächen hier gekriegt. (Georg Leipold, *1934 in Schlesien)*

Selbst 30 Jahre später konnte das Thema Bodenreform einen tiefen Riss durch alteingesessene Familien ziehen. Mitte der 1970er Jahre erwarb das Ehepaar Seemann ein (vormaliges) Neubauernhaus als Wohnraum für die junge Familie. Deren Eltern, ehemals selbstständige Landwirte, waren erschüttert und brauchten lange, um diese Entscheidung anzuerkennen.

*Wir haben ja eine Neubauernstelle gekauft. Hier in S. Das war der Untergang für meine Mutter. Also, es war eine Tragödie: (...) Wir haben gemaustes Land. Ja. Es war ja Enteignetes, es war ja unrechtmäßig. Das haben meine Eltern nie anerkannt, dass so was irgendwie rechtmäßig mal sein würde. Grund und Boden gehört in die Hände der Bauern, die es seit eh und je bewirtschaften, und das hat in der Erbfolge oder wie auch immer weiterzugehen. Und so etwas ist Unrecht, ist einfach Unrecht. (...) Na jedenfalls, wir kauften eine Neubauernstelle. Und meine Mutti ist die ersten vier Jahre überhaupt nicht hergekommen. Nein. So etwas betritt sie nicht. (Martha Seemann, *1946 Sachsen)*

Ausstattung – Leben mit dem Provisorium

Nicht allein in Bezug auf ausreichenden Wohnraum klaffte eine gewaltige Lücke zwischen den Bedürfnissen der Neuankömmlinge und den vorhandenen Beständen. Das galt ebenso für Möbel, Kleidung und Hausrat, landwirtschaftliches Gerät und Vieh. Die ZVU stellte im ersten Halbjahr 1948 für »Umsiedlerhaushalte« folgenden Bedarf fest: 530.328 Bettstellen für Erwachsene bzw. 165.398 Bettstellen für Kinder, 241.976 Tische sowie 846.531 Stühle.[28] Weiterhin fehlten natürlich noch diverse andere Möbelstücke wie Schränke und Kommoden, auf die sich aber vorerst eher verzichten ließ oder die durch ein Provisorium ersetzt werden konnten. Allein die Fertigung der aufgelisteten Möbel hätte knapp 210.000 Kubikmeter Holz in Anspruch genommen.

*Das Schlafzimmer, da haben wir Holz aus dem Wald von den Schwiegereltern liefern können, und da kriegten wir das angefertigt. Na ja, und die Küche konnten wir kaufen noch. Und so ganz mühsam. Zweimal Bettwäsche, gerade zum Wechseln, und Matratzen gab's nicht mal zu kaufen! Da hatten wir noch Steppdecken, die wir auf der Flucht immer umgehängt hatten, die haben wir uns als Matratzen in die Betten gelegt. Und da weiß ich noch, da kam die Hebamme beim ersten Kind: »Beim Möbel-Zimmermann gibt's Matratzen.« Ja. Haben wir das noch hier so bewerkstelligen können. Das waren auch bloß welche mit Stroh gefüllt, aber es waren eben Matratzen dann. Ja, ja, ganz mühsam. (Irmgard Neumüller, *1932 in Schlesien)*

Der Kreisverband Bautzen teilte den Ortsvereinigungen der VdgB im September 1948 mit, dass die Produktionsauflage für die Möbelfabrik in Großenhain erfreulicherweise beseitigt werden konnte und nunmehr Schlafzimmereinrichtungen für Neubauernfamilien hergestellt würden. Der Kreis Bautzen erhalte vom »Kombinierten Holzwirtschaftsbetrieb« Großenhain nunmehr elf Schlafzimmer des Modells »Neudorf« (mit je zwei Betten und Nachttischchen und einem Kleiderschrank zu 372 DM), sechs Kücheneinrichtungen sowie diverse Einzelstücke.[29] Die Aufteilung sollte vom Kreisausschuss vorgenommen werden und in erster Linie »Umsiedler«-Neubauern berücksichtigen sowie jene Neubauern, deren Hofstellen in nächster Zeit bezugsfertig seien. Elf Schlafzimmer- und sechs Kücheneinrichtungen – angesichts der mehr als 2.000 Neubauernstellen im Kreis Bautzen (ein knappes Viertel von »Umsiedlerfamilien« bewirtschaftet) erinnern diese Zahlen an den sprichwörtlichen Tropfen auf den heißen Stein.

*Freilich, die Schlafstube, die haben wir uns auf Abzahlung gekauft. Dann, als wir ausgebaut hatten und wir ein bisschen Geld im Winter hatten – ist ja nichts weiter reingekommen als das bisschen Milchgeld. Da haben wir wieder ein paar Liter Milch verkauft, dass wir überhaupt leben konnten. Ist doch da nicht viel reingekommen, so eine große Wirtschaft war ja das nicht. Und dann ging das immer ein bisschen besser, und dann haben wir uns die Wohnstube gekauft. In den 60er-Jahren war das. Als wir dann oben fertig mit dem Ausbau waren, da haben wir dann die Schlafstube hochgenommen. (...) Da konnten wir uns auch nicht alles auf einmal kaufen, Polstergarnitur oder was. Da haben wir uns erst einmal eine Anbauwand gekauft. Na ja, Anbauwand, das war früher mit solchen Beinen und so, aber der Schrank ist noch oben. Aber wir haben ein Zuhause gehabt. Nicht? Und dann, wenn wir wieder was hatten, da haben wir uns wieder ein Stück gekauft. Denn so viel ist ja auf der Wirtschaft nicht reingekommen. (Elisabeth Jung, *1929 in Schlesien)*

In Bezug auf den Hausrat sah die Situation natürlich keineswegs besser aus. Hier betrug der durch Umfragen ermittelte Bedarf: 1.047.000 Kochtöpfe, 3.538.000 Teller sowie 1.204.000 Bestecke.[30]

*Das erste Geschirr war aus Gruben: von den Soldaten diese Bestecke, zum Aufklappen. Und Topfdeckel, alte Topfdeckel, die die Leute weggeschmissen haben. Das waren unsre Teller. (...) Das war unser erstes Geschirr. Der erste Topf war aus einer Jauchengrube, wo die Enten herum schnatterten. Aber der war ja ganz. Da hat mein Opa gefragt: »Dürfen wir uns den scheuern?« Mit Sand gescheuert und ein paar Mal mit Wasser ausgekocht, ja, auf einem Eisenofen in diesem Entenstall. Und dann haben wir den also benützt zum Kochen. (Margarethe Kirchner, *1930 in Schlesien)*

Selbstverständlich erinnern sich Flüchtlinge und Vertriebene auch an Gesten der Großherzigkeit und des Mitgefühls – oftmals mit dem Hinweis, dass es insbesondere die »kleinen Leute« gewesen seien, die ihre wenige Habe teilten, denn diese kannten Not und Hunger aus eigener Erfahrung.

Wir mussten als Kinder immer, als wir noch im Schloss gewohnt haben, losgehen, wenn die Oma was brauchte. Wir hatten ja bloß ein paar Töpfe und sonst nichts weiter. Krauthobel: »Gehst du zu Frau Jung da und dorthin ins Dorf, die hat einen Krauthobel.« Und das war für mich (schlimm). Irgendwo zu fragen ... Manche waren ja freundlich. Und da musste ich den Krauthobel bei der Frau Jung holen, das weiß ich noch. Die meisten waren unfreundlich: »Wieso denn? Ihr wohnt doch im Schloss!« haben sie immer gesagt.

*»Ihr habt doch alles in der Schlossküche.« Und da kam die Frau Jung raus aus ihrem Häusel und fragt: »Ach Kindchen, was willst du haben?« Jedenfalls war die so freundlich zu mir. Das war wie eine Offenbarung für mich. (Käthe Giesler, *1940 in Schlesien)*

Die paternalistische ›Mildtätigkeit‹ der vormaligen Rittergutsbesitzer entfiel nun. Den selbst stark von Kriegsschäden und -verlusten betroffenen Einheimischen waren Hilfeleistungen in einem solchen Ausmaß bisher nicht abverlangt worden. Dennoch folgten viele den Spendenaufrufen und unterstützten die Neuankommenden aus Mitgefühl oder aus sozialem Gerechtigkeitsempfinden.

*Und in Pirna, da haben wir dann an den Säulen auch wieder Rast gemacht, an den Häusern. Da kamen die Leute raus, und da brachten sie uns ein bissel Nahrung und auch Sachen. Ich hab dann einen Dirndlrock gekriegt, mit dem bin ich noch in die Lehre gefahren hier. Ich hab dann Schneiderin gelernt, und das war also meine erste Kleidung: Dirndlrock und Bluse und – ja. Und es war gut, dass ich den Beruf erlernte, und ich kriegte dann auch Stoffe als Zuteilung und konnte mir schon wieder was nähen. Aus Gardinenstoff mal ein buntes Kleid und so. (Margarethe Kirchner, *1930 in Schlesien)*

Vielfach weigerte sich die ansässige Bevölkerung aber auch, von eigenem Hausrat freiwillig etwas abzugeben.[31] Ein vermeintliches Anrecht wurde ignoriert, sofern das Gerechtigkeitsempfinden des Verteilers gestört war. Selbst wenn ein Bezugsschein vorhanden war, half das nicht unbedingt weiter, weil sich diejenigen, die mit der Verteilung beauftragt waren, nicht zwingend an die Richtlinien hielten. Denn damit stand das entsprechende Objekt der Begierde nicht mehr für einen anderen Antragsteller zur Verfügung, der vielleicht als unterstützungswürdiger empfunden wurde oder von dem eine Gegenleistung zu erwarten war.

HS: Wir haben sonst überhaupt nichts gehabt, keinen Stuhl, keinen Tisch – gar nichts! Aber es gab auch Leute, die nett waren. Da haben wir von jemanden mal einen Stuhl gekriegt oder einen Tisch oder einen Topf oder irgendwie was. Mein Vater fuhr dann nach N. Da war so eine Nachrichtenstellung, ein militärisches Objekt. Und da holte der so einen Spind, den hat unser großer Sohn, der jetzt in dem Neubauernhaus wohnt, heute noch. Und das war nun unser, wo wir unsre Teller und Töpfe hinein räumen konnten. Da hat mein Vater dann Bretter rein gemacht – so einfach, so einfach, oh Gott!
WS: Nun, das war doch so in der Zeit, da hat doch niemand mit dem Finger drauf gezeigt.
HS: Nein, hat doch niemand gesagt: »Ach, was die bloß haben!« oder so.
WS: Es gab doch so viel Elend nach dem Krieg. Was sich in den Städten abgespielt hat!
HS: Es war ja überall das große Elend.

Hilla Spillner, * 1930 in Schlesien, und Wilhelm Spillner, * 1929 in Sachsen

Das Schloss, da waren dann alle guten Möbel geplündert worden, die waren schon alle weg. Und die Möbel, die da waren, waren uralt. Ich hab noch einen alten Schrank dort stehen. Als wir dann hier gesiedelt haben, gab es ja schon die Gemeindeverwaltung. Dort haben sie gesagt: »Das alte Zeug könnt ihr mitnehmen, wenn ihr's haben wollt«. Und wir hatten ja nun nicht viel Möbel, denn – wir wurden ja Bauern. Da mussten erst mal landwirtschaftliche Geräte gekauft werden. An Möbel war überhaupt nicht zu denken. 1962 haben wir unsern Eltern die ersten Sessel gekauft, zwei Sessel: einen für Mutter und einen für Vater. Wir Kinder hatten gespart und geschenkt. Die Eltern hatten bloß ihren Stuhl. Mehr gab's nicht. Und da waren die froh.

Käthe Giesler, * 1940 in Schlesien

*Da war so ein Bürgermeister … Meine Mutter hat wollen einen Kochtopf haben, einen Bezugsschein musste man ja damals haben. Da hat er ihr zur Antwort gegeben, sie soll doch ihren Nachttopf nehmen. Ja? Das war ein Kommunist. Aber ein »super« Kommunist! Im Kopf nicht viel drin, aber Bürgermeister geworden. (Albert Pittner, * 1928 in Böhmen)*

Vor allem Alteingesessene, sofern sie selbst aus eher bescheidenen Verhältnissen stammten, erinnern sich an eine vermeintlich egalitäre Gesellschaft der Nachkriegsjahre. Aus ihrer Perspektive hatten es alle gleich schwer, und niemand litt unter materiellen Unterschieden – insbesondere Kinder und Jugendliche nicht: *Und man hat sich gekannt. Da war kein Kind, was besser angezogen war oder schlechter – auf so was haben wir überhaupt nicht geguckt. Überhaupt nicht! (Ruth Lohmann, * 1935 in Sachsen)*

Der Verzicht auf Genuss und die demonstrative Bedürfnislosigkeit waren jedoch nicht nur rein praktischen Überlebensstrategien geschuldet, sondern passten sich auch der politischen Linie an: als angemessene Strafe für das Mitläufertum im Nationalsozialismus. Die neue Gesellschaft sollte auf Solidarität und sozialer Gleichheit aufbauen, Arbeitsethos und Bescheidenheit ihre Stützpfeiler bilden.[32] Die Angleichung des Lebensstandards war auch deshalb politisch erwünscht, um Konkurrenzen und Sozialneid zu unterbinden.

»Umsiedler« und Alteingesessene grenzten sich wiederum stark gegenüber den »Städtern« ab, die am Wochenende in überfüllten Zügen aufs Land kamen und in den Dörfern um Lebensmittel nachsuchten – entweder im Tausch gegen materielle Werte oder in der Hoffnung auf Mitgefühl. Offenbar haben sich diese Bilder besonders bei den damaligen Kindern tief eingeprägt: zum einen aus Mitleid mit den notleidenden Bittstellern und zum anderen als Orientierung und zur Bestätigung, dass der eigene Wert auf der sozialen Skala auf jeden Fall noch unterboten werden konnte.

*Da sind damals öfters Leute gekommen, die was zu essen wollten. Die Leute haben doch das Tuch aus dem Bett hergegeben, um was zu kriegen. (Hans Neumüller, * 1931 in Schlesien)*

Für die Flüchtlinge und Vertriebenen bot sich durch die Abgabe von Lebensmitteln an die Städter die Möglichkeit, den eigenen Haushalt mit Geschirr und Wäsche auszustatten – sofern es Überschuss zu verteilen gab. Das hing von der familiären Situation ab.

ML: Als hier aufgeteilt wurde, da wurde auch Getreide aufgeteilt. Da wurden auch die Kartoffeln aufgeteilt vom Rittergut, als das dann alles so in die Neubauernzeit überging. Und da weiß ich, da wohnte hier die Frau Markwart mit dem Horst, mit ihrem einjährigen Kind. Die kriegten genau sieben Zentner Kartoffeln wie wir mit der großen Familie. Wir kriegten genau bloß so viel wie die Frau, und die konnte dann, konnte dann auch schieben, tauschen, ja. Wo wir selber zu tun hatten, dass wir satt wurden das ganze Jahr.
LR: Da kamen die von der Stadt raus, von Leipzig, und da haben sie Wäsche gebracht oder was.
ML: Die Armen, die hatten doch gar nichts.
LR: Die hatten nichts zu essen, und da haben sie eben hier irgendwie …
*ML: Wer das konnte, aber wir haben es nie gekonnt, weil wir mit uns zu tun hatten (Martha Leibelt, geb. Labitzke, *1931 in Schlesien, und ihre Schwester Lina Reichel, geb. Labitzke, *1942 in Schlesien)*

Die Alteingesessenen befanden sich in der Regel in einer vorteilhafteren Situation. Obwohl also die materiellen Voraussetzungen, beispielsweise die Ausstattung mit Hausrat, Möbeln und Kleidung, keineswegs ›gleich‹ waren, wie zeitgenössische Bedarfsermittlungen belegen, werden sie in der Retrospektive dennoch oftmals so wahrgenommen. Das gilt auch für Flüchtlinge. Die Reaktion ihrer Schwiegereltern auf die Heirat ihres Sohnes mit einem »Flüchtlingsmädchen« erläutert Elisabeth Jung folgendermaßen:

Also da, will mal sagen, da gab's eigentlich nie einen Zwiespalt oder irgendwie, dass ich vielleicht nichts hatte oder so. Ich bin gut aufgenommen worden. Ich muss auch sagen, wo wir geheiratet haben: Es hat ja niemand viel gehabt.

Sie hatte nichts aus der alten Heimat mitbringen können, was als Grundstock für die Zukunft, als Aussteuer hätte dienen können. Und auch ansonsten konnte sie nicht auf Unterstützung zählen.

*Gar nichts. Gar nichts! Was mir die Mutter gegeben hat: Die hat mir die Federn gekauft, dass ich mir die Federbetten (machen) konnte. Die haben wir noch geschlissen, und das Inlett, das haben wir so, wo es mal was zu kaufen gab. Ich hab von niemandem was (bekommen). (Elisabeth Jung, *1929 in Schlesien)*

Die ersten Anschaffungen konnten getätigt werden, als die Wirtschaft begann, Überschüsse abzuwerfen. Bis dahin musste man mit dem Wenigen, was vorhanden war, auskommen.

Also als wir noch Einzelbauern waren: Wenn Sie haben ein Schwein abgegeben, da gab's Gutscheine, das war verbilligt. Das hat mir die Schwiegermutter gegeben, und da hab ich mir dann schon immer Wäsche gekauft. In B. war ein Geschäft, wo ich das konnte auf den Gutschein, und das war auch dann verbilligt gewesen. Das war nicht so teuer. Und wo ich hier eingezogen bin, da hatte ich noch keine Küche gehabt. Da war *ein Sofa und ein Tischchen und sonst gar nichts. Die Schlafstube, die haben wir uns gekauft auf Abzahlung. So. Das war erst einmal der Anfang. (Elisabeth Jung, *1929 in Schlesien)*

*Zu Hause ging's eben immer darum, dass erst mal Maschinen (angeschafft werden). »Nun, ihr müsst das einsehen, wir müssen doch eine Maschine kaufen.« Haben wir auch eingesehen. (Käthe Giesler, *1940 in Schlesien)*

Den ZVU-Umfragen zufolge fehlten allein den Flüchtlingen und Vertriebenen unzählige Kleidungsstücke: an Anzügen 814.000, an Kleidern 1.250.000, an Mänteln 1.960.000.[33]

Diese Angaben berücksichtigen den Bedarf der ansässigen Bevölkerung noch nicht – auch hier herrschte vielerorts großer Mangel an warmen und intakten Kleidungsstücken in ausreichender Menge. Bezugskarten mit Punktesystem (durch die Deutsche Wirtschaftskommission im Juli 1949 eingeführt) änderten wenig daran.

*Und wie gesagt, der eine Gutschein da, was man gekriegt hat, entweder kaufst du dir ein Kleid oder kaufst dir einen Mantel oder kaufst dir ein Paar Schuhe oder willst 'ne Schürze oder 'ne Bluse oder ... (Christa Druskat, *1926 in Schlesien)*

Verschlissene Kleidungsstücke wurden mehrfach gewendet und immer wieder ausgebessert. Gefärbte Uniformen wurden zu Mänteln und Hosen umgenäht, und Kleidungsstücke aus Fallschirmseide sind fast schon legendär – Erzählungen darüber gehören zum Standardrepertoire. Die Versorgung mit Ressourcen war regional unterschiedlich: Auch die jeweiligen Gewerbe und Industrieanlagen spielten in dieser Beziehung eine Rolle. Stoffe, die ursprünglich zur Verpackung der Produkte dienen sollten, waren nun selbst zu begehrten Materialien geworden. Die Textilien-Bestände der ehemaligen Munitionsfabrik (»Muna«) in der Muldentalregion halfen in der Nachkriegszeit ebenfalls bei der ›Einkleidung‹ der Bevölkerung.

*Da war bei uns hier in A. eine Munitionsfabrik. Und da haben die dann solche Ballen rausgeholt. (WS: Das Pulver wurde in solche bestimmten Seidenstoffe gefüllt.) Nu, da hatten wir alle »Muna«-Kleider. Das eine wurde blau gefärbt, das andre wurde schwarz gefärbt. Da hatte ich einen schwarzen Rock. Von meiner Mutter eine Schwester konnte gut nähen. Die hat mir dann einen Rock genäht mit einem Bolero. Den Bolero hat sie dann ganz schön bestickt, mit weißem Garn. Ach, das sehe ich heute noch! Und jeder hatte ein »Muna«-Kleid an! Das war rosa gefärbt, das war hellblau, das andre dunkelblau. Und wir waren alle zufrieden, wir sind zum Tanz gegangen. Und das war schön. Wenn man so jung ist, da ist man, ich weiß auch nicht, mit allem so zufrieden. (Hilla Spillner, *1930 in Schlesien, und Wilhelm Spillner, *1929 in Sachsen)*

Einheimische und Zugezogene tauschten auch untereinander aus, und einige der Alteingesessenen unterstützten die Familien, die bei ihnen einquartiert waren: Beispielsweise ›beerbten‹ jüngere Kinder die älteren.

> *Also ich kann mich erinnern, dass mein Vater, als er kam – er ist einen Monat eher hier eingetroffen – eine Unterhose von der Volkssolidarität bekommen hat. Er hatte aber irgendwie doch selber Wäsche und hat sie dann mir gegeben. Weil ich hatte überhaupt nichts. Ansonsten – na ja, wir haben uns selber geholfen und waren immer bescheiden.*
>
> Peter Distel, * 1928 in Schlesien

*Haben die Eltern ein bisschen ausgetauscht oder was. Die bei uns wohnten, und das waren Junge und Mädel, da hat die Mutter manchmal Sachen dann rübergegeben, weil wir ja älter waren. Und es war ja niemand, der nachkam. (Benno Nürnberger, * 1937 in Sachsen)*

Im Sommer 1948 hatte die ZVU den Bedarf an Hausrat, Möbeln und Bekleidung ermittelt und infolgedessen in einem Arbeitspapier vermerkt: »Da wir für absehbare Zeit keine Möglichkeit haben, die Masse der Umsiedler und Totalausgebombten auf die wirtschaftliche Höhe der Nichtgeschädigten zu heben, muss zumindest ein Ausgleich erfolgen, der den Betroffenen das Elementarste für das Leben sichert. Ein Aufschieben dieses Problems bedeutet nur eine Vertiefung der Gegensätze«.[34]

Bisweilen kamen Spenden auch nicht bei den Bedürftigen an: Die für die Verteilung zuständigen Amtsinhaber deckten entweder den eigenen Bedarf oder bedachten Personen, die ihnen nahe bzw. in ihrer Gunst standen.

*Einer war hier mal Bürgermeister in N., die haben doch von drüben viele Pakete gekriegt als Spenden. Die haben sie erst mal unter ihren Leuten aufgeteilt. Aber das haben wir dann später alles erfahren. (...) Haben sie ihn abgewählt, und dann kam die ganze Sch. raus, was die sich untern Nagel gerissen haben. Die haben viel Sachen, Pakete gekriegt von drüben, hier die Gemeinden haben sie gekriegt. Die hat der unter seinen Leuten verteilt. (Dirk Matuschek, * 1942 in Schlesien)*

Es kam von Amerika einmal eine Sendung, ein Paket. Das weiß ich, da kam eine Sendung ins Schloss. Da hab ich nämlich ein Kleid zugeteilt gekriegt und hab mich gefreut. Und auf einmal war das Kleid wieder weg. Da sag ich: »Warum krieg ich denn das Kleid nicht? Ich hab mich so gefreut!« Wir sind doch nur in abgetragenen Sachen (herumgelaufen), oder (es wurde) selber genäht und gestrickt. »Ja, das brauchte ein anderer dringender.« Da war das weg. Oder Schuhe: Da mussten wir von der Schulklasse mal – Kartoffelkäfer wurden ja eingeschleppt durch die »bösen Amerikaner«, durch die Kartoffelsendungen – mussten wir als Schulklasse sammeln. Und wer den ersten Kartoffelkäfer findet ... Wir wussten ja nicht, wie er aussieht. Da hat der Lehrer bekannt gegeben, wie er aussieht, und wir sollten ganz genau gucken. Und wer den ersten Kartoffelkäfer findet, der kriegt einen Gutschein für ein Paar Schuhe. Ich hab den ersten Kartoffelkäfer gefunden, aber das war ihm wohl gar nicht lieb. Und da mussten wir aufs Gemeindeamt gehen, einen Gutschein holen. »Nun, welche Größe?« Und da hat die Mutter gesagt: »Die Größe ›sowieso‹.« Da antwortet er: »Du hast doch so kleine Füße.« Sage ich: »Meine Schwester, die große Schwester, kriegt ja als erste die Schuhe.« Die andern haben dann bloß die Abgetragenen gekriegt. Was soll's, wenn man arm ist. Ja, das war natürlich was wert *gewesen, ein Gutschein für ein Paar Schuhe. Und so wurde das so ganz langsam besser – wie's aber im ganzen Land war. (Käthe Giesler, *1940 in Schlesien)*

Für die Flüchtlinge bestand der Alltag darin, alles Lebensnotwendige für den täglichen Bedarf zu beschaffen und ihre (Not-)Unterkunft auszustatten. Dabei konnte selbstverständlich keine Rücksicht auf die Herkunft und auf den Wert der Gegenstände genommen werden. So kamen durchaus auch kuriose Verhältnisse zustande.

Durch die Schule haben wir dann schon auch unsre Kumpel hier gehabt und so. Aber kann man sagen, auf eine Art haben die, die aus Schlesien gekommen sind, mit Wollnys und so, viel mehr Zusammenhalt gehabt als mit den Hiesigen. Weil die – das war damals so – schon ganz andre Sachen gehabt haben, angezogen waren sie eben anders und so. Die haben zu Hause schon andre Grundlagen gehabt. Wir, wie wir angefangen haben, war noch nicht viel da. Und die Mutter hat ja unsre Sachen alle genäht, alles alleine genäht. Die hat die Arbeit gemacht, und abends bis in die Nacht hat sie dann manchmal was genäht für uns. Wir sind doch auch schnell wieder rausgewachsen. Dann waren wir in D. noch mit einem Schulkameraden, mit dem ich in die Schule gegangen bin, zusammen. Die waren noch viel schlimmer dran als ich. Da war eine Frau, die hat nur bei den Bauern so gearbeitet, und die haben sie nur mit Lebensmitteln ver(sorgt), die hat kein Geld gekriegt. Die haben so ärmlich (gelebt), die konnte für die Kinder (kaum sorgen). Und der Junge, der mit mir in die Klasse ging, der war kleiner als ich. Der hat immer von mir die Sachen, die mir nicht (mehr) gepasst haben, gekriegt. Der ist manchmal im Winter bloß im Jäckchen (gegangen und hat) gefroren. Der hat so geklappert, richtig erfroren kam er von D. gelaufen. Und da hat der Vater gesagt: »Bring den Robert mal mit. Die Mutter hat wieder was zurechtgemacht.« Hatten wir einen Wintermantel, der mir nicht mehr gepasst hat, hat ihm gepasst. Und Hosen und vor allen Dingen Strümpfe. Die Mutter hat ja selber viel gestrickt und gemacht. Warme Socken hat's gegeben, da ist der überglücklich wieder heimzu. Eine richtig arme Familie war das. Und die sind auch aus Schlesien gekommen; der Mann ist im Kriege gefallen. Und die Leute dort, die Bauern, haben die nur ausgenutzt. Die so Wirtschaften hatten. In D. war das genauso. War nicht einfach! Die Schlesier waren eben Nebensache hier. Und wie wir gesiedelt haben, haben wir ja viel selber angebaut. Da war das dann ein bissel besser. Aber die hat nur Wohnung gehabt und keine Wirtschaft und nur gearbeitet bei den Bauern als Dienstmädel und so. Und die Kinder versorgt. Das waren vier Kinder. (...) Die Große, die Ältere, ich weiß nicht, ob die auch schon dann mitgearbeitet hat, die Lisa. Aber die drei Kleineren, die sind so ärmlich rumgelaufen. Von der Schule gab's doch manchmal solche Gutscheine für diese Kunstlederschuhe, war doch damals diese Zeit, da haben die immer die Schuhe gekriegt alle. Da haben die Lehrer schon immer denen zugegeben, weil die wirklich arm waren.

Dirk Matuschek, * 1942 in Schlesien

*Ja, und dann haben wir einige Wochen im Schloss gewohnt. Wir hatten weder Teller noch Besteck, noch Töpfe – wir hatten gar nichts in dieser Richtung. Aber die Schlosssachen wurden aufgeteilt, die dageblieben sind, denn die Herrschaften konnten ja auch nichts mitnehmen. Dadurch kriegte jede Person einen Teller, Besteck, einen Topf und was man so noch brauchte – eine Schüssel zum Waschen und so weiter. Wir haben uns zum Beispiel die Füße in einer Meißner Porzellanschüssel gewaschen. Toll, nicht? Ja, aber das hat man damals nicht geschätzt. Und als Kind sowieso nicht, aber im Nachhinein denkt man: »Das hätte man auch anders machen können.« Die ging natürlich dann auch irgendwann kaputt, und weg war sie. (...) Die Sachen, die im Schloss waren an Möbeln und dergleichen, die sind mitunter bei Nacht und Nebel hier rausgeholt worden. Und zwar von den Leuten, die hier aus dem Ort waren. Die kannten sich ja mitunter aus und wussten, wo was steht. Und die haben natürlich dann hier zugegriffen und haben sich ihre Wohnungen vollgestellt mit den Sachen, ja. Und wir kriegten eben das Geschirr und Besteck und so weiter, weil wir ja in der Beziehung gar nichts mitgenommen hatten. (Karla Fügmann, *1937 in Schlesien)*

Gegen die ›Beräumung‹ der Schlösser und die Zerstörung unwiederbringlicher Kulturgüter gab es jedoch auch damals schon Proteste. Sachverständige meldeten ihre Interessen an – hier zeigt sich ein unterschiedliches Verständnis von Notwendigkeiten und Hilfeleistungen. Am 10. April 1946 wandte sich beispielsweise der »Intendant der Staatlichen Museen« an den Landrat des Kreises Bautzen, da er insbesondere um das noch nicht geborgene Inventar eines Schlosses fürchtete.[35] In seinem Schreiben, das offenbar auf eine Kontrollfahrt und Inspektion des Gebäudes folgte, konnte er seine Empörung kaum verhehlen: Entgegen einer Abmachung seien wertvolle Möbel aus der Zeit des Empire und Biedermeiers nicht an das Bautzner Museum abgeführt worden, und dasselbe gelte für einige wertvolle Gemälde, insbesondere Landschaftsbilder – niederländische Malerei. Ein Porträtgemälde sei bereits zerstört worden, angeblich »aus Wut« aufgeschlitzt. Der Unterzeichnete drängte darauf, das kostbare Mobiliar zu bergen und den Bewohnern stattdessen eine einfache Ausstattung zur Verfügung zu stellen – in völliger Verkennung der Tatsache, dass jeder Stuhl, jeder Schrank Mangelware darstellte und daher ebenfalls ›kostbar‹ war.

Wohnen im Typenbau: das Neubauernhaus

Im Oktober 1947 betrug der Anteil derjenigen Neubauern, die über ein eigenes Wohngebäude verfügten, 28 Prozent. Bei Scheunen und Ställen lag die Quote deutlich darunter. Größere Gebäude – sowohl Wohnhäuser als auch Wirtschaftsgebäude – wurden unter mehreren Familien aufgeteilt – ein Provisorium auf Dauer, das für unnötige Spannungen und langfristige Einschränkungen sorgen konnte. Zu diesem Zeitpunkt besaßen von je tausend »Umsiedler«-Neubauernfamilien an eigenen Gebäuden:

	Sachsen	SBZ
Wohngebäude	161	262
Großviehställe	209	150
Schweineställe	156	131
Sonstige Ställe	49	40
Geflügelschläge	64	49
Scheunen/Überdachungen	132	118
Kornspeicher	34	40
Lagerräume/Keller	101	55
Sonstige Gebäude	12	10

Tab. 1: Anzahl der Wohn- und Wirtschaftsgebäude im Besitz von je 1.000 Neubauernfamilien (1. Okt. 1947).[36]

Mit dem Befehl 209 der Sowjetischen Militäradministration erging am 9. September 1947 die Anordnung zum Bau von insgesamt 37.000 Neubauernhäusern; 5.000 sollten es in Sachsen sein. Dazu zählten sowohl Wohn- als auch Wirtschaftsgebäude. Die ZVU ging dagegen von einem Bedarf von mehr als 205.000 Wohn- und Wirtschaftsgebäuden aus: der mehr als fünffachen Menge.[37] Aber schon die Errichtung von 37.000 Gebäuden innerhalb eines Jahres erwies sich als unrealistische Planung: Es fehlten vor allem die Baustoffe; halbfertige Gebäude blieben daher über Jahre im Rohbau stehen. Gutsanlagen wurden abgerissen – einerseits, um Baustoffe zu gewinnen, andererseits, um die steinernen Machtsymbole, als die sie galten, zu beseitigen. Ihr Abriss verstärkte jedoch die Raumnot, denn außer den vielen Flüchtlingsfamilien beherbergten sie häufig auch soziale Einrichtungen wie Krankenhäuser oder Kinderheime.

Um die angespannte Wohnsituation zu entschärfen und die Bedingungen zu verbessern, verfügte die Deutsche Wirtschaftskommission am 28. Juli 1948 im Rahmen einer Anordnung zum Neubauernbauprogramm, sämtliche Privatbauten außerhalb des Befehls Nr. 209 zurückzustellen. Die verfügbaren Baustoffe sollten komplett dem Kontingent der Landwirtschaft zugewiesen werden.[38] Derartige Verfügungen riefen nicht selten den Unmut der alteingesessenen Bevölkerung hervor, die ebenfalls dringend Baumaterialien benötigte.

Die desolate Wohnsituation belastete die Betroffenen und beschäftigte die staatlichen Stellen und Behörden über Jahre. Immer wieder wurden Hilfsmaßnahmen aufgelegt, die Bauvorhaben unterstützen und voranbringen sollten. Das Neubauernbauprogramm dürfte – Schätzungen zufolge – in knapp sechs Jahren 900 Millionen Mark verschlungen haben und wurde vom DDR-Planungsminister Heinrich bereits 1950 als »Fass ohne Boden« bezeichnet.[39]

Jedenfalls, bei der Bodenreform haben sie eben auch Land zugewiesen bekommen. Und das war dann eben hier draußen. Von W. ist's ja doch ein Stück weg. Und da hat der Onkel eben gesagt, der Leipold Johann: »Dort müssen wir gleich auf die Felder bauen. Immer so weit fahren bis zum Feld, das geht nicht.« Wenn man sich das vorstellt, nischt erschlossen und nischt hier draußen – mitten ins Feld! Dort stand aber eine große Scheune, von dem Rittergut von früher. Und um die Feldscheune herum, hatte der Onkel gesagt, dort bauen wir hin. Dann haben wir es nicht weit zur Arbeit. (...)
*Der Onkel hat zuerst gebaut. Der hat 1948 schon gebaut hier, nebenan. Der durfte damals noch ein bissel größer bauen. Bei uns waren es dann so Einheitsbauten, wie bei Matuscheks, die wohnen auch in so einem Haus. Die haben zu der gleichen Zeit gebaut wie wir hier. Und das war sehr, sehr miniklein. Das waren unten zwei Zimmer und oben drüber mit Dachschräge noch mal zwei kleine Räume. Und wir hatten ja noch die Oma dabei. Und dort drüben, das war schon Stall, also es war eigentlich überhaupt nicht geeignet für eine Wirtschaft, so ein kleines Gebäude. Aber damals war man recht bescheiden. Dann haben wir auch noch zwei Jahre ohne Strom und ohne Wasser gelebt. Also Brunnen: Da haben sie in der Erde so eine Pumpe gebaut. Und das war damals schon viel, dass man wenigstens Wasser hatte. (LL: Und über zwei Jahre mit Petroleumlampe hier.) Ja, Karbid oder so. (LL: Bis aus dem nächsten Dorf erst die Leitung gelegt wurde.) Aber wie gesagt, damals war man recht bescheiden, und es waren alle gleich, sagen wir mal. Es gab da nicht die, die viel hatten und die, die wenig hatten. Waren eigentlich alle sehr bescheiden, die Leute. (Ingrid Weber, geb. Leipold, *1936 in Schlesien, und ihr Bruder Lothar Leipold, *1947 in Sachsen).*

Bauen in der Nachkriegszeit bedeutete die Bezwingung des Mangels durch die Verwendung alternativer, zum Teil aber auch minderwertiger Materialien. Die Rückbesinnung auf traditionelle Techniken und Baustoffe wie beispielsweise Lehm hätte auch einen innovativen Charakter erhalten können; diese Tendenzen wurden jedoch von der Bevölkerung in weiten Teilen nicht angenommen.

In engem Zusammenhang mit der baulichen Umsetzung der Bodenreform stand die Hochschule für Baukunst und Bildende Künste in Weimar.[40] Das »Planungskollektiv Bauhaus« der Hochschule Weimar, untergliedert in mehrere Arbeitsgemeinschaften, stellte sich ab Oktober 1945 unter anderem den Aufbau im ländlichen Raum als Aufgabe. Die Aufsiedlung des Großgrundbesitzes wurde ebenso als eigener Programmpunkt aufgenommen wie die Unterbringung und Ansiedlung von Flüchtlingen. Die Arbeitsgemeinschaft »Bodenreform« sollte Musterplanungen für die enteigneten Güter erstellen sowie dörfliche Einheiten für Neubauern und/oder »Umsiedler« konzipieren. Der Arbeitsgemeinschaft »Siedlung« oblag hingegen die bauliche Gestaltung der zugehörigen Gebäude, für die entsprechende Typen entwickelt werden sollten. Typenbauten wurden auch für Dorfwirtschaftshäuser, Maschinenausleihstationen oder genossenschaftlich nutzbare Räume entwickelt.

WS: Aber was so den Bau anbetrifft, da hat man nicht etwa einen Kran gesehen oder was. (HS: Ach wo!) Die Gebäude, die gebaut wurden, alle mit Keller, das war damals alles noch mit Spaten.

LANDESVERWALTUNG SACHSEN
Ministerium
für Land-u.Forstwirtschaft
VIII 2 Ca -Abt.Neubauernhilfe

Dresden,den 29.Dez.1947
Hausapp.483/Bl.E.Zi 227

Kreisrat Bautzen

Randverfügung Nr. 22/47.

An alle
Bezirksarchitekten,
Baumeister und
Neubauern
des Kreisgebietes B a u t z e n.

Rundschreiben 2/48

Betr: Befehl 2o9 - Anweisung über Baustoffverbrauch.

Kontrollen über den Baustoffverbrauch haben ergeben, daß kontingentierte Baustoffe in viel zu hohem Maße bei der Errichtung von Stall-und Scheunenbauten verwendet werden. Die Kohlezuweisung für die Baustoffproduktion kann zugunsten des Bedarfs für Transport und Industrie, insbesondere Düngemittel und Landmaschinenfabrikate, nicht erhöht werden. Es ergibt sich daher die Notwendigkeit zu folgender Anweisung:

1. Bei der Durchführung des Bodenreformbauprogramms aufgrund des Befehls 2o9 sind die kontingentierten Baustoffe in erster Linie für die Errichtung der Wohngebäude bezw.des Wohnteils zu verwenden.
2. Jeder über den notwendigsten Wohnbedarf hinausgehende Ausbau ,z.B. der Dachkammern, auch im Zuge der Bauarbeiten des Jahres 1948, hat zu unterbleiben und kann später nachgeholt werden. Beim Ausbau sind alle kohlesparenden Bauweisen, besonders für die Innenwände, vorzuziehen, wobei nicht tragende Wände aus Leichtlehmplatten und Flechtwände mit Lehmbewurf, nach Möglichkeit mit Einbauschränken, herzustellen sind.
3. Für den Ausbau des Stallteils sind kontingentierte Baustoffe nur in Ausnahmefällen aus konstruktiven Gründen zugelassen. Es ist anzustreben, den Stallteil unter Verwendung von Rundholz in Scheunenbinderkonstruktion mit Lehmschlagdecke auszuführen. Die Ausfachung der Wände kann im ersten Jahr behelfsmässig erfolgen, wenn keine Naturbaustoffe zur Verfügung stehen.
4. Der Ausbau des Scheunenteils ist nur in offener Rundbaukonstruktion oder in Naturbausteinweise zulässig.
5. Die Verwendung von Holz,besonders Rundholz und Derbstangen, das in ausreichender Menge zur Verfügung gestellt werden soll, kann zum weiteren Ausbau der Stall-u.Scheunenteile dienen.
6. Die Einsparung der kontingent.Baustoffe erfordert die höchstmögliche Steigerung der Verwendung von naturgegebenen Baustoffen.

Der Mutterboden ,die mit Humus durchsetzte belebte obere etwa 2o cm dicke Bodenschicht ist für den Pflanzenwuchs unentbehrlich.Sie kann aus rohem Boden erst in jahrzehntelanger Arbeit durch stete Humuszufuhr erzeugt werden.Wo Mutterboden vorhanden ist,darf er auf keinen Fall verloren gehen. Auf jeder Baustelle muß daher der Mutterboden vor Beginn anderer Bauarbeiten sorgsam von allen zu bebauenden,aufzuhöhenden u.zu befestigenden Flächen abgeräumt werden. Es wird entweder sogleich auf humusarme Acker-u. Gartenflächen ausgebreitet, oder bis zu späteren Verwendung in bis 1 m hohen Bänken ausgesetzt. Mutterbodenbänke werden,um die Kraft des Bodens zu erhalten, im Sommer besamt oder deckend bepflanzt.

gez.Dr.Dr.Uhle,Minister

6. 15./8.1.1948

Abb. 19: Verfügung: Dem Bau von Wohnhäusern Vorrang geben vor Wirtschaftsgebäuden, Dezember 1947.

HS: Alles ausgeschippt! Da hab' ich auch mitgeschippt.
*WS: Und mit dem Pferdewagen den Aushub wegbefördern müssen. Ach, wie sie das so alles geschafft haben! (Hilla Spillner, *1930 in Schlesien, und Wilhelm Spillner, *1929 in Sachsen)*

Der Rückgriff auf Typenbauten – unter anderem den knappen Ressourcen geschuldet – sollte dabei helfen, die Bauvorhaben zeitlich und wirtschaftlich möglichst effizient durchzuführen. In der Regel waren es Einhäuser, die Wohnraum, Stall und Scheune unter einem Dach beherbergten. Doch dieses verordnete Bauen, das einer bedürfnisorientierten Gestaltung entgegenstand, traf nicht immer auf breite Zustimmung, sondern rief vielerorts Widerstand hervor. Irritierenderweise verfügte der Befehl 209 unter Punkt 7 »Den Bauern bei der Wahl der [sic] von ihnen gewünschten Gebäudetyps vollkommene Selbständigkeit zu gewähren; die falsche Praxis der obligatorischen Errichtung von Bauernwohnhäusern nach kostspieligen Standard-Typen aufzugeben«.[41] Bei der Umsetzung des Befehls war das Gegenteil der Fall; die Bauwilligen sahen sich gezwungen, kleinste Gebäude zu errichten, die ihren Bedürfnissen nicht annähernd Rechnung trugen. In der Anfangsphase schien es einfacher zu sein, sich dagegen zur Wehr zu setzen.

*Haben sie in den Fünfziger Jahren alle schon so 'ne kleinen Häuser gebaut, weil das schon geplant war – LPG. Da durften wir den Stall nicht größer bauen, nichts! Aber unser Vater hat einfach einen Meter fünfzig länger gebaut. (...) Irgendwo hatte er die Ziegel her, alte Ziegel vom Abriss und so. Wir haben einen Meter fünfzig länger gebaut als die Junges. Weil wir ja noch ein Pferd gehabt haben und alles. Und die haben Ochsen gehabt und paar Kühe und eine Schweinebuchse, mehr ging nicht. Der Vater hat dann nebenan noch einen Schuppen gebaut. Da haben wir Holz gekriegt, als sie hier das Wirtschaftsgebäude abgerissen haben, den Stall. Da war doch noch viel Holz oben. (...) Hat jeder so und so viel Balken gekriegt, dass sie sich einen Schuppen bauen konnten. Der Bürgermeister hat das gleich so gemanagt. Hat die Firma das abgebaut, hat das Holz gestapelt, und der hat das dann aufgeteilt. Und die Siedler, die haben jeder was gekriegt. Die andern hatten ja auch alles da. Und da haben wir ein Nebengebäude gebaut, einen richtigen Schuppen. Da haben wir den Schweinestall drin gehabt, Luftklosett war damals drin, Hühnerstall, und vorne waren die Schafe. Und im Nebengebäude war noch so ein kleiner Schuppen, da war Kohle und Holz drin, wie das so war. Im Hause war doch kein Platz innen drin! Weil der Vater Tischler war, konnte er viel alleine machen. (...) Der Onkel, der war Zimmermann, (...) der hat auch mitgeholfen und bissel unterstützt. Die Schlesier haben dann zusammengehalten auch. (Dirk Matuschek, *1942 in Schlesien)*

Na ja, es gab wenig zu DDR-Zeiten. Und für private Zwecke gleich gar nicht. (...) Es war ja auch eine Kunst bald, so ein Haus wieder neu aufzubauen. Wenn man da nicht Beziehungen hatte wie der Opa: Der ist gefahren nach Dresden mit Brot oder mit irgendwas oder Getreide und hat dort Nägel geholt. Hat der eingetauscht, es gab ja so nichts. Aber man musste eben wissen, wo und jemanden kennen.

Karla Fügmann, * 1937 in Schlesien

Um Erfolge und Planerfüllung vermelden zu können, wurden Bauten auch dann als ›fertig‹ bezeichnet, wenn nur ein einziger Raum bezugsbereit war und die anderen notdürftig mit einem Lehmfußboden ausgestattet worden waren.[42] Die Neubauernfamilien sollten den Bau nach eigenem Ermessen und Mitteln selbst vollenden. Viele Gebäude wiesen bereits vor der eigentlichen Fertigstellung Baumängel auf, weil vor dem ersten Winter keine Dacheindeckung erfolgen konnte. Die Zuteilung von Dachziegeln und auch Mauersteinen reichte vielfach nicht aus. Weiterhin wurde der Baubeginn häufig verschleppt, weil die erforderliche finanzielle Eigenbeteiligung der Neubauernfamilien nicht gewährleistet werden konnte. Viele Familien zogen in einen Rohbau – froh, endlich in den eigenen vier Wänden zu sein. Provisorisch wurden Fenster abgedichtet, sodass der Winter überstanden werden konnte. Die einzige Wärmequelle bildete der Küchenherd, und auch an eine geregelte Wasserversorgung war noch lange nicht zu denken. Das Wasser musste oftmals über längere Wege mühsam in Eimern heran- und auch wieder fortgetragen werden: für Haushalt, Körperhygiene und Wäsche sowie für das Vieh.

*Es sind ja hier die ganzen Neubauernhäuser gebaut worden, und da haben wir dann auch gebaut. Mein Vater mit – ich war ja noch Kind, ich konnte ja noch nicht so viel machen. Aber man musste ja auch mit Hand anlegen, nützte ja alles nichts. Und na ja, da wurde dann das Neubauernhaus gebaut. '51, '52 sind wir dann eingezogen – so wie die Waldbewohner, es war halb fertig alles, dass wir hier erst mal rauskamen. Da musste dann das Wasser hochgetragen werden, Wasser runtergetragen werden, Futter und alles fürs Viehzeug gemacht werden. Und da sind wir dann dort reingezogen. (Ernst Wischnowski, *1939 in Schlesien)*

In starkem Gegensatz zum ambitionierten Neubauernbauprogramm und den forcierten Planerfüllungen stehen die Erlebnisse einzelner Familien. Der Antrag auf Baugenehmigung, den die Wollnys in der Oberlausitz stellten, wurde lange Zeit nicht bearbeitet. Eine amtliche Inspektion aus Dresden schob das Vorhaben schließlich maßgeblich an. Ärger mit dem örtlichen Bürgermeister und anderen zuständigen Stellen war dadurch vorprogrammiert. Im Sommer 1950 konnte jedoch mit dem Bau begonnen werden: einem Haus, das auch noch einen Stall und eine Futterküche beherbergte, zudem zwei Wohnräume, was für die elfköpfige Familie reichlich eng wurde. Außer den Eltern mit ihren sechs Kindern sollten auch die Großmutter, eine Tante sowie der ehemalige Pferdeknecht, der mit der Familie auf die Flucht gegangen war, mit einziehen. Das Haus wurde entgegen den Bauvorschriften in der oberen Etage etwas höher gebaut, sodass auch dort zwei geräumige Kammern eingerichtet werden konnten. Diese eigenmächtige Maßnahme hatte fast den erzwungenen Abbruch des Obergeschosses zur Folge, bis die Genehmigung schließlich doch nachträglich erteilt wurde. Und trotzdem wohnte die Familie mehr als beengt.

In dem kleinen Zimmer neben der Küche, ein Zimmer mit zwölf Quadratmetern, da haben die Eltern geschlafen. Meine Schwester haben sie dann zu Oma und Opa gegeben. Die musste immer nach nebenan in das Haus gehen, jeden Abend. Es gab drei Betten, und *damit war die Stube voll. Und dann hatten wir aus dem Schloss so ein kleines Sofa. So schmal, das hab ich gehabt bis zum dreizehnten Lebensjahr. Nein, noch länger – bis 15! Also die Betten standen im Zimmer, und dann gab es bloß noch den Gang. Und dann hab ich mir abends das Sofa aus Omas Zimmer geholt, in den Gang gestellt und einen Stuhl ans Fußende – ein Zweisitzer war das, so ein schmales Ding. Ich hab dort nie ein Bett gehabt. Also – da war ich dann schon bestimmt 16, 17, als ich ein Bett gekriegt hab. Weil das einfach keinen Platz hatte. Dann für meinen kleinen Bruder wurde ein Bett abgesägt, damit das überhaupt noch in die Ecke passte, unter die Schräge. (Käthe Giesler, *1940 in Schlesien)*

Nicht alle Familienmitglieder waren glücklich mit der Entwicklung, nun endlich Eigentum erwirtschaften zu können: Insbesondere die Großmutter sah es quasi als Verrat an, jenseits der Heimat ein neues Haus zu bauen, einen Hof einzurichten. Diese Entscheidung kam einem Verzicht gleich und signalisierte, sich mit der neuen Lebenssituation dauerhaft zu arrangieren.

*Unser Onkel, der hat immer gesagt: »Wir wohnen jetzt hier, und wir leben hier. Wir müssen hier jetzt einen neuen Anfang machen. Wir haben ja schließlich den Krieg verloren« und so. Der hat das richtig realistisch gesehen. Und er hat eben dann als Erster gebaut. Als der Leipold Karl dann das erste Haus hier anfing zu bauen, da war die Oma richtig böse auf ihn, dass er so was macht. (Ingrid Weber, *1936 in Schlesien)*

Das Bauvorhaben konnte nur mit der uneigennützigen und tatkräftigen Unterstützung der Angehörigen dieser großen Familie durchgeführt werden. Die erforderlichen Eigenarbeiten waren enorm, denn Maschinen und Zugkräfte fehlten: Das Ausschachten wurde mit Spaten und Schippen erledigt, und insbesondere die Ziegelsteine wanderten mehrmals durch die Hände aller am Bau beteiligten Familienmitglieder. Diese Kraftanstrengungen hatten alle bauwilligen Familien zu tragen.

*Viel gab's ja nicht. Es ist alles aufs Einfachste gebaut worden. (...) Und das wurde ja alles aus Leipzig geholt, die ganzen Ziegelsteine und alles hier. Die ganzen Träger, Eisenträger und so, was gebaut wurde und in die Keller reinkam, das wurde alles aus Leipzig geholt. (...) Die Trümmerfrauen dort, die hatten das ja alles hingestellt, und das mussten die dann aufladen. (Ernst Wischnowski, *1939 in Schlesien)*

Der Bau der meisten Neubauernhöfe ging schleppend voran: Entweder fehlten die finanziellen Mittel, oder aber die notwendigen Baumaterialien – oder sogar beides. Und wegen der mangelhaften Qualität der Baumaterialien wurden zum Teil schon wieder Reparaturen und Ausbesserungsarbeiten notwendig, bevor das Haus überhaupt ganz fertig gestellt worden war.

Dann, als wir ein bisschen Geld hatten, da haben wir erst einmal das Haus abgeputzt. Das war ja noch im Rohbau. Das haben wir erst mal ringsum alles abgeputzt. (...) Das war in den 60er Jahren, denn erst hatten wir ja nichts gehabt. Dann haben wir schon *das erste Mal das Dach umgedeckt, das mussten wir auch machen. Denn was gab's denn damals zum Bau? War doch nicht viel Zement und nichts da gewesen. Da ist der Putz schon von den Dachziegeln wieder abgefallen, und da haben wir das neu umgedeckt. (Elisabeth Jung, *1929 in Schlesien)*

Oftmals ließen sich die Neubauern in eigenen Straßenzügen, Dorfmarken oder gar in einer komplett neu gegründeten Siedlung nieder: eine Praxis, die nicht nur dem Neubauernprogramm und den Bebauungsplänen der Kommunen geschuldet war. Von den Einheimischen wurden diese Neubaugebiete oftmals misstrauisch und teilweise neidisch beäugt, schon allein deswegen, weil durch das staatlich forcierte Neubauernbauprogramm Häuser und Wirtschaftsgebäude entstanden, die alle verfügbaren – auch von anderen dringend benötigten – Baumaterialien banden. Obwohl die Vorgaben strikt waren und lediglich den Bau kleinster Wirtschaftsanlagen genehmigten, die weder ausreichend Raum zum Wohnen noch zum Wirtschaften boten, galten die Bauherren aus Sicht der Einheimischen als begütert.

*Ja, das hat sich durchgezogen: Die kamen von dort, und die kamen von dort. [...] Oder dann haben sie gesagt, Schlesier haben sich in D. auf einer Straße, auf dem Feld dann angesiedelt, am Rande des Dorfes. Die hießen dann immer die »Neureichen« – bis heute. Weil die Häuser, die gebaut wurden, ja neu waren. Die waren aber nicht neureich. Auch über uns haben sie immer gesagt: »N., das sind Reiche.« (Käthe Giesler, *1940 in Schlesien)*

Und dann hieß es, es kann mit dem Bauen losgehen. Dann konnten wir natürlich nicht bei den Ersten sein, denn mit unserem Vater war es gerade so, dass wir übers Rote Kreuz erfahren hatten, dass er lebt und dass er in Afrika ist. Nun war ja damals selbstverständlich, einer hilft dem andern, sonst hilft mir keiner. Also sind wir ab '47 jedes Wochenende, wenn nicht Erntearbeit war, also jedenfalls den ganzen Winter, nach Leipzig gefahren, Ziegel putzen. Also erst einmal zum Schmied, dass er einem einen Putzhammer gemacht hat. Zweiseitig angespitzt, damit man dann, wenn er nicht mehr scharf war, die andere Seite nehmen konnte. Und in Leipzig zusehen, dass der Mann, der dort die Grundstücke zuteilte, also die Ruinen, dass der einem eben nicht gerade eine Fabrikesse gab. Es gab ja auch Möglichkeiten, der konnte ja so oder so (entscheiden). Oder eine Fabrik, mit viel Beton und Klinkerbauten. Da konnten Sie den ganzen Tag putzen, da haben Sie keine 50 Ziegel zusammengekriegt, weil alles zerbrach. Also, was machen wir denn nun? Erst einmal: In Wurzen an der katholischen Kirche stand – wie nannten sie sich, mit der Binde? Hilfspolizei, so was ähnliches. Es durfte keiner Lebensmittel schmuggeln, wir mussten ja, sollten alles abliefern. Also nicht zusammen gehen, jeder für sich. Ein halbes Brot, ein halbes Stückchen Butter und noch was, ein paar Schnitten extra. Und in Leipzig hatten wir, irgendjemand hatte dort eine Kneipe organisiert, wo auch der Mann war, der (die Grundstücke) verteilte. Und da ging's nun eine Woche, dann wurde zusammengetan: Da kriegte der Wirt das Brot für den Monat, und die andere Woche kriegte der Verteiler das Brot für den Monat.

Für den Monat Zuteilung von Trümmergrundstücken. Bissel Quark konnte man auch mit drin haben. Das konnte man ja alles bei der Kontrolle als (Proviant ausgeben): »Ich fahre für zwei Tage nach Leipzig, putzen.« Man konnte ja am Sonnabend und Sonntag fahren. Also hatte man immer die Möglichkeit, was mitzunehmen, damit man dort ein annehmbares Grundstück kriegte. Da konnte man schon was schaffen. Und in Leipzig hatten wir den alten Hanske. Den haben wir dort angefüttert, kann man sagen, auch was zu essen mitgegeben, damit der in der Nacht auf unseren Plätzen gewacht hat, damit wir Montag früh unsere geputzten Ziegel auch heimfahren konnten. (IN: Dass die nicht inzwischen weg waren.) Ist nämlich auch passiert, dass man hinkam, und ein Anderer ist schon in der Nacht um zwei gefahren. Dann musste zwischendurch auch mal derjenige, der einem schwarz die Fuhre Steine heimfuhr, der musste ja auch mal was kriegen. Der kriegte dann einen Viertelzentner Weizen, da wurden aber die Reserven auch schon wieder dünn. Die mussten ja eigentlich das Jahr über reichen. Ja, das war ein hartes Jahr. (...)
Die Mutter hatte ja auch nichts weiter. Die ist dann mitgekommen, Ziegel putzen. War wieder eine Kraft mehr. Eine Schippe musste man ja auch haben, um den restlichen Schutt von der Straße runter(zuschaufeln). Aber auch in der Nähe von der Straße ablagern. Denn der kam dann hinterher auch kontrollieren: Ganze Ziegel, halbe Ziegel, Viertelchen mussten abgestapelt werden. Also er hat schon gesehen, dass nur Schutt übrig blieb. (IN: So wurde Leipzig beräumt. Der Rest ging dann ins große Stadion, daraus wurde der Wall geschüttet.) Und da haben wir eben erst einmal das erste Jahr für deinen Onkel geputzt. Der hat dann gebaut. Das nächste Jahr kam dann mein Vater aus dem Krieg wieder. Da hatten wir den nächsten Winter ihn dann auch schon dabei. Wenn von den alten großen Häusern da Anker oder so was waren, da mussten wir die wieder auf der Fuhre, mit der die Ziegel heimgebracht wurden, drunter verbauen. Denn das sollte ja eigentlich in Leipzig bleiben. Und das haben wir unserm Schmied gegeben, und aus dem Eisen hat der dann wieder unsre Anker und Bauklammern und alles Mögliche gemacht. Und da kriegte man bei dem Schmied auch einmal eine neue Gabel oder eine Hacke zum Kratzen, eine größere. Dann hatten die erst gebaut, wie gesagt. Und das andere Jahr kamen wir dann dran. Dann hatten die aber mit sich zu tun, und dann mussten wir wieder sehen, dass wir noch andere Helfer hatten. (...)
Das ganze Jahr 1949 war ich zu Hause. Als ich ausgelernt hatte, hab ich aufgehört und zu Hause bei dem Bau Handwerker gemacht. (IN: Vielleicht wurde schon 1948 ausgeschachtet, aber gebaut wurde 1949.) Ja, vorbereitet, Zaun gesetzt und ausgeschachtet. Aber bauen konnten wir eben erst '49. Na ja, und da hatten wir noch so einen alten Maurer, der Handlanger von Beruf war. Und ich hatte ja nun ausgelernt. So viel konnte ich nirgendwo anders verdienen als zu Hause auf dem Bau. Ging's mit der Verantwortung weiter. Dann war da Holz, und da haben die Maurer jeden Abend ihren Rucksack voll Holz mit eingesägt, das war normal, das gehörte bei denen praktisch zum Deputat. Da musste ich aber gucken, dass sie nicht bei uns vom falschen Stapel (nehmen). Ich musste da sein! (...)

Wenn wir in Leipzig dann am Wochenende fertig waren, dann war es meistens ein Lastzug (voll), der musste Montag früh abtransportiert werden, und das klappte auch soweit immer. Wir haben für das Neubauernhaus in Leipzig 20.000 Ziegelsteine geputzt. 20.000 Steine nur für unseres und nur alleine mit einem Bekannten und so weiter: rausgekratzt und heimgefahren. Und mindestens dreimal in der Hand gehabt. Nein, das reicht nicht: Sie mussten geputzt werden in der Baustelle. Von der Baustelle an die Straße vor, dort mussten sie aufgesetzt werden. Immer 200 Stück. Das wollte der (Aufseher) sehen, wie viel wir von der Baustelle abtransportieren konnten. Eventuell auch, um dementsprechend dann eine andere Baustelle auszuwählen, dass man nicht nur Schutt kriegte. Und zu Hause abladen – abkippen ging nicht, sonst waren ja wieder so und so viele kaputt. Also abladen, draußen am Zaun aufsetzen. Und dann waren wir ja bloß zu zweit als Handlanger, also wieder vor- oder rantragen an den Bau. (...) Ich glaube, die Steine haben als solches nichts (gekostet). Der Schein, das waren wohl 60 oder 80 Mark damals, was die Zuweisung vom Amt war. Die Steine an sich – die waren ja froh, dass sie die Plätze beräumt kriegten.

Dann hatte man einen Baubetrieb. Und dann hieß es eben auch: ausschachten. Ging es erst einmal weiter. Die Steine waren dann da, die Ziegelsteine. Das Nächste waren die Bruchsteine für den Grund. Die haben wir in L. im Steinbruch geholt. Wenn sie die aus dem Bruch raufbrachten, da wurden die in die Loren abgekippt. Da haben die erst mal gesehen, wo die meisten guten Steine waren, also ziemlich glatte. Die haben sie noch – bossieren hieß das –, die haben sie also selber noch so zu Pflaster und zu Ähnlichem verarbeitet. Und wo eben nicht viel draus zu machen war, also die schief und krumm waren, zum großen Teil – da waren auch glatte dabei –, da hieß es dann: »Den Haufen und den Haufen (könnt ihr nehmen)«, und dann ging's wieder los. Sind wir dann mit dem Pferd raufgefahren, dort mussten wir sie alleine aufladen, heimfahren. Runter, abladen, damit wir sie dann wieder für die Maurer ranschaffen konnten an die Baustelle.

Wir hatten einen Rentner als Handlanger. Und im Durchschnitt waren zwischen drei und sechs Maurer täglich auf der Baustelle, die wir zu zweit bedienen mussten. Das heißt also, erst einmal Sand sieben, Sand sieben. Sand mit Kalk mischen, zweierlei Kalk, durch mischen, fertig machen. Dann die Steine, bevor die Maurer kamen, die Steine pro Arbeitsplatz hinstellen, weil ich dafür sorgen wollte, dass es was wird. Also mussten sie bereitstehen. Ehe das mit dem Bau losging, kam ja noch was: Wir hatten ja kein Wasser auf den Feldern. Da war in H. eine Brunnenbaufirma, die stellte uns einen Dreibock hin, da haben wir den Brunnen zu 80 Prozent selber gemacht. Zwei Brunnenringe gab's, einen Meter hoch. Also ja, zwei große und einen halben Meter. Und der wurde hingestellt, und dann hieß es, unter dem Ring ausgraben, den Meter tief. Und dann musste der ziemlich gerade, dann musste der rutschen. Und dann war unser Brunnen zwölf Meter tief. Bis wir wenigstens anderthalb, zwei Meter Wasser hatten. Also bei neun Metern war, glaube ich, das erste, dann wurde es zumindest nass erst einmal. Und das war dann so: Ich war drin und meine kleine Schwester, mit zehn Jahren. Ich konnte den Eimer bloß halbvoll machen, weil sie es sonst nicht

geschafft hätte, den über die Rolle (zu ziehen). Ich hatte den Strick unten, hab hochgezogen, und die hat dann oben gestanden, rübergezogen und ausgekippt. Bis wir dort runter waren. Also wie gesagt, 80 Prozent haben wir den Brunnen selber gebaut. Da gab's aber bloß die zwei Ringe. Also der erste Brunnenring wurde gemacht, und wenn der tief genug war, dann kam der Brunnenbauer, und dann hat der auf den Brunnenring mit Brunnensteinen, also so halbrunde Steine, die nächste Höhe aufgemauert. Weil runterhin war der Brunnen aus Ziegelsteinen gemauert. Die Brunnensteine, die haben wir aus G. auch wieder mit dem Pferdewagen geholt. Das waren ja Vorarbeiten, ehe wir überhaupt anfangen konnten.
Im Winter zwischen den zwei Jahren, in H., hatten wir ein Stück Holz, Wald, zugewiesen bekommen: Das Holz schlagen und in die Zimmerei geben, mit denen einen Vertrag machen, dass die uns nach dem vorgegebenen Bauwerk das Holz schon (zurichten) – das Dach, das Gebälk wurde ja bei denen auf dem Schnürboden schon vorher praktisch fertig zurechtgemacht. Heute machen die alles mit dem Akkuschrauber und mit sonst was. Dann haben die die ganzen Hölzer mit Holznägeln vernagelt. Im Winter haben die gemessen in der Kälte und haben die viereckigen, die langen Holznägel aus astfreiem Holz zurechtgemacht, aus Hartholz. Das ging ja ruckzuck, und die Löcher wurden alle mit dem Stemmeisen gestemmt. So, das waren also die Vorarbeiten.
Na ja, und dann ging es los: Ranschaffen, und wenn die Maurer um sieben kamen, oder um halb-, dreiviertel sieben, Wasser ranschaffen, einen Eimer an jeden Kalkkasten und in jeden Kalkkasten eine Butte, also so eine hohe Rückentrage: Oben hat sie so einen Bogen über den Kopf weg, so einen runden, und da musste man an der Seite reingreifen, und dann wurde das über die Schulter in den Kalkkasten gekippt, der Mörtel. Und das musste also erst einmal für jeden früh losgehen. (…) Denn sonst wurde nicht gearbeitet. Die Maurer haben sich nicht geärgert, wenn sie eine halbe Stunde Pause hatten, ehe es losging. Das hieß also für mich, wenigstens eine Stunde eher als die Maurer da sein. Nicht bloß, um auf irgendwas aufzupassen, sondern es war ja die Vorarbeit, die wichtig war. Na ja, und da waren wir dann froh, dass wir zum Herbst so weit waren, dass wir das Dach draufhatten. Dass dann im Winter der Innenausbau weitergehen konnte. Dann, heute heißt es Isolierung: Wir haben die Fußbodenisolierung vom landwirtschaftlichen Wirtschaftsverein geholt – die hatten eine Kartoffelflockanlage. Und dort fiel Schlacke an, Asche mit Schlacke. Da haben wir dort die Schlacke geholt, die wurde als Isolierung dazwischen gefüllt. Es wurden kleine Leisten an die Balken genagelt, dann wurde die billigste Dachpappe reingelegt. Dann kam dort die Schlacke rein, als Isolierung zwischen oben und unten. Da ging's aber nicht um die Wärme, da ging's um die Schalldämmung vor allen Dingen. Ging's wieder: dort aufladen, zu Hause abladen, dann in der Butte reintragen, oben breit machen. Und das waren alles Nebenarbeiten, die man selber machte, damit es billiger wurde. Es war ja nicht das Geld da, um ein Haus zu bauen. Heute sagt man: »Ich gehe auf die Bank, ich hole mir Kredit.« Bei uns gab's keinen Kredit in dem Sinne, für den Bau. Da waren wir froh, wenn man es irgendwie zusammenkriegte. Oh ja, wir haben etwas Kredit gekriegt, wir mussten ja die Maurer bezahlen. Da gab's

den Neubauernkredit, und den haben wir auch eine lange Zeit abgezahlt. Aber das war eben wirklich nur auf Nachweis, da mussten wir dann die Stundenbogen usw. bringen. Die Maurer und alles, der Zimmererbetrieb musste bezahlt werden, und der Architekt musste bezahlt werden. Das war ja allerhand. Na, das kann ich jetzt aus dem Kopf nicht mehr sagen, was wir da, wie viel das war. Ja, das war dann der Bau als solcher. Bis wir dann '49, glaube ich, einziehen konnten. Aber das Schwerste mit war eben, die ganzen Wochenenden nach Leipzig fahren. (...)
Der Stall war auf die gleiche Art gebaut. Für den ganzen Bau haben wir bekommen 200 Ziegelsteine als Zuweisung. Davon war die Hälfte für den Essenkopf und die andere Hälfte für das Türgewände. Und sieben Zentner Zement. Davon war wieder festgelegt: zwei Zentner für Esse und Haustür und die restlichen fünf Zentner für die Jauchengrube. Das war vorgegeben, das war unsere Zuweisung an Baumaterial. (...)
Im Haus gab es offiziell eine Schlafstube, eine Küche und eine kleine Wohnstube. (IN: Wohnküche und zwei Zimmer waren unten. Und oben eigentlich noch mal dasselbe. Unten gehörte die Futterkammer dazu, wo der Dämpfer drin stand. Und der Waschkessel war ja damals auch noch notwendig. Es gab ja keine Waschmaschine.) Wenn man Kinderzimmer brauchte, musste man eben ein anderes Zimmer für die Kinder extra haben.
Also unten Schlafstube, Wohnstube, Küche. Für oben war nicht einmal ein Fußboden vorgesehen. Das musste man schon wieder irgendwie mit dem Baubetrieb oder mit den Handwerkern (verhandeln). Es gab ja auch keine Türen: Für unten die Türen gab's, für oben gab's keine Tür. Wir hatten das Glück: Ein Handwerker, Zimmermann, ging mal sonntags spazieren in R., er war aus W. Und man kam ins Gespräch, und man kam sich sympathisch vor. Der hat uns was geholfen, wir haben dem was geholfen, und der hat uns dann den Fußboden oben reingemacht. Dass wir auch oben wohnen konnten unter der Dachschräge. Die Dachschräge war normalerweise nicht verschalt, da war eben bloß zu gerade so. Das hat der uns gemacht. Der hat uns dann so eine Art Stalltüren drangemacht, solche ganz einfachen mit schrägem Schwert dran. Unsere Nachbarn über die Straße, die hatten nach zehn Jahren noch keine Treppe im Hause drin. Hatten auch zwei Kinder. Da sind die Kinder auf der Leiter die ganzen Jahre, die die in die Schule gingen, auf der Leiter rauf in das Kämmerchen, das sie sich da zurechtgemacht hatten, zum Schlafen gegangen. Und wir hatten eben das Glück, dass der uns die zwei Türen drangemacht hat. Nein, drei waren es. Und da hatte ich dann oben meine Stube für mich und eine meine Schwester, auf der anderen Ecke. (IN: Später hatten wir uns dann einen Raum als Wohnküche eingerichtet und einen als Schlafzimmer, als wir dann geheiratet haben. Die andere Kammer hatte seine kleine Schwester.) Und deswegen musste Wohnraum her. Es war ja noch dazu gekommen: Dadurch, dass der Vater aus dem Krieg so spät wiederkam, ist meine jüngste Schwester acht Wochen jünger als unsere Tochter. (...) Da lebten praktisch dort, wo eine Familie schon schlecht Platz hatte, nachher drei Generationen. Das ging nicht mehr.

Hans Neumüller, * 1931 in Schlesien, und Irmgard Neumüller, * 1932 in Schlesien

Die spöttische Gleichsetzung Neubauern – Neureiche etikettierte Familien, Siedlungsgebiete und Haustypen, die sich deutlich vom bisherigen Dorfbild abhoben. Diese randständige Lage hatte zwar etwas Abgrenzendes, minderte aber auch das Konfliktpotenzial, das die räumliche Nähe barg. Der Abstand verschaffte Sicherheit und verhinderte die permanente Beobachtung durch die Dorföffentlichkeit. Wohnen und Wirtschaften in einem abgelegenen Baugebiet – oder gar in einer eigens gegründeten Siedlung – bedeutete eine relativ homogene Umgebung, die sozialen, ökonomischen und auch psychischen Schutz bot. Abgegrenzte Quartiere werden von der Siedlungsgeographie nicht ausschließlich als negatives Phänomen bewertet, sondern ebenso als eine Art geschützter Raum, in dem sich materielle und emotionale Stärkung vollziehen kann, bis ein Status erreicht wird, von dem aus Beziehungen aufgebaut und Kapitalien akkumuliert werden können, die als Tauschobjekte dienen.[43] Gefühle von Freiheit werden beschrieben und Metaphern von Luft und Atem verwendet, wenn in Gesprächen der Neubau am Dorfrand oder in der Feldmark thematisiert wird. Allerdings rief die Separation wiederum das Misstrauen staatlicher Organe hervor und hatte eine regelmäßige Überwachung durch ungebetene Besucher zur Folge.

LL: Na, dann wurde man auch beobachtet. Ich weiß noch, wir hatten hier Getreide, das war ziemlich hoch. Und unser Westbesuch war hier, das Auto stand auf dem Hof. Und dann kam irgendjemand hier hinten durchs Getreide gelaufen. Die haben das dann beobachtet.
*IW: Ja, damit haben wir gelebt. Es waren überall Leute da, die einen beobachten. Damit haben wir gelebt. Dann raschelte es da mal plötzlich ... (Lothar Leipold, *1947 in Sachsen, und Ingrid Weber, geb. Leipold, *1936 in Schlesien)*

Ob die Ansiedlung außerhalb des Ortes immer freiwillig geschah oder aufgrund des Sachzwanges, in der Nähe des zugewiesenen Landes zu wohnen, lässt sich nicht in allen Fällen nachvollziehen. Die Wollny-Familien entschieden sich offenbar selbst für die abgeschiedene Lage: einerseits der Privatsphäre wegen und andererseits aufgrund der Bodenbeschaffenheit. Sie waren in der Landwirtschaft erfahren, hatten sie doch bereits in Schlesien mittelständische Höfe bewirtschaftet.

Wirtschaften – zugeteilte Melkeimer und fehlende Stallungen

Die Zahl der 210.000 eingerichteten Neubauernhöfe steht noch nicht für eine reine Erfolgsgeschichte. Denn um einen Bauernhof erfolgreich bewirtschaften zu können, brauchte es nicht nur Land. Auch die Ausstattung mit funktionstüchtigen Maschinen, Werkzeugen und landwirtschaftlichen Geräten war von zentraler Bedeutung:

Du lieber Gott, ha! Nein, die haben kein schönes Leben gehabt, die Generation unserer Eltern, die hierhergekommen sind. Da hatten's die Altbauern schon besser. Die hatten schon Maschinerie zum Dreschen, Traktor zum Ackern und dies und jenes, um al-

Abb. 20: Motivation zur Mitarbeit beim Wiederaufbau, 1952.

*les zu machen. Wir mussten ja alles mit der Hand machen, alles mit der Hand. (Ernst Wischnowski, *1939 in Schlesien)*

Auch der Viehbesatz spielte eine große Rolle: Pferde und auch Rinder als Zugkräfte, Schweine und Geflügel für die Eigenversorgung. Und selbstverständlich wurde Saatgut benötigt.

Auch die Altbauern hatten ihre Pferde häufig im Laufe des Krieges abgeben müssen; viele Maschinen waren inzwischen alt und reparaturbedürftig. Der Kampf um die begrenzten, aber dringend benötigten Ressourcen und Güter vergiftete nicht selten die Stimmung im Dorf.

*Und dann das andere Jahr hat ja dann schon der Staat ziemlich gelenkt und geleitet. Und da hieß es nämlich noch, das weiß ich: Alle Umsiedler, also die nichts haben, die kriegen ein Ferkel zugeteilt. Und da mussten sie zum Bürgermeister gehen, damit sie das Ferkel (bekommen). Auf einmal: meine Mutter hat kein Ferkel gekriegt. »Nee, die sind alle! Die sind alle.« Dann ist aber, weiß nicht, wer – irgendein Mann ist dann dorthin gegangen und hat gesagt: Er will das wissen, warum sie kein Ferkel gekriegt hat. Und da ist dann raus gekommen, da haben sie gesagt: »Die Schlesier müssen nicht alles kriegen. Wir selber brauchen auch Ferkel.« (Käthe Giesler, *1940 in Schlesien)*

Die Ausstattung mit Arbeitspferden war insbesondere bei »Umsiedler«-Neubauern mangelhaft; für die Feldbestellung bildete Zugkraft jedoch eine unerlässliche Voraussetzung. Der Sachzwang, Rinder als Zugvieh zu nutzen, verringerte wiederum deren Milchleistung. Aber auch an Milchkühen und Schweinen mangelte es. Lediglich der Besatz mit Kleinvieh war überproportional hoch: Deren Aufzucht und Haltung ließ sich ohne größeren Aufwand durchführen. Anfang des Jahres 1950 wiesen die Neubauernwirtschaften bzw. die von »Umsiedlerfamilien« geführten Höfe folgenden Bestand auf:

	Sachsen: Neubauern	**»Umsiedler«-Neubauern**	**DDR (Neubauern)**
Pferde	0,5	0,6	0,6
Rinder	3,0	2,2	2,5
Davon Milchkühe	1,2	1,4	1,1
Schafe	0,4	0,4	0,7
Ziegen	1,0	k.A.	0,4
Schweine	2,6	3,1	3,1
Geflügel	7,6	9,7	8,7

Tab. 2: Viehbesatz (Stückzahl) je Neubauernstellen (1. Jan. 1950).[44]

Wir hatten über sechs Hektar. Und insgesamt mit Wiese über sieben. Mehr gab's sowieso nicht. Und Vieh? Na, das Pferd haben wir gekriegt. Das war schon, das war schon *ausgemacht, dass das der Mann eben kriegte: ein Pferd und eine Kuh vom Bruder drüben auf der Siedlung, weil der ja die Siedlung schon hatte. Und dann Ferkel, eben Schweine haben wir uns auch, kleine Ferkel gekauft und dann gezüchtet. Wir haben uns eine Sau angeschafft, und dann haben wir uns selber gezüchtet die Ferkel. Na ja, und Kühe. Wenn man Glück hatte, da war es ein Kuhkalb gewesen, wenn sie gekalbt hatte. Sonst musste man sich eins irgendwo kaufen. (...) Und zwei Pferde hatten wir dann schon. Die hatte dann ein Fohlen gehabt, das Pferd, was wir hatten. Haben wir decken lassen, und da hatten wir dann zwei Pferde zum Schluss. (...) Und Pflug angeschafft, da musste eben wieder das Geld zusammen, da musste alles entbehrt werden. Erst musste Geld für Geräte und Vieh – alles andre musste erst bleiben. Und als wir dann richtig so alles angeschafft hatten, da war Schluss, da war wieder alles fort. (...) Neun Jahre haben wir gewirtschaftet, und '60 kam ja dann die LPG. (Christa Druskat, *1926 in Schlesien)*

Von einer ausreichenden Grundausstattung der Neubauernwirtschaften mit Vieh konnte keine Rede sein. Dasselbe galt für den Besatz mit Maschinen. Zwar wurden die Bestände der beschlagnahmten Bauerngüter verteilt, jedoch trug die Aufteilung dieser Ressourcen (wie beispielsweise Pflüge, Eggen, Drill- und Mähmaschinen und Kartoffelroder) der besonderen Situation der »Umsiedler«-Neubauernwirtschaften nicht Rechnung. Denn diese wiesen keinen Altbestand auf, im Gegenteil musste jedes Gerät, aber auch jede Mistgabel, jeder Eimer besorgt, ausgeliehen oder (neu) angeschafft werden.

Im Oktober 1947 verfügten von 1.000 »Umsiedler«-Neubauernwirtschaften 386 über Pferdepflüge, 346 über Eggen, 106 über Kultivatoren, 170 über Häufelpflüge, 27 über Drillmaschinen, 23 über Getreidemäher, 55 über Kartoffelroder und 430 über Anhänger. Damit lagen sie sogar – mit Ausnahme der Drillmaschinen – über dem Durchschnitt der SBZ insgesamt.[45] Am schlechtesten waren Brandenburg und Mecklenburg-Vorpommern gestellt: Durch den ehemaligen Großgrundbesitz waren bereits Großmaschinen zum Einsatz gekommen, die sich weder aufteilen ließen und auf den kleinen Parzellen nur bedingt nutzbar waren. Sie wurden den Komitees der gegenseitigen Bauernhilfe übergeben.

Das Inventarverzeichnis eines Rittergutes in der Oberlausitz, anlässlich der Bodenreform erstellt, verzeichnet neben einem Traktor natürlich auch etliche Gerätschaften, die von Pferden (oder Ochsen) gezogen wurden, aber eben nur in begrenzter Stückzahl: jeweils drei Kartoffelroder, Binder und Grasmäher, aber beispielsweise nur eine Drillmaschine, einen Düngerstreuer und einen Gabelwender.[46]

Zudem wirtschaftete der weitaus größte Teil der »Umsiedler«-Neubauern zunächst nicht vom eigenen Haus aus; auch die verfügbaren Wirtschaftsgebäude wie Scheunen, Schuppen und Stallungen reichten bei weitem nicht aus. Noch auf Jahre hinaus mussten Saatgut, Ernte und das Vieh anderweitig untergebracht werden: bei Altbauern oder auf den großen Gütern. Das Vieh wurde zum Teil unter widrigen Umständen gehalten. Fehlende landwirtschaftliche Gebäude erschwerten die Betriebsführung nicht nur, sie brachten sie zum Teil ganz zum Erliegen.

*Unter den Umständen, wie wir hier eigentlich gewirtschaftet haben, wär's auch gar nicht weiter gegangen. Die hätten ja ganz andre Gebäude haben müssen. Das Beste war noch, dass die Feldscheune da war. Da war wenigstens Heu und Stroh im Trockenen. Aber ansonsten war ja alles primitiv bis da hinaus. Es musste sozusagen das Fleischsoll erfüllt werden, aber es waren gar nicht die Ställe dazu da. Da standen dann hier draußen solche Hütten – so russische Hütten waren das. Jedenfalls die hatten sie dann hingestellt, und der Vater hatte noch nebenan Schuppen gebaut, um das Vieh unterzubringen, weil das ja erwirtschaftet werden musste. Es gab das Milchsoll, das Fleischsoll, aber keine Gebäude dazu. (Ingrid Weber, *1936 in Schlesien)*

Günstiger gestalteten sich die Verhältnisse, wenn unabhängig von der Bodenreform ein bestehendes Bauerngut übernommen werden konnte, beispielsweise wenn die Eigentümer im fortgeschrittenen Alter waren und selbst keine Nachfolger hatten, oder aber die Bäuerin kriegsverwitwet war und den Hof nicht dauerhaft alleine bewirtschaften wollte.

Zum Teil wurden auch größere Bauernhöfe an mehrere Neubauern aufgeteilt. Das klappte nicht immer reibungslos, denn die ehemaligen Landarbeiterfamilien glaubten sich bisweilen im alleinigen (Gewohnheits-)Recht, was die Inbesitznahme und Bewirtschaftung anbelangte. Dann musste gegebenenfalls der Bürgermeister dafür sorgen, dass das Vieh der »Neuen« auch tatsächlich im zugewiesenen Teil des Stalles Platz fand. Auch die gemeinsame Nutzung der Infrastruktur erforderte Absprachen und Zugeständnisse von allen Parteien. Drei Schwestern berichten von den Verhältnissen in einem alten Bauerngut, das sich mehrere Familien teilten:

ML: Keine Wasserleitung, kein Abfluss. Man musste das Wasser am Brunnen holen und auch wieder bis vor ans Tor schaffen. Wenn man gebadet hatte, die Kinder alle, das war, das war richtige Knochenarbeit, kann man sagen.
EK: Ja, jeden Eimer hoch geholt. Wir hatten erst so eine Stiege hier hoch. Jeden Eimer hoch geholt, und jeden Eimer auch runter geschafft. Unterm Waschbecken stand ein Eimer. Da lief das Wasser eben rein, und wenn man es verpasst hatte, na, dann lief es über. Und nun war das ja bei uns immer so, dass wir alles miteinander und durcheinander hatten. Wir hatten einen Keller dort, den Boden dort.
LR: Das Waschhaus, Elfriede! Das Waschhaus war für alle da. (ML: Die Wäsche haben wir drüben auf dem Boden aufgehangen.) Vier Familien!
*EK: Sonnabends wurde gebadet in der Zinkbadewanne. Kessel heißes Wasser im Waschhaus vorne, ja. (Martha Leibelt, *1931 in Schlesien, Elfriede Kunze, *1939 in Schlesien, und Lina Reichel, *1942 in Schlesien – alle drei geb. Labitzke)*

Die Ausstattung der Neubauernhöfe stellte die bewirtschaftenden Familien vor große Schwierigkeiten. Aber auch an Wohnraum, Stallungen, Scheunen und Schuppen herrschte großer Mangel. Nach der Aufteilung der Gebäude fehlten den Neubauern in der SBZ insgesamt noch jeweils mehr als 146.000 Wohngebäude, 158.000 Stallungen und 150.000 Scheunen.[47]

Die Bewirtschaftung des Bodens konnten die Neubauern nur in der Zusammenarbeit mit anderen Bauernfamilien bewältigen – allein deshalb, weil nicht alle über die notwendigen Geräte und Maschinen verfügten. Entweder Familien oder Nachbarn arbeiteten zusammen, oder die Altbauern halfen aus – zumeist gegen Arbeitsleistungen der Neubauern.

*Wir haben auch immer ausgeborgt, Eggen. Wir hatten keine Egge, wir hatten gar nichts. Unser Schmied, der war sehr auf Zack. Der hatte auch nun viel improvisiert und was gemacht, was machbar war. Na ja, und da hat man sich eben ausgeborgt. Das ging ja gar nicht anders. Eine Walze mal zum Walzen irgendwie oder eine Egge, einen Pflug. (Hilla Spillner, *1930 in Schlesien)*

Die Bereitschaft, die eigenen, wertvollen Geräte auszuleihen, war jedoch nicht immer und überall vorhanden: Angst vor oder die Erfahrung von unsachgemäßem Umgang mit fremdem Eigentum, verspäteter oder keiner Rückgabe konnten die Ursachen hierfür sein. Zudem wurde den »Neuen« oftmals die Anerkennung als Bauern und infolgedessen ihrer Ansprüche verweigert.

Aber auch den Altbauern fehlte es vielfach an dem Nötigsten: Insbesondere Zugvieh hatte in den Kriegszeiten oder an die Besatzungsmacht abgegeben werden müssen. Aber im Allgemeinen waren die alten Höfe weitaus besser darauf eingerichtet, derartige Krisenzeiten zu überstehen und den Aufbau voranzutreiben.

Der Grad der Mechanisierung wuchs in der DDR wesentlich langsamer als in der alten Bundesrepublik, wo sich beispielsweise der Bestand an Traktoren zwischen 1950 und 1960 jährlich verdoppelte. Die Wirtschaft in der SBZ bzw. in der DDR hatte nicht nur an den Kriegsfolgen durch Zerstörungen, sondern auch an der anschließenden Demontage infolge der Reparationsleistungen weitaus stärker zu leiden.

Durch geschickte Ausnutzung von Überschüssen, die partielle Umgehung von Anbaubestimmungen sowie ein stabiles Netz von Tauschpartnern wurde der Bestand der Wirtschaften allmählich aufgestockt.

*Jetzt hatten wir Land. Jetzt durften wir bestellen. Jetzt kriegten wir angewiesen, was angebaut wird. Wir hatten zum Beispiel als Pflichtanbau Bohnen. Das heißt, es wurde angewiesen, ein Viertelhektar Bohnen. Aber du durftest keine Bohnen pflücken davon, denn die wurden als Saatgut (verwendet), damit die anderen in den nächsten Jahren mehr kriegten. Ein anderer kriegte eine andere Frucht (angewiesen), und jeder hatte irgendwas. Also hatten wir Bohnen. Natürlich haben wir hier und da mal – musste man aber sehen, dass niemand weiter draußen war – ein paar Portionen gepflückt, und da konnte man eben auch mal was tauschen. Da kriegte ich beim Karnickelzüchter eine Gabel oder eine Hacke oder was, wenn ich dem was dafür bieten konnte. Irgendwo kriegte man dann auch ein paar Eier und ja, es wurden dann ganz schnell ein Hahn und zwei Hühner, dass man selber erst einmal für sich Eier hatte. Und kleine Schippchen [Küken] ausbrüten, das gehörte ja bei uns dazu. (Hans Neumüller, *1931 in Schlesien)*

Der Anbau von gefragten Naturalien bot die Möglichkeit, etwas Geld einzunehmen – das zumeist sofort wieder in den Betrieb gesteckt wurde.

*Vermehrungsgras hatten wir angebaut, weil man da bissel mehr verdient hat. Das war Saatgut gewesen. Das wurde ja gut bezahlt, Kartoffeln auch, gesteckt als Saatgut eben. Das kriegten wir ja geliefert, das Saatgut, was man da verwenden musste. Das wurde eben sehr gut bezahlt. Und da hat uns der Bruder gedroschen mit der kleinen Maschine dann das Gras und so, dass wir ein paar Pfennige wenigstens (hatten). Etwas mehr Geld, denn es musste ja immerzu etwas angeschafft werden. Musste ja Hacke, Gabel, alles, was zur Landwirtschaft gehört, nicht? (Christa Druskat, *1926 in Schlesien)*

Es gab auch den Austausch. Hier unser Nachbar war schon zuvor Bauer. Der hatte genügend Geräte. Drüben, wo mein Bruder dann eingeheiratet hatte, der Älteste, da wurde sich gegenseitig ausgeliehen. Es säte ja nicht jeder am gleichen Tag wie der andre, sodass wir eine Sämaschine gar nicht gekauft haben. Aber Pflüge und Eggen und das Zeug brauchte man. (...) Zum Zeilenziehen und Kartoffellegen oder Getreidesäen – die Maschinen wurden sich gekauft. Na ja, und bei der Ernten war eben alles mit der Sense. Wurde generell mit der Sense gemäht, bis dann die ersten MTS-Stationen gebaut wurden.

Benno Nürnberger, * 1937 in Sachsen

Wir haben zusammen mit den andern, die auch von uns zu Hause waren, eine Flügelmaschine gebraucht gekauft und einen Pflug angeschafft. Da musste eben das Geld zusammen (gehalten) und alles andere entbehrt werden. Erst wurde Geld für Geräte und Vieh (ausgegeben) – alles andre musste warten. Und als wir dann so richtig alles angeschafft hatten, da war Schluss. Da war wieder alles fort. Dann wurde alles mit großen Maschinen gemacht. Da hat dann niemand mehr einen kleinen Pflug oder was gebraucht.

Christa Druskat, * 1937 in Schlesien

Die Voraussetzungen, unter denen die späteren Neubauernfamilien ihre alte Heimat verlassen hatten, die Erlebnisse während der Flucht und die Bedingungen am Aufnahmeort bestimmten ganz wesentlich den Erfolg und das Fortkommen der neuen Wirtschaft. Denn es machte natürlich einen gewaltigen Unterschied, ob sogenannte treckstarke Familienverbände den Weg gemeinsam angetreten hatten: mit Pferden und Wagen, mit Hausrat und Gerätschaften. Oder ob es kleine Gruppen waren, die nur schnell einen Koffer mit ihren Habseligkeiten hatten zusammenpacken dürfen oder denen ihr weniger Besitz unterwegs auch noch abhanden gekommen war oder abgenommen wurde. Außerdem spielte die Zusammensetzung der Familien eine wichtige Rolle: Gab es viele kleine Kinder, die versorgt werden mussten, viele alte oder kranke Menschen, die nicht mehr arbeitsfähig waren? Oder bestand der Familienverband aus halbwegs leistungsfähigen Mitgliedern, aus älteren Kindern und Jugendlichen, die schon selbst zum Lebensunterhalt beitragen konnten?

Abb. 21: Aufruf der KPD zur Unterstützung der Neubauern, 1946.

*Wir haben ja dann gewirtschaftet, und da haben wir uns das erbaut hier. Erst haben wir in zwei Stuben gewohnt, und als wir dann noch ein bisschen Geld hatten, dann haben wir erst mal oben ausgebaut. Das war ja nichts fertig gewesen. (...) Wir mussten ja alles alleine (machen). Wir haben einen Ochsen gehabt zum Ziehen, kein Pferd. Die Felder waren ja ein bisschen verteilt gewesen, und da ist der Schwiegervater immer mit dem Ochsen aufs Feld gefahren dann. Eines Teils war ich froh, wir waren immer vier Personen: einmal eine Fuhre Heu abladen oder Getreide oder das und jenes – wir waren immer vier Personen. Meine Schwester unten, die konnte nicht mit dem Mann eine Fuhre Heu (abladen). Da sind wir dann abends nach dem Feierabend runter gegangen und haben der dann noch geholfen. Die hatte auch keine Kinder. (Elisabeth Jung, *1929 in Schlesien)*

Die Zeit der Flucht und auch der Neuanfang nach 1945 werden häufig als »Stunde der Frauen« bezeichnet. Denn zumindest, bis die Männer aus der Kriegsgefangenschaft heimkehrten, oblag den Frauen Verantwortung und Entscheidungsgewalt über alle Lebens- und Arbeitsbereiche.

Zahlreiche Frauen übernahmen auch Bodenreformland und Neubauernstellen, um eine Existenzgrundlage für die Familie zu schaffen – in der Hoffnung darauf, nach der Rückkehr ihrer Ehemänner aus der Kriegsgefangenschaft eine Basis für die gemeinsame Bewirtschaftung gelegt zu haben.

*Da wusste ja meine Mutter auch nicht, entweder kommt der Vater aus dem Krieg oder nicht. Dann haben sie das Bodenreformland aufgeteilt, und da hat sich meine Mutter – mein Großvater lebte noch –, und da haben die auch was genommen. Das waren ungefähr so sieben Hektar mit allem Drum und Dran, mit Wald und diesem und jenem. (...) Da wurde dann auch das ganze Viehzeug verteilt. Das war ja alles noch da von dem Rittergute. (...) Da wurde das so an die Neuen, da wurde das Land verteilt, und da hat auch jeder bissel Viehzeug gekriegt. Wir haben einen Ochsen gekriegt und eine Kuh, glaube ich, und ein Schwein, was noch da war. Und da mussten wir dann loswerkeln, nicht? Na ja, dann hat meine Mutter – und der Großvater war ja auch noch kräftig genug –, da haben wir derweil gewirtschaftet. Und '47 kam dann mein Vater aus der Gefangenschaft. Dann haben wir das hier aufgebaut. (Ernst Wischnowski, *1939 in Schlesien)*

Der erste Berliner Oberbürgermeister der Nachkriegszeit, Dr. Arthur Werner, stellte in seiner Rede im Juli 1946 fest, dass Deutschlands Schicksal »zum großen Teil in den Händen unserer Frauen« liege. Er vertraute darauf, dass die Frauen – vermeintlich anders als Männer – nicht nur kurzfristigen Einsatz zeigten und auf schnelle Erfolge setzten, sondern langfristig in die Zukunft planten, d.h. den Aufbau ihrer neuen Existenz mit Nachdruck und Ausdauer betrieben.[48]

*Wir waren erst mal mit den Verwandten so eine Großfamilie. Und so nach und nach, unser Vater kam sechsundvierzig, da zog dann jede Familie in ein eigenes Zimmer, wenn der Vater wieder da war. Vorher war die Großmutter die Oberchefin, sagen wir mal, die war auch sehr resolut und hat für alle gekocht. Und die Frauen, unsre Mütter, gingen hier auf das Gut dann arbeiten, die Ernte einbringen und alles. Die Oma hatte dort die Regie. Und das funktionierte auch sehr gut (...). Sie war eine couragierte Frau, und das brauchte man ja damals. Sie musste ja auch für alle Leute zu essen sorgen und so was. (Ingrid Weber, *1936 in Schlesien)*

Zwar prägten Frauen bei Männerarbeiten und in Männerkleidung das Bild des Alltags im Nachkriegsdeutschland. Zudem wandelte sich in den beiden Nachkriegsjahrzehnten die Frauenarbeit von der ›Mitarbeit‹ oder zeitweiliger Erwerbsarbeit hin zu qualifizierter Dauerbeschäftigung. Dennoch setzte sich die alte ›Arbeitsteilung‹ fort: Führungspositionen und -rollen waren hauptsächlich männlich besetzt, trotz oder gerade wegen des Mangels an Männern. In dieser extremen Krisensituation wurde an bekannten Mustern festgehalten, um so etwas wie Stabilität zu suggerieren. In den 1950er und 1960er Jahren waren 60 bzw. 70 Prozent aller Frauen im erwerbsfähigen Alter berufstätig – die Quote erhöhte sich in den folgenden beiden Jahrzehnten nochmals um jeweils zehn Prozentpunkte.[49]

Anlage zum Pflichtabgabebescheid
für pflanzliche Erzeugnisse 1948

Bautzen, den 19. Juli 1948

Was muß der Landwirt von der Pflichtabgabe wissen?

Landwirt, lies Dir diese wenigen Zeilen genau durch und richte Dich nach ihnen. Du ersparst Dir und uns viel Zeit und Ärger! Unterrichte auch Deine Familienangehörigen und Wirtschaftshelfer über diese Anweisungen! Auch sie müssen Bescheid wissen, wenn sie in Deinem Auftrag handeln.

1. **Die Veranlagung zur Pflichtabgabe**
von pflanzlichen Erzeugnissen aus der Ernte 1948 erfolgte **gemäß Befehl 84 nach dem Dir ausgehändigten Anbauplan.** — Abweichungen waren nur dann möglich, wenn eine Kultur verloren gegangen ist (ausgewintert, nicht aufgegangen, vernichtet). In diesen Fällen durfte die Fruchtart zur Pflichtabgabe veranlagt werden, die an Stelle der verloren gegangenen Kultur ausgesät worden ist. Die Gesamtplanfläche an Lebensmittel- und Vertragskulturen (Getreide, Hülsenfrüchte, Ölsaaten, Kartoffeln, Gemüse, Faserlein, Zuckerrüben und Tabak) mußte jedoch unverändert bleiben. Erfolgte Ersatzanbau mit nichtablieferungspflichtigen Kulturen (Futterrüben, Klee usw.), so mußte die **Pflichtabgabe** in jedem Fall **nach dem Anbauplan errechnet** werden.

2. **Für die Einstufung der Wirtschaften**
in die verschiedenen **Wirtschaftsgrößengruppen** wurde als Gesamtfläche (Umfang der Bodennutzung) zugrunde gelegt:
Äcker, Gärten, Gemüsegärten, Wiesen, Weiden, Obstanlagen, Rebland, Baumschulen und Korbweidenanlagen einschl. Pachtland.
Bodenflächen, die an Wirtschaften oder Personen verpachtet sind, die nicht der Pflichtablieferung von pflanzlichen Erzeugnissen unterliegen, waren hinsichtlich der Eingruppierung dem Besitz des Verpächters zuzuschlagen. — An abgabepflichtige Betriebe verpachtete Flächen durften nur dann bei der Eingruppierung vom Besitz des Verpächters abgezogen werden, wenn über die Verpachtung ein vom Kreisrat Bautzen — Abteilung Grundstücksverkehr — bestätigter Pachtvertrag vorliegt.

3. **Von der Pflichtabgabe befreit sind:**
a) **Wirtschaften, die nicht über 0,5 ha Land** insgesamt nutzen, sofern sie kein Land darüber hinaus pachten und in ihnen keine Lohnarbeitskräfte beschäftigt werden;
b) **Wirtschaften betagter Menschen,** die am 1. Januar 1948 — Männer das sechzigste Jahr und Frauen das fünfundfünfzigste Jahr — erreicht haben, falls in der Familie **keine anderen arbeitsfähigen Familienmitglieder** vorhanden sind, in der Wirtschaft **keine Lohnarbeitskräfte beschäftigt** werden und die Bodennutzung dieser Wirtschaften 5 ha nicht übersteigt;
c) tatsächliche **Aussaaten auf jungfräulichem Boden,** der umgebrochen wurde, nach Ausrodung von Strauchwerk und Wald und Trockenlegung von Sümpfen, während der ersten drei Jahre sowie auch **Brachland** und Ländereien, die vorher ständig Flug-, Panzerübungs-, Exerzier- und Schießplätze waren, während der Dauer eines Jahres nach der ersten Bestellung dieser Ländereien.

4. **Die differenzierten Abgabenormen**
des Kreises für die Gemeinden und der Gemeinden für die einzelnen Wirtschaften wurden auf Grund unterschiedlicher Bodenwerte und unterschiedlicher Wirtschaftsbesatz- und Bedarfsverhältnisse von der Kreis- bzw. Gemeinde-Differenzierungskommission festgelegt und von der Landesregierung Sachsen bzw. für die Gemeinden vom Kreisrat bestätigt.
Diese Normen sind bindend und können nicht abgeändert werden.

5. **Vom Gesamtgetreide-Soll**
sind ohne Rücksicht auf den Anbauplan abzuliefern:
70 % Brotgetreide 15 % Gerste 15 % Hafer.
Das Weizenabgabesoll beträgt den Prozentsatz des Weizenanbaues zum Gesamtbrotgetreideanbau.

6. **Sollermäßigungen**
können nicht vorgenommen werden. — Kannst Du in einer Fruchtart Dein Ablieferungssoll nicht erfüllen, so bemühe Dich selbst bei anderen Landwirten, dieses Erzeugnis durch Austausch zu beschaffen oder mit den genehmigten Austauschäquivalenten Dein Abgabesoll zu erfüllen. Austauschäquivalente werden Dir jedoch erst dann angerechnet, wenn Du in dem als Ersatz abgelieferten Erzeugnis Dein Abgabesoll erfüllt hast.
Andere als die auf der Rückseite des Ablieferungsbescheides vermerkten Austauschäquivalente an pflanzlichen Erzeugnissen sind zur Zeit nicht genehmigt. Gegebenenfalls erfolgt später Bekanntgabe derselben.
Wenn Du jedoch Dein Jahressoll in Fleisch erfüllt hast und Du lieferst ein Mastschwein von nicht unter 130 kg Lebendgewicht zu normalen Erfassungspreisen ab, so werden Dir hierfür 1690 kg Hafer oder 2600 kg Kartoffeln gutgeschrieben. — Bei Ablieferung eines Mastschweines von über 130 kg Lebendgewicht werden zusätzlich für jedes über dieses Gewicht hinaus abgelieferte Kilogramm 15 kg Hafer oder 25 kg Kartoffeln angerechnet.

7. **Bei jeder Ablieferung,**
die Du vornimmst, gib bei der Erfassungsstelle Deine vollständige Anschrift mit Vorname und die Nummer des Veranlagungsbescheides an. Es genügt nicht der Name Deiner Frau oder des Wirtschaftshelfers. **Die Anschrift, die auf dem Pflichtablieferungsbescheid steht,** ist maßgebend, denn nach ihr ist Deine Karteikarte ausgeschrieben.
Nur durch genaue Anschriften-Angaben können Fehlbuchungen vermieden werden. Etwaige Anschriften-Änderungen, z. B. bei Heiraten und Wirtschaftsübernahmen, sind sofort über den Gemeinderat an den Kreisrat — Amt für Handel und Versorgung — H.-Abt. Ernährung — Abteilung Erfassung — zu melden.

8. **Bei jeder Ablieferung ist anzugeben, für welche Ablieferungsverpflichtung die Lieferung erfolgt.**
Z. B. Kartoffeln zur Anrechnung auf das Kartoffelsoll. — Leinsamen für Vertrag. — Bei genehmigten Austauschlieferungen muß unbedingt angegeben werden, auf welche Fruchtart die Ablieferung angerechnet werden soll. Z. B. Roggen für Gerste oder Hafer. — Mastschwein für .... kg Hafer und /oder .... kg Kartoffeln. — Leinsamen für Mohn usw.

9. **Verlange von den Erfassungsstellen,**
daß sie für Kartoffeln sofort die **Ablieferungsbescheinigungen** ausstellen. — Bei Getreide, Hülsenfrüchten, Ölsaaten, Leinsamen, Gemüse, Obst, Flachsstroh und Zuckerrüben wirst Du Dich meist mit einer **Zwischenquittung** begnügen müssen, weil wegen Feuchtigkeitsbestimmung usw. die sofortige Ausstellung der Ablieferungsbescheinigungen nicht möglich sein wird.

10. Wenn Du Deine **Ablieferungsbescheinigung** erhalten hast, **überprüfe** die Richtigkeit der Eintragungen und

Abb. 22: Informationsblatt zur Pflichtabgabe, 1948.

Insgesamt bildete die Arbeit auch eine Tausch- und Kontaktbörse sowie ein wichtiges Medium für die Integration. Durch die gemeinsame Arbeit lernten sich die alten und neuen Dorfbewohner kennen und gegenseitig schätzen. Zum Teil führten »Umsiedler«-Neubauern auch neue Techniken in der Bodenbearbeitung ein oder hatten wirtschaftliche Erfolge vorzuweisen, die ihnen Anerkennung einbrachten. Insbesondere erfahrene Bauernfamilien konnten durch ihr Wissen Vorteile erzielen, nicht nur in ökonomischer Hinsicht. Das Gefälle zwischen den mitgebrachten Erfahrungen sowie agrarischen Kenntnissen und dem Stand der alteingesessenen Bevölkerung stärkte das eigene Selbstbewusstsein.

Dann hat der Vater hier gesiedelt. Aber die Mutter hat die Hauptarbeit gehabt, weil der Vater den Arm zerschossen hatte. Hat immer noch geeitert und alles und Splitter – das war schlimm.

Dirk Matuschek, * 1942 in Schlesien

*Für unsere Familie war es noch besonders schwer, in ein typisches Rittergutsdorf zu kommen. Ein Beispiel: Im Juni sind wir angekommen, es waren noch keine Kartoffeln gesteckt, und die Landbevölkerung, die Beschäftigten vom Rittergut – niemand hatte ihnen gesagt, was zu machen ist. Da ist dann mein Onkel auf den Hof gegangen und hat gesagt: »Wir müssen noch Kartoffeln stecken. Wo habt ihr denn Samen?« Und dann hat er die Leute animiert, dass die noch Kartoffeln stecken gegangen sind. (Dieter Wollny, * 1943 in Schlesien)*

Hier fand quasi ein Rollentausch statt: Die Flüchtlinge aus Schlesien hatten ein größeres landwirtschaftliches Fachwissen und übernahmen nun gewissermaßen die Führung. Die Übernahme von – oder auch der geistige Anspruch auf – Führungsrollen entsprach dem Status in der alten Heimat und dem damit verbundenen Selbstverständnis. Weiterhin schien es die logische Konsequenz von (Aus-)Bildung und Arbeitserfolgen zu sein.

*Und ja, wie's üblich ist, mit Fleiß und vor allen Dingen mit Können ging's ja dann auch. Sie [die Eltern] waren beide mit Leib und Seele Landwirte. Und hier war es nun so, dass sie ein Umfeld hatten, es gab ja hier kaum Bauern. So die Größten waren vielleicht, das war in N. dort, bei sieben, acht Hektar. (...). Also für unsre Eltern waren das Nebenerwerbslandwirte, auf Deutsch gesagt. So, und auch vom Fachlichen her war ja hier die Gegend, ich will nicht von anderen Gegenden sprechen, aber hier weit zurück, weit zurück. (Dieter Wollny, * 1943 in Schlesien)*

Aber sichtbare Erfolge bei der Wirtschaft konnten auch missgünstige Reaktionen hervorrufen, wenn Einheimische beispielsweise einen Vergleich anstellten und ihren eigenen Status – trotz besserer Startbedingungen – nachrangig bewerten mussten.

Ja, da hat man schon gemerkt, dass die nicht gerade gut auf uns zu sprechen waren. Vor allen Dingen waren die dann – ich will nicht sagen, neidisch, aber die haben sich gewun-

*dert, wie das sein kann, dass wir mit nichts herkamen und nun so gut vorankommen. Ja, wir haben uns eben bemüht, und wir haben gewusst, wie man es irgendwie machen kann. (Georg Leipold, *1934 in Schlesien)*

Anstrengungen und Bemühungen wurden nicht unbedingt von der Gemeinschaft unterstützt; der Erfolg musste hart erarbeitet werden. Der junge und unerfahrene »Umsiedler« beispielsweise, der – ohne jegliche landwirtschaftliche Vorkenntnisse – in den größten Bauernhof des Dorfes einheiratete, wurde von seinem Schwiegervater, aber auch von den anderen (Alt-)Bauern misstrauisch beäugt und auf die Probe gestellt. Erst nachdem er sich bewiesen hatte und seine Anstrengungen mit Erfolg gekrönt waren, konnte er mit der Anerkennung und Unterstützung der ›alten Hasen‹ rechnen.

Na, ich hab mich in jeder Beziehung durchgebissen. Auch die Kollegen, die haben am Anfang gelächelt. Grade damals mit den Schälpflügen, da hab ich gedacht, ich muss das ganz genau machen. Und wenn der Pflug mal raushoppte, hab ich wieder umgedreht und das noch mal gemacht. Da haben die von weitem geguckt und haben gelächelt. Dass da einer mal hergekommen wäre und hätte gesagt: »Das (…) kann ruhig mal rauskommen, das macht nichts beim Schälen.« (…)
*Die haben mich dann aufgenommen in ihre Reihen. Ideell und so, da konnten sie mir ja nichts. Ich hab mir auch Bücher gekauft. Die hab ich gelesen (…) und mich selber geschult damit. Das musste ja! Ich hab mir gedacht, einmal musst du den Hof übernehmen, und dann musst du das alles bringen. Na, das hat ja auch geklappt. (Albert Pittner, *1928 in Böhmen)*

Innerhalb verschiedener Bereiche wurden Aufstiegsangebote genutzt und Verantwortung übernommen, um einerseits ein gewisses Mitspracherecht und Anerkennung zu erlangen und um andererseits dem eigenen Anspruch an gesellschaftliches Engagement gerecht zu werden. Die eigene Positionierung war dabei ebenso wichtig wie ein Arrangement mit den Gegebenheiten:

*Wir waren ja auch als solche bei uns hier einigermaßen gut angesehen. Unser Vater hat immer gesagt: »Sucht der Stadt Bestes« [Jeremia 29, 7]. Also so ganz von allem ausschließen kann man sich nicht, Verantwortung übernehmen muss man auch mal hier oder da. Auch wir als Christen, auch wenn wir mit der politischen Meinung nicht einig sind, aber wir müssen sehen, dass wir aus dem, was da ist, das Beste machen. (Georg Leipold, *1934 in Schlesien)*

Landwirtschaftliche Vereinigungen – von der Kooperation zur Kollektivierung

Bereits im Herbst 1945 bildeten sich im Zuge der Bodenreform Ausschüsse der gegenseitigen Bauernhilfe, die schließlich in die Vereinigung der gegenseitigen Bauernhilfe als Massenorganisation der Bauern mündeten. Landwirtschaftliche Genossenschaften konnten einem SMAD-Befehl vom November 1945 zufolge ihre Tätigkeiten wieder aufnehmen. Insbesondere in Dörfern mit einem hohen Neubauernanteil sollten rasch Vereinigungen zur bäuerlichen Soforthilfe gegründet werden. Die VdgB sollte – wie auch andere, bereits bestehende Genossenschaften, die dieser Organisation bis 1950 (zwangsweise) eingegliedert wurden – die Bewirtschaftung der Hofstellen und den Vertrieb der Produkte koordinieren sowie die Kreditvergabe für die Bezahlung von Bodenreformland regeln, d.h. die Ausleihe von landwirtschaftlichen Maschinen und Gemeinschaftshilfe mussten organisiert, Werkstätten, Saatgutreinigungsanlagen und Deckstationen eingerichtet werden. Beratungsleistungen wurden ebenso angeboten wie Schulungen in den Wintermonaten. Bereits im Juli 1946 zählte die VdgB rund 250.000 Mitglieder; vier Jahre später hatte sich die Zahl verdoppelt und stieg bis Mitte der 1950er Jahre weiter an.[50] Mit der Vollgenossenschaftlichkeit sanken dann Bedeutung und Mitgliederzahl. Zwar hatte die VdgB auch politische Zielsetzungen –

Der Vater hatte früher in Breslau die Landwirtschaftsschule besucht, und er war schon immer auf modern aus. Er kannte zum Beispiel auch das Volksgut Pommritz, dort von Schlesien aus. Der ist von Schlesien aus hierhergefahren mit dem Zug ab Breslau und hat sich Saatgut geholt. »Das müssen wir machen, moderne Landwirtschaft, damit wir hochkommen.« Der hat sich innerhalb von Jahren hochgearbeitet. Damals schon in Schlesien hatte er ja angefangen und war gut vorangekommen, weil er sich immer schon umgetan hat. Und da kannte der das Gut schon. Manche kannten das Volksgut dort nicht – so moderne Maschinen hatten die, Ausstellungen und Saatgut und was so dazu gehört. Hat der Vater sich angeguckt und mitgebracht, damals schon. Und das hat er dann hier weitergemacht. Da hat er natürlich dann auch gesagt: »Ihr müsst das so machen.« Die waren ja nicht so gelernt, die waren ja auf dem Hof Hofearbeiter (gewesen). Ein paar Bauern waren es, aber es gab ja nicht so viele Bauern hier. Ein paar Dörfer weiter sind es schon wieder richtige Bauerndörfer, aber hier waren viele Gutsbesitzerdörfer. Die hatten ja alle ihr Gut. Und die hatten auch nicht Landwirtschaft studiert. Aber die sind das dann geworden, weil sie gebraucht wurden (als Bauern). Weil sie eben auch politisch dann in der Partei waren und, und. Da hat's ihn natürlich gejuckt, und er wollte denen dann sagen, wie's richtig ist. (…)
Ich weiß noch, da war mal die Rübenfliege, und alle Welt schrie: »Jetzt geht uns die Rübenernte kaputt!« Und da hat der Vater uns eben angesetzt, die ganzen Kinder früh um viere aufs Feld, vor der Schule: Wasser hingeschleppt ans Feld, ein Jauchenfass vollgepumpt und eine Spritzbrühe angesetzt. Und da sind wir mit dem Töpfchen (gegangen) – jede Rübe hat einen kleinen Schluck gekriegt, damit die Rübe wachsen kann. Die anderen haben gesagt: »Die ganze Ernte hier ist überall weg.« Die Rübenfliege ist so eingefallen, was weiß ich. Das war eine Katastrophe, war der Ruin fast. Und da haben die anderen gesagt: »Sind denn die verrückt hier, mit Kind und Kegel aufs Feld zu gehen und jede Rübe zu begießen? Das machen wir nicht!« Na, da ist er erst ausgelacht worden. Dann haben sie gesagt: »Ah ja, das hat ja doch geholfen.« Dann haben sie es doch gemacht, auch andre.

Käthe Giesler, * 1940 in Schlesien

die KPD hatte sie im Herbst 1945 als »Stützpunkt der Partei in jedem Dorfe« bezeichnet – dennoch waren seit 1948 mehr als 60 Prozent der Mitglieder parteilos (und etwa 30 Prozent in der SED organisiert).[51]

Die VdgB wurde zunächst von den Altbauern dominiert, da hauptsächlich diese den Ausschüssen und Vorständen angehörten. Nach dem Krieg bzw. der Enteignung der Großgrundbesitzer hatten die Groß- und auch Mittelbauern zunächst eine durchaus komfortable Stellung inne: Sie waren zur stärksten sozialen Schicht aufgestiegen, verfügten zumeist über ausreichend Arbeitskräfte und konnten durch ihre Ressourcen günstige Bedingungen aushandeln. Sie stellten allerdings auch die wirtschaftsfähigste Gruppe dar und bildeten gewissermaßen den Stützpfeiler der Landwirtschaft. Ab 1949 wurden die »Großbauern« – und dazu zählten Betriebsinhaber, die über 20 Hektar landwirtschaftliche Nutzfläche bewirtschafteten – dann jedoch allmählich aus den Vorständen herausgedrängt. Ihre Situation verschlechterte sich zusehends, und der Druck wurde größer.

Die Komitees der gegenseitigen Bauernhilfe richteten Ausleihstellen mit landwirtschaftlichen Maschinen und Geräten ein; weiterhin sollten sie die Neubauern bei der Betriebsführung beraten, Zuchtstationen, Verarbeitungsbetriebe und Gemeinschaftseinrichtungen übernehmen.[52]

Ab 1948 wurden beschlagnahmte Maschinen und Großgeräte in die neugegründeten Maschinen-Ausleihstationen (MAS) überführt. Diese Maßnahme bündelte einerseits die vorhandenen Ressourcen und institutionalisierte die Hilfsleistungen. Anderseits konnten auch neue Abhängigkeiten entstehen und Druck ausgeübt werden.

Ein ehemaliger MAS-Leiter, der im Jahr 1948 in Oschatz eingesetzt wurde, berichtete über die Anfangszeit: »Viel gab's nicht zu leiten. Der Mini-Betrieb bestand aus sechs Stammfahrern und sechs mehr oder minder altersschwachen Traktoren. Wir sollten 12.000 Hektar beackern! Es gab viel Knobelei, manchen Streit und Ärger, denn jeder der Bauern wollte ja gern als erster unsere Hilfe erhalten.«[53]

Die MAS boten gegen Entgelt Feld-, Dresch- und Transportarbeiten an. Der Bestand an Maschinen und Traktoren war jedoch noch im Jahr 1950 nur knapp halb so groß wie der aller Privatbauern zusammen.[54] Zwischen Hilfeleistungen für altansässige Neubauern und »Umsiedler«-Neubauern wurde von Seiten der VdgB und der MAS zunächst nicht unterschieden. Es blieb der Betriebsleitung bzw. den Orts- und Kreisausschüssen überlassen, über Bedürftigkeit und Notwendigkeit zu entscheiden und entsprechende agrartechnische und betriebswirtschaftliche Hilfe zu leisten. Dadurch gab es natürlich einen großen Ermessensspielraum. Flüchtlinge waren in den Gremien der VdgB sowie in den Genossenschaften zudem deutlich unterrepräsentiert. Ab 1949 sorgten gestaffelte Tarife für eine Begünstigung der Kleinbauern.[55]

*Nun ging's ja auch wieder ans Dreschen: »Mein Weizen muss geerntet werden!«, »Meiner muss!« Und die wussten nicht, wohin zuerst. (Benno Nürnberger, *1937 in Sachsen)*

Erst das »Gesetz über die weitere Verbesserung der Lage der ehemaligen Umsiedler« vom September 1950 gewährleistete, dass die MAS bevorzugt »Umsiedler«-Neubauern Hilfe erwiesen, die nicht über ausreichend Zugkräfte und landwirtschaftliche Geräte verfügten. Im Bedarfsfall erhielten jene auch einen Vorzugstarif für die geleisteten Arbeiten (30 % Preissenkung). Weiterhin konnte ihnen bis zu 50 Prozent des Ablieferungssolls erlassen werden.

Die MAS wurden in den 1950er Jahren in Maschinen-Traktoren-Stationen (MTS) umgewandelt, die selbst Maschinen erwarben und verliehen. Im Zuge der Kollektivierung wurden diese Einrichtungen 1959 in die Landwirtschaftlichen Produktionsgenossenschaften (LPG) eingegliedert.

Die Maschinen-Ausleihstationen sollten nicht nur wirtschaftliche und agrartechnische Unterstützung bieten, sondern hatten auch eine politische Funktion. Kulturhäuser entstanden, Veranstaltungen wie Theatervorstellungen, Vorträge und Filmvorführungen wurden organisiert. Ein ehemaliger Mitarbeiter des Bezirks Grimma formulierte die Bedeutung dieser Einrichtungen folgendermaßen: »Die MAS war damals, nicht nur symbolisch gesehen, der große Kraftquell als erprobter Stützpunkt der Arbeiterklasse auf dem Lande, erster technischer Wegbereiter für viele Klein- und Neubauern, ja sogar als Impulsgeber für das neue geistig-kulturelle Leben in den Dörfern.«[56]

Auch der Typus »Neubauer« hatte nicht nur einen wirtschaftlichen, sondern auch einen politischen Hintergrund. Die Bezeichnung verweist nicht nur darauf, dass die Siedlerstelle neu erschaffen wurde, sondern ebenso auf einen neuen Bauerntyp. Auch Kleinbauern und Landarbeiter sollten durch die Bodenreform wirtschaftlich gestärkt werden, damit sie politische Führungspositionen in den Dörfern übernehmen konnten. Die Wirtschaftsform »Neubauernstelle« sollte Schritt für Schritt das angestrebte Bündnis zwischen Arbeiterklasse und den nunmehr »werktätigen« Bauern stärken. Zudem waren die Empfänger dankbar für die Unterstützung, die sie erhalten hatten. So wurde die Loyalität gegenüber Partei und Staat gefördert.

Vor dem Wahltermin im Oktober 1946 erließ das Zentralsekretariat der SED einen »Aufruf an alle Neubauern und Umsiedler«: Allein der Politik von KPD und SPD bzw. der späteren SED sei es zu verdanken, dass Unterkunft und Verpflegung sowie Arbeitsplätze sichergestellt würden. Zur Absicherung der Bodenreform sollten sie nun entsprechend wählen. Die KPD hatte die Bodenreform als einen Grundstein ihrer »Bündnispolitik« angesehen – eine Einschätzung, die sich den Wahlergebnissen vom Herbst 1946 in den ländlichen Regionen zufolge als richtig erweisen sollte.

Mit der Währungsreform 1948 ging die Umwertung der staatlichen Kredite an Neubauern im Verhältnis 5 zu 1 einher; das bedeutete eine Streichung von 80 Prozent der bis dahin aufgenommenen Darlehen. Sparguthaben hingegen, nach 1945 angelegt, wurden entwertet. Das Geld wurde knapper, zugleich gab es wieder etwas zu kaufen. Das System der sogenannten freien Spitzen verstärkte diese Situation: Landwirtschaftliche Produkte, die über das Ablieferungssoll hinaus verkauft werden konnten, brachten das Zwei- oder Dreifache des Preises ein oder aber Bezugscheine für den Kauf von Industriewaren.[57] Die Erzeuger von »freien Spitzen« waren somit eher in der Lage, ihren Viehbestand aufzustocken, Ackergeräte und Düngemittel zu erwerben und ihre Wirtschaft auf eine solide Basis zu stellen. Den »Umsiedlern« unter den Neubauern gelang dies jedoch – zumindest in den Anfangsjahren – selten.

Das doppelte Preissystem führte unter anderem dazu, dass die (nachbarschaftliche) Solidarität erhebliche Einbußen erlitt: Gegenseitiges Aushelfen, beispielsweise mit Naturalien wie Saatgut oder Kartoffeln, »lohnte« sich nun nicht mehr und wurde unter Umständen eingeschränkt, da es weitaus lukrativer war, den Überschuss auf dem »freien Markt« zu verkaufen. Da halfen auch die Appelle der VdgB wenig, die ab 1949 Naturalhilfefonds für die Unterstützung in Notzeiten einrichtete.

Nur schätzungsweise 15 Prozent aller Neubauernstellen gelang die nachhaltige wirtschaftliche Konsolidierung. Die zum Teil übereilte Durchführung der Bodenreform, der Mangel an Ausstattung und Arbeitskräften trugen ebenso wie fehlende landwirtschaftliche Kenntnisse zur Aufgabe vieler Hofstellen bei. Eine massive Landflucht setzte ein: Bereits im Juni 1948 hatten 10.000 Neubauern ihre Betriebe aufgegeben. In den nächsten Jahren kapitulierten jeweils noch mehr Hofeigentümer, sodass bis zur Mitte des Jahres 1952 mehr als ein Drittel aller Neubauernfamilien ihre Höfe verlassen hatte. Von diesen aufgegebenen Neubauernstellen konnten lediglich zehn Prozent neu verteilt werden.

Die Größe der Neubauernhöfe mit ihren knapp acht Hektar Fläche reichte in den meisten Fällen nicht aus für eine effiziente Wirtschaftsweise. Rentabilitätsberechnungen gingen von einer Betriebsgröße von etwa 20 Hektar aus für stabile bäuerliche Mittelbetriebe. Die Schaffung von größtenteils wenig produktiven Klein(st)landwirtschaften legte insofern schon einen Grundstein der späteren Kollektivierung. Auch die Ausstattung mit Geräten und Maschinen reichte nicht für die Aufteilung auf zahllose Einzelwirtschaften aus.

Im Jahr 1948 wurde erstmals die Planwirtschaft erprobt, ab 1949/50 setzte sie sich als Instrument staatlicher Wirtschaftslenkung durch. Die Bedingungen übten erheblichen Druck auf die leistungsstarken Altbetriebe aus und konnten die Defizite der leistungsschwachen Betriebe dennoch nicht auffangen.

WS: Na ja, ihr wart nun sehr günstig. Ihre Mutter, die hatte mehrere Geschwister und alle so in dem Alter, die hier noch (arbeiten konnten). Die haben nun viel Unterstützung geleistet. Ja, die haben immer mitgeholfen und so. Die konnten nun alles aufs Feinste machen. Zum Beispiel: Damals war der Tabakanbau ganz groß. Und ich würde bald sagen, mit ihren fünf Hektar haben die unterm Strich besser dagestanden als wir mit 18 Hektar.
*HS: Weil wir nicht so viel, die fünf Hektar brauchten nicht so viel abzuliefern pro Hektar wie der Großbauer mit 20 Hektar. Nein, du warst noch nicht unter den Großbauern, aber 'ne höhere Ablieferung habt ihr schon gehabt. (Hilla Spillner, *1930 in Schlesien, und Wilhelm Spillner, *1929 in Sachsen)*

Zu Beginn des Jahres 1950 erhöhte die DDR-Regierung die Normen für die Pflichtabgaben; die Ermäßigung für Neubauernwirtschaften im Allgemeinen entfiel, allerdings erhielten die »Umsiedler« unter ihnen Sonderkonditionen. Die Normerhöhungen hielten sich für die Betriebe mit einer Wirtschaftsfläche bis zu zehn Hektar noch in erträglichen Grenzen, danach stiegen die Belastungen jedoch unverhältnismäßig an.[58] Die Steigerung für Höfe mit zehn bis 20 Hektar betrug – im Verhältnis zu den Gruppen mit fünf bis zehn Hektar – 70 Prozent, was insbesondere die kleineren Höfe in

Abschrift.

VdgB
Kreisverband

Termin am 27. jeden Monats

Ortsvereinigung Nedhern-Worschen Datum 15.VI.48

Berichtsbogen über geleistete gegenseitige Hilfe

1. Wieviel Neubauern wurde bei der Feldbestellung bzw. bei der Ernte von Altbauern geholfen? 28
   Mit Gespannen ha ca 20
   Mit Maschinen ha 14 ha
2. Wieviel Altbauern wurde bei der Feldbestellung bzw. bei der Ernte von Neubauern geholfen? 3
   Mit Gespannen ha 4
   Mit Maschinen ha 2,5
3. Wieviel Neubauern haben sich gegenseitig geholfen? alle
   Mit Gespannen ha 15-20 ha
   Mit Maschinen ha 12
4. Wieviel Altbauern haben sich gegenseitig geholfen? alle
   Mit Gespannen ha –
   Mit Maschinen ha 11
5. In wieviel Gemeinden hat die Ortsvereinigung geholfen? 1
   Mit Gespannen ha –
   Mit Maschinen ha 22

gez. Wolke
Unterschrift des Vorsitzenden

B-K 214 6245/1500 VI/87

Abb. 23: Bäuerliche Hilfeleistungen, monatlich im Protokoll festgehalten, Juni 1948.

dieser Gruppe hart traf. Nach heftigen Protesten wurde die Einteilung abermals verändert: Ab dem 1. Januar 1951 gab es infolgedessen acht Betriebsgrößengruppen (anstelle der bisherigen fünf). Nachdem das Ablieferungssoll im nächsten Jahr wiederum erhöht worden war, forderte die Landesregierung von Mecklenburg-Vorpommern eine differenzierte Bewertung der Hofstellen, um unzulässige Härten zu vermeiden.[59] Die aufgelisteten Punkte geben einen Einblick in die Widrigkeiten, mit denen Neubauernfamilien zu kämpfen hatten: Es sollte danach gefragt werden, ob der Hof von einer alleinstehenden Frau bewirtschaftet wurde. Auch die Ausstattung sollte Gegenstand der Bewertung sein oder ein häufiger Betreiberwechsel. Und ebenso sollte ins Kalkül einbezogen werden, ob der Neubauernhof überhaupt mit elektrischem Licht und Wasser ausgestattet war. Die schlechte Ernte des Jahres 1947 verschärfte die Situation: Viele Bauernhöfe konnten das Pflichtsoll nicht erfüllen, und gegen säumige Ablieferer wurde oft streng durchgegriffen. Beschlagnahmungen und sogar Gefängnisstrafen bis zu 15 Jahren waren im Rahmen des Gesetzes über die Verletzung von Abgabenpflicht (vom 21. Okt. 1947) möglich.[60]

*Aber wer eben eine große Siedlung hatte wie wir, über fünf Hektar, der musste schon wieder mehr abliefern an Soll. Die unter fünf waren, die hatten weniger. Da mussten wir Schafwolle liefern, Fleisch, Milch, Gemüse, eben das Getreide und alles, von allem mussten wir soundso viel liefern. (...) Wir haben ja weites Feld gehabt. Na ja, wir haben schon noch ausgeholfen, bei der Kartoffelernte und der Getreideernte, weil wir ja die Flügelmaschine hatten. Da haben wir erst bei einem gehauen und dann beim andern gehauen. (Christa Druskat, *1926 in Schlesien)*

Insbesondere ›Großbauern‹ gerieten bald in erhebliche Schwierigkeiten, was die Pflichtablieferung anbelangte. Sie stellten nach der Enteignung der Großgrundbesitzer das neue politische Feindbild in den Dörfern dar und wurden systematisch benachteiligt und unter Druck gesetzt. Kriegsbedingte Schäden, die die Wirtschaftlichkeit des Betriebes schwächten, wurden ebenso wenig berücksichtigt wie die Erntebedingungen: Die staatlichen Organe gingen häufig von bewusster Sabotage aus, sodass die rechtliche Grundlage für Enteignungen gegeben war.[61] Für Betriebe über 20 Hektar galten die höchsten Ablieferungsnormen: Es handelte sich um das Doppelte dessen, was (Alt-)Bauern mit kleinen Wirtschaften (fünf bis zehn Hektar) abzuliefern hatten. Es war daher ungleich schwerer, Mehreinnahmen über »freie Spitzen« zu erwirtschaften.

Wir waren der größte (Bauernhof). Ja. Die andern waren alles so Mittelbauern. Ja, und dann die Kleinbauern: Die hatten weniger Soll (...). Denen ist es glänzend gegangen. Die konnten immer Schweine und so als freie Spitzen verkaufen und haben Geld gemacht. Und die größeren Bauern, gerade wie uns, die wollten sie am liebsten enteignen. Da hat mein Schwiegervater am schwarzen Brett gestanden als Saboteur des Dorfes. Ja, aber wir waren gut mit dem Bürgermeister hier, (...) der kam dann mal abends und sagte: »Also ihr seid auch kurz vor der Enteignung. Ich muss euch jetzt sagen, ihr müsst hier was unternehmen.« Und da hat er gesagt: »Du musst in die Partei gehen.« Ich sage: »Ich gehe

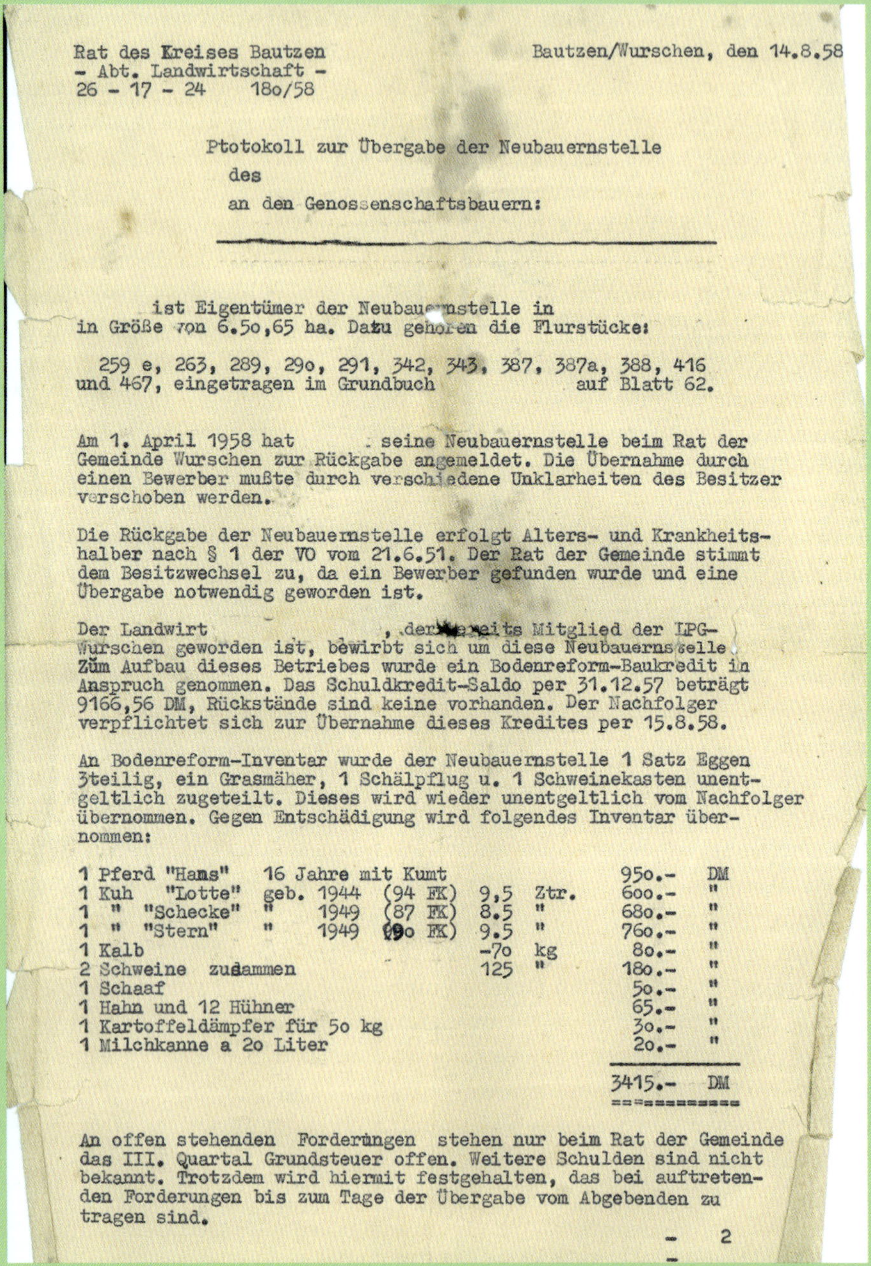

Rat des Kreises Bautzen
- Abt. Landwirtschaft -
26 - 17 - 24   18o/58

Bautzen/Wurschen, den 14.8.58

Ptotokoll zur Übergabe der Neubauernstelle
des
an den Genossenschaftsbauern:

ist Eigentümer der Neubauernstelle in
in Größe von 6.5o,65 ha. Dazu gehören die Flurstücke:

259 e, 263, 289, 29o, 291, 342, 343, 387, 387a, 388, 416
und 467, eingetragen im Grundbuch auf Blatt 62.

Am 1. April 1958 hat seine Neubauernstelle beim Rat der Gemeinde Wurschen zur Rückgabe angemeldet. Die Übernahme durch einen Bewerber mußte durch verschiedene Unklarheiten des Besitzer verschoben werden.

Die Rückgabe der Neubauernstelle erfolgt Alters- und Krankheitshalber nach § 1 der VO vom 21.6.51. Der Rat der Gemeinde stimmt dem Besitzwechsel zu, da ein Bewerber gefunden wurde und eine Übergabe notwendig geworden ist.

Der Landwirt , der bereits Mitglied der LPG-Wurschen geworden ist, bewirbt sich um diese Neubauernstelle. Zum Aufbau dieses Betriebes wurde ein Bodenreform-Baukredit in Anspruch genommen. Das Schuldkredit-Saldo per 31.12.57 beträgt 9166,56 DM, Rückstände sind keine vorhanden. Der Nachfolger verpflichtet sich zur Übernahme dieses Kredites per 15.8.58.

An Bodenreform-Inventar wurde der Neubauernstelle 1 Satz Eggen 3teilig, ein Grasmäher, 1 Schälpflug u. 1 Schweinekasten unentgeltlich zugeteilt. Dieses wird wieder unentgeltlich vom Nachfolger übernommen. Gegen Entschädigung wird folgendes Inventar übernommen:

1 Pferd "Hans"	16 Jahre mit Kumt				95o.-	DM
1 Kuh "Lotte"	geb. 1944	(94 FK)	9,5	Ztr.	6oo.-	"
1 " "Schecke"	" 1949	(87 FK)	8.5	"	68o.-	"
1 " "Stern"	" 1949	(90 FK)	9.5	"	76o.-	"
1 Kalb			-7o	kg	8o.-	"
2 Schweine zusammen			125	"	18o.-	"
1 Schaaf					5o.-	"
1 Hahn und 12 Hühner					65.-	"
1 Kartoffeldämpfer für 5o kg					3o.-	"
1 Milchkanne a 2o Liter					2o.-	"
					3415.-	DM

An offen stehenden Forderungen stehen nur beim Rat der Gemeinde das III. Quartal Grundsteuer offen. Weitere Schulden sind nicht bekannt. Trotzdem wird hiermit festgehalten, das bei auftretenden Forderungen bis zum Tage der Übergabe vom Abgebenden zu tragen sind.

- 2 -

Abb. 24: Rückgabe einer Neubauernstelle im Kreis Bautzen, 1958.

*niemals in diese Partei. Die hat mir meine Schule …« Na jedenfalls sagt er: »Du musst ja nicht in die SED gehen. Gehst du eben in die Bauernpartei.« Und da hat dann mein Schwiegervater gesagt: »Ja, geh doch rein, sonst verlieren wir noch alles.« Na ja, und da bin ich dann reingegangen, obwohl mit mir haben sie keinen Fang gemacht dort. (Albert Pittner, *1928 in Böhmen)*

Die Kollektivierung der Landwirtschaft sollte das politische Programm des jungen Staates auch (land-)wirtschaftlich umsetzen. Im Sommer 1952 wurde die »Schaffung sozialistischer Produktionsverhältnisse auf dem Lande« proklamiert. Die bäuerlichen Einzelwirtschaften wurden zunächst weitgehend freiwillig, ab 1960 im sogenannten Sozialistischen Frühling unter politischem und ökonomischem Zwang, zu LPG zusammengefasst. Unter den wirtschaftlich kaum erfolgreichen Neubauern sahen viele eine Chance in der gemeinsamen Bewirtschaftung des Landes – zum Teil hatten sie sich bereits zuvor mit Freunden, Nachbarn oder Verwandten zusammengeschlossen. Es war von ausschlaggebender Bedeutung für die Akzeptanz der LPG, dass die Bauernwirtschaften den eigenen Grund und Boden nach ihrem Beitritt als Privateigentum behielten. Denjenigen, die früh einer LPG beitraten, winkten erhebliche Vergünstigungen wie beispielsweise die vorrangige Nutzung der Technik der MAS bzw. MTS, bevorzugte Belieferung mit Saatgut und Düngemitteln, Steuererleichterungen, Senkung der Pflichtabgaben, Stundung von Krediten und Zahlungsverpflichtungen aus der Bodenreform sowie kostenlose tierärztliche Versorgung. Für alle diejenigen, die um ihr wirtschaftliches Überleben kämpften – oder deren Kinder den Hof nicht fortführen wollten –, war der Zusammenschluss in einer LPG daher durchaus lohnend und sicherte fortan das Auskommen. Weiterhin lockten die Arbeitserleichterungen, denn die Anforderungen eines bäuerlichen Betriebes waren für viele Familien allein bzw. unter den gegebenen Bedingungen nicht zu bewältigen.

Ende des Jahres 1952 existierten in der DDR bereits mehr als 1.906 LPG mit 37.000 Mitgliedern. Die bewirtschafteten 218.000 Hektar entsprachen drei Prozent der landwirtschaftlichen Fläche. Neubauern gehörten in der Anfangsphase zu den ›Pionieren‹ der LPG-Gründungen: Ende des Jahres 1952 stellten sie 78 Prozent aller Mitglieder.[62] Ab Mitte der 1950er Jahre lässt sich kein Unterschied mehr im Verhalten zwischen Alt- und Neubauern in Bezug auf die Beitrittsbereitwilligkeit feststellen. In der Folgezeit entschlossen sich Neubauern eher zögerlicher und zumeist als Ergebnis der ›Werbekampagnen‹ zum Beitritt. Es waren zumeist diejenigen, die ihren Hof wirtschaftlich konsolidieren konnten und in der dörflichen Gemeinschaft anerkannt waren. Ab 1960 unterscheidet das statistische Jahrbuch der DDR bei LPG-Eintritten nicht länger zwischen Alt- und Neubauern.

Diejenigen Bauernfamilien, die sich bereits in der Frühphase der Kollektivierung einer LPG anschlossen, genossen im Dorf selten – sofern nicht Altersgründe oder andere Ursache als ›stichhaltig‹ anerkannt wurden – ein hohes Ansehen. Sie schienen mit ihrer Wirtschaftsführung gescheitert zu sein.

*Keine fähigen Leute haben und »Vom Ich zum Wir…« – ist schwierig! (Ernst Rogall, *1941 in Sachsen)*

*Von denen, die schon Landwirte waren, die Flüchtlinge, wollten ja nicht in die LPG. Und die Großbauern schon gar nicht. Und die ersten, die in die LPG gegangen sind, waren doch die Industriearbeiter. Nein, die Landarbeiter, die ehemaligen, die auch Land bekommen haben hier. Die praktisch gar nicht klar kamen mit ihren Wirtschaften. Es waren ja auch allerhand, die früher auf dem Rittergut gearbeitet haben, waren einige. Die konnten zwar arbeiten, aber die konnten überhaupt nicht wirtschaften. Und die waren dann glücklich, dass jemand für sie gedacht hat: Wann muss was gesät werden? Und wer wusste, wo er was machen will, der wollte sich an sich auch nicht bei jedem Pfund, was er erntet, auf die Finger gucken lassen, nicht? (Hans Neumüller, *1931 in Schlesien)*

Insbesondere auf den Neubauernhöfen erforderte die schlechte Ausstattung einen erhöhten Arbeitseinsatz. Zudem wirtschafteten viele Frauen alleine, weil ihr Mann im Krieg gefallen war.

Frauen sollten daher in die öffentliche Diskussion einbezogen werden – sei es, um selbst in eine LPG einzutreten, sei es, um diesen Entscheidungsprozess innerhalb der Familie positiv zu beeinflussen. Bäuerinnen sollten sich rasch von »Unwissenheit und Unkenntnis frei machen«, damit es gelingen könne, die Landwirtschaft zu ungeahnter Blüte zu treiben. In den LPG könnten sie gleichberechtigt mit beraten und beschließen; die fortschreitende Technisierung entlaste sie von der Feldarbeit und gebe ihnen mehr Zeit für die Viehzucht, den Gemüsebau und ihre kulturelle Entwicklung, so formulierte es Walter Ulbricht in seiner Begrüßungsansprache auf dem vierten Bundeskongress des DFD im Jahr 1952.[63] Fast 100 LPG wurden 1952 auf Initiative von Frauen gegründet; einige wenige Genossenschaften standen unter weiblicher Leitung: Ein prominentes Beispiel ist Frieda Sternberg (*1920 in Ostpreußen), die in Bennewitz im ehemaligen Muldentalkreis 1952 die LPG »Ernst Thälmann« mitbegründete und von 1953 bis 1988 als Vorsitzende leitete.[64] Die meisten Frauen erreichten jedoch allenfalls die mittlere Führungsebene: Es hieß eher arbeiten als leiten.

Im Gegensatz zu den Klein- und Neubäuerinnen zögerten die (Mit-)Betreiberinnen mittelbäuerlicher Höfe eher, sich einer LPG anzuschließen und ihre Eigenständigkeit aufzugeben. Die Arbeit nicht selbst einteilen zu können und über die einzelnen Schritte nicht frei verfügen zu können, kam in ihren Augen einer Degradierung gleich und wertete auch die eigenen Fähigkeiten ab. Viele fühlten sich nun als Landarbeiterinnen, denen die Arbeit zugewiesen wurde. In einigen Dörfern verweigerten sich Frauen daher und traten im Gegensatz zu ihren Männern ausdrücklich nicht ein.[65] Vielerorts herrschte auch noch die traditionelle Auffassung fort, die Frau solle sich auf die Bereiche Hauswirtschaft und Familie be-

Und '53 ging das ja schon los mit Kollektivierung. Und da waren ja, wollen mal sagen, die Leute, die nun gar nicht ein bissel Ahnung hatten, die waren dann nun gleich die Ersten und hielten dann die Fahne am höchsten. Na ja, ist ihnen ja erst einmal egal. Und für die war das dann eine Erleichterung. (...) Wir haben gewusst, dass wir dort nicht drumrum kommen. Und dann kam ja nun kurz vor 1960 die Großaktion hier, wo sie uns alle »freiwillig gezwungen« hatten.

Wilhelm Spillner, * 1929 in Sachsen

schränken und der Beitritt des Ehemannes reiche aus. DFD-Gruppen und Mitglieder von Bäuerinnenkommissionen der VdgB suchten die Bäuerinnen daher zu Hause oder bei der Arbeit auf, um »geduldige und beharrliche Überzeugungsarbeit« zu leisten.[66]

Für Frauen stellte die Landwirtschaft ein wichtiges Berufsfeld dar: Anders als in der Bundesrepublik galten Genossenschaftsbäuerinnen und -arbeiterinnen nicht als »mithelfende Familienangehörige«, sondern waren sozialversichert: Sie erhielten ein Gehalt, erwarben Rentenansprüche und hatten geregelte Arbeitszeiten. Im Jahr 1989 war jede zwölfte berufstätige Frau in der DDR in der Land- und Forstwirtschaft tätig; die meisten verfügten über einen qualifizierten Berufsabschluss.[67] Die Einrichtung von Kindergärten und Gemeinschaftsküchen sowie ein breites Spektrum an Weiterbildungsmöglichkeiten sorgten für Erleichterungen und boten zusätzliche Anreize.

Eine ambivalente Haltung gegenüber den LPG herrschte natürlich bei allen Alt- und Neubauern vor. Das »Für« und »Wider« wurde sorgfältig abgewogen und je nach persönlicher Lebenssituation und Weltanschauung schließlich eine Entscheidung getroffen. Die Flüchtlinge unter den Neubauern beurteilten die Kollektivierung ebenfalls widersprüchlich: Für einige schien sich hier endlich eine Möglichkeit zu bieten, ganz dazuzugehören und abgesichert zu wirtschaften, andere sahen darin jedoch einen erneuten Verlust, eine zweite Enteignung ihres mühsam neu erwirtschafteten Eigentums.

*Dann hatte mein Mann hier die Siedlung, und wir haben die Siedlung zusammen weiter(bewirtschaftet) neun Jahre. Und dann kam ja die LPG. Wieder alles erwirtschaftet, alles angeschafft und alles wieder fort! Wir konnten nie was (aufbauen) – wurde wieder alles … (…). Dann mussten wir ja in die LPG. (Christa Druskat, *1926 in Schlesien)*

Vor allem die Kindergeneration in den Neubauernfamilien gehörte zu den Befürwortern der LPG. Von klein auf hatten sie mithelfen und anstrengende Arbeiten verrichten müssen. Die Mitarbeit ging häufig über ihre Kräfte, und oftmals lagen ihre Interessen auch in ganz anderen Bereichen. Mädchen träumten häufig von einer beruflichen Zukunft als Verkäuferin, Jungen wollten oftmals ein Handwerk erlernen. Die Arbeitsbedingungen in der Landwirtschaft waren nachweisbar hart: Jede dritte Frau mit schwerer körperlicher Arbeit war in der Landwirtschaft beschäftigt. Ihre Töchter wollten das nicht länger.

*Ich hab immer tüchtig helfen müssen bis, na ja, bis die LPG kam. Dann war ich eigentlich glücklich und zufrieden, denn mir ist die Landwirtschaft sehr schwergefallen. Ich war ja nie besonders groß und kräftig. Das hat mir ein bissel angehangen. (…) Also, das war sehr schwer: Futter abladen, misten, füttern! Ich war die einzige, ich musste immer mit. Es war ein harter Job, also wirklich. Deswegen war ich dann froh, als die LPG kam und ich raus konnte aus der Landwirtschaft. (Karla Fügmann, *1937 in Schlesien)*

Heranwachsende Kinder und auch junge Erwachsene unterstützten ihre (alten) Eltern sehr bei der Bewirtschaftung des Hofes, auch unter widrigen Umständen. Sie opferten Zeit und Arbeitskraft, selbst dann, wenn sie schon eigene Familien hatten. Die Kollektivierung sahen sie daher als Chance, die Familiensituation zu entlasten.

*Wir mussten zu Hause als Kinder schon, die Größeren, in der Landwirtschaft mithelfen: Kühe hüten, wenn wir aus der Schule kamen und so. Dann ging das hier weiter, und das war noch härter. Und da haben wir immer gesagt: »Wir heiraten nie einen Bauern!« Unsere Gretel nicht, und ich hab auch gesagt: »Ich will nie einen Bauern!« Da haben wir immer Abstand genommen. (Martha Leibelt, *1931 in Schlesien)*

Wenn nicht Ernte war, dann war es Rüben verziehen. Die anderen sind spazieren gegangen. Ich bin aus der Lehre gleich hin an der katholischen Kirche raus aufs Rübenfeld mit der Mutter, mussten wir ja sehen, dass wir sie sauber kriegten. Und so ging das bei mir praktisch das ganze Jahr. Also, ich kann mich nicht erinnern, dass ich irgendwann unter der Woche mal nicht zur Arbeit gewesen wäre, zu Hause. Das ist undenkbar. Dass ich nichts gemacht hätte und gewusst, die Arbeit bleibt für die Mutter liegen.

Hans Neumüller, * 1931 in Schlesien

Ja, in Typ II sind wir gegangen. Da haben wir, die Lotte und ich, die wir am meisten hier eingebunden waren, wir haben dann zugeraten. Wir hatten selber Familien, die Männer sind arbeiten gegangen. Wir haben ja in dem Sinne nichts verdient hier bei den Eltern, und da haben wir dann auch zugeraten. Wir haben gesagt: »Geht! Ihr könnt das gar nicht mehr machen.« Wir sind aber für die Muttel auch aufs Feld gegangen, da mussten immer zwei Personen gestellt werden. Und da haben wir dann die Muttel immer abgelöst und gesagt: »Muttel, da brauchst du nicht gehen, da gehe ich für dich.«

Martha Leibelt, * 1931 in Schlesien

In der Anfangsphase der Kollektivierung schlossen sich vor allem diejenigen Betriebe zusammen, deren Betreiber sich aufgrund wirtschaftlicher Schwierigkeiten, ihres fortgeschrittenen Alters, gesundheitlicher Probleme oder mangelhaften Besatzes mit Arbeitskräften Vorteile versprachen. Daher gab es erhebliche Startschwierigkeiten, denn diese »Notgemeinschaften« konnten keine positive Wirtschaftsbilanz aufweisen. Ende des Jahres 1952 waren fast alle LPG zahlungsunfähig, und nur massive staatliche Unterstützung sicherte den Fortbestand.[68] Weiterhin musste für die entsprechende Fachkompetenz und eine effiziente Leitung gesorgt werden.

*Es haben ja auch Hiesige eine Neubauernwirtschaft übernommen. Die Not hatte sie dazu gezwungen, weil der Hunger da war in all den Jahren. Da wurde aber nicht gefragt, ob die Leute nun ein bissel Fachkenntnis hatten von der Landwirtschaft, ob die Schuhmacher oder Schneider oder Bäcker oder was waren, die konnten das alle. Denn die Kollektivierung, die genossenschaftliche, nach russischem System stand schon in den Sternen. Da hatten die gleich einen Anfang, weil die Leute bald die Nase voll hatten. (Wilhelm Spillner, *1929 in Sachsen)*

Na ja, also, wie soll ich sagen? Die erste Zeit, es wurde keine fachgerechte Bearbeitung der ganzen Geschichte, weil die Leute keine Ahnung hatten. Das hat sich nach und nach aber dann ganz gut entwickelt. Die Leute wurden auch sehr gut geschult. Na, *die Funktionäre erst mal politisch schon, dass sie zur Stange halten, und dann auch fachlich konnten die schon ein wahres Wort mitreden. Na ja, und dann vielleicht auch finanziell wurde es besser organisiert, die ganze Schädlingsbekämpfung und was so alles war in der Landwirtschaft. Maschinell wurde viel getan, dass man wieder … Es war dann im Nachhinein, es war schon leichter, aber man war eben kein Bauer mehr. (…) Ich sagte immer, wir sind keine Bauern. Unsre Chefs, die sagten: »Wir sind Bauern.« Nein, ich sage, wir sind qualifizierte Landarbeiter. (Wilhelm Spillner, *1929 in Sachsen)*

Neben wirtschaftlichen Anreizen und Vergünstigungen sowie der Stärkung von landwirtschaftlicher Fachkompetenz wurde seit 1953 zunehmend Druck ausgeübt, um den Prozess der Kollektivierung zu beschleunigen. So führten die Erhöhung von Pflichtabgaben und Steuerbelastungen sowie die verzögerte Berücksichtigung bei Maschineneinsatz und Düngemittelabgabe beispielsweise dazu, dass manche Betriebe den Anforderungen nicht gewachsen waren, genauer: nicht gewachsen sein konnten. Damit war die Grundlage dafür gelegt, Verstöße gegen die Ablieferungsverpflichtungen als Rechtsbruch zu werten und entsprechend zu ahnden. Zwangsmaßnahmen, vom Haftaufenthalt bis hin zur Enteignung, waren die Folge.

Der Vater von Martha Seemann hatte seine Felder melioriert, d.h. in mühseliger Handarbeit Drainagerohre aus Ton verlegt, um den Boden zu entwässern. Diese Arbeit, die ihn viele Wochen in Anspruch nahm – und natürlich auf lange Sicht zur Wert- und Ertragssteigerung beitrug – hatte offenbar zur Folge, dass er die Pflichtabgaben nicht erfüllen konnte.

Und dann haben wir eimerweise Maikäfer geholt, für die Hühner und die Enten fürs Futter. Das war nicht direkte Arbeit, aber wir hatten eben unsre Pflichten. Das war so. Ich war ja die Größte, 1946, mit elf, zwölf Jahren. Wenn wir auf dem Feld waren, hatten wir unsre Aufgaben. Da fuhren wir mit so einem kleinen Leiterwagen raus. Und auf dem Weg nach Hause kamen wir durch den Wald. Da wurde jedes Stöckchen aufgehoben, für Kohlen war kein Geld da, und deshalb war der Wald wie gefegt. Was runterfiel, wurde auf den Wagen geladen. Das war keine schwere Arbeit, das ist nicht so, wie wenn die Kinder in der Fabrik arbeiten – da ist das ja viel schlimmer. Aber wir hatten unsre Pflichten. Wir haben immer gewusst, wo's Essen herkommt und dass da was dahinter steckt. Und das ist ganz wichtig, denk ich mir immer. (…) Na ja, und dann gab's für uns nichts anderes: Von der Schule nach Hause, und da war das Essen in der Röhre. Lag immer ein Zettel: »Hacke ist mit draußen.« Und da ging's raus, Rüben verziehen und dann Kartoffeln ernten. Da hatte ja jeder so seinen Anbauplan. So war das damals. Eine Zeile Möhren, eine Zeile Tomaten, Bohnen – an Gurken kann ich mich nicht besinnen, dass wir die draußen angebaut haben, aber Zwiebeln und so was. Erstens war's für uns etwas, und dann hatten wir ja auch noch einen Plan, dass wir was abgeben mussten. Und das haben wir immer nachmittags mitgemacht. Aber es war ja dann auch schön warm, und der Teich war daneben, da sind wir auch baden gegangen. Wir brauchten ja bloß reinzuspringen. Wir hatten kein Bad, aber wir haben gebadet als Kinder, das

war wunderschön. Wir haben auch den Schlamm aufgewühlt. Und da sind wir auch groß geworden und nicht krank. (...)
Dann hatten wir auch am Bach auf der anderen Seite nach G. zu Wiese. Da war unsre Aufgabe, das Heu zu wenden. Daneben haben wir im Bach gespielt. Und wenn es wieder an der Zeit war, haben wir dann mitgemacht beim Wenden und beim Reinholen auch. Wir mussten dann aufs Dach, ganz in die Ecken das Heu reindrücken. Das war das Schlimmste! Wir waren klein und konnten dort in jede Luke. Na ja, und dann haben wir noch Gänse gehütet nebenbei und Krebse gefangen und so alles im Bach, da gab's das alles noch. Das waren alles solche Aufgaben. Abends das Vieh reinholen. Das war auf der Wiese angepflockt, aber wurde auch am Tage dann umgepflockt. Wenn Ferien waren, waren wir ja nur draußen. Und ich denke heute immer, es war schön. Das war schön.

Ruth Lohmann, * 1935 in Sachsen

*Also es muss eine barbarische Arbeit gewesen sein. Ich kann mir das gar nicht mehr vorstellen. Aber jedenfalls, er hat's gemacht, und er wollte eben auch richtig Bauer sein. Aber er brachte nun das Soll in der Zeit nicht und wurde eingesperrt drei Tage in G. Ja, weil er eben irgendwas wieder nicht brachte. Und diese Geschichte in G. im Gefängnis – da war noch einer aus G. mit, ein gewisser Herbst, der auch das Soll nicht (brachte), es waren drei Bauern wohl drin – und die Angst, die dort umgegangen ist, die Angst davor: »Wir kommen hier nicht wieder raus, uns schieben sie ab nach Sibirien«, die muss ganz furchtbar gewesen sein. (Martha Seemann, * 1946 in Sachsen)*

In den bereits bestehenden LPG gab es nicht selten Spannungen zwischen den neu eintretenden Mitgliedern, die sich zwangsläufig dem Kollektivierungsdruck gebeugt hatten, sowie den »erfahrenen« Genossenschaftsbauern, die bereits einen Status im neuen System mit entsprechendem Zugewinn an Selbstbewusstsein erworben hatten. Zudem trafen unterschiedliche Einstellungen aufeinander: Auf der einen Seite sollte um jeden Preis die Eigenständigkeit des Familienbetriebes aufrechterhalten werden, auf der anderen Seite standen Vertreter, die von der genossenschaftlichen Produktionsweise und ihrem politischen Fundament überzeugt waren. Weiterhin konnten natürlich auch neue Machtverhältnisse ausgespielt werden; Gängelei und Druck waren an der Tagesordnung. Aber auch das bäuerliche Selbstverständnis von freier, selbstbestimmter Arbeit war empfindlich gestört.

*Und nach und nach hatte man sich dann dran gewöhnt, dass es eben LPG war. Aber so richtig – wie soll ich sagen? So die Art, es hat einen doch nicht befriedigt in der Gemeinschaftsarbeit. Und da hat sich der Vater dann um einen Stall gekümmert, einen Kuhstall. (Ilse Rogall, * 1942 in Ostpreußen)*

Spätestens im Frühjahr 1960 war allen Bauernfamilien klar, dass ihnen nichts anderes übrig bleiben würde, als einer LPG beizutreten. Die sogenannten Werber zogen an den Wochenenden über Land und drängten auf den Anschluss von Bauernfamilien.

Also wurde jetzt die LPG gegründet. Und die, die die LPG gründeten – ich kann nur von N. reden, es mag anderswo anders gewesen sein, ich will das nicht pauschalisieren –, aber in N. kamen dann Leute aufs Dorf, die weder von der Landwirtschaft Ahnung hatten, noch sonst etwas, sondern eigentlich von nichts eine Ahnung hatten, nur die große Gusche, aber plötzlich das Sagen hatten. Und das war eine fürchterliche Zeit. Die sich anmaßten, über Bauern zu bestimmen, die sich anmaßten, zu sagen: »Also, ihr seid blöde, ihr Bauern. Ihr müsst das machen und das machen.« Die aber die ihnen überlassenen Flächen in dieser LPG von den geflüchteten Bauern innerhalb weniger Zeit, kürzester Zeit eigentlich, in Grund und Boden gewirtschaftet hatten. Sie konnten genau sehen, wenn Sie rausfuhren durch die Flur, das ist die LPG und das ist der Bauer Soundso. Nicht alle Bauern waren auch gute Feldwirte, muss man dazu sagen, es gab auch solche und solche. Es gab auch liederliche Bauern. Man soll das nicht glorifizieren. Aber Sie konnten genau sehen, wo die LPG-Flächen waren. Liederlich nur einmal, von Tuten und Blasen keine Ahnung. Na, nun konnten keine Erträge kommen, und die LPGs standen nur in den Miesen. Und dann wurde natürlich Druck ausgeübt. Diesem Druck hat der Vati dahingehend nachgegeben, dass man die LPG Typ I gründete.

Martha Seemann, * 1946 in Sachsen

In einigen Dörfern waren bis zu 30 Personen starke Agitationstrupps unterwegs.[69] Die Reaktion auf diese Nötigung war oftmals ein ›freiwilliger‹ Zusammenschluss befreundeter oder bereits bei der Arbeit kooperierender Betriebe zu einer LPG Typ I, um so zumindest noch ein Minimum an eigener Entschlussfähigkeit zu wahren. Um der drohenden Zwangskollektivierung zu entgehen, wählten zahlreiche Alt- und auch Neubauern die »Republikflucht« als letzten Ausweg: 1960 stieg die Zahl der Flüchtlinge wieder deutlich an.

Die LPG-Typen I, II und III mit ihrem unterschiedlichen Grad der Vergenossenschaftung in Bezug auf Land und Vieh wurden im Laufe der sechziger Jahre zum Zusammenschluss (Typ III) gedrängt.

Ja, das waren die Leute, die dann auch kamen, um für die LPG zu werben: »Das geht doch gar nicht anders, und es gibt Mähdrescher.« Da ist mein Vater dann mal abends mit der Mutti mit dem Rad rausgefahren – die III bekam dann schon einen Mähdrescher –, haben sich das mal angeguckt, wie so ein Ding überhaupt funktioniert. Es war ja ein Fortschritt, so ein Mähdrescher, das muss ich ja sagen. Es waren die russischen, die sie damals hatten. Und na ja, jedenfalls wurde das Soll so hochgeschraubt, es wurden solche Fußangeln gelegt, dass es dann tatsächlich nicht mehr ging. Sie sind dann der Typ III – nicht beigetreten, nein, angegliedert worden.

Die Reaktionen auf Drangsalisierungen und die Möglichkeiten, einer ablehnenden Haltung Ausdruck zu verleihen, waren vielfältig. Zum einen suchten sich ›unfreiwillige‹ LPG-Mitglieder Nischen, in denen sie ihre Arbeit mehr oder weniger ungestört verrichten konnten, sofern sie sich nicht für aktive und oftmals zugleich destruktive

Formen des Widerstandes wie Flucht, Boykott oder gar Suizid entschieden. Zum anderen arrangierten sich viele schließlich auch wegen der Anerkennung, die sie für ihre Leistungen und ihr Fachwissen erhielten, mit der LPG. Oder aber sie waren aufgrund ihrer Ausbildung oder ihrer Position im Dorf gefragte Zugänge, die für ihren Beitritt gewisse Konditionen aushandeln konnten.

*'52 haben sie ja schon die LPG gegründet. Und da waren vier oder sechs Bauern, die da eingetreten sind. Meistens waren es die Kleinen, die da früher Knechte waren. Die haben das sowieso nicht verstanden irgendwie. Es waren aber auch wie der Vorsitzende dann hier, Ohnesorg, das war ein guter Bauer. Und der ist wahrscheinlich, der wollte hier was werden und so, und da ist er eben auch reingegangen. Ja. Und wir sind erst '60 dann, da sind sie doch dann rumgegangen, die Agitatoren. (...) Da hab ich gesagt: »Also wenn ich reingehe, dann will ich ein Auto haben.« Na ja, das war doch damals so. Und da haben sie gesagt: »Ja, also drei Jahre musst du warten, aber das garantieren wir dir.« Und was war denn noch? Ach, und dann hab ich gesagt: »Wenn meine Schwester von Westberlin herkommt, dann will ich, dass die uns hier besuchen kann.« »Ja, das wird auch genehmigt.« Die konnten dann, die sind jedes Jahr gekommen. Na ja, und da sind wir eben dann – wir waren bei den Letzten mit. Ja, sind wir dann reingegangen. Da hatten wir aber unser Vieh noch. Das war Typ I praktisch. Hatten wir unser Vieh noch. Da wurden nur die Felder und die Wiesen, das wurde zusammengelegt und bewirtschaftet zusammen. Und das war eigentlich keine schlechte Zeit am Anfang, als wir hier noch eine kleine LPG waren. Dann sind wir noch zusammengelegt worden mit W., mit allen diesen Randdörfern hier. Das war alles eine große LPG. Und dann war niemand mehr für was verantwortlich. Dann ist das richtig rapide runtergegangen. Und keine Lust mehr, man ist lustlos gewesen. (Albert Pittner, *1928 in Böhmen)*

Familiäre Umstände zwangen die Familie Pittner Mitte der 1960er Jahre dazu, das Vieh abzugeben; die Versorgung war nicht länger zu leisten. Die LPG-Leitung signalisierte, dass sich die Übernahme verzögern könne und bot folgenden Handel an:

*Da sagte der Bereichsleiter: »Also ich mach' dir ein Angebot. Du machst Brigadier und wir nehmen dir das Vieh ab.« Na ja, und da haben wir dann in den sauren Apfel gebissen. Und das, mir hat das eigentlich Spaß gemacht hier die Jahre, wo ich Brigadier war. (Albert Pittner, *1928 in Böhmen)*

Durch die Führungsposition konnte die frühere Erfahrung, vom selbstständigen Bauern zum Befehlsempfänger degradiert worden zu sein, kompensiert werden. Dass ihnen bestimmte Beschäftigungen zugewiesen wurden, sie nicht mehr frei über die Einteilung von Zeit und Arbeitsschritten entscheiden konnten, über Sinn und Reihenfolge selbst befinden – das konnten viele ehemalige Bäuerinnen und Bauern nur schwer akzeptieren. Einige umgingen die für sie demütigende Situation, indem sie sich jeweils am Vorabend nach der Arbeit für den nächsten Tag erkundigten. Um nicht vom Brigadier angewiesen zu werden, fuhren sie bereits früher aufs Feld und begannen schon mit der Arbeit. Andere hingegen sträubten sich regelrecht dagegen, eine Leitungsfunktion zu übernehmen, um die von ihnen abgelehnte Kollektivierung nicht noch zu unterstützen. Für sie kam nur ›Dienst nach Vorschrift‹ in Frage.

*Er [der Vater] sollte dann auch eine, sagen wir mal, eine Führungsposition oder so etwas übernehmen in der LPG. Das hat er abgelehnt, weil er mit seinem Gewissen nicht klarkam und ist dann als Traktorist gegangen. Sagte: »Nein, ich mache hier nichts, ich kann das nicht, ich will das nicht, das widerstrebt mir. Teilt mir meine Arbeit zu, ich mache das. Und gut und Schluss.« Ja, und das hat er dann auch so gemacht. (Martha Seemann, *1946 in Sachsen)*

Die Dörfer änderten sich grundlegend infolge der genossenschaftlichen Produktionsweise: nicht nur als Wirtschaftseinheiten, sondern auch im Hinblick auf die soziale Gemeinschaft. Für das Leben im Dorf, für seine Bewohnerinnen und Bewohner bedeutete das ein Zusammenrücken. Durch die gemeinsame Arbeit, aber auch bei zahlreichen Ausflügen und Unternehmungen, lernten sich die alten und neuen Dorfbewohner oftmals endgültig kennen und schätzen.

*Aber die Mutter, die hat bis zu ihrer Rente bei der LPG gearbeitet. Und das war 'ne schöne Zeit. Die Frauen haben sich ja immer zusammengefunden zu der Arbeit und hatten dabei Unterhaltung, und das war 'ne feine Sache. (...) Sind sie dann doch eines Besseren belehrt worden, dass es gut war. Ja, genau. (Karla Fügmann, *1937 in Schlesien)*

Viele Flüchtlinge gehörten nun erstmals ›dazu‹. Und insgesamt wirkten gemeinsame Aktivitäten, Ausflüge und Veranstaltungen gemeinschaftsfördernd.

*Na ja, da haben wir uns dann schon gekannt, wenn man dann jeden Tag zusammenarbeitet. Wurde immer eine kleine Feier gemacht, wenn einer Geburtstag hatte, hat jeder was ausgegeben. Und wenn Frühstück war, wurde da mal ein Kaffee getrunken. Eins hatte den Kaffee rausgebracht von den Angehörigen. Und da hat man sich dann schon kennengelernt. Aber am Anfang, na ja, wir Fremde – die Fremden, nicht? Das musste sich ja erst alles einspielen. Durch die LPG waren das schon gute Kontakte dann. (Christa Druskat, *1926 in Schlesien)*

Spätestens mit Abschluss der Kollektivierung und der flächendeckenden Einführung der LPG Typ III, mussten – neben den Ländereien, Maschinen und Geräten sowie der eigenen Arbeitskraft – auch die Tiere in Gemeinschaftsställe abgegeben werden. Für manche Bauernfamilien bedeutete es eine große Erleichterung, sich nicht länger nach dem Rhythmus des Viehs richten zu müssen.

Der Sozialistische Frühling – da waren sich die ganzen Bauern in W. und N. einig: »Wenn wir gehen, dann gehen wir in Typ III. Nicht dass wir zu Hause das Viehzeug haben, noch einen Haufen Arbeit machen müssen und auf Arbeit auch noch rennen, damit wir Geld verdienen.« Das war ja so. Und da haben sie dann hier die großen Ställe draußen gebaut, hier die Offenställe waren das am Anfang. (...) Als ich noch gelernt hab, da hatten wir

Oh, der Vater hat sich manchmal (aufgeregt), wenn er was sagen wollte. »Ihr seid ruhig«, haben sie immer gesagt. »Ihr Bauern, ihr seid aufsässig.« Und die Mutter immer: »Sag nischt, sag nischt!« Und da ist sie immer um ihn rumgehockt. Ja nischt sagen! »Ja. Ich muss ruhig sein.« (…)
Na ja, und da hat er's manchmal auch bissel schwer gehabt, wenn er's besser wissen wollte. Aber – er hat dann doch auch Vertrauenssachen gekriegt. Der war zum Beispiel Fachmann für Düngemittel, hier bei der LPG. Da musste er ganz genau wissen, welches Düngemittel hilft und welches gemischt werden kann und mit welcher Konzentration. Da war er der Fachmann. »Karl, du gehst dorthin und betreust die Düngemittelscheune.« Und da hat er jahrelang die Düngemittelscheune dort gemacht. Das haben sie doch erkannt. Und später haben sie dann Tabak getrocknet, als Spezialität der LPG. (…) Und da war er in der Trocknungsanlage. War ja Drei-Schicht-System, und da musste ganz genau Luftfeuchtigkeit, Grad und alles – aber von Hand heizen. Da darf es keine Schaufel zu viel oder zu wenig (sein). Das hat er die ganzen Jahre gemacht, da musste der Karl die Hauptschicht mitmachen. Wenn er dann kam, fragten die Frauen: »Und Karl, wie willst du's haben?« Und das hat ihm doch auch Würde bissel gegeben und Anerkennung, dabei. »Wenn die mich nicht hätten.« Und hat er sich dann auch wohlgefühlt. (…) Das war schon eine richtig verantwortungsvolle Aufgabe, der Tabak. Und wenn sie dann ihren Erlös hatten, weil der Tabak Qualität Eins war. (…) Die haben gute Qualität gehabt. Und dann die Frauen – er war der einzige Mann! Meine Mutter war ja schon gestorben. Und: »Ach Karl komm, jetzt machst du mal 'ne Pause!« Und da haben sie gelacht und gescherzt dann. War nicht bloß jetzt so Sklavenarbeit, das kann man nicht sagen. Es war dann auch Kollegialität dann. Am Anfang war's noch ein bissel, doch noch – ist klar, es gab Reibereien. Hat ihm nicht gefallen. Da kam er immer fix und alle nach Haus. Wenn er so im Trupp auf dem Feld gewesen war, wo es hieß: »So, jetzt musst du das machen und das!« So. »Bück dich, mach die Zeile fertig.« Einer, der früher mit dem Pferd gefahren ist, da ist das schon ein Stückel Strafarbeit gewesen. Aber dann hat er sich zum Ende so ein bisschen eingetaktet.

Käthe Giesler, * 1940 in Schlesien

*vier Kühe. Da hab ich früh immer vor der Lehre eine Kuh gemolken, und dann bin ich gefahren. (Dirk Matuschek, * 1942 in Schlesien)*

Die Gefühle waren durchaus ambivalent. Einige Familien litten sehr darunter und wurden regelrecht krank, als sie sich von ihren Tieren trennen mussten, die ihnen gute Dienste geleistet hatten und für den Erfolg der Wirtschaft unentbehrlich gewesen waren.

Jedenfalls mein Vater war – geprägt durch seinen Vater – ein bisschen Pferdenarr. Er hatte gerne Pferde. Wir hatten fünf Pferde zu Hause, und an seinen Pferden und seinem Hund hat er gehangen. Seine Pferde waren sein ein und alles. (…) Und da wurden die Pferde von uns aus dem Grundstück auf den Haupthof der LPG III abgeholt. Dort war ein großer Stall, und dort sollten alle Pferde, die für die LPG arbeiteten, untergebracht *werden. Und da weiß ich noch, mein Vater – und ich hab den nur ein- oder zweimal (so erlebt) –, ist hochgegangen ins Bett. Ich bin hinterher, um nachzusehen, warum er denn nun ins Bett gegangen ist, denn seine Pferde wurden ja geholt. Der hat geheult wie ein Schlosshund. Also als Jugendliche nimmt man es nicht ganz so wahr. Im Nachhinein (denke ich), es muss die Hölle gewesen sein. Es muss einfach nur fürchterlich gewesen sein. (Martha Seemann, *1946 in Sachsen)*

Was für die einen ein einfaches Arbeitspferd war, bedeutete für die anderen einen Teil der eigenen Lebensgeschichte oder zumindest Bestandteil der Wirtschaftsfähigkeit und somit ein beträchtliches Kapital: Die Tiere werden dann als »unser Hans« erinnert oder als »Grete«, die bereits auf dem Weg von Schlesien dabei gewesen war und den Wagen gezogen hatte. Selbst bei Verkäufen und Übergabeprotokollen wurden die Pferde namentlich genannt und auch die Kühe als »Lotte«, »Schecke« und »Stern« aufgeführt.[70]

Mit zunehmender Mechanisierung wurden dann zumindest die Pferde als Arbeitskraft nicht länger benötigt. Es kursierten Geschichten darüber, welches Schicksal ihnen wohl beschieden war.

*Und in Typ III haben sie dann die Pferde abgeschafft, die sind alle dann nach Italien zum Schlachten. Die haben sie alle geschlachtet. Da war mal einer bei uns, der war von der BHG [Bäuerliche Handelsgenossenschaft], nannte sich das. Der war Pferdebegleiter nach Italien. War auch Genosse, und der kam raus zum Holzmachen. Der war ein Freund von unsrem Kutscher, wir hatten einen Pferdekutscher. Und da hat er erzählt, dass er jetzt in Parma oder wo war, mit dem Zug. Das war '63 oder '64. Hat einen ganzen Zug mit Pferden begleitet von uns hier. Die haben die Pferde, ehemalige LPG-Pferde, dorthin genommen. Und hat er gesagt, wo er das gesehen hat: »Jetzt ist Schluss. Feierabend!« (Martin Matuschek, *1940 in Schlesien)*

Das war ein Festtag, als der Měrćin Nowak gezeigt hat, wie der Stall gebaut wurde. Das war der erste Stall, und dann brachte jeder sein Vieh. Und als wir das so gesehen haben – das war unser Leben so. Das war unser Leben, und dann hatten die Leute das Vieh zu Hause nicht mehr. Die hatten immer Vieh, wie Schafe oder so Kaninchen immer. Das war gar nicht so ohne, das war dann nicht so einfach. Die haben dann auch hier geworben und so. Manche wollten nicht, aber na ja, am Ende sind die dann auch dazugegangen, wie hier der große Bauer. Der hatte ja keine Leute mehr. Na ja, der wollte auch nicht gleich. Aber seine Kinder waren überhaupt nicht hier und überhaupt nicht gemacht für den Bauernberuf. Aber es blieb ihm gar nichts andres übrig. Die waren ja alt und konnten nicht mehr alleine wirtschaften. Die hatten ja keine Leute mehr.

Ruth Lohmann, * 1935 in Sachsen

Abb. 25: »In den Genossenschaftsstall«, Měrćin Nowak, 1960.

Abb. 26: Von der schlesischen auf die sächsische Hofstelle: Pferd Grete, um 1948.

Abb. 27: LPG-Eintritt: Das Vieh wird in den Gemeinschaftsstall gebracht, 1957.

Gesellschaft und Geselligkeit – Aufbruchstimmung und jugendlicher Idealismus

Die Geschichte und die Entwicklung der Agrargenossenschaften sind wichtige Indikatoren für das Leben in ländlichen Regionen. Denn schließlich galt die Landwirtschaft in der DDR als einer der Pfeiler der Volkswirtschaft. Die LPG stellten in diesem Prozess nicht nur die zentralen Arbeitgeber dar und sicherten die Grundversorgung auf dem Land, sie prägten während zweier Generationen das Bild der Bauernfamilie und der landwirtschaftlichen Betriebsführung. In Einklang mit der politischen Linie wurde folgendes Ziel formuliert: »Einhergehend mit der Entwicklung der sozialistischen Landwirtschaft gilt es, auf dem Lande die sozialistische Lebensweise weiter auszuprägen und die Formung sozialistischer Persönlichkeiten zu fördern.«[72] Dem Dorf allgemein wurde eine Rolle zugewiesen als »entscheidende Entwicklungs- und Organisationsform jenes revolutionären Prozesses, der mit der demokratischen Bodenreform 1945 begann und durch den Zusammenschluss aller Bauern in LPG von 1952 bis 1960 zum Sieg der sozialistischen Produktionsverhältnisse auf dem Lande führte«.[73] Damit war es idealerweise die sichtbare Verkörperung »des Bündnisses der Arbeiter und Bauern, der sozialistischen Landwirtschaft und der Annäherung der Arbeits- und Lebensbedingungen an die der Stadt, der Klasse der Genossenschaft und der Entfaltung der sozialistischen Kulturrevolution auf dem Lande«.[74] Beide Gruppen – Arbeiter sowie »werktätige« Bauern – sollten die neue Gesellschaft mitgestalten und ›ihren‹ Staat aufbauen.

Neben der Arbeit spielte dabei auch die Freizeitgestaltung, die Kulturarbeit, eine entscheidende Rolle: Jede MAS auf dem Land sollte auch Kulturzentrum (und somit zugleich ein politisches Instrument) sein, weswegen die MAS bei der Mittelvergabe für Kulturhäuser bevorzugt wurden.[75] Räume waren für Erwachsene wie für Jugendliche vorgesehen, weiterhin eine Bibliothek. Die Deutsche Wirtschaftskommission (DWK) hatte im Jahr 1949 die Errichtung von 524 MAS auf dem Land beschlossen. Den Angaben von Ministerpräsident Otto Grotewohl zufolge gab es ein Jahr später bereits 1.000 kleinere Büchereien in dörflichen Gemeinden und 400 Bibliotheken in den MAS, zudem fast 8.000 Volkskunstgruppen mit etwa 330.000 Mitgliedern.[76] Dorfklubs und Kulturhäuser knüpften an deutsche (sozialdemokratische) Traditionen an und waren zugleich ein Bindeglied zu sowjetischen Vorgaben. Das Angebot der Kulturhäuser versprach eine Förderung der (werktätigen) Bevölkerung im umfassenden Sinne: Auf dem Programm standen Aus- und Fortbildungen, aber auch Bildung der Persönlichkeit durch kreative Freizeitaktivitäten wie Chor, Tanzveranstaltungen, Film und Theater, ferner Sportveranstaltungen sowie natürlich politische Schulungen. Das Bedürfnis nach Erholung und Geselligkeit sollte mit Wissensvermittlung, kultureller Betätigung und anspruchsvoller Unterhaltung verbunden werden. Die Werktätigen der sozialistischen Landwirtschaft, die Industriearbeiterschaft, die Jugend und die älteren Mitbürger bildeten die Zielgruppen.[77] Dabei waren Eigeninitiative, Improvisation und Engagement gefragt.

Der schöne Saal, der war ja da. Und damals so eine Kapelle, was kostete das denn? Da hatten wir ein paar Musiker, die machten allein Musik hier. Da waren von der Familie

Laspe zwei Jungs. Der Hanusch Hannes war auch dabei, der ist zwei Jahre älter als ich. Und dann von den Matzkes auch zwei. Da waren sie teilweise sechs Mann, machten die Musik hier. Lief alles! Die beiden Laspes – der eine spielte Saxophon, der andre Akkordeon. Dann die Matzkes, die spielten beide Geige. Die haben viel gespielt, auch für den Ort hier eben so. (...)
*Dann kam das Landkino, jede Woche einmal. (Benno Nürnberger, *1937 in Sachsen)*

Dorfklubs mit ihren verschiedenen Angeboten und Gruppen – vom Mandolinenspiel bis zu den Handarbeiten – boten auch Möglichkeiten für geselliges Miteinander, was sich im Alltag zwischen Alteingesessenen und Neuangekommenen in den ersten Jahren nicht unbedingt ergeben hatte.

Säer

Du Dorf: noch dumpf in kargen Fluren,
noch ohne Wissen, ohne Licht:
Wir heben aus zerfahrenen Spuren
dich in das Licht der Zuversicht.

Wir säen herrliche Projekte:
Hier wird ein Sportplatz, weit und weich,
und dieses grüne, tanggefleckte
Sumpfwasser wird zum klaren Teich;

hier werden wir ein Klubhaus bauen,
dies Land wird ein Mitschurinfeld...
Freund, welches Leben! Schon zu schauen
des Bauern morgenlichte Welt!

Wir sehen das Dorf der Stadt sich nähern
und Dorf und Stadt gehn Hand in Hand.
Die Erde beugt sich vor den Säern,
die Saat geht auf im jungen Land.

Franz Fühmann, 1959[71]

HN: Ich bin dann in den Gesangverein gegangen. Und da hat sich ja vieles geboten.
IN: Doch, wir hatten auch schöne Freundschaften. (...)
*HN: Durch das Singen ist man dann mit vielen zusammengekommen. (Hans Neumüller, *1931 in Schlesien, und Irmgard Neumüller, *1932 in Schlesien)*

Für die Kinder und Jugendlichen war es wesentlich einfacher, Kontakte zu knüpfen als für die Generation ihrer Eltern, die sich eher an ihr vertrautes Umfeld hielt.

*Also ich muss mal sagen, ich bin auch ein Mensch, der gleich mit jemandem Kontakt hat. Ach, da war ich auch nicht so! Ich bin auf die Leute zugegangen, und die waren auch zu mir gleich so (offen). Nein, das ging schon alles ganz prima. (Hilla Spillner, *1930 in Schlesien)*

Eine große Rolle für die Kontaktaufnahme zwischen den Jugendlichen und für den Gruppenbildungsprozess spielte die »Jugend«, die Freie Deutsche Jugend (FDJ). Aber auch den Jüngeren galt die behördliche Fürsorge. Bereits im Sommer 1945 wurde mit dem Aufbau antifaschistischer Jugendausschüsse begonnen: Den Heranwachsenden sollte möglichst schnell ein neues Sinnangebot gemacht werden, um ihre Orientierungslosigkeit und Enttäuschung, ihre Wut und auch den Verlust der kurz zuvor noch gültigen Wertsysteme von ›Führer‹ und ›Volksgemeinschaft‹ zu überwinden.[78]

Vielerorts bildeten sich Kindergruppen; sie gingen zumeist aus Organisationen der sozialdemokratischen Kinder- und Jugendbewegung hervor. Es handelte sich oftmals um eine Art Soforthilfe, denn insbesondere in den Städten lebten Kinder vielfach unter katastrophalen Bedingungen, waren tagsüber größtenteils sich selbst überlassen und mit ihren Aufgaben überfordert bzw. hatten überhaupt keine Angehörigen mehr. Die Gruppen bzw. die unterschiedlichen Initiatoren und Akteurinnen sahen es als ihre Aufgabe an, Not zu lindern, Kinder ihre Freizeit sinnvoll nutzen zu lassen, aber auch Freude in ihren Alltag (zurück) zu bringen. Diese Kindervereinigungen hatten jedoch noch keinen übermäßig großen Zulauf, sie waren finanziell sehr schlecht ausgestattet und verfügten kaum über geschulte Helfer. Im Herbst 1948 verzeichnete Sachsen gut 52.000 Mitglieder, was rund sieben Prozent aller schulpflichtigen Kinder entsprach.[79] Diese wenig positive Bestandsaufnahme führte offenbar zu einem beschleunigten Entschluss des Zentralsekretariats des SED-Parteivorstandes im Dezember desselben Jahres, die Pionierorganisation zu gründen. Diese Kindervereinigung bildete die Vorstufe der FDJ. Bereits im Juni 1946 war die Arbeit mit Kindern zur Aufgabe der FDJ erklärt worden, im Oktober 1947 hatte ihr Zentralrat entsprechende Richtlinien für den organisatorischen Aufbau der Kinderorganisation erlassen. Im Dezember 1948 wurde die Kinderorganisation »Junge Pioniere« gegründet, die Kinder von der ersten bis zur siebten Schulklasse aufnahm, zunächst als Jungpioniere (im Alter von sechs bis zehn Jahren), anschließend als »Thälmann-Pioniere«. Der Organisationsgrad betrug bereits im Sommer 1949 etwa 30 Prozent, Ende der 1950er Jahre war die Hälfte aller Schulkinder und 1989 nahezu alle (98 Prozent) Mitglied bei den Pionieren. Bis auf die Kirchen, die zunächst weiterhin Kinder- und Jugendgruppenarbeit leisteten, gab es keine Alternative zur Kinderorganisation der »Pioniere«. Neben Wanderungen, Spielen und sportlicher Betätigung waren es vor allem die Ferienlager, die das Erleben von Gemeinschaft stärkten.

Die FDJ wurde Anfang des Jahres 1946 gegründet; auf dem Pfingsttreffen wurden Satzungen und Statut verabschiedet sowie der Zentralrat gewählt. Die vier Grundrechte der jungen Generation, vom damaligen Vorsitzenden des Zentralrates Erich Honecker postuliert, lauteten: politische Mitbestimmung, Recht auf Arbeit und Erholung, gleiche Bildungschancen für alle Heranwachsenden und eine jugendgemäße, freudvolle Freizeitgestaltung.[80] Bereits Ende des Jahres 1946 zählte die FDJ 413.000 Mitglieder (53 Prozent Jungen, 47 Prozent Mädchen), das waren 16 Prozent der Jugendlichen in der SBZ zwischen 14 und 25 Jahren. In Sachsen betrug der Organisationsgrad der 14-bis 25-Jährigen im Jahr 1950 bereits 52 Prozent.[81]

Die FDJ hatte auch auf alltagspraktischer Ebene eine große Bedeutung: Sie leistete Hilfe bei der Arbeitssuche, organisierte Nachbarschaftshilfe und gemeinsame Arbeitseinsätze. Die jungen Menschen sollten sich dadurch ihrer Stärke und Verantwortung bewusst werden; ihre tatkräftigen Leistungen für unterstützungsbedürftige Dorfbewohner (beispielsweise beim Hausbau) oder für die Gemeinde ihnen Anerkennung bringen und sie mit Stolz erfüllen.

Weiterhin bot die FDJ den Rahmen für soziales und kulturelles Engagement und für Geselligkeit. Vor allem aber die kulturelle Öffnung der frühen Nachkriegsjahre beeindruckte die Jugendlichen – war sie doch Teil des allgemeinen Aufbruch- und

Abb. 28: Aus einem Fotoalbum: »1. Jugendtag in Bautzen 1946. Eine Sängergruppe läßt sich trotz des Regens nicht stören«.

Abb. 29: FDJ-Plakat zum Weltjugendtreffen, 1951.

Aufbaugedankens, Teil der Herausforderungen und Zukunftsversprechen der neuen Zeit.[82] Die politische Führung war sich von Anfang an der zentralen Bedeutung der Jugend bewusst und bestärkte sie in dem Gefühl, Träger des Aufbaus einer neuen Gesellschaft zu sein. Junge Menschen repräsentierten die Zukunft.

*Also, es war eine Lust! Der Krieg war zu Ende, eine Freude, ein Tatendrang. Alle wollten Friedenszeiten wiederherstellen. (Else Lohmann, *1936 in Sachsen)*

Die erste FDJ-Generation erlebte die Anfänge der Organisation nicht als Zugriff von Erwachsenen oder von politischen Repräsentanten: Der Neuanfang verschaffte ihnen einen entsprechenden Spielraum und stärkte das Gemeinschaftsgefühl – ein verbreitetes Phänomen nach Krisenzeiten. Die jungen Menschen fühlten sich gebraucht und ernst genommen; sie waren bereit, ihre Arbeit dem Aufbau zu widmen. Diese Einbindung auf der Grundlage von Beachtung und Wertschätzung schuf Loyalität.

*Ja, und man war eben mit Elan dabei. Die Zeit war eben, weil man den Krieg miterlebt hat – also das war eine tolle Zeit, ist wirklich wahr. (...) Weil es bergauf ging. Man merkte ja auch, was passiert. Und dass es immer besser wird. Eins bewirkte dann das andere. Das war wirklich toll. Man hat das mit Spaß und Freude alles gemacht nach dieser schweren Zeit, die vorher war. Das ging jedem so, denke ich. Die waren alle mit Begeisterung dabei. (Karla Fügmann, *1937 in Schlesien)*

Auch der Wunsch nach Ablenkung und Abwechslung, nach Normalität, wurde in den gemeinsamen Aktionen befriedigt.

*So hart, wie es war, aber an unsre Jugend denke ich gerne zurück, weil wirklich, da haben wir mitunter erst noch Theater gespielt, auf dem Dorf hier und, und ... Das nannte sich die »Freie Deutsche Jugend«. Politisch gesehen haben wir uns da nicht irgendwie engagiert, aber na ja, wie's so war. Und im Schloss drin, wo sie nun die Leute fortgejagt hatten, da waren doch auch ein paar Säle. Dort war unser Treffpunkt. Herrlicher Flügel stand drin und Parkett. Das war wunderschön. (Wilhelm Spillner, *1929 in Sachsen)*

Die FDJ ermöglichte mit ihrer staatlichen Förderung zwar ein breites Angebot an kulturellen Veranstaltungen und zur Freizeitgestaltung. Dennoch erfasste sie nicht alle Jugendlichen: Insbesondere Kinder aus konfessionell gebundenen oder sich der SED-Politik massiv widersetzenden Elternhäusern blieben fern bzw. wurden zum Teil auch entgegen ihrem Wunsch ferngehalten. Einige Jugendliche fühlten sich dagegen von dem Anspruch auf Gemeinschaft unter Druck gesetzt, der gegebenenfalls ihrer Individualität und Eigeninitiative entgegenstand.

Für uns war's klar: Pioniere und FDJ kamen aus Überzeugung nicht in Frage. Wobei ich dann oft gesagt hab zur Mutter: »Sag doch bitte, dass ich nicht darf.« Aber es kam von mir. Weihnachten wurde dann immer ein Weihnachtsspiel aufgeführt. Das war eine große Sache, das ganze Dorf kam zusammen. Auf einmal mussten die Pioniere vor versammelter

*Mannschaft abstimmen, ob der Wollny Dieter beim Weihnachtsspiel mitmachen darf! (Dieter Wollny, *1943 in Schlesien)*

Aber auch aus anderen Gründe konnte die Mitgliedschaft in der FDJ und somit auch die ›Vereinheitlichung‹ durch die Gemeinschaft abgelehnt werden. In manchen Dörfern galten die Statusgrenzen auch in dieser Hinsicht.

HN: Als Jugendgruppe haben wir zum Beispiel in R. einen Dorfteich geschlämmt. Wir haben uns im Steinbruch oben eine Lore und ein paar Meter Gleis geborgt und dann wochenlang den Schlamm rausgefahren. Da waren fast alle dabei. Aber das waren eben nicht die Kinder der Wohlhabenden. Das war, wollen wir mal so sagen, die ›zweite Klasse‹.
IN: Zum Beispiel alle, oder fast alle Flüchtlingskinder und auch aus dem Dorf ...
HN: ... die Arbeiterkinder. Wir haben ja auch von vielen Hilfe gehabt.
IN: Die Bauernkinder, die waren immer eine Klasse für sich.
*HN: Wir haben aber auch nicht unbedingt versucht, uns dort irgendwie zu integrieren. Man hat ja auch seinen Stolz gehabt. (Hans Neumüller, *1931 in Schlesien, und Irmgard Neumüller, *1932 in Schlesien)*

Aber da hatten wir Glück: Wir hatten einen ehemaligen Wandervogelführer, und der hat uns mit seinem Vater in R. die ganzen Jahre geführt. Wir haben Lieder gesungen – bei uns blieb Politik (außen vor), da hat man gar keine Gedanken dran gehabt. Wir waren glücklich, dass wir den Krieg überstanden hatten, und dass wir mit eigener Kraft die Möglichkeit kriegten, unser Leben zu gestalten.

Hans Neumüller, * 1931 in Schlesien

Musik und Tanz – in vielen Erzählungen ist das ein wichtiges Thema: Unterhaltung als Abwechslung vom Alltag, das unbeschwerte Vergnügen sowie die Aufregung, andere junge Menschen kennenzulernen, vielleicht sogar die erste Verliebtheit – viele Paare trafen auf dem Tanzboden zusammen. Für den kleinen Ausbruch aus dem Einerlei wurden auch beschwerliche Wege in Kauf genommen.

*Wenn wir mal zum Tanzen gehen wollten, bis 14 Kilometer mussten wir laufen. Neun Kilometer, näher war nichts gewesen. Die eine Strecke, das waren 14 Kilometer. Oh, 14 Kilometer hin und 14 Kilometer zurück! Wir sind dann aber geschlossen gegangen. Da ist uns nicht so langweilig geworden. Da wurde bissel Fez gemacht und alles. Wenn's auch traurig war, aber man musste ja wieder Mut fassen, nicht? (Christa Druskat, *1926 in Schlesien)*

Die Musikkapellen waren alles andere als professionell – jeder, der ein Instrument beherrschte, war ein gefragtes Mitglied. Allerdings hatten offenbar recht viele junge Menschen mehr oder weniger autodidaktisch ein Instrument erlernt.

Ich hab viel Musik gemacht nach '45 hier. Wir waren drei Mann: Einer hat Schifferklavier gespielt, einer Schlagzeug und ich Klavier. Dann sind wir in den ganzen Dörfern

Dann waren wir ja auch in der FDJ, und das war unser Treffpunkt: hier in der Schule. Da waren auch immer Lehrer, die das dann so bissel organisiert haben: Theater gespielt, gesungen, Maibaumwerfen oder eine Tanzveranstaltung. Da war hier vorne noch das große Haus an der Straße Gastwirtschaft, und da war der Saal oben. Wir waren so 20 Jugendliche, wir sind immer zusammen gegangen. Und wenn wir Tanzen gegangen sind, ist keiner aus der Rolle gefallen, von wegen was wird angezogen. Da hatten wir eben jedes Mal das Gleiche an, frisch gewaschen und fertig. Und da hat keiner gesagt: »Mensch, das Kleid hast du schon dreimal angehabt.« Das hat's nicht gegeben. Aber jeder hat dann bemerkt: »Oh, ein neues Kleid!« Ja klar war das schön – die Mutter hat's genäht, weil's billiger war.

Ruth Lohmann, * 1935 in Sachsen

*gewesen, wo Tanz war und haben Musik gemacht, Tanzmusik. Und da gab's Essen, gutes Essen umsonst und 20 Mark für sechs Stunden spielen. Aber wir waren froh, dass wir das Essen kriegten. Das war schon was wert. (Albert Pittner, * 1928 in Böhmen)*

Die Teilnahme an den Tanzvergnügen kam jedoch nicht für alle Jugendlichen in Betracht. Insbesondere Mädchen und Jungen aus konfessionell stark gebundenen Familien hielten sich zurück oder hatten kein Interesse an dieser Form von Unterhaltung. Aber auch eine große Arbeitsbelastung und Verantwortung innerhalb der Familie ließ dieses Freizeitvergnügen in unerreichbare Ferne rücken.

*Die anderen sind Tanzen gegangen, während wir gebaut haben. In Leuna haben wir den Karbidschlamm geholt (als Kalkersatz). Den habe ich dann in der Nacht alleine abgeladen, weil der (Besitzer) früh seinen Hänger wieder holen wollte. Ich habe die andern zum Tanze gehen hören, und ich habe sie dann nachts um eins heimgehen hören. Da hatte ich meine Fuhre erst halb leer. Ich war glücklich, dass ich früh um halb sechs, als der (Besitzer) dann kam, meinen Hänger leer hatte. (Hans Neumüller, * 1931 in Schlesien)*

Obwohl auf dem Tanzsaal viele Ehen gestiftet wurden, gab es auch hier in den ersten Nachkriegsjahren ungeschriebene Regeln und Grenzen.

EK: Wir hatten alle keine Bauern.
LR: Aber ich muss auch dazu sagen, in den ersten Jahren wollten die – wie sagt man denn? – die Eingesessenen, die wollten hier auch nichts mit den Schlesier-Mädchen zu tun haben. (ML: Mit den Flüchtlingskindern.) Die wollten kein Schlesiermädchen haben.
ML: Weil wir zu arm waren.
EK: Die Flüchtlings-Mädel waren bei den Bauernjungs – durch ihre Eltern aber – nicht so (angesehen), das war nicht gewollt.
*LR: Weil wir nichts hatten (Elfriede Kunze, * 1939, Lina Reichel, * 1942, und Martha Leibelt, * 1931 – alle in Schlesien geboren)*

Die Akzeptanz der ›Fremden‹ in der Familie war recht unterschiedlich – erwartungsgemäß gab es von der unverhohlenen Ablehnung bis zur herzlichen Aufnahme alle Verhaltensweisen.

*Es war hart! Ja. Aber na ja, das hat sich dann alles geändert, und er [der Schwiegervater] hat schließlich begriffen, dass ich auch ein Mensch bin … (Karla Fügmann, *1937 in Schlesien)*

Maria Klüber, in Sachsen geboren und mit einem Mann aus Schlesien verheiratet, nahm die vielen Eheschließungen zwischen ›alt‹ und ›neu‹ als Medium wahr, das Miteinander zu befördern und den Prozess zu beschleunigen.

LR: Das war das Schönste: Tanz hier in S., herrlich!
EK: Ja, da gab es Maskenbälle, und es kamen auch gute Kapellen hierher.
ML: Und die alte Frau Mahler drüben – sagte Gretel –, die hat immer gesagt, »Die Schlesier nehmen bloß unseren Mädeln die Männer weg!« Ja, Chancen hatten wir auch.
LR: Wenn Tanz war, dann kamen schon vorher die älteren Leutchen mit ihrem Strickstrumpf.
ML: Die haben auf der Seite gesessen, herrlich!
LR: Die setzten sich auf die Galerie oben drauf und haben alles beobachtet: Wer mit wem tanzte, und wer Chancen hatte …
ML: Ja. Aber uns hat es nicht gestört. Wir haben uns erfreut daran, die Frau Bätje mit dem Strickstrumpf dann dort. (…)
EK: Und auch die Muttel hat oben gesessen auf der Galerie. Als <u>wir</u> dann schon tanzen gingen. (ML: Die hat sich dann gefreut für uns.) Wenn ihre Kinder getanzt haben. Ja, die Muttel hat sich darüber gefreut.
ML: Aber es war zu meiner Zeit auch so: Unter 18 Jahren mussten wir Strafe zahlen. Und der Papa hat müssen Strafe zahlen wegen mir und der Gretel. Da gab's dann ein Donnerwetter! Weil die Polizei kam, und wir waren noch nicht vom Saale. Bis um zehne durften wir bloß bleiben.
EK: Ja, tanzen sind wir oft gegangen. Aber der Papa war streng, ich durfte nirgends anders hin. Ich durfte eben bloß hier in S. (ausgehen). Von wegen herumfahren… Mit dir bin ich mal mitgegangen, wir beide waren zusammen in A. (LR: Ja, da war hier in S. nichts los, und da sind wir nach A. gefahren mit dem Zug.) Das war aber eine Ausnahme.
ML: Und zum Tanz gehen kostete zwei Mark Eintritt. Da hab ich den Papa dann gebeten: »Gib mir bitte mal zwei Mark«, dass ich den Eintritt bezahlen konnte. Die wurden hingelegt, die zwei Mark, auf den Tisch. Wir haben den ganzen Abend nicht ein Glas getrunken, weder ein Wasser noch eine Limo, überhaupt nichts. Wir hatten nur die zwei Mark für den Eintritt, dass wir überhaupt da sein durften.

Labitzke-Schwestern Lina Reichel, * 1942, Elfriede Kunze, * 1939, und Martha Leibelt, * 1931, alle in Schlesien geboren

*Es war vielleicht aber auch, weil die Schlesier ja fast alle aus der Militscher Ecke und zum größten Teil aus W. kamen. Die kannten sich schon alle. Und die S.'er kannten sich auch alle, da fehlte bloß noch das Zusammenwachsen, und das ging dann ganz schnell. (Maria Klüber, *1938 in Sachsen)*

Die Heirat, die Familiengründungen – das waren die biographischen Einschnitte, bei denen man sich endgültig auf die ›neue‹ Heimat einließ und sich damit arrangierte, nun auf Dauer hier zu bleiben. Sofern es nach der Flucht mehrere Aufenthaltsorte gegeben hatte, endete nun die Rastlosigkeit.

*Na ja, als die Familie dann gegründet wurde, da hat man sich eben gesagt: So, jetzt ist es das. In den fünfziger Jahren, als man eben gesehen hat, dass man jetzt bleiben kann, nicht? Dass man nicht mehr weiter jetzt braucht. Solange, wie man immer wieder fort musste und woanders hin, da hat man sich ja nie zu Hause gefühlt. (Christa Druskat, *1926 in Schlesien)*

In anderen Familien gab es eine bewusste Entscheidung für die neue Heimat – um einen Schlussstrich zu ziehen, um wieder sesshaft zu werden. Das scheint insbesondere dann einfacher gewesen zu sein, wenn es bereits Erfahrungen von Ortswechseln und Neuanfängen gab und wenn es sich nicht um alte Bauernfamilien handelte, die seit Generationen auf ihrem Hof lebten.

*Mein Vater kennt das Umziehen von Schlesien nach dem Warthegau, vom Warthegau wieder zurück, von dort dann hierher. Der war ja auch der Erste, der sagte: »Hier will ich mich zu Hause fühlen. Und nicht sagen, ich will wieder nach Hause.« Die Wollnys wieder, vor allen Dingen die Männer, das waren alteingesessene Bauern dort aus dem Dorf. Die kannten das nicht ganz so, da war das ein bissel anders. Aber ein großes Thema war das bei uns nie. (Georg Leipold, *1934 in Schlesien)*

Sorbisches Dorfleben – Fremdheit und Annäherung

Für die zweisprachige Oberlausitz ergab sich zudem eine besondere Situation: Hier trafen gewissermaßen zwei ›Minderheiten‹ aufeinander. Im Jahr 1945 verzeichneten hier sechs sächsische Kreise einen Anteil sorbischer Bevölkerung, im Durchschnitt von 15 Prozent. Im damaligen Kreis Bautzen Land war sogar ein Viertel der Bevölkerung sorbisch.[83] Der Kontakt zwischen den Flüchtlingen und Vertriebenen aus den ehemals deutschen Gebieten im östlichen Europa mit einer slawischen Minderheit konnte auf beiden Seiten zu Irritationen und einem Bedürfnis nach der eigenen Standortbestimmung führen. Zunächst einmal kann davon ausgegangen werden, dass die wechselseitigen Kenntnisse von- und übereinander denkbar gering waren. Allein die Sprachbarriere wirkte hemmend. Kinder aus sorbischen Familien bzw. aus ›sorbischen Dörfern‹ wuchsen keinesfalls zwingend zweisprachig auf:

*Wir konnten nur sorbisch sprechen. Meine Eltern unterhielten sich sorbisch, also sprachen wir auch so. Wir kamen in die Schule, konnten kaum ein Wort deutsch. (Benno Nürnberger, *1937 in Sachsen)*

Entsprechend trafen nun gleich mehrere ›Sprachen‹ im Dorf aufeinander, denn auch schlesische Mundarten, böhmische oder ostpreußische Dialekte klangen nicht vertraut. Man verstand einander nicht, wie es ein Bekannter von Else Lohmann aus seiner Erinnerung formuliert. Als Kind hatte er den Einzug der vielen Fremden erlebt.

*(Er erzählte:) »Als die Flüchtlinge kamen, haben die ganz anders gesprochen. Ich stand am Gartentor, und die haben mich nicht verstanden und ich die nicht. Die sorbischen Kinder, in meiner Jugend, die konnten auch nicht gut deutsch sprechen. Weil wir das nicht brauchten in unseren Dörfern.« (Else Lohmann, *1936 in Sachsen)*

Umgekehrt gab es natürlich eine mindestens ebenso große Irritation: Die Neuangekommenen fanden sich nach der Flucht plötzlich in einer Region wieder, in der eine slawische Sprache gesprochen wurde. Neben Verständnisschwierigkeiten führte das auch zu Ressentiments: Klang hier doch die Sprache der ›Feinde‹, der Kriegsgegner an. Die Furcht, noch nicht in Sicherheit zu sein, regte sich.

*Und als die (Flüchtlinge) gekommen sind, das weiß ich von R., da haben die gedacht: »Wohnen hier Polen? Sind wir jetzt immer noch in Polen, oder wo?« Die wussten das nicht, die kamen damit gar nicht richtig zurecht, was hier los ist. Jetzt auch noch, wenn manche hierherkommen, und alles ist zweisprachig. »Sind wir schon über die Grenze?« fragen die dann. (Else Lohmann, *1936 in Sachsen)*

Im krassen Gegensatz zu diesem Empfinden stand, dass die Flüchtlinge und Vertriebenen selbst als Fremde, als nicht-deutsch wahrgenommen und oft als »Polacken« bezeichnet wurden.

Aber auch in anderen, nicht-sorbischen Regionen gab es Verständigungsprobleme. Für ein deutsches Kind aus Ungarn klang die sächsische Mundart in der Muldentalregion fremd, und die Klassenkameraden wiederum reagierten verwundert auf die unbekannte Sprachfärbung.

*Meine Tochter kam manchmal nach Hause und sagte: »Mutter, was ist denn das? (...) In Ungarn konnte ich nicht Ungarisch, und in Deutschland kann ich nicht Deutsch! Die Kinder verstehen mich nicht, wenn ich was sage.« Das war schon schwer. Wir haben doch eine ganz andere Sprache. Unser Deutsch – mir haben Deitsch gesagt –, das war eine ganz andere Sprache. Und da hat das Kind gemeint, dort konnte sie nicht Ungarisch und hier kann sie nicht Deutsch. (Viktoria Arndt, *1925 in Ungarn)*

In der Oberlausitz gab es nicht nur im Alltag Irritationen im Hinblick auf die Sprache; in einigen der Dörfer wurde Sorbisch auch in der Schule gesprochen. Das forcierte zwar die gegenseitige Verständigung, brachte aber für die Kinder in der ersten Zeit in einer fremden Umgebung sicherlich eine zusätzliche Belastung und Verunsicherung mit.

Das Schlimme war ja, dass der sorbische Unterricht dann in der Schule fortgeführt wurde. Und die mussten dann als Schlesier das Sorbisch lernen. Das war ganz schlimm für die Kinder, die da gar keine Voraussetzung hatten. (...)
*Na ja, dass sie nicht von hier kamen, das merkte man. Ich muss sagen, grade die Lausitzer Sprache ist ja eine ausgesprochen schwere Sprache. Auch wenn welche aus Dresden dabei waren, die hatten wieder eine ganz andre Aussprache als wir hier in dieser Ecke. Oder die von Königsberg oben kamen: Grade die Barks hatten wirklich eine ganz andre (Aussprache), wenn ich das mal vergleiche. Wobei die Kinder auch auf dem Lande aufgewachsen waren. Aber die Sprache war eben doch anders. (Benno Nürnberger, *1937 in Sachsen)*

Die Sprache bildete unter den Kindern in Konkurrenzsituationen eine ›willkommene‹ Barriere und wurde als hierarchisches Instrument bei der Gruppenbildung instrumentalisiert. Aber auch durch andere Elemente eines aktiv praktizierten sorbischen Kulturlebens konnten sich Flüchtlingskinder ausgegrenzt fühlen.

Die Sorben haben ja viele Sonderrechte gehabt. Das war wirklich so. Na ja, wenn jetzt hier eine Feier oder irgendwas war, die Sorben haben immer extra einen Chor gemacht, und da durften wir als Kinder nicht mitsingen und nichts. Die haben sorbisch gesungen, und wir haben manchmal ein paar deutsche Lieder mitgesungen. (...) Das haben die Lehrer schon unterstützt. (...)
*Zu Hause haben sie noch sorbisch gesprochen. Ja, als Kinder zusammen gespielt, aber da haben wir sowieso deutsch geredet. Aber wenn wir was nicht verstehen sollten, haben sie sorbisch geredet. Da haben wir dann da gestanden wie Piefke. (Dirk Matuschek, *1942 in Schlesien)*

Der Rückgriff auf die eigene Sprache als Distinktionsmerkmal, als Ausschluss der anderen vom Gespräch, kam natürlich nicht nur bei Kindern zum Einsatz. Beide Gruppen – sofern überhaupt eine Einteilung in solch polarisierende Kategorien getroffen werden sollte – wollten einerseits ihre kulturelle Identität wahren und andererseits einen Teil des mehrheitlichen Ganzen bilden, d.h. nicht auffallen und sich nicht hervorheben. Assimilierungsdruck und Adaptationsbestrebungen entsprangen sicherlich unterschiedlichen Motiven und waren – auch generationenbezogen und in Hinblick auf die verschiedenen Phasen des Zusammenlebens – unterschiedlich ausgeprägt. Die Frage nach der eigenen Identität und nach den spezifischen Bedingungen für die Herausbildung von persönlichen Merkmalen wird im Lauf des Lebens und in verschiedenen Argumentationszusammenhängen jeweils unterschiedlich beantwortet. Statt eindeutiger Festlegungen gib es zumeist Mehrfachzuschreibungen: beispielsweise sowohl als ›deutsch‹ und/oder ›sorbisch‹ sowie zugleich als ›schlesisch‹ oder ›ostpreußisch‹.

Durch den Zuzug der Flüchtlinge und die damit einhergehende drastische Erhöhung des Anteils der deutschsprachigen Bevölkerung wuchs bei Teilen der sorbischen Bevölkerung die Angst vor ›kultureller Vereinnahmung‹ – sahen sie doch die Gefahr einer sprachlichen und ethnischen Assimilierung, gar die Bedrohung ihrer nationalen Existenz.[84] Die Repressionen infolge von nationalistischen Bestrebungen seit dem Kaiserreich bis hin zum Verbot der Domowina, dem 1912 gegründeten Dachverband aller sorbischen Vereinigungen, im Jahr 1937 hatten mit Sicherheit ihre Spuren hinterlassen.[85] Die ethnische Minderheit der Sorben sah sich permanentem Druck ausgesetzt, und zum Teil wurden nach Ende des Zweiten Weltkrieges neue Ängste in Bezug auf die kulturelle Vereinnahmung geschürt. Die ›Schuldzuweisung‹, die (schlesischen) Flüchtlinge seien dafür verantwortlich, dass die sorbische Sprache und Kultur geschwächt werde oder gar in ihrer Existenz bedroht sei, hat sich als rhetorische Figur bis heute erhalten.

Es waren immer noch die Flüchtlinge, und da hieß es, die wollen uns was andres bringen oder sagen, und wir brauchen das hier nicht. Na, nun kommt das Sorbische noch dazu. Wir haben vor einem Dreivierteljahr zusammengesessen beim Kirchkaffee, und da ging's um die Sorben. Da sagte ein junger Mann aus N. – der Großvater war früher Bürgermeister und auch der Vater, also eine richtig alte, sorbische Familie: »Na, ihr Schlesier habt uns ja noch den Rest gegeben.« Nach so vielen Jahren! (...)
*Er meinte damit das Einheiraten. Vom Kulturellen her waren die ja sehr abgeschnitten (...). Und immer unter sich. Die haben ja noch sorbisch gesprochen, als die Flüchtlinge kamen. Und dann hat eine Frau gesagt, die auch in die Kirche ging: »Wisst ihr, können wir nicht auch mal deutsch sprechen? Die wollen doch hören, über was wir uns unterhalten.« Und da haben sie dann deutsch gesprochen. Wenn sie aber was sagen wollten (was wir nicht wissen sollten), haben sie schnell sorbisch gesprochen. Das ging noch lange so. Aber das hat sich dann nach und nach gegeben. Als die andere Generation, die Flüchtlingskinder, groß wurde und sie sich umtaten und ein paar von den Flüchtlingen geheiratet haben, dann haben sie deutsch gesprochen. So – und die (Flüchtlinge) haben aber nie sorbisch gelernt, das muss man auch mal sagen: »Nee, sorbisch lerne ich nicht, das ist mir zu schwer.« (Käthe Giesler, *1940 in Schlesien)*

Kinder und Jugendliche knüpften auch zwischen sorbischen und deutschen Familien schneller Kontakte als die Generation ihrer Eltern. Hinzu kam, dass die jüngere Generation auch innerhalb der sorbischen Familien vermehrt deutsch sprach. Insbesondere aber die Eheschließungen untereinander beförderten das gegenseitige Verständnis – wenn auch nicht unbedingt sprachlich. Sorbische (Schwieger-)Eltern stellten sich aber häufig auf die neuen Bedingungen in ihrer Familie ein, was dankbar wahrgenommen wurde.

*Mein Mann ist ja wirklich noch sorbisch groß geworden. Und wenn manchmal alte Bekannte kamen, als wir dann schon verheiratet waren, und die fingen nun an, sorbisch zu sprechen wie immer, dann hat sie [die Schwiegermutter] gleich gesagt: »Wir reden jetzt deutsch. Die Schwiegertochter versteht das nicht.« Das habe ich ihr sehr hoch angerechnet. Das hat nicht jeder gemacht. Sie hätte ja auch sagen können: »Das geht die gar nichts an, worüber wir uns unterhalten.« (Ingrid Weber, *1936 in Schlesien)*

Bescheid / Zdźělenje

über die Pflichtablieferung landwirtschaftlicher Erzeugnisse
im Jahre 1959

wo dyrbiznach ratarskich wudźěłkow w lěće 1959

2463 *

für / za ....
Name / mjeno   Vorname / předmjeno

in / we Wurschen Bautzen
Gemeinde / wjes   Kreis / wokrjes   Bezirk / wobwod

Betriebsgrößengruppe
Wulkosć ratarstwa von / z 2,- bis / do 5,- ha

in ha / w hektarach	insgesamt cyłkownje	darunter Flächen gemäß VO přestrěny po wukazu vom / z 20. 9. 1956
Landwirtschaftliche Nutzfläche: ratarska wunošna přestrjeń:	4.64	
darunter veranlag.-pfl. LNF.: dyrbiznam podleži:	4.61	
Ackerfläche: rola:	3.06	
darunter veranlagungspfl. Ackerfläche: dyrbiznam podleži role:	2.83	
Anbaufläche Ölfrüchte: přestrjeń za wolijowiny:	–	
darunter Mohn: z toho mak:	–	

Abb. 30: Bescheid über die Pflichtablieferung in deutscher und sorbischer Sprache, 1959 (erste Seite).

Natürlich gab es auch Spannungen innerhalb der Familien und unterschiedliche Ansichten bzw. Strategien, mit ›Machtspielen‹ umzugehen.

*Ja, meine Schwiegereltern, die konnten noch Sorbisch. Und wenn ich mal was nicht verstehen sollte, hat meine Schwiegermutter sorbisch gesprochen. Aber mein Schwiegervater hat deutsch geantwortet. Das hab ich ihm hoch angerechnet. (Albert Pittner, *1928 in Böhmen)*

Aus der Retrospektive geschah die Amalgamierung der verschiedenen Gruppen auf unterschiedlichen Ebenen – das bildete die Grundlage für die Entstehung einer neuen, partizipativen Dorfgesellschaft.

*Nein, die konnten kein Sorbisch. Aber na ja, das hat sich alles vermischt. Und da hat kein Umsiedlerkind irgendwie gesagt, hier, die sind sorbisch oder irgendwie, wie das heute so ist: Der ist von dort und wird diskriminiert. Das hat's nicht gegeben! Das hat uns nicht gestört, gar nicht. Und dann haben sie ja geheiratet untereinander: Sorben und Deutsche und Umsiedler und Ortsansässige. (Ruth Lohmann, *1935 in Sachsen)*

Konfessionen – verbindend und trennend

Die konfessionelle Gebundenheit der Flüchtlinge und Vertriebenen spielte eine große Rolle für ihren Alltag, für ihren Rückhalt und auch für ihre sozialen Kontakte – und das nicht nur in den unmittelbaren Nachkriegsjahren. In beiden Untersuchungsregionen bestanden und bestehen bis heute aktive Gemeinden, wenngleich die Kirchenaustritte seit Ende der 1950er Jahre erheblich zugenommen haben. Die Mehrheit der Bevölkerung war in der Nachkriegszeit weiterhin konfessionell gebunden und gehörte einer der beiden großen christlichen Glaubensrichtungen an: Im Jahr 1950 zählten 80,5 Prozent der Religionsmündigen in der DDR zur evangelischen Kirche, 1954 waren es 72 Prozent.[86] Auch in den beiden Untersuchungsgebieten dominierte die Zugehörigkeit zur evangelischen Kirche, selbst wenn es insbesondere in den sorbischen Dörfern eine starke katholische Gemeinschaft gab. Mit den Flüchtlingen war ebenfalls der Anteil der Katholiken gestiegen, allerdings nicht so signifikant wie in anderen Regionen.[87] Auch zahlenmäßig bedeutende freikirchliche Gemeinschaften wurden in den Orten der Neuansiedlungen (wieder) aufgebaut.

Die Kirchen und ihre Wohlfahrtsorganisationen boten Flüchtlingen und Vertriebenen in der unmittelbaren Nachkriegszeit vor allem materielle und praktische Hilfe, Beistand und Betreuung; tatsächlich begriffen sie ihre Aufgabe zunächst ausschließlich als karitativ.[88] Bahnhofsmissionen wurden eingerichtet, Sammlungen von Kleidungsstücken und Lebensmitteln durchgeführt. Die Unterstützungsleistungen waren zumeist dezentral organisiert und ehrenamtlich getragen – beispielsweise vom Frauendienst oder der Inneren Mission. Kirchliches Engagement erregte vielfach staatliches Misstrauen – standen die Kirchen doch im Verdacht, den Integrationsprozess in die sozialistische Gemeinschaft zu erschweren und den gesellschaftlichen Wandel auf dem Land zu hemmen. Schließlich konnte im Zusammenhang mit kirchlichen Veranstaltungen auch das Koalitionsverbot für Vertriebene ›unkontrolliert‹ unterlaufen werden. Die Kirchengemeinden boten somit nicht nur ein Forum außerhalb des staatlichen Zugriffs, in dem man sich über alltagspraktische Dinge austauschen, sich gegenseitig helfen und Trost finden konnte. Ihre Arbeit gewann darüber hinausgehend schließlich »die Qualität einer politischen Gegen-Öffentlichkeit«.[89]

Die Kirchengemeinden und nicht zuletzt die freikirchlichen Gemeinschaften bildeten einen starken Zusammenhalt aus.

*Das ist mir sehr wichtig, mein Glaube (...) Wir sind von B. immer nach T. gelaufen in die Kirche sonntags. Sind wir unten an der Mulde entlang und hier in den Gottesdienst gelaufen. Und das war dann schön, sind wir alle zusammen gewesen. Es gab noch eine Familie dort unten, die wohnt noch in T. hier – und da haben wir uns alle zusammengeschlossen und sind unten an der Mulde lang hier in den Gottesdienst (gegangen). Und dann wieder zurück, und da kamen so viele Gespräche auf, was man in der Heimat eben alles erlebt hat und wie es einem hier geht, und das war manchmal traurig. Aber dann hat man wieder gesagt: »Ja, wie kommt man hier weiter?« (Viktoria Arndt, *1925 in Ungarn)*

Für manche Familien – zumal für ältere, gebrechliche Mitglieder – war der Weg zur Kirche nicht zu bewältigen. Diese Familien behalfen sich beispielsweise dadurch, dass sie eine Andacht in ihren eigenen vier Wänden abhielten. Die Kinder der Aufnahmefamilien nahmen diese Prozedur staunend wahr.

*Grade hier die Barks, die bei uns wohnten, die machten jeden Sonntag allein (eine Andacht) – er las aus der Bibel, der Opa. Das war so. Da sind wir manchmal als Kinder dort hochgegangen, wenn der Opa gelesen hat, vorgelesen hat so einiges. Es gibt eigentlich keine Katholischen bei uns im Ort, gar keine. Und katholische Kirche hatten wir ja hier auch keine in der Nähe. (Benno Nürnberger, *1937 in Sachsen)*

Die Wahrnehmung des Kindes von damals entspricht nicht ganz der Realität – es waren auch katholische Flüchtlinge ins Dorf gekommen, aber offenbar nicht ›auffällig‹ geworden.

Je nach der Orientierung in den Zuzugsgemeinden lassen sich sowohl Ausgrenzungsversuche als auch integrative Bestrebungen aufzeigen. In einigen Gemeinden wurden die Flüchtlinge lange als unterstützungsbedürftige Gäste, nicht jedoch als vollwertige und gleichberechtigte Kirchenglieder wahrgenommen: Das sächsische Landeskirchenamt musste die Superintendenten noch im Dezember 1947 ausdrücklich auf diesen kirchenrechtlichen Tatbestand hinweisen.[90] Denn trotz gleicher Konfession entstanden wechselseitige Fremdheitsgefühle: Die Neuankommenden hatten größtenteils den unierten altpreußischen Provinzialkirchen angehört; sie waren eine andere Liturgie im Gottesdienst gewohnt und hatten ein anderes Gesangbuch benutzt.

MG: Na, wir hatten zum Beispiel auch unser schlesisches Gesangbuch mit, was aber jetzt von den Nummern her nicht übereinstimmte mit dem sächsischen Kirchengesangbuch. Da haben wir dann immer aufgepasst, welches Lied ist es und das schnell nachgeschlagen.
DG: Denn die Nummer stand dran, die stimmte bei uns aber nicht. Aufgepasst, die ersten Worte – gesucht, wer es zuerst hatte, sagte es in der Bank durch. Dann konnten wir mitsingen. Das ist lange so gegangen. Bis uns dann mal, Pfarrer Marwitz war's noch – ja, die ersten Jahre – mal ein altes zerfleddertes sächsisches Liederbuch gab. Dann konnten wir von da an selber suchen und den anderen durchsagen.
*MG: Nun kannten wir ja auch sehr viele Lieder, sodass wir den Anfang also auch dann wussten. Ja, ein bisschen mit Eifer und mit Elan sind wir an vieles rangegangen. Das ist klar. Von alleine wird halt auch nichts. (Margarethe Gärtner, *1936 in Schlesien, und Dorothea Gärtner, *1935 in Schlesien)*

Die evangelische Landeskirche befürchtete auch die Stärkung von freikirchlichen Elementen und somit eine Schwächung ihrer eigenen Struktur. Denn kollektive Identität, ein Gefühl der Gruppenzugehörigkeit, entsteht einerseits durch die Abgrenzung von Anderem und Fremdem, andererseits aber in der Erzeugung einer gleichartigen Gemeinschaft mit festen Regeln und Praktiken.[91] Eine freikirchliche Gemeinschaft in der Oberlausitz bildet bis heute einen Mikrokosmos in der Region.

*In B. gibt's ein Gemeindehaus, ein Missionshaus. Das ist schon über hundert Jahre alt; das stand hier schon, ehe wir herkamen. Und da haben sich unsre Eltern eben dort mit angeschlossen, dort haben wir uns viel getroffen. Dort gab's dann Jugendstunden für uns als Jugendliche, Chorstunden. Und dann haben wir später auch in der Kinderarbeit mitgearbeitet. Also, wir haben uns im Christlichen hauptsächlich so die Freizeit gestaltet. (Ingrid Weber, *1936 in Schlesien)*

Die ältere Generation konnte hier an früheres Gemeindeleben anknüpfen, die Jüngeren fanden eine vertraute Gruppe, deren inhaltliche Arbeit zudem frei von staatlichen Intentionen und Interventionen war.

Insbesondere zu Beginn der Gemeindearbeit scheint die freikirchliche Gemeinschaft sehr im Fokus des behördlichen Interesses gestanden zu haben. Die evangelisch dominierten Dörfer begegneten dieser Glaubensrichtung mit einem gewissen Misstrauen – allerdings wurde recht schnell klar, dass keine unmittelbare ›Bedrohung‹ bestand, sodass schließlich die Akzeptanz oder zumindest eine Duldung einsetzte. In Gesprächen mit Alteingesessenen ist die freikirchliche Ausrichtung der Gemeindeglieder jedoch nach wie vor eine erwähnenswerte Besonderheit. Dazu hat sicherlich die Säkularisierung der DDR-Gesellschaft erheblich beigetragen. Der ›Außenseiterstatus‹ wurde somit tradiert, wenn auch unter verschiedenen Vorzeichen.

Und dadurch, dass wir kirchlich waren, waren wir auch immer ein bissel isoliert. Vor allen Dingen, wir gehörten der Freikirche an in Schlesien. (...) und damit konnten sie hier gar nicht umgehen. Das war schlimmer wie eine Sekte, und da waren wir immer isoliert.

*Immer! Flüchtlinge auch schon – aber Matuscheks, die waren noch katholisch. Da wusste man, dass das eine Kirche ist. Aber mehr ging nicht. Und das war natürlich – also, das ist geblieben, möchte ich sagen. Das ist geblieben. (Käthe Giesler, *1940 in Schlesien)*

Die meisten Mitglieder nahmen die Abgrenzung jedoch nicht nur in Kauf, sondern werteten sie als positives Zeichen um. Denn über diese freikirchliche Gemeinschaft bildeten sich Kontakte zu Teilen der alteingesessenen Bevölkerung, die ebenfalls in dieser Hinsicht konfessionell gebunden waren. Die Kirchengemeinde kümmerte sich nicht nur um rein seelsorgerische Belange, sondern organisierte auch Kinderferienfreizeiten und Ausbildungsgänge (vor allem für Erzieherinnen und in der Krankenpflege). Hier gab es Rückhalt und Akzeptanz für die Neuankommenden; die Gemeinde bildete eine Solidargemeinschaft, die sowohl soziokulturelle und spirituelle Bedürfnisse erfüllte wie auch ökonomische Unterstützung bot. Die Trennlinie verlief bzw. verläuft hier nicht zwischen Einheimischen und Zugezogenen, sondern zwischen Gemeindegliedern und konfessionell Ungebundenen.

In Dörfern mit einem aktiven protestantischen Gemeindeleben bildeten die verschiedenen Untergruppen, insbesondere der sogenannte »Frauendienst«, Orte der Begegnung und der Solidarität. Maria Klüber, aufgewachsen in einem Dorf im Muldental, berichtet über ihre schlesische Schwiegermutter:

*Seine Mutti war auch im Frauendienst. Da waren die Frauen, die haben dann einen Halt gesucht. (...) Also das weiß ich nun von meiner Mutti. Denn die Bauersfrauen haben da alle mitgemacht. Und da sind die ganzen Umsiedlerfrauen gleich mitgekommen. Weil die in W., M., alle evangelisch waren. Es waren ein paar katholisch, (...) aber das waren eigentlich wenige. Bei uns gab es drei oder vier Familien im Dorf, die katholisch waren. (Maria Klüber, *1938 in Sachsen)*

Neben dem spirituellen Bedürfnis war es vor allem das Bedürfnis nach Halt, das in den Interviews häufig genannt wurde. Spätestens ab 1947 legte die sächsische Landeskirche einen Schwerpunkt auf die »Umsiedlerseelsorge«, in die sie auch die vertriebenen Pfarrer mit einbezog. Entsprechende Gottesdienste – nach der altpreußischen Ordnung – sollten vierteljährlich als Nebengottesdienste gefeiert werden.[92] Die einzelnen Gemeinden hatten ihre ›Probleme‹ zumeist weniger formell und unspektakulär geregelt: Jenseits von strukturellen Überlegungen und Standortbestimmungen der Landeskirche wurde hier das Miteinander ganz selbstverständlich praktiziert.

Der Glaube war vielen Flüchtlingen eine Hilfe bei der Bewertung und Bewältigung eines so unfassbaren Phänomens wie Flucht und Vertreibung. Durch die Einordnung in einen größeren Zusammenhang, dessen Sinn sich (noch) nicht erschloss, ließen sich die Ereignisse annehmen oder zumindest mit ihnen leben, auch jenseits allen Verständnisses.

Es ist alles, ich will mal sagen, nicht unser Werk. Das war Gottes Werk, was alles geschehen ist. Und die Vertreibung – man wusste auch erst nicht, für was es gut ist. Jetzt weiß man es vielleicht auch nicht, vielleicht war es auch gut, wie es einem nun passiert *ist. Denn dort unten haben sie jetzt auch nichts mehr Schönes. Ist ihnen auch alles weggenommen worden, haben gar nichts mehr, und es ist noch schwieriger wie hier. Meine Cousine, also ihre Tochter [in Ungarn], die sagt auch immer: »Ach, wären wir damals auch (gegangen), hätten sie uns damals auch noch weggeschafft. Dann ging's uns vielleicht besser wie jetzt hier«. Die haben auch nichts Gutes dort. (Viktoria Arndt, *1925 in Ungarn)*

Wenn jedoch die Hoffnung auf Unterstützung, Anerkennung und Trost enttäuscht wurde, wog das Gefühl, im Stich gelassen worden zu sein, umso schwerer.

*Wir haben uns von Anfang an auch zur Kirche gehalten. Das war eigentlich unser einziger Halt. Und trotzdem haben wir auch von der Seite, müssen wir leider sagen, keine Unterstützung erfahren. Sodass uns sogar andere gesagt haben oder unsere Mutter angesprochen haben: »Na, Sie mit den drei Kindern, Sie müssten doch auch Unterstützung kriegen. Die Kirche kriegt doch vom Westen Pakete und alles.« Davon haben wir aber nicht so viel mitbekommen. Gar nichts, im Gegenteil. Man spricht es ungern aus. Wir sind damals ja auch im Konfirmandenunterricht gewesen. Der damalige Pfarrer ging regelmäßig im Haus, wo wir damals hingekommen waren, aus und ein. Er kam regelmäßig am Wochenende her, jeden Sonnabend, und ging mit gefüllten Taschen heim. Wir wohnten eine Etage drüber – einen Besuch bei uns mal als Konfirmanden gab's nicht. (Margarethe Gärtner, *1936 in Schlesien)*

Weitaus existenzieller als Enttäuschung und mangelnder Halt konnten sich traumatische Verlusterfahrungen auswirken: Der Tod naher Angehöriger, die erfahrenen Kriegsgräuel, die Summe von eigenem und fremden Leid ließen viele Menschen nicht nur zweifeln, sondern den Glauben ganz verlieren.

*Mein Vater ist noch während der Polenzeit gestorben. Mein Bruder mit 19 Jahren am Weihnachtstag '46, und da hat meine Mutter gesagt. »Wenn es einen Gott im Himmel gäbe, so etwas würde er nicht zulassen.« Damit war für die der Glauben weg. Sie sagte: »Was ich gebetet habe, als der Junge so lange krank war!« Und wir standen dann da mit nichts, wir zwei alleine. Da verliert sich der Glaube. Mancher tröstet sich rein, aber irgendwie muss das jeder für sich verarbeiten. (Irmgard Neumüller, *1932 in Niederschlesien)*

Die zunehmende Säkularisierung der sozialistischen Gesellschaft beförderte zudem die Abkehr von der Kirche. Der Aufruf zur Jugendweihe vom Dezember 1954, unterzeichnet von prominenten Persönlichkeiten der DDR, bildete den Auftakt der massiven Auseinandersetzung zwischen Staat und Kirche. Waren es 1950 gerade mal 1,6 Prozent eines Jahrgangs, die sich für die Jugendweihe entschieden, und 80,4 Prozent, die sich konfirmieren ließen, entschieden sich bereits 1960 nur noch 34,6 Prozent für die Konfirmation.[93] Diese Entwicklung verlief nicht ohne Druck: Das Maß der Werbung in den Schulen und die Furcht vor Benachteiligungen beförderte die ›freiwillige‹ Entscheidung für die Jugendweihe. In Oschatz beispielsweise wurde einem Mädchen trotz der entsprechenden Leistungen die Aufnahme in die Oberstufe verwehrt, da sie »in einer sehr entscheidenden Frage unklar« war. Der Schulleiter vermerkte, dass sie »die notwendige politische Reife, die den Besuch einer Oberschule unseres sozialistischen Staates rechtfertigt, vermissen läßt. Es kann nicht angehen, daß Schüler, die ganz offen zum Ausdruck bringen, daß sie mit einer so wichtigen und positiven Einrichtung wie der Jugendweihe nicht einverstanden sind, unsere Oberschule besuchen.«[94]

Die Entscheidung für diesen Weg konnte aber auch – neben der Furcht, aufzufallen und nicht ›dazu‹ zu gehören – eine bewusstes Instrument sein, um sich von den Eltern abzugrenzen und gegen ihre Bevormundung aufzulehnen.

*Und dann kam dazu: Meine Freundin machte Jugendweihe, und ich wollte das auch machen. Dieser Kampf! Da hab ich dann aber durchgesetzt zu Hause, ich mache beides: Ich mache Konfirmation, und ich mache Jugendweihe. Ich will nicht ausgeschlossen sein von den andern. Am liebsten hätten sie mich davon ganz ausgeschlossen. Es war ja so, ich durfte nicht bei den Pionieren eintreten. Das hatten sie mir verboten. Der FDJ später bin ich dann einfach beigetreten ohne zu fragen, ohne irgendwas zu Hause zu sagen, weil es dann nur Theater gegeben hätte. Also hab ich das hübsch gelassen, bin eben da rein. Und die Jugendweihe hab ich durchgesetzt: »Die will ich, die mach ich!« Na ja, dann haben sie dem eben auch stattgegeben und gesagt: »Na gut, dann machst du eben Jugendweihe und Konfirmation.« (Martha Seemann, *1946 in Sachsen)*

Sich dagegen zu entscheiden und von der Mehrheit sowie den offiziellen ›Empfehlungen‹ abzugrenzen, hatte schließlich sowohl für die Kinder wie auch für ihre Eltern Konsequenzen.

Also Pioniere sind unsre Kinder dann auch gewesen. Wir wollten sie nun nicht so als Außenseiter hinstellen. Manche Eltern haben's durchgesetzt und hatten auch Erfolg.
Als die Kinder dann erwachsener wurden, da brachten sie den FDJ-Antrag mit. Und da sagt die Große auf einmal: »Ich geh' nicht in die FDJ.« Ich sage: »Ist in Ordnung. Wir unterstützen dich dann.« Aber wir haben den Kindern keinen Druck gemacht. Es war uns auch recht, wenn sie sich so entschieden haben. »Nee, ich geh' nicht, ist ja freiwillig«, hat sie gesagt. Aber in der Schule haben die gar nicht damit gerechnet, dass sich einer dagegenstellt. Da ist es natürlich mit der Berufswahl ein bissel schwieriger dadurch geworden. Ja, das hatte dann Konsequenzen. (...)
*Und ich war zum Beispiel ganz zu Anfang im Elternaktiv. Die suchten ja immer Eltern, die sich da mit einsetzen. Na ja, und dann wurde ich natürlich, als es hieß, meine Tochter geht nicht zur Jugendweihe, sozusagen öffentlich ausgewiesen. Hat auch keiner sich getraut, zu sagen: »Warum lasst ihr die Frau nicht mehr mitarbeiten?« Das hat sich niemand getraut. Aber damit haben wir gelebt. (Ingrid Weber, *1936 in Schlesien)*

Die Mitwirkung der Kirchen an der staatlichen Jugendarbeit geschah mehr oder weniger bereitwillig und zögerlich. In den meisten Fällen wurden die kirchlichen Jugendorganisationen in die FDJ übernommen – eine eher formale Maßnahme.[95] Allerdings

Abb. 31 und 32: Konfirmation im Leipziger Land: zwei Jugendliche aus Schlesien.

beklagte sich die FDJ-Landesleitung Sachsen über »grundsätzliche Schwierigkeiten in der Zusammenarbeit mit der katholischen Jugend«. In Bezug auf die evangelische Jugend mahnte man an, dass entsprechende Informationen und Instruktionen der Gemeinden seitens des Landeskirchenamtes fehlten. Dennoch wurden einzelne Kreise für ihre Zusammenarbeit lobend hervorgehoben, darunter Dresden, Leipzig, Plauen, Aue, Stollberg, Großenhain, Grimma, Kamenz, Chemnitz und Annaberg. Dass die »Zusammenarbeit« nicht auf Gleichberechtigung und gegenseitige Wertschätzung angelegt war, zeigte sich bereits in vertraulichen Gesprächen anlässlich des Pfingsttreffens 1946 (mit gemeinsamem Gottesdienst): Die FDJ-Landesleiter aus Sachsen und aus Sachsen-Anhalt bewerteten die Zugeständnisse der FDJ gegenüber den kirchlichen Institutionen lediglich als taktische Erfordernisse, die nur für eine gewisse Übergangszeit Gültigkeit haben würden.[95]

Familie – vertraut und fremd

*Man redet immer von den Eltern, dabei waren die Väter überhaupt nicht anwesend zu der Zeit. (Ingrid Weber, *1936 in Schlesien)*

Zu den Traumata der Kriegskindheiten kam hinzu, dass Erfahrungen von Nähe und Geborgenheit oftmals fehlten. Die Mütter waren mit der Sicherung der familiären Existenz überlastet und in Sorge oder gar in Trauer um den Mann oder andere Familienangehörige.

*Meine Mutter war krank geworden: Dermatomyositis. Da kann die Haut nicht atmen. Die kann einfach nicht atmen, und der Mensch erstickt innerlich. Das war, was mir im Nachhinein aufgegangen ist, der Kummer. (Käthe Giesler, *1940 in Schlesien)*

Insbesondere Einzelkinder oder die ältesten Geschwister übernahmen frühzeitig Erwachsenenfunktionen. Das geschah einerseits aus der Verpflichtung dem abwesenden Vater gegenüber, andererseits als ›Gegenleistung‹ für den grenzenlosen Einsatz und die Loyalität der Mutter und bedeutete Anerkennung und Überforderung zugleich. Das Lob von außen »Wenn deine Mama dich nicht hätte« sowie die Weisung des Vaters an ihren Sohn »Du bist jetzt der Mann im Haus« waren gleichermaßen Auszeichnung und Belastung.

*Ich bin eigentlich ein Mamakind. (...) Obwohl ich vom Vater immer geschützt worden bin. Von dem hab ich ein einziges Mal Dresche gekriegt. Aber Dresche! Das hat gereicht fürs Leben. Und sonst, wenn irgendwas war, wenn die Mutter wieder mal schnell ausgeteilt hat, hat der Vater uns immer recht gegeben. Trotzdem war er ja nie da in der Entwicklungszeit, er war ja nicht da! Die Mutter hat mit mir alles besprochen. Die hat es nicht mit dem Großvater besprochen, was eigentlich richtig gewesen wäre. Man hat sich so reingelebt in das Verantwortlichsein und die Überlegungen, was man sagt und was man tut. Ich habe ja gemerkt, dass die Mutter in jedem Fall für uns eingetreten ist. (Hans Neumüller, *1931 in Schlesien)*

Die Väter kehrten oft gebrochen aus dem Krieg zurück. Sie waren gesundheitlich stark angegriffen, körperlich versehrt, was den Frauen und auch den Kindern (weiterhin) Arbeitseinsätze abverlangte, die weit über ihre Kräfte gingen. Selbst in Jugendzeitschriften wie in dem evangelischen Periodikum »Jungenwacht« waren die geschwächten Väter Thema: In der Ausgabe Nr. 5 von 1958 – 13 Jahre nach Kriegsende! – warb der Artikel »Väter – unser ärmstes Stück« um Verständnis und Nachsicht für diejenigen Männer, die nach Krieg, Gefangenschaft und Nachkriegsnöten ständig müde und nervös waren, wenig Lebensmut hatten und ihren Kindern keinen verlässlichen Weg zeigen konnten.[96] Psychische Verletzungen belasteten das Familienleben schwer, und das Vaterbild des starken Mannes, der selbstbestimmt handelt, war erschüttert.

Als der Vater 1948 aus dem Krieg kam, aus russischer Gefangenschaft, war er nur noch Haut und Knochen. Dass er überhaupt das Lager überlebt hat! Er hat furchtbar gelitten,

Abb. 33: Eindrücke von der Flucht: havarierte Fahrzeuge am Straßenrand, Februar 1945.

Abb. 34: Schwer erkrankt und nicht transportfähig, in einer Notunterkunft im Februar 1945.

hat Nacht für Nacht geschrien. Es war entsetzlich. Natürlich mussten wir alle Rücksicht nehmen, leise sein. Die Eltern haben in einem kleinen Zimmer geschlafen, zusammen mit noch einem Kind. Aber das musste dann raus. (...)
*Wenn das über ihn kam, hat er manchmal Anfälle gekriegt und ist weggetreten. Das war stärker, obwohl er das gar nicht wollte. Dann konnte er sich nicht mehr halten, hat gezittert, und das war schon sehr schlimm. Das hat etliche Jahre angehalten. Man ist ja da reingewachsen, und als wir dann Jugendliche waren, ist es auch besser gewesen. Da waren wir dann schon aus der Kindheit raus. (Käthe Giesler, *1940 in Schlesien)*

Zu den physischen und psychischen Verletzungen kam die Entfremdung: Männer trafen auf selbstständige Frauen und waren Eindringlinge in der eigenen Familie, deren Mitglieder sie nicht – oder allenfalls von kurzen Besuchen her – kannten. Der hohe Erwartungsdruck auf allen Seiten führte notgedrungen zu Enttäuschungen. War der Mann gefallen, prägte das Andenken der jungen Witwen an diese Lichtgestalt das Vater- und Männerbild der Kinder entscheidend mit.

*Dann kam unser Vater nach Hause. Der war ja fast ein Fremder für uns. Meine kleine Schwester hat ihn ja gar nicht gekannt. (Ruth Lohmann, *1935 in Sachsen)*

›Liebe‹ bzw. emotionale Zuwendung als einer der Grundpfeiler für soziale Anerkennung, für das eigene Selbstvertrauen, bildete generationenübergreifend eine große Fehlstelle. Erwachsene hatten ihre Partner oder die enge emotionale Bindung zu ihnen häufig verloren, und auch Kinder litten unter mangelnder Zuwendung. Sie mussten früh erwachsen werden – zumindest Aufgaben von Erwachsenen übernehmen – und übersprangen so ihre eigene Kindheit mit den dieser Phase eigenen Wünschen, Verhaltensweisen und Bedürfnissen.

*Na, eigentlich waren wir immer erwachsen. Wir Größeren, kann man sagen. Wie wir hierherkamen, man war ja Kind, aber im Grunde genommen – ich sage, spielen haben wir nie gekonnt. Wir waren in dem Sinne gar nicht Kind. Durch die ganze Flucht und dann die Armut hier – Ich sage immer, ich könnte nie Erzieherin sein, im Kindergarten oder was, weil wir selber nie spielen gelernt haben. Wir hatten gar kein Spielzeug. Gab's nicht. Immer arbeiten, nur Arbeit, von Kind an. (Martha Leibelt, *1931 in Schlesien)*

Dennoch bot gerade die Familie den wichtigsten Schutzraum und stellte den Hauptfaktor dafür dar, um Selbstvertrauen und Kraft zu schöpfen, um sich in der neuen Umgebung zurecht- und einzufinden.

*Jedenfalls war das Eingewöhnen für uns dadurch so leicht, dass wir ja hier als Familie zusammen blieben. (Georg Leipold, *1934 in Schlesien)*

Ein eindrucksvolles Beispiel dafür gibt der große Familienverband der Wollnys: Hier waren die Frauen offenbar – bewusst oder unbewusst – übereingekommen, ihren

> *Ich hab meinen Vater gar nicht gekannt. Wenn der im Kriege geblieben wär, hätte ich meinen Vater gar nicht gekannt. '39 ging ja der Krieg los, und der musste schon in den 40er Jahren (einrücken). Ich muss schon da gewesen sein, war aber noch zu klein.*
>
> Ernst Wischnowski, * 1939 in Schlesien

Kindern durch feste Strukturen und Gesten der Wertschätzung einen Halt zu bieten, die Gruppenidentität und das Selbstgefühl zu stärken sowie auch kleine Freuden im Alltag zu bereiten. Der fehlende Zugang zu Büchern und musikalischer Unterhaltung wurde dadurch kompensiert, dass die Familien zum Singen zusammenkamen und die ihnen bekannten (christlichen) Lieder mit allen Strophen sangen. Zudem wurden den Kindern abends Geschichten erzählt.

*Aber ich muss sagen, trotzdem haben sie uns immer auch zusammengenommen. Jeden Abend haben sie sich hier mit den Kindern (beschäftigt ...). Eine Tante hat die Kinder ins Bett gebracht. Zuvor wurde sich hingesetzt, und dann wurden Lieder gesungen. Da kamen die andern – der Matuschek Martin hat mir das vor kurzem mal erzählt: »Da haben wir draußen gestanden und haben zugehört, wie ihr dort drinnen gesungen habt.« Und da haben die (Erwachsenen) einfach fröhlich – also fröhlich, ja! – Lieder gesungen mit uns. Das haben die mitgenommen und auch beibehalten. Für die anderen war das auf einmal Klang. Wir waren ja 15 Kinder, wenn die sangen, das war schon ein richtiger Chor. (...) Ja, und Bilderbücher, irgendwas, gab's ja nicht, das war ja alles weg. Da wurde eben alles auswendig gelernt, gesungen, und das hat irgendwie Geborgenheit auch gegeben – trotzdem. (Käthe Giesler, *1940 in Schlesien)*

Auch nach dem Umzug aus der Gemeinschaftsunterkunft im Schloss in die eigenen Häuser wurden diese Rituale innerhalb der Familien beibehalten:

*Vater hat jeden Abend bei uns Kindern gesessen und eine Geschichte erzählt, eine fortlaufende. Das hat er immer so gerne gemacht, damit wir gespannt bleiben, jeden Abend. Und dann wurde gesungen. Also das hat es auch gegeben. (Käthe Giesler, *1940 in Schlesien)*

Nicht nur die damaligen Wollny-Kinder, sondern in erster Linie die anderen Dorfbewohner – Einheimische wie Flüchtlinge – erinnern und berichten, wie sich die Erziehung in diesen Familien von dem Gewohnten abhob. Beispielsweise wurden die Kinder zu einer bestimmten Zeit ins Haus gerufen und mussten sich zunächst säubern – eine Episode, die bei den ehemaligen Nachbarskindern in tiefer Erinnerung geblieben ist. Denn während ein Großteil dieser Kinder über weite Strecken sich selbst überlassen blieb, hatte der Familienverband der Wollnys den Tagesablauf und die Oberaufsicht über die 15 Kinder gut organisiert. Die Großmutter war das unangefochtene Oberhaupt, sicherte die Versorgung und hielt die Familie zusammen. Unterstützt wurde sie von einer weiteren älteren Verwandten: Tante Charlotte bot bereits nach kurzer Zeit an den Sonntagen eine Art informelle christliche Kindergruppe an (Basteln, Spielen, Singen, Erzählen) – in der Tradition einer Diakonisse aus der Nachbargemeinde sowie einer Kindergruppe, die eine Gräfin im Nachbardorf ins Leben gerufen hatte. Diese Kindergruppe bildete sich bald zu einer regelrechten Sonntagsschule aus, an der mehrere Erwachsene zusammen wirkten. Durch den Aufbau einer eigenen Kindergruppe konnte ein Gegengewicht zu staatlichen ›Fürsorgebestrebungen‹ geschaffen sowie die gruppenspezifischen Werte vermittelt werden. Misstrauisch beäugt von den behördlichen Vertretern, aber schließlich mit massiver Unterstützung der Landeskirche institutionalisiert und legalisiert.

Schule – Aufstiegschancen und Repressalien

In der unmittelbaren Nachkriegszeit fehlte es an Lehrkräften. Viele Männer waren gefallen oder befanden sich noch in Kriegsgefangenschaft. Bei den verbliebenen Lehrkräften sprach oftmals die ideologische Belastung gegen ihre Weiterbeschäftigung im Schuldienst (72 Prozent NSDAP-Zugehörigkeit unter den Lehrern der späteren SBZ – gegenüber 55 Prozent im Reichsdurchschnitt). Die Anzahl an Schulkindern war hingegen durch den Zuzug der »Umsiedlerkinder« drastisch gestiegen: Das Verhältnis Schüler – Lehrkraft betrug nunmehr 62 zu 1 (statt 40 zu 1).[97] Die verfügbaren, zum Teil längst pensionierten ›antifaschistisch-demokratischen‹ Lehrkräfte konnten den Unterricht bei weitem nicht gewährleisten. Daher sollten verstärkt junge Menschen, die bereits berufstätig waren, für eine Ausbildung als »Neulehrerin« oder »Neulehrer« gewonnen werden. Am 1. Oktober 1945 wurde der Unterricht in allen Schulen in der SBZ wieder aufgenommen. In diesem Monat erließen KPD und SPD einen Aufruf zur »Durchführung einer demokratischen Schulreform«. Auf dieser Grundlage erfolgte die Neulehrerausbildung, die auf folgenden Grundsätzen basierte: Die Erziehung der Jugend sollte im Geist von Demokratie und Völkerfreundschaft geschehen und zu selbstständigem, freiheitlichem und fortschrittlichem Denken und Handeln anleiten. Weiterhin sollte das Bildungssystem nunmehr Chancengleichheit bieten. Insbesondere Flüchtlingskinder ergriffen diese Möglichkeit und erlangten durch ihre Leistungen Anerkennung. Fehlender materieller Besitz wurde mit geistigen Fähigkeiten kompensiert.

*Wenn ich so an meine Schulzeit denke: Ausgrenzung oder so kenne ich nicht. Kenne ich gar nicht. Wir waren zwar arm. Und als dann das Schulkombinat B. aufmachte – die anderen konnten schon mit dem Fahrrad fahren – wir waren drei, wir hatten keins, wir sind eben gelaufen. Aber da gab's keinen Ärger oder so. (...) Und dann waren wir auch gut in der Schule. Wir haben uns durch die Leistung nach vorne (gebracht), und da waren wir ja dann auch anerkannt. Und das haben sie auch gemerkt – auch die Lehrer. (Elfriede Kunze, * 1939 in Schlesien)*

In Sachsen nahmen im Schuljahr 1945/46 über 2.000 Neulehrerinnen und Neulehrer ihre Arbeit auf; Anfang des Jahres 1946 waren es bereits 7.300. Zum Vergleich: In Thüringen wurden bis zu diesem Zeitpunkt lediglich 984 eingestellt. Als einziges Land hatte Sachsen alle ideologisch belasteten Lehrkräfte entlassen – ein konsequenter Schritt, den es personell aufzufangen galt. Im Spätherbst 1945 wurden daher in mehrwöchigen Kursen Absolventen aller Schultypen im Eilverfahren ausgebildet; ab Frühjahr 1946 geschah die Ausbildung dann in einem achtmonatigen Kurs. In 93 dieser Kurse wurden mehr als 24.000 »Neue« ausgebildet, knapp 47 Prozent davon Frauen. Die Amtlichen Nachrichten der Landesverwaltung Sachsen veröffentlichten im Oktober 1945 einen Bewerbungsaufruf: Neulehrer sollten 19 bis 35 Jahre alt sein, eine überdurchschnittliche Befähigung, gute Allgemeinbildung und pädagogische Neigung aufweisen. Von den neu gewonnenen Lehrkräften der SBZ hatten 54 Prozent den Volksschulabschluss, 32 Prozent hatten die Mittelschule und 14 Prozent eine höhere Schule besucht. Die Politisierung war in Sachsen durch den verstärkten Einsatz an Neulehrern am höchsten: Bereits im Dezember 1946 engagierte sich mehr als die Hälfte in der SED. Die Lehrerinnen und Lehrer erwiesen sich zum Teil als sehr empathisch und kümmerten sich auch um den physischen Zustand ihrer Schutzbefohlenen. Sie wussten, dass es sich mit leerem Magen schlecht lernen lässt und verteilten die mitgebrachten Pausenbrote unter allen Kindern in der Klasse oder schickten gar zum Bäcker, um die Kinder auf eigene Kosten mit Brot zu versorgen.

Andere erwiesen sich als wenig einfühlsam – sofern sie nicht sogar eher auf ihren eigenen Vorteil bedacht oder voreingenommen gegenüber den Flüchtlingskindern waren. Selbstverständliche Leistungen wurden mit Naturalien ›abgerechnet‹:

*Wenn der Lehrer gesagt hat: »Zeig mal deine Schnitte.« Und die war eben trokken: »Nee, damit brauchst du nicht zu kommen.« Was wollte ich da von ihm haben? Um irgendwas hatte ich gebeten, sollte ihm aber erst die Schnitte zeigen. Er hat die Schnitten von den Schülern genommen, und wer Speck hatte, den hat er erhört. Bleistiftspitzen, das war doch mit den Messern so eine Sache. Der Lehrer hat die Bleistifte angespitzt, wenn die Kinder ihn gebeten haben, wenn sie lieb und brav waren. (...) Er war nie korrekt. Er war voreingenommen und vorbelastet. Die Lehrer, die Neulehrer, die dann kamen – ausgebildet, von B. geschickt – die waren besser. Die haben nicht so Unterschiede gemacht wegen der Flüchtlinge wie der Herr Hornig. Die dann kamen, die haben das nie so rausgesteckt. Das war vielleicht ein bissel ungünstig gelaufen. Wenn der Lehrer direkt eben aus dem Ort kommt – da waren Vorurteile dabei. Aber der hatte ziemlich das Sagen. Die andern sind gekommen und gegangen, und er war immer da, er hat dort gewohnt. (Käthe Giesler, *1940 in Schlesien)*

Erst hatte ich gedacht, na ja, du hast so viel Schule versäumt, das wirst du nicht schaffen. Ich hätte in die achte Klasse gemusst. Wir waren ja die ganze Zeit auf der Flucht gewesen und bei den Polen. Habe ich erst mal in der siebten Klasse angefangen, kriegte aber dann eine Gelbsucht und war sehr lange krank. Und da habe ich in der Zeit gedacht: Na, was die können, das kannst du lange. Und hab dann tüchtig gelernt und als ich wieder gesund wurde, gleich in der achten Klasse angefangen. Und hab es auch so geschafft, dass ich sogar noch ein Buch als Auszeichnung gekriegt hab beim Schulabschluss.

Irmgard Neumüller, * 1932 in Schlesien

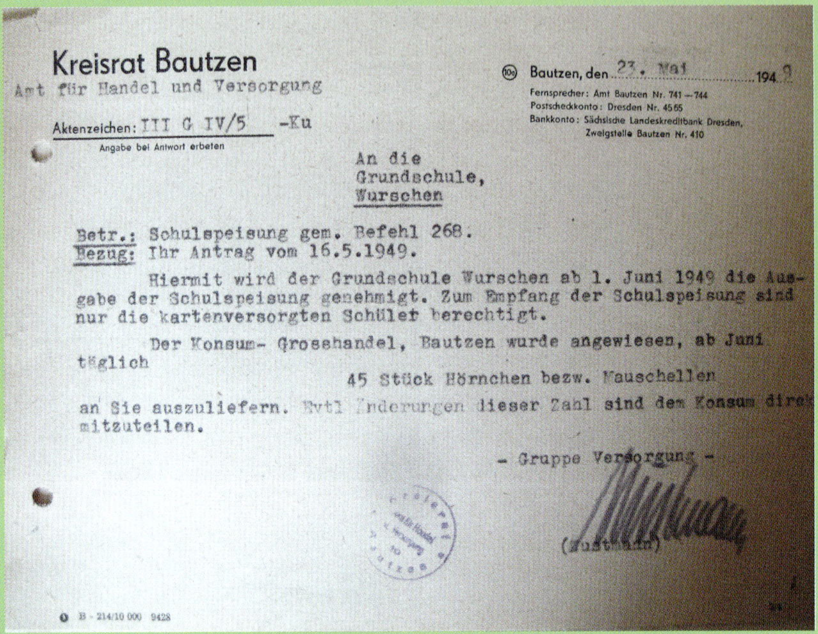

Kreisrat Bautzen
Amt für Handel und Versorgung

Aktenzeichen: III G IV/5 -Ku
Angabe bei Antwort erbeten

Bautzen, den 23. Mai 1949
Fernsprecher: Amt Bautzen Nr. 741—744
Postscheckkonto: Dresden Nr. 4565
Bankkonto: Sächsische Landeskreditbank Dresden, Zweigstelle Bautzen Nr. 410

An die
Grundschule,
Wurschen

Betr.: Schulspeisung gem. Befehl 268.
Bezug: Ihr Antrag vom 16.5.1949.

Hiermit wird der Grundschule Wurschen ab 1. Juni 1949 die Ausgabe der Schulspeisung genehmigt. Zum Empfang der Schulspeisung sind nur die kartenversorgten Schüler berechtigt.

Der Konsum- Grosshandel, Bautzen wurde angewiesen, ab Juni täglich

45 Stück Hörnchen bezw. Mauschellen

an Sie auszuliefern. Evtl. Änderungen dieser Zahl sind dem Konsum direk[t] mitzuteilen.

- Gruppe Versorgung -

B - 214/10 000 9428

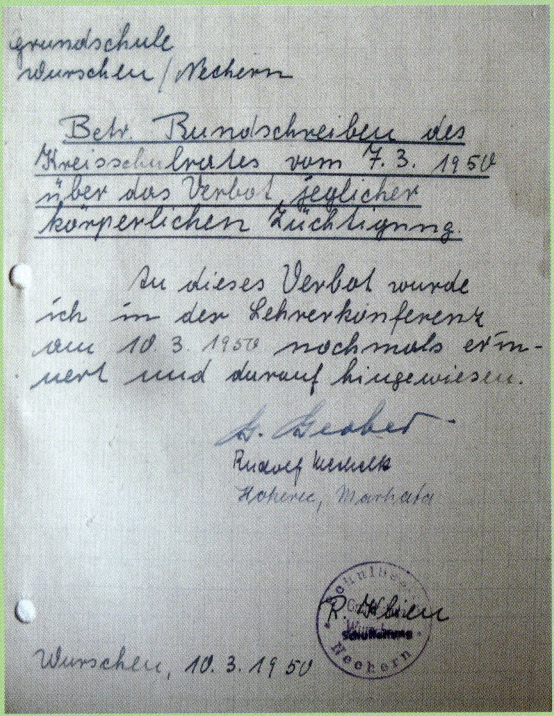

Grundschule
Wurschen / Nechern

Betr. Rundschreiben des Kreisschulrates vom 7.3.1950 über das Verbot jeglicher körperlichen Züchtigung.

An dieses Verbot wurde ich in der Lehrerkonferenz am 10.3.1950 nochmals erinnert und darauf hingewiesen.

G. Graber
Rudolf Wenzel
Hohenc, Marhata

R. Wehlen

Wurschen, 10.3.1950

Abb. 35: »45 Stück Hörnchen«: Schulspeisung in einer Grundschule, 1949.

Abb. 36: »Züchtigungsverbot«, 1950.

Der Schulbesuch konnte in einem solchen Fall eine erhebliche Belastung darstellen. Auch in dieser Hinsicht empfanden die Kinder ein regelrechtes Gefühl der Freiheit, als sie mit ihren Eltern die Notunterkünfte verlassen und in der Feldmark siedeln konnten. Nach Unterrichtsschluss wartete nun ein geschützter Raum, endlich das ›Eigene‹. Das Gefühl der Rechtlosigkeit, dem sich viele Kinder in der Schule ausgeliefert sahen, empfanden sie jedoch in der unmittelbaren Nachkriegszeit auch in anderen Zusammenhängen. Sie konnten sich nicht wirklich darauf verlassen, dass ihnen etwas gehörte bzw. dass sie ihren Besitz behalten durften. Ihr Vertrauen und ihr Gerechtigkeitsempfinden blieben weiterhin empfindlich gestört.

*Ach, das weiß ich noch! Ich hatte eine Puppe, die haben wir mitgebracht. Und mit dieser Puppe hab ich gespielt. Da ist ein Mädchen aus dem Dorf gekommen, hat mir die Puppe weggenommen. Und ich konnte nichts machen. Ich hab nie wieder eine Puppe gehabt. (...) Da hab ich gewusst, was das bedeutet, wenn einem das noch genommen wird, und man hat kein Recht, es zurückzufordern. Das durften wir nicht. Das war nämlich von dem Verwalter die Tochter. Und vieles ist so gewesen. (Käthe Giesler, *1940 in Schlesien)*

Viele einheimische Kinder zeigten jedoch Mitgefühl und teilten ihre Pausenbrote und auch den Sitzplatz im Klassenraum. Außerdem bedeutete der Zuzug der vielen Flüchtlingskinder oftmals eine willkommene Abwechslung und eine Erweiterung des Angebots an Spielkameraden. Auch Abenteuergeschichten aus der ›großen Welt‹ erreichten nun das kleine Dorf.

*Als der Unterricht wieder lief, waren wir viel zu viele Kinder. Dann mussten die (Flüchtlingskinder) – das hat mich als Kind so (berührt) – immer an der Wand stehen. Und wir saßen. (...) Ja, die standen an der Wand und waren auch ärmlich angezogen. Und nichts zu essen. Wir hatten eben noch alles, nicht? Waren ja Bauern, und ich kam aus einer Bäckerfamilie. Und da haben wir (gesagt): »Kommt nur!« und haben auf den Klappsesseln zu zweien gesessen. Denn das tat uns Dorfkindern auch weh. Und wir haben uns immer <u>sehr</u> für die Flüchtlinge interessiert. Die haben uns viel erzählt von der Welt, gerade die von der Memel, von Ostpreußen: Die haben zu Hause abends Hausaufgaben gemacht, gesessen mit der Mutter in der Küche, haben abseits gewohnt. Und die <u>Wölfe</u> haben dort im Winter geheult! Die haben das gesehen – von den großen Weiten, ihren Liedern, vom Eis, das haben die uns erzählt. (...) Wir wollten das immer wissen. Das war für uns Dorfkinder mal was anderes, nicht? Die waren auch anders angezogen als wir. Ich denke bald, schon moderner. (Else Lohmann, *1936 in Sachsen)*

Und heute? Verständnis und Interesse

In der unmittelbaren Nachkriegszeit dominierten vielfach Ablehnung und Ausgrenzung die Beziehungen zwischen Einheimischen und Neuankommenden – auch durch die eigene, bewusste Abgrenzung der Flüchtlinge von der Dorfgemeinschaft. In den

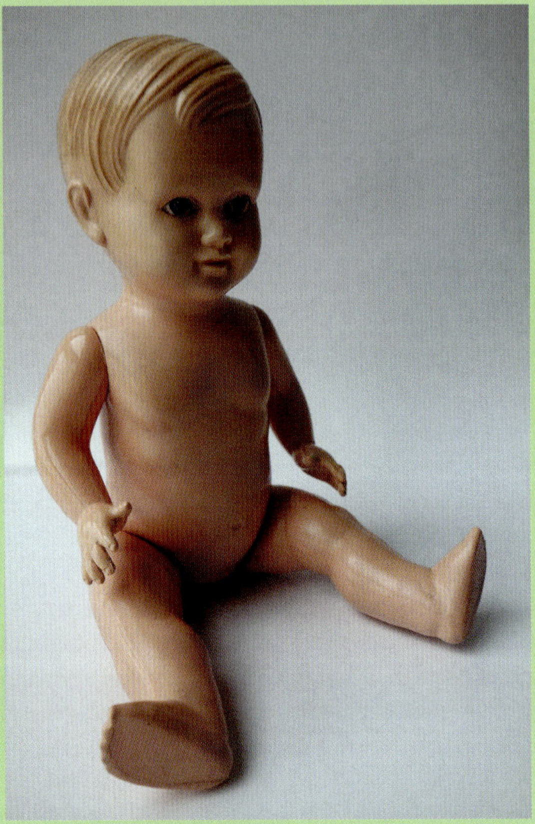

Abb. 37: Puppe „Egon", im Fluchtgepäck aus Schlesien mitgebracht.

Erzählungen werden diese negativen Erfahrungen jedoch nur kurz thematisiert oder tauchen als Einsprengsel auf: *Das waren schwere Zeiten! Wir waren nicht gerade willkommen hier.* Eine solche Aussage wird dann aber zumeist im Verlauf des weiteren Gespräches erläutert:

*Also, gut sind wir mit den Menschen hier immer ausgekommen. Es war bloß, als wir herkamen, dass jeder dachte: »Na, jetzt kommen noch mehr Leute hierher. Es ist jetzt (schon) kein Essen da. Bringen sie noch mehr hierher!« Also, das konnte man sich ja auch manchmal vorstellen, wie es den Leuten damals ging. (Viktoria Arndt, *1925 in Ungarn)*

Berichte von anfänglicher Ablehnung bilden kurze Episoden in einer ansonsten erfolgreichen Biographie. Die Betonung liegt dann im Laufe der Erzählung zumeist auf der erbrachten Leistung, die es ermöglichte, aus eigener Kraft wieder zu etwas zu kommen. Das gilt auch für diejenigen, die sich bis heute nicht ›dazugehörig‹ fühlen.

Im Schloss, da haben wir unsere Spiele gemacht: »Der Plumpssack geht rum« und Reigenspiele und das alles. Da haben die Dorfkinder dann hinter der Scheune gestanden und haben geguckt: »Können wir mitspielen?« »Nee, wir wollen allein!« Wir kannten uns ja und haben dann später auch zusammen gespielt. Aber das waren irgendwie zwei Welten immer: Die Flüchtlingskinder dort, die haben das gemacht, und die andern Kinder haben jenes gemacht. Aber in der Schule hatten dann die andern das Sagen, mit den Lehrern. Die kamen ja aus dem Ort. Der neue Lehrer, der ist ganz stolz immer gewesen, der das Sagen hatte: »Mich haben sie vom Hackklotz weggeholt, und ich durfte Lehrer werden.« Und der hat dann seine Macht spielen lassen. Nach '45 zum Beispiel, wir mussten ja als Kinder in der Landwirtschaft tätig sein. Nach der Schule schnell nach Hause. Im Schloss wohnten wir, aber die Felder hatten wir draußen (vor dem Dorf), und wir mussten jeden Tag das Essen rausbringen und abends wieder abholen. Dann haben wir geholfen, Kartoffeln lesen. Ich weiß noch das eine Mal, da mussten wir auch weit laufen, weil die Felder so verstreut waren: Kartoffeln lesen, die mussten noch rein. Und da sollten wir einen Film angucken in der Schule hier, von China: »Der große Marsch«. Und da hab ich gesagt: »Herr Schuster, ich soll aber Kartoffellesen gehen. Meine Mutter hat das gesagt, und die wartet doch.« »Du bleibst jetzt hier! Wir gucken uns den Film an. Und außerdem: Kinderarbeit ist verboten!« Na, da hab ich den Film angeguckt, dann bin ich gegangen und hab gesagt: »Der Lehrer hat mich nicht gehen lassen, ich musste den Film angucken.« »Was hast du denn gesagt?« »Na, ich muss Kartoffeln lesen, hab ich gesagt.« »Das darfst du doch nicht sagen! Der bringt mich noch ins Zuchthaus.« (...) Und da hat man begriffen: Ruhig sein, nichts sagen, immer ducken, immer. Die ganze Schulzeit, immer ducken – wehe hier! Na, das war eine Lehre für mich: Du darfst nie dem Lehrer sagen, was du denkst. Nie. Es könnte sonst sein, deine Mutter kommt ins Zuchthaus.

(Käthe Giesler, * 1940 in Schlesien)

Bei den Einheimischen haben sich mitunter kaum Erinnerungen an den Wandel der Dorfgemeinschaft in den Nachkriegsjahren erhalten – es sei denn, sie hatten unmittelbare Kontakte, oder es kamen nun junge Menschen aus Flüchtlingsfamilien durch Eheschließungen zur eigenen Familie hinzu. Anderen Alteingesessenen hingegen sind ihre damaligen Wahrnehmungen noch sehr präsent, und sie erinnern sehr wohl ihr (kindliches) Staunen über einen anderen Lebensstandard oder fremde Umgangsformen: etwa die ›Tischkultur‹ in den schlesischen Familien oder deren Umgang mit Kindern. Die jeweiligen Besonderheiten und vor allem der wechselseitige Einfluss sind ihnen bewusst.

Also irgendwie hat sich in Sachsen durch die Schlesier auch viel geändert. (...) Mein Großvater sagte immer: »Merk dir mal, vom Putzen und Kehren kann man sich nicht ernähren.« Und die Schlesier, die haben ja egal alles bloß sauber gemacht. Da war alles (in Ordnung). Die hatten nichts, aber trotzdem ein Stückchen Papier oder eine Tischdecke *auf dem Tisch. (...) Meine Großeltern hatten ein Bauerngut unten im Dorf, und ich bin bei ihnen groß geworden. Na, da war das überhaupt nicht so. Die Hauptsache war die Arbeit, auf dem Feld und das Viehzeug. Und wie es drinnen war, (das war nicht so wichtig). Hauptsache, man hatte was auf dem Teller, auf dem Tisch. Aber die Schlesier, die haben das immer ganz (anders gehandhabt). Als Schillings bei uns gewohnt haben, da sagte mein Vater manchmal: »Mensch, die haben nichts zu essen, aber ...« Da gab's dann schon langsam Spielzeug und so was, und das kriegten die eben! Da hatten die nichts zu essen, aber was zum Spielen. Das kannten wir Sachsen nicht. So war das, und nun ist das vielleicht eine Mischung geworden. Da hat jeder von jedem gelernt. Denk ich mir so. (Maria Klüber, *1938 in Sachsen)*

Bei den Erzählungen geht es immer um das individuelle Erleben, die eigenen Erfahrungen und die Bewertung der Ereignisse. Erzählen rechtfertigt getroffene Entscheidungen und legitimiert Handlungen, sodass eine schlüssige Darstellung des eigenen Lebensweges mit all seinen Brüchen entsteht. Das verordnete Schweigen zu DDR-Zeiten erschwerte ebenso den Umgang und die Verarbeitung der eigenen Geschichte wie das Desinteresse der Umwelt – seien es die Alteingesessenen oder auch die eigenen Kinder.

*Es war schon eine ganz schwere Zeit, sagen wir es mal so. Wenn man so hin- und hergeschoben wird, das war schon nicht schön. Das war eine schwere Zeit für alle. Und überhaupt die ersten zwei Jahre, bis wir den Vater gefunden hatten. (...) Ich konnte ja bisher nicht immer von Zuhause erzählen. Die (Menschen) hier sind nicht so daran interessiert vielleicht. Klar, wenn ich gefragt werde, erzähle ich. Das schon. Und je älter man wird, desto mehr fängt man davon an. Da denkt man immer mehr zurück. (Irmtraud Meißner, *1937 in der Woiwodschaft Posen, Polen)*

Zu meinem 60. Geburtstag hab ich gedacht, zeig ich mal meine Bilder. Und da hatten wir Freunde zu Besuch, eine alte sorbische Familie. (...) Einer der Freunde hat dann hinterher gesagt: »Käthe, weißt du, wie mich das beeindruckt hat? Wir haben ja gar nicht gewusst, dass die Schlesier so ein schönes Zuhause hatten!« Ich hatte ein Bild von meiner Mutter gezeigt: vor dem Zaun, so wie in der Stadt, mit Spitzen oben und das Haus in Blöcken mit ganz großen Fenstern, also wie ein kleines Herrenhaus. »Weißt du, wir hatten nämlich eine Flüchtlingsfrau mit ihrem Sohn (bei uns). Und da hat unsere Mutter immer gesagt: ›Ich weiß gar nicht, was die hat! Die jammert immerfort, dass sie nichts mehr haben.‹ Weißt du, jetzt verstehe ich, dass die zu Hause auch was besaßen. Wir dachten immer, die haben nichts und sollen froh sein, wenn sie hier eine Kammer kriegen.« Das hat mich sehr beeindruckt. (...) Jetzt noch, 20 Jahre nach der Wende! Kann doch nicht wahr sein. Da stellt er fest, dass die Frau, die damals bei ihnen in der Kammer wohnte, eigentlich ein Zuhause hatte und alles verloren hat.

Käthe Giesler, * 1940 in Schlesien

Aber auch die Bewältigung des alltäglichen Lebens, der Wunsch nach Normalität und Lebensfreude sowie neue Gemeinschaften ließen das Kapitel Flucht und Vertreibung und die Umstände des Neuanfangs in Sachsen in den Hintergrund rücken. Nicht ständig dem Verlust hinterherzutrauern, sondern sich in das Unabänderliche zu fügen, ist auch eine Art Selbstschutz und zeugt von Pragmatismus. Das Leben in der Gegenwart wurde schließlich wichtiger als die Gedanken an die Vergangenheit.

*Man hatte dann damit abgeschlossen. Es war nicht immer präsent, der Gedanke daran. Man musste sich ja damit abfinden, dass man nichts mehr damit zu tun hat. Irgendwie hat man sich abgefunden damit, dort kannst du nur besuchsweise hin, (...) aber direkt haben wir uns keinen Kopf gemacht darum. Es war eben so. Man konnte dem nicht nachtrauern. Da würde man ja nicht mehr froh, das geht nicht. (Karla Fügmann, *1937 in Schlesien)*

Erst in einer Lebensphase, wo der Alltag nicht länger durch die Berufstätigkeit oder durch eine intensive Familienphase geprägt ist, beschäftigen sich viele Menschen mit der eigenen Vergangenheit und ziehen Bilanz. Das öffentliche Interesse sowie die Möglichkeit, nach der Öffnung der Grenzen jederzeit den Herkunftsort – jetzt in Polen oder in Tschechien – besuchen zu können, verstärkten diese Tendenz. Das gilt auch für die Kinder und Enkelkinder, von denen sich nun viele für die Vergangenheit der vorangegangenen Generationen interessieren. Manche Familien gingen sehr offensiv mit der eigenen Geschichte um; bei den Familienfeiern waren die ›alte Heimat‹ und die Erlebnisse auf der Flucht ständig Thema. Bisweilen hatten Jugendliche auch gerade das Schweigen ihrer Eltern oder Großeltern wahrgenommen und wollten der Ursache hierfür auf den Grund gehen. Oder sie stellten im Verlauf ihrer Kindheit fest, dass in der eigenen Familie irgendetwas ›anders‹ war, dass es in ihrem Haushalt keinen alten Familienbesitz an Möbeln, Erinnerungsgegenständen oder vielleicht nicht einmal Fotos gab. Viele junge Menschen machten sich dann irgendwann selbst auf den Weg, um zu erkunden, wo ihre Eltern oder Großeltern einst lebten und begriffen deren Geschichte als Teil der eigenen Biographie.

Der große Familienverband der Labitzkes hat – in verschiedenen Gruppierungen – schon mehrmals Fahrten nach Schlesien unternommen. An der bislang letzten gemeinsamen Fahrt nahmen 22 Personen teil: Schwestern, Nichten und Neffen, Kinder, Schwiegerkinder und Enkel machten sich gemeinsam auf den Weg. Sie näherten sich ihrem Ziel langsam, über kleine Landstraßen, denn sie fuhren die Fluchtroute der Familie ab. An den einzelnen Stationen, an denen Quartier gemacht wurde, las ein Familienmitglied aus den Notizen der ältesten Labitzke-Schwester vor.

*Es war eine Stille, die haben ja (gebannt zugehört), es war emotional. Es war – schön. Es passte eben dazu. (Elfriede Kunze, *1939 in Schlesien)*

Für die meisten Menschen ist es existenziell, sich zu erinnern: um sich der eigenen Identität zu vergewissern und die Familiengeschichte zwischen den Generationen erfahrbar zu machen. Das Erzählen dient der Bewältigung von Erlebnissen und durch das Vermitteln von Erfahrungen auch der Versöhnung und Annäherung, nicht nur innerhalb der eigenen Familie. Welch erhebliche psychosoziale Leistung die Erzählerinnen und Erzähler erbracht haben, zeigt sich daran, dass sie in ihren biographischen Konstruktionen die Bedeutung von Integration und Toleranz betonen – eine wichtige Bedingung für die Verständigung und das Zusammenwachsen zwischen sogenannter Aufnahmegesellschaft und Neuangekommenen. Individuelle Geschichten schaffen so Verständnis für die (Zeit-)Geschichte.

Anmerkungen

1 Vgl. hierzu einführend Ira Spieker, Erfahren – Erinnern – Erzählen. Aus Leben wird Geschichte, in: Dies./Uta Bretschneider (Hg.), Lebens(um)wege. Vertreibung und Neubeginn in biographischen Skizzen (Thüringer Hefte für Volkskunde, 19), Erfurt 2011, S. 11-28 sowie am regionalen Beispiel den umfangreichen Band von Marita Krauss/Sarah Scholl-Schneider/Peter Fassl (Hg.), Erinnerungskultur und Lebensläufe. Vertriebene zwischen Bayern und Böhmen im 20. Jahrhundert – grenzüberschreitende Perspektiven, München 2013.

2 Für diesen Beitrag wurden mehr als 60 Interviews mit Flüchtlingen und Vertriebenen, Alteingesessenen, Neubauern und Altbauern sowie Dorfbewohnern ohne landwirtschaftlichen Bezug, Angehörigen der »Erlebnisgesellschaft« und Nachfolgegenerationen (Jg. 1915 bis 1961) ausgewertet. Die Interviewstudie wurde als Teil des Projekts »Fremde – Heimat – Sachsen. Vertriebene als Neubauern. Staatliche Integrationsmaßnahmen und individuelle Adaptionsstrategien« in der Oberlausitz sowie im Großraum Leipzig durchgeführt (Lebensgeschichtliches Archiv für Sachsen, ISGV, Teilprojekt 45: Neubauern). Alle Namen sind verändert; die Ortsnamen, sofern es sich um Wohnorte handelt, abgekürzt. Die zitierten Passagen sind der Lesbarkeit wegen überarbeitet und der Schriftsprache angeglichen. Kleinere Auslassungen wurden nicht gekennzeichnet; größere Auslassungen sind im Text mit »(...)« markiert, Ergänzungen ebenfalls in Klammern gesetzt.
Ich danke allen Beteiligten ganz herzlich für ihr Vertrauen sowie die Bereitschaft, ihre Geschichten mit mir zu teilen. Einige der Gesprächspartnerinnen und Gesprächspartner sind mittlerweile verstorben. Ihnen sei mit diesem Beitrag ein ehrendes Andenken bewahrt.

3 Michael v. Engelhardt, Die Bewältigung von Flucht und Vertreibung durch die Heimatvertriebenen des Zweiten Weltkriegs, in: Rudolf Endreß (Hg.), Bayerns vierter Stamm. Die Integration der Flüchtlinge und Heimatvertriebenen, Köln/Weimar/Wien 1998, S. 215-251.

4 Grundlegend hierzu u.a. Andreas Kossert, Kalte Heimat. Die Geschichte der deutschen Vertriebenen nach 1945, München 2008; Irina Schwab, Flüchtlinge und Vertriebene in Sachsen 1945–1952. Die Rolle der Kreis- und Stadtverwaltungen bei Aufnahme und Integration (Europäische Hochschulschriften, Reihe III: Geschichte und ihre Hilfswissenschaften, Bd. 927), Frankfurt/M. u.a. 2001.

5 Wolfgang Meinicke, Flüchtlinge, Umgesiedelte, Vertriebene in der Sowjetischen Besatzungszone, in: Alexander von Plato/Ders., Alte Heimat – neue Zeit. Flüchtlinge, Umgesiedelte, Vertriebene in der Sowjetischen Besatzungszone und in der DDR, Berlin 1991, S. 23-81, hier S. 31f.

6 Vgl. Michael Schwartz, Vertriebene als Fremde. Integrationsprobleme deutscher Zwangsmigranten in der SBZ/DDR, in: Christian Th. Müller/Patrice G. Poutrus (Hg.), Ankunft – Alltag – Ausreise. Migration und interkulturelle Begegnung in der DDR-Gesellschaft, Köln u.a. 2005, S. 135-173.

7 Zum komplexen Prozess der Vertreibungen und Umsiedlungen in Polen vgl. Beata Halicka, Polens Wilder Westen. Erzwungene Migration und die kulturelle Aneignung des Oderraums 1945–1948, Paderborn 2013; s. auch Thomas Urban, Die Vertreibung der Deutschen und Polen im 20. Jahrhundert, München 2004; für die Tschechische Republik vgl. Adrian von Arburg, Die Tschechoslowakei von 1945 bis 1953. Politische, demographische und wirtschaftliche Transformation, München 1999 sowie Detlef Brandes, Der Weg zur Vertreibung 1938–1945. Pläne und Entscheidungen zum »Transfer« der Deutschen aus der Tschechoslowakei und aus Polen (Veröffentlichungen des Collegium Carolinum, Bd. 94), München 2001.

8 Zu den angegebenen Zahlen sowie den beschriebenen Wohnverhältnissen vgl. die entsprechenden Beiträge in Manfred Wille/Johannes Hoffmann/Wolfgang Meinicke (Hg.), Sie hatten alles verloren. Flüchtlinge und Vertriebene in der Sowjetischen Besatzungszone Deutschlands (Studien der Forschungsstelle Ostmitteleuropa an der Universität Dortmund, Bd. 13), Wiesbaden 1993.

9 Zu Politik und Administration der SMAD sowie der SBZ/DDR vgl. Stefan Donth, Vertriebene und Flüchtlinge in Sachsen 1945–1952. Die Politik der Sowjetischen Militäradministration und der SED (Geschichte und Politik in Sachsen, Bd. 15), Köln/Weimar/Wien 2000; Michael Schwartz, Vertriebene und »Umsiedlerpolitik«. Integrationskonflikte in den deutschen Nachkriegs-Gesellschaften und die Assimilationsstrategien in der SBZ/DDR 1945 bis 1961 (Quellen und Darstellungen zur Zeitgeschichte, Bd. 61), München 2004.

10 Meinicke, Flüchtlinge, Umgesiedelte, Vertriebene (wie Anm. 5), S. 36.

11 Evemarie Badstübner-Peters, »...aber stehlen konnten sie...«. Nachkriegskindheit in der Sowjetischen Besatzungszone, in: Mitteilungen aus der kulturwissenschaftlichen Forschung 16 (1993) 33: Ostdeutsche Kulturgeschichte, S. 233-272, hier S. 257.

12 Meinicke, Flüchtlinge, Umgesiedelte, Vertriebene (wie Anm. 5), S. 64.

13 Schwartz, Vertriebene und »Umsiedlerpolitik« (wie Anm. 9), S. 657: Zahlen für Ende des Jahres 1946; insgesamt war mehr als ein Drittel aller Flüchtlingsfrauen abhängig in der Landwirtschaft beschäftigt.

14 Christel Nehrig, Uckermärker Bauern in der Nachkriegszeit. Sozialhistorische Untersuchungen zur Lage von Alt- und Neubauern im Kreis Prenzlau 1945–1952 (Gesellschaft-Geschichte-Gegenwart, Bd. 7), Berlin 1996, S. 47.

15 Manfred Wille, Die Zentralverwaltung für deutsche Umsiedler – Möglichkeiten und Grenzen ihres Wirkens (1945 – 1948), in: Ders./Johannes Hoffmann/Wolfgang Meinicke (Hg.), Sie hatten alles verloren (wie Anm. 8), S. 27-54, hier S. 49.

16 Meinicke, Flüchtlinge, Umgesiedelte, Vertriebene (wie Anm. 5), S. 75. Zuvor erhielten Erwachsene – zumindest in Thüringen – einmalig 300 Mark und Kinder 100 Mark: Ders., Zur Integration der Umsiedler in der Gesellschaft 1945-1952, in: Zeitschrift für Geschichtswissenschaften 36 (1988), S. 867-878, hier S. 877.

17 Für die folgenden Ausführungen s. Marcel Boldorf, Sozialfürsorge in der SBZ, DDR 1945–1953. Ursachen, Ausmaß und Bewältigung der Nachkriegsarmut (Vierteljahrschrift für Sozial- und Wirtschaftsgeschichte, Beihefte, 138), Stuttgart 1998, S. 228 ff.

18 Geschichte des DFD. Hg. v. Bundesvorstand des Demokratischen Frauenbundes Deutschlands. Leipzig 1989, S. 52 ff.

19 Ursula Schröter/Eva Rohmann, Demokratischer Frauenbund Deutschlands (DFD), in: Die Parteien und Organisationen der DDR. Ein Handbuch. Hg. v. Gerd-Rüdiger Stephan et al., Berlin 2002, S. 500-529, hier S. 507.

20 Geschichte des DFD (wie Anm. 18), S. 54 f.

21 V.d.g.B. Kreisverband Bautzen, Rundschreiben Nr. 46 vom 15. Okt. 1948 (Lebensgeschichtliches Archiv für Sachsen, ISGV, Teilprojekt 45: Neubauern).

22 Arnd Bauerkämper (Hg.), »Junkerland in Bauernhand«? Durchführung, Auswirkungen und Stellenwert der Bodenreform in der Sowjetischen Besatzungszone (Historische Mitteilungen, Beiheft 20), Stuttgart 1996; Jens Schöne, Das sozialistische Dorf. Bodenreform und Kollektivierung in der Sowjetzone und DDR (Schriftenreihe des Sächsischen Landesbeauftragten für die Stasi-Unterlagen, Bd. 8), Leipzig 2008.

23 Meinicke, Flüchtlinge, Umgesiedelte, Vertriebene (wie Anm. 5), S. 60.

24 Wolfgang Meinicke, Die Bodenreform und die Vertriebenen in der SBZ und in den Anfangsjahren der DDR, in Manfred Wille/Johannes Hoffmann/Wolfgang Meinicke (Hg.), Sie hatten alles verloren (wie Anm. 8), S. 55-85, hier S. 63.

25 Zit. nach ebd., S. 67.

26 Wille, Die Zentralverwaltung für deutsche Umsiedler (wie Anm. 15), S. 45 ff.

27 Meinicke, Flüchtlinge, Umgesiedelte, Vertriebene (wie Anm. 5), S. 60 f.

28 Ebd., S. 75.

29 Die Kücheneinrichtungen bestanden aus einer Küchenkredenz, »Modell Helga«, einem Tisch, einer Putzkommode und einem Hocker (zum Preis von 451 DM). Weiterhin gab es zu verteilen: zwölf Nachtschränke (à 38 DM), acht Betten (à 61,50 DM), 15 Putzkommoden (82 DM) sowie 30 Küchenhocker (13 DM): V.d.g.B. Kreisverband Bautzen, Rundschreiben Nr. 39 vom 25. Sept. 1948 (Lebensgeschichtliches Archiv für Sachsen, ISGV, Teilprojekt 45: Neubauern).

30 Meinicke, Flüchtlinge, Umgesiedelte, Vertriebene (wie Anm. 5), S. 75.

31 Vgl. Schwartz, Vertriebene und »Umsiedlerpolitik« (wie Anm. 9), S. 898 ff.

32 Ina Merkel, Leitbilder und Lebensweisen von Frauen in der DDR, in: Hartmut Kaelble/Jürgen Kocka/Hartmut Zwahr (Hg.), Sozialgeschichte der DDR, Stuttgart 1994, S. 359-382, hier S. 365.

33 Meinicke, Flüchtlinge, Umgesiedelte, Vertriebene (wie Anm. 5), S. 76.

34 Wille, Die Zentralverwaltung für deutsche Umsiedler (wie Anm. 15), S. 50.

35 Lebensgeschichtliches Archiv für Sachsen, ISGV, Teilprojekt 45: Neubauern.

36 Meinicke, Die Bodenreform und die Vertriebenen in der SBZ (wie Anm. 24), S. 74.

37 Schöne, Das sozialistische Dorf (wie Anm. 22), S. 77: Mecklenburg 67.000, Brandenburg 46.000, Sachsen 21.000, Thüringen 11.500.

38 Meinicke, Die Bodenreform und die Vertriebenen in der SBZ (wie Anm. 24), S. 74.

39 Michael Schwartz, Staatsfeind »Umsiedler«, in: Spiegel special 2 (2002): Die Flucht der Deutschen, S. 114-118, hier S. 117.

40 Vgl. hierzu Andreas Dix, »Freies Land«. Siedlungsplanung im ländlichen Raum der SBZ und frühen DDR 1945–1955, Köln/Weimar/Wien 2002, S. 55 ff. sowie Ulrich Wieler, Bauen aus der Not. Architektur und Städtebau in Thüringen 1945-1949 (Veröffentlichungen der Historischen Kommission für Thüringen, Kleine Reihe, Bd. 31), Köln u. a. 2011.

41 Bündnis der Arbeiter und Bauern. Dokumente und Materialien zum 30. Jahrestag der demokratischen Bodenreform. Red. Marlene Dehlsen et al., Berlin 1975, S. 95.

42 Nehrig, Uckermärker Bauern in der Nachkriegszeit (wie Anm. 14), S. 27 f.

43 Vgl. hierzu Hartmut Häußermann/Walter Siebel, Integration und Segregation – Überlegungen zu einer alten Debatte, in: Deutsche Zeitschrift für Kommunalwissenschaften 40 (2001), 1, S. 68–79, hier S. 69 ff.

44 Meinicke, Die Bodenreform und die Vertriebenen in der SBZ (wie Anm. 24), S. 81 f.

45 Ebd., S. 69.

46 Lebensgeschichtliches Archiv für Sachsen, ISGV, Teilprojekt 45: Neubauern.

47 Meinicke, Flüchtlinge, Umgesiedelte, Vertriebene (wie Anm. 5), S. 61.

48 Zit. nach Merkel, Leitbilder und Lebensweisen (wie Anm. 32), S. 362; für die folgenden Ausführungen s. ebd.

49 Ursula Schröter/Eva Rohmann, Demokratischer Frauenbund Deutschlands (wie Anm. 19), S. 516.

50 Siegfried Kuntsche, Vereinigung der gegenseitigen Bauernhilfe (VdgB), in: Die Parteien und Organisationen der DDR (wie Anm. 19), S. 560-592, hier S. 585.

51 Ebd., S. 587.

52 Klaus Schmidt, Landwirtschaft in der DDR. VEG, LPG und Kooperationen – wie sie wurden, was sie waren, was aus ihnen geworden ist, Clenze 2009, S. 106 ff.

53 Reiner Stroh, Für 12000 Hektar gab es sechs Traktoren, in: Der Rundblick 36 (1989) 2, S. 104 f., hier S. 104. Es muss sich allerdings um eine fehlerhafte Angabe handeln: Wenn pro Tag ein bis zwei Hektar bewältigt wurden (S. 105), also zwölf Hektar pro Tag insgesamt, dann hätte die Bearbeitung von 12.000 Hektar 1.000 Tage in Anspruch genommen und mithin fast drei Jahre gedauert.

54 Antonia Maria Humm, Auf dem Weg zum sozialistischen Dorf? Zum Wandel der dörflichen Lebenswelt in der DDR von 1952 bis 1969 mit vergleichenden Aspekten zur Bundesrepublik Deutschland (Kritische Studien zur Geschichtswissenschaft, Bd. 131), Göttingen 1999, S. 85.

55 Ebd.

56 Stroh, 12000 Hektar (wie Anm. 52), S. 104.

57 Nehrig, Uckermärker Bauern in der Nachkriegszeit (wie Anm. 14), S. 38.

58 Ebd., S. 39.

59 Ebd., S. 40.

60 Ebd., S. 47.

61 Ebd., S. 48.

62 Christel Panzig, Frauen auf die Traktoren oder in den Kälberstall? Chancen und Defizite beruflicher Entwicklung von Frauen in den LPG, in: Ilona Buchsteiner/Siegfried Kuntsche (Hg.), Agrargenossenschaften in Vergangenheit und Gegenwart. 50 Jahre nach der Bildung von landwirtschaftlichen Produktionsgemeinschaften in der DDR (Rostocker Beiträge zur Dt. und Europäischen Geschichte, Bd. 12), Rostock 2004, S. 123-133, hier 125.

63 Ebd., S. 124.

64 Siegfried Kuntsche, »Frieda Sternberg«, in: Wer war wer in der DDR? Ein biographisches Lexikon. Hg. v. Helmut Müller-Enbergs/Jan Wielgohs/Dieter Hoffmann, 2. aktualisierte Ausgabe Berlin 2001, S. 825.

65 Panzig, Frauen auf die Traktoren (wie Anm. 61), S. 126f.

66 Geschichte des DFD (wie Anm. 18), S. 156f.

67 Panzig, Frauen auf die Traktoren (wie Anm. 62), S. 123.

68 Schöne, Das sozialistische Dorf (wie Anm. 22), S. 107f.

69 Schmidt, Landwirtschaft in der DDR (wie Anm. 52), S. 134.

70 Rat des Kreises Bautzen, Protokoll zur Übergabe einer Neubauernstelle vom 14. Aug. 1958 (Lebensgeschichtliches Archiv für Sachsen, ISGV, Teilprojekt 45: Neubauern).

71 Zit. nach Humm, Sozialistisches Dorf (wie Anm. 54), S. 13 (Original aus: Kunst ist Waffe III, Fort mit den Trümmern und was Neues hingebaut! Leipzig 1981, S. 56).

72 Gerhard Rößler, Zur Arbeitsweise und Wirksamkeit der Dorfklubs, hg. v. Zentralhaus für Kulturarbeit der DDR, o.O. [Leipzig] 1977, S. 2.

73 Autorenkollektiv unter der Leitung von Kurt Krambach: Wie lebt man auf dem Dorf? Soziologische Aspekte der Entwicklung des Dorfes in der DDR. Hg. v. Wiss. Rat für Soziologische Forschung in der DDR, Berlin 1985, S. 11f.

74 Ebd.

75 Vgl. Bundesarchiv (BArch), DY 30 (Sekretariat Paul Merker im ZK der SED)/IV 2/2.022/81 »Kulturarbeit auf dem Lande«, 1949-1950, fol. 4.

76 Horst Groschopp, Der singende Arbeiter im Klub der Werktätigen. Zur Geschichte der DDR-Kulturhäuser, in: Mitteilungen aus der kulturwissenschaftlichen Forschung 16 (1993) 33: Ostdeutsche Kulturgeschichte, S. 86-131, hier S. 97.

77 Rößler, Dorfklubs (wie Anm. 72), S. 46.

78 Dorothee Wierling, Gebrochener Aufbruch. Rosmarie Heises Jugenderfahrungen in der SBZ, in: Franz-Werner Kersting (Hg.), Jugend vor einer Welt in Trümmern. Erfahrungen und Verhältnisse der Jugend zwischen Hitler- und Nachkriegsdeutschland, Weinheim/München 1998, S. 213-220, hier S. 214.

79 Leonore Ansorg, Kinder im Klassenkampf. Die Geschichte der Pionierorganisation von 1948 bis Ende der fünfziger Jahre (Zeithistorische Studien, Bd. 8), Berlin 1997, S. 44f.; ebenso zu den folgenden statistischen Angaben.

80 Helga Gotschlich, Auf dem Weg zur »Einheitsjugend« – Die Anfänge der »Freien Deutschen Jugend« in der SBZ, in: Dieter Vorsteher (Hg.), Parteiauftrag: Ein neues Deutschland. Bilder, Rituale und Symbole der frühen DDR, München/Berlin 1997, S. 256-266, hier S. 263.

81 DDR-Jugend. Ein Handbuch. Hg. v. Edeltraud Schulze, unter Mitarb. v. Gert Noack, Berlin 1995, S. 163. Zur Zusammensetzung der FDJ in Sachsen nach Alter und Geschlecht, sozialer und poli-

tischer Zugehörigkeit vgl. Tab. 95 (ebd., S. 175).

82 Wierling, Gebrochener Aufbruch (wie Anm. 78), S. 216.

83 Ines Keller, Flüchtlinge und Vertriebene in der zweisprachigen (sorbischen) Lausitz, in: Volkskunde in Sachsen 23 (2011), S. 197-210, hier S. 202.

84 Vgl. Ines Keller, »Ich bin jetzt hier und das ist gut so«. Lebenswelten von Flüchtlingen und Vertriebenen in der Lausitz (Lětopis Sonderheft, 52), Bautzen 2005, S. 30 f.

85 Zur Geschichte und Entwicklung der Domowina sowie auch ihrer politischen Ausrichtung zu DDR-Zeiten vgl. Sieghard Kosel/Heiko Kosel, Domowina, in: Die Parteien und Organisationen der DDR (wie Anm. 19), S. 762-788.

86 Horst Dähn, Der Konflikt Konfirmation – Jugendweihe 1955-1958, in: Ders./Helga Gotschlich (Hg.), »Und führe uns nicht in Versuchung…«. Jugend im Spannungsfeld von Staat und Kirche in der SBZ/DDR 1945 bis 1989 (Die Freie Deutsche Jugend. Beiträge zur Geschichte einer Massenorganisation, Bd. 4), Berlin 1998, S. 28-45, hier S. 32.

87 Vgl. Ines Keller, »Ich bin jetzt hier und das ist gut so« (wie Anm. 84), S. 38 ff. Insgesamt waren etwa 60 Prozent der Flüchtlinge evangelisch, 40 Prozent katholisch.

88 Schwartz, Vertriebene und »Umsiedlerpolitik« (wie Anm. 9), S. 544; Rainer Bendel (Hg.), Vertriebene finden Heimat in der Kirche. Integrationsprozesse im geteilten Deutschland nach 1945. Köln 2008; Markus Wustmann, »Vertrieben, aber nicht aus der Kirche«? Vertreibung und kirchliche Vertriebenenintegration in SBZ und DDR am Beispiel der Evangelisch-Lutherischen Landeskirche Sachsen 1945 bis 1966 (Geschichte und Politik in Sachsen, Bd. 30), Leipzig 2013, S. 571 f.

89 Schwartz, Vertriebene und »Umsiedlerpolitik« (wie Anm. 9), S. 545.

90 Wustmann, »Vertrieben, aber nicht aus der Kirche«? (wie Anm. 88), S. 567.

91 Bernhard Giesen, Voraussetzung und Konstruktion. Überlegungen zum Begriff der kollektiven Identität, in: Cornelia Bohn/Herbert Willems (Hg.), Sinngeneratoren. Fremd- und Selbstthematisierungen in soziologisch-historischer Perspektive, Konstanz 2001, S. 91-110, hier S. 104 ff.

92 Wustmann, »Vertrieben, aber nicht aus der Kirche«? (wie Anm. 88), S. 572 f.

93 Dähn, Der Konflikt Konfirmation (wie Anm. 86), S. 44.

94 Ebd., S. 36.

95 Hierzu und zu den folgenden Ausführungen: Helga Gotschlich, Ein hoffnungsvoller Anfang. Jugendbewegung in der SBZ 1945-1946, in: Horst Dähn/Dies. (Hg.), »Und führe uns nicht in Versuchung…« (wie Anm. 86), S. 8-27.

96 Jürgen Reulecke, Die wiedergefundene Vergangenheit. Generationelle Aspekte der neueren deutschen Erinnerungskultur, in: Carten Gansel/Paweł Zimniak (Hg.), Kriegskindheiten und Erinnerungsarbeit. Zur historischen und literarischen Verarbeitung von Krieg und Vertreibung (Philologische Studien und Quellen, Bd. 235), Bamberg 2012, S. 15-30, hier S. 27.

97 Hierzu und zu den folgenden Ausführungen vgl. Lothar Mertens, Die Etablierung zuverlässiger Kader in den Schulen: Die Neulehrer in den Ländern der SBZ 1945-1949, in: Heiner Timmermann (Hg.), Die DDR – Analysen eines aufgegebenen Staates (Dokumente und Schriften der Europäischen Akademie Otzenhauen, Bd. 92), Berlin 2001, S. 283-296, hier S. 284 f.

Konfliktpotenzial und Integrationsprozesse im Spiegel archivalischer Überlieferung

Sönke Friedreich

Das Ende der alten Ordnung: Die Bodenreform und die Vertriebenen

Die Bodenreform in den Ländern der Sowjetischen Besatzungszone (SBZ) zählt zu den einschneidenden politischen Maßnahmen in Deutschland nach 1945. Sie bedeutete nicht nur für Millionen Menschen in der ländlichen Gesellschaft eine Umwälzung in wirtschaftlicher, sozialer und alltagskultureller Hinsicht, sondern stellte einen zentralen Baustein der politischen Neuorientierung unter Federführung der KPD/SED dar. Von daher hatten auch die Länderbehörden ein besonderes Auge auf die Durchführung der Bodenreform. Sachsen als Industrieregion war zwar in geringerem Maß von der Bodenreform betroffen als die landwirtschaftlich geprägten Länder Mecklenburg-Vorpommern und Brandenburg, doch auch hier wurden die Verhältnisse auf dem Lande grundlegend umgestaltet.

Das Ende der bisherigen Besitzverhältnisse und die Aufteilung des Landbesitzes über 100 Hektar stellte für die »Umsiedler« ein Ereignis von besonderer Tragweite dar. Nicht nur waren die Vertriebenen als eine eigentumslose Gruppe für den Empfang von Land prädestiniert, ein Großteil von ihnen hatte vor der Flucht bzw. Vertreibung bereits auf dem Lande gelebt oder sogar selbst Land besessen.[1] So berichtete das Landesarbeitsamt Sachsen im Dezember 1945 über die »Umsiedler«: »Sie stammen meist selbst aus der Landwirtschaft und sind für die landwirtschaftlichen Betriebe wertvolle Fachkräfte. Es konnten daher auch einer Reihe von Umsiedlern im Zuge der Bodenreform Grund und Boden übergeben werden, so dass sie endgültig sesshaft geworden sind.« Es lag nahe, der Bodenreform neben ihrer politischen Dimension zugleich die Rolle eines sozialpolitischen Instruments zuzuweisen. In seiner berühmten »Kyritzer Rede« vom 2. September 1945 hatte Wilhelm Pieck hierzu jedoch nur einen winzigen Fingerzeig gegeben, indem er davon sprach, »der durch die Enteignung gewonnene Boden« solle dazu verwendet werden, »landarme Bauernwirtschaften zu vergrößern und neue selbständige Bauernwirtschaften für Bauern ohne Boden, kleine Pächter und Landarbeiter und auch Umsiedler zu schaffen.« Bevorzugt berücksichtigt werden sollten »Opfer des Faschismus«, »bewährte antifaschistische, demokratische Bauern« sowie Landarbeiter und kinderreiche Familien; dagegen war von »Umsiedlern« als einer bevorzugten Empfängergruppe nicht die Rede.[2] Dass angesichts von über vier Millionen Flüchtlingen und Vertriebenen schließlich nur ein Bruchteil bei der Landvergabe berücksichtigt wurde, macht deutlich, dass sich aus der Programmatik der Bodenreform kein Anspruch auf Land ableiten ließ.[3]

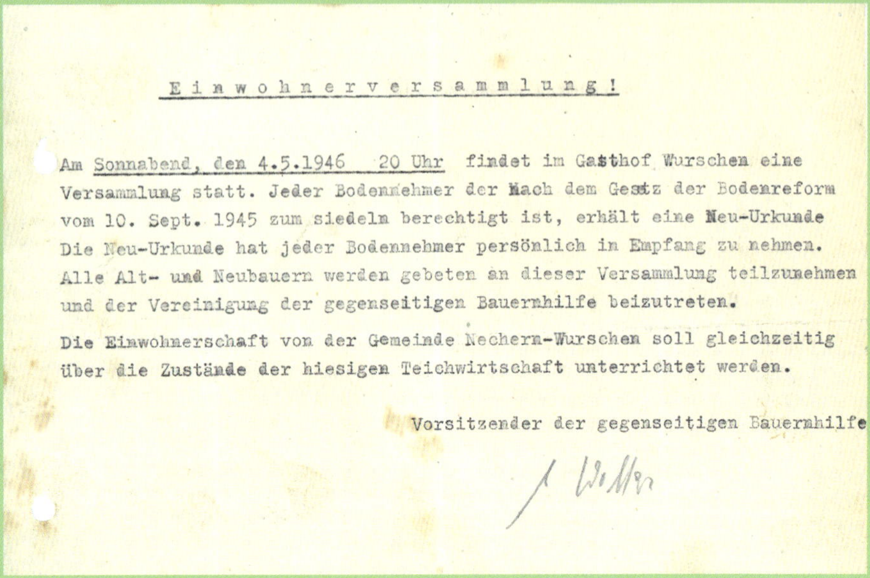

Einwohnerversammlung!

Am Sonnabend, den 4.5.1946 20 Uhr findet im Gasthof Wurschen eine Versammlung statt. Jeder Bodennehmer der Nach dem Gestz der Bodenreform vom 10. Sept. 1945 zum siedeln berechtigt ist, erhält eine Neu-Urkunde Die Neu-Urkunde hat jeder Bodennehmer persönlich in Empfang zu nehmen. Alle Alt- und Neubauern werden gebeten an dieser Versammlung teilzunehmen und der Vereinigung der gegenseitigen Bauernhilfe beizutreten.

Die Einwohnerschaft von der Gemeinde Nechern-Wurschen soll gleichzeitig über die Zustände der hiesigen Teichwirtschaft unterrichtet werden.

Vorsitzender der gegenseitigen Bauernhilfe

Abb. 38: Aufruf zu einer Versammlung zur Übergabe der Bodenreformurkunden, 1946.

Die Bodenreform und die durch sie bewirkte massive Enteignung von Land war ein von oben initiierter und gesteuerter Prozess, der dem Ziel der Besatzungsmacht und der KPD entsprach, die »Feudalbesitzer« und »Junker« zu enteignen und damit die vermeintlichen Wurzeln von Militarismus und Faschismus auf dem Lande zu beseitigen.[4] Dennoch ist nicht zu bestreiten, dass nicht wenige Menschen diesen Vorgang grundsätzlich begrüßten und in der Bodenreform eine Chance für einen Neuanfang sahen. Belegt wird dies durch die zahlreichen Denkschriften und konkreten Vorschläge aus der Bevölkerung, wie die Bodenreform im Einzelnen umzusetzen sei. Dabei spielte z. T. der Eigennutz ebenso eine Rolle wie der Versuch, alte Rechnungen zu begleichen, indem man zur Enteignung konkret benannter Personen aufforderte. Darüber hinaus finden sich Vorschläge, wie die Bodenreform durchzuführen und zu begleiten sei, etwa durch Schaffung einer staatlich beauftragten Planungsstelle für Land- und Gartenmaschinen, durch die Nutzung von Ödland für die Kleinviehhaltung und »landwirtschaftliche Bauberatung«. Andererseits unterlag die Bodenreform jedoch auch der Kritik durch die Bevölkerung. So prophezeite ein Dresdner Bürger bereits am 11. September 1945, d. h. unmittelbar nach Erlass der Bodenreform in Sachsen, die geplante Aufteilung der großen Güter werde massive Versorgungsprobleme aufwerfen: »In der heutigen angespannten Ernährungslage können Experimente keinesfalls gemacht werden. Die großen Güter sind bei ordentlicher Wirtschaftsführung bestimmt die besseren Ablieferer, während bei kleinerem Besitz die ›Selbstversorgung‹ in erster Linie steht. [...] Weiter sind die ›Großen Güter‹ führend in Saat- und Tierzucht, ihnen steht lebendes und totes Inventar in entsprechender Menge zur Ver-

> »Mag also die Aufteilung der Güter den Interessen des einzelnen und den sozialen Bedürfnissen an sich durchaus entsprechen, denen der Allgemeinheit entspricht sie zur Zeit keinesfalls und sie erfreut sich daher gar nicht etwa der Popularität bei denen, die sie angeht – auch wenn sie die Nutznießer sein könnten – die man erwarten zu können glaubte. Vor allem alle Fachleute auf dem Lande und zwar Landarbeiter ebenso wie Landwirte, sehen die Folgen der Aufteilung mit absoluter Sicherheit voraus, zumal für die neu zu schaffenden Betriebe weder genügend Vieh und Geräte, noch Spannvieh oder Gebäude vorhanden sind, ebenso wenig, wie die Gewähr für die erforderliche Einhaltung der gegebenen Fruchtfolgen und einer ordnungsgemäßen Bestellung gegeben ist. Es hat daher jedenfalls den Anschein, als ob in den Landgemeinden die weitaus größere Zahl der Bauern und Landarbeiter der Aufteilung des Großgrundbesitzes durchaus ablehnend gegenübersteht.«
>
> »Gutachten zur Bodenreform« v. J.A. aus Wilsdruff an die LRS v. 21.9.1945, HStA Dresden, 11377 LRS, MdI, Nr. 3655

fügung, während bei der Aufteilung die Neusiedler weder Vieh noch Ackergerät in ausreichendem Umfange haben, ganz abgesehen von den Gebäuden.« Und ein Wilsdruffer Bürger teilte diese Ansicht in einem unangeforderten »Gutachten zur Bodenreform«, das er der Sächsischen Landesregierung am 21. September 1945 überreichte und in dem er sich auf die öffentliche Meinung auf dem Lande und die Interessen der Allgemeinheit berief.

Schließlich nutzten einige Verfasser die Gelegenheit, sich selbst als Empfänger von Land ins Gespräch zu bringen. Ein »Umsiedler« aus Pirna etwa schrieb unmittelbar nach Erlass der Bodenreform an das sächsische Landwirtschaftsministerium, was nach seiner Ansicht nun zu tun sei: »Ich schlage vor, die Enteignungen im Bundesland Sachsen erst nach der Herbstbestellung vorzunehmen. Gleichzeitig sind sämtliche Bürgermeister der Landgemeinden für rechtzeitige Aussaat verantwortlich zu machen. [...] Ich weise noch darauf hin, dass vor allem Kartoffeln eingemietet und unter Kontrolle gehalten werden müssen. Wichtig erscheint mir auch noch, auf die Besitzer zu achten, deren Höfe während des Hitlerregimes entschuldet worden sind, da bekanntlich nur politisch Zuverlässige für das Entschuldungsverfahren zugelassen wurden. [...] Sämtliche Siedlungen müssen vor Enteignung einer Besichtigung unterzogen werden, damit die vorhandenen Gebäude bei späterer Besitzergreifung durch kleine Bauern, Siedler usw. richtig ausgenutzt werden können.« Wer bei dieser »Besitzergreifung« in erster Linie zu berücksichtigen sei, machte der Verfasser gleichfalls unmissverständlich klar: »Ich möchte auf die im Lande Sachsen anwesenden schlesischen Bauern hinweisen, die z. Zt. trotz ihrer Bemühungen ohne wirkliche Beschäftigung sind und die jederzeit der Landesverwaltung behilflich sein können. Der Unterzeichnete, welcher selbst Flüchtling aus dem niederschlesischen Gebiet ist und dort über einen mittleren Landbesitz und ein Sägewerk verfügte, ist gern bereit, bei Erörterung dieser Fragen mitzuhelfen.« Weder dieses noch andere ›Hilfsangebote‹ wurden angenommen, und die zahlreichen Vorschläge zur Durchführung der

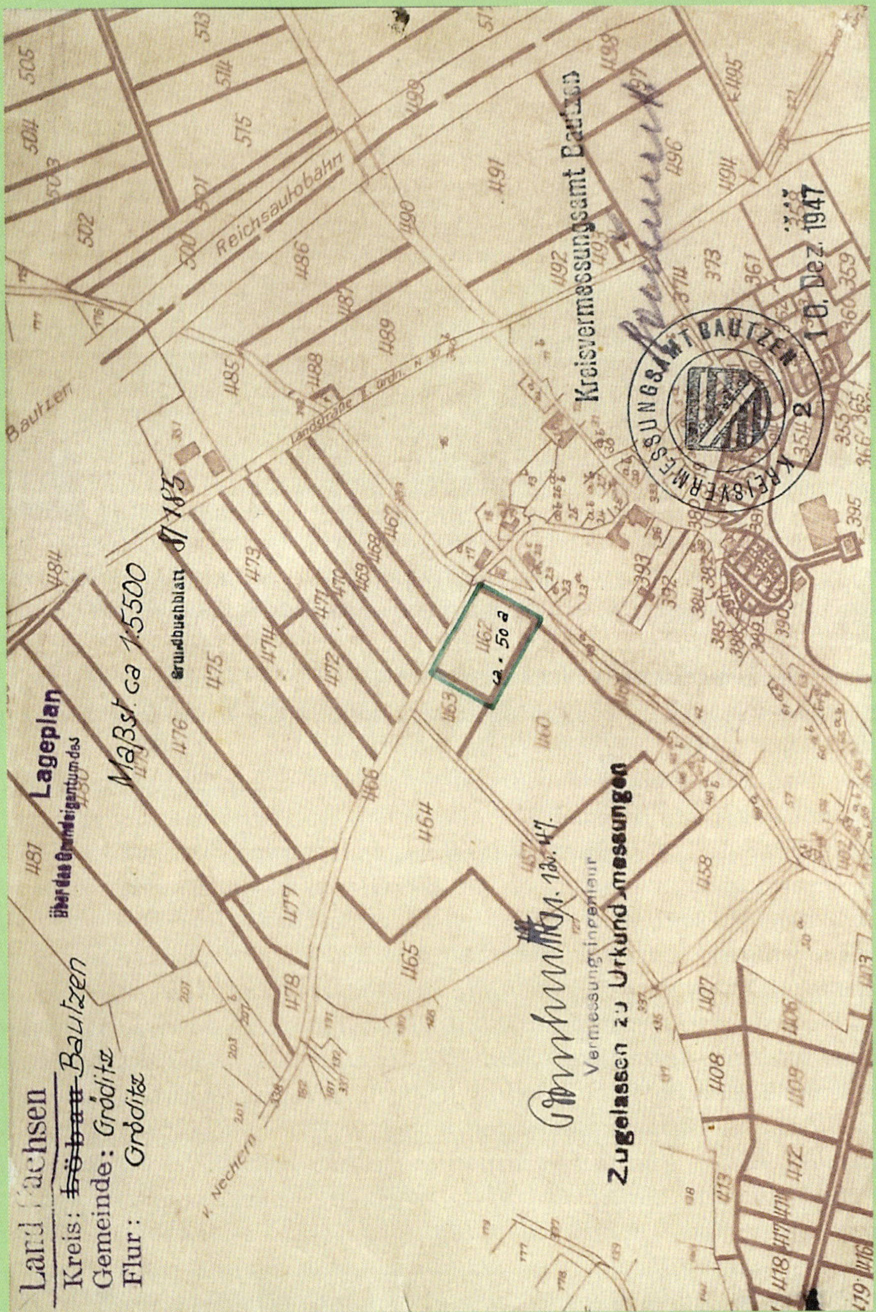

Abb. 39: Ausschnitt aus einem Katasterplan, 1947.

Bodenreform verschwanden in den Schubladen. *(vgl. HStA Dresden, 11377 LRS, MdI, Nr. 3654 u. 3655)*

Ein Problem der Bodenreform und der Ansiedlung der »Umsiedler« bestand darin, dass die Flüchtlinge und Vertriebenen zwar überwiegend vom Lande kamen und damit grundsätzlich für eine Wiederansiedlung ebendort geeignet schienen, jedoch nicht jeder Kreis in Sachsen gleichermaßen eine ausreichende Nahrungsgrundlage für die ländliche Bevölkerung bot. So kam es, dass viele »Umsiedler« in Städten untergebracht wurden, wo sie jedoch zunächst keine Erwerbsarbeit fanden oder auch gegenüber der neuen Umgebung eine Abwehrhaltung einnahmen. Das Landesarbeitsamt berichtete z. B. über Probleme im Erzgebirge: »Die Tatsache, dass die aus dem Osten kommenden Umsiedler zum grössten Teil aus Landarbeitern und ehemals selbständigen Landwirten bestehen, erschwert den Arbeitseinsatz in einigen Bezirken des Bundeslandes sehr. Besonders vom Erzgebirge wird berichtet, dass es schwierig ist, diese Umsiedler für Fabrik- und Bauarbeiten zu gewinnen. Es sind zahlreiche Fälle zu verzeichnen, in denen nur stundenweise gearbeitet, die Arbeit oft nur angesehen und garnicht aufgenommen wurde. Der Wunsch, in einen Landbezirk abzuwandern ist sehr stark und die Hoffnung auf das Gelingen beeinträchtigt die Sesshaftmachung.« An manchen Orten wussten die lokalen Behörden nicht, was sie mit den »Umsiedlern« vom Lande anfangen sollten. Diese Tatsache belegt etwa ein Schreiben des Stadtrates Pirna an die Landesregierung zur Jahreswende 1946/47: »Am 22. Dezember 1946 wurden uns 250 Umsiedler zugewiesen. Unter diesen befand sich eine erhebliche Zahl von Landwirten. Es ist klar, daß diese in unserer Stadt kaum eine Existenz finden werden, die ihren Fähigkeiten entspricht. Davon sind diese Leute auch selbst überzeugt und fühlen sich bedrückt. Da sie in der Regel auch zahlreiche Familienangehörige besitzen, kommt dazu die Unmöglichkeit, sie in entsprechende Wohnungen unterzubringen, da solche in unserer Stadt nicht mehr vorhanden sind.« Die für die jeweiligen Industrien benötigten Facharbeiter, etwa Bergleute oder Textilfacharbeiter, waren dagegen unter den »Umsiedlern« oftmals nicht zu finden. Im September 1946 beklagte sich der Stadtrat Crimmitschau über die mangelnde Qualifikation für die lokale Industrie: »Crimmitschau hat ausser den schon aufgenommenen 2500 Umsiedlern noch 6000 Personen zugewiesen bekommen, zwar nicht vom Umsiedleramt, sondern von dem Landesarbeitsamt. Es sollten Fachkräfte für die Textilindustrie sein. Wie sehen die Transporte aber aus? Einer bestand nur aus Landarbeitern, nicht eine einzige Fachkraft war darunter. Bei den letzten beiden Transporten waren von 1300 Menschen gerade 13 Weber, also 1 % dabei. Wie schwer das Arbeiten dieser Leute und damit eine Produktionssteigerung erreicht wird, das erleben wir jetzt täglich. [...] Das Landesarbeitsamt sollte sich wirklich mehr bemühen, auch wirkliche Fachkräfte aus den Umsiedlerlagern herauszuziehen.« Doch auch wenn die ›richtigen‹ Facharbeiter gefunden und in andere Kreise weitergeleitet wurden, kam es zu Missverständnissen, weil viele Wohnungsämter fürchteten, keinen Wohnraum für die Neuankömmlinge bereitstellen zu können.

Die Probleme bei der fachgerechten Verwendung der neu zugezogenen Arbeitskräfte umfassten demnach weit mehr als die Frage der Landvergabe im Zuge der Bodenreform. Lediglich die landwirtschaftlich geprägten Kreise wie der Kreis Grimma hatten

»Es häufen sich in der letzten Zeit die Beschwerden, daß seitens der Umsiedlerämter in der Provinz die Aufnahme der überwiesenen Fachkräfte verweigert wird. Es geht von Olbernhau die Mitteilung ein, daß die am 3.9.1946 nach Glauchau in Marsch gesetzten Textil-Facharbeiter keine Aufnahme in Glauchau gefunden haben und wieder im Lager Marienberg angekommen sind. [...] Das Arbeitsamt Olbernhau berichtet, daß es wiederholt vorgekommen ist, daß Facharbeiter nach Marienberg zurückgeschickt wurden. Es wird dringend ersucht, die Umsiedlerämter anzuweisen, überwiesene Facharbeiter aus Umsiedlertransporten in jedem Falle aufzunehmen. Vor allem muß vermieden werden, daß die Umsiedler hin- und hergeworfen werden, was nicht nur erhebliche Mehrkosten bedeutet, sondern auch eine große Mißstimmung hervorruft.«

Schreiben des LAA Sachsen an die Abt. f. dt. Umsiedler v. 17.9.1946 betr. Lenkung und Aufnahme von Fachkräften unter den Umsiedlern, HStA Dresden, 11391 LRS, MAS, Nr. 424

weniger Schwierigkeiten bei der Aufnahme der neuen Arbeitskräfte. Im August 1947 meldete das Arbeitsamt Grimma eine weitgehend erfolgreiche Eingliederung von »Umsiedlern«: »Der Hauptanteil der in unserem Bezirk untergekommenen Umsiedler hatte seine Heimat in Schlesien bzw. Ostpreußen, er war dort vorwiegend in der Landwirtschaft beschäftigt. Da auch der Arbeitsamtsbezirk Grimma ein Bezirk mit überwiegend landwirtschaftlichem Charakter ist, haben vor allem die ledigen Kräfte sofort eine geeignete Arbeitsstelle in der Landwirtschaft finden können. Lediglich die Unterbringung verheirateter Umsiedler in der Landwirtschaft mußte scheitern, da die erforderlichen Wohnungen nicht in den Gutsbetrieben mehr zur Verfügung stehen. Ein erheblicher Teil Umsiedler hat sich im Wege der Bodenreform durch Zuteilung von Land selbständig gemacht.« *(vgl. HStA Dresden, 11377 LRS, MdI, Nr. 3032, und 11391 LRS, MAS, Nr. 415, 423-425)*

Abgesehen von der Frage der Beschäftigungs- und Erwerbsmöglichkeiten für Vertriebene und Flüchtlinge stellte eine weitere Schwierigkeit die jeweils geltenden Zuständigkeiten und Interessen verschiedener Behörden dar. So hatten die Umsiedlerbehörden zwar ein Interesse daran, geeignete Flüchtlingsfamilien auf Bodenreformland anzusiedeln, doch lag die Landvergabe in der Hand der Ortsbodenkommissionen, die durch lokale Interessen der alteingesessenen Bevölkerung bestimmt wurden. Die Abteilung Landwirtschaft der Landesregierung bzw. das Landwirtschaftsministerium war vor allem an einer raschen und restlosen Enteignung und Landaufteilung interessiert und setzte die Priorität eher auf Ausschaltung der Rittergutsbesitzer und -verwalter als auf die Ansiedlung von Flüchtlingen und Vertriebenen auf den neu entstehenden Bauernstellen. Und die Abteilung Wirtschaft und Arbeit der Landesregierung stellte unmittelbar nach Beginn der Landaufteilung fest, dass die Ansiedlung einer größeren Zahl von Flüchtlingen und Vertriebenen als Neubauern nicht ins Auge gefasst werden könne, da ein Großteil des Bodenreform-Landes »zur Vergrößerung des Besitzes der Kleinbauern und Pächter verwendet werden« solle. Geradezu kategorisch wurde festgestellt: »Bodenflächen, die für die Ansiedlung einer größeren

Abb. 40: Festlich begangen: Bodenreform im Rittergut Helfenberg, 1945.

Zahl von Flüchtlingen infrage kämen, werden bei der Aufteilung der Großgüter im Bundesland Sachsen nicht anfallen.«

Generell war die politische Dimension der Bodenreform das beherrschende Thema im ministeriellen Schriftverkehr, sodass sich eine behördeninterne Kritik an deren Verlauf nur selten auf sozialpolitische Argumente stützte. Beispielsweise monierte Anfang 1946 die Landesbodenkommission (LBK) in Sachsen, welche die Arbeit der Ortsbodenkommissionen überwachte, die politische Ausrichtung und die Arbeit einiger Ortsbodenkommissionen seien unzureichend und Gemeinden wie Einzelpersonen versuchten sich im Zuge der Bodenreform zu bereichern. Auch wurde der fortdauernde Einfluss enteigneter Gutsbesitzer für bestehende Probleme der Landumverteilung verantwortlich gemacht: »Die Durchführung der Bodenreform, die mit einem ungeheuren Schwung angesetzt wurde, verlief in demselben Tempo nicht weiter. Es machten sich Erschwerungen bemerkbar. In verschiedenen Landkreisen mußte festgestellt werden, daß die Kreiskommissionen die politischen Fragen nicht richtig erfaßt haben. In anderen Landkreisen wieder hatte man die Bestimmungen nicht richtig ausgelegt. Die Gemeindekommissionen, die schlecht arbeiteten, glaubten, einzelne Personen oder die Gemeinden könnten sich auf Grund dieses Gesetzes bereichern. Die zur Enteignung kommenden Gutsbesitzer versuchten, in dem Dorfe Unstimmigkeiten zu erzeugen, indem sie ihren Landarbeitern erklärten, sie würden durch die Bodenreform brotlos. Andere wieder stellten den Landarbeitern Grund und Boden zur Verfügung, um so die Stimme des Betreffenden für sich zu erhalten.«

»Die unterzeichneten Gefolgschaftsmitglieder des Rittergutes Techritz bitten die Landesverwaltung von einer Aufteilung dieses Betriebes Abstand zu nehmen, da sie möglichst weiter in ihren bisherigen Stellungen verbleiben wollen. [...] Wir Landarbeiter haben ein grosses Interesse daran, dass Techritz weiter als Betrieb bestehen bleibt und im bisherigen Sinne bewirtschaftet wird, weil wir so die Gewissheit haben, dass wir unseren Arbeitsplatz behalten und wir auch dauernd Beschäftigung und Verdienst haben. Wir Landarbeiter des Rittergutes Techritz sind alle schon lange mit dem Betrieb verwachsen, viele von uns sind 25 Jahre und darüber in ihren Stellungen, andere etwa 20 Jahre, nur wenige kürzer als 10 Jahre. Weder der Besitzer noch der Pächter waren Mitglieder der NSDAP, es ist vom Betrieb aus nie ein Druck auf uns ausgeübt worden, dass wir der Partei beitreten sollten, es war kein Parteigenosse auf dem Rittergut Techritz tätig.«

Schreiben von 15 Beschäftigten des Rittergutes Techritz an die LBK v. 11.10.45, HStA Dresden, 11410 KT/KR Bautzen, Nr. 1312

Insbesondere die Tatsache, dass in einigen Orten eine quasi genossenschaftliche Bearbeitung der enteigneten Güter angestrebt wurde, war der LBK ein Dorn im Auge. Ganz offen formulierten etwa die Beschäftigten des Rittergutes Techritz bei Bautzen den Wunsch, ihr Gut möge von der Enteignung und Zerschlagung ausgenommen werden, da sie die gemeinsame Bewirtschaftung bevorzugten.

Doch auch wenn, wie im Falle von Techritz, eine Aufteilung entgegen der Wünsche der Landarbeiter erfolgte und neue Bauernstellen ausgegeben wurden, blieben die herkömmlichen sozialen Bindungen und Arbeitsabläufe oftmals bestehen, was bei den Bodenkommissionen den Verdacht hervorrief, die Bodenreform werde sabotiert. So wurde in Grimma kritisiert: »In [...] Grimma unterlagen nach den Bestimmungen der Bodenreform 13 Güter der Enteignung und Aufteilung. In diesem Kreise machten sich vor allen Dingen die Bestrebungen bemerkbar, die Güter gemeinsam ohne individuelle Aufteilung zu bewirtschaften. Bezeichnungen wie Gemeinschaftsgut ›Leisenau‹ geben den Ausdruck der falschen Auffassung über die Bodenreform, ebenso waren besondere Schwierigkeiten vorhanden dadurch, daß in verschiedenen Gütern jegliches Kartenmaterial über die Flurstücke fehlten, Flurstücksnummern nicht ermittelt werden konnten und so die Gesamtarbeit verzögerten.« Und in dem Begleitschreiben zu diesem Bericht hieß es seitens der Kreisbodenkommission Grimma: »Nach dem die Bodenreform im Anfang einen sehr guten Verlauf nahm, stellten sich bei der Aufteilung, infolge mehrfach sich ändernder Anweisungen seitens der Landesverwaltung und durch die verspätete Anweisung über die Aufteilung des Waldes, besondere Schwierigkeiten heraus. Es machte sich auch eine besondere Stimmung, die in der Landarbeiterschaft günstig genährt wurde, bemerkbar, die sich gegen eine Aufteilung der Güter richtete und die Landarbeiter für eine gemeinsame Bewirtschaftung der Güter interessierte. Die vorhandenen Schwierigkeiten betr. Unterbringung der Umsiedler und des Viehes nährten diesen Boden. Es bedurfte erst eines besonderen energischen Hinweises der Kreiskommission, daß, wenn die Güter nicht unverzüglich restlos aufgeteilt würden, eine neue Beschlagnahme durch die Kreiskommission erfolgen und die Güter mit Umsiedlern neu belegt würden, welche dann beweisen würden, daß die bisher noch gemeinsam bewirtschafteten Güter innerhalb 8 Tagen vollständig aufgeteilt sein würden. Bei der Kontrolle durch die Militärregierung über die Aufteilung der Güter ergab sich, daß ein Teil diese Güter auch wirklich nur auf dem Papier aufgeteilt hatten. Dort wurde das Versäumte in den letzten Tagen nachgeholt.«[5]

Demnach stand die Durchsetzung der Bodenreform im Kreis vor Problemen, die durch den Widerstand der Bevölkerung vor Ort bedingt waren. Die kollektive Bewirtschaftung, die von den Behörden kritisiert und als Beweis eines ›falschen‹ Bewusstseins interpretiert wurde, entsprach nicht nur den Gewohnheiten der bislang auf den Rittergütern bzw. dem vom Gutsherrn verpachteten Land wirtschaftenden Bauern, sie bot angesichts der herrschenden Ernährungskrise, der Knappheit an nahezu sämtlichen Ressourcen sowie eines Zustandes der allgemeinen Ungewissheit einen rationalen Weg zum Überleben. Aus Sicht der KPD und der sowjetischen Besatzungsmacht jedoch stellte sie den Versuch dar, die Bodenreform zu verwässern oder gar zu sabotieren. *(vgl. HStA Dresden, 11377 LRS, MdI, Nr. 3508; 11391 LRS, MAS, Nr. 414; 11394 LRS, MLF, Nr. 332; 11410 KT/KR Bautzen, Nr. 1312)*

Zur Kontrolle der Bodenreform in den Kreisen wurden vom Innenministerium Inspekteure eingesetzt, die »Kontrollfahrten« durchführten. In den Richtlinien für diese Inspekteure hieß es u. a.: »Die mannigfachsten Fehler in der Auslegung und Handhabung des Gesetzes zur Durchführung der Bodenreform und seiner Ausfüh-

Abb. 41: Neubauer mit Zuchtsau, Wurschen, um 1955.

rungsbestimmungen lassen erkennen, dass eine umfassende und ständige Kontrolle in jedem einzelnen Dorf durchgeführt werden muss. Nicht nur durch Unwissenheit sind diese Fehler entstanden, sondern mangelnder guter Wille, passive Resistenz, und Beeinflussung durch versteckte und offene Gegner der Bodenreform sind hier am Werke, die Bodenreform zu durchkreuzen. Auch bei sonst guten Antifaschisten besteht die Neigung, an Stelle einer restlosen Zerschlagung des Grossgrundbesitzes, die Bildung von Kollektivwirtschaften zu begünstigen.« Im Vordergrund stand demnach die Ausschaltung »reaktionärer« Kräfte auf dem Lande, durch die sich die Lösung aller übrigen anstehenden Probleme wie von selbst ergeben würde. Nicht selten gerieten dabei auch Flüchtlinge in das Visier der Behörden, da man sich über deren politische Zuverlässigkeit offenbar nicht immer im Klaren war. Im Frühjahr 1947 berichtete beispielsweise der CDU-Landesverband an die Abteilung Bodenreform der Deutschen Zentralverwaltung für Land- und Forstwirtschaft über die »politischen Auswirkungen der Bodenreform« in Sachsen: »Wirtschaftliche Entmachtung des Grossgrundbesitzes und Demokratisierung der landwirtschaftlichen Besitzverhältnisse sind die wichtigsten Folgen der Bodenreform in politischer Hinsicht. [Der] Berichterstatter glaubt jedoch, daß beim Ansatz von Neubauern nicht sorgfältig genug die politische Vergangenheit derselben beachtet wurde. Dies gilt besonders da, wo ortsfremde Flüchtlinge, nicht die später ordnungsgemäss Umgesiedelten, in Ortsbodenkommissionen besonders aktiv bei Enteignungen von Gütern unter 100 ha sich betätigten oder sich als Neubauern haben ansetzen lassen.« Durch welche konkreten Fälle dieser versteckte Vorwurf der politischen Sabotage zu untermauern war, ließ der Verfasser allerdings offen.

Abgesehen von den ideologisch motivierten Schuldzuweisungen waren es praktische Probleme, etwa bei der Landvermessung, die den Behörden in Sachsen in den ersten Monaten nach der Bodenreform Sorgen bereiteten. Ein Beispiel stellt der Bericht einer Kontrollfahrt in den Kreis Bautzen im Februar 1946 dar, in dem festgestellt wurde: »Im großen und ganzen war bei der Prüfung festzustellen, daß es noch eine ganze Reihe von Neubauern gab, die nicht mit Sicherheit angeben konnten, wo sich das ihnen zugeteilte Land befand. Darüber hinaus waren auch die Verteilungen des toten Inventars, soweit es nicht durch die gegenseitige Bauernhilfe verwaltet werden soll, nicht immer restlos durchgeführt worden. Also es ist hier seitens der Kreiskommission noch allerhand zu tun, um diesen Zustand auf eine befriedigende Basis zu bringen.« Anderseits wurde in einem nur wenige Tage später datierten Kontrollbericht der durchschlagende Erfolg der Bodenreform im Kreis Bautzen gefeiert. Die Einschätzung des Erfolges der Bodenreform schwankte zwischen Sorgen um die korrekte Durchführung einerseits und dem Verlangen nach propagandistischen Erfolgen andererseits. *(vgl. HStA Dresden, 11377 LRS, MdI, Nr. 3093 u. 3105)*

Im Unterschied zu den Landesbehörden hatten die Leiter der Abteilungen Bodenreform in den Kreisen nicht unbedingt ein Interesse daran, Probleme und Mängel der Bodenreform aufzudecken. Dies gilt auch für den Kreis Grimma, wo der zuständige Abteilungsleiter sich darum bemühte, ein geschöntes Bild abzugeben. Bezeichnenderweise konzentrierte er sich in seinem Bericht ein knappes Jahr nach dem Erlass der Bodenreform auf die politische Dimension des Umbruchs: »Ende August 1945 erhielten wir die ersten Anweisungen für die Durchführung der Bodenreform im Bundesland Sachsen. Ich setzte mich sofort mit der Kreisleitung mit dem Gen. M., Grimma, in Verbindung und arbeitete mit ihm gemeinsam den Plan zur Durchführung der Bodenreform aus. Bereits bis zum 9. September 1945 gelang es uns 78 Gemeinde-Kommissionen mit insgesamt 589 Mitgliedern zu bilden, die sich politisch wie folgt zusammensetzten: 91 KPD, 61 SPD, 1 CDUD, 5 LDPD, 231 Parteilose. [...] Am 11.9.1945 erfolgte die Veröffentlichung der Verordnung zur Durchführung über die demokratische Bodenreform. Am 16.9.1945 vormittags 10 Uhr fand bereits die erste grosse Bauernkonferenz [...] in Grimma statt, die von über 500 Delegierten besucht war. Hier wurden die ersten Richtlinien über die Durchführung dieser gewaltigen Arbeit festgelegt. Es galt 77 Güter mit 22.129 ha Boden den Junkern zu entreissen und an die Landarbeiter, Umsiedler, Landarmen und Landlosen aufzuteilen. [...] Im Kreis Grimma waren 11 Grossgüter von der Roten Armee besetzt, die mit 925 ha in deren Besitz blieben. Das übrige Land dieser Güter wurde unter ca. 500 Neubauern aufgeteilt. Diese Neubauern waren ohne Vieh, ohne Geräte, ohne Futter für das Vieh

»Nachdem die Bodenreform mit Hilfe der Kreis- und Gemeindebodenkommission nunmehr im wesentlichen zum Abschluß gebracht worden ist, wurden in den letzten Tagen in einzelnen Gebieten Kontrollfahrten durchgeführt. Diese Fahrten brachten ein Ergebnis, das gezeigt hat, daß der Sinn der Bodenreform in den weiten Kreisen der deutschen Bevölkerung in der sowjetischen Besatzungszone, besonders jedoch im Bundesland Sachsen erfasst worden ist. So wurden gerade die im Kreis Bautzen durchgeführten Fahrten mit einem fast 100 % Ergebnis beendet. Die Neubauern, denen Neubauernstellen, Vieh, Saatgetreide, Futtermittel und landwirtschaftliches Inventar, wenn auch mitunter in nur geringem Umfang, zugewiesen worden sind, haben uns bei unserem Besuch fast einmütig bestätigt, daß sie sich als freie Bauern, auf eigener Scholle wohlfühlen und zufrieden sind. So wurde uns bei einem Besuch auf dem ehemaligen Rittergut Putzkau, von einem Neubauern mit Stolz seine 6 kleinen, erst einen Tag alten Ferkelchen vorgeführt, wozu er behauptete, daß dieser Wurf ihm doch wohl sicher Glück bringen müsste. Auch die noch auf diesem Gut ansässigen Neubauern sprachen uns ihre Zufriedenheit über das ihnen zugeteilte Vieh und des landwirtschaftlichen Inventars aus. Neubäuerinnen, die im Zuge der Bodenreform von dem aufgeteilten Rittergut Land, Wohnung und Stallungen erhalten haben, arbeiten allein, unter Mithilfe der gegenseitigen Bauernhilfe, auf ihrem Grund und Boden und scheuen keine Mühe. Sie wissen genau, was ihnen gehört, und haben, trotzdem die Männer sich noch in Gefangenschaft befinden, alle Arbeiten musterhaft gelöst. Im Allgemeinen besteht unter den Neubauern die auf dem enteigneten Rittergut ansässig geworden sind, eine vollkommene Übereinstimmung sodaß die Bearbeitung des Grund und Bodens für das kommende Jahr ohne Unterbrechung sachgemäß durchgeführt werden wird.«

Bericht »Kontrollfahrten zu den Neubauern im Kreise Bautzen« des MdI v. 22.2.1946, HStA Dresden, 11377 LRS, MdI, Nr. 3105 und ohne menschliche Ernährung.« Keine Erwähnung fand hier, dass die Arbeit der Abteilung Bodenreform im Kreis von der Besatzungsmacht zumindest in den ersten Monaten durchaus kritisch beurteilt worden war. So sei die Bodenreform von Seiten der »antifaschistischen Parteien« weder genügend kontrolliert worden noch zahlenmäßig nachvollziehbar. Hierfür wurde der Abteilungsleiter namentlich verantwortlich gemacht: »Im Kreise Grimma seien große Fehler [bei der Bodenreform, SF] festzustellen: Die Aufstellungen und die einzelnen Angaben seien hier sehr verworren und durcheinander, besonders bezgl. Grund- und Bodenfeststellungen, Viehzahl und dergleichen. Es sei eine besonders schlechte Durchführung der Bodenreform festzustellen, es sei keine genügende Kontrolle und keine genügende Aufklärung durch die SPD und die KPD. Das hätte dazu geführt, dass die Faschisten ihre Ziele erreicht hätten und die Bodenreform nur auf dem Papier stehe. Selbst der Vizepräsident Fischer sei dieser Ansicht und Herr N. [Abt. Bodenreform d. Kr. Grimma, SF] trüge hierfür die Verantwortung.«

Generell trug die Fixierung auf die politische Seite der Bodenreform, insbesondere die Entmachtung der bisherigen ländlichen Eliten, dazu bei, dass wirtschaftliche und soziale Dimensionen des Neuanfangs vernachlässigt wurden. Die Ortsbodenkommissionen unternahmen die Landzuteilungen nicht nur an Landarbeiter und »Umsiedler«, sondern auch an die Gruppen der »Kleinsiedler« (Siedler mit Besitz von Parzellen bis 0,5 Hektar), »Kleinpächter« (Gärtner mit ein bis drei Hektar Land) und der »landlosen Bauern« (Bauernsöhne ohne Erbland). Es entstanden somit nicht selten Situationen, in denen verschiedene Empfängergruppen in Konkurrenz zueinander standen. Da die Landaufteilung oftmals sehr zügig durchgeführt wurde und der Großteil des Bodenfonds bereits nach wenigen Monaten vergeben worden war, sahen sich vor allem solche Personen benachteiligt, die erst ab 1946 in den Kreisen angesiedelt wurden. In diesen Fällen suchten die Antragsteller bei den Kreisen oder auch der Landesbodenkommission um Landzuteilung nach. Typisch ist etwa folgendes Gesuch vom Oktober 1945 aus dem Kreis Grimma: »Ich möchte mich hiermit an der Aufteilung des Großgrundbesitzes beteiligen. Seit meiner Geburt bin ich nun mit dem Lande fest verbunden. Mein Wunsch das Grundstück zu Hause zu bekommen blieb mir versagt da es mein Bruder übernahm. Durch die Bodenreform sehe ich mich meinen Zielen wesentlich näher gerückt. Habe grosses Interesse daran ein Stück Land von 5-6 Hektar zu erwerben, was ich für mich bewirtschaften kann mit meiner Familie. Ich bitte sie darum mich bei der Verteilung von Land in ihrem Kreise berücksichtigen zu wollen. Sollte es nicht anders möglich sein, so kann es auch im angrenzenden Kreis sein.« Auch zahlreiche Personen, die nicht im Kreis Grimma wohnhaft waren, richteten Gesuche um Land an die dortige Kreisbodenkommission, darunter auch viele Flüchtlinge und Vertriebene, die in den ersten Wochen und Monaten der Bodenreform leer ausgegangen waren. Die Petitionen enthielten oftmals biografische Informationen, wie z.B. das Gesuch von G.S. aus Müglenz: »Da ich seit den 9.10.44 aus dem Memelland evakuiert bin und seit dem 19.1.45 in Müglenz wohnhaft bin. Weil ich Bauer von Jugend und in keiner Partei bin, beteiligte ich mich bei der Aufteilung des Rittergutes Müglenz. Wurde aber gestrichen. Aus dem Grunde weil es kein Boden zur Verteilung reichte [sic]. Also bitte ich die Bodenreform Grimma in Ihrem Kreise meinen Antrag als Neubauer zu berücksichtigen.« Viele Petenten waren bereits vor dem Kriegsende Bauern gewesen und nunmehr auf der Suche nach neuem Land: »Unterzeichneter stellt hiermit Antrag auf Zuweisung einer Siedlungsstelle. Ich besaß im Kreis Militsch eine volle Landwirtschaft von 24 Hektar und bin um alles gekommen, außer Gespann und Wagen. Ich bin erfahren auf allen Gebieten der Landwirtschaft, auch Vieh- und Pferdezucht und ich würde mich für die jetzige neue Sache mit allen Kräften einsetzen.« Stets verwiesen die Gesuche auf die politische Unbescholtenheit der Verfasser. Der Kreis wiederum verwies auf die Zuständigkeit der Ortsbodenkommissionen, informierte die Antragsteller gelegentlich aber auch über noch freie Siedlerstellen, z. T. auch in Nachbarkreisen. *(vgl. StA Leipzig, 20233 KT/KR Grimma, Nr. 1044, 1046, 1054, 1079 u. 1080)*

Die Haltung der LBK gegenüber den Petenten ist dagegen als unkooperativ zu bezeichnen, verschickte man doch lediglich ein standardisiertes Antwortschreiben mit dem Verweis auf die Zuständigkeit der lokalen Bodenkommissionen bzw. dem lapidaren Hinweis, dass die Bodenreform bereits Anfang 1946 zum Abschluss gekommen und Land daher nicht mehr zu vergeben sei. Für die Vertriebenen unter den Antragstellern, die u. a. aus Pommern, Schlesien, Galizien und der Tschechoslowakei kamen, wurden keine Ausnahmen gemacht. Auch die ausgesprochen höfliche und politisch korrekte Ausformulierung des Antrages half dann nicht weiter.

Die »Umsiedler« beklagten aber auch nicht selten, sie seien bei der Landvergabe schlichtweg übergangen worden. Bereits am 27. September 1945 beschwerte sich ein Siedlungswilliger aus Guttau bei Bautzen über die Diskriminierung durch die Ortsbodenkommission: »In der hiesigen Gemeinde Guttau Kreis Bautzen, ist das Rittergut von 150 ha zur Aufteilung gelangt. Zunächst wurde den Flüchtlingen versprochen bestimmt bei der Landzuteilung berücksichtigt zu werden. Jetzt wird uns jedoch eröffnet eine Zuteilung von Land sei an Flüchtlinge nicht möglich weil dies die Behörde verboten habe. Da dies doch aber mit den amtlichen Artikeln in den Zeitungen nicht übereinstimmt, wollen Sie mir bitte Mitteilung geben ob diese Behauptung richtig ist oder nicht. Ist es etwa nur eine aufgebrachte Sache der hiesigen wendischen Bewohner? Wir haben hier die gesamte Getreideernte mit eingebracht, die ohne die Arbeit und die Gespanne der Flüchtlinge nicht hätte eingebracht werden können. [...] Das Land vom Rittergut ist wohl verteilt worden, aber meist an Leute die denselben garnicht einmal bestellen können, weil diese hierzu garnicht in der Lage sind und über keinerlei Gespanne verfügen. Es wird hier auch zum Teil so werden, Pg. Nazi erhalten Acker und wir Flüchtlinge sehen von ferne zu. [...] Wir glauben jedoch nicht, das die hier getroffenen Massnahmen im Sinne der Landesregierung und der Bodenreform liegen. Zumal doch in einem Aufruf an die Flüchtlinge in der Zeitung geschrieben wurde, das der letzte Bissen Brot mit ihnen würde geteilt werden, davon ist aber bei den von der hiesigen Gemeinde getroffenen Massnahmen nicht gerade viel zu merken.« Und gleichfalls übergangen fühlte sich ein Flüchtling aus Ostpreußen, der in Nepperwitz bei Wurzen aufgenommen worden war: »Ich bin seit dem Juli 1945 in Nepperwitz ansässig. Ich habe mich seit Beginn der Bodenreform von Anfang an um eine Siedlerstelle bezw. eine Neubauernstelle beworben. Bin aber ohne Angabe der Gründe vom Bürgermeister in Nepperwitz und auch vom Landratsamt in Grim-

»Ich […] erlaube mir hiermit an die geehrte Provinzialverwaltung der Provinz Sachsen, als maßgebende Stelle zur Durchführung der Bodenreform das Ansuchen um Zuteilung einer Bauernstelle aus der Bodenreform zu stellen und führe zur Begründung meines Ansuchens nachfolgende Punkte an:

1. Ich bin am 26. April 1888 in Teplitz, Sudetengau geboren, verheiratet und Vater von 4 Kindern. Infolge Umsiedlung aller Deutschen aus der Čecho-Slowakei [sic], wurde ich ebenfalls von dieser Maßnahme betroffen und wohne seit 1. September 1945 in Freiberg i/Sa., wo ich bei der Stadtgemeinde als Maurerpolier beschäftigt bin.

2. Mein erlernter Beruf ist Landwirt, war in meiner Heimat selbständig und Besitzer einer Landwirtschaft im Ausmaße von 8,5 ha die ich durchwegs mit meiner Frau und meinen 4 Kindern bewirtschaftete. Außerdem habe ich mit gutem Erfolge Pferdezucht betrieben. […]

Als Umsiedler ist es mein sehnlichster Wunsch endlich wieder festen Boden unter die Füße zu bekommen und eine neue Heimat zu besitzen. Als Neubauer wird es mein aufrichtiges Bestreben sein, an dem Aufbau eines neuen demokratischen Deutschland mit allen Kräften mitzuarbeiten.«

Schreiben v. F.R. aus Freiberg v. 23.6.1946 betr. Zuteilung einer Neusiedlerstelle, HStA Dresden, 11377 LRS, MdI, Nr. 3679

ma abgelehnt worden. Ich bin Ostpreußischer Flüchtling und habe früher 10 Morgen Land besessen. Durch meine Mitgliedschaft zur SEP [sic] bestehe ich weiterhin darauf, mir ein Stück Land zuzuweisen und bitte Sie deshalb, mich in dieser Sache zu unterstützen. Ich bin bis jetzt meinem Beruf als Schneidermeister nachgegangen. Kann diesen aber weiterhin nicht beibehalten, wegen meinem schweren Augenleiden.« Inwieweit diese Vorwürfe gegenüber den Ortsbodenkommissionen und den lokalen Amtsträgern berechtigt waren, lässt sich im Einzelfall nicht mehr rekonstruieren, doch scheint die Erfahrung der Diskriminierung bei der Landvergabe keine Ausnahme gewesen zu sein.

Bei der Bewerbung um bzw. Zuteilung von Land an Flüchtlinge und Vertriebene ist schließlich der Zwiespalt zu berücksichtigen, in dem sich diese nach der Niederlassung in der neuen Heimat wiederfanden. In nicht wenigen Fällen zögerten die Neuankömmlinge mit der Übernahme einer Bauernstelle, da sie noch die Hoffnung auf Rückkehr in ihre Heimatorte hegten und sich nicht durch den Landerwerb neu binden wollten. Diese abwartende Haltung rächte sich später, wie folgendes Beschwerdeschreiben aus Kirmsdorf bei Meißen zeigt: »Ein vertriebener Bauer aus dem Kreise Glogau, Niederschlesien, richtet hiermit eine höfliche Anfrage, welchem Schicksal die Umsiedler aus meinem Heimatgebiet entgegen sehen. In dem Glauben an eine Rückkehr in die Heimat, habe ich mich nicht um eine Siedlung beworben, und nun wurde mir bekannt, dass weiteres Land nicht mehr zur Verfügung steht. Sollen nun die tausende Bauern aus dem Ostgebiet, als Bauernknechte in Sachsen ihr Leben fristen? Hier gibt es doch noch genügend Land zum Aufteilen, unter den Betrieben bis zu 100 ha. Wir haben Heimat, Haus und Hof verloren, und die hiesigen Bauern sollen nicht einen qm opfern, moukieren [sic] die Herrn und wir die Knechte. Haben diese nicht auch soviel Schuld an dem wahnsinnigen Kriege wie wir?« Die Offenheit der politischen Lage war so eng mit der Ungewissheit der eigenen Lebensperspektive verknüpft, dass es für die »Umsiedler« kaum möglich war, die aus ihrer Sicht richtigen und zukunftsweisenden Entscheidungen zu treffen.

Je später die »Umsiedler« die Zuweisung einer Bauernstelle beantragten, umso unwahrscheinlicher war es, dass sie mit ihrem Gesuch noch Erfolg hatten (allerdings kamen zurückgegebene oder verlassene Neubauernstellen zur Neuvergabe). Die Landesregierung drängte darauf, die Bodenreform für abgeschlossen zu erklären und damit jegliche Ansprüche auf Revision oder Landzuteilung abzuwehren. Zugleich galt es, die Bodenreform als erfolgreichen Schritt in eine sozialistische Zukunft zu propagieren, von dem auch die »Umsiedler« profitierten. *(vgl. HStA Dresden, 11377 LRS, MdI, Nr. 3678 u. 3679; 11391 LRS, MAS, Nr. 1017)*

Während damit letztlich nur ein geringer Teil der Flüchtlinge und Vertriebenen in Sachsen darauf hoffen konnte, als Folge der Bodenreform auf dem Lande sesshaft zu werden, hatten die bisherigen Landeigentümer, d.h. die Großgrundbesitzer und die in die nationalsozialistische Herrschaft verwickelten Landbesitzer, ihrerseits die Vertreibung zu erwarten. Nach der Enteignung mussten sie, sofern sie selbst auf dem Landgut ansässig waren, ihren Heimatkreis verlassen.[6] Darüber hinaus unterlagen sie oftmals polizeilicher Verfolgung, da sie – bis zum Beweis des Gegenteils – als Nazi-Aktivisten verdächtigt wurden. Die Kriminalisierung der Großgrundbesitzer wird eindrucksvoll durch eine Fernsprechmeldung des Landeskriminalamtes Sachsen belegt, die nur wenige Wochen nach Beginn der Bodenreform an die Ortsbodenkommissionen erging: »Dem Landeskriminalamt Sachsen sind sofort aus dem hiesigen Kreise die Leute namhaft zu machen, die im Zuge der Bodenreform enteignet wurden und sich außerdem während der Nazizeit sehr unliebsam machten und im Zuge des Neuaufbaues hinderlich sind. Dies ist so zu verstehen, daß sämtliche, dem Neuaufbau nicht gutgesinnte Junker, Feudale und sonstige Bauernkreise mit all ihren Familien

»Besonders der Umstand, daß die Umsiedler zum größten Teil aus landwirtschaftlichen Gebieten kommen, macht es den Ländern mit landwirtschaftlicher Struktur leichter, Menschen aufzunehmen, als es bei uns der Fall ist. Durch die Bodenreform konnten wir eine größere Anzahl Umsiedler landwirtschaftlicher Herkunft unterbringen. In Sachsen sind bei der Aufteilung der großen Güter 19178 Neubauerstellen errichtet worden. Davon sind 6718 an Umsiedler und die übrigen 12460 landarmen Bauern unseres eigenen Landes gegeben worden. Ein weiterer großer Teil des durch die Bodenreform gewonnenen Grund und Bodens ist an landarme Bauern zur Erweiterung ihrer Bauernstellen sowie an Kleinpächter und Landarbeiter aufgeteilt worden. Wir haben keine nennenswerten Möglichkeiten mehr Menschen in der Landwirtschaft unterzubringen. Die Bodenreform muß bis auf wenige Ausnahmefälle als abgeschlossen betrachtet werden.«

Vortrag »Umsiedlernot – unsere Not!« von Arbeitsminister Gäbler v. 22. Mai 1947 in Zittau, HStA Dresden, 11391 LRS, MAS, Nr. 1017 und Angehörigen zur Meldung zu bringen sind. Diese Meldung mit dem genauen Personenverzeichnis, politische Vergangenheit und ihrer nazistischen Belastung ist bis spätestens Montag, den 8.10.45 an das Kriminalamt Leipzig, Wächterstr. 5, mittels Kurier zu überbringen.«

Welche Schwierigkeiten auch den Pächtern der Güter drohten, die zwar keine Landeigentümer waren, aber mit den Gutsherren doch eng zusammengearbeitet hatten, zeigt der Fall des Pächters des Rittergutes Drauschkowitz bei Bautzen. Dieser sah sich nicht als der Gruppe der zu enteignenden Grundbesitzer zugehörig und wehrte sich dagegen, von seinem Land vertrieben zu werden. Ende November 1945 beschwerte er sich ausführlich über das seiner Ansicht nach unrechtmäßige Vorgehen der Ortsbodenkommission: »Am 21.9.45 werde ich abends zum Bgm. [Bürgermeister] gerufen und wird mir eröffnet, daß mein Verpächter, Graf Schall-Gaußig und zugleich ich als Pächter mit enteignet würde. Der Gemeinderat hätte beschlossen mich als von der Gemeinde bezahlten Verwalter des Gutes (93 Hektar) zu belassen. Ich erhebe dagegen Widerspruch und betone, daß ich als Pächter unter 100 Hektar besonderen Bestimmungen der Bodenreform unterliege. Am 22.9. morgens ruft mich der Bgm. zu sich, er habe die ganze Nacht nicht geschlafen, die Sache müsse humaner durchgeführt werden. Es wird ein neuer Beschluß des Gemeinderates, der sich zugleich zur Ortskommission für Bodenreform ernannt hat, gefaßt, daß die Pachtung als Ganzes bestehen bleiben soll, mir als Saatbaubetrieb und Lehrwirtschaft zugesprochen werden soll und daß das mir gehörige lebende und tote Inventar mein Eigentum bleibt. Der Bauernvertreter X. schreibt mir ein lobendes Attest für meinen Einspruch beim Landratsamt, daß ich jederzeit mustergültig gewirtschaftet hätte und als langjähriger Pächter ersten Anspruch auf größere Landzuteilung hätte. [...] Am 8.10.45 erscheint die gesamte Ortskommission. Der Bgm. als Vorsitzender erklärt, daß laut Beschluß der Kreiskommission das Rittergut Drauschkowitz völlig aufgeteilt werden müsse, er enteigne und beschlagnahme hiermit das Gut, das gesamte lebende und tote Inventar und den gesamten Hausrat, Mobiliar usw. Mir wird die Betriebsführung entzogen, meiner Frau sämtliche Hausfrauenrechte. Es wird ein sogenannter Verwalter eingesetzt (Steinarbeiter K., Brösang) und die Haushaltführung, sowie Milch- und Geflügelwirtschaft übernehmen im Hause mitwohnende Flüchtlingsfrauen, die von Landwirtschaft keine Ahnung haben. [...] Der eingesetzte Verwalter K. schikaniert mich und meine Familie wo er nur kann, die Flüchtlingsfrauen werden seine Lieblinge und ich seh zu, wie es tolle und drunter und drüber zugeht. Alles auf Kosten der Wirtschaft bezw. des mir Enteigneten. Es gibt verschiedene Zusammenstöße bei denen mich K. alles Mögliche nennt. [...] Am 7.11. werde ich mit meiner Familie verhaftet, angeblich zu einer Vernehmung bei der Kreispolizei. Dort werden wir auf ein Lastauto verladen und nach Radeberg gebracht, wo das Lager gerade aufgelöst und einschließlich uns nach Coswig verbracht wird. In Coswig morgens kurzes Verhör, bei dem ich nicht angehört werde, sondern mir wird der Zeitungsartikel [mit Verleumdungen über ihn, SF] vorgehalten und mir eröffnet, daß ich mit meiner Familie zum Umsiedeln verschickt würde. Nach dreitägiger Viehwagentransportfahrt landen wir auf der Insel Rügen (Gemeinde Prora). Dort wird uns gesagt, daß man weder Land noch zu Essen für uns hätte. Der größte Teil des Transportes wird wieder entlassen, mit der Feststellung der zuständigen Herren, in Sachsen sei wohl mit der Bodenreform alles verrückt!« Die darauf angestellten Ermittlungen seitens der SPD im Kreis Bautzen führten jedoch keineswegs zu einer Neubewertung des Falles. Die Kreisbodenkommission Bautzen sah in dem Pächter einen politischen Gegner und trat entschieden dafür ein, das Gut wie geplant aufzuteilen und dem Pächter keinerlei Land zu überlassen: »Pächter von enteigneten Gütern können bei uns nur siedeln, wenn gegen sie nichts vorliegt. Gegen E. sind Anschuldigungen wegen Sabotage der Bodenreform erhoben worden. Er hat aus dem Gut Vorräte verschoben und außerdem war auch eine Unterschriften-Kampnie [sic] gegen die Aufteilung, bei der E. nicht unbeteiligt war. Er wurde auch daraufhin verhaftet und mehrere Wochen in Haft behalten und kam dann wieder zurück. Es war völlig klar, daß die Kreiskommission zur Durchführung der Bodenreform einen solchen Pächter nicht siedeln läßt. E. verlangte die Zuweisung seiner Wohnung auf dem Gute. Wir haben dies als Kreiskommission abgelehnt. Er begann seine Wühlerei und obwohl wir ihm mitgeteilt haben, daß jede Tätigkeit gegen die Bodenreform und gegen die Beschlüsse der Kreiskommission als ein feindlicher Akt angesehen wird, hat er sich alle Mühe gemacht, das Dorf durcheinander zu bringen.« *(vgl. HStA Dresden, 13001 SED-KL Bautzen, Nr. IV/4.01.141; StA Leipzig, 20233 KT/KR Grimma, Nr. 1050)*

Nicht nur die Polizei, sondern auch die Bodenreformämter beobachteten misstrauisch die Bewegungen der enteigneten Gutsbesitzer, da eine Rückkehr in ihre Heimatgemeinden als destabilisierend angesehen oder »Sabotage« der Bodenreform erwartet wurde. Zugleich resultierte das Misstrauen auch aus dem Bewusstsein, dass die meisten Gutsbesitzer nicht nur eine beherrschende Stellung im Dorf eingenommen hatten, sondern über enge persönliche Bindungen an ihre Pächter und Landarbeiter verfügten, sodass von einem »Klassenkampf« auf dem Lande nicht die Rede sein konnte.[7] Bezeichnend für die Befürchtungen von Staat und Partei war ein Vorgang im Kreis Grimma, über den die Vereinigung der gegenseitigen Bauernhilfe (VdgB) des Kreises im Mai 1948 berichtete: »Auch im Kreis Grimma sind noch dunkle Elemente am Werk, die Bodenreform auf irgend eine Weise zu sabotieren oder deren endgültige Durchführung zu erschweren. Auf dem Gut Gaudichsroda, das durch die Bodenreform als herrenloser Besitz enteignet wurde, erschien am 10. oder 12.5.48 ein gewisser M., Roda, mit einem unbekannten Begleiter und erklärte, dass die Gebäude nicht abgebrochen werden dürften. Diejenigen, die sich am Abbruch beteiligen, müssten an dem Wiederaufbau des Gutes unentgeltlich arbeiten. Der betreffende M. hat vor dem enteigneten Besitzer S. das Rittergut besessen. S. selbst hat erklärt, er sei Schweizer Staatsbürger. Er soll aber während der Nazizeit ausländische Arbeiter seines Betriebes unmenschlich behandelt haben. Deswegen wurde er während der Besetzung seines Betriebes durch die Rote Armee von derselben nicht mit Glacehandschuhen angefasst. Aus diesem Grund ergriff er angeblich die Flucht. Justizrätin B., die auch in dortiger Gegend wohnt, ist ebenfalls mit S. verwandt und soll mit diesem in schriftlicher Verbindung stehen. Von diesem Vorgang ist die Kreispolizei bereits unterrichtet. In Otterwisch Krs. Grimma ist ebenfalls ein Rittergut durch Bodenreform zur Aufteilung gekommen. An dem mangelnden Abbruchwillen der Neubauern ist zu erkennen, dass dort ebenfalls reaktionäre Einflüsse vorhanden sein müssen. Bisher ist es nicht gelungen, Personen zu ermitteln, die evtl. die Parole verstreuen, dass der alte

Besitzer eines Tages wieder erscheint. Auch dieser Betrieb wird durch die Polizei beobachtet.« Noch Monate später beschäftigte diese vermeintliche Kabale die Kreisleitung der SED in Grimma. Diese versuchte, die angeblichen Sabotageversuche für die eigenen Zwecke, nämlich die Parteiwerbung zu nutzen, indem sie an den Landrat von Grimma schrieb: »Wie bekannt ist das Gut des Schweizers S. als herrenlos enteignet und verteilt worden. Eine 85jährige Frau namens B., stiftet in Roda Unruhe, die Neubauern haben die Feld- und Erntearbeit im Stich gelassen, weil durch diese Frau die Behauptung aufgestellt wurde, der S. würde sein Gut wiederbekommen. Ich bitte sich dieser Geschichte ganz besonders anzunehmen. Mir selbst wurde am 3.8.46 in Wagelwitz von Altbauern gesagt, dass der S. nicht gut gewirtschaftet habe, man ist also hier durchaus mit der Aufteilung einverstanden. Den in Roda angesetzten Neubauern und Umsiedlern muss aber auch mit aller Deutlichkeit gesagt werden, dass ihr Platz und ihre Mitgliedschaft nur in der SED sein kann, weil diese Partei einzig und allein rückhaltlos die Bodenreform schützt und verteidigt. Die SED steht zur Bodenreform, es ist hauptsächlich ihr Werk. Jeder Neubauer, jeder Umsiedler gehört in die SED.« Um die »führende Rolle« der SED in der Durchführung der Bodenreform zu unterstreichen, versäumte man es nicht, bei Gelegenheit die übrigen »antifaschistischen Parteien« herabzumindern. Insbesondere die Christlich-Demokratische Union Deutschlands (CDUD) wurde zur Zielscheibe, und es gab immer wieder Versuche, dieser Partei oppositionelles Verhalten und Zusammenarbeit mit ehemaligen Gutsbesitzern vorzuwerfen.[8]

Doch auch die SED selbst trug nach ihrer Einschätzung dazu bei, die feindlich gesonnenen Kräfte in den rivalisierenden Parteien zu stärken: »Zur politischen Haltung der Parteien ist zu sagen, daß einzig die SED – und vorher beide sozialistische Parteien, aber vornehmlich die KPD – die Bodenreform als eine politische Aufgabe betrachtet und dementsprechend auch durch ihre politische Agitation unterstützt. [...] Im Laufe dieses Jahres hat jedoch die Personalpolitik der SED im Hinblick auf die Bodenreform dahin tendiert, jene Genossen, die in der Verwaltung und für andere Aufgaben sich als unbrauchbar erwiesen, in die VdgB einzubauen. Es ist ihr gelungen, in Verbindung mit der Wahl der Ausschüsse die meisten Kreise und ausschließlich den Landesausschuß

»Obwohl die CDUD den Aufruf zur Bodenreform im Jahre 1945 mit unterschrieben hat, hat sie dann in unserem Kreise fast alle Enteignungen unter 100 ha bekämpft, die Einsprüche angefertigt oder hinterher versucht, eine andere Entscheidung herbeizuführen. [...] [D]ie Rittergutsbesitzer sind eigentumsmäßig noch unter uns, und ihre Auswirkung auf die Bevölkerung im feindlichen Sinne gegen die Neubauern ist vorhanden. Außerdem sind das die Quellen, woraus die Gerüchte stammen, daß die Bodenreform noch nicht endgültig ist, und eine dauernde Beunruhigung planmäßig organisiert wird. Wenn auch die CDUD dieses Ziel nicht offen billigt, so ist sie aber durch ihre Methoden dafür verantwortlich, daß solche Zustände eintreten. Sie tritt auch den Gerüchten nicht entgegen sondern toleriert sie, bestenfalls verschweigt sie dieselben.«

»Politischer Zwischenbericht« des Kreisrates Bautzen, Amt f. Inneres, v. 28.1.1949, HStA Dresden, 11410 KT/KR Bautzen, Nr. 153

Abb. 42: Improvisierte Kochstelle, Dresden-Trachau, 1945.

der VdgB mit ihren Genossen zu besetzen. Diese Personalpolitik der SED, Stellen mit Genossen zu besetzen, die dieser Aufgabe nicht gewachsen waren, führt aber dazu, daß die Politik der Ortsvereinigungen im wachsenden Maße durch die mittleren und größeren Altbauern bestimmt wird. Es ist ferner darauf zurückzuführen, daß in den Ortsvereinigungen der Einfluß der CDU laufend stärker wird und somit diese Partei über die Ortsvereinigungen von untenher Einfluß auf die gesamte Entwicklung der VdgB nimmt.« Sowohl in Bezug auf die Bodenreform insgesamt wie auch bei der Frage des Einflusses der ehemaligen Gutsbesitzer entwickelte die SED ausgeprägte Feindbilder, um die auftretenden Probleme als Resultat ideologischer Verblendung erscheinen zu lassen.

Dass dabei der weiter oben erwähnte Fall in Gaudichsroda kein Einzelfall war, zeigen Aufzeichnungen des Landratsamtes Grimma, in denen der Verbleib der ehemaligen Gutsbesitzer detailliert geschildert und die Frage diskutiert wurde, ob diese ggf. Unruhe unter der Bevölkerung schürten. In einem »Bericht über die ehemaligen Rittergutsbesitzer oder Pächter und deren Familienangehörige und wo sie sich z. Zt. befinden« meldete das Landratsamt Grimma im Februar 1947, dass eine Reihe von Gutsbesitzern zeitweise im ehemaligen Kriegsgefangenenlager Colditz interniert worden sei. Folgende Angaben wurden zu den Orten Altenhain, Ammelshain, Großsteinberg und Seelingstädt im Kreis Grimma gemacht:

»Altenhain: Besitzer von Gontard ist nicht zurückgekehrt. Jetziger Aufenthaltsort ist unbekannt. Er wurde nach Colditz ausgewiesen. Ein Bruder von ihm wohnt wahrscheinlich in Leipzig.

Ammelshain: Von Eckard's Erben ist nicht in den Ort zurückgekehrt. Er befindet sich jetzt in Leipzig bei seinem Bruder, Dessauerstraße. Er wurde nach Colditz ausgewiesen. Er ist wiederholt in Großsteinberg und Naunhof gesehen worden. Ob er Verbindungen mit Einwohnern hat, ist nicht festgestellt worden. […]

Großsteinberg (Drei Güter): Alfred Hermann, ehemaliger Kreisbauernführer, war Besitzer des ca 30 ha großen Gutes. Er wurde verhaftet und befindet sich z. Zt. in der Westzone noch in Haft. Seine Familie wurde nach Colditz interniert und befindet sich noch auf der Insel Rügen. Die Besitzerin des Rittergutes Dora Platzmann flüchtete in die englische Zone. Im Ort oder Nachbargemeinden ist sie noch nicht gesehen worden und unterhält auch keine Verbindungen mit Einwohnern. Der Besitzer des Gutes Hans Hermann hat die Genehmigung erhalten in Großsteinberg zu wohnen (Nr. 40). […]

Seelingstädt: Der Besitzer Bretschneider-Bodemer wurde mit Familie nach Colditz interniert. Sie befinden sich jetzt angeblich in der engl. Zone. Aufenthaltsort unbekannt. Im Ort oder in den Nachbargemeinden hat sich noch niemand wieder sehen lassen. Ebenso sind Verbindungen zu Einwohnern im Ort unbekannt.«

Dieses Dokument zeigt, mit welchem Misstrauen die Kreisbehörden den Enteigneten gegenüberstanden, aber auch, welche Befürchtungen in Bezug auf das Scheitern der Bodenreform verbreitet waren. *(vgl. HStA Dresden, 11377 LRS, MdI, Nr. 3069; 11514 VdgB, Landesverb. Sachsen u. Bezirksvorst. Dresden, Nr. 63; 11410 KT/KR Bautzen, Nr. 153; StA Leipzig, 20233 KT/KR Grimma, Nr. 1055 u. 1202)*

Abgesehen von den menschlichen Kosten der Bodenreform zeigte sich in der Folgezeit anhand der hohen Zahl der aufgegebenen Neubauernstellen, dass auch jene

Abb. 43: »Umsiedler« als Wähler: Plakat der SED, 1946.

Bevölkerungsgruppen, die Land zugewiesen bekommen hatten, vor zum Teil massiven Problemen standen. Obwohl die Enteignungen und Landumverteilungen durch Druck von oben weitgehend ungestört vorgenommen und die Bodenreform schließlich für beendet erklärt werden konnte, waren die Folgen des Umbruchs noch über Jahre spürbar. Im Februar 1948 lag die Zahl der aufgegebenen Stellen nach internen Angaben des Innenministeriums bei 673, davon 101 im Kreis Bautzen und 46 im Kreis Grimma. Besonders verbreitet war die Aufgabe der Bauernstellen wegen Krankheit, hohem Alter oder Tod des Stelleninhabers, aber auch die »Unfähigkeit« zur landwirtschaftlichen Arbeit wurde von den Behörden registriert. Im Kreis Grimma gaben bis 1950 insgesamt 337 Neubauern ihre Höfe wieder auf, darunter 87 Umsiedler-Neubauern. Weitere 261 Stellen wurden von 1951 bis Mitte 1953 zurückgegeben. Dass besonders die Umsiedler-Neubauern mit der schwierigen wirtschaftlichen Situation ihre Probleme hatten und nicht zuletzt wegen der Hoffnung auf Rückkehr in die »alte Heimat« eine schwächere Bindung an die Bauernstellen hatten, wird an zahlreichen Stellen des behördlichen Schriftverkehrs deutlich.

Die Zahl der zurückgegebenen oder verlassenen Bauernstellen war ein Anzeichen dafür, dass die Bodenreform keineswegs so reibungslos funktionierte wie dies von Seiten der Landesregierung behauptet wurde. Es verwundert daher nicht, dass die Fluktuation der Neubauern mit Sorge beobachtet wurde.[9] Die VdgB, die als Organisation für die Unterstützung der Neubauernhöfe maßgeblich zuständig war, berichtete im Frühjahr 1950 über wachsende Zahlen zurückgegebener Bauernstellen und konnte dabei nicht leugnen, dass nicht das Versagen des einzelnen Neubauern, sondern auch strukturelle wirtschaftliche Gründe hierfür ausschlaggebend waren: »Die ständig steigende Zahl der Neubauernstellen, die freiwillig aufgegeben werden, machte notwendig, nachzuprüfen, auf welche Gründe die Aufgabe der Neubauernstellen zurückzuführen ist, und welche Massnahmen zur Sicherung der wirtschaftlichen Lage der Neubauern zu treffen sind. Unzweifelhaft befinden sich unter der Zahl der Neubauern, die ihre Neubauernstellen aufgegeben haben, eine bestimmte Zahl von Neubauern, denen die bäuerlichen Eigenschaften fehlen, die die Neubauernstelle nur übernommen haben, um die Zeit der schlechten Ernährungslage zu überbrücken und die [...] ihren Verpflichtungen nicht mehr gerecht werden können, nachdem die Neubauernstellen abgabepflichtig geworden sind. Dessen ungeachtet muss jedoch festgestellt werden, dass bei einer bestimmten Anzahl von Neubauern die Ursachen für die Aufgabe von Neubauernstellen in ihrer wirtschaftlichen Lage zu suchen sind.« Die wirtschaftlichen Probleme wiederum hingen z. T. eng mit den Entwicklungen der Bodenreform zusammen, wie gleichfalls von der VdgB festgestellt wurde: »Die Aufgabe von Neubauernstellen geht vielfach auch darauf zurück, dass die Neubauern noch auf Gutshöfen wohnen, dass sie aber ihr Vieh und ihre Ernte anderweitig unterbringen müssen, und dass sie daher über keine geordnete und zusammenhängende Gesamtwirtschaft verfügen. Es ist also für die weitere Entwicklung von entscheidender Bedeutung, ob die noch fehlenden rund 5000 Neubauerngehöfte in möglichst kurzer Zeit errichtet werden können.« Damit gestand die VdgB ein, dass die Aufteilung der großen Güter problematische wirtschaftliche Folgen hatte.

Trotz der im Jahre 1950 festgestellten Entwicklung gelang es weder der VdgB noch dem Landwirtschaftsministerium, das Abwandern von Neubauern, darunter viele »Umsiedler«, vom Lande zu bremsen. Eine Dienstbesprechung im Ministerium für Land- und Forstwirtschaft zu diesem Thema im Februar 1952 machte deutlich, dass

»Von den 7157 Bodennehmern waren etwa 1000, die kein Großvieh bekommen konnten und diese waren im Zweifel, ob sie die Neubauernstelle behalten können. Durch die Differenzierung im Abgabesoll blieb ihnen die Hoffnung, daß sie es gegenüber den Altbauern doch schaffen werden, den Boden zu bearbeiten und das Soll zu erfüllen. Inzwischen haben alle Neubauern Rindvieh bekommen oder sich beschafft. Wenn auch nicht jeder eine Melkkuh hat, so wird doch in wenigen Monaten auch dieser Übelstand überwunden sein. Damit festigt sich das Vertrauen dieser Neubauern zu dem übernommenen Boden. Schwankungen sind bei den Umsiedlern festgestellt worden und zwar aus dem Grunde, weil sie hofften, nach Schlesien oder in das Sudetengebiet wieder zurückzukommen. Auch Auffassungen, daß diese Rückkehr mit Hilfe eines Krieges zwischen Amerika und der SU eintreten könnte, wurden durchaus begrüßt. Es wurde auch bei den Umsiedlern im vergangenen Jahre eine Unterschriftscampagne [sic] an den Kontrollrat gesammelt für die Rückkehr nach Schlesien.«

Bericht des Kreisrates Bautzen, Amt f. Inneres, an die Stadtkommandantur Bautzen v. 29.10.1947, HStA Dresden, 11410 KT/KR Bautzen, Nr. 153

man von einer Problemlösung weit entfernt war: »Eingehend sprach Koll. F. über die Abgabe von Neubauernstellen im allgemeinen. Er brachte zum Ausdruck, dass eine große Fluktuation aus den Neubauernstellen zu verzeichnen sei. Dies sei wohl darauf zurückzuführen, dass eine Überalterung der Neubauern zu verzeichnen sei. Gleichzeitig ist Allgemeinerscheinung, dass die Kinder in die Industrie abwandern. Ein Teil der Bauern versucht, durch Teilabgabe in niedrigere Klassen zu kommen, was unbedingt zu vermeiden ist. Allgemein wurde zum Ausdruck gebracht, dass dies auf die Dauer nicht so weitergehen kann, dass die Parteien und Massenorganisationen zu wenig in die Kreise und Gemeinden gehen und zu unseren Neubauern sprechen. Ebenso ist festgestellt worden, dass die gegenseitige Hilfe unter den Bauern viel zu wenig gefördert wird. Hier zeigt sich ganz besonders die Schwäche in der VdgB (BHG). [...] Im Monat Januar 1952 ist festzustellen, dass die Rückgabe der Neubauernstellen in sehr starkem Steigen begriffen sind [sic]. Dies kann auf keinen Fall so weitergehen. [...] Eine Abgabe einer Neubauernstelle aus eigenem Interesse verstösst gegen die Lebensindustrie des Volkes und ist unzulässig.« Die Schuldzuweisungen gegenüber den Parteien, der VdgB und nicht zuletzt den Neubauern selbst entsprachen dem fest verankerten Muster staatlicher Kritik. Das Landwirtschaftsministerium folgte in seiner Argumentation jenem Interpretationsschema, welches von der Landesbodenkommission schon zeitig nach dem Bodenreformerlass angewendet worden war: Die Bodenreform war ein richtiger Schritt in der gesellschaftlichen Umwälzung auf dem Lande, und wenn ihr Ergebnis nicht den staatlichen Vorstellungen entsprach, so musste das an der »Sabotage« feindlich gesinnter Kräfte liegen. *(vgl. HStA Dresden, 11377 LRS, MdI, Nr. 197 u. 3166; 11514 VdgB, Landesverb. Sachsen u. Bezirksvorst. Dresden, Nr. 64/2; 11410 KT/KR Bautzen, Nr. 153; StA Leipzig, 20233 KT/KR Grimma, Nr. 1186)*

Rückkehrhoffnung und Resistenz: die Behörden und die Stimmung unter den »Umsiedlern«

Die Aufnahme und gesellschaftliche Integration der Flüchtlinge und Vertriebenen in der SBZ/DDR wurde von den Landesbehörden stets nicht nur als ein materielles, sondern auch als ein politisches Problem angesehen. Aus politischer Rücksicht gegenüber den Nachbarländern, vor allem aber gegenüber der Sowjetunion, war es unmöglich, die Vertreibungsvorgänge als Unrecht zu kennzeichnen. Sowohl die Grenz- wie auch die Entschädigungsfrage waren daher tabuisiert und konnten nicht diskutiert werden. Zugleich waren sich die Behörden bewusst, dass die »Umsiedler« nicht einfach schweigen oder sich wortlos mit den neuen Gegebenheiten abfinden würden. Für die Staatsmacht war es daher von zentraler Bedeutung, das Unruhepotenzial der Vertreibungsvorgänge unter Kontrolle zu halten und jegliche widerständige Tendenzen sofort zu unterbinden. Daraus erklärt sich der mit beträchtlicher Energie unternommene Versuch, die »Stimmung« unter den »Umsiedlern« zu ermitteln und dabei auch bis in die entlegensten Dörfer auszugreifen.

Eingeholt wurden die Stimmungsberichte durch die Hauptabteilung Umsiedler der Landesregierung, die entsprechende genormte Fragebögen an die Stadt- und Kreisbehörden in Sachsen versandte. Die Antworten fielen uneinheitlich aus; es ist jedoch zu erkennen, dass in allen Kreisen mit einer größeren Zahl von Vertriebenen ähnliche Stimmungen ausgemacht wurden. Der zentrale Punkt der Berichte war dabei stets der Wunsch der Umsiedler nach Rückkehr in ihre Herkunftsgebiete. Die Stimmung unter den »Umsiedlern« war daher generell kritisch-distanziert gegenüber den neuen Verhältnissen, und eine Ansiedlung und dauerhafte Niederlassung an den Ankunftsorten wurde durch den Rückkehrwunsch erschwert. Auch die materielle Not der Nachkriegsjahre und die katastrophale Wohnsituation in Sachsen drückten die Stimmung deutlich. In einer Umfrage der Hauptabteilung Umsiedler im Kreis Bautzen im Mai 1947 machte sich die Landesregierung hiervon ein plastisches Bild. Auf die Frage »Welche Stimmung herrscht unter den Umsiedlern?« lauteten die stichwortartigen Antworten etwa:

- »Sie haben alle – ohne Ausnahme – das Verlangen nach ihrer Heimat« (Burkau)
- »Sehnsucht nach ihrer ursprünglichen Heimat« (Neudorf/Spree)
- »Die Umsiedler aus Stadt Bautzen wollen alle zurück in ihre Heimat« (Stadt Bautzen)
- »Ein grosser Teil der Umsiedler hängt immer noch an dem Glauben, in ihre Heimat zurückkehren zu können. Diese Tatsache beweist, dass sie sich mit ihrem Los nicht abfinden, und somit auch nicht am politischen Leben teilnehmen.« (Auritz)
- »Unter den Umsiedlern herrscht infolge starkem Mangel an Kleidung und Möbeln gedrückte Stimmung.« (Commerau)
- »Die Stimmung ist mies; die Umsiedler wollen alle nach Hause.« (Dubrauke)
- »Vornehmlich die Umsiedler aus Schlesien schwelgen noch in der Hoffnung, daß sie in ihre alte Heimat wieder zurück können. Das Zusammenleben mit der alteingesessenen Bevölkerung ist z. T. harmonisch, mitunter werden aber auch Klagen in Bezug auf die Behandlung der Neusiedler durch die Altansässigen laut, die aber auch wiederum auf Unverständigkeit und Unvernunft der Umsiedler zurückzuführen sind.« (Kirschau)
- »Die Stimmung unter den Umsiedlern ist zum grössten Teil nicht gut. Sie können in keiner Weise wunschgemäss befriedigt werden, sei es in Bezug auf Bezugscheine, in Bezug auf Brennmaterial usw. und sie sind oft sehr ungehalten.« (Steinigtwolmsdorf)
- »Die Stimmung ist nicht so wie sie sein soll, da es noch an vielen [sic] mangelt, was zur Zeit nicht gegeben werden kann.« (Nechern/Wurschen).

Weniger als ein halbes Jahr später berichtete der Kreis Bautzen im Oktober 1947, der Wunsch nach Rückkehr in die alte Heimat sei »unter den Neubuergern in immer groeßer werdenden Maße vorhanden.« Es zeichnete sich demnach ab, dass trotz zunehmender zeitlicher Distanz zu den Vertreibungsgeschehnissen ein »Vergessen« der alten Heimat keineswegs erfolgen würde. Die ungünstige materielle Situation trug ein Übriges zu einer schlechten Stimmung bei.

So besorgniserregend die Stimmungsberichte aus den Gemeinden und Kreisen auch waren, sah sich die Landesregierung dieser Entwicklung doch ohnmächtig gegenüber. Allenfalls wurde die Frage der »Stimmung« als propagandistisches Problem angesehen, sodass man negative Stimmungsäußerungen feindlichen oder »reaktionären« Einstellungen zuschreiben konnte. Laut eines Berichtes vom Juli 1947 an die SMAS ließen sich ganz verschiedene ›Mentalitäten‹ ausmachen: »Die Ostpreussen bewahren ihre Ruhe, Sauberkeit, Lauterkeit (und Ehrlichkeit) u. werden von den Altbürgern recht gerne gesehen. Weniger die Sudetendeutschen, welche illegal zu uns kommen und ebenfalls angesiedelt werden müssen, nachdem sie sehr anspruchsvoll sind und sehr auf ihre Rechte pochen. Sie sind wendig, jedoch oft falsch und berechnend. Schlesier sind fleissig und bieder, etwas sentimental und oft leicht erregbar, sehr heimatlieb u. stolz auf ihr Volkstum. Viele Reaktionäre werden in ihren Reihen zu finden sein. Ganz anders wiederum die Westevakuierten u. Rücksiedler aus dem Westen. Dieselben kommen in den meisten Fällen gut genährt und auch gut gekleidet und stellen grosse Ansprüche. [...] Die Westevakuierten bringen die schlechtesten Vorstellungen über unsere Zone mit.« Dieser Bericht zeigt in zugespitzter Weise das Misstrauen und die Vorbehalte, die man seitens der Behörden den »Umsiedlern« entgegenbrachte. Die »Heimatliebe« der Vertriebenen wurde im günstigsten Fall als naiv, im schlechtesten Fall als reaktionär abgestempelt.

Die Hoffnung, der Wunsch nach Rückkehr werde im Laufe der Zeit nachlassen, erfüllte sich jedoch nicht; dieser blieb vielmehr auch Jahre nach der Vertreibung lebendig. Im Jahresbericht 1949 der HA Umsiedler hieß es: »Es muss aber alles getan werden, damit die Umsiedler, die sich teilweise immer wieder mit dem Gedanken tragen, eines Tages in ihre alte Heimat zurückzukehren, wirklich in der DDR seßhaft werden und tatkräftig am Aufbau ihrer neuen Heimat mithelfen können.« Dabei sorgte man sich vor allem um die negative Stimmung in den Grenzkreisen, da insbesondere die dortigen Umsiedler dazu neigten, die neue Heimat als Provisorium anzusehen. Lag der Heimatort nur wenige Kilometer vom neuen Wohnort entfernt, war aber

»Durch die vorhandenen Notstände unter den Umsiedlern in Bezug [auf] nicht ausreichendem Wohnraum, das Fehlen von Öfen, Mobiliar, vor allem Betten, Hausrat und Bekleidung aller Art, Schuhwerk, Heizungsmaterial usw. ist die Stimmung der Umsiedler nicht die Beste. Noch wohnt der grösste Teil der Umsiedler als Untermieter und steht deshalb sehr oft in Differenzen mit dem Hauptmieter. Eine materielle Hilfe ist nur noch durch Sammlung der Volkssolidarität möglich und steht in keinem Verhältnis mehr zum Umfange der Notlage. Deshalb ist ein grosser Teil der Umsiedler ohne ein eigenes Bett und nächtigt auf dem blanken Fussboden. Das Verhältnis der Umsiedler zur Kernbevölkerung hat sich noch keineswegs ausreichend verbessert. Nachweisbar fühlen sie sich als benachteiligt und zurückgesetzt. Die Arbeitsfreude ist nur bei einem sehr geringen Teil feststellbar. [...] Die Mittel finanzieller sowie auch materieller Art sind keineswegs mehr ausreichend, um aus ihnen einen zufriedenen Menschen zu machen und das neue Heimatgefühl zu geben.«

»Quartals-Bericht vom 1. Januar 1948 bis 31. März 1948« der HA Umsiedler an die SMA Sachsen v. 2.4.1948, HStA Dresden, 11377 LRS, MdI, Nr. 2750 dennoch unerreichbar, so fiel es den »Umsiedlern« besonders schwer, sich mit den neuen Umständen abzufinden. Bezeichnend sind etwa folgende Beispiele aus einem Stimmungsbericht der HA Umsiedler an die Sowjetische Kontrollkommission vom Juli 1950: »Der CDU-Vorsitzende der Gemeinde Steinbach/Kreis Niesky, Neubürger H., äußerte beispielsweise ›Unsere Heimat vergessen wir nicht, nie werden wir die Hoffnung aufgeben, wieder zurückzukommen.‹ Neubürger G. aus Oybin/Kreis Zittau ist der Meinung, daß es zwecklos sei, in der Republik seßhaft zu werden. Er lehnte es ab, eine ihm von der Gemeinde angebotene Bettstelle zu kaufen und sagte: ›Was soll ich mit dem Bett? Wie soll ich das Zeug zurück transportieren, wenn wir wieder über die Neiße gehen?‹ In der Gemeinde Oybin stehen heute noch Bettstellen auf Lager, die seinerzeit als erste Möbellieferung für Neubürger eintrafen. Die 70-jährige Neubürgerin N. aus dem gleichen Ort kaufte sich vor kurzem von ihrer monatlichen Rente in Höhe von 50 DM einen Leiterwagen, um darauf ihren ›Kram‹ laden zu können, wenn es wieder zurückgeht.« Wie sich hier erkennen lässt, war das Heraufbeschwören der ›alten Heimat‹ nicht einfach eine sentimentale Reminiszenz, sondern ein Leitgedanke für das Alltagshandeln und -bewusstsein zahlreicher Flüchtlinge und Vertriebener. Auch kurzfristige Verbesserungen der materiellen Lage trugen daher kaum etwas dazu bei, den Rückkehrwunsch erlöschen zu lassen. Noch Anfang der 1950er Jahre wurde das Bauprogramm für Neubauern durch das ›Heimweh‹ der Vertriebenen behindert, da diese noch immer zögerten, die Investition und Verpflichtung des Hausbaues auf sich zu nehmen. Ein Bericht des Referates Ländliches Bauwesen im Landwirtschaftsministerium verdeutlicht dies: »Von etlichen Gemeindevertretungen, BHG's [Bäuerlichen Handelsgenossenschaften] und MAS [Maschinen-Ausleih-Stationen], mit denen wir sprachen, wurde uns wiederholt erklärt, daß immer noch eine Reihe von Neubauern-Umsiedlern ständig auf Rückkehr hoffen. Die Umsiedler selbst sind sehr vorsichtig und sprechen so etwas niemals aus. So wurde uns in Horka [Kr. Niesky] und Lossa [Kr. Grimma] erklärt, daß sich einige Neubauern-Umsiedler einen besonders guten Pferdebestand halten, um bei evtl. Rückkehr sofort Vorgespann zu haben. Ein weiterer Teil geht darauf aus, der Neubauernstelle nichts zuzuwenden, ganz gleich welcher Art, sondern nur herausnehmen, da sie sich sagen, hier bleibe ich nicht, das ist auch ein Grund der Bauablehnung.« *(vgl. HStA Dresden, 11377 LRS, MdI, Nr. 2741, 2746, 2750, 2751, 3024 u. 3039; 11410 KT/KR Bautzen, Nr. 889 u. 893)*

In engem Zusammenhang mit der allgemeinen Stimmung unter den »Umsiedlern« in den ersten Nachkriegsjahren standen die weit verbreiteten und sich in rascher Folge abwechselnden Gerüchte. In einer Zeit erheblicher Verunsicherung, des politischen Umbruchs und einer Ungewissheit der persönlichen Zukunft fanden diese Gerüchte einen reichen Nährboden. Der sich ausweitende Propagandakrieg zwischen Ost und West trug – auch vor dem Hintergrund der von der Bevölkerung erfahrenen Massentäuschung durch die NS-Propaganda – wesentlich dazu bei, dass Medien wie den Tageszeitungen und dem Radio misstrauisch begegnet wurde. Das Hörensagen wurde auf diese Weise zu einer wichtigen Nachrichtenquelle auf dem Lande. Das Auftreten von Gerüchten unter den »Umsiedlern« erschien den staatlichen Organen vor allem deswegen als problematisch, da man hierdurch die Deutungshoheit über aktuelle politische Vorgänge zu verlieren drohte.

Gerüchte verbreiteten sich anlässlich bestimmter politischer Entwicklungen und wurden sowohl von der Polizei wie auch von den Landratsämtern genau verfolgt. Die Kreispolizeiämter waren angehalten, regelmäßige Berichte an das sächsische Innenministerium zu liefern, was darauf hinweist, wie ernst die politische Führung den Einfluss von Gerüchten auf die Stimmung der Bevölkerung nahm. Die SED sah in ihrer Verbreitung einen Angriff auf ihre Kontrolle der öffentlichen Meinung und verlangte ihre Aufklärung. Diese Position wurde nicht allein von Entscheidungsträgern auf Landesebene vertreten, sondern ebenso in den Ortsgruppen. Ende November 1947 forderte zum Beispiel die SED in Naunhof bei Leipzig von ihren Mitgliedern in einem Rundschreiben: »Geht bitte, soweit es eure Zeit erlaubt, den falschen Gerüchten auf den Grund. Wie denkt und urteilt man über die SED und ihre Führer Piek und Grothewohl [sic]? Unterhaltungen mit den Bauern, ob unsere Bauernpolitik richtig ist. Beobachtungen wo Bauern noch Lebensmittel versteckt halten. Im Zug und in der Stadt gibt es so viele Gelegenheiten, wo man ein gutes Auge und Ohr nötig hat.« Die Kontrolle der verbreiteten Stimmungslagen und die Unterbindung von Gerüchten gingen Hand in Hand.

Inhalt der Gerüchte konnten, abhängig von der politischen Situation, etwa eine bevorstehende Geldentwertung bzw. Währungsreform, der Ausbruch neuer Kriegshandlungen, Nahrungsmittelengpässe, heimliche Beschlagnahmungen der sowjetischen Besatzungsmacht oder auch Steuererhöhungen sein. Politische Verhandlungen zwischen den Alliierten über die Nachkriegsordnung waren stets Auslöser für Gerüchte, so etwa die Londoner Außenministerkonferenz Ende 1947, deren Scheitern das vorläufige Ende der Hoffnungen auf die deutsche Einheit und eine Verhärtung der Fronten zwischen Ost und West bedeutete. Die »Umsiedler«, deren weiteres Schicksal maßgeblich von den politischen und diplomatischen Entwicklungen der Zeit abhing, waren in hohem Maße Träger und Zielgruppe von Gerüchten. So kam es oft vor, dass der Wunsch nach Rückkehr in die ›alte Heimat‹ als gerüchteweise schon beschlossene Tatsache gedeutet wurde.

Im Kreis Bautzen und darüber hinaus in der Oberlausitz bestanden generell günstige Bedingungen für die Ausbreitung von Gerüchten. Verantwortlich hierfür waren nicht

> »Die reaktionären Kräfte haben die Entmutigung weiter Bevölkerungskreise [nach Abbruch der Londoner Konferenz, SF] wahrgenommen und stärkste Propaganda entwickelt, daß ein Krieg unausbleiblich ist und daß dann die verantwortlichen Personen zum Teufel gejagt würden. Wie weit diese Propaganda unter der Bevölkerung, insbesondere unter den Umsiedlern, Platz gegriffen hat, ist schon daraus ersichtlich, daß in den Sitzungen der Entnazifizierungskommission sehr selten belastende Zeugen, aus Furcht, sie könnten einmal, wenn es anders kommen sollte, dafür verantwortlich gemacht werden, auftreten. Unter den Umsiedlern ist besonders das Gerücht verbreitet, daß es nun nicht mehr lange dauern wird, daß sie nach Schlesien werden zurückkehren dürfen.«
>
> »Bericht des Landrates Bautzen über die wichtigsten Ereignisse des Kreises Bautzen im Monat Dezember 1947« an das MdI v. 12.1.1948, HStA Dresden, 11377 LRS, MdI, Nr. 2112

»Die Entwicklung in den Westzonen und die Kriegshetze der westlichen Alliierten haben wie überall, auch die Bevölkerung des Kreises Bautzen beschäftigt. Es ist nur allzu bedauerlich, dass man Gerüchtemachern und Hetzern leider immer noch grösseres Vertrauen schenkt, als Leuten, die sich bereits jahrelang um den Wiederaufbau und Normalisierung der Verhältnisse bemühen. Gerade in den letzten Tagen ist durch die tollsten Gerüchte nämlich, dass russische Truppen in grossen Mengen zu erwarten sind, die alle Schulen und Gastwirtschaften belegen und somit auch alle ›Tanzvergnügungen‹ aufhören würden, viel Unruhe in die Bevölkerung gebracht worden, sodass ein Eingreifen von höherer Stelle erforderlich erscheint. Die Presse müsste auf eine solche vorbedachte Verwirrung der Bevölkerung viel mehr reagieren und mit allen Mitteln Aufklärung schaffen. Es ist beachtlich, dass weiteste Kreise selbst gute Genossen auf diese Gerüchtemacherei hereinfallen. Dabei ist interessant, dass auch hohe kirchliche Würdenträger zur Beunruhigung der Bevölkerung nicht nur beitragen, sondern die Verwirrung noch vergrössern. So hat der Bischof von Meissen bei der Firmung am 2. Osterfeiertag in Schirgiswalde den Umsiedlern grosse Hoffnung gemacht, dass sie in Kürze in ihre Heimat werden zurückkehren dürfen. Wenn solche Persönlichkeiten unter den Umsiedlern alte Hoffnungen bestärken, dürfen wir uns nicht wundern, dass unser Bemühen, in ihnen Freude und Vertrauen am Wiederaufbau zu wecken, ergebnislos bleibt.«

»Bericht des Landrates Bautzen über die wichtigsten Verwaltungsarbeiten und Vorkommnisse im Kreise Bautzen im Monat März 1948« v. 9.4.1948, HStA Dresden, 11377 LRS, MdI, Nr. 2113

allein die Grenznähe und die periphere Lage im Land Sachsen, sondern auch die doppelte, deutsch-sorbische Identität der Region. Bereits im November 1945 meldete das Kreispolizeiamt Bautzen, es gebe Gerüchte, die Amerikaner oder Briten würden in die SBZ einrücken. Außerdem wurde von Gerüchten über eine bevorstehende Gebietsabtretung der Lausitz an die Tschechoslowakei berichtet. Dieser Punkt wurde auch in den folgenden Jahren immer wieder Gegenstand der Berichterstattung, so etwa im Juli 1946, als die Abtretung der Oberlausitz und die militärische Besetzung durch tschechoslowakische Truppen als »Hauptgerücht« im Kreis bezeichnet wurden. Hintergrund war die spezifische ethnische Situation der Oberlausitz: Da mit der Westverschiebung Polens die Vorkriegsgrenzen bereits massiv verändert worden waren und zugleich die gemeinsame slawische Identität von Tschechen und Sorben ein Zusammengehen dieser Völker scheinbar nahelegte, schien eine Okkupation der Oberlausitz im Bereich des Möglichen. In anderen Gerüchten war die Rede von einer Umsiedlung bzw. Bevölkerungsverschiebung innerhalb Sachsens. Noch Jahre später konnte dieses Gerücht eine gewisse Verbreitung erlangen, insbesondere in den grenznahen Gemeinden der südlichen Oberlausitz. So meldete das Kreisnachrichtenamt Bautzen am 5. September 1947 nicht nur die Gerüchte, dass an den Zonengrenzen Truppen zusammengezogen würden und dass es bei Zittau Schießereien zwischen deutscher Polizei und polnischem Militär gegeben habe, sondern auch das in Neukirch verbreitete Gerücht, dass die südliche Oberlausitz demnächst tschechisch werden würde.

Noch im Sommer 1952 meldete das Nachrichtenamt Bautzen nach Dresden: »In den Grenzgemeinden Sohland (6887 Einw.) Wehrsdorf (2747 Einw.) Ringenhain (1267 Einw.) und Steinigtwolmsdorf (2727 Einw.) werden seit ca. 8 bis 14 Tagen die Gerüchte verbreitet, daß die drei letztgenannten Orte geräumt werden müssen und sorbische Bevölkerung angesiedelt wird. In der Grenzgemeinde Sohland wird erzählt, daß die Gemeinde vollkommen geräumt und eine tot[e] Zone geschaffen wird. Die Gerüchte sind stark in den VEB und Privatbetrieben der jeweiligen Gemeinden im Umlauf.« Insbesondere in Ringenhain, nur wenige Kilometer von der Grenze entfernt, gab es große Unruhe wegen einer angeblich bevorstehenden Umsiedlung. In diesem Falle war der Bürgermeister selbst der Urheber des Gerüchts, da er folgenden Aushang publik machte:

»Achtung! Einwohner! Achtung!

Am Donnerstag, dem 26.6.1952, 20,30 Uhr findet im Erbgericht eine äußerst wichtige Einwohnerversammlung statt.

Ein Vertreter des Kreises spricht über die Ansiedlung der Sorben hier in der Gegend und die Aussiedlung der einheimischen Bevölkerung. Wir bitten, von jedem Haushalt einen Vertreter zu entsenden.

Der Rat der Gemeinde
gez. Zimmermann

Ringenhain, am 24.6.1952 Bürgermeister«

Die Folge war, wie der Bericht des Nachrichtenamtes ausführte, »daß die Arbeiter in den Betrieben zur Frühstückspause ihre Maschinen ausschalteten, sich die Aushänge betrachteten und heftige Diskussionen auslösten. Ein Teil der Bevölkerung von Ringenhain fuhren [sic] in die Nachbargemeinde Neukirch und holten [sic] ihre Angehörigen aus den Fabriken, mit der Bemerkung, bei uns wird geräumt. Die Menschen standen in Tümpeln [sic] auf der Straße und diskutierten.«

Das Vertriebenen-Schicksal und die politisch gewollte Verschiebung von ganzen Bevölkerungsgruppen bildeten den Hintergrund für Umsiedlungsgerüchte in der Oberlausitz. Wie die Berichte einzelner Polizeiposten zeigen, waren es vor allem die sorbischen Bevölkerungsteile, unter denen Gerüchte von der Räumung der Oberlausitz bzw. ihrem Anschluss an die Tschechoslowakei kursierten. Dabei wurde vereinzelt auch ein innerer Zusammenhang der Vertreibung von Deutschen aus Schlesien und der angeblich geplanten Bevölkerungsverschiebung in der Oberlausitz hergestellt. Ende August 1947 berichtete der Polizeiposten Prischwitz: »Eine ganz grosse Frage ist die der Umsiedler. Immer hört man, wie können die Großmächte es zugeben, dass immer noch welche aus ihrer Heimat vertrieben werden da doch in Deutschland sowiso [sic] schon alles überfüllt ist, die Lebensmittel nicht zu langen und in den anderen Ländern wo die Deutschen ausgewiesen werden, alles umkommt. Besonders viel wird hier in der wendischen Gegend von einem Anschluß an die Zscheschei [sic] gesprochen wo dann die Sudetendeutschen die jetzt in dem Gebiet hier untergebracht wurden wieder vertrieben werden sollen. Zum größten Teil ist das Los der Umsiedler hier nicht gut, bis auf die paar welche Neubauern geworden sind. Viele haben nichts zum Anziehen sowie auch keine Kochgräte u. a. Wirtschaftsartikel, wogegen Neu- u. Altbauern in den meisten Fällen jetzt mehr besitzen als früher, was sie sich nur durch

Schieberei und Tauschgeschäfte besorgen.« Hier wie auch in zahlreichen anderen Beispielen wurde der Zusammenhang zwischen dem Wunsch nach Rückkehr und der Notsituation der Gegenwart deutlich hervorgehoben.

Hinter vielen Aussagen, die sich mit angeblichen Umsiedlungsvorhaben in den Grenzgebieten befassten, stand jedoch nicht nur die Ungewissheit über die weitere Zukunft, sondern die (vergebliche) Hoffnung, das Rad noch einmal zurückdrehen zu können, so als könne die Vertreibung nur ein einziges großes und leidvolles Missverständnis gewesen sein. Aus Wilthen meldete das Kreisnachrichtenamt Bautzen im August 1948, es gebe Gerüchte, die Grenzziehung im Osten würde teilweise wieder rückgängig gemacht: »Die Oder solle die Ostgrenze bilden. Die polnische Regierung habe angeordnet, die Frühjahrsbestellung in dem Gebiet westlich der Oder einzustellen. Die in den letzten Wochen ausgewiesenen Umsiedler hätten bestätigt, daß in den fraglichen Gebieten die Felder tatsächlich nicht bestellt würden. Im Monat April solle bereits mit der Rückführung der Bauern begonnen werden, dann sollten die Handwerker folgen. Diese Gerüchte sind so ernst genommen worden, daß ein Teil der schlesischen Neubürger Tun und Handeln bereits jetzt auf eine baldige Rückkehr einrichtet. Auch die Sudetendeutschen glauben fest und zuversichtlich an eine baldige Heimkehr.« Zu einem Zeitpunkt, da in Deutschland noch keine feste staatliche Ordnung hergestellt worden war, die Spannungen zwischen den Besatzungsmächten zunahmen und die Kommunisten in der SBZ und den osteuropäischen Ländern ihre Herrschaft erst noch konsolidieren mussten, schien es nicht unmöglich, dass die Vertreibung rückgängig gemacht würde. Negativ gewendet erzeugte die Instabilität jedoch auch Ängste, die sich insbesondere in Gerüchten über einen bevorstehenden neuen Weltkrieg bündelten. Die damit verbundenen Weltuntergangsvorstellungen schlugen sich auch in den Berichten aus Bautzen nieder. *(vgl. HStA Dresden, 11377 LRS, MdI, Nr. 2112 u. 2113; 11410 KT/KR Bautzen, Nr. 161, 162, 241 u. 244; StadtA Trebsen, Best. Altenhain, Nr. 6)*

Dass die Gerüchte keineswegs nur folgenloses Gerede waren, sondern die politischen und wirtschaftlichen Verhältnisse gerade auf dem Lande direkt berührten, zeigen nicht nur die sorgenvollen Kommentare der diversen Amtsstellen und politisch Verantwortlichen, sondern auch die Berichte über mangelnden Aufbauwillen und Arbeitsverweigerung im Kreis Bautzen. Im März 1949 erhielt der Landrat von Bautzen ein Schreiben des Kreiskontrollbeauftragten der Deutschen Wirtschaftskommission, in dem »eine gewisse Vernachlässigung der in dieser Zeit verstärkt anfallenden landwirtschaftlichen Arbeiten« beklagt wurde, »da sich dann bei manchen Bauern die Überzeugung festsetzt, eine Aussaat lohne sich nicht mehr, wenn die Garantie einer sicheren Einbringung der Ernte nicht gegeben sei.« Weiter hieß es: »Die Grundlage all dieser Parolen beruht im Wesentlichen auf den bekannten drei Punkten:

1. Revision der Oder-Neiße-Linie und Tschechoslowakischen Grenze und dadurch ermöglichte Rückkehr der Umsiedler.
2. Kriegsausbruch und erneute Umgestaltung der Staats- und Wirtschaftsform in der Ostzone.
3. Revision der Bodenreform und Verlust der Neusiedlerstellen.

»Diese Gerüchte haben vermutlich ihren Ursprung in irgendeiner Prophezeiung. Es wird gesagt, daß auf weitere 60 Tage Regen 30 Tage Blutvergießen folge und dann würde es besser werden. Diese unsinnigen Redensarten sind häufig zu hören, wenn über die schweren Zeiten gesprochen wird und sollten als Trost aufgefaßt werden. Solche Gerüchte haben zur Folge, daß die Bevölkerung dem Bestreben um einen gerechten Frieden und die Einheit Deutschlands teilnahmslos gegenüber steht. Ein großer Teil der Menschheit wird gleichgültig, nimmt an der Politik keinen Anteil mehr und sagt sich, es hat doch alles keinen Zweck mehr, es kommt ja doch in Kürze zu einem neuen Weltkrieg. Es hat den Anschein, als wenn von irgend einer Seite die Bevölkerung bewußt in die Lethargie gezogen werden sollte. Der Ausgangspunkt dieser Gerüchte konnte bisher nicht ermittelt werden.«

Bericht des Kreisnachrichtenamtes Bautzen v. 20.2.1948,
HStA Dresden, 11410 KT/KR Bautzen, Nr. 241

In letzterem Falle werden als Deckmantel immer angebliche Mißstände bei der Durchführung der Bodenreform herausgestellt. Auch dieses Jahr bildet die Bodenreform neben der Kriegsgefahr das Hauptargument, und es ist damit zu rechnen, dass mit Beginn der Frühjahrsbestellung die reaktionäre Propaganda ihren Höhepunkt erreichen wird. Mangels realer Grundlage verschwinden solche Gerüchte sehr bald wieder, der angerichtete Schaden aber bleibt.« Die Umwälzung der ländlichen Wirtschafts- und Sozialordnung durch Krieg, Bodenreform und die politische Neuordnung wirkten entgegen der politischen Absicht der SED eher lähmend als beflügelnd, zumal nach Ansicht des Kreiskontrollbeauftragten »das demokratische Bewusstsein auf dem Land noch nicht so entwickelt ist, als etwa bei der Arbeiterbevölkerung«. Die gegen die Ergebnisse der Bodenreform gerichteten Gerüchte und die daraus resultierende Verunsicherung der ländlichen Bevölkerung wurden angeblich von ehemaligen Rittergutsbesitzern geschürt, die nach Ansicht der SED den Neubauern feindlich gesonnen waren und in ihrer Einstellung von der CDU unterstützt wurden. »Außerdem sind das die Quellen, woraus die Gerüchte stammen, daß die Bodenreform noch nicht endgültig ist, und eine dauernde Beunruhigung planmäßig organisiert wird. Wenn auch die CDUD dieses Ziel nicht offen billigt, so ist sie aber durch ihre Methoden dafür verantwortlich, daß solche Zustände eintreten. Sie tritt auch den Gerüchten nicht entgegen sondern toleriert sie, bestenfalls verschweigt sie dieselben.« Damit wurde das bürgerliche Lager in der CDU, die zu diesem Zeitpunkt noch nicht als Blockpartei gleichgeschaltet war, zum Sündenbock für Fehlentwicklungen auf dem Lande abgestempelt.

Angesichts der instabilen politischen Situation und der massiven Bevölkerungsverschiebungen verwundert es nicht, dass Gerüchte bis in die 1950er Jahre hinein auf einen fruchtbaren Boden gerade unter der vertriebenen Bevölkerung fielen. Dabei konnten die lokalen Verhältnisse noch verschärfend wirken, wie ebenfalls das Beispiel des Kreises Bautzen deutlich zeigt. Einige Gemeinden des Kreises wie etwa Steinigtwolmsdorf und Neukirch nahe der Grenze zur tschechoslowakischen Republik wiesen einen hohen Anteil von Flüchtlingen und Vertriebenen aus den grenznahen tschechischen Gebieten auf. Dies bedeutete, dass viele Menschen nur wenige Kilometer von ihrer alten Heimat entfernt angesiedelt wurden, ein Umstand, der der offiziell gewünschten ›Beruhigung‹ der politischen Situation diametral entgegenstand. Über Jahre hinweg gab es Bemühungen der »Umsiedler«, den Kontakt zur alten Heimat aufrecht zu erhalten und Informationen über die dortigen Verhältnisse zu gewinnen. Zum Gedankenaustausch trafen sich die Vertriebenen privat oder in Gaststätten in Grenznähe, ein Verhalten, dass von Seiten der SED misstrauisch beäugt wurde. Bezeichnend ist ein Bericht des Bürgermeisters von Neukirch an die SED-Kreisleitung vom 23. April 1947, in dem es über die knapp 1.100 Vertriebenen am Ort heißt: »Manche Verfehlungen, die sich Umsiedler zuschulde kommen ließen, haben den Eindruck entstehen lassen, dass man es bei den Umsiedlern mit unzuverlässigen Leuten zu tun hätte. Gegen diese falsche Einstellung gilt es ebenfalls Stellung zu nehmen, wie allerdings darauf aufmerksam zu machen ist, dass auch die Umsiedler sich entsprechend einstellen müssen. Besonders muss aber von politischer Seite her Stellung genommen werden, um bei den Umsiedlern eine positive Haltung zu erzielen, die immer wieder gestört wird, wenn man die Grenzfrage in den Vordergrund stellt. Es ist bekannt, dass einige Umsiedler sich in regelmässigen Abständen treffen und in einer Gastwirtschaft zwangslose Unterhaltung führen. Diese Angelegenheit wird von uns beobachtet und vorerst nicht gestört; aber wir müssen aufmerksam sein, damit hier nicht evtl. der Unruheherd entsteht, der den Zwiespalt zwischen Ortsansässigen und Umsiedlern nur noch erweitert.« Bei den informellen Treffen in Gaststätten blieb es jedoch nicht, da die Bewohner der grenznahen Gemeinden die Grenze selbst als Treffpunkt nutzten.

Sowohl die SED wie auch das Ministerium für Staatssicherheit blieben in der Folgezeit höchst misstrauisch gegenüber den grenznah siedelnden deutschen Flüchtlingen. Vergleichbar mit den (allerdings weitaus umfangreicheren) heimlichen Vertriebenentreffen im Hallenser und Leipziger Zoo zwischen 1950 und 1967 wurden auch die grenznahen Treffen von der Stasi überwacht.[10] Ein Beispiel hierfür zeigt die MfS-Überlieferung der Dienststelle Bischofswerda von 1957. Ein »Sachstandsbericht« des Dienststellenleiters schilderte ein Treffen am 10. Februar 1957 im HO-Hotel »Oberneuland« in Neukirch, das von drei Familien von »Antifa-Umsiedlern« organisiert worden war und an dem etwa 45 Personen teilnahmen. Was genau bei diesem Treffen besprochen wurde, blieb der Stasi verschlossen; es wurde aber kein Zweifel daran gelassen, dass den Teilnehmern und Teilnehmerinnen eine »negative« politische Einstellung zu unterstellen sei. Besonders ärgerlich war aus Sicht der Stasi die Tatsache, dass sich bei diesem Treffen eine Gruppe von »Umsiedlern« zusammenfand, die eigentlich die »richtige« – nämlich antifaschistische – Gesinnung haben sollten. So wurde festgestellt, dass eine Reihe von Personen ehemals der Deutschen Sozialdemokratischen Arbeiterpartei in der Tschechoslowakischen Republik (DSAP) angehörten und gegenwärtig Mitglied der SED waren. Dabei sei, so der Bericht, »zu beachten, daß eine ganze Reihe Genossen versöhnlerische Tendenzen aufweisen und zum Teil sogar negativ auftreten.«

Einfacher für die Stasi war es, wenn man die Umsiedler eindeutig dem feindlichen politischen Lager zuweisen konnte. So meldete ein Stasi-Unteroffizier in einem Be-

»Wie uns die freie Mitarbeiterin R. aus Steinigtwolmsdorf berichtete, werden seit Aufhebung der 1000 m Sperrzone schlechte Diskussionen besonders im Kreise der Umsiedler geführt. Die Ursache liegt darin, dass sich die Umsiedler an der Grenze treffen, um ihre Verwandten und Bekannten wiederzusehen. Ein grosser Teil der Umsiedler, die in Steinigtwolmsdorf untergebracht sind, stammen aus dem Grenzort Hilgersdorf, und benutzen nun des öfteren die Gelegenheit, ihre ehemalige Heimat aufzusuchen. Besonders stark ist das Begängnis an Sonntagen. Es kommen Umsiedler bis von Berlin, um festzustellen und zu erfahren, wie ihre Wohnungen, Felder und Häuser beschaffen sind. Organisiert werden diese Zusammenkünfte durch Briefwechsel. Das Material was zum Austausch gelangt kann nicht festgestellt werden, da dies an vertrauensvollen Plätzen geschieht. (Im Waldgelände). Die Menschen sind sehr ungehalten darüber, dass die Häuser leer stehen und dem Verfall preisgegeben sind und die Felder an den Grenzen so weit man sehen kann nicht bestellt sind. In der Gemeinde Hilgersdorf CSR, wo noch etwa 50 Deutsche wohnen, haben diese die tschechische Staatsbürgerschaft bekommen, werden aber vollkommen rechtlos behandelt. Die Diskussionen an den Grenzen gehen dahinaus, dass die Bürger der CSR gegen die Methoden der Arbeit schimpfen und sagen, es fehlt nur noch die Knute. [...] Die Bürgermeisterin von Steinigtwolmsdorf [...] erklärte uns folgendes: Die Grenzbewachung von Seiten der CSR und der DDR ist sehr schwach. In der Gemeinde Steinigtwolmsdorf befindet sich kein Polizeirevier. Seit das Wetter wieder schöner ist, sind die Grenzbegehungen wieder besonders stark. Am 22. April überzeugte sich Frau P. persönlich von den Zuständen. Sie traf an einer kurzen Strecke etwa 200 Personen, darunter viele aus dem Orte Steinigtwolmsdorf. Die Bürgermeisterin vertrat die Meinung, dass man hätte die Sperrzone 50-100 m lassen sollen. Dadurch hätten die Grenzbesuche nicht derartiges Ausmass angenommen. Weiter war sie der Ansicht, dass es ein Fehler war, die Umsiedler aus dem Nachbarort unmittelbar an der Grenze anzusiedeln. [...] Es muss hinzugefügt werden, dass die regelmässigen Grenzgänger genau orientiert sind, wenn die Posten der Grenzpolizei ihre Streifen machen und dadurch ist es schwer möglich, dieser Personen habhaft zu werden.«

»Informationsbericht Nr. 55/51« des Kreisbeauftragten des Amtes f. Information Bautzen v. 27.4.1951, HStA Dresden, 11410 KT/KR Bautzen, Nr. 243

richt vom 16. August 1957, dass ein ehemaliger Umsiedler, der jetzt in Westdeutschland lebe, nach Ringenhain bei Steinigtwolmsdorf gekommen sei, dort ein Treffen der Vertriebenen organisiere und hierbei u. a. Umsiedler aus Sohland eingeladen habe. Die Vertriebenen stammten aus Hilgersdorf (heute Severní bei Lobendava), seien Mitglieder der NSDAP gewesen und hätten heute zum Teil »intensive Verbindungen« nach Westdeutschland. Diese Konstellation erlaubte es dem MfS, das geplante Treffen ohne weiteres als den Versuch feindlicher Kräfte, die Umsiedlung in Frage zu stellen, zu disqualifizieren und zu bekämpfen. Die angebliche Einflussnahme aus Westdeutschland konnte hier wie auch in anderen Fällen dazu dienen, die wahren Ursachen für die schlechte Stimmung unter den Umsiedlern sowie den noch immer starken Rückkehrwunsch zu verschleiern. Noch viele Jahre nach Kriegsende hatte sich die Verbindung zur alten Heimat erhalten und der Wunsch nach Rückkehr kaum nachgelassen. Und auch wenn die Rückkehr selbst nach der doppelten deutschen Staatsgründung in immer weitere Ferne rückte, versuchten die »Umsiedler« und ihre Nachkommen doch vielfach, den Kontakt ins Herkunftsgebiet aufrecht zu erhalten. *(vgl. HStA Dresden, 11410 KT/KR Bautzen, Nr. 153, 221 u. 243; 13001 SED-KL Bautzen, Nr. IV/4.01.180; MfS BV Dresden, KD Bischofswerda, Nr. 51574)*

Streitfälle: Der Staat als Vermittler zwischen Neuankömmlingen und »Alteingesessenen«

Die Sehnsucht nach der alten Heimat und die schlechte materielle Situation der »Umsiedler« erschwerten auch das Zusammenleben von Alteingesessenen und Neusiedlern.[11] Einerseits fiel es vielen Flüchtlingen und Vertriebenen nicht leicht, sich auf die ›neue Heimat‹ einzulassen und soziale Beziehungen zu knüpfen, andererseits reagierte die örtliche Bevölkerung oft ablehnend auf die Neuankömmlinge. Angesichts knapper Ressourcen entstanden Verteilungskämpfe, die eine erhebliche Schärfe aufwiesen.[12]

Die Landesregierung wie auch die Kreis- und Gemeindebehörden reagierten besorgt auf die Schwierigkeiten im Zusammenleben, die sich unmittelbar nach Kriegsende ergaben. Die oben genannten Stimmungsberichte aus den Kreisen zeigten in aller Deutlichkeit, dass es um die Verständigung zwischen den Bevölkerungsgruppen nicht zum Besten bestellt war.

So heißt es im Jahresbericht 1948 des Kreisrates Döbeln: »Die zurzeit noch bestehende Not unter den Neubürgern lässt keine besonders gute Stimmung aufkommen, was auch jedem verständlich sein muss. Wenn es ausser allen erdenklichen Möbeln und Bedarfsgegenständen auch noch an den finanziellen Mitteln fehlt, sich diese Gegenstände anzuschaffen, dann kann auch keine gute Stimmung verlangt werden. Der Großteil der Altbürger betrachtet die Neubürger als unerwünschte Gäste. Man nimmt dieselben, dem Zwang gehorchend, wohl in die Gebäude und Wohnungen auf, zeigt aber sonst keinerlei Entgegenkommen. Die Neubürger wieder betrachten sich als diejenigen, welche durch den Hitlerfaschismus am meisten verloren haben und erwarten ein anderes Entgegenkommen von Seiten der Altbürger, die nichts oder nur sehr wenig verloren haben. Da aber das Gegenteil der Fall ist, wird die Stimmung nur noch verbitterter.« Vergleichbare Berichte finden sich aus einer Vielzahl von sächsischen Kreisen.

Ein Konfliktpunkt, der zwischen Alteingesessenen und »Umsiedlern« für immer neuen Streit sorgte, war die Frage des Wohnraums. Da das Wohnraumgesetz vom März 1946 eine staatliche Bewirtschaftung des Wohnraums nach sich zog, erfolgte die Unterbringung der Vertriebenen von Beginn an auf der Basis von Zwangsmaßnahmen.[13] Dies war zwar zur Unterbringung und zum Schutz der Neuankömmlinge unabdingbar, konnte für die weiteren Beziehungen zwischen den Bevölkerungsgruppen aber nur nachteilig sein. So berichtete der Landrat von Bautzen im November

»Zur Frage, ob im hiesigen Landkreis eine Vertiefung der Kluft zwischen den Alt- und Neubürgern festgestellt wird, muss geantwortet werden, dass eine gewisse Distanzierung zwischen Alt- und Neubürgern besteht. Der Grund hierfür liegt hauptsächlich darin, dass die Umsiedler meist ohne Hausrat, Betten und anderen Einrichtungsgegenständen hier aufgenommen werden müssen und dass die erforderlichen Einrichtungsgegenstände aus dem Besitz der Altbürger entnommen werden müssen, da eine Neuanschaffung z.Zt. fast unmöglich ist. [...] Wegen Mangel der notwendigsten Materialien, wie Baustoffe, Öfen und Ofenrohre usw. ist es oft nicht möglich, trotz grösster Bemühungen, unbeheizbaren Raum in beheizbaren Raum umzuwandeln, sodass oft Umsiedler in unbeheizbaren Raum wohnen müssen und ausserdem auf die Küchenbenutzung der Altbürger mit angewiesen sind. Weiter ist zu beachten, dass die einströmenden Umsiedler meistenteils die röm.-kath. Konfession besitzen, während der überwiegende Teil der Altbürger des hiesigen Kreises protestantischer Konfession ist. All diese Gründe tragen selbstverständlich dazu bei, dass sich dem von der Landesregierung Sachsen erwünschten Verschmelzungsprozess grosse Schwierigkeiten entgegenstellen. Wenn sich auch bei den Jugendlichen eine schnellere Assimilierung bemerkbar macht, so ist doch festzustellen, dass bei den im mittleren und höheren Lebensalter stehenden Umsiedlern eine Kluft zwischen Alt- und Neubürgern besteht.«

»Bericht zum Umsiedlerproblem« des Kreisrates Meißen an die Landesregierung v. 3.10.1947, HStA Dresden, 11377 LRS, MdI, Nr. 3013

1947 über die Arbeit des Kreiswohnungsausschusses, der die Zuweisung von Wohnraum vornahm: »Durch die Einweisung von Ansiedlern erheben die Wohnungsinhaber von Tag zu Tag Beschwerden, da sie mit der Einschränkung ihres Wohnraumes nicht einverstanden sind. Es kommt vor, dass an einem Tage bis zu 20 Beschwerden in Wohnungsangelegenheiten eingehen. Dadurch muss der Kreiswohnungsausschuss fast jede Woche tagen, um über diese Beschwerden zu entscheiden.« Die Kreise versuchten einen Spagat zwischen der möglichst geräuschlosen Unterbringung von »Umsiedlern« in den Gemeinden und der nachdrücklichen Abwehr von immer neuen Zuweisungen von Menschen. Der Widerstand gegen die Einquartierung von Flüchtlingen und Vertriebenen ging oftmals nicht nur von den Betroffenen, sondern auch von den lokalen Verwaltungsbeamten aus. Im August 1947 berichtete die Abteilung Einbürgerung an die HA Umsiedler über »Schwierigkeiten bei der Ansiedlung« in den einzelnen Kreisen: »Kreis Grimma: Die Bürgermeister der Gemeinden Trebsen und Commichau haben nicht nur die Aufnahme von Umsiedlern abgelehnt, sondern die zuletzt nach diesen Gemeinden gewiesenen Umsiedler auf der Straße stehenlassen, sodaß der Kreis die Umsiedler in andere Gemeinden unterbringen mußte. [...] Allgemein: Bei Unterbringung in Arbeit treten fast keine Schwierigkeiten auf. Dagegen ist das erste Erschwernis bei Unterbringung in Wohnung schon im Widerstand der Verwaltungsangestellten, Landräte und Bürgermeister zu finden. Von dieser Seite wird eingewendet, daß eine weitere Zusammenpressung der Bevölkerung ausgeschlossen ist. Einrichtungsgegenstände und Textilwaren sind nicht mehr vorhanden.

Die ansässige Bevölkerung verweigert die Herausgabe unbenutzten Mobiliars.« Ähnliche Reaktionen finden sich in allen Kreisen, in denen der Zustrom von Flüchtlingen und Vertriebenen die Bevölkerungszahlen nennenswert ansteigen ließ. Da die Bautätigkeit nur schleppend anlief und der Umfang des verfügbaren Wohnraums nur langsam wuchs, war die wohnliche Unterbringung der »Umsiedler« noch Jahre nach Kriegsende für viele sächsische Kreise mit massiven Problemen verbunden. Die »Umsiedler« ihrerseits hatten meist in engeren Verhältnissen und schlechteren Wohnungen zu leben als die Alteingesessenen. So lag die Quadratmeter-Zahl im März 1949 im Kreis Bautzen bei einem Bevölkerungsstand von 180.681 Personen bei 9,63 Quadratmetern pro Kopf; die 39.554 »Umsiedler« des Kreises hatten jedoch im Schnitt nur 8,94 Quadratmeter pro Person zur Verfügung. Im Kreis Grimma lagen die Werte mit 8,77 (152.542 Personen Gesamtbevölkerung) und 6,97 Quadratmetern (35.437 »Umsiedler«) noch deutlicher auseinander. In Einwohnerversammlungen wurde etwa im Kreis Bautzen über die Wohnproblematik 1949 Klage geführt: »Besondere Aufmerksamkeit muß dem Neubürgerproblem geschenkt werden. In zahlreichen Einwohner-Versammlungen erhoben Neubürger Vorwürfe gegen die Zuteilung von minderwertigem und zu geringem Wohnraum und beschwerten sich, daß die Alteingesessenen bei der Zuweisung von Arbeit bevorzugt würden. Dieses Kernproblem zu lösen, ist aber nur in einer guten Zusammenarbeit möglich. Der Aufruf der Regierung, eine Verbesserung der Lebenslage der Neubürger herbeizuführen, wurde lebhaft begrüßt, auch die Feststellung der Kreisräte, daß die Neubürger ein Recht darauf haben, bei der Zuweisung von Wohnraum und bezugsscheinpflichtigen Waren bevorzugt zu werden, wurde mit Beifall aufgenommen.«

Eine Einquartierung von »Umsiedlern« bedeutete in jedem Fall ein Eindringen in die Privatsphäre der betroffenen Wohnungsinhaber und einen Abfall des (ohnehin meist kümmerlichen) Lebensstandards. Die Wohnraumbewirtschaftung richtete sich strikt nach statistischen Größen aus und vernachlässigte daher die Besonderheiten von Einzelfällen. Oftmals wurden die Neuankömmlinge in Räumen untergebracht, die nicht als Wohn- oder Schlafräume ausgerichtet waren (z.B. im Keller). Funktionsräume wie Küchen und Bäder mussten geteilt werden oder standen für manche Familien nicht zur Verfügung. Nicht wenige Wohnungsinhaber machten den Flüchtlingen und Vertriebenen das Leben schwer oder versuchten sie ganz loszuwerden. *(vgl. HStA Dresden, 11377 LRS, MdI, Nr. 2111, 2251, 2741, 2970, 3013 u. 3024; 11410 Kreistag/Kreisrat Bautzen, Nr. 200)*

Der Widerstand, auf den die Einquartierung im ländlichen Raum traf, lässt sich an einer Reihe von aktenkundigen Einzelfällen nachzeichnen. So meldete etwa der Vorsitzende der SED-Ortsgruppe von Goldbach bei Bischofswerda, dass ein Landwirt sich massiv gegen die Aufnahme von »Umsiedlern« zur Wehr setzte: »Bei der Unterbringung von Umsiedlern werden uns immer wieder von seiten der Nazis Schwierigkeiten gemacht. So ist folgender Fall passiert: Der Wohnungsausschuss hatte beschlossen, dass dem Gast- und Landwirt S. in Goldbach Umsiedler zugewiesen werden zumal bei ihm pro Kopf 19 qm tatsächliche Wohnfläche vorhanden ist. Der Gemeindediener, Genosse P., hatte den Beschluss dem S. zuzustellen. Bei Ausübung dieser Amtshandlung wurde nun unser Genosse auf das gröblichste beleidigt. S. nannte ihn

»Herr Minister! Möchten Sie sich nicht einmal persönlich um unser Schicksal kümmern? Warum müssen wir in den Lagern, in den Städten bleiben. Warum werden wir nicht auf den Dörfern untergebracht. Es ist dort noch übergenug Platz, nur will das Dorf den Flüchtling nicht. Gehen Sie einmal nach Reichwalde, Kr. Weisswasser. Dort hat eine Fr. T., die dort ein Grundstück hat, Flüchtlinge beantragt für ihr Haus. Man schickte ihr welche – aber – kaum glaublich aber wahr – die Gemeinde schickte sie mit Sack und Pack wieder zurück. Es sind ja auch nur Flüchtlinge – wie Aussätzige werden wir behandelt. In Reichwalde sehen Sie sich das grosse Haus des stellvertretenden Bürgermeisters an, viel, viel Platz soll es noch haben. Aber er braucht den Platz für seinen Schwiegersohn, den er seit 3 Jahren schon erwartet!!!!!! […] Herr Minister! Womit haben wir unser Schicksal verdient? Haben wir etwa Schuld am Zusammenbruch? Sollte nicht der Nicht-Flüchtling Gott danken, dass ihm nicht dasselbe Schicksal beschieden ist?«

Anonymes Schreiben von Flüchtlingen aus Reichwalde, Kr. Weißwasser, an Minister Walter Gäbler v. 12.1.1948, HStA Dresden, 11377 LRS, MdI, Nr. 2251

einen Trottel, Hanswurst und Lump. An diesen Beleidigungen beteiligte sich auch die Ehefrau und Tochter des S. Am andern Tage wollte der Bürgermeister, Genosse H., die Leute einweisen. Auch er wurde von S. beleidigt, der die Unterbringung wieder schroff ablehnte. Daraufhin holte mich der Gen. H. zur Unterstützung. Da ich wusste, dass mit S. schwer zu hantiren ist, er hat sich schon mehrfach derartige Sachen erlaubt, rief ich die Polizei zu Hilfe. Als wir bei S. in der Wohnung waren tobte er wie ein Verrückter und beleidigte uns alle. Er stürzte sich auf mich und schrie, du bist daran schuld, dass ich Umsiedler kriege; H. [Vorsitzender des Wohnungsausschusses] hat es mir erzählt. Der Polizist musste mich schützen, sonst hätte er mich tatsächlich geschlagen.« Doch waren es keineswegs nur (vermeintliche) Nazis, die sich auf diese rabiate Weise wehrten; auch die Genossen selbst trugen die Eingliederungspolitik ihrer Partei nicht mehr mit, sobald sie selbst davon betroffen waren. In Tautewalde bei Wilthen war es sogar der VdgB-Vorsitzende, der die Aufnahme von »Umsiedlern« ablehnte. Der Vorsitzende der SED-Ortsgruppe berichtete an den Kreisvorstand in Bautzen: »In der Funktionärssitzung am 12. April 1947 stand u.a. auch die Unterbringung der Umsiedler auf der Tagesordnung. Der Gen. W., Vorsitzender der Gegenseitigen Bauernhilfe, hatte vor einigen Tagen schriftlichen Bescheid erhalten, dass er von den zu erwartenden Umsiedlern 4 Personen aufzunehmen hat. Gen. W. erklärte nun in ziemlich scharfen und erregten Ton wörtlich: Ich nehme keine Umsiedler auf, und wenn ich welche nehmen muss, dann muss mir die Gemeinde schriftlich garantieren, dass sie mir das ersetzt was mir von Umsiedlern gestohlen wird. Zur Bekräftigung seiner Worte klopfte der Gen. W. mit dem Finger auf den Tisch. Alle anwesenden Genossen waren über das Verhalten des Gen. W. empört, zumal es allen Genossen bekannt ist, dass seit Wochen der Streit wegen Aufnahme von Umsiedlern mit dem Gen. W. geht.« In diesen wie auch in zahlreichen weiteren Fällen wurde die Einquartierung durch behördlichen Druck durchgesetzt. Gelegentlich musste die Einquartierung von Ortsfremden sogar mit Polizeigewalt durchgeführt werden, wie ein Bericht aus dem Kreis Grimma zeigt: »Bei der Unterbringung von Umsiedlern kann man kaum von Erfolgen sprechen, höchstens von den Erfolgen, daß auf Grund der Initiative des Kreisumsiedler- sowie der kommunalen Umsiedlerausschüsse und der Bürgermeister, in Härtefällen sogar durch die Kreispolizei, die Umsiedler restlos untergebracht wurden. Mißstände sind bei der Unterbringung von Umsiedlern immer vorhanden. Die Einweisung von Umsiedlern in den von den örtlichen Wohnungsbehörden erfaßten Wohnraum gestaltet sich oft sehr dramatisch. Die örtlichen Wohnungsbehörden sowie das Kreiswohnungsamt sind gezwungen, in harten Fällen rücksichtslos vorzugehen, da sonst die Umsiedler heute noch auf der Straße stehen würden. Die Ortsansässigen können einfach nicht verstehen, daß sie sich einschränken müssen und nicht mehr mit normalen Lebensbedingungen sowie auch Wohnbedingungen rechnen können.« Die erzwungenen Einweisungen erzeugten dauerhafte Missstimmungen und erschwerten die Integrationsbemühungen in den Dörfern. Sie stellten damit für die Festigung der sozialen Beziehungen auf dem Lande eine erhebliche Hypothek dar. Dass auch manche »Umsiedler« bei ihren Forderungen nach besserem Wohnraum wenig Rücksicht auf die Bedürfnisse der anderen Seite nahmen, wurde ebenfalls aktenkundig. So beschwerte sich etwa im Dezember 1948 ein Vertriebener aus Ostpreußen über sein nicht heizbares Zimmer in Radibor, das er mit seiner sechsköpfigen Familie bewohnen müsse, obgleich ihm längst ein Ersatzquartier zugesagt worden sei. Der Bürgermeister in Radibor halte ihn nur hin und habe jüngst sogar seine Frau »in ziemlich unflätiger Weise« beschimpft und behauptet, »dass er sich unseretwegen es nicht mit der ortsansässigen Bevölkerung verderben wolle.« Diese Darstellung wurde vom Kreiswohnungsamt Bautzen jedoch zurückgewiesen: »Wenn nicht sofort eine entsprechende Wohnung der Familie S. zur Verfügung gestellt werden konnte, so war dies mit Rücksicht auf die Wohnraumverhältnisse innerhalb der Gemeinde Radibor nicht möglich. Richtig ist, daß es zu einer Auseinandersetzung zwischen Herrn S. und dem Bürgermeister von Radibor gekommen ist, da die Familie Forderungen stellte, die im Augenblick nicht durchzuführen waren. Die Familie S. hat den Bürgermeister in der Privatwohnung aufgesucht und unberechtigte Vorwürfe gemacht.« Im Übrigen sei dem Beschwerdeführer inzwischen eine neue Wohnung zugewiesen worden. Hier wie auch in vielen vergleichbaren Fällen lässt sich rückblickend nicht mehr beurteilen, wer letztlich mit seiner Position »im Recht« war. *(vgl. HStA Dresden, 11377 LRS, MdI, Nr. 2287, 2681 u. 3024; 13001 SED-Kreisleitung Bautzen, Nr. IV/4.01.180)*

Wie die oben angeführten Proteste gegen die Einquartierung von Flüchtlingen und Vertriebenen zeigen, spielten Vorurteile gegenüber den Menschen »aus dem Osten« bzw. »aus Polen« ebenso eine Rolle wie etwa die Furcht vor der wachsenden Zahl katholischer Gläubigen. In der Oberlausitz trat mit der Angst vor einer »Germanisierung« von sorbischen Dörfern durch die Flüchtlinge und Vertriebenen noch eine ethnisch-nationalistische Komponente hinzu. Die weiter oben zitierten Gerüchte über eine »Räumung« der Oberlausitz bzw. deren Anschluss an die Tschechoslowakei verweisen auf die angespannte Situation im Kreis Bautzen. Auf einer Kontrollfahrt im Kreis Bautzen wurde im Frühjahr 1947 festgestellt, dass im nördlichen Teil des Kreises der Widerstand gegen die Zuweisung von »Umsiedlern« besonders stark sei: »Besonders die baeuerliche Bevoelkerung des Nordens im Kreise Bautzen gab den Anschein, sich mit den getroffenen Maßnahmen der Wohnungsbehoerden nicht einverstanden zu erklaeren. Verschiedene Einwendungen wurden vorgebracht, um die Raeumung von Wohnraum zu verhueten bezw. um ueberhaupt Umsiedler aufzunehmen.« Aus der nordwestlich von Bautzen gelegenen Gemeinde Crostwitz wurde acht Monate später berichtet: »In Crostwitz, wendische Gemeinde im Kreis Bautzen, sind ankommende Umsiedler mit Steinwürfen empfangen worden. Der Landrat von Bautzen vertrat den Standpunkt, daß die Wenden von der Aufnahme mit Umsiedlern befreit seien, da sie nicht ›germanisiert‹ werden dürften. Inzwischen ist klargestellt, daß auch die sorbischen Gemeinden belegt werden.« Der Widerstand ging hier also keineswegs nur von Einzelpersonen, sondern von den Behörden der Gemeinden und des Kreises selbst aus.

War die Stimmung demnach bereits angespannt genug, so protestierte im September 1947 der Kreis Bautzen gegen eine Erhöhung der Zuweisung von »Umsiedlern« in den Kreis, da die verlangte Aufnahme von weiteren 6.750 Personen allein im September 1947 nicht zu bewältigen sei, geschweige denn eine noch größere Zahl. Eine interne Aktennotiz der Abteilung Einbürgerung im Innenministerium verwies jedoch

»Im Hause Nr. 81b, Besitzer H., brachten wir vor etwa 2 Jahren die schlesische Umsiedlerfamilie W., 4 Köpfe nur mit Zwang unter, in dem wir, da die hiesige Polizeibehörde nicht eingreifen konnte, einen Angehörigen der russischen Besatzungsmacht um Hilfe ersuchten. Wie vorauszusehen war, kam es tatsächlich bald zu Reibereien durch H., er machte dem Umsiedler W., die nun zu viert dort 2 Räume mit je 10 qm bewohnten, das Leben recht schwer. H. suchte bei jeder Gelegenheit Streit und beleidigte die W. oft auf das Gröblichste, obwohl es sich um eine sehr anständige ruhige Familie handelte. Frau W. erlitt duch die langen Aufregungen einen Nervenzusammenbruch. Herr W. stellte nun einen Antrag auf Wohnungstausch, den wir und der Wohnungsausschuß auch befürworteten, aber auch H. stellte einen Tauschantrag – und so wurde die Familie W. in einem anderen Grundstück untergebracht. […] Nach längerer Aussprache von H. in Anwesenheit des Obmannes des Wohnungsausschusses und des Umsiedlers A. erklärte H. sich bereit, die ungarische Umsiedlerfamilie L. (3 Erwachsene und 1 Kind) aufzunehmen. Noch am selben Abend sprach der Umsiedler L. dort vor und meldete für den nächsten Tag seinen Einzug an. Als er dann am anderen Tag mit seiner Frau bei H. eintrat, schrie ihm derselbe entgegen, er habe hier nichts zu suchen und solle sehen das er weiterkäme. Frau L. erhielt sofort einen Weinkrampf und auch L. war sehr stark erschrocken. […] H. ist von seiner 1. Frau mit drei Kindern geschieden und im ganzen Dorf als Flegel bekannt. Das Vorgehen von H. der durch den Krieg nichts verlor, gibt zur weiteren Unterbringung von Umsiedlern ein schlechtes Beispiel, was wir nun bei dem neuen Transport aus Ostpreußen merken konnten und deshalb möchten wir Sie höflichst bitten, uns zu raten was hier ausser der nun schwebenden langwierigen Gerichtsverhandlung zu machen wäre, um der Sache zu dienen.«

Schreiben des Umsiedlerausschusses Rammenau an die HA Umsiedler v. 20.5.1948, HStA Dresden, 11377 LRS, MdI, Nr. 2287 darauf, dass der Kreisrat Bautzen »falsches statistisches Material zur Verfügung gestellt« habe und der Pro-Kopf-Durchschnitt der Wohnfläche im Kreis bei 10,2 Quadratmetern liege, der Landesdurchschnitt jedoch nur bei 9,6 Quadratmetern. Bereits im August 1947 hatte eine Kontrollfahrt der HA Umsiedler ergeben, »daß der Kreis für das vorgesehene Aufnahmesoll nicht so stark belastet wird, wie es vom Kreisrat geltend gemacht wurde.« Da der Einwand des Kreisrates kein Gehör fand, wandte sich der Bürgermeister von Bautzen schließlich im Mai 1948 an den sächsischen Ministerpräsidenten, um die Zahl der Zuweisungen zu reduzieren. Dabei argumentierte er auch mit der »schlechten Stimmung« der »Umsiedler«: »Da alle bisherigen Bemühungen seitens der Stadt Bautzen und des Kreisratsamtes, die Zuweisungen von Umsiedlertransporten in geordnete Bahn zu bringen, gescheitert sind, und die entsprechenden Eingaben an zuständige Stellen bisher keinerlei Beachtung erfahren haben, sehen wir uns veranlaßt, an Sie persönlich die dringende Bitte zu richten, einem untragbaren Zustand ein Ende zu bereiten. Es ist moralische und politische Pflicht, die Umsiedler schnellstens in relativ gesehen gute Wohnungsverhältnisse unterzubringen, um ihnen recht schnell das Gefühl einer wahrhaft neuen Heimat zu geben, und sie somit als positive Menschen des Neu-Aufbaues zu gewinnen. [...] Bei der großen Wohnraumnot, die, wie in manchen anderen Orten, insbesondere in Bautzen durch die Kriegseinwirkungen besonders groß ist, ist es unmöglich, Wohnraum in solch großen Umfange reserviert zu halten, so daß nur unter Einsatz einer großen Anzahl ehrenamtlicher Helfer die Einweisung in die Wohnungen durchgeführt werden kann. [...] Die weitere Folge ist, daß die Umsiedler in eine sehr schlechte Stimmung geraten, die sich auch auswirkt auf die übrige Bevölkerung. Politisch gesehen sind derartige Zustände einfach untragbar.« Auch dieser Vorstoß blieb jedoch erfolglos. Die Leiterin der HA Umsiedler, Ruth Fabisch, teilte dem Ministerium für Arbeit und Sozialfürsorge mit, eine Ausnahmeregelung für Stadt und Kreis Bautzen könne es nicht geben, auch nicht vor dem Hintergrund der sorbischen Besiedlung: »Der Kreis Bautzen gehört zu den Kreisen, die sich immer wieder gegen die Aufnahme von Umsiedlern sträuben und glauben, die Regierung für Dinge verantwortlich machen zu können, die

1). einmal in der unzulänglichen Vorarbeit der Kreise selbst zu suchen sind und
2). nicht in der Hand der deutschen Behörden liegen, wie es z.B. der unregelmässige Turnus der ankommenden und in ihrer Zahl vorher nie zu übersehenden Umsiedler-Transporte ist.

Nachdem sich Bautzen im Herbst vorigen Jahres auf den Standpunkt stellte, die wendischen Dörfer nicht mit Umsiedlern belegen zu können, hielt es Oberstleutn. Wolodin [von der SMAS, SF] für notwendig, an Ort und Stelle persönlich eine Überprüfung des Kreises mit entsprechenden Anweisungen an den Landrat und den Kreisrat vorzunehmen.« *(vgl. HStA Dresden, 11377 LRS, MdI, Nr. 2287, 2741 u. 3014; 11410 Kreistag/ Kreisrat Bautzen, Nr. 887)*

Wie stark die Ängste der sorbischen Bevölkerung vor einer »Germanisierung« ihrer Dörfer waren, dokumentieren die Unterlagen der sorbischen Statistik aus dem Jahr 1946. Die Volkszählung im Oktober 1946 sollte nach der Zeit der nationalsozialistischen Unterdrückung nach dem Willen der Domowina als Gelegenheit des klaren Bekenntnisses zum Sorbentum genutzt werden. Doch aufgrund äußeren Drucks erfüllten sich diese Erwartungen nicht: »Bis zum heutigen Tage ist es nicht möglich gewesen, die Zahl der in Deutschland lebenden Sorben einwandfrei festzustellen. Da schon ein genaues amtliches Ergebnis nicht möglich war, konnte eine Zählung privater Stellen noch weniger Klarheit schaffen. Alle bisher veröffentlichten Zahlen sind daher nur Schätzungen. [...] Die für den 29. Okt. 46 angeordnete Volkszählung kann in Bezug auf die Rubriken 9 und 10 /Muttersprache und nationale Abstammung/ keinen Anspruch auf Richtigkeit erheben. Zu dieser Behauptung berechtigen die vielen Uebergriffe und Versuche, die sorbische Bevölkerung zu beeinflussen von amtlicher als auch von privater deutscher Seite. Die beigefügten Niederschriften und Berichte, die diesem Schreiben beigegeben sind, beweisen eindeutig, dass auch diesmal durch die Volkszählung die genaue Zahl der Sorben in Deutschland nicht ermittelt werden kann. [...] Ganze Ortschaften mit rein sorbischer Bevölkerung gelten den Ergebnissen der Zählung zufolge als deutsch.« Die »Uebergriffe«, von denen die Rede war, meinten nicht nur Repressalien durch (deutschsprachige) Bürgermeister, Landräte, Lehrer, Arbeitgeber usw., sondern auch die als Gerücht verkleidete Drohung, dass bekennende Sorben »mit geringem Gepäck nach der Tschechoslowakei vertrieben werden« oder anderweitig verfolgt werden würden. Den Flüchtlingen und Vertriebenen aber wies man seitens der Domowina eine besondere Verantwortung für den Druck auf die Sorben zu: ihre »Gegenarbeit« habe darin bestanden, die Aufklärungsflugblätter der Domowina zu vernichten und die Sorben davon zu überzeugen, sich als »deutsch« einzutragen. Aus Sicht der Sorben stellten die Flüchtlinge und Vertriebenen aus den ehemaligen deutschen Ostgebieten eine fundamentale Bedrohung ihrer ethnischen Identität dar. Bezeichnend sind in diesem Zusammenhang auch die Ausführungen zum Schulwesen, dessen Wandel unter dem Druck der Neuankömmlinge gleichfalls als Bedrohung erschien: »Die aus Schlesien und der Tschechoslowakei ausgewiesenen Deutschen überschwemmten auch die Lausitz, so dass die rein sorbischen Orte jetzt eine Mischbevölkerung aufweisen. Die Volksschulen sind zweisprachig geworden. Es amtieren dort deutsche Lehrer aus den genannten Gebieten und eine beschränkte Anzahl in zweimonatlichen Kursen herangebildete Neulehrer. Die Unterrichtssprache ist den Verhältnissen entsprechend deutsch, allerdings wird auch die sorbische Sprache im Unterricht verwendet. Es ist nicht zu leugnen, dass bei diesem Zustand die Erziehung der sorbischen Jugend gefährdet ist, zumal die Flüchtlinge Germanisierungstendenzen aufweisen.« Das Verhältnis zwischen Alteingesessenen und »Umsiedlern« war angesichts der ethnischen Sondersituation in der Oberlausitz gleich mehrfach belastet. *(vgl. SKA/MS/XVII: Statistik der Lausitzer Sorben 2: Unterlagen und Materialien 1926-1946, F / H / I)*

Die strukturellen Probleme bei der Unterbringung, Verpflegung und Beschäftigung der »Umsiedler«, die das negative Verhältnis zwischen den verschiedenen Bevölkerungsgruppen hervorbrachten, konnten weder von der sächsischen Landesregierung noch von den einzelnen Landkreisen gelöst werden. Um dennoch die sozialen Verhältnisse zu stabilisieren und zugleich politische Legitimität zu erlangen, unternahmen Staat, Parteien und Massenorganisationen mit der Durchführung von Solidaritätsaktionen den Versuch, den drängendsten Problemen kurzfristige Linderung zu verschaffen. Ausdruck von Solidarität waren dabei vor allem Geld- und Sachspenden,

> »Der überwiegende Teil der Altbürger betrachtet auch heute nach 3 Jahren die Ansiedlung der Neubürger als unliebsame Gäste. Dem Zwang gehorchend nimmt man die zugewiesenen Umsiedler wohl in Gebäude und Wohnungen auf, aber ein Entgegenkommen ist in den seltensten Fällen zu verzeichnen. Die Neubürger, die sich als die am meisten Geschädigten betrachten, können diese abstossende Haltung nicht verstehen und die Stimmung der Neubürger wird noch verbitterter. Aber auch die Neubürger sind an den schlechten Verhältnissen zwischen ihnen und den Altbürgern nicht ganz schuldlos. Bei den Schlichtungsversuchen der zahlreichen Beschwerden und Eingaben ist dies in vielen Fällen festzustellen. Hauptsächlich ist dies darauf zurückzuführen, daß viele Neubürger noch immer den Gedanken an eine Rückkehr nicht aufgegeben haben und deshalb auch kein Interesse an einem Einleben in der neuen Heimat bekunden.«
>
> »Jahresbericht der Umsiedlerabteilung beim Kreisrat Döbeln« v. 22.12.1948, HStA Dresden, 11377 LRS, MdI, Nr. 3025

deren Umfang aber gering blieb, da die alteingesessene Bevölkerung meist selber nur das Notwendigste zum Überleben besaß. Zentral war aus Sicht der SED zudem eine Beschleunigung des Wohnungsbaus durch die Bereitstellung von Baumaterial und Arbeitsstunden. Maßnahmen wie die Umsiedlerwoche »Neue Heimat – Neues Leben« wurden zwar landesweit propagiert und als wesentlicher Schritt für die Vertriebenenintegration vermittelt, sie trugen jedoch letztlich wenig dazu bei, die grundsätzlichen Probleme zu lösen. Die Einschätzung von »Neue Heimat – Neues Leben« durch den Kreisrat Oschatz in seinem Jahresbericht 1948 spricht für sich: »Durch die Umsiedlerwoche ›Neue Heimat – Neues Leben‹ wurde angestrebt, die noch bestehenden Unterschiede zwischen Ortsansäßigen [sic] und Umsiedlern zu beseitigen. Nach den Eingangsberichten der Ortsarbeitsausschüße [sic] war die Beteiligung der ortsansäßigen [sic] Bevölkerung an gemeinsamen Veranstaltungen sehr gering und zeigte auch das Resultat der Geld- und Sachspendensammlungen, daß man die Umsiedler nicht als vollberechtigte Neubürger ansieht und ist in den meisten Fällen der Ausdruck ›Flüchtlinge‹ gebräuchlich. Die meisten Ortsansäßigen [sic] betrachten das Vorhandensein der Umsiedler nur als einen vorübergehenden Zustand und geben dieses auch des öfteren mit verschiedenen Kommentaren wieder.« Diese »Kommentare« waren ohne Zweifel wenig schmeichelhafter Art: nicht nur wurde der Begriff »Flüchtling« selbst schon im abwertenden Sinne benutzt, zahlreiche andere Schimpfworte wie z. B. »Flüchtlingspack« usw. bürgerten sich in den Sprachgebrauch ein. »Diskriminierung, Abgrenzung und Feindseligkeit« waren eine alltägliche Erfahrung vieler »Umsiedler«, die durch keine Solidaritätsaktion zu überdecken war.[14]

Was für die Vertriebenen insgesamt galt, lässt sich auch für die Neubauern unter ihnen als einer speziellen Gruppe der ländlichen Gesellschaft feststellen. Die Neuankömmlinge waren wegen des Mangels an ökonomischem und sozialem Kapital den neuen Verhältnissen oft schutzlos ausgeliefert und daher auch besonders anfällig für Übervorteilungen durch die alteingesessenen Bauern. Meist drückte sich die Ablehnung der Neubauern in der Verweigerung von Hilfestellung und Kooperation aus, doch gab es auch Beschwerden darüber, dass Altbauern versuchten, aus der Notlage der »Umsiedler« Kapital zu schlagen. Mit der Übernahme von Land aus der Bodenreform war für die Vertriebenen der Anspruch dauerhafter Sesshaftwerdung verbunden, was wiederum nur durch den Aufbau stabiler Sozialbeziehungen im Dorf gelingen

»Man kann das Verhältnis der Neu- und Altbauern zueinander nicht untersuchen, ohne, insbesondere für Sachsen, einen scharfen Unterschied zwischen den ortsansässigen und ortsfremden Neubauern zu machen. Insgesamt stellte ich in Gesprächen mit den verschiedensten Dienststellen fest, dass eine Voreingenommenheit gegenüber den Neubauern besteht. Im einzelnen konnte ich hierfür folgende Begründungen feststellen: Die SED sieht vor allem in den Neubauern, die aus Schlesien und der Tschechei [sic] zugewandert sind, Vertreter der CDU, die das politische Gefüge des Dorfes für sie ungünstig beeinflussen. Die LDP und die CDU sehen in den Neubauern, die aus den Städten zugewandert sind, in erster Linie Vertreter der SED, die wiederum nach ihrer Meinung das politische Gefüge des Dorfes für sie ungünstig beeinflussen. Die VdgB, die gleichfalls im grossen den Neubauern skeptisch gegenüber steht, sieht in diesen vor allem den wirtschaftlich schwächeren Teil, der von den Altbauern immer nachgeschleppt werden muss. Da diese verschiedenen Ansichten sich eigentlich im Wesen widersprechen, führe ich die Gesamteinstellung gegen die Neubauern, soweit sie besteht, auf eine gewisse vorherrschende nationalistische und konservative Tendenz zurück, die auch bei den Mitgliedern der SED teilweise vorherrschend ist. Dieser Gegensatz zwischen den Alt- und Neubauern wird auch von der VdgB nicht überbrückt. Diese ist vielmehr je nach Lage der örtlichen Struktur mehr eine Vereinigung der Neu- oder der Altbauern, welche durch das Übergewicht des einen oder anderen Teiles bedingt ist. [...] Dieser Unterschied zwischen ortsfremden und ortsansässigen Neubauern ist vor allem dadurch nicht überbrückt worden, dass das Neubauernproblem als ein einheitliches Ganzes aufgefasst und wirtschaftliche Vergünstigungen der gesamten Neubauernschaft zuteil wurden. Dadurch konnte es geschehen, dass die bereits wirtschaftlich fundierten eingesessenen Neusiedler den Altbauern in ihrer wirtschaftlichen Stellung überlegen wurden, während die Ortsfremden auch weiterhin der wirtschaftlich schwächere Teil blieben. Dies gilt sowohl für jene aus Schlesien uns zugewanderten Landwirte, die zwar über landwirtschaftliche Kenntnisse verfügen, jedoch fast regelmässig bei der Verteilung des Landes wie auch des Inventars benachteiligt wurden, was auch darauf zurückzuführen ist, dass sie hauptsächlich erst nach dem Beginn der Bodenreform angesiedelt wurden, als auch für diejenigen Neusiedler, die aus den Städten zugewandert sind, vielfach bei der Verteilung gut abgeschnitten, aber über unzureichende landwirtschaftliche Kenntnisse verfügten, die Siedlung auch weniger als Lebensaufgabe, sondern als vielmehr augenblickliche Massnahme zur Selbstversorgung betrachten.«

»Feststellungen über die Bodenreform im Bundesland Sachsen« der HA Bodenordnung (Berlin) v. 4.12.1946, HStA Dresden, 11377 LRS, MdI, Nr. 3069 konnte. Doch die Differenzen zu den bereits ansässigen Landbewohnern waren nicht ohne weiteres zu überwinden.

Wie aus den Berichten aus den Landkreisen und der HA Umsiedler hervorgeht, hatte die Abneigung gegenüber den »Umsiedler-Neubauern« durchaus unterschiedliche Gründe, angefangen von der Angst vor wirtschaftlichen Nachteilen über Vorurteilen gegenüber den Deutschen aus Osteuropa bis hin zu politisch motivierten negativen Bildern von den Fremden. Vor allem aber war die Zielsetzung der Bodenreform, durch die Umverteilung von Land zu einer gerechteren Ordnung der ländlichen Gesellschaft zu kommen, nicht erreicht worden. *(vgl. HStA Dresden, 11377 LRS, MdI, Nr. 3024, 3025 u. 3069; 11410 Kreistag/Kreisrat Bautzen, Nr. 179; StA Leipzig, 20233 KT/KR Grimma, Nr. 1057)*

Nun ist die Zeit gekommen: Das Neubauern-Bauprogramm

Für die ländliche Gesellschaft Sachsens war die Bereitstellung von angemessenem Wohnraum ein ebenso dringliches Problem wie für die Stadtbevölkerung, denn die bauliche Situation auf dem Lande war aufgrund der Kriegszerstörungen kaum weniger ungünstig als in den Städten. Der Mangel an Wohngebäuden, Ställen und Scheunen, unter dem die bäuerlichen Wirtschaften litten, wurde durch die Ansiedlung von Flüchtlingen und Vertriebenen und die Einrichtung Tausender neuer Bauernstellen noch einmal drastisch verschärft. Es entstand daher eine besonders ausgeprägte Wohnungsproblematik, die die Landes- und Kreisbehörden dazu veranlasste, das ländliche Bauen verstärkt zu fördern. Der Staat versuchte mit Zwangsmitteln, die vorhandenen Baustoffe möglichst zielgerichtet einzusetzen. Zugleich sollten die Neubauern zum Gebrauch von alternativen Baustoffen (insbesondere Lehm) ermuntert werden. Das sächsische Ministerium für Wirtschaft und Arbeit erließ mit dieser Absicht im Oktober 1946 einen Runderlass zur Lenkung der Bautätigkeit: »Die gegenwärtig verfügbaren geringen Mengen an Baustoffen werden vorläufig der Reihe nach allein für die folgenden Bauvorhaben abgegeben:

1. Baumaßnahmen zur Durchführung von Befehlen der SMA, von Reparationen und Bauvorhaben, die von der Landesverwaltung als besonders vordringlich bezeichnet werden.
2. Errichtung von Neubauerngehöften und Neuaufbau zerstörter landwirtschaftlicher Betriebsgebäude.
3. Instandsetzung leicht beschädigter Gebäude und Gewinnung von Wohnraum im vorhandenen Gebäudebestand.
4. Bauvorhaben für lebenswichtige Betriebe, Krankenhäuser, Schulen, gewerbliche und industrielle Anlagen allein nach Entschließung der Landesverwaltung.

Alle übrigen Bauvorhaben treten zurück. Obwohl danach die Neubauerngehöfte als dringende Bauaufgaben gelten, müssen die gegenwärtigen Schwierigkeiten bei der Baustoffbeschaffung auch durch bodenständige Naturbauweisen überwunden werden.« Im März 1947 forderte das Kreisbauamt des Kreises Grimma die Kreisbodenkommission auf, angesichts der Bauaufgabe zunehmend Naturbaustoffe wie Lehm zu verwenden: »Die Auflage der Landesregierung beziffert sich auf 673 Baufälle [für den Kreis Grimma, SF], während von mir 821 Baufälle vorgesehen sind. Das Mehr von 148 Baufällen soll als Reserve für ausfallende Bauten oder sonstige Baubehinderungen gelten. In Anbetracht der gegenwärtigen Baustofflage ist diese gewaltige Bauaufgabe nur dann zu bewältigen, wenn die Neubauern weitgehend von heimischen Baustoffen Gebrauch machen und die örtlichen Vereinigungen der gegenseitigen Bauernhilfe durch weitgehende Aufklärung die noch immer gegen die naturgebundene Bauweise bestehenden Vorurteile beseitigen helfen.« Doch die von der Landesregierung angestoßene Bautätigkeit reichte nicht aus. Am 1. Oktober 1947 besaßen in Sachsen nur 16,1 Prozent der Neubauern eigene Wohngebäude (Durchschnitt SBZ: 26,2 Prozent), 13,2 Prozent besaßen eine Scheune (Durchschnitt SBZ: 11,8 Prozent), 20,9 Prozent besaßen einen Großviehstall (Durchschnitt SBZ: 15,0 Prozent) und 15,6 Prozent einen Schweinestall (Durchschnitt SBZ: 13,1 Prozent).[15] Anfang 1948 besaßen im Kreis Bautzen 45 Prozent aller Neubauern keine eigene Wohnung, im Kreis Grimma sogar knapp 83 Prozent, was den Höchstwert aller sächsischen Kreise darstellte. Im Kreis Bautzen bewohnten in der Gemeinde Nechern 21 von 38 Neubauern keine eigene Wohnung, in der Gemeinde Drehsa waren es 26 von 48 Neubauern, in Seitschen sogar 22 von 30 Neubauern.

Die Baupolitik stand demnach von Beginn an vor enormen Schwierigkeiten, da nicht genügend Baumaterial und Bauhandwerker zur Verfügung standen. Die Landesregierungen waren aus eigener Kraft nicht in der Lage, eine umfassende Wohnungsbaupolitik durchzuführen. Im Herbst 1947 unternahm es daher die SMAD, die Bautätigkeit stärker auf die notwendigsten Bereiche zu fokussieren, und erließ am 9. September 1947 den Befehl Nr. 209, nach dem bis Ende 1948 37.000 Neubauernhöfe zu errichten waren, davon 5.000 in Sachsen.[16] Dieser Befehl erzeugte in den folgenden Jahren eine Flut an bürokratischen Maßnahmen zur Sicherstellung der Befehlserfüllung in den Kreisen und Gemeinden. Doch trotz des von der Autorität der SMAD gestützten Programms gelang es nicht, die Bautätigkeit so zu intensivieren, dass die Gebäudenot behoben werden konnte. Dies lag einerseits daran, dass der Befehl 209 in Sachsen nur einen Teil des Baubedarfs abdeckte. In ihrem Jahresbericht 1948 bezifferte die HA Umsiedler den Bedarf zu Beginn der Bodenreform auf 15.906 Wohnhäuser, 16.617 Ställe, 16.592 Scheunen und 16.829 Gehöfte. Hiervon konnten bis Ende 1948 jedoch lediglich 5.640 Wohnhäuser, 5.849 Ställe, 5.570 Scheunen und 6.079 Gehöfte fertiggestellt werden, sodass der Bedarf zu diesem Zeitpunkt nur zu etwa 35 Prozent gedeckt worden war. Andererseits fehlten schlicht die benötigten Baustoffe. So konstatierte knapp zwei Jahre nach Erlass des Befehls die Landesbodenkommission in ihrem Bericht über den Stand der Bautätigkeit im Jahr 1949, dass von den diesjährig geplanten 10.200 Baueinheiten für Wohnungen, Ställe und Scheunen erst 2.781 Einheiten fertiggestellt worden seien; die Baustandserfüllung lag bei 12,7 Prozent für Wohnhäuser, 25,9 Prozent für Ställe und 52,5 Prozent für Scheunen. Ausschlaggebend für diese unzureichende Durchführung des Bauprogramms sei der Baustoffmangel: »Die Durchführung dieses Bauprogramms ist unter Berücksichtigung der bisher zur Verfügung gestellten Baustoffkontingente eine Unmöglichkeit.« Die LBK konstatierte, dass u.a. mehr als 66,5 Millionen Mauerziegel, 27,7 Millionen

130

AUFRUF

an die gesamte Bevölkerung Sachsens

Das Jahr 1952 steht im Zeichen des verstärkten Kampfes um Einheit, Frieden und Aufbau.
Große und schwierige Aufgaben wurden seit dem Zusammenbruch in der Deutschen Demokratischen Republik gelöst, viele stillstehende Fabriken wieder in Gang gesetzt und eine Festigung der antifaschistisch-demokratischen Ordnung herbeigeführt.

Demgegenüber rüstet man in Westdeutschland für einen neuen Krieg. Der Generalkriegsvertrag soll die Versklavung des deutschen Volkes erzwingen; die Remilitarisierung der westdeutschen Jugend in Söldnerheere hat begonnen, um den Kampf gegen die friedliebenden Völker von seiten des Imperialismus aufzunehmen.

Alle wahrhaft patriotisch gesinnten Menschen haben das wahre Gesicht unseres Gegners erkannt und sind gewillt, sich verstärkt für die Existenz des deutschen Volkes einzusetzen.

Eine wichtige Voraussetzung für eine wahrhaft demokratische Entwicklung des deutschen Volkes schaffte die Bodenreform; in deren Verbindung steht das Neubauern-Bauprogramm.

Viele unserer Neubauern verfügen bereits über die erforderlichen Wohn- und Wirtschaftsgebäude. Es gilt nun im Jahre 1952 weitere Neubauerngehöfte insbesondere für Neubauern-Umsiedler zu schaffen, um im Jahre 1953 dem letzten Neubauern im Land Sachsen die notwendigen Wirtschaftsgebäude zu errichten.

Aus diesem Grunde rufen wir die gesamte Bevölkerung auf, sich an diesem großen Aufbauwerk zu beteiligen, welches gleichzeitig ein wichtiger Beitrag zur Verbesserung der Lebenslage aller Werktätigen ist.

Die Demokratisierung des Dorfes sowie das feste Bündnis zwischen Stadt und Land sind wichtige Voraussetzungen zur Erfüllung unseres Volkswirtschaftsplanes und müssen im Neubauern-Bauprogramm ihren vollen Ausdruck finden.

Viele Möglichkeiten sind zur Unterstützung gegeben, um einen Schlag gegen die Kriegsbrandstifter und Feinde unserer demokratischen Ordnung zu führen.

Patenschaftsverträge, Materialspenden, kostenlose Fuhrleistungen, Unterstützungen während der Bestellungsarbeiten, kostenlose freiwillige Arbeitsleistungen, finanzielle Unterstützungen, Durchführung von kulturellen und sportlichen Veranstaltungen, deren Reingewinn zugunsten des Neubauern-Bauprogrammes abgeführt wird, sowie Geldspenden auf freiwilliger Basis.
Das Jahr 1952 muß unter der Losung stehen:

„Jedem bauenden Neubauern eine Patenschaft!"

Deshalb packt alle an, um dem Neubauern-Bauprogramm 1952 zu einem vollen Erfolg zu verhelfen.

F. Weißhaupt,
Minister für Land- und Forstwirtschaft

Freitag,
Landesausschuß der Nationalen Front

368/37 Ge III-9-5 352 34 281905/52

Abb. 44: Aufruf zum Neubauernbauprogramm, 1952.

Dachziegel sowie 37.000 Quadratmeter Isolierpappe fehlten. Darüber hinaus waren die im Bauprogramm eingesetzten Arbeiter zum Teil kräftemäßig nicht in der Lage zu vermehrten Anstrengungen. So meldete im Juli 1948 der Kreisbaumeister des Kreises Grimma, »daß bei der Durchführung des Befehls 209 erhebliche Leistungsrückstände eingetreten sind, die auf die katastrophale Ernährungsgrundlage des Kreises Grimma zurückzuführen sind. Er bittet zu überprüfen, inwieweit die Möglichkeit besteht, den für den Befehl 209 beschäftigten Arbeitern Lebensmittelzulagen zu geben.«

Ein zusätzliches Problem stellte die lückenhafte Finanzierung des Bauprogramms dar. So waren für das Jahr 1949 in Sachsen 43 Millionen DM zur Verfügung gestellt worden, den tatsächlichen Bedarf bezifferte die LBK jedoch auf 92 Millionen DM. Einen detaillierten Einblick in den Investitionsbedarf im Rahmen des Neubauern-Bauprogramms gibt eine Aufstellung der Hauptabteilung Wirtschaftsplanung des Ministeriums für Land- und Forstwirtschaft für das zweite Halbjahr 1949. Für Sachsen wurde ein Investitionsbedarf von 40.814.000 DM festgestellt sowie ein Baustoffbedarf von 145.322 Kilogramm Nägeln, 67.696.000 Mauersteinen, 32.893.000 Dachziegeln, 38.173 Quadratmetern Isolierpappe, 100.000 Quadratmetern Dachpappe und 63.620 Festmetern Rundholz. Am größten war der Bedarf in den Kreisen Döbeln und Oschatz, gefolgt von Grimma und Bautzen. In Grimma lag der Bedarf bei 7,2 Millionen Mauersteinen, 2,7 Millionen Dachziegeln, 3.400 Quadratmetern Isolierpappe, 9.900 Quadratmetern Dachpappe und knapp 2.000 Festmetern Rundholz; im Kreis Bautzen bei 4,2 Millionen Mauersteinen, 1,7 Millionen Dachziegeln, 2.700 Quadratmetern Isolierpappe, 5.000 Quadratmetern Dachpappe und knapp 4.500 Festmetern Rundholz. Der große Bauumfang in den Kreisen Bautzen und Grimma brachte es mit sich, dass dort auch die meisten Kreditnehmer saßen: So hatten Anfang 1949 im Kreis Bautzen 596 Neubauern Kredite in Gesamthöhe von ca. 6,3 Millionen Mark beantragt, im Kreis Grimma waren es sogar 1.002 Antragsteller, die Kredite in Höhe von 10,4 Millionen DM beantragt hatten. Neben den Kreisen Meißen, Oschatz und Döbeln hatten Bautzen und Grimma damit den größten Finanzierungsbedarf für Neubauten in Sachsen. *(vgl. HStA Dresden, 11377 LRS, MdI, Nr. 14, 2751 u. 3176; 11391 LRS, MAS, Nr. 1724; 11394 LRS, MLF, Nr. 87 u. 339; StA Leipzig, 20233 KT/KR Grimma, Nr. 168 u. 1133)*

Die unterschiedlichen Voraussetzungen zur Erfüllung des Befehls 209 in den sächsischen Kreisen führten zu je besonderen Schieflagen bei der Bautätigkeit. So zählte der Kreis Bautzen zu den Regionen, in denen das Bauprogramm besonders schleppend verlief, wie die Landesbodenkommission ein Jahr nach Erlass des Befehles monierte. Die Ausgangssituation im Kreis schilderte ein Bericht vom Februar 1948: »Wohl waren die Rittergüter zerschlagen und parzelliert, zum großen Teil auch schon den neuen Eigentümern übereignet, doch fast [zu] 95 Prozent waren diese Eigentümer ohne Besitz irgendwelcher Baulichkeiten gleich ob für Menschen oder das Vieh bewohnbar oder beziehbar. Infolge des Naziwahnsinns von der Heimat vertrieben, hausen diese Menschen jetzt sehr oft zusammengepfercht in Wohnungen, in denen man früher oftmals das Vieh nicht untergebracht hätte. Diesen Menschen wieder zu menschenwürdigen Wohnungen zu verhelfen, ihnen die Räumlichkeiten zur Bewirtschaftung ihres Ackers zu geben, ist der Zweck des Befehls 209.« Bereits im Sommer 1947 hatte die VdgB nach Angaben des Kreisrates Bautzen berichtet, dass sich »im Landkreis

Abb. 45: Kurz nach der Fertigstellung: Neubauernhaus in der Oberlausitz, 1951.

Bautzen nicht ein Gehöft befindet, das durch die Bodenreform ohne irgendwelche Baumassnahmen an Neubauern gefallen ist.« Daher stellte der Kreisrat fest: »Bei den aufgeteilten Rittergütern sind überall Baumassnahmen erforderlich, um komplette Gehöfte für die Neubauern zu schaffen. Sei es, dass Durchbrüche durchzuführen sind, oder einzelne Scheunen oder Ställe evtl. sogar ein Wohnhaus dazu gebaut werden muss, um eben das Gehöft komplett zu erstellen.«

Unmittelbar nach dem Erlass des Befehls 209 bezifferte der Kreisrat Bautzen den Materialbedarf auf 22.848.000 Stück Mauersteine, 5.040.000 Stück Dachziegel, 7.215,1 Tonnen Kalk, 4.032 Tonnen Zement, 17.472 Kubikmeter Holz, 10.752 Quadratmeter Glas und 55.795 Quadratmeter Pappe. Diese Materialmengen konnten nicht aufgetrieben werden: Im November 1948 lag der Erfüllungsstand im Kreis Bautzen bei lediglich 81 Prozent des durch den Befehl 209 bis Ende 1948 vorgesehenen Solls. Zwar stellte der Kreisrat fest, dass nach den Vorgaben der Landesregierung »ein Gehöft als fertig gilt, wenn der Neubauer von seinem Wohnhaus aus den Wirtschaftsbetrieb leiten kann. Er muß aber nicht unbedingt drin sein. Scheune oder Stall kann später fertiggestellt werden.« Doch auch diese Regelung änderte nichts am Baurückstand. Bis Ende 1948 waren im Kreis Bautzen insgesamt 345 Wohngebäude, 333 Ställe sowie 333 Scheunen fertiggestellt worden. *(vgl. HStA Dresden, 11377 LRS, MdI, Nr. 3179; 11394 LRS, MLF, Nr. 335 u. 337; 11410 KT/KR Bautzen, Nr. 1446 u. 1447)*

Ein Weg, um dem erheblichen Materialmangel abzuhelfen, wurde staatlicherseits in dem Abbruch bestehender Schlösser und Gutshäuser gesehen, deren Substanz für

Abb. 46: Bauplatz für ein Neubauernhaus im Leipziger Land, 1949.

den Bau von Neubauernhäusern verwendet werden sollte. Die Verwirklichung dieser Absicht stand aber gleich vor mehreren Hindernissen: zum einen waren in den Nachkriegsjahren zahlreiche Schlösser und Herrenhäuser der ehemaligen Gutsbesitzer von Umsiedlern bewohnt, zum anderen sollte eine erhebliche Zahl von Objekten in Staatseigentum überführt und einer neuen Nutzung zugeführt werden. Eine Aufstellung der Landesbodenkommission Anfang 1949 fasste zusammen, dass allein 297 ehemalige Gutshäuser als Alten- oder Kinderheime, Schulen, Krankenhäuser und andere öffentliche Gebäude erhalten werden sollten und lediglich 333 Gebäude abgerissen worden oder noch abzureißen waren. Somit hatte die Verwertung der Gutshäuser enge Grenzen. Ganz abgesehen von den denkmalpflegerischen und symbolpolitischen Aspekten der Abrissmaßnahmen, durch die die Dörfer ihres ›feudalen‹ Charakters auch äußerlich entkleidet werden sollten, war deren Nutzen für das Bauprogramm von erheblichem Zweifel. So ließ sich einer Aufstellung der Abteilung Neubauernhilfe des Ministeriums für Land- und Forstwirtschaft vom April 1948 entnehmen, dass aus den bis dahin enteigneten 792 Herrenhäusern und Schlössern, 1.802 Wohnhäusern und 5.678 Wirtschaftsgebäuden in Sachsen lediglich 1.741 neue Gebäude würden errichtet werden können. Der Kreis Grimma hatte hier insofern eine Vorreiterrolle, als insgesamt 357 Gebäude aus dem Abbruch von 47 Herrenhäusern und Schlössern, 90 Wohnhäusern und 535 Wirtschaftsgebäuden erbaut werden sollten. In Bautzen waren nur 68 Neubauten aus dem Material von 58 Herrenhäusern und Schlössern, 44 Wohnhäusern und 488 Wirtschaftsgebäuden geplant. Dennoch war den Verantwortlichen klar, dass das Problem des Materialmangels durch den Abriss nicht zu beheben sein würde.

Schließlich stieß der Abriss bestehender Häuser nicht selten auf regionalen oder lokalen Widerstand.[17] Immerhin hatte die Landesregierung noch Mitte 1946 in einer Rundverfügung festgelegt, dass die Verwendung der Herrenhäuser für soziale Zwecke zu prüfen sei: »Durch die demokratische Bodenreform und die Enteignung der Junker stehen im Bundeslande Sachsen eine große Anzahl Schlösser und Herrschaftshäuser mit Parkanlagen zur Verfügung, die frei geworden sind und noch immer nicht für das Wohl der Allgemeinheit voll ausgenützt werden. Andererseits stehen die Sozialämter vor Aufgaben wie Unterbringung von alten Personen in Altersheimen. Wenn auch seit dem 8. Mai 1945 von den Sozialämtern vieles zur Beseitigung dringender Not geleistet wurde, so sind jedoch die gegebenen Möglichkeiten der Ausnützung der Schlösser für soziale Zwecke noch nicht überall voll in Anspruch genommen worden. Deshalb wird die Anregung gegeben, in Verbindung mit der Volkssolidarität, den Frauenausschüssen und den antifaschistischen Parteien alle Möglichkeiten zu prüfen, wieweit die Schlösser sozialen Zwecken dienstbar gemacht werden können.« Die Landesregierung rückte hiervon aufgrund der baulichen Situation jedoch zunächst wieder ab und propagierte den Abbruch von Gebäuden. Dagegen aber stemmten sich die betroffenen Gemeinden, die ihrerseits ein Interesse daran hatten, die vorhandenen Gebäude für öffentliche Zwecke zu erhalten. In Ammelshain im Kreis Grimma etwa wandten sich Gemeinderat, Bürgermeister und SED-Ortsgruppe im Februar 1948 an die Abteilung Bodenreform des Kreises, um den Abriss des Gutshauses zu verhindern: »Die Kreisbodenkommission wird aus nachstehenden Gründen gebeten, von dem Abbruch des Herrenhauses abzusehen und dieses der Gemeinde zu übereignen.

Abb. 47: Grundstein im Kreis Bautzen, 1946.

1. Da der Schulumbau gemäß Schreiben des Kreisbauamtes am 13.12.47 mit Hinweis auf den Bau der Neubauernsiedlung abgelehnt wurde, bietet sich in den Räumen des Herrenhauses eine Möglichkeit der Schulraumnot zu steuern.
2. Das Gemeindeamt kann aus seinen jetzigen Räumen in das Herrenhaus [...] verlegt werden. Dadurch kann wertvoller Wohnraum frei gemacht werden.
3. Der Kindergarten, das Heim der FDJ, Diensträume der V.d.g.B., sowie das Sitzungszimmer der Gemeindevertretung und des Gemeinderates können gut im Herrenhaus untergebracht werden. Durch diese Maßnahmen ist wiederum die Gewinnung wertvollen Wohnraums möglich, sodaß manchem Umsiedler ein besseres Heim geschaffen werden kann.«

Und auch im benachbarten Altenhain setzte sich der Gemeinderat im gleichen Jahr dafür ein, das Gutshaus vor dem Abbruch zu verschonen: »Der Gemeinderat zu Altenhain bittet den Kreisrat, das ehemalige Herrenhaus von dem Abbruch zu befreien und der Gemeinde Altenhain das Eigentums- und Verwaltungsrecht des Gebäudes sowie des hinter dem Herrenhaus liegenden, schönen Parkstücks zu übertragen.
Begründung:

1. Wir beabsichtigen in dieses Haus [...] folgende Einrichtungen zu treffen. Zunächst liegt unser Kindergarten in einem privaten Grundstück welches uns, wenn der Besitzer zurückkehrt, sofort gekündigt wird. Wir wären der Not enthoben und könnten den Kindergarten in diesem Herrenhaus unterbringen.

2. Gleichzeitig liegt uns auch viel daran, hier in diesem Hause für die Jugend ein paar Räume zu finden, in welchen die Heimatabende stattfinden könnten. Offengesagt liegt unsere Jugendbewegung darnieder und wäre ganz bestimmt damit zur rechnen, daß dadurch die so wichtige Jugenderziehung und Aufklärung Fortschritte machte. [...]

Alles zusammenfassend haben wir den festen Vorsatz, in diesem Herrenhaus eine Kulturstätte für unseren 1300 Einwohner großen Ort zu errichten. Zum Schluß bitten wir nochmals um Ihre volle Unterstützung, damit uns mit Erfüllung unseres Wunsches für unseren Ort ein sozialer Fortschritt erwächst.« Die Kreisbodenkommission beharrte zunächst zwar auf der Abbruchsentscheidung und ließ auf ihrer Sitzung am 4. November 1948 protokollieren: »Abbruch ist beschlossen. Der Beschluß bleibt bestehen. Der Abbruch ist sofort zu vollziehen. Unterstützung kann nicht gewährt werden.« Hier wie in vielen anderen Fällen wurde dieser jedoch letztlich nicht durchgeführt, nicht zuletzt, weil der zu erwartende Ertrag den Aufwand nicht rechtfertigte. Bis Ende April 1949 waren z. B. im Kreis Grimma erst fünf Objekte abgerissen worden oder im Abriss begriffen (Gutshaus Machern, Schloss Nitzschka, Herrenhaus Hohburg, Herrenhaus Commichau, Schlosskirche Thammenhain).

Die Landesverwaltung berücksichtigte bei ihren Abbruchentscheidungen selten die Verhältnisse vor Ort. Doch vor allem die Tatsache, dass Gutsgebäude als provisorische Unterkünfte für Flüchtlinge und Vertriebene genutzt wurden, stellte ein Argument gegen den Abriss dar. Eine Kontrollfahrt der HA Umsiedler im Kreis Grimma hatte im Mai 1948 zu dem Schluss geführt, der Abbruch der Herrenhäuser hätte einen Verlust von 11.650 Quadratmetern Wohnraum zur Folge. Das Kreisbauamt Grimma hatte dennoch im Februar 1949 unmissverständlich einen sofortigen Beginn der Abrissmaßnahmen im Kreis gefordert. Doch faktisch wurden die Abbruchmaßnahmen immer wieder durch Widersprüche verzögert oder ganz verhindert. *(vgl. HStA Dresden, 11377 LRS, MdI, Nr. 14, 3015 u. 3179; 11394 LRS, MLF, Nr. 352; StA Leipzig, 20233 KT/KR Grimma, Nr. 1048, 1119, 1120, 2188 u. 2406; StadtA Trebsen, Best. Altenhain, Nr. 4)*

Dass der Befehl 209 nie vollständig umgesetzt werden konnte, zeigen Statistiken und Berichte auch noch mehr als zwei Jahre nach dem Erlass. Im Juli 1949 meldete die Oberbauleitung 209 im Ministerium für Land- und Forstwirtschaft, dass im Land Sachsen für insgesamt 18.696 Neubauern (davon 6.742 »Umsiedler«) 6.383 Wohnhäuser (»Umsiedler«: 2.256), 6.968 Ställe (»Umsiedler«: 2.350) und 6.231 Scheunen (»Umsiedler«: 2.396) errichtet worden seien. Für die 551 Umsiedler-Neubauern im Kreis Bautzen waren bis dato 128 Wohnhäuser, 79 Ställe und 94 Scheunen errichtet worden; im Kreis Grimma waren es 156 Wohnhäuser, 208 Ställe und 156 Scheunen für 755 Umsiedler. Noch im März 1950 berichtete der Kreis Bautzen über dringende Probleme bei der Durchführung des Befehls 209: »Die Fertigstellung der im Baujahr 1949 in Angriff genommenen Neubauerngehöfte kann nur zu einem geringen Teil erfolgen. Bei fast allen Neubauern macht sich ein Kredit von 2-4.000 DM nötig. Vor allem sind ca. 15 Gehöfte zu erstellen, die im Plan 1949 lagen, aber auf Grund des Baumaterialmangels (Holz, Dachziegel, Zement, Nägel usw.) nicht zum Aufbauen kamen. [...] Aus eigenen Mitteln werden lediglich ein paar Umbauten bezw. Einbauten vorgenommen. Selbst dringende Bauvorhaben, wie Stallbauten und Wohnhäuser, können nicht wei-

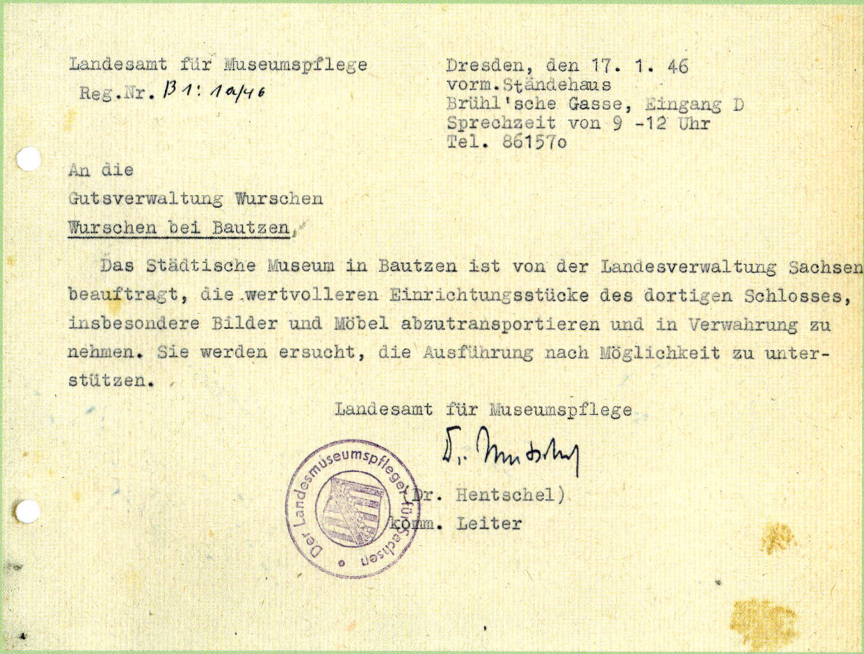

Landesamt für Museumspflege
Reg.Nr. B 1: 10/46

Dresden, den 17. 1. 46
vorm. Ständehaus
Brühl'sche Gasse, Eingang D
Sprechzeit von 9 -12 Uhr
Tel. 86157o

An die
Gutsverwaltung Wurschen
Wurschen bei Bautzen.

Das Städtische Museum in Bautzen ist von der Landesverwaltung Sachsen beauftragt, die wertvolleren Einrichtungsstücke des dortigen Schlosses, insbesondere Bilder und Möbel abzutransportieren und in Verwahrung zu nehmen. Sie werden ersucht, die Ausführung nach Möglichkeit zu unterstützen.

Landesamt für Museumspflege

(Dr. Hentschel)
komm. Leiter

Der Landesmuseumspfleger für Sachsen

Abb. 48: Sicherung des Schlossinventars, 1946.

tergebaut werden und bleiben im Bau stehen als Ruine.« Im November 1950 lag der Anteil der für das zu Ende gehende Jahr als fertig gemeldeten Bauten bei lediglich 42,9 Prozent im Kreis Bautzen sowie 44,1 Prozent im Kreis Grimma, womit diese neben den Kreisen Oelsnitz, Leipzig, Döbeln, Plauen und Freiberg zu den Kreisen mit dem größten Fehlbestand an Bauten zählten. Die Überhänge der Jahre 1949 und 1950 waren bis Ende März 1951 noch immer lediglich zu 74,7 Prozent im Kreis Bautzen und zu 70,2 Prozent im Kreis Grimma beseitigt.

Gegenüber den »Umsiedlern« herrschte behördlicherseits oftmals Misstrauen, da man noch immer mit starken Verbundenheitsgefühlen gegenüber den Herkunftsgebieten rechnete: »Die Einstellung und Meinung der Umsiedler-Neubauern ist besonders schwer zu ergründen. Es kann aber gesagt werden, daß diejenigen, die bereits gebaut haben, mit Ausnahme einiger Querulanten, seßhaft sind, hinzuzuzählen ist ein weiterer Teil von denjenigen, die im Jahre 1951 gebaut haben und 1952 bauen werden, so daß schätzungsweise 20-25 %, die sich aus alten Personen über 60 Jahre, ganz besonders starrköpfigen Menschen und spekulierenden Neubauern-Umsiedlern usw. zusammensetzen, als zweideutig angesehen werden müssen und die bei jeder Gelegenheit nur zu fordern wissen.«

Die Schwierigkeiten im ländlichen Bauen waren in den Gemeinden in unterschiedlicher Weise spürbar. Besonders dort, wo noch ehemalige Herrenhäuser und Schlösser von Neubauern bewohnt wurden, zeigten sich zunehmend Probleme. Einen Einblick

»Der Landrat zu Grimma fordert in seinem Schreiben vom 4. Juni 1949 die völlige Räumung des Müglenzer Schlosses bis zum 1. Juli 1949. Hierbei handelt es sich um 7 Neubauernfamilien, d.h. 7 landwirtschaftliche Betriebe, deren Unterbringung im Orte unmöglich ist. Wir haben keine Wirtschaftsräume, die wir den umzusiedelnden Neubauern unbedingt zur Verfügung stellen müssen. Da in Müglenz nur 7 Altbauernwirtschaften vorhanden sind, müsste jeder Altbauer eine Neubauernwirtschaft aufnehmen, was durch Raum- und Gebäudemangel der Altbauern ebenso untragbar ist. Bis zur Fertigstellung der bereits geplanten Neubauerngehöfte der z. Zt. im Schloss untergebrachten Neubauern ist eine Räumung des Schlosses von uns aus beim besten Willen unmöglich. Wir bitten um eine Ueberprüfung der örtlichen Verhältnisse.
Vorstehende Zeilen sind das Ergebnis der kombinierten Sitzung des Gemeinderates zu Müglenz mit der VdgB. und den Organisationen, die vom Bürgermeister zwecks Unterbringung der umzusiedelnden Neubauern am 21. Juni 1949 einberufen worden war. In der anschliessenden Diskussion der sehr stark besuchten Versammlung wurde zunächst gegen geplante disziplinarische Strafen, die dem Bürgermeister als Alleinverantwortlichem angedroht wurden, protestiert. Es wurde ferner die Frage aufgeworfen, warum die Erstellung der Neubauerngehöfte in Müglenz von Seiten des Kreisbauamtes Grimma nicht besser durch Materialzuweisung gefördert worden ist, zumal das Kreisbauamt von dem geplanten Abbruch des Müglenzer Schlosses genau unterrichtet war. – Desgleichen wurde in dieser Versammlung ›von purem Wahnsinn‹ gesprochen, ein Gebäude, wie das Müglenzer Schloss als ›baufällig‹ zu bezeichnen und es dem Abbruch anheimzustellen. Das Schloss ist in seinem Bau erst im Jahre 1905 fertiggestellt worden. Es wäre erwünscht, über dieses Gebäude erst einmal eine fachmännische Beurteilung einzuholen, ob es nicht doch nach dem Freiwerden einem anderen Zwecke als dem Abbruch zugeführt werden könnte.«

Schreiben des Bürgermeisters und Gemeinderates von Müglenz an die Landesregierung v. 22.6.1949, StA Leipzig, 20233 KT/KR Grimma, Nr. 1120. Schloss Müglenz blieb letztlich erhalten.

gewährt das Beispiel des Dorfes Wurschen im Kreis Bautzen. Auf einer Besprechung der Vertreter des Landkreises Bautzen, der Landesregierung, des Bürgermeisters von Wurschen, der VdgB, der Massenorganisationen, der Nationalen Front sowie betroffener Neubauern Ende Juli 1950 wurde protokolliert: »Von den vorgenannten Neubürgern sind 14 im ehemaligen Schloß untergebracht. Da sich aber die Gebäude des ehem. Schlosses in einem derart schlechten baulichen Zustand befinden, muß nun beraten werden, wie diese Neubürger unterzubringen sind. Der Bürgermeister gibt offen zu, daß gerade in dieser Angelegenheit der Ortsbauausschuss sehr nachlässig gearbeitet hat. […] Die anwesenden Neubauern sollen dann in der Diskussion dazu Stellung nehmen, wer dieses Jahr noch baut. Hier wird es nun auf jeden einzelnen Neubauern selbst ankommen, wie er an die Dinge herangeht und was für eine Initiative er bei der Erstellung seines Neubauerngehöftes an den Tag legt.« Für jeweils zwei Neubauern war der Umbau einer Scheune bzw. des Wohngebäudes des ehemaligen Vorwerkes Belgern vorgesehen. Darüber hinaus meldeten sich sieben bauwillige Neubauern, von denen zwei Umbauten vornehmen und fünf neue Gebäude errichten wollten, die jedoch über keinerlei Eigenmittel hierfür verfügten. Die Landesregierung gab für die Neubauten lediglich 3.750 DM je Neubau als Kredit frei, sodass zur Restfinanzierung auf eine Solidaritätsaktion der VdgB zurückgegriffen werden musste. Bei aufzubringenden Kosten von über 30.000 DM für fünf Neubauernstellen konnten lediglich 1.432,45 DM gesammelt werden – wie und wann der Fehlbetrag aufgebracht werden konnte, ist unklar. Hier wie in anderen Fällen stellte die Finanzierung neben dem Mangel an Baumaterial ein Hauptproblem dar. Diese Schwierigkeiten waren auch dadurch bedingt, dass die Baukosten für Neubauernhöfe in Sachsen überdurchschnittlich hoch waren.

Weder Finanzierungs- noch Materialprobleme wurden zum Anlass genommen, den Befehl 209 zu modifizieren. Der Druck der Planerfüllung wurde vielmehr an die Bauern weitergegeben, für deren oftmals zögerliche Haltung kaum Verständnis aufgebracht wurde. Dies verdeutlicht das Besprechungsprotokoll eines Bürgermeistertreffens im Kreis Grimma vom Mai 1948: »Herr Landrat B. eröffnet die Besprechung um 8,40 Uhr, begrüßt die Anwesenden und weist auf die Wichtigkeit der Durchführung des Befehls 209 hin. Er stellt fest, daß der Kreis Grimma im vergangenen Jahre als

»Das Bauprogramm 1951 im Kreis Grimma ist vollkommen unbefriedigend. Die große Auflage ist keine Entschuldigung. Von Seiten des Kreisrates wollte man es sich sehr leicht machen, indem das gesamte Bauprogramm an den Kreisbaubetrieb zur Realisierung gegeben wurde, d.h. der Kreisbaumeister hatte die gesamte Materialversorgung, die Erstellung der Gebäude, die mit DM 8000,-- erfolgen sollte, in den Händen. Die Erbringung des Differenzbetrages v. DM 3000,--, die der Neubauer-Umsiedler selbst bringen muß, ist fein säuberlich auf dem Papier festgehalten und damit war der Neubauer verlassen. Das Ergebnis ist, daß dem Neubauer-Umsiedler das Gehöft mit 2 bewohnbaren Räumen übergeben wird, d.h. die Innen-Installation, Ofen, Malerarbeiten muß der Neubauer selbst ausführen lassen, was zur Folge hat, daß die Arbeiten nicht ausgeführt werden, da sie kein Geld mehr hätten und deshalb nicht einziehen. Der Stall wird im Inneren ebenfalls im Rohbau übergeben und soll in Selbsthilfe hergestellt werden. Dies erbost die Neubauern, die Gemeindevertretung und gibt der Öffentlichkeit Anlaß zu zynischer Kritik. Diese Nachteile werden das Bauprogramm 1952 schwer hindern. Eine Anzahl Neubauten steht im Rohbau da, woran nicht weitergearbeitet werden kann, weil die Fenster und Türen nicht geliefert werden können, da es der Kreisbaubetrieb nicht schafft, das bedeutet, daß das Programm immer später abgeschlossen werden kann. Dem Koll. Kreisrat ist der Sachverhalt wohl bekannt, aber nicht in seinen Auswirkungen, was mit sich bringt, daß immer mehr Neubauern und Neubauern-Umsiedler ihre Stelle abgeben wollen.«

»Reisebericht über die Kontrollfahrt in der Zeit vom 7.1.-9.1.52 im Kreis Grimma« der Abtlg. Agrarpolitik des MLF v. 15.1.1952, HStA Dresden, 11394 LRS, MLF, Nr. 378

bester Kreis dastand, das Bild aber in diesem Jahre ein anderes geworden sei. Der Kreis Grimma habe 420 Neubauernstellen zu errichten, davon seien nach einem an den Kreis Grimma besonders ergangenen Schreiben der Landesregierung nur 65 % in Angriff genommen. Es sei unmöglich, daß wir so unser Soll erfüllen können. Wir haben weit über 1000 Baugenehmigungen herausgegeben, davon sind reichlich 200 fertiggestellt. Sollte es nun nicht möglich sein, daß von den restlichen 800 420 Neubauernstellen bis zum Jahresende fertiggestellt werden. Herr Landrat B. machte die Anwesenden ausdrücklich nochmals darauf aufmerksam, daß die Erstellung der 420 Neubauernstellen ein Befehl der Besatzungsmacht ist, der unbedingt erfüllt werden muß. Wenn vor der Ernte nicht das nachgeholt werden kann, was verbummelt ist, dann kann es nicht mehr aufgeholt werden. Wir haben die Bodenreform durchgeführt und müssen sie schon aus rein politischen Gründen zu Ende bringen. Leider gibt es aber viele Neubauern, die gar nichts dazu tun wollen und einfach warten, bis ihnen der Schlüssel übergeben wird. Mit diesen Neubauern müssen wir aufräumen. Herr Landrat B. bitte die Anwesenden in dieser Beziehung nicht feinfühlig zu sein.« Diese Politik der Agitation wurde in den Folgejahren weiter fortgeführt. *(vgl. HStA Dresden, 11377 LRS, MdI, Nr. 3725; 11391 LRS, MAS, Nr. 1725; 11394 LRS, MLF, Nr. 87, 344 u. 378; 11410 KT/KR Bautzen, Nr. 1510; StA Leipzig, 20233 KT/KR Grimma, Nr. 1136 u. 1159)*

Um den auch nach 1948/49 bestehenden Baurückstand zu beseitigen, wurde weiterhin die von den meisten Bauwilligen ablehnend beurteilte Naturbauweise mit Lehm propagiert. Das Aufbauministerium der DDR gab hierzu für das Jahr 1952 eine eigene Broschüre heraus, in der es hieß: »Die Entwicklung der Lehmbauweise nach 1949 zeigt, daß wir heute in der Lage sind, mit dem Baustoff Lehm dem Ziegelbau gleichwertige – in mancher Hinsicht überlegene – Bauten zu erstellen. Sie ist nicht mehr ein Behelf in Notzeiten, sondern auf Grund der guten Erfahrungen dem Ziegelbau gleichberechtigt. Bereits seit 1950 wurden im Städtebau mehrgeschossige Lehmbauhäuser errichtet, sowie eine Reihe zweigeschossiger Landarbeiterwohnungen auf volkseigenen Gütern und Maschinen-Ausleih-Stationen aus Lehm mit bestem Erfolg gebaut. Angebliche schlechte Erfahrungen noch aus der Zeit vor 1950 müssen als überholt angesehen werden. Gerade für den Neubauern bringt der Lehmbau erhebliche Entlastungen während der Bauzeit, denn aus dem Keller- und Fundamentaushub entstehen die Wände des Hauses ohne Inanspruchnahme von Fuhrleistungen. [...] Die Gesamtbaukosten des Hauses liegen etwa 15 % niedriger als beim Massivbau. Der Lehmbau gestattet darüber hinaus in erheblich größerem Umfang als der Ziegelbau die Mitarbeit des Neubauern und seiner Familienangehörigen. Die Baukosten können daher noch weiter verbilligt werden und die Zinsbelastung ist geringer.«

Doch trotz Lehmbauweise waren die Kosten für einen Neubau oftmals so hoch, dass hierfür neben der Eigenleistung der Neubauern auch Spenden aus Solidaritätsaktionen eingefordert werden mussten. Im Kreis Grimma wandte man sich demzufolge mit einem Hilfeersuchen an mögliche Patenbetriebe: »Das Neubauern-Bauprogramm 1952 ist vorwiegend ein Umsiedler-Bauprogramm. Es dient dazu, unseren Umsiedler-Neubauern im Jahre 1952 in der Deutschen Demokratischen Republik eine feste Heimat im eigenen Neubauerngehöft auf eigener Scholle zu geben. Das Vorhandensein eines Neubauerngehöftes sichert eine gute und erfolgreiche Bearbeitung der gesamten Neubauernstelle und die Erfüllung des Viehaufzuchtplanes. Das Umsiedler-Bauprogramm ist von großer politischer Bedeutung. Es ist der sichtbare Ausdruck des friedlichen Aufbaues in unserer Deutschen Demokratischen Republik. Das für den Landkreis Grimma mit 310 Baustellen im Volkswirtschaftsplan festgelegte Umsiedler-Bauprogramm 1952 macht unseren Kreis mit den meisten Bauvorhaben zum größten Schwerpunkt des Landes Sachsen. Unsere Umsiedler-Neubauern sind in sehr vielen Fällen nicht in der Lage, das Eigenkapital und die Eigenleistungen von DM 3000.00 zu erbringen, deshalb rufen wir alle Betriebe zur Gemeinschaftshilfe auf.« Besonders gute Erfahrungen mit den freiwilligen Leistungen sammelte man allerdings nicht. So waren im Zeitraum vom 1. September 1951 bis 15. Januar 1952 im Kreis Grimma lediglich folgende freiwillige Leistungen angefallen: Transportleistungen 710 Stunden mit 1.730 Kilometern; Ausschachtungsarbeiten: 820 Personen, 5.710 Arbeitsstunden; Aufräumungsarbeiten: 60 Personen, 300 Arbeitsstunden; Materialgewinnung aus Abbrüchen: 3.000 Ziegel, 100 Festmeter Holz, 40 Kubikmeter Bruchsteine. Doch es gab auch Gegenbeispiele, so die Gemeinden Drehsa und Nechern, die im Mai 1952 von Seiten des Kreisrates Bautzen für ihre Solidaritätsarbeit für die Neubauern gelobt wurden.

Noch Jahre nach dem Erlass des Befehls 209 gab es große Mängel im Bauprogramm. Mitte 1952 hieß es in einem Bericht des sächsischen Innenministeriums: »In der Werbung traten in diesem Jahr besondere Schwierigkeiten auf. Dies ist einerseits auf die außerordentlich hohe Bauauflage 1952, andererseits auf die Tatsache zurückzufüh-

»Lieber Neubauern Umsiedler! Mehr als 2000 Landarbeiter erhielten im Kreis Grimma im Jahre 1945 im Zuge der Bodenrefom eine Neubauernstelle, davon waren mehr als 800 Umsiedler. Auch Du Kollege Neubauer, warst einer von denen die durch die Bodenreform wieder eine Existenz eine Lebensgrundlage und damit eine neue Heimat erhielten. Die Regierung der Deutschen Demokratischen Republik, die ganze werktätige Bevölkerung, haben laufend bedeutende Mittel zur Verfügung gestellt, um unseren Neubauern zu helfen und zu unterstützen. Denke nur einmal darüber nach, was alles getan wurde, wie die Gewährung von Inventar und Düngemittelkredite, Neubauernkredite, Ermässigung in der Ablieferung von tierischen und pflanzlichen Produkten, oder das Umsiedlergesetz, wo der Umsiedler-Neubauer neben dem Neubauernkredit, zinslosen Baukredit, Hauskredite, Verbesserung in der Krankenversicherung, Verbesserung der MAS-Tarife, erhielt. Diese ganzen Massnahmen der Regierung trugen doch auch wesentlich zur Festigung Deiner Neubauernwirtschaft bei. Wie sah es denn 1945 aus? Der verbrecherische Hitlerkrieg hatte doch gerade Dir als Umsiedler alles genommen. Alles aber auch alles was Du in Deinem Leben durch Deine Arbeit erworben hattest lag zerbrochen, verbrannt und verwüstet vor Dir, nichts war Dir geblieben, als Elend und Not. War es nicht so Kollege Umsiedler-Neubauer? Und dann Kollege Neubauer! Ja dann packten wir alle an und bezwangen die Not und bauten in friedlicher Arbeit unsere Deutsche Demokratische Republik auf. Ein Teil dieser friedlichen Aufbauarbeit, ist doch und das ist eine unbestreitbare Tatsache, unser Neubauernbauprogramm, und Du weißt Kollege Neubauer, wir haben bei uns im Kreis Grimma eine ganze Zahl von Neubauerngehöften erbaut. Bis zum 1. Januar 1952 hatten wir rund 1800 Neubauerngehöfte neu, oder umgebaut. Sieh Dir doch einmal diese Gehöfte an Kollege, spreche mit den Kollegen die in den vergangenen Jahren gebaut haben. Gewiß, alle werden Dir sagen, dass sie selbst tüchtig mit zugepackt haben ihr Neubauerngehöft fertigzustellen, sie werden Dir aber auch sagen, wie wir alle, wie unsere Regierung sie durch die Bereitstellung von Baukrediten unterstützt hat, um ihr Bauvorhaben fertigzustellen und sie werden Dir ihren Besitz zeigen und sagen, das ist mein Besitz, das habe ich mir selbst durch meine Arbeit und durch die Hilfe der Regierung geschaffen, ich habe wieder eine Heimat, ich bin wieder Bauer und diesmal Bauer auf freier, eigener Scholle und weiß jetzt erst, was es heißt ein eigenes Gehöft zu haben. Denn die Bewirtschaftung auf eigenem Gehöft gibt mir erst die Möglichkeit wirtschaftlich zu planen und zu arbeiten und sichert mir ein stetig steigendes Einkommen und damit die Verbesserung der Lebenslage für meine Familie. Nun Kollege Neubauer ist die Zeit gekommen, wo auch Du an die Errichtung Deines Neubauerngehöftes ernsthaft herangehen mußt. Es ist doch verständlich, dass auch Du Dich nicht länger mit den schlechten Wohn- und Stallverhältnissen, mit den zeit- und arbeitserschwerenden Verhältnissen zufrieden geben kannst. Du willst bauen, denn Du willst endlich ein eigenes Heim, ein eigenes Gehöft haben, wo Du so leben und arbeiten kannst, wie es im Interesse der Weiterbewirtschaftung Deines Hofes am vorteilhaftesten erscheint. […] Jetzt kommt es darauf an, diesen Entschluss zu verwirklichen. Darum lieber Kollege Neubauer, gehe sofort zu Deinem Bürgermeister und lasse Dich in die Liste des Neubauernprogramms eintragen. Jetzt in der arbeitsarmen Zeit in der Landwirtschaft kannst Du die vorbereitenden Arbeiten, wie Bauholz einschlagen, Sand fahren, Abbruchsmaterial gewinnen, Ausschachtungsarbeiten durchführen, jetzt besteht auch die Möglichkeit einer besseren gegenseitigen Hilfe. Und im Frühjahr kann schnell mit den eigentlichen Bauarbeiten begonnen werden.«

Rundschreiben des Kr. Grimma, Abt. Bodenreform, an die Neubauern des Kreises v. 15.1.1952, StA Leipzig, 20233 KT/KR Grimma, Nr. 1159

ren, dass es sich bei den noch in Frage kommenden Umsiedler-Neubauern vielfach um Personen handelt, die bereits in den vergangenen Jahren kein Interesse für den Bau von Wirtschaftsgebäuden zeigten und auch jetzt nicht ohne weiteres von dieser Notwendigkeit zu überzeugen sind. Die ablehnende Haltung wird meistens damit begründet, dass die Bautypen zu klein seien oder Eigenmittel nicht zur Verfügung stünden. Darüber hinaus beruht die negative Einstellung zum Bauprogramm nach Angabe der Kreise oft auch auf mangelndes politisches [sic] Bewusstsein. Weiterhin dürfte ein wesentlicher Grund der Schwierigkeiten in der unterschiedlichen Arbeit der Kreise zu suchen sein, die sich teilweise wie zum Beispiel der Landkreis Dresden erst im März d. J. ernstlich mit der Werbung befasst haben.« Auf offene Kritik der Bauern stieß vor allem der 1951 eingeführte normierte Typ 51 des Neubauernhauses, der dem Staat als besonders funktional und kostensparend galt. Die Skepsis spiegelt

Abb. 49: Volksaktion für Neubauern, Dresden-Striesen, 1949.

sich z. B. in einem Bericht über eine Neubauernversammlung in Ammelshain im Juni 1950, wo über die neuen Bauvorhaben und -typen berichtet wurde: »Der Vorsitzende der VdgB Ammelshain […] klärte die Neubauern darüber auf, daß nicht so große Bauten zweckmäßig sind, sondern Bauwerke, die der Leistungsfähigkeit der Neubauern entsprechen. Die übrigen Diskussionsredner brachten keine wesentlichen Vorschläge, so daß Kollege F. von der LRS [Landesregierung Sachsen] nunmehr einen Rückblick über die Entwicklung des Neubauern von 1945 bis 1950 gab. Er nahm kritisch zu den verschiedenen Fehlern in der Bauausführung und der Bauleitung Stellung. Im Anschluss daran wurden die Typenpläne an den einzelnen Tischen erklärt, so daß die Neubauern genauestens über ihr neues Anwesen im Bilde waren. Nach der Diskussion über die Typen wurde festgestellt, daß von den 23 Neubauern, die bisher noch keinen Hof erstellt haben, nur 12 sich zum Bau gemeldet hatten. Diese Feststellung gab Anlass zu einer regen Diskussion, die vom Kollegen F. eröffnet wurde und wozu einige Neubauern zum Teil negative Einstellung zeigten.«

Dass angesichts dieser Vorbehalte kaum an eine rasche Besserung der ländlichen Bausituation zu denken war, verwundert nicht. Als Anfang November 1951 das Referat Ländliches Bauen im Ministerium für Land- und Forstwirtschaft den Stand des Bauprogramms des Jahres 1951 zusammenfasste, hatten lediglich drei Kreise in ganz Sachsen ihr Soll erfüllt. Der Bautenstand in den Kreisen Bautzen und Grimma lag bei 35,5 Prozent bzw. 20 Prozent. *(vgl. HStA Dresden, 11377 LRS, MdI, Nr. 197 u. 3039; 11394 LRS, MLF, Nr. 378; 11410 KT/KR Bautzen, Nr. 240; StA Leipzig, 20233 KT/KR Grimma, Nr. 1137, 1142, 1161 u. 1162)*

Wie nicht zuletzt der schleppende Fortgang des Neubauern-Bauprogramms zeigt, waren die Probleme der Integration von Flüchtlingen und Vertriebenen auch nach dem Ende der offiziellen »Umsiedlerpolitik« und dem Wegfall der Rede von den »Umsiedlern« nach wie vor groß. Der Landespolitik war es entgegen der angestrebten schnellstmöglichen Assimilation nicht gelungen, den »Umsiedlern« ein eigenständiges Gruppenbewusstsein zu nehmen und sie widerstandslos in die Gesellschaft einzufügen. Die Politik des Neuanfangs unter kommunistischen Vorzeichen begegnete den materiellen und immateriellen Problemen der Vertriebenen mit schematischen Lösungsstrategien und vernachlässigte die Wünsche und Erwartungen jener, die sie eigentlich unterstützen wollte. Dies schließt nicht aus, dass in einzelnen Kreisen und Gemeinden die »Umsiedlerpolitik« und die Neubauern-Problematik unterschiedlich gehandhabt wurden und dabei auch auf lokale Besonderheiten Rücksicht genommen wurde. Insgesamt aber lassen die archivalischen Quellen wenig Verständnis des Staates für die Lage der Neuankömmlinge erkennen.

Von der Einzelwirtschaft zur LPG: die wirtschaftliche Lage der (Umsiedler-)Neubauern

Die unmittelbaren negativen Folgen der Bodenreform waren eine rückläufige Produktivität, abnehmende Erträge und damit ein politisch bedingter wirtschaftlicher Rückschlag für die SBZ insgesamt.[18] Mit der Zerschlagung funktionierender Produktions- und Verteilungsstrukturen und der Etablierung zahlreicher kaum lebensfähiger Neubauernstellen bestand die Gefahr einer Ernährungskrise, die angesichts der anhaltenden Zuwanderung von Flüchtlingen und Vertriebenen katastrophale Ausmaße

»Die [Neubauernhaus-] Typen 51 A u. 51 B wurden von den Neubauern einer sehr ernsten und scharfen Kritik unterzogen. Auch die Bürgermeister und Gemeindevertretungen wandten sich dagegen aufgrund der geringen Ausmaße, die die Bauten haben. Die Neubauern-Umsiedler erklärten: wir sind gewillt zu bauen, aber nicht diesen Typ, in dem man nicht ein Stück Möbel richtig stellen kann. Erhält man über Nacht einmal Besuch, muß man die Leute wegschicken, weil kein Platz ist. Es wurden Vergleiche gezogen zwischen den Neubauerngehöften, die 1948 gebaut wurden sowie den Wohnungen der Arbeiter und denen der Intelligenz, die ausreichend sind, während die Neubauern-Umsiedler jetzt diese kleinen Gebäude errichten sollen. Die Neubauern-Umsiedler sehen dies als eine Herabwürdigung an, sind der Meinung, daß mit zweierlei Maß gemessen wird und erklären, daß diese Gebäude überhaupt keine Möglichkeit zur rentablen Wirtschaftsführung bieten und sie dadurch den Forderungen des Fünfjahrplanes nicht gerecht werden können.«

»Zusammengefaßter Bericht über die Überprüfung zur Durchführung und Realisierung des Umsiedlergesetzes« des Landwirtschaftsministeriums, Abt. Agrarpolitik, v. 16.1.1952, HStA Dresden, 11377 LRS, MdI, Nr. 3039

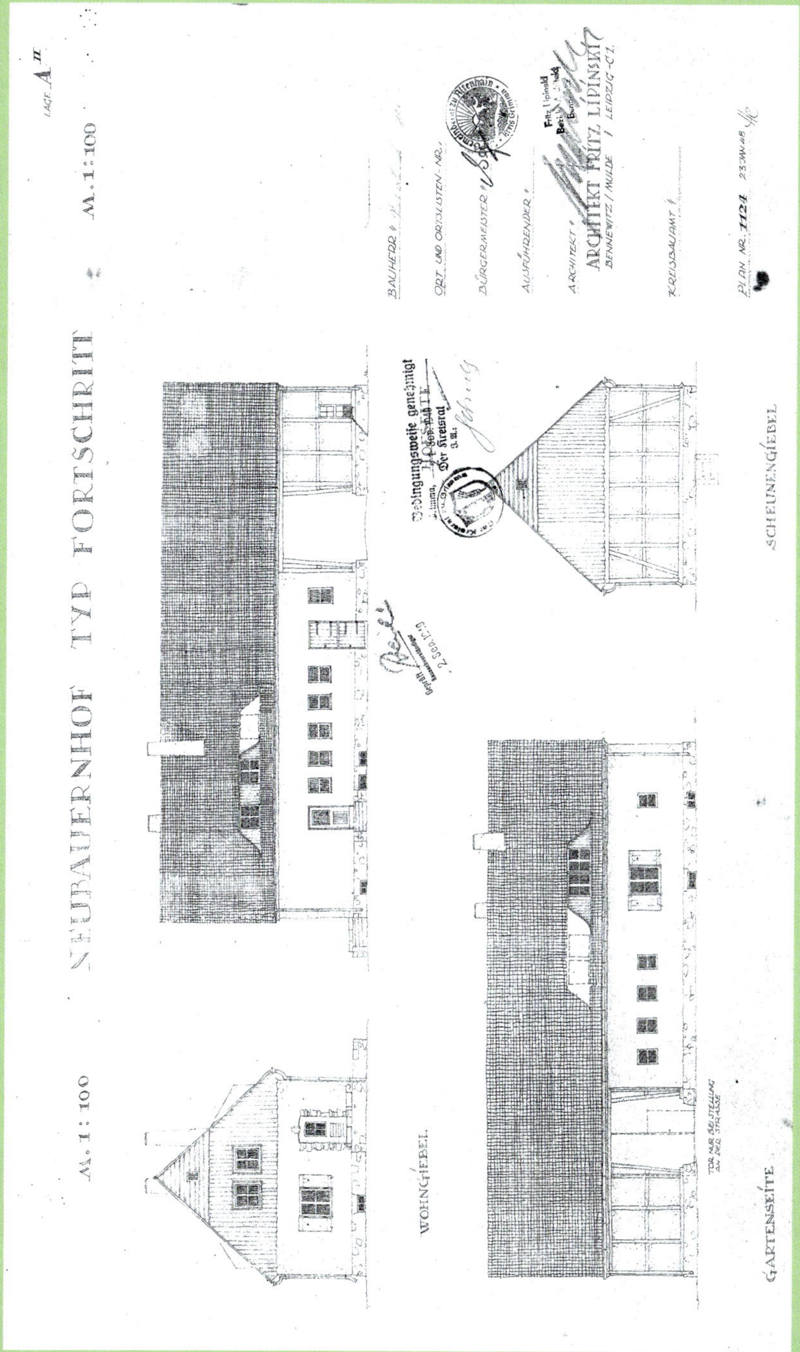

Abb. 50: Bauzeichnungen zum Neubauernhaus Typ »Fortschritt«, 1948.

anzunehmen drohte. Hinzu kamen ungünstige Witterungsbedingungen, die die Ernte 1946 in Gefahr brachten. Die Bodenreform bedeutete keineswegs die »Befreiung« der ländlichen Bevölkerung, sondern zunächst oft Not und Bedrängnis.[19]

Die wirtschaftliche Situation der Neubauern unmittelbar nach der Bodenreform war aufgrund der z. T. katastrophalen Wohnsituation auf dem Lande und dem Mangel an Inventar besonders schlecht.[20] Das Erntejahr 1946, das von niedrigen Erträgen gekennzeichnet war, zeigte unmissverständlich die vorhandenen Probleme der Neubauern auf, obwohl diese durch Unterstützungsmaßnahmen vielfach gefördert wurden. In einem Bericht zur Bodenreform Ende 1946 hieß es: »Während in einzelnen Gemeinden der Notstandsgebiete Weißwasser, Hoyerswerda usw. die Lage der Neubauern vielfach sehr schlecht ist, sind dieselben in anderen Gemeinden oftmals immerhin noch besser gestellt als die Altbauern. Dieses ist vornehmlich auf die besondere Betreuung der Neubauern durch die Viehaktion, Gerätebeschaffung usw., auf Initiative der Landesverwaltung und auch der SED zurückzuführen. So kann gesagt werden, daß die wirtschaftliche Lage der Neubauern mehr oder weniger durch die gesamte wirtschaftliche Lage der landwirtschaftlichen Bevölkerung in Sachsen bestimmt ist und ihr besonderes Gesicht durch die diesjährige außerordentlich schlecht ausgefallene Ernte erhalten hat. [...] Ferner ist zu berücksichtigen, daß die wirtschaftliche Lage der Neubauern ebenfalls sehr stark davon abhängig ist, ob es sich um Ortsansässige oder um Flüchtlinge oder ortsfremde Neusiedler handelt. Diese Unterschiede sind bisher viel zu wenig berücksichtigt worden. Sie werden auch schon dadurch deutlich, daß die Ortsansässigen fast in allen Fällen über eigenen Wohnraum verfügen und durch den Besitz von entsprechenden Schuppen oder anderen Gebäuden die Möglichkeit hatten, Vieh unterzubringen, während die Umsiedler noch zum großen Teil in den durch die Bodenreform enteigneten Herrenhäusern in Massenquartieren untergebracht sind.« Generell besaßen die Neuankömmlinge auf dem Land eine schlechtere Ausgangsposition als die Altbauern, die gegenüber den »Umsiedler-Neubauern« ihre Vorrangstellung behaupteten.

Die Tatsache, dass die Bodenreform zu einem Rückgang der Produktivität und zu einer Verschärfung der Ernährungsprobleme beitrug, war für die Landesbehörden klar erkennbar.[21] Vor allem die Ausstattung der neu entstandenen Bauernstellen mit Vieh, Maschinen und Ackerbaugeräten war unzureichend, doch auch »Fehler« bei der Bodenreform wirkten sich negativ aus. Im Frühjahr 1947 berichtete das sächsische Innenministerium an die Deutsche Wirtschaftskommission, d. h. die Zentralverwaltung der SBZ in Berlin, über die Notsituation auf dem Lande: »Die positive Auswirkung der Bodenreform in wirtschaftlicher Hinsicht wird stark gehemmt durch folgende Faktoren: Mangel an Gebäuden, Maschinen, Geräten und Düngemitteln. Auch die allgemeine Versäuerung der Böden und der dadurch bedingte Rückgang der Hektarerträge wirkt sich ungünstig aus. Stellenweise sind grobe Fehler mit entsprechenden Ertragsrückgängen durch fehlerhafte Aufteilungen und durch Ansatz von Neubauern, die weder fachlichen noch menschlichen Mindestanforderungen genügen, gemacht worden. [...] Die wirtschaftliche Lage der Neubauern ist durchschnittlich stark gedrückt. Mangel an Gebäuden, Maschinen, Geräten und Vieh. Die Erlöse aus den Pflichtablieferungen decken nicht die zur Neubeschaffung von Betriebsmitteln

Abb. 51: Plakat des Nationalen Aufbauwerks, 1960.

notwendigen Kosten. Die Gefahr und die Verführung, durch Schwarzmarktpreise sich die notwendigen Gelder zu beschaffen, ist daher sehr gross.« Eine effiziente Aufteilung von Vieh und Inventar hatte nicht stattgefunden, mit der Folge, dass der zugeteilte Boden nicht optimal genutzt werden konnte. *(vgl. HStA Dresden, 11377 LRS, MdI, Nr. 3069 u. 3093; 13001 SED-KL Bautzen, Nr. IV/4.01.141)*

Ein Beispiel für die ungünstigen Verhältnisse in den Jahren nach der Umverteilung des Bodens bietet der Kreis Bautzen. In mehreren öffentlichen Versammlungen in diversen Gemeinden des Kreises wurden die Probleme im Frühjahr 1946 diskutiert. Aufschlussreich sind die protokollierten Meinungsbekundungen der Einwohnerschaft von Drehsa. Auf die Frage, wer mit der Aufteilung des Bodens unzufrieden sei, antworteten mehrere Bewohner mit Beschwerden über zu nasse Böden, über unabgeschlossene Landvermessungen und unklare Abgrenzungen der Ackerflächen sowie über die fehlende Aufteilung von Wirtschaftsgebäuden. Auch war das Gut Drehsa zu diesem Zeitpunkt noch von der Roten Armee besetzt, sodass auch diesbezüglich Unklarheit über die weitere Zukunft herrschte: »Der Anbau-Plan für das Frühjahr ist in sofern unsicher, weil die Russen 60 ha des verteilten Bodens zurück haben wollen. Der Landrat hat bis jetzt 15 ha zugesagt, sodass die Bauernhilfe erst die weiteren Dispositionen abwarten will. Etwa 23 Personen arbeiten für die Russen auf dem Gut, davon sind 8 Neusiedler. Sie teilten mit, dass sie kein Geld bekommen, sie haben aber jetzt die Rate für den Boden zu zahlen, auch von der Ernte 1945 haben sie nicht bekommen, da sie bei den Russen gearbeitet haben. Sie sind nicht in der Lage, das Land zu bezahlen und fragen daher an, ob sie jetzt Anspruch auf den Tariflohn der Landarbeiter haben. Weiter haben 2 Siedler Pferde auf dem von Russen bewirtschafteten Gut. Sie sind jetzt Neusiedler, können ihre Pferde aber jetzt nicht zurückbekommen.« Schließlich war es der Mangel an Saatgut, Gebäuden, Maschinen und Zugvieh, der von der Bevölkerung beklagt wurde: »Es fehlt an Aussaat. Schon bei der Herbstbestellung war es schwierig. Die Ernte von 1945 wurde zur Hälfte von den Russen übernommen. Von der verbleibenden Hälfte musste die gesamte Herbst-Aussaat bestritten werden. Bei den Kartoffeln verblieben nur 10 ha von 34 ha, daher sind keine Vorräte da. Auch die Deputate sind nicht voll gegeben. Es fehlt an Stallungen und Räumen. Das Getreide kann nicht sortiert werden, da die geeigneten Räume noch nicht frei gegeben sind. Ebenso ist keine Scheune, wo gedroschen werden kann. Es wird unbedingt eine Dresch-Scheune und ein Speicher benötigt. Es sind keine Stallungen vorhanden, wo die Kartoffeln vorgekeimt werden. 28 Siedler haben keinen Schuppen und keine Scheune. [...] Es wird unbedingt ein Traktor benötigt, um die noch brach liegenden Stellen im Frühjahr zu bearbeiten. Viehfutter ist keines vorhanden. Das gesamte Heu ist weggenommen für das von den Russen bewirtschaftete Vieh, somit ist keine Futtergrundlage für die Neusiedler vorhanden.« Es kann kein Zweifel bestehen, dass die Neubauern in Drehsa – wie an so vielen anderen Orten in Sachsen – in der Frühzeit mit ganz erheblichen Problemen zu kämpfen hatten und kaum etwas zur erhofften Verbesserung der Ernährungslage in der SBZ beitragen konnten.

Noch Jahre nach der Bodenreform beurteilte man seitens des Landwirtschaftsministeriums und der Landwirtschaftsabteilungen der Kreise die Lage der Neubauern sehr ungünstig. Der Kreisrat Bautzen kritisierte in einem Schreiben an die Lan-

»Wir unterzeichneten Umsiedler wenden uns an die Landesverwaltung Abtlg. Bodenordnung mit der Bitte, eine gerechte Revision bei der Aufteilung des ehem. Gutes in Milkwitz durchzuführen. Nachdem wir im Jahre 1945 das 2. Mal unsere Heimat verlassen mussten haben wir die Ernte 1945 hier helfen einbringen und wurden dann im November 45 als Neusiedler mit eingesetzt. Es ist nun ein ganzes Jahr vergangen und wir stehen heute noch auf demselben Fleck wie damals. Zu verdanken haben wir es dem ehem. Bürgermstr. und dem Ortsvorstand der Bodenkommission. Wir haben unser volles Vertrauen diesen Leuten gegeben, aber heute müssen wir leider erkennen, belogen, betrogen und ausgenutzt bis aufs Äusserste haben sie uns. [...] Wir sind froh, eine neue Heimat gefunden zu haben und möchten gern arbeiten aber wir können nicht, weil wir bisher noch kein Stück Vieh erhalten haben und ohne Vieh ein Bauer nicht arbeiten kann. Es sind im April 1946 7 Kühe und 2 Kalben in die Gemeinde gekommen. 3 Kühe hat der Vorstand und die anderen zum Teil die Altbauern. Uns ist gesagt worden, das Vieh hätten sie sich selbst besorgt und wir haben es geglaubt. Inzwischen hat es sich aber herausgestellt, dass es Zuteilungskühe für Neubauern waren. Konnte dieses Vieh nicht gerechterweise an uns alle durch das Los zugeteilt werden? Es würde sich ein- oder der andere selbständig gemacht haben und die Bewirtschaftung des Gutes im Ganzen wäre dann nicht mehr möglich gewesen. Die Arbeit wurde bisher ja so interessenlos gemacht, weil wir uns ja nur als Ostarbeiter fühlten. Früh um 7 Uhr bekamen wir die Arbeit angesagt und mittags ebenso. Da wir alle Kleinbauern aus Schlesien sind können wir nur sagen, eine ganz grobe Rittergutsarbeit haben wir im Jahr 1946 geleistet. [...] Auch wir wollen doch ernten, aber ohne Vieh kein Mist und ohne Mist keine Ernte. So fragen wir nur, ist das gerecht? Was die Gebäudeverteilung anbelangt, ist für uns überhaupt noch nichts unternommen worden. Im November bekamen wir ein Ferkel zugeteilt, aber im ganzen Hofe war kein Platz, wo wir unser erstes Vieh unterbringen konnten. Wir wohnen zum Teil noch in einer Stube wo wir kochen, schlafen, und unsere kleinen Vorräte aufbewahren.«

Schreiben von acht Umsiedler-Neubauern aus Milkwitz an die Landesregierung, Abt. Bodenordnung, v. 31.12.1946, 13001 SED-KL Bautzen, Nr. IV/4.01.141

desbodenkommission im März 1950: »Der Zustand der Neubauernstellen war bei der Übergabe größtenteils dürftig. In sehr vielen Fällen entsprach der Viehbestand nicht dem Tieraufzuchtsplan. [...] Der größte Teil der Abgabe von Neubauernstellen beruht auf fehlenden Geldmitteln. Des weiteren sind den Neubauern durch die Erstellung ihrer Gehöfte größere Auslagen entstanden, welche in sehr vielen Fällen die Entblösung [sic] der Wirtschaft vom Bargeld notwendig machte. Die vor kurzem eingesetzte Vielzahl von Rückgaben ist eine zeitgemäße Erscheinung, welche eine Aussortierung von Berufsbauern und Ernährungsspekulanten mit sich bringt.« Und drastischer noch formuliert es ein Schreiben des Kreisrates Grimma aus dem selben Monat: »Bei 70 % schlechter Viehbestand, heruntergewirtschaftet, Versorgung für Mensch und Vieh bis zur Ernte nicht gesichert. [...] Aufteilung ist erforderlich, dort wo schlechte Bodenklasse zu verzeichnen ist und viele Neubauern nur knapp 5 ha landw. Nutzfläche besitzen. [...] Um schlecht bewirtschaftete Neubauerstellen besetzen zu können, ist es erforderlich, dass ein Gesetz oder eine Verfügung herausgegeben wird, dass der Neubauer der abgibt, dort hinzieht, wo der Übernehmende herkommt. Wir haben in unserem Kreis besonders darunter zu leiden, dass die neuen Bewerber wohnlich nicht untergebracht werden können, da der alte dort wohnen bleibt. [...] Bei kleinen Neubauernstellen mit schlechter Bodenqualität und Viehbesatz ist eine Rentabilität nicht gegeben.« Die Neubauern hatten demnach noch Jahre nach der Landzuteilung mit erheblichen Problemen bei der Bestellung zu kämpfen. Wilhelm Piecks optimistische Erklärung vor Beginn der Bodenreform, nach der die Umverteilung des Bodens keineswegs zu geringerer Rentabilität führe, war von der Realität widerlegt worden.[22]

Angesichts der chronisch schlechten wirtschaftlichen Lage auf dem Lande wundert es nicht, dass viele Bauern die Landwirtschaftspolitik kritisierten. Darüber hinaus führte der Mangel an lebensnotwendigen Versorgungsgütern zu einer allgemein pessimistischen Einstellung, die sich auch in politischer Lethargie niederschlug. Hierfür waren die »Umsiedler« unter den Neubauern besonders anfällig, da sie sich nur schwer mit den neuen Verhältnissen abfinden konnten. Dies machte etwa die politische Mobilisierung anlässlich der Volksbefragung vom 3. Juni 1951 über den Abschluss eines gesamtdeutschen Friedensvertrages deutlich. Die Volksbefragung wurde von der Landesregierung zum Anlass genommen, Orte mit »unterdurchschnittlichen Ergebnissen« (d.h. geringer Beteiligung der Bevölkerung) genauer unter die Lupe zu nehmen und ggf. weiterführend propagandistisch zu ›bearbeiten‹. Bei den Aussprachen äußerten nicht wenige Bauern im Kreis Grimma Sorgen und Unverständnis gegenüber der sächsischen Landwirtschaftspolitik. Aus Pöhsig wurde etwa vermeldet: »Aus den mit den Anwesenden geführten Diskussionen konnte man entnehmen, dass sich die Bauern viel zu wenig mit politischen und wirtschaftlichen Fragen beschäftigen. Bei den weiterhin durchzuführenden Ausspracheabenden wird es notwendig sein, die Landbevölkerung, insbesondere die Bauern, an die politischen und wirtschaftlichen Probleme heranzuführen, damit auch sie erkennen, dass der von uns eingeschlagene Weg der einzig richtige ist und dass auch sie durch ihre Steigerung der Produktion zur Verbesserung unserer Lebenslage beitragen können.« Hatte man sich erst einmal auf die Suche nach Kritikpunkten begeben und suchte das Gespräch vor Ort, so gab es keinen Mangel an Reaktionen seitens der ländlichen Bevölkerung. Diese Kritik war jedoch ebenso wenig erwünscht wie ein Stillschweigen, wurde dieses doch als Passivität und politische Unzuverlässigkeit ausgelegt. *(vgl. HStA Dresden, 11377 LRS, MdI, Nr. 3725; 11410 KT/KR Bautzen, Nr. 1307; StA Leipzig, 20233 KT/KR Grimma, Nr. 349)*

Mit dem Übergang zur Phase des »Aufbaus des Sozialismus« seit 1952 vollzog die SED schließlich eine Wende in der Landwirtschaftspolitik, mit der nicht nur der Herrschaftsanspruch der Partei endgültig durchgesetzt, sondern auch die ökonomischen Probleme auf dem Lande, insbesondere der Neubauern, gelöst und der »Modernisierungsstau« beseitigt werden sollten.[23] Hatte man mit der Bodenreform zunächst die Verteilung des Bodens an Neubauern als Schritt der »demokratischen Umwälzung« propagiert und Wilhelm Pieck in seiner Kyritzer Rede die »Aufrechterhaltung des

Kapitalismus« auf dem Lande als nach dem damaligen Entwicklungsstand notwendig deklariert,[24] so war der nunmehr einsetzende Kollektivierungsprozess ein Versuch, die negativen Folgen der Bodenreform abzufangen, die nicht überlebensfähigen Neubauernwirtschaften in größere Betriebseinheiten zu überführen und »Neubauern, die nicht in die Industrie abgewandert waren, aber unrentable und ökonomisch nicht gefestigte Betriebe besaßen, eine neue Erwerbschance in der Landwirtschaft« zu bieten.[25] Die Gründung von Landwirtschaftlichen Produktionsgenossenschaften (LPG) in Sachsen wurde allerdings von vielen Neubauern abwartend betrachtet. Nur wenige waren zunächst bereit, das kürzlich empfangene Land in eine neue Kollektivwirtschaft einzubringen. Insbesondere die produktiven Bauernstellen sahen keinen Grund, im Rahmen einer LPG die schlechter wirtschaftenden Höfe zu unterstützen. Auch die SED-Parteimitglieder unter den Bauern, auf deren Mitwirkung die Parteiführung besonders setzte, blieben gegenüber der Kollektivierung misstrauisch. Die Partei tat sich überhaupt schwer mit der ›Überzeugungsarbeit‹ gegenüber den Neubauern, darunter auch den eigenen Parteimitgliedern. In Nechern etwa zeigten sich die Bauern zunächst resistent gegenüber der Kollektivierung, sodass der Bürgermeister auf einer Kreisratssitzung am 4. März 1953 feststellen musste, »dass bei der Gründung von LPG die Parteilosen oft positiver zu den Dingen stehen als die Angehörigen der Parteien. Er wies darauf hin dass von den Parteien überhaupt keine Instrukteure erscheinen.« Und zwölf Tage später stellte der Kreistag Bautzen fest, dass die Kollektivierung bislang von den politischen Entscheidungsträgern noch nicht ernst genommen werde: »Der Kreistag sowie auch die Gemeindevertretungen haben sich bisher kaum mit der Frage der LPG's beschäftigt. Mit der Rolle und Bedeutung der höchsten Organe der Staatsgewalt im Kreis und in der Gemeinde ist es nicht zu vereinbaren, daß sich diese mit der Bildung und weiteren Entwicklung der LPG's bisher nur ungenügend beschäftigt haben. Es ist eine Selbstverständlichkeit, daß sie sich auf ihrem Territorium der Entwicklung des Neuen in der Landwirtschaft nicht passiv gegenüber stellen können. [...] Die Gemeindevertretungen müssen sich in Zukunft gleichfalls regelmässig mit der Frage der Unterstützung bei der Bildung und weiteren Entwicklung der LPG's beschäftigen.« Die Tatsache, dass – anders als im Falle der Bodenreform – der Umgestaltungsprozess zunächst nur halbherzig angegangen wurde, führte dazu, dass die Probleme der Landwirtschaft, etwa bezüglich des Mangels an Maschinen, keineswegs einer Lösung zugeführt wurden.

In der Oberlausitz stieß die Einführung der LPG auf besonders schwerwiegende Hindernisse. In den sprachlichen Mischgebieten brachen Konflikte zwischen sorbischen Bauern und der Kreisverwaltung um die Erhaltung einzelbäuerlicher Betriebe auf, da die Sorben durch die Kollektivierung nicht zuletzt ihre kulturelle und sprachliche Identität bedroht sahen. Hinzu kam die insbesondere in den katholischen Gebieten verbreitete Abwehrhaltung gegenüber den staatlichen Zwangsmaßnahmen, die man als einen Angriff auf die gemeindlichen Strukturen und damit auf die Kirche als eine der vorrangigen Institutionen auf dem Lande betrachtete. Obwohl der »hartnäckige Widerstand« in den Kreisen der Oberlausitz letztlich erfolglos blieb, stellte die von oben auferlegte LPG-Bildung eine schwere Hypothek für die weitere Entwicklung der ländlichen Gesellschaft dar.[26]

Doch auch dort, wo bereits frühzeitig eine oder mehrere LPG gegründet wurden und damit der Anstoß zur Kollektivierung gegeben war, blieb diese nicht selten Stückwerk. So wie in Folge und entgegen der Bodenreform viele Bauern der alten Gutswirtschaft und dem »kollektiven Wirtschaften« auf den Gütern verhaftet geblieben waren, so traten sie der LPG oft lediglich pro forma bei, ohne ihre Individualwirtschaft aufzugeben. Entsprechend berichteten die Bürgermeister über negative Entwicklungen an die Kreise und deren Landwirtschaftsabteilungen. In Seelingstädt wurde im März 1956 die LPG Typ I »Neue Zeit« gegründet, doch veränderte diese Gründung zunächst die lokale Wirtschaftsstruktur nicht. Im November 1956 berichtete der Bürgermeister von Seelingstädt ausführlich an den Rat des Kreises Grimma: »Die im März ds. Js. [...] gegründete LPG Typ I lässt aufgrund ihrer Arbeits- und Handlungsweise immer deutlicher erkennen, dass sich diese drei Betriebe gar nicht als LPG betrachten. Wie jetzt feststeht, ging es den drei Betrieben mit ihrer Scheingründung nur darum, die Vergünstigungen für die LPG's zu bekommen im Übrigen aber alles beim alten zu belassen. Alle mit den Mitgliedern bisher geführten Aussprachen und gegebenen Hinweise auf Veränderung dieses Zustandes bedacht zu sein, waren erfolglos. Jeder bezichtigt den anderen, dass er die Entwicklung zu einer fortschrittlichen LPG hintertreibe. In Wirklichkeit ist aber keinem der drei Betriebe an der Zusammenlegung ihrer Flächen und gemeinsamen Arbeit etwas gelegen. [...] Der Vors. kann auch keine positiven Angaben wie und wann die Sollerfüllung geschehen soll, machen. Obwohl der Vors. der LPG den Anbauplan der LPG für das Jahr 1957 schon seit Wochen in Besitz hat, baut jedes Mitglied wieder für sich und nach Gutdünken an. [...] Über die Sollerfüllung der LPG konnte [der LPG-Vorsitzende] M. keine feste Zusage machen. Seine Worte waren: ›Wollen mal sehen‹! Anstatt als Ratsmitglied sich für die schnelle Aufholung aller Sollrückstände einzusetzen, ermunterte M. die anwesenden Bauern durch reden (wie z. Bsp. es ist doch alles Sch....., die mögen uns doch erst die Feldarbeiten in Ruhe fertig machen lassen, die kriegen ihr Zeug schon noch) zur schlechten Sollerfüllung. [...] Sein schlechtes Vorbild – besonders in der Sollerfüllung, wo M. seit Jahren hängt – wirkt sich nicht günstig auf die Erfüllung unserer gesamten landw. Aufgaben aus. M. solidarisiert sich offensichtlich mit Elementen, die unserer Entwicklung ablehnend gegenüber stehen.« Die ungünstige Entwicklung der LPG wurde auch im Seelingstädter Rat besprochen, wo der Bürgermeister über »Entwicklung und Erfüllungsstand unserer LPG« berichtete. »Hierzu gibt der Bürgermeister Bericht, in welchem er hervorhebt, welche Bedeutung die LPG für die sozial. Umgestaltung des Dorfes hat. Die bisherige Entwicklung unserer LPG und ihr derzeitiger Erfüllungsstand zeigen uns, dass sich alle Mitgl. ihrer Aufgabe als LPG noch gar nicht bewusst sind. Kein Zusammenhalt unter den 6 Mitgliedern, daher auch keine verantw. Leitung. Der Vors. [der LPG ›Neue Zeit‹] redet seit Wochen von seinem Austritt aus der LPG, obwohl es ihm damit gar nicht ernst ist. Auch spricht er dauernd davon, dass alles Sch..... ist. Durch solche Reden fördert er die Zusammenarbeit keinesfalls. Die heutige Zusammenkunft habe den Zweck, die Ursachen des schlechten Erfüllungsstandes zu erörtern und Wege zu finden, um die bestehenden Mängel evtl. zu beheben. Zu den Ausführungen des Bürgermstr. weiss [der Vorsitzende] nur immer zu sagen, dass alles Sch... wäre. Die MTS hätte ihnen als junge LPG die volle Unterstützung zugesagt und nichts gehalten, wo durch sie mit den Feldern und übrigen Arbeiten in Verzug geraten wären. Koll. H. [MTS] geht nochmals kurz auf grundsätzl. Fragen der LPG ein und sagt dem Vors., dass er die Schuld an dem schlechten Erfüllungsstand der LPG nicht allein auf die MTS abwälzen solle. Denn fest steht, dass M. mit seinen Diskussionen im Dorf der LPG keinen guten Dienst geleistet hat. Anstatt die eigenen Kräfte durch eine gute Arbeitsorganisation einzusetzen, haben alle drei Wirtschaften jeder für sich gewurstelt.« Die Anfangsschwierigkeiten der LPG waren demnach nicht zuletzt durch die weiter bestehenden Einzelinteressen der Mitglieder bestimmt. Diese wiederum wurden in den beschönigenden Beschreibungen der Behörden gerne als »Unklarheiten« dargestellt, die durch die Aufklärung der Landbevölkerung verschwinden würden. Der Rat des Kreises Bautzen analysierte Mitte 1957 den Stand der LPG-Entwicklung wie folgt: »In persönlichen Gesprächen kommen die Grundfragen zu kurz. Mehr wirtschaftliche Fragen werden diskutiert. Über die weitere Perspektive der Landwirtschaft gibt es unter der Bauernschaft noch Unklarheiten. Ein Ausdruck dieser Unklarheiten ist, daß ein Teil der werkt. Bauern noch nicht die bereits erreichten guten Erfolge der LPG anerkennt, sondern die noch bestehenden Aufbauschwierigkeiten einiger LPG als Maßstab der gesamten Entwicklung betrachten. Weitere Unklarheiten bestehen darin, daß werktätige Bauern erklären, mit der Bildung von Arbeitsgemeinschaften würden sie gezwungen in die LPG zu gehen und das wäre einer Enteignung gleichzusetzen.« Insbesondere diese letzte Feststellung verweist deutlich auf die fehlende Bereitschaft der Bauern, ihr Land in die gemeinsame Bewirtschaftung in der LPG einzubringen. *(vgl. KrA Bautzen, 510 RdK Bautzen, Niederschriften der Sitzungen vom 1.1. bis 8.7.1953 u. Tb. Ratssitzungen, SGB 4, 1952–53; StadtA Trebsen, Best. Seelingstädt, Nr. 41 u. Protokolle zu Ratssitzungen, 1956–62, 1964, 1966–70, 1975; HStA Dresden, 13001 SED-KL Bautzen, Nr. IV/4.01.131)*

Ende der 1950er Jahre wuchs der Druck auf die Bauern, ihre Einzelwirtschaften aufzugeben und der LPG beizutreten.[27] Die Bürgermeister ebenso wie die Kreisräte standen dabei selber unter dem Druck einer möglichst zügigen flächendeckenden Kollektivierung in ihren Verantwortungsbereichen. In manchen Orten gelang es erst nach monatelanger Überzeugungsarbeit und mehr oder weniger offenen Drohungen seitens der SED-Parteileitung, eine LPG zu gründen oder bestehende LPG zu erweitern. Sobald die Einzelbauern, wie etwa in der Gemeinde Seelingstädt, das hohe Ablieferungssoll nicht erbringen konnten und sich über die Abgabenlast beschwerten, wurde ihnen vorgeschlagen, »in eine im Ort bestehende LPG einzutreten, denn gemeinsam lasse es sich besser und rentabler wirtschaften als als Einzelbauer.« Doch weder diese Logik noch der Einsatz von Brigaden der Nationalen Front, die auf den Dörfern massive Propagandaaktionen durchführten, führten zu den gewünschten Ergebnissen. Bei der LPG-Werbung in Seelingstädt wurde festgestellt: »Des weiteren führte der Vorsitzende [Bürgermeister] aus, dass die Brigade auf erheblichen Widerstand bei den einzelnen Bauern gestossen ist. Die Gründe dafür liegen in der unkonsequenten bisherigen Haltung der Ortsfunktionäre und Volksvertreter zu den Fragen der raschen sozialistischen Umgestaltung der Landwirtschaft in Seelingstädt.« Mangelnder Erfolg der LPG-Werbung wurde sogleich als ein Versagen der politisch Verantwortlichen vor Ort interpretiert.

Wie Unterlagen der SED-Kreisleitung Bautzen zeigen, wurde über den Fortgang der Kollektivierung Ende der 1950er und Anfang der 1960er Jahre genau Buch geführt. Sowohl die Zahl der vorhandenen LPG als auch der Umfang der kollektivierten Landwirtschaftlichen Nutzfläche (LNF) wurden registriert und die Ergebnisse der Statistik mit anderen Kreisen verglichen. In Bautzen entwickelte sich die Zahl der LPG Ende der 1950er Jahre wie folgt:

1957	41 (15 Typ I und 26 Typ III)
1958	73 (42 Typ I und 31 Typ III)
1959	80 (46 Typ I und 34 Typ III)

Diese Zahlen stellten die SED keineswegs zufrieden. In dem dazugehörigen Bericht hieß es: »Die genossenschaftlich genutzte Fläche beträgt am Jahresende 1959 9180 ha LN = 20,5 % der LN des Kreises. Die Entwicklung blieb damit gegenüber dem Bezirk um 7,6 % und dem DDR-Maßstab um 24,6 % zurück. 1959 hatten wir gegenüber dem Bezirk und dem DDR-Durchschnitt ein langsameres Wachstumstempo. Im Bezirk standen wir an 14. Stelle. Der Kreis Löbau, der bisher noch weit hinter uns lag, holt recht sichtbar auf.« Auch ein halbes Jahr später fiel die Zwischenbilanz der Kollektivierung im Kreis Bautzen aus Sicht der SED-Kreisleitung negativ aus: »Mit der verhältnismäßig großen Anzahl von noch einzelwirtschaftenden Betrieben kann der Rat des Kreises Bautzen keinesfalls zufrieden sein, sondern es muß Aufgabe des gesamten Staatsapparates, der Parteien und allen Organisationen des Kreises sein, alle z.Z. noch abseits stehenden Einzelbauern mit Unterstützung der Festigungsbrigaden, der Parteibeauftragten und der Genossen der Kreis- und Bezirksleitung schnellstens für die LPG zu gewinnen.« Durch die Erhöhung des Drucks von oben sollte die Kollektivierung rasch zum Abschluss gebracht werden.

Das Jahr 1960 brachte im Rahmen der Zwangskollektivierung des »Sozialistischen Frühlings« auch im Kreis Bautzen dann tatsächlich jenen großen Entwicklungsschub in Richtung LPG, der schon lange anvisiert worden war. Existierten 1959 erst 80 LPG im Kreis, so waren es Ende 1960 schon 275, wobei fast 90 Prozent der landwirtschaftlichen Nutzfläche der LPG-Bewirtschaftung unterlagen. Die Zahl der Mitglieder hatte sich binnen des ersten Halbjahres 1960 von 1.854 auf 8.272 erhöht. Entscheidend für diese Expansion war die Einbeziehung der Altbauern in die Kollektivwirtschaft: waren bis Ende 1959 erst 484 Altbauern im Kreis zu LPG-Mitgliedern geworden, so erhöhte sich die Zahl bis Ende Juni 1960 auf 3.809. Allerdings ist zu berücksichtigen, dass auch die meisten Neubauern erst 1960 LPG-Mitglieder wurden: ihre Zahl stieg von 646 Ende des Jahres 1959 auf 3.500 Mitte 1960.

Die forcierte Kollektivierung, von der sich die SED wie auch die politischen Leitungsorgane auf Kreis- und Gemeindeebene eine höhere Effizienz und größere Produktivität erhofften, bedeutete für die Neubauern einen Neuanfang, erforderte aber zugleich ein hohes Maß an Kooperation. Dies betraf nicht zuletzt das Zusammenspiel von Alt- und Neubauern in der LPG. Ein Beispiel für die nicht unproblematischen Ausgangsvoraussetzungen bietet die LPG Typ I »Gute Hoffnung« in Altenhain, Kreis Grimma. Zu ihren Gründungsmitgliedern zählten im April 1960 vier Altbauern mit insgesamt 53,4 ha LNF und drei Neubauern, sämtlich Vertriebene aus dem Kreis Militsch/Niederschlesien, mit zusammen 24 ha LNF. Die Positionen des LPG-Vorsitzenden und des Vorsitzenden der

Revisionskommission übernahm je ein Altbauer aus dem Kreis Grimma. Ein gemeinsames Wirtschaften fand in der LPG aber zunächst nur pro forma statt.

Die tatsächliche Zusammenarbeit in der LPG funktionierte nicht, so dass ihr eigentlicher Zweck verfehlt wurde.[28] Bürgermeister und Gemeinderat versuchten, die LPG zu mobilisieren, indem sie zunächst eine »Kaderanalyse« durchführten, mit der die Schwachpunkte ermittelt werden sollten. So hieß es über den Vorsitzenden der LPG: »Er versucht eine gute genossenschaftliche Arbeit herbeizuführen, trotz verschiedener Schwierigkeiten. Kollg. F. stand vor der Bildung der vollgenossenschaftlichen Dörfer dieser Entwicklung ablehnend gegenüber. Seit der Wahl zum Vorsitzenden und auf Grund des fleißigen Besuches von Sitzungen und Versammlungen, und durch persönliche Aussprachen hat sich seine Meinung geändert. [...] Kollg. F. ist sich in manchen politischen Fragen noch nicht im Klaren und versteht manche eingeleitete Maßnahmen nicht. F. gehört keiner Partei an und [ist] aus Verärgerung aus der VdgB vor Jahren ausgetreten.« Noch weniger schmeichelhaft waren die Bewertungen der anderen LPG-Mitglieder: »Kollg. P. ist Vorstandsmitglied, zeigt aber in dieser Hinsicht keine besondere Aktivität. Kollg. P. hat keine eigene Meinung, und redet jedem nach dem Munde. Seine Kollegialität läßt sehr zu wünschen übrig, darüber hinaus

»Das Jahr 1961 sollte das Jahr der guten genossenschaftlichen Arbeit werden. Das war in unserer LPG nicht so. Wenn auch die Erfolge, die wir erreicht haben, bei beiden Arbeitsgruppen nicht schlecht waren, so wären bessere Erfolge erzielt worden, wenn nicht so eine Zersplitterung eingetreten wär. Das muß eine Lehre für uns sein, damit dies im Jahre 1962 nicht wieder vorkommt. Es ist nun einmal so, daß das größte Hemmnis guter genossenschaftlicher Arbeit rückwärtiges Denken, alte Gewohnheiten und Egoismus sind. Das sind alles Eigenschaften, die aus dem Kapitalismus noch stammen und die die Bauern hindern, fest in der Gegenwart zu stehen und von hier aus optimistisch in die Zukunft zu schreiten. Aber auch im persönlichen Verhalten einiger Mitglieder ist ein Unterschied. So muß zum Beispiel der Kollege H. sich befleißigen, seine Arbeitsweise zu ändern, und alle Anstrengungen treffen, damit seine Leistungen den anderen Genossenschaftsbauern gleichkommen. [...] Wer in letzter Zeit etwas aufmerksam die Zeitung gelesen hat, wird auch davon Kenntnis erhalten haben, wie sich die wirtschaftlichen schwachen LPGen vor allen Dingen der Typ III zu guten starken Genossenschaften entwickelt haben. An was hat das gelegen? Weil vordem eine große Unordnung auf allen Gebieten dieser LPGen bestand, es wurde nicht das Statut eingehalten, dasselbe war mit der inneren Betriebsordnung, Arbeitsbummelei, Unehrlichkeit, Disziplinlosigkeit und vieles andere mehr waren dort an der Tagesordnung, das hatte auch wieder seinen Grund darin, daß der Vorsitzende und Vorstand sowie Revisionskommission schlecht arbeiteten und ihre Leitungstätigkeit vernachlässigten, es waren eben nicht die geeigneten Menschen dazu, dort wo der Kopf faul ist, ist der ganze Körper faul und stinkig, also mußte eine Veränderung eintreten.«

Redemanuskript des LPG-Vorsitzenden der LPG Typ I »Gute Hoffnung« in Altenhain zum Jahresrückblick 1961, StadtA Trebsen, Best. Altenhain, Nr. 68

ist er überheblich. Seine Haltung gegenüber unserer Entwicklung ist abwartend. [...] Kollg. H. ist ebenfalls Vorstandsmitglied auch er zeigt wenig Aktivität, und gibt dem Vorsitzenden nicht die dementsprechende Unterstützung. H. ist Mitglied einer christlichen Sekte. Unser [sic] Entwicklung steht er ebenfalls abwartend gegenüber. Bei Aussprachen mit ihm scheut er seine Meinung in letzter Konsequenz zu sagen. [...] Kollg. G. ebenfalls Vorstandsmitglied. Er fördert nicht, sondern stört eher die genossenschaftliche Arbeit. In seinen Leistungen als Bauer und in seinen Verpflichtungen gegenüber dem Staat ist er hervorragend, aber nicht aus dem Bewußtsein heraus, sondern aus materieller Interessiertheit.« Weder die Alt- noch die Neubauern zeigten demnach jenes Engagement und kollektive Denken, das der gemeinsamen Arbeit in der LPG überhaupt erst einen Sinn gegeben hätte.

Noch Jahre nach Beendigung des Kollektivierungsprozesses gelang es nicht, die LPG-Mitglieder zu überzeugten Genossen zu machen und ihre politische Passivität zu überwinden. Sprechend hierfür sind die Protokolle der Jahreshauptversammlungen der LPG, bei denen die jährliche Rechnungslegung im Mittelpunkt stand. Im Februar 1963 fertigte der Rat der Gemeinde Altenhain folgenden Bericht über die Jahreshauptversammlung der LPG »Gute Hoffnung«, der über die Einstellung der Bauern gegenüber der LPG Bände spricht: »In der durchgeführten Jahreshauptversammlung waren alle Genossenschaftsbauern anwesend. Es fehlte nur der Genossenschaftsbauer P. unentschuldigt. Schon die Vorbereitung der Jahreshauptversammlung zeigte, daß in der LPG Typ I ›Gute Hoffnung‹ Altenhain noch große ideologische Schwächen bestehen. Dieses kam unter anderem dadurch zum Ausdruck, daß der Brief des ZK an alle Genossenschaften nicht ausgewertet wurde. Erst durch den Genossen Bürgermeister wurde der Brief des ZK einige Tage vor der Jahreshauptversammlung in einer erweiterten Vorstandssitzung verlesen. Eine Diskussion darüber kam jedoch nicht zu stande, da sich alle Genossenschaftsbauern einschließlich des Vorsitzenden in tiefes Schweigen hüllten. [...] Der Bericht des Vorstandes und des Vorsitzenden der LPG behandelte nicht die politische Entwicklung, nicht die Perspektive der LPG Typ I und auch nicht die genossenschaftliche Arbeit im vergangenen Jahr. Der Bericht behandelte nur die erzielten Ergebnisse und das finanzielle Ergebnis. [...] Die schlechte Vorbereitung der Jahreshauptversammlung kommt auch darin zum Ausdruck, daß sie als Leiter der Versammlung trotz Hinweise [sic] den Genossenschaftsbauern H. wählten. Der Genossenschaftsbauer H. hat seinen Plan in tierischen Produkten im Jahre 1962 in allen Positionen nicht erfüllt. Auch dieses Problem und das Problem der unterschiedlichen Hektarleistungen der einzelnen Betriebe wurden von dem Genossen Bürgermeister in seinem Diskussionsbeitrag ausgeführt. Aber wieder ging kein Genossenschaftsbauer darauf ein. [...] In durchgeführten Aussprachen des Rates der Gemeinde und der Ständigen Kommission für Landwirtschaft mit den Genossenschaftsbauern und auch in differenzierten Aussprachen hüllen sich unsere Genossenschaftsbauern immer wieder in Schweigen, nur der Genossenschaftsbauer H. versucht immer wieder die Vertreter des Rates und der ständigen Kommission für Landwirtschaft vom Thema abzubringen. Alle anderen Genossenschaftsbauern lächeln darüber und freuen sich, daß mit den Problemen des Genossenschaftsbauern H. die Zeit vergeht und wir die Probleme die gestellt sind, nicht zum Abschluß bringen können.« Noch Jahre nach

»Wir haben eingesehen, daß von Adenauer und andere [sic] Bonner Politiker nicht das geringste Verständnis vorhanden ist, mit uns zu verhandeln. Da darauf hin waren wir gezwungen, eine allgemeine Wehrpflicht zu beschließen. Wir können ja letzten Endes nicht tatenlos gegenüberstehen [sic] wenn sich der westdeutsche Militarismus bis an die Zähne mit allen möglichen Waffen ausrüstet, um uns sowie die anderen sozialistischen Staaten zu überfallen. Darüber hinaus ist es auch so, daß wir auf Grund des Warschauer Abkommens zur Verteidigungsbereitschaft beitragen. Aber trotzdem werden wir versuchen alle strittigen Fragen auf friedlichem Wege zu lösen und unseren Gegner durch noch größere ökonomische Erfolge zu schlagen. Natürlich müssen dazu alle Anstrengungen getroffen werden, um dieses zu erreichen. Bei uns sieht es, was hauptsächlich die tierische Produktion anbetrifft, nicht danach aus. Aus diesem Grunde war die Gemeinde in der gestrigen Kreistagssitzung wieder das so genannte schwarze Schaf. Das ist auch kein Wunder, wenn man unseren Viehhalteplan betrachtet. Der Rinder- und Kuhbestand mag noch halbwegs gehen, aber der Sauen- und Schweinebestand ist dermaßen niedrig, daß man jetzt schon sagen kann, das der Volkswirtschaftsplan in Schlachtschweinen nur zu einem geringen %satz [sic] erfüllt werden kann.«

Redemanuskript des Bürgermeisters von Altenhain zur Rechenschaftslegung der LPG Typ I »Gute Hoffnung«, Ende 1961, StadtA Trebsen, Best. Altenhain, Nr. 68

der LPG-Gründung vermieden die meisten Mitglieder eine weitergehende politische Einbindung – sowohl Flüchtlinge und Vertriebene wie Alteingesessene. *(vgl. StadtA Trebsen, Best. Seelingstädt, Protokolle zu Ratssitzungen, 1956-62, 1964, 1966-70, 1975; Best. Altenhain, Nr. 68; HStA Dresden, 13001 SED-KL Bautzen, Nr. IV/4.01.131)*

Anmerkungen

1 Arnd Bauerkämper, Von der Bodenreform zur Kollektivierung. Zum Wandel der ländlichen Gesellschaft in der Sowjetischen Besatzungszone Deutschlands und DDR 1945–1952, in: Hartmut Kaelble/Jürgen Kocka/Hartmut Zwahr (Hg.), Sozialgeschichte der DDR, Stuttgart 1994, S. 119-143, hier S. 126.

2 Wilhelm Pieck, Junkerland in Bauernhand. Rede zur demokratischen Bodenreform, Kyritz, 2. September 1945, Berlin 1955, S. 21 f., 27. Vgl. Arnd Bauerkämper, Die vorgetäuschte Integration. Die Auswirkungen der Bodenreform und Flüchtlingssiedlung auf die berufliche Eingliederung von Vertriebenen in die Landwirtschaft in Deutschland 1945–1960, in: Dierk Hoffmann/Michael Schwartz (Hg.), Geglückte Integration? Spezifika und Vergleichbarkeiten der Vertriebenen-Eingliederung in der SBZ/DDR, München 1999, S. 193-214, hier S. 199. Zur Kyritzer Rede siehe auch Andreas Dix, »Freies Land«. Siedlungsplanung im ländlichen Raum der SBZ und frühen DDR 1945 bis 1955, Köln/Weimar/Wien 2002, S. 237 f.

3 Vgl. Peter-Heinz Seraphim, Die Heimatvertriebenen in der Sowjetzone, Berlin 1954, S. 67.

4 Jochen Laufer, Die UdSSR und die Einleitung der Bodenreform in der Sowjetischen Besatzungszone, in: Arnd Bauerkämper (Hg.), »Junkerland in Bauernhand«? Durchführung, Auswirkungen und Stellenwert der Bodenreform in der Sowjetischen Besatzungszone, Stuttgart 1996, S. 21-35, hier S. 23.

5 Vgl. auch Arnd Bauerkämper, Zwangsmodernisierung und Krisenzyklen. Die Bodenreform und Kollektivierung in Brandenburg 1945–1960/61, in: Geschichte und Gesellschaft 25 (1999), H. 4,

S. 556-588, hier S. 567. Aus sozialistischer Sicht: Manfred Unger, Zur Geschichte der Bodenreform in Sachsen, in: Jahrbuch für Regionalgeschichte 14 (1987), S. 326-335, hier S. 333.

6 Arnd Bauerkämper, Auf dem Weg zum »Sozialismus auf dem Lande«. Die Politik der SED 1948/49 und die Reaktionen in dörflich-agrarischen Milieus, in: Dierk Hoffmann/Hermann Wentker, Das letzte Jahr der SBZ. Politische Weichenstellungen und Kontinuitäten im Prozeß der Gründung der DDR, München 2000, S. 245-268, hier S. 248.

7 Vgl. Bauerkämper, Zwangsmodernisierung (wie Anm. 5), S. 562.

8 Die CDUD stellte die Bodenreform jedoch keineswegs grundsätzlich in Frage. Vgl. Bauerkämper, Die vorgetäuschte Integration (wie Anm. 2), S. 199.

9 Vgl. Dix, »Freies Land« (wie Anm. 2), S. 314 ff.

10 Vgl. Heike Amos, Die Vertriebenenpolitik der SED 1949 bis 1990, München 2009, S. 32-42.

11 Zu dieser Thematik vgl. die z. T. drastischen Schilderungen der Konflikte zwischen Alt- und Neubürgern bei Michael Schwartz, Vertriebene als Fremde. Integrationsprobleme deutscher Zwangsmigranten in der SBZ/DDR, in: Christian Th. Müller/Patrice G. Poutrus (Hg.), Ankunft – Alltag – Ausreise. Migration und interkulturelle Begegnung in der DDR-Gesellschaft, Köln/Weimar/Wien 2005, S. 135-173. Speziell zur Situation auf dem Lande s. Wolfgang Meinicke, Die Bodenreform und die Vertriebenen in der SBZ und in den Anfangsjahren der DDR, in: Manfred Wille/Johannes Hoffmann/Wolfgang Meinicke (Hg.), Sie hatten alles verloren. Flüchtlinge und Vertriebene in der sowjetischen Besatzungszone Deutschlands, Wiesbaden 1993, S. 55-85. Vgl. auch Notker Schrammek, Alltag und Selbstbild von Flüchtlingen und Vertriebenen in Sachsen 1945–1952, Frankfurt a. M. u. a. 2004, S. 158 ff.

12 Vgl. Schrammek, Alltag und Selbstbild (wie Anm. 11), S. 247 ff.

13 Zum Wohnraumgesetz vgl. Andreas Thüsing, »Umsiedler« in Sachsen und Mecklenburg-Vorpommern. Unterschiede und Gemeinsamkeiten bei der Aufnahme und Unterbringung in industriell und in agrarisch geprägten Gebieten 1945–1950, in: Marita Krauss (Hg.), Integrationen. Vertriebene in den deutschen Ländern nach 1945, Göttingen 2008, S. 148-166, hier S. 156 f.; Irina Schwab, Flüchtlinge und Vertriebene in Sachsen 1945–52. Die Rolle der Kreis- und Stadtverwaltungen bei Aufnahme und Integration, Frankfurt a. M u. a. 2001, S. 141 f.

14 Vgl. Schwartz, Vertriebene als Fremde (wie Anm. 11), S. 141.

15 Die Angaben nach Meinicke, Die Bodenreform und die Vertriebenen (wie Anm. 11), S. 74.

16 Zum Befehl 209 vgl. Michael Schwartz, Vertriebene und »Umsiedlerpolitik«. Integrationskonflikte in den deutschen Nachkriegs-Gesellschaften und die Assimilationsstrategien in der SBZ/DDR 1945–1961, München 2004, S. 766 ff.; Dix, »Freies Land« (wie Anm. 2), S. 262 ff.; Arnd Bauerkämper, Das Neubauernprogramm im Land Brandenburg. Voraussetzungen, Entwicklung und Auswirkungen 1947–1952, in: Jahrbuch für Brandenburgische Landesgeschichte 45 (1994), S. 182-202, hier S. 189 ff.; Michaela Eigmüller, Neubauernhöfe in Sachsen 1945 bis 1952. Am Beispiel des Rittergutes Blankenhain/Sa. (Blankenhainer Berichte 3), Blankenhain 1997, S. 31.

17 Dix, »Freies Land« (wie Anm. 2), S. 287.

18 Ulrich Kluge, »Die Bodenreform ist in erster Linie eine politische Angelegenheit«. Agrarstruktureller Wandel in Sachsen 1945/46, in: Bauerkämper (Hg.), »Junkerland in Bauernhand«? (wie Anm. 4), S. 103-117.

19 Vgl. Arnd Bauerkämper, Problemdruck und Ressourcenverbrauch. Wirtschaftliche Auswirkungen der Bodenreform in der SBZ/DDR 1945–1952, in: Christoph Buchheim (Hg.), Wirtschaftliche Folgelasten des Krieges in der SBZ/DDR, Baden Baden 1995, S. 295-322.

20 Seraphim, Die Heimatvertriebenen in der Sowjetzone (wie Anm. 3), S. 85 ff.

21 Vgl. Bauerkämper, Zwangsmodernisierung und Krisenzyklen (wie Anm. 5), S. 566.

22 Pieck, Junkerland in Bauernhand (wie Anm. 2), S. 32 f.

23 Arnd Bauerkämper, Agrarwirtschaft und ländliche Gesellschaft in der Bundesrepublik Deutschland und der DDR. Eine Bilanz der Jahre 1945–1965, in: Aus Politik und Zeitgeschichte B 38 (1997), S. 25-37, hier S. 29. Vgl. auch Antonia Maria Humm, Auf dem Weg zum sozialistischen Dorf? Zum Wandel der dörflichen Lebenswelt in der DDR von 1952 bis 1969 mit vergleichenden Aspekten zur Bundesrepublik Deutschland, Göttingen 1999.

24 Pieck, Junkerland in Bauernhand (wie Anm. 2), S. 32.

25 Bauerkämper, Problemdruck und Ressourcenverbrauch (wie Anm. 19), S. 321; Dix, »Freies Land« (wie Anm. 2), S. 321 ff.

26 Vgl. Edmund Pech, »Der sozialistische Frühling auf dem Lande«. Die Kollektivierung der Landwirtschaft in der zweisprachigen Oberlausitz, in: Ders./Dietrich Scholze (Hg.), Zwischen Zwang und Beistand. Deutsche Politik gegenüber den Sorben vom Wiener Kongress bis zur Gegenwart (Schriften des Sorbischen Instituts 37), Dresden 2003, S. 349-361, hier S. 361.

27 Vgl. Mario Janello, War der Apfel reif? – Der Abschluss der Kollektivierungswellen in der Landwirtschaft der DDR vor 50 Jahren, in: Deutsches Landwirtschaftsmuseum Schloss Blankenhain (Hg.), Mitteilungen zur Geografie, Landes- und Volkskunde, Bd. 11, Beiträge zur Agrargeographie, Landwirtschaftsgeschichte und Landeskultur, Mensch – Wirtschaft – Kulturlandschaft, Crimmitschau 2010, S. 51-58, hier S. 55 f.

28 Robert Barthelmann, Die Bedeutung der Bodenreform für die Entwicklung der landwirtschaftlichen Genossenschaften zur demokratischen Bauernorganisation, in: Wissenschaftliche Zeitschrift der Universität Jena 9 (1959/60), Gesellschafts- und Sprachwissenschaftliche Reihe, S. 393-398, hier S. 397.

Quellenverzeichnis

HStA Dresden, 11377 Landesregierung Sachsen, Ministerium des Innern

Nr. 14: Landesbodenkommission (u. a. Neubauernprogramm 1949, Entzug von Neubauernstellen etc.), 1949-50

Nr. 197: SW mit nachgeordneten Hauptabteilungen und Abteilungen, u. a. Landesbodenkommission, Umsiedler-Neubauern-Programm, 1952

Nr. 2111: Tätigkeitsberichte der Landräte von Bautzen, Borna, Annaberg, Dippoldiswalde, Dresden, Flöha, Großenhain, Plauen, Pirna, Döbeln, Freiberg, Glauchau, Kamenz, Löbau, Stollberg, Rochlitz, Zittau, Marienberg, Hoyerswerda und Zwickau, Okt. 1947–Sept. 1948

Nr. 2112: Tätigkeitsberichte der Landräte von Annaberg, Aue, Bautzen, Borna, Chemnitz, Dippoldiswalde, Döbeln, Dresden, Flöha, Grimma, Großenhain, Hoyerswerda, Kamenz, Leipzig, Marienberg, Niesky, Oelsnitz, Pirna, Rochlitz, Stollberg, Zittau und Zwickau, Nov. 1947–Jan. 1948

Nr. 2113: Tätigkeitsberichte der Landräte von Aue, Bautzen, Borna, Dippoldiswalde, Flöha, Grimma, Großenhain, Marienberg, Pirna, Rochlitz, Stollberg, Zittau und Zwickau, Apr. 1948

Nr. 2251: Gesuche und Eingaben der Umsiedler, 1947–49

Nr. 2287: SW mit den Räten der Kreise und Städte, Tl. 1, 1947–48

Nr. 2681: Bittgesuche und Beschwerdeschreiben der Umsiedler hins. der wohnraummäßigen Unterbringung, Tl. 1, 1947–50

Nr. 2741: Umsiedlerangelegenheiten, 1947

Nr. 2746: Berichte über die Lage der Umsiedler im Land Sachsen, 1950

Nr. 2750: Halbjahresbericht der Abteilung Umsiedler, 1948–49

Nr. 2751: Jahresberichte der Hauptabteilung Umsiedler 1948 und 1949, 1948–50

Nr. 2970: Evakuierte, Heimkehrer, Umsiedler, Vermisste, 1948–49

Nr. 3013: Umsiedler, o.J.

Nr. 3014: Umsiedler, o.J.

Nr. 3015: Umsiedler, o.J.

Nr. 3024: Heimkehrer und Umsiedler, 1948–49

Nr. 3025: Heimkehrer und Umsiedler, 1948–49

Nr. 3032: Umsiedler und Heimkehrer, 1947–50

Nr. 3039: Überprüfung der Durchführung des Umsiedlergesetzes gemäß Ministerratsbeschluß vom 6.12.1951, 1951–52

Nr. 3069: Protokolle und Berichte über Sitzungen der Landeskommission für die Durchführung der Bodenreform, 1945–47

Nr. 3093: SW mit der SED, CDU, LPD sowie mit der LBK und den Kreisbodenkomm., 1945–48

Nr. 3105: Durchführung und Sicherung der Bodenreform, 1945–46

Nr. 3166: Aufgabe und Entzug von Neubauernstellen, 1948–49

Nr. 3176: Statistik über Maßnahmen der Kreise zur Sicherung der Bodenreform, 1947
Nr. 3179: Enteignung und Landzuteilungen im Zuge der Bodenreform, 1945–48
Nr. 3508: Sicherung der Bodenreform, 1945–46
Nr. 3654: Resolutionen und Denkschriften zur Bodenreform, 1945–47
Nr. 3655: Resolutionen und Denkschriften zur Bodenreform, 1945–47
Nr. 3678: Bewerbungen um Landzuteilung, 1945–46
Nr. 3679: Bewerbungen um Landzuteilung, 1945–46
Nr. 3725: Berichte der Räte der Kreise und Städte über die wirtsch. Lage der Neubauern, 1950

HStA Dresden, 11391 Ministerium für Arbeit und Sozialfürsorge
Nr. 414: Umsiedler- und Heimkehrerangelegenheiten, 1945–48
Nr. 415: Umsiedler- und Heimkehrerangelegenheiten, 1945–49
Nr. 423: Gewinnung von Fachkräften aus ankommenden Umsiedlertransporten, 1946
Nr. 424: Arbeitsbeschaffung für Umsiedler und Heimkehrer, 1946–47
Nr. 425: Umsiedler- und Heimkehrer-Sonderberichte und Statistiken, (1945) 1946
Nr. 1017: Umsiedlerangelegenheiten, 1947–48
Nr. 1724: Durchführung des Bodenreformbauprogramms, Bd. 1, 1946–49
Nr. 1725: Durchführung des Bodenreformbauprogramms, Bd. 2, 1949–51
HStA Dresden, 11394 Ministerium für Land- und Forstwirtschaft
Nr. 87: Neubauern-Bauprogramm, 1949–50
Nr. 332: Bodenreform in den Kreisen Görlitz, Grimma, Großenhain und Hoyerswerda, 1945–48
Nr. 335: Statistik zum Bodenreform-Bauprogramm in den Kreisen, 1945–49
Nr. 337: Bodenreform-Bauprogramm (SMAD-Befehl 209/47), 1947
Nr. 339: Sicherung der Bodenreform (Neubauernhilfe), 1949
Nr. 344: Umsiedlerbauten im Zuge des Bodenreform-Bauprogramms in den Kreisen 1945–1949, 1949
Nr. 352: Berichte und Statistiken zum Bodenreform-Bauprogramm, 1947–48
Nr. 378: Bodenreform-Bauprogramm (SMAD-Befehl 209/47), 1951–52

HStA Dresden, 11410 Kreistag/Kreisrat Bautzen
Nr. 153: Tätigkeitsberichte des Amtes für Inneres, 1947–49
Nr. 161: Wochenberichte der Kreispolizei Bautzen, 1945–46
Nr. 162: Polizeiliche Wochen- und Monatsberichte des Bezirkspolizeipräsidiums Bautzen sowie Stimmungsberichte der Kreispolizeiposten zur politischen und wirtschaftlichen Situation in den Gemeinden, Jan.-Aug. 1947
Nr. 179: Informationsberichte der SED-Kreisleitung Bautzen über die politische und wirtschaftliche Situation in den Gemeinden, 1949–51
Nr. 200: Durchführung von Einwohnerversammlungen in den Gemeinden unter dem Motto »Die Bevölkerung fragt – der Kreisrat antwortet«, 1945–51
Nr. 221: Tätigkeit des Kontrollbevollmächtigten für den Landkreis Bautzen der Landeskontrollkommission der Deutschen Wirtschaftskommission (DWK), 1948–52
Nr. 240: Protokolle über Sitzungen des Rates des Landkreises, früher Kreisrat, April–Juni 1952
Nr. 241: Berichte und Informationen des Kreisnachrichtenamtes Bautzen (später Amt für Informationen) über die politische, wirtschaftliche und kulturelle Situation in den Gemeinden, 1947–50
Nr. 243: Berichte und Informationen des Amtes für Informationen über die politische, wirtschaftliche und kulturelle Situation in den Gemeinden, April–Dez. 1951
Nr. 244: Berichte und Informationen des Amtes für Informationen über die politische, wirtschaftliche und kulturelle Situation in den Gemeinden, 1952
Nr. 887: Berichte über Umsiedlerangelegenheiten, u.a. Umsiedlerkonferenz, Umsiedlerlager Kleinwelka, 1947
Nr. 889: Statistische Angaben über die Ansiedlung von Umsiedlern in den Städten und Gemeinden, 1947
Nr. 893: Betreuung von Umsiedlern, 1947–48
Nr. 1307: Durchführung der Bodenreform in den Gemeinden Drehsa, Dretschen, Dubrauke, Ebendörfel, Eulowitz, Eutrich und Frankenthal, 1945–46
Nr. 1312: Durchführung der Bodenreform in den Gemeinden Gnaschwitz, Göda, Goldbach und Gröditz, 1945–46

Nr. 1446: Durchführung des SMAD-Befehls Nr. 209, u. a. Aufnahme von Neubauern ins Bauprogramm, 1947–49
Nr. 1447: Durchführung des SMAD-Befehls Nr. 209 zur Errichtung von Wirtschaften von Neubauern, 1947–48
Nr. 1510: Bau von Neubauernstellen in Wurschen, 1950

KrA Bautzen, 510 Rat des Kreises Bautzen
Niederschriften der Sitzungen vom 1. 1. bis 8. 7. 1953
Tb. Ratssitzungen, SGB 4, 1952–53

HStA Dresden, 13001 SED-Kreisleitung Bautzen
Nr. IV/4.01.131: Berichte über die sozialistische Umgestaltung in der Landwirtschaft, Bd. 1, 1953–60
Nr. IV/4.01.141: Berichte über Bodenreform und Neubauernprogramm, 1946–59
Nr. IV/4.01.180: Umsiedlerfragen, 1947–49

HStA Dresden, 11514 Vereinigung der gegens. Bauernhilfe, Landesverb. Sachsen u. Bezirksvorst. Dresden
Nr. 63: 3 Jahre Bodenreform und Maßnahmen zur Sicherung der Bodenreform, 1947–48
Nr. 64/2: Durchführung der Bodenreform, 1949–52

StA Leipzig, 20233 Kreistag/Kreisrat Grimma
Nr. 168: Niederschriften über die Sitzungen des Kreisrates zu Grimma, Bd. 2, 1948
Nr. 349: Durchführung öffentlicher Ausspracheabende und Einwohnerversammlungen der Kreisverwaltung in den Gemeinden, 1951–52
Nr. 1044: Rundschreiben und Anordnungen der Landesverwaltung/Landesregierung sowie der Kreisverwaltung zur Durchführung der Bodenreform in den Gemeinden, 1946–50
Nr. 1046: Protokolle über die Sitzungen der Kreisbodenkommissionen, Bd. 1, 1945–46
Nr. 1048: Protokolle über die Sitzungen der Kreisbodenkommissionen, Bd. 3, 1948–50
Nr. 1050: Zusammenarbeit zwischen Kreis- und Ortsbodenkommissionen, 1945–46
Nr. 1054: Tätigkeit der Kreisbodenkommission, 1946
Nr. 1055: Tätigkeit der Kreisbodenkommission. Enthält: Arbeits-, Organisations- und Stellenpläne der Abteilung Bodenreform – Tätigkeitsberichte der Kreisbodenkommission, 1946–52
Nr. 1057: Anträge und Beschwerden an die Kreisbodenkommission, Bd. 1, 1945–48
Nr. 1079: Gesuche von landlosen und landarmen Bauern um Zuteilung von Boden oder Neubauernstellen, Bd. 1, 1945
Nr. 1080: Gesuche von landlosen und landarmen Bauern um Zuteilung von Boden oder Neubauernstellen, Bd. 2, 1945–46
Nr. 1119: Abbruch und Verwertung von Schlössern und Gutshäusern im Landkreis, Bd. 1, 1948
Nr. 1120: Abbruch und Verwertung von Schlössern und Gutshäusern im Landkreis, Bd. 2, 1948–49
Nr. 1133: Planung und Durchführung von Bauvorhaben für Neubauern. Enthält: Meldungen über begonnene und fertig gestellte Bauten, 1946–47
Nr. 1136: Protokolle über die Arbeitsbesprechungen der Ortsbeauftragten für die Errichtung von Neubauernbauten im Landkreis Grimma, 1948–49
Nr. 1137: Errichtung von Neubauernbauten in Gemeinden des Landkreises [lt. Aktenumschlag aber: Abbruch von Schlössern und Herrenhäusern und Verwaltung von ehemaligem Reichsvermögen, 1948–52], 1948–52
Nr. 1142: Richtlinien für das Bauprogramm der Bodenreform für das Jahr 1952, 1952
Nr. 1159: Durchführung einer Solidaritätsaktion zugunsten der Realisierung des Neubauernprogramms im Landkreis, 1951–52
Nr. 1161: Protokolle und Berichte über die Durchführung der Solidaritätsaktion zugunsten der Realisierung des Neubauernprogramms im Landkreis, 1951–52
Nr. 1162: Protokolle und Berichte über die Durchführung der Solidaritätsaktion zugunsten der Realisierung des Neubauernprogramms im Landkreis, 1951–52
Nr. 1186: Zusammenstellungen und Berichte über die im Landkreis Grimma zurückgegebenen, verlassenen, unbesetzten und neubesetzten Neubauernstellen, Bd. 1, 1947–53
Nr. 1202: Statistische Unterlagen und Berichte über die Durchführung der Bodenrefom im Landkreis Grimma, 1945–47
Nr. 2188: Bau von Neubauerngehöften, 1949–50
Nr. 2406: Meldungen der Gemeinden über die Verwendung von enteigneten Schlössern und

Herrenhäusern, 1946

StadtA Trebsen, Best. Altenhain
Nr. 4: Bauten zur Bodenreform
Nr. 6: SED-Ortsgruppe
Nr. 68: LPG Typ I »Gute Hoffnung«, 1960–63

StadtA Trebsen, Best. Seelingstädt
Nr. 41: Landwirtschaft und LPG, 1946–70
o. Nr.: Protokolle zu Ratssitzungen, 1956–62, 1964, 1966–70, 1975

MfS BV Dresden, KD Bischofswerda
Nr. 51574: Sachstandsberichte betr. Treffen ehemaliger Umsiedler aus der CSR in Neukirch und Ringenhain

SKA/MS/XVII: Statistik der Lausitzer Sorben 2
Unterlagen und Materialien 1926–1946, F: Volkszählung 1946
Unterlagen und Materialien 1926–1946, H: Schwierigkeiten bei der Volkstumserhebung 1946
Unterlagen und Materialien 1926–1946, I: Sorbische Eingabe zur Durchführung der Volkszählung an die Sowjetische Militärverwaltung 1946

Dokumente aus Dörfern

Landwirtschaft und lokale Politik im Umbruch 1945–1953

Ursula Schlude

Archivalien sind stille Zeitzeugen, die darauf warten, gelesen und bedacht zu werden. Auch wenn ihre Anzahl überschaubar ist wie im Fall der hier vorgestellten Dokumente aus Dörfern der Oberlausitz (Landkreis Bautzen) und des ehemaligen Kreises Grimma (heute Landkreis Leipzig), lässt sich mit ihnen eine historische Realität konstruieren, die bestehende Geschichtsbilder ergänzen und korrigieren kann. Im Unterschied zur unmittelbar mündlichen Überlieferung, wie sie im Rahmen des Dresdner Oral-History-Projekts zur Geschichte der »Umsiedler«-Neubauern in Sachsen erfragt, aufgezeichnet und interpretiert wurde, eröffnen die zur Ergänzung herangezogenen schriftlichen – meist amtlichen – Überreste der Archive eine distanziertere Perspektive auf die Vergangenheit. Beide Überlieferungen bilden jeweils eigene Segmente des Historischen. Ihre Differenz lehrt uns, dass die historische Realität etwas Relatives und Spekulatives ist. Aus ihren Überschneidungen ergibt sich für die historische Forschung Evidenz.

Den untersuchten Ortschaften gemeinsam ist, dass sie im Frühjahr 1945 (Bauern-) Familien aus ehemals deutschen Gebieten aufnehmen mussten. 1945/46 bekamen diese, wie viele Einheimische auch, Land aus der sogenannten Bodenreform zugeteilt, mit dem sie neue landwirtschaftliche Familienbetriebe gründeten.[1] Die lokalen Archivdokumente bezeugen vielfältige Geschehnisse in der dörflichen Gesellschaft während der sowjetischen Besatzung von 1945 bis 1949 und der ersten Jahre der Deutschen Demokratischen Republik (DDR). Sie berühren Ereignisse der Landumverteilung und Probleme der Nachkriegslandwirtschaft. Das Experiment der genossenschaftlichen Landwirtschaft und die sozialistische Umgestaltung des dörflichen Lebens bewogen um 1952/53 nicht wenige Bauernfamilien dazu, in den Westen zu fliehen. In Protokollen von Gemeindeversammlungen und Gründungssitzungen der Landwirtschaftlichen Produktionsgenossenschaften (LPG) finden sich politische Appelle, auch kritische Wortmeldungen der Zögerlichen. In schriftlichen Eingaben werden dörfliche Akteurinnen und Akteure sichtbar, die sich miteinander verbündeten oder einander denunzierten. Sie schrieben an die Kreisverwaltungen, an die sächsische Landesregierung, ja sogar nach Berlin an die sowjetische Militäradministration und an den Staatspräsidenten der DDR.[2]

Die ausgewählten Regionen haben unterschiedliche Überlieferungsprofile. Während im Bestand des Altkreises Grimma zahlreiche Verwaltungsakten zu den Besitzerfamilien des Bodenreformlands und LPG-Gründungsakten existieren, fehlen diese im Landkreis Bautzen, wo wiederum Archivalien der politischen Gemeinden erhalten sind.[3] In diesen Akten bleiben ganze Zeitstrecken unerwähnt, so von Mitte 1952, als die ersten LPG gegründet wurden, bis zum Sommer 1953 unter Auslassung des Volksaufstands vom 17. Juni. Was in den lokalen Akten nicht erscheint, hat auch keine Stimme. Die amtliche Überlieferung basiert auf wenigen, vornehmlich männlichen Stimmen von Amtsträgern. Die häusliche bzw. generative Produktionssphäre in den einzelnen Familien bleibt weitgehend undokumentiert. Dennoch scheint in den Dokumenten die hausbezogene und ehepaarliche Praxis immer wieder auf – als Indiz einer dörflichen Gesellschaft, die vom landwirtschaftlichen Familienbetrieb geprägt war und Bäuerin und Bauer eng aneinander band.

Mit etwas Vorstellungskraft lassen sich die Dokumente akustisch zum Leben erwecken. Gleichsam mitzuhören sind die Geräusche der täglichen, saisonbedingt variierenden bäuerlichen Arbeit und die Laute des landwirtschaftlichen Nutztiers: Pferde, Kühe, Ziegen, Schafe, Hühner und Bienen.[4] Das Scheppern von Melkeimern lässt sich anhand kleiner von Hand beschriebener Zettel imaginieren, die in einer Akte der sorbischen Gemeinde Cannewitz (Landkreis Bautzen) lagern; im September 1952 stellten Neubauernfamilien Anträge auf die Zuteilung solcher Eimer, es herrschte Armut und Mangelwirtschaft. Auch Klavierklänge sind zu hören, so anlässlich einer Versammlung zum 8. Mai 1951 in der Gemeinde Cannewitz, bei der die Freundschaft mit der Sowjetunion besungen wurde. Noch besaßen die Gemeinden keine Kulturhäuser, die Versammlungen fanden in der guten Stube der Bürgermeisterfamilie statt. Wie es an einem Abend im Frühsommer 1945 geklungen haben mag, wenn eine Bäuerin, die aus Schlesien geflohen und eben im sächsischen Dorf angekommen war, orientierungslos auf dem Vorplatz eines ihr fremden Gutshauses stand und in der ihr eigenen Mundart nach den Kindern rief, darüber gibt es keinen Aktenvermerk. Aus geschilderten Umständen wird aber vorstellbar, wie die Frau sich mit ihrer Familie in einem Zimmer des beschlagnahmten Gutshauses einrichtete, welches die Gutsbesitzerfamilie eben noch bewohnt und in Erwartung ihrer Enteignung verlassen hatte. Grundlage der Neuordnung des landwirtschaftlichen Grundbesitzes in der Sowjetischen Besatzungszone (SBZ) war die entschädigungslose Vollenteignung der Besitzer landwirtschaftlicher Großgüter. Davon waren vor allem die sogenannten Rittergüter betroffen, mit ihren immensen Bodenflächen, ihren jahrhundertealten Immobilien (Schlösser, Gutshäuser, Wirtschaftsgebäude), ihrem mobilen (Möbel, landwirtschaftliche Maschinen und Geräte) und lebenden Inventar (Tierherden). Traumatisierte Flüchtlinge aus den ehemals deutschen Gebieten fanden ihre erste Behausung in den Wohnräumen der zum Weggehen gezwungenen (ebenfalls traumatisierten) Großgrundbesitzerfamilien. Beide Parteien taten gleichsam schon Buße für die von den Deutschen begangenen Verbrechen in Polen und den Ländern der Sowjetunion. *(vgl. KrA Bautzen, Bestand Cannewitz, Nr. 107/1)*

Die Dokumente wurden chronologisch geordnet und gedeutet. Ohne ihren ausschnitthaften Charakter überzeichnen zu wollen, sollen die (Re-)Konstruktionen einzelner Geschehnisse und darin erkennbarer Interessenlagen Vorrang haben, auch wenn dies zu Lasten verallgemeinerbarer Aussagen geht. Agrarwirtschaftliche und dorfgesellschaftliche Aspekte stehen im Fokus. Die Materialität der Quellentexte wird durch ausgiebiges Zitieren aus den Akten vermittelt, nicht zuletzt soll damit auch die Schriftlichkeit des Dorfs als kulturelles Gut gewürdigt werden.

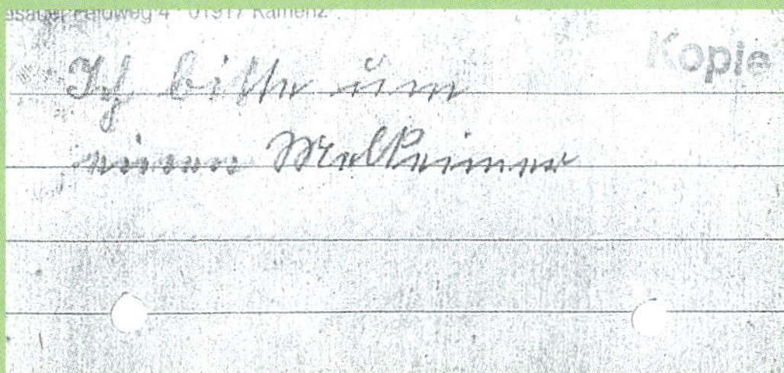

Ich bitte um
einen Melkeimer

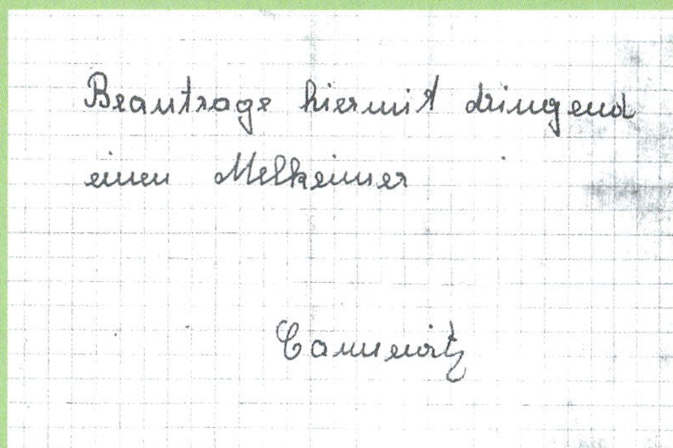
Beantrage hiermit dringend
einen Melkeimer

Cannewitz

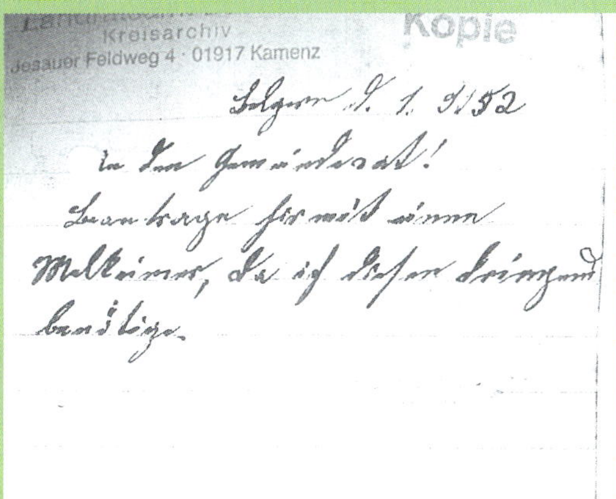

[illegible] 8. 1. 1952

An den Gemeinderat!
Beantrage hiermit einen
Melkeimer, da ich diesen dringend
benötige.

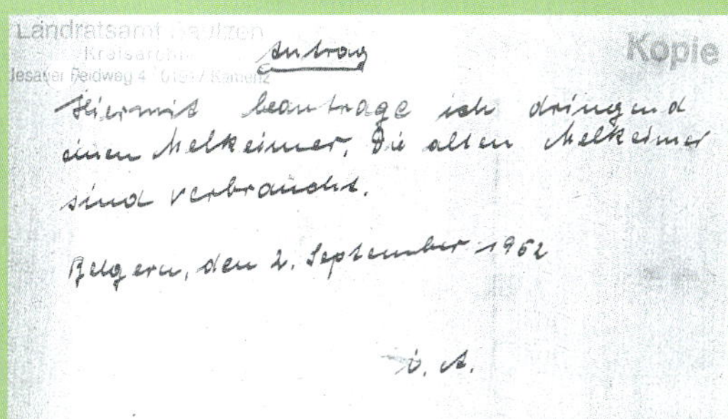

Antrag
Hiermit beantrage ich dringend
einen Melkeimer. Die alten Melkeimer
sind verbraucht.

Belgern, den 2. September 1952

Abb. 52: Handschriftliche Anträge von Neubauernfamilien auf die Zuteilung von Melkeimern, 1952.

Die russischen Herren und die Flüchtlingspferde

Im Aktenbestand der sorbischen Gemeinde Drehsa (Landkreis Bautzen) ist der Brief einer Gutsbesitzerin überliefert. Er datiert vom Sommer 1945; drei Friedensmonate waren verstrichen. Frau von Hanau, selbst Landwirtin und Saatgutproduzentin, beschäftigte in dem von ihr bewirtschafteten Teilbetrieb (110 Hektar) wie auch auf der größeren verpachteten Fläche des Guts (350 Hektar) zahlreiche Landarbeiterfamilien. Am 21. August 1945, Frau von Hanau hatte Drehsa bereits verlassen und wohnte in Milkel, einem Dorf nördlich von Bautzen, schrieb sie zur Klärung der Lage ihres Pächters an das Landratsamt der Kreisstadt: »Am 18. Juli waren Sie bei mir in Drehsa und sagten, ich könnte mich jederzeit an Sie wenden, so tue ich es mit folgenden Mitteilungen. Auf Ihre Veranlassung habe ich damals auf ¾ der Pachtsumme, also 15.000 R[eichs]M[ark] verzichtet, um es dem Pächter, Herrn P. zu ermöglichen den Betrieb wieder aufzubauen. Es blieben 5000 RM Verzinsung des toten und eisernen Inventars. Die Rate [...] war jetzt fällig, da teilt mir Herr P. mit, daß die russischen Herren ihm die Benutzung des Inventars entzogen haben. Er kann mir dafür die Summe nicht zahlen. Am 29. Juli haben mir die russischen Herrn zugesagt, Drehsa bliebe mein Eigentum und mein Pächter Leiter seines Betriebs. Jetzt teilt er mir mit, daß ihm der ganze Hof, Ställe, Scheunen, Wohnungen entzogen wurden. Er ist mit Familie in das sogenannte Klein-Schloß gezogen und mußte seinen Betrieb in die Schäferei verlagern, die Felder sind noch nicht verteilt. 240 ha bleiben dem Pächter, doch wollen die russischen Herrn 100 ha nehmen. Ihm würden überlassen: 2 Pferde, 2 Flüchtlingspferde, 4 Kühe, 2 Kälber, 2 Fohlen, 2 Sauen, 4 Ferkel, 7 Hühner. Das Wirtschaften ist dadurch sehr erschwert, kostet viel Arbeit. Für den Wald (54 ha) haben die russischen Herrn kein Interesse! Bin ich denn enteignet? [...] Wie soll das weitergehen und wie soll ich meine Steuern zahlen, wenn mir alle Einkünfte entzogen werden? Ich hatte mir schon erlaubt am 12. August um Schutz bittend mich an das Landratsamt gewandt, bekam aber bisher keinen Bescheid und erbitte nun baldige Antwort. Elisabeth Fürstin von Hanau, Gräfin zur Lippe.« Am 23. August 1945 schrieb man ihr aus Bautzen: »Die Maßnahmen betreffs Beschlagnahmung auf Ihrem Gut gehen von der russischen Kommandantur aus und wir haben darauf keinen Einfluß. Falls Herr P. einen Teil des Gutes weiterbewirtschaftet, müßte die Pachtsumme entsprechend reduzierter Form weiterbezahlt werden. Der Wald bleibt bis zum Entscheid der Landesverwaltung in Ihrem Besitz.« *(vgl. KrA Bautzen, Bestand Drehsa, Besitzverzeichnisse, Pachtverträge; KrA Bautzen, Bestand Drehsa, Bürgermeister Fritz Q.)*

Die Erwähnung von »Flüchtlingspferden«[6] im Brief der Gutsbesitzerin ist ein Zeichen, dass Menschen aus ehemals deutschen Gebieten, wohl aus Schlesien, bereits im Ort eingetroffen waren. Der Begriff »Flüchtling« findet sich in den Akten meist nur, wenn er von Dorfansässigen in wörtlicher Rede wiedergegeben ist. In offizieller Sprachregelung war schon bald von »Umsiedlern« und »Rückwanderern« die Rede.[6] Im Juli 1945 hieß es allerdings noch in einer öffentlichen Bekanntmachung der Stadt Bautzen: »Der Flüchtlingsstrom darf auf keinen Fall nach Osten und auch nicht nach Sachsen oder Westen weitergeleitet werden, sondern unter allen Umständen nach Norden, nach Mecklenburg, Pommern und Uckermark. Gegenteiligen Anweisungen von Bürgermeistern (Kottbus und anderen Städten) sollen die Flüchtlinge gehalten sein, nicht Folge zu leisten, sondern versuchen, unter allen Umständen zwischen Berlin und Frankfurt nach Norden zu gelangen. Die dort lagernden Mengen an Kartoffeln usw. würden zu Grunde gehen, wenn nicht der Flüchtlingsstrom dorthin geleitet würde. Jeder Flüchtling soll darauf bedacht sein, bis zum Herbst Unterkunft in den zugewiesenen Gebieten zu suchen. Die Dienststellen müssen mit äußerster Energie die Rückwanderer in diesem Sinne belehren und Widerstände um jeden Preis brechen. Die Flüchtlinge sind unter allen Umständen aus Sachsen nach Norden abzuleiten!« Dass die in Aussicht gestellten Kartoffelvorräte im Norden ein Vorwand der Bautzener gewesen sein könnten, um die Flüchtlingszüge, die sich in der Region ballten, außer Landes zu lenken, ist wahrscheinlich. *(vgl. StadtA Bautzen, 63004, Nr. 6)*

Über die im Brief der Gutsbesitzerin erwähnten »russischen Herren«, die wohl bereits vor den Flüchtlingen aus Schlesien im Drehsaer Schloss Quartier genommen hatten, erfahren wir ausführlich durch den Fall des nach der Kapitulation eingesetzten neuen Bürgermeisters, der die Ausübung seines Amts aber bald schon wieder verweigern sollte. Oskar M. war im Juli 1945 als nicht NS-belasteter Dorfbewohner zum neuen Ortsvorsteher gewählt und benannt worden. Durch Heirat in das sorbische Dorf gekommen und selbst Sorbe[7] verdingte er sich als Landarbeiter auf dem Gut der Frau von Hanau. In seinem Lebenslauf weist er sich als Gemeindeältester und Gemeinderatsmitglied und als Sohn eines Wirtschaftsvogts aus. Wie sein Vater hatte auch er auf verschiedenen Rittergütern gearbeitet, zuletzt in Drehsa, wo er »vor der Machtergreifung Betriebsratsmitglied im Rittergut war«.[8] Seine Wahl zum Bürgermeister kommentierte er folgendermaßen: »Am 17. Juli 1945 wurde ich von 82 abgegebenen Stimmen mit 46 Stimmen zum Bürgermeister gewählt und wo ich heute meiner Verpflichtung durch den Landrat und Kommandanten entgegensehe.« Vom Kreisrat wurde ihm bescheinigt: »Herr Oskar M. aus Drehsa Nr. 22 ist mit der Führung der Geschäfte des Gemeindeamts Drehsa beauftragt worden. Ihm ist jederzeit Schutz und Hilfe zu gewähren. Herr M. ist berechtigt ein Fahrrad zu benutzen.« Im September kam der Amtsträger einer Anfrage des Landratsamts nach und berichtete, »dass sich auf hiesiger Flur keine Munition, Minen oder Blindgänger befinden«, aber schon im November bat er die Kreisbehörde um seine Entlassung, »da ich den heutigen Anforderungen eines Bürgermeisters nicht gewachsen, und den geistigen Arbeiten als ehemaliger Landarbeiter nicht gewöhnt bin, und dadurch unter ständigen Kopfschmerzen leide. Bitte ich Herrn Landrat mich von diesem Posten zu entheben und einen Nachfolger für mich einzusetzen«. Was war vorgefallen? Zwei Dorfbewohner, »Ortsfremde« wie der Bürgermeister betont, machten angeblich gemeinsame Sache mit den Russen. Der eine, Wladimir S., war ihr Dolmetscher, lebte bereits seit 1917 im Dorf[9] und sei »ein Denunziant und sehr begeisterter Anhänger des Hitlerismus. Seine Frau war in der Frauenschaft. Sie hat begeistert allen Sammlungen des WHW [Winterhilfswerk, US] beigesteuert«. Der andere, Heinrich K., »ist etwa 1 Jahr erst in Drehsa, ein sehr unruhiger Mensch, der es auf keiner Stelle längere Zeit aushielt. Augenblicklich ist er für die russische Einheit in Drehsa als

Traktorführer tätig und benutzt die Bekanntschaft mit den russischen Posten, um gegen die eigene Bevölkerung schwerste Vorwürfe zu erheben, die restlos erfunden sind. In dem Grundstück Drehsa Nr. 3 scheinen diese beiden Hetzer Branntwein herzustellen und den Russen zuzustecken«. Beide, berichtete der Noch-Bürgermeister Oskar M. weiter, hätten den russischen Posten im Schloss gegen verschiedene Ortseinwohner aufgehetzt, die zum Teil Antifaschisten seien. Sie hätten behauptet, dass sie in ihren Häusern Wertgegenstände der Fürstin verwahrten. Daraufhin hätten die Russen Häuser durchsucht. Auch er als Bürgermeister sei von ihnen bedroht worden. Wenig später wurde Oskar M. in Bautzen persönlich vorstellig und bat um Enthebung von seinem Amt. Der auf dem Rittergut in Drehsa stationierte Russe namens Boris mache weiterhin derartige Schwierigkeiten, dass er nicht gewillt sei, das Bürgermeisteramt weiterzuführen. Seine Aussage wurde protokolliert: »Oftmals werden Leute aus dem Ort (meistens auch Antifaschisten) in dem Keller des Schlosses in Drehsa eingesperrt, obwohl gar kein Grund zur Festnahme bestand. Diese Leute haben sich nichts zu schulden kommen lassen und werden nur aus irgendwelcher Bosheit des Russen eingesperrt. Gestern ist Herr M. [der Bürgermeister, US] von nachmittags 4–9 Uhr im Keller des Schlosses eingesperrt worden. Als Grund wurde von dem Russen angegeben, er würde die Leute, die für den Russen auf dem Schloss arbeiten, für das Bürgermeisteramt und zwar zu Nachtstreifen usw. heranziehen, wozu er als Bürgermeister nicht berechtigt sei. Außerdem wurde im Keller einmal geschossen, ob auf ihn direkt konnte Herr M. nicht feststellen, da es im Keller sehr finster war. Auch die Frau des Bürgermeisters wurde von dem Russen geschlagen. Dabei ging ein Stuhl entzwei. Aus all den vorgebrachten Gründen und weil diese Maßnahmen des Russen nicht aufhören, wünscht der Bürgermeister seines Amtes enthoben zu werden oder aber um recht baldige Abschaffung derartiger Mißstände, da er unter diesen Umständen auf keinen Fall weiter arbeiten kann. Herr H. [Gemeindedezernent im Kreisrat, US] ist persönlich mit Bürgermeister M. zur GPU[10] gefahren und hat dort diese Mißstände in der Gemeinde vorgetragen.« Bürgermeister M. kümmerte sich unterdessen auch um die für die sowjetische Kommandantur ausgeführten landwirtschaftlichen Arbeiten auf dem Rittergut. Er führte beim Kreisrat Beschwerde wegen nicht ausgezahlter Löhne für die Landarbeiterinnen und -arbeiter: »Die bei den Russen auf dem hiesigen Gut arbeitenden Einwohner haben vom Juli bis 1.9.45 folgenden Lohn erhalten: Männer 100 RM, Frauen 65 bis 68 RM. Vom 1. 9. an ist nichts mehr gezahlt worden. Der Stundenlohn für Männer ist 0,51 RM, für Frauen 0,36 RM. Vor dem 1. 12. 45 waren 85 Personen beschäftigt, jetzt sind es nur noch 23. Die Leute brauchen nun Geld und kommen zu mir. Ich habe im Dezember 1945 beim Landrat – Abtlg. Finanzen – ein[en] Antrag gestellt, daß die Löhne als Besatzungskosten gelten sollen und es wurden mir auch 8000 RM bewilligt, doch von der Landesverwaltung nicht genehmigt, weil der Antrag angeblich zu spät eingereicht wurde. Es war gedacht, daß ¾ auf Besatzungskosten gehen und ¼ sollte die Gemeinde zahlen. Die schuldigen Löhne sind nun auf 15.000 RM angewachsen. Ich bitte den Herrn Landrat, mir zu sagen, was ich machen soll, daß die Leute zu ihrem Geld kommen.« *(vgl. KrA Bautzen, Bestand Drehsa, Bürgermeister Fritz Q.)*

Ungeliebtes Bürgermeisteramt

Im März 1946 brachte Oskar M. noch einmal die Bitte um Enthebung vom Amt vor, »infolge meines nervösen Zustands und den Schwierigkeiten in der Verwaltung der Gemeinde«. Drei Ersatzkandidaten schlug er vor, von denen im Kreisrat aber keiner für aussichtsreich gehalten wurde. Nur eine der Personen sei »gewillt das Amt zu übernehmen, und bereit, sich der kommenden Einheitspartei anzuschließen«, doch dessen Bruder sei NS-Kreisleiter gewesen, hieß es da. Die Wahl fiel zuletzt auf Fritz Q., der erst seit Kriegsende in Drehsa lebte und im Rittergut als Schlosser tätig war. Der gebürtige Schlesier [Krs. Breslau] gab sich als Mitglied der SPD zu erkennen. Während des Kriegs in einer Pirnaer Baufirma tätig, sei er in die O. T. [»Organisation Todt«, NS-Bauarmee, US] überführt worden: »Im Januar 1945 wurde die ganze Belegschaft der Firma von dem O. T. Regiment 146 übernommen.« Q. war verheiratet und hatte zwei erwachsene Töchter. Der Kontakt zur Familie, die aus Breslau zwangsevakuiert worden war, wie sich später herausstellte, war abgebrochen. In Drehsa wohnte Fritz Q. wie auch sein ebenfalls aus Schlesien stammender Arbeitskollege in wilder Ehe, das erregte die Gemüter. In einer Meldung des Bürgermeisters nach Bautzen zum Stand der Personalsuche heißt es: »Es gibt noch zwei Männer, zwei O. T. Leute, welche seit Mai 1945 in Drehsa wohnen, d. h. sie wohnen unverheiratet jeweils mit einer Frau zusammen, stammen aus der Breslauer Gegend. Herr D. wäre noch zu befürworten, jedoch ist auch Herr Q. bereit das Amt zu übernehmen. Am besten geeignet und von der Einwohnerschaft gewünscht ist Herr Paul M., aber der will nicht. Er wohnt mit seinem Onkel zusammen, der im Gemeinderat ist. Auch der Kassenwart wohnt in der Nähe. Es gäbe nun noch ein[en] Herr K., dessen Sohn Kriegsinvalide ist, der aber noch nicht daheim ist. Wenn dieser da wäre, könnten sie zusammen das Amt machen. Auch Frau K. ist eine tüchtige Frau. Herr K. ist Bul[l]doggenführer [Fahrer eines Traktors des Typs »Lanz Bulldog«, US] und kann es wegen Arbeitsüberlastung nicht allein machen.« Dass der »Umsiedler« Fritz Q. im April 1946 das Bürgermeisteramt in der Gemeinde Drehsa übernahm, spricht weniger für seine Integration im Dorf als für die Unbeliebtheit des Amts in unruhigen Zeiten. Auch er wurde nicht in Ruhe gelassen. Mehrmals verdächtigte man ihn, sich oder Freunden Vorteile verschafft zu haben, einmal ging es um eine angeblich illegal erworbene Kuh, einmal um die Zuteilung einer Bodenreform-Siedlerstelle an einen Bekannten unter Umgehung der Formalien. Bald geriet er in die Affäre um die Gemeindeangestellte Margarete P., ebenfalls »Umsiedlerin« aus Grozschowitz/Oppeln, die unter dem Verdacht stand, Lebensmittelkarten entwendet zu haben. Andere Dorfbewohner warfen Fritz Q. die unkorrekte Austeilung der Karten vor. Als hätte er geahnt, welchen Anfechtungen er ausgesetzt sein würde, hinterließ er gleich nach seiner Amtseinsetzung ein erstes Protokoll über einen Vorfall im Dorf: »Am 6. 4. war ein Russe mit seinem Dolmetscher bei mir, um den Anbauplan [Plan für die Aussaaten zur Feldbestellung, US] zu kontrollieren. Als er fertig war, fragte er, ob ich keine Eier hätte, er wäre krank. Auf meine Antwort, daß ich keine Hühner habe, sagte er, ich solle mit zu einigen Bauern gehen, er gäbe 1 M pro Stück und für eine Henne 50 M. Ich bin mit zu 4 Bauern gegangen, und er hat 12 Eier gekauft. Gezwungen wurde kein Bauer. Damit ich später

Abb. 53: In diesem 1945 bereits teilweise zerstörten Wirtschaftsgebäude in Wurschen fanden Flüchtlingsfamilien ihre erste Unterkunft, um 1948.

keine Unannehmlichkeiten habe, gebe ich dies hiermit bekannt.« Über die Situation im Schloss berichtete er weiter: »Das Gut ist noch vom russischen Offizier Wanunen besetzt. Die Einwohner sind dadurch verängstigt. Der Herr Kommandant von Bautzen, Ballosbiew, hatte versprochen, den Posten abzulösen. [...] Im Dreßaer Gut sind sämtliche Wohnungen noch frei. Es befindet sich viel Vieh in den Ställen. Es soll versucht werden, dass das Gut freigegeben wird.« Dies geschah dann aber erst 1949: »Das hiesige Schloss, welches jetzt durch die SVA [Sozialversicherungsanstalt, US] zu einem Tbc-Sanatorium umgebaut wurde, ist im Anfang vorigen Jahres von der Besatzungsmacht freigegeben worden. Die von Privatpersonen eingelagerten Möbel sind schon 1945, gleich nach dem Zusammenbruch (lt. Aussagen hiesiger Ortseinwohner) mit Lastautos von hier weggeschafft worden. Auf wessen Veranlassung hin ist hier unbekannt. Der noch verbliebene Rest ist von der Besatzungsmacht abtransportiert worden. Der Gemeindeverwaltung sowie der Volkspolizei sind keine Möbelstücke übergeben worden.« Als Fritz Q. zwei Jahre später wegen der Betrugsaffäre um die Austeilung der Lebensmittelkarten sein Amt aufgeben musste, übernahm es seine nun ebenfalls in Drehsa wohnende Tochter Gisela Q., die im Dorf eine FDJ-Gruppe gegründet hatte und als Gemeindeangestellte ihrem Vater bereits zur Hand gegangen war. Als FDJ- Stützpunktleiterin war sie auch schon Gemeinderätin. In ihrem Lebenslauf berichtete sie 1950: »Im Januar 1945 mussten wir unsere Heimat (Kreis Breslau) verlassen und wurden nach Dreba, Krs. Schleiz in Thüringen evakuiert. Dort verblieben wir bis zum Herbst 1946, dann kamen wir nach Drehsa Krs. Bautzen, da mein Vater durch die Bodenreform eine Neubauernstelle erhalten hat, half ich zuerst mit in der Landwirtschaft. 1946 wurde mein Vater als Bürgermeister in hiesiger Gemeinde gewählt, 1948 bekam ich Anstellung im hiesigen Gemeindeamt als Schreibkraft, in der ich heute noch tätig bin. [...] In die Sozialistische Einheitspartei Deutschlands trat ich im September 1949 ein. Auch bin ich Mitglied der Gesellschaft für Deutsch-Sowjetische Freundschaft. Zum Deutschlandtreffen Pfingsten 1950 in Berlin wurde ich als Friedenskämpferin zum Kongreß gewählt.« Die Mutter der neuen Bürgermeisterin und rechtmäßige Ehefrau des alten Bürgermeisters, Martha Q., arbeitete mittlerweile schon als »Hausarbeiterin« im Tbc-Sanatorium. Eine schlesische »Umsiedlerneubauernfamilie« hatte in der Oberlausitz Wurzeln geschlagen und bereits dörfliche Ämter übernommen.[11] *(vgl. KrA Bautzen, Bestand Drehsa, Bürgermeister Fritz Q.; KrA Bautzen, Bestand Drehsa, Volkswahl 1950)*

Eine Gemeinde wählt zwei Bürgermeister

In der nur wenige Kilometer entfernten Gemeinde Nechern, zu der auch das Dorf und Rittergut Wurschen gehörte, setzte die gemeindliche Berichterstattung bereits kurz nach der Kapitulation ein. Der noch amtierende Bürgermeister Richard R. wurde Ende Mai 1945 in Bautzen vorstellig; er war von der sowjetischen Kommandantur aufgefordert worden, in der Gemeinde eine Vieh- und Maschinenzählung vorzunehmen. Seine Personalien wurden aufgenommen. Man vermerkte seine Mitgliedschaft im »Stahlhelm« (seit 1924), in der NSDAP (seit 1937), seinen Beruf als selbständiger Landwirt in einem Betrieb von 30 ha und auch die Tatsache, dass er »einen Polen und drei Russen beschäftigt hatte«[12]. Dem Bürgermeister wurde ein Fragebogen mitgegeben sowie »20 Zeitungen zur Verteilung« im Dorf. Anfang Juni erschien auch der Revierförster des Ritterguts Wurschen, Ernst M., beim Kreisrat in Bautzen. Er beschwerte sich über Plünderungen durch »Zivilpolen«, womit wohl die eben befreiten Zwangsarbeiter gemeint waren: »Ich verwalte seit 10 Jahren die Forstwirtschaft und Fischerei des Rittergutes Wurschen (Besitzer: Graf Solms-Sonnewalde). [...] Die Fischerei umfasst 350 Morgen mit Karpfen und Schleien besetzte Teiche. Gegenwärtig besetzt mit 65 Zentner 2-jährigen Karpfen, 10 Ztr. 2-jährigen Schleien und 10 Ztr. 1-jährigen Karpfen- und Schleienbrut. Seit ca. 14 Tagen plündern Zivilpolen die Teiche und haben bereits 3 kleine Teiche – ca. 15 Morgen – abgelassen, mit Netzen abgefischt und den Besatz, soweit sie ihn nicht mitgenommen haben, einfach umkommen lassen. Auf meinen Vorhalt, daß ich von dem russischen Kommissar in Weißenberg veranlaßt sei, darüber zu wachen, daß an den Teichen und Besatz nichts geschieht, erklärten mir diese Polen, daß die russischen Offiziere und Kommissare ihnen nichts zu sagen haben. Sie erklärten weiter, daß die russischen Offiziere und Kommissare Schweine seien. Sie haben mich mit der Waffe bedroht und wollten mich erschießen.« Der Förster, der auch das Amt des Teichmeisters ausübte, bat nun darum, dass die Plünderungen abgestellt würden, dass man ihm einen Ausweis über seine Tätigkeit ausstellte und ein in seinem Besitz befindliches »huflahmes Pferd und einen Wagen« beließe, da die Offiziere der Roten Armee keinen Anspruch darauf erhoben hätten. Er sei weder in der Partei gewesen noch in der SS. Das Landratsamt reagierte Ende Juni mit der Freigabe der Wurschener Fischbestände und schrieb dem Revierförster M.: »Die Teichwirtschaft Wurschen ist berechtigt, die letzten beiden Teiche abzufischen und die Fische zur eigenen Verwertung innerhalb der Gemeinden Wurschen, Belgern und Nechern zu verkaufen.« Im Juli 1945 berichtete Ernst M. noch einmal über den Zustand der Teichwirtschaft, die »55 ha mit Karpfenaufzucht und 17 Teichen« umfasste: »Durch die Folge des Krieges sind die Teiche in diesem Jahr fast restlos abgefischt. Auch die Laiche sind verlorengegangen. Es ist für 1946 kein Besatz noch Brut vorhanden. Es werden folgende Satzfische für 1946 benötigt: 10.000 Stück 2-jährige Karpfen in einem Gewicht von ½ - ¾ Pfund, pro Ztr 80 RM = 5.000 RM. Außerdem 7 Ztr. diesjährige Brut à 150 RM = 1000 RM. Futter würde für diese Fische 500-600 Ztr. benötigt. Als Arbeitskraft benötige ich 2 Mann.« Bezüglich seiner Kompetenz und offensichtlich auch zur eigenen Legitimation im Amt erklärte er weiter: »Ich kam 1935 aus der Hauptverwaltung Sonnewalde nach Wurschen. Vom 1. Juni 1935 bis 1. Oktober 1935 beschäftigte ich 50 Männer, vom 1. 1. 1936 bis 1. 4. 1936 75 Mann zu Entlandungsarbeiten in den Teichen. Die Teichwirtschaft lag völlig darnieder, so dass sie nur ein Zusatzgebiet war. Es ist mir in diesen 4 Jahren gelungen die Teichwirtschaft zur vollen Blüte zu bringen. Durch die Folgen des Krieges sind ca. 25 Morgen verschilft. In der Partei war ich nicht.« *(vgl. KrA Bautzen, Bestand Nechern, Nr. 175/1)*

Während der gräfliche Angestellte ganz offensichtlich darum bemüht war, sich und seine Tätigkeit in ein gutes Licht zu rücken, wandten sich Einwohner des Ortsteils Wurschen alsbald an den Landrat mit einem politischen Anliegen, für das sie in der augenblicklichen Umbruchszeit die Gunst der Stunde sahen. Sie forderten, dass die unter nationalsozialistischer Herrschaft gegen den Willen der Gemeinde verfügte Zusammenlegung mit der Nachbargemeinde Nechern wieder zurückgenommen werde und vermeldeten, dass sie einen eigenen Bürgermeister bereits gewählt hätten: »Als im Jahre 1936 die seit jeher selbständigen Gemeinden Wurschen und Nechern zwangsweise mit dem Sitz in Nechern zusammengelegt wurden, geschah dies laut Anordnung des Gauleiters Mutschmann unter dem Vorwand ›aus Gründen des öffentlichen Wohls‹. Da aber, wie damals schon vorauszusehen war, als auch in der Folgezeit erlebt und insbesondere jetzt, durch jene Zusammenlegung förmlich nur das Gegenteil eines öffentlichen Wohles für uns erbracht werden konnte, sehnen sich die Bewohner von Wurschen einmütig nach Wiedererlangung der alten gemeindlichen Selbständigkeit und bitten daher dieselbe wieder herstellen zu wollen. Vorstehender Antrag wurde heute in der Ortseinwohnerversammlung zum Ausdruck gebracht. Gleichzeitig haben wir zum Ortsvorsteher für Wurschen den Schmiedemeister Ernst W., Wurschen, einstimmig gewählt. Wir bitten Sie nunmehr um Bestätigung des Vorgenannten, damit er baldmöglichst mit der Betreuung der hiesigen Bewohner beginnen kann.« Ohne die Bestätigung von oben abzuwarten, war der neue Bürgermeister bereits tätig geworden. So berichtete er – wohl in Erfüllung einer Anfrage aus Bautzen, ob in der Gemeinde »herrenlose Grundstücke und

Güter« zu verzeichnen wären: »Auf Ihre Verfügung vom 21. des Monats herrenlose Grundstücke Güter usw. betr. wird hiermit Fehlanzeige erstattet. gez. der Bürgermeister«. Doch die Wurschener bekamen ihre Selbständigkeit nicht bestätigt, ihr Bürgermeister, der sich noch einmal einer Wahl in der Gesamtgemeinde stellen musste, hatte das Nachsehen. Im Juli 1945 wurde der Necherner Landwirt Ernst W. mit nur knapper Mehrheit zum Bürgermeister gewählt und als solcher offiziell ernannt.[13] Eine Bescheinigung des Landrats hält fest, dass dieser »nun mit der Führung der Geschäfte des Gemeindeamts beauftragt wurde und ihm jederzeit Schutz und Hilfe zu gewähren [ist]. Herr W. ist berechtigt ein Fahrrad zu benutzen«. Der bereits gewählte und wieder abgesetzte Wurschener Bürgermeister fungierte nun als Stellvertreter. *(vgl. KrA Bautzen, Bestand Nechern, Nr. 175/1)*

Das Rittergut und sein Personal

Auch der langjährige Verwalter des Ritterguts Wurschen im Landkreis Bautzen, Werner F., meldete sich beim Landrat. Seine Stellung im Dorf scheint umstritten gewesen zu sein. Anfang Juni berichtete er nach Bautzen über den wirtschaftlichen Zustand des Ritterguts und gab sich als besonnener Vertreter des nicht mehr im Schloss anwesenden, sich angeblich im Nachbarort versteckt haltenden Grafen.[14] Das Gut der Familie von Solms-Sonnewalde umfasste annähernd 500 ha Fläche, darin eingeschlossen Wälder und die schon erwähnten Teiche. Der Tier- und Maschinenbestand hatte sich in der kurzen Spanne zwischen März und Juni 1945 drastisch verringert. Die vom Gutsinspektor eingereichte Liste präsentiert die Vergleichszahlen. Von 16 Arbeitspferden war nur noch eines übrig, die Zahl der Ochsen war von zwölf auf acht reduziert, auch zwei Bullen waren verschwunden, ebenso alle 65 Kühe, 120 Stück Jungvieh, 20 Hühner, ein Eber, 15 Zuchtsauen, 20 Läufer und 28 Ferkel. Aus dem Maschinenpark war so gut wie alles weg: drei »Bulldogs« plus Anhänger fehlten, ebenso zwei Bindemäher; von fünf Mähmaschinen waren noch zwei vorhanden, von zehn Kastenwagen noch vier, von sieben Leiterwagen zwei. Es waren Verluste, die angesichts der ebenfalls mitgeteilten Anbausituation kurz vor Erntebeginn schwer ins Gewicht fielen. Auf den Flächen des Ritterguts, das ebenso wie das schon erwähnte Rittergut im Nachbarort Drehsa neben der üblichen Getreidewirtschaft auch Saatgut[15] produzierte, standen im Juni 1945 zur Ernte an: 38 Hektar Weizen, 35 Hektar Roggen, 26 Hektar Hafer, 24 Hektar »Gerst-Hafer«, acht Hektar Raps, 15 Hektar Grassamen, drei Hektar Rübensamen, vier Hektar Möhrensamen, zehn Hektar Kümmel, 17 Hektar Kartoffeln, sechs Hektar Flachs und zwei Hektar Zuckerrüben. »Da es an Gespannen, Maschinen, Ersatzteilen, Betriebsstoffen und Wagen fehlt, müssen jetzt schon 40 Hektar Klee, 10 Hektar Landsbergermischung [Futterpflanzen/Gründüngung, US] und ca. 25 Hektar Wiesen ungemäht stehenbleiben. Sollte nicht bald wirksame Abhilfe geschaffen werden, wird es auch mit den bald ausgereiften Ölfrüchten ebenso geschehen.« Der Inspektor bat nun darum, dass er von den benachbarten Rittergütern der Gemeinden Rackel und Baruth Dreschmaschine und Traktoren zur Verfügung gestellt bekam. Die Bemühungen des Gutsinspektors scheinen indes einige Personen nicht überzeugt zu haben, die wie er im Rittergut involviert waren. Revierförster Ernst M. wandte sich im Juli 1945 mit einer den Gutsverwalter belastenden Erklärung an die Kreisverwaltung: »In Sachen des Inspektor F. aus Wurschen will ich folgendes berichten: F. hat vor 3 Jahren 120 Pfd. Margarine der Belegschaft entzogen. Öl von Raps und Leinen hat er sich auch reichlich genommen, sowie auch Zucker. Für Flachs und Leinsamen hat er jährlich von 500-700 RM Leinwand, Bettbezüge, Handtücher usw. bezogen. Im ersten Jahr sind diese Sachen an die Belegschaft verteilt worden, dann ist die Verteilung nach und nach ausgeblieben. Ich selbst habe die ersten paar Jahre einen kleinen Anteil von 30 RM gehabt und vor 2 Jahren einen Anteil von 100 RM bekommen. Daß dieser Mann dem Betrieb nicht nachging beweist, daß er nie bei seinen Leuten war und sich dauernd mit dem Motorrad in der Weltgeschichte herumtrieb. Mein Chef [Graf Solms, US] hat ihn wiederholt gemahnt, doch dieses hatte keinen Anklang. Daß F. in der Kreisbauernschaft [NS-Organisation der Landwirte, US] ein guter Bekannter gewesen ist, weiß ich. Sein Schwiegervater, August R. aus Särka kaufte vor 2 Jahren ein Pferd vom Gut. Dieses wurde von der Kreisbauernschaft mit 250 RM geschätzt. Dieses Pferd hat noch 1 bis 2 Fohlen gebracht. Unser Gärtner S., schwer kriegsbeschädigt, kaufte durch die Kreisbauernschaft 1 krankes Pferd mußte dafür 450 RM bezahlen. So könnte ich noch verschiedenes anführen. Wollen Sie noch Näheres wissen, so wenden Sie sich bitte an die Sekretärin Fräulein Susanne M., Dresden A 44, Salzburgerstr. 20/II.«

Kurze Zeit darauf, Mitte Juli, verfügte der Landrat in Bautzen, dass ein neuer Verwalter für das Rittergut Wurschen bestellt werden müsse; hierzu wurde der Bürgermeister von Nechern eingeschaltet. Das Betriebskonto des Ritterguts bei der Commerzbank Bautzen wurde gesperrt, der noch amtierende Verwalter war nicht mehr zeichnungsberechtigt. Dieser erklärte sich Anfang August damit einverstanden, sein »Arbeitsverhältnis mit Herrn Grafen zu Solms-Sonnewalde« am 1. September 1945 zu beenden und seine Dienstwohnung zu räumen. Auch der Bürgermeister von Nechern bestätigte nun den schlechten Leumund des Gutsinspektors F.: »Bisher bestand für das Rittergut Wurschen eine Oberleitung durch Herrn Oberinspektor L. in Sonnewalde. Diese Oberleitung ist durch den Tod des Herrn L. weggefallen. Während der Oberleitung wurde Herr F. mehrere Male sehr ernst ermahnt und seine Entlassung erwogen. Ich bin der Ansicht, dass Herr F. als selbständiger Betriebsleiter ungeeignet ist. Ich habe feststellen müssen, dass er bei der Abfassung von statistischen Unterlagen sehr leichtfertig verfährt, wie aus der Anlage ersichtlich ist. Dadurch werden die Angaben für die Verwaltung wertlos. Bei der Verteilung von Anbauprämien sind in jedem Falle Beschwerden über die ungerechte Handlungsweise des Herrn F. gegenüber der Arbeiterschaft laut geworden.« Die vom Bürgermeister beigefügte Erhebung zum Anbauplan des Ritterguts, die angeblich vom Gutsinspektor F. stammte, wirkt nachlässig zusammengestellt, im Gegensatz zu der vom Inspektor nur wenige Tage vorher eigenhändig verfassten und nach Bautzen geschickten Aufstellung zur Situation des Guts (s. o.), die gründlich und kompetent angelegt war. Offensichtlich wurde er vom Dorf nicht mehr unterstützt. *(vgl. KrA Bautzen, Bestand Nechern, Nr. 175/1)*

Der Graf in den Köpfen seiner Angestellten

Das Rittergut wurde nun offiziell von der Gemeinde Nechern/Wurschen verwaltet, dazu sollte ein Interimsinspektor eingesetzt werden. Der Kreisrat gab die Order, dass allen Beauftragten des »früheren Besitzers Grafen zu Solms« – mit der Formulierung wurde die noch nicht vollzogene Enteignung gleichsam vorweggenommen – der Zutritt zum Gut versagt werden sollte. Ein Wirtschaftsprüfer sollte die Bücher des Ritterguts einsehen, er musste auf Kosten der Gemeinde untergebracht und verpflegt werden. Bald war auch ein neuer Verwalter aus der Gemeinde Milkel gefunden und vom Landrat eingesetzt, er sollte ebenfalls im Schloss wohnen. Die Gemeinde Nechern wurde dazu verpflichtet, ihm »größtmögliche Hilfe zu gewähren, da die Einbringung der Ernte auf dem Rittergut Nechern/Wurschen gefährdet ist«, und dafür verantwortlich gemacht, »dass die Ernte rechtzeitig eingebracht wird«. Über etwaiges Verschulden des früheren Gutsinspektors F. sollte Meldung gemacht werden. Während dieser im Dorf offenbar nicht wohlgelitten war, fand der Förster und Teichmeister Ernst M. weiterhin Unterstützung durch den Necherner Bürgermeister, der ihn offensichtlich im Dorf und in seiner Funktion im Rittergut halten wollte; er bescheinigte, dass Ernst M. »weder der N.S.D.A.P. noch einer ihrer Gliederungen angehört und sich parteipolitisch nicht betätigt hat.«[16] *(vgl. KrA Bautzen, Bestand Nechern, Nr. 175/1)*

Inzwischen war auch der Wirtschaftsprüfer Heinz T. aus Wehrsdorf tätig geworden. In seinem Bericht vom 31. August 1945 stellte er fest, dass kaum mehr Bücher vorhanden waren; die Gutssekretärin Fräulein M. habe bekräftigt, dass »auf der Flucht alle Dokumente verloren gingen und dass sie bei ihrer Rückkehr absolut keine Aufzeichnungen mehr vorgefunden hat«. Er fügte an, dass »es von keiner Seite Bedenken gegeben habe gegen die Buchführung von Fräulein M.«. Weiter heißt es in seinem Bericht, dass die drei auf dem Gut leitend Beschäftigten, die Gutssekretärin, der Förster und der Gutsverwalter, heftig verstritten seien, was »vermutlich« auf Auseinandersetzungen um »Schwarzschlachtungen und Bevorteilungen« zurückzuführen sei. Die Feindschaft zwischen der Sekretärin und dem Förster habe den Hauptgrund in »Weibergezänk« [zwischen ersterer und der Frau des Försters, US]. Der Gutsverwalter und der Förster »haben jahrelang zusammen gesoffen. [...] Er hat seine Obliegenheiten auf der Flucht und schon vorher vernachlässigt. [...] Hat Waren nicht ordnungsgemäß an die Arbeiter verteilt. [...] Die arbeiterfeindlichen, nazistischen Verordnungen und Hintertüren gaben ihm angeblich das Recht, 60 % der Rücklieferungswaren für die Wirtschaft zu verwenden.« Die Frauen, d. h. die Landarbeiterinnen, hätten ihm das »Flachsraufen in Akkord verweigert. [...] Nach Rückkehr von der Flucht soll er schwarz geschlachtet haben. [...] Die Zuchtsau hat er bei K. eingestellt, sie ist verschwunden, wahrscheinlich geschlachtet. Jedenfalls ist die Zuchtsau weg und fehlt natürlich sehr für den Neuaufbau.« Auch der Förster habe sich nicht als arbeiterfreundlich erwiesen, dafür gebe es einen Zeugen, dem die versprochenen Karpfen vorenthalten worden seien. Der Wirtschaftsprüfer relativierte demnach die positive Beurteilung des Försters durch den Necherner Bürgermeister. Auf dem Rittergut erfasste er eine landwirtschaftliche Nutzfläche von insgesamt 2.000 Morgen (= 500 Hektar), davon seien 200 Morgen nicht bewirtschaftet worden, 60 Morgen

Grassamen noch nicht gemäht. Die Landbestellung habe nur mit Hilfe von »Flüchtlingsgespannen« sowie vier Ochsen und einem Traktor besorgt werden können. Es herrsche großer Mangel an Rohöl. Er schlug nun vor, dass die alten Führungskräfte entfernt werden sollten, »die, wenn auch ein Schuldbeweis heute im einzelnen schwer zu erbringen ist, die vergangene Epoche zu ihrem Vorteil ausgenützt haben und weiter ausnützen würden, gäbe man ihnen Gelegenheit dazu. Gutsinspektor F. ist seit 1941 bei der NSDAP. Der Förster ist, wie wohl fast alle, die um den Grafen waren, Stahlhelmer gewesen.« Nur der Fischereiarbeiter B. sollte behalten und der neu bestellte Interimsverwalter S. für die gesamte Verwaltung übernommen werden, damit, fuhr der Gutachter fort, »der Zustand ein Ende findet, daß sechs Verwaltungen nebeneinander bestehen, bez[iehungsweise] Einfluß zu nehmen versuchen, nämlich 1. der Gutsinspektor F., 2. der Interimsverwalter S., 3. der Bürgermeister von Nechern, 4. die Domowina,[17] 5. die Landesverwaltung und 6. der Graf, der zwar nicht persönlich, aber in den Köpfen der von ihm Angestellten anwesend ist«. Es müssten die Gebäude noch vor Winter repariert und ein kleiner Viehbestand angeschafft werden. Wirtschaftsprüfer T. sprach nun auch schon die bevorstehende Bodenreform an, die in Sachsen am 10. September 1945 angeordnet wurde: »Das Siedlungsvorhaben ist m. E. bald durchzuführen, da niemand die Felder bestellen möchte. Wer Siedlungsland erhält, soll sich möglichst schon jetzt zum Herbst darum bekümmern können. Wenn den Siedlern Ställe und Scheunen fehlen, müssen eben die auf dem Gut vorhandenen gemeinschaftlich benützt werden.« Der Bericht des Sachverständigen, der die politische Gemengelage in einer Gemeinde von vielleicht nur 300 Personen mit seiner erstaunlichen Befehlsvielfalt auf dem herrenlosen Rittergut pointiert charakterisierte und die prekäre Lage eines provisorisch geführten landwirtschaftlichen Großbetriebs kurz vor der Ernte mit hohem Einfühlungsvermögen einschätzte, kreuzte sich mit einer Verfügung des Landrats, die ebenfalls vom 31. August 1945 datiert: »Die Gemeinde Nechern wird gebeten, zusammen mit dem Gutsverwalter Herrn Alfred S. die notwendigen Maßnahmen zur Aufteilung des dem Grafen zu Solms gehörigen Rittergutes durchzuführen. Die an die Ortseinwohner zugeteilten Flächen werden bis zur endgültigen Entscheidung der Landesregierung zunächst in Pacht gegeben. Der Pachtpreis ist so zu bemessen, dass davon die Abgabe an Steuern und dergl[eichen] bestritten werden kann. Über die Durchführung ist mir Bericht zu erstatten.« Die Anordnung zur Verpachtung des Ritterguts hatte den Anschein einer nach Maßstäben bürgerlichen Rechts ergangenen Notmaßnahme, um die Ernte nicht zu gefährden. Auch wurde das Rittergut im Brief des Landrats noch »als dem Graf Solms gehörig« bezeichnet.[18] Aber schon am 10. September 1945, dem Tag, an dem in Sachsen die Verordnung über die Bodenreform rechtskräftig wurde, erging eine neue Anweisung an den Necherner Bürgermeister, die nun die Liquidierung des Eigentümerrechts beinhaltete, ganz im Sinne einer die Verhältnisse im Dorf tatsächlich revolutionierenden politischen Aktion: »Zur Aufteilung des dem Grafen zu Solms gehörigen Gutsbetriebes Nechern / Wurschen / Belgern wird eine Kommission der Einwohner aller 3 Ortsteile gebildet. [...] Herr Vizebürgermeister W. ist ihr Vorsitzender. [...] Jeder Ortsansässige, mit Ausnahme ehemaliger NSDAP-Mitglieder, kann Zuteilung beantragen. Von dem gesamten Besitz des Ritterguts werden drei selbständige Bauernhöfe in der

Größe bis 30 ha ausgeschrieben, die den bisherigen Gutsinspektoren Herrn Alfred S. (Nechern), es ist der vom Landrat eingesetzte neue Verwalter, und Herrn F. (Belgern), der vormalige Verwalter des Ritterguts, überlassen werden. Über die Besetzung des Gutes Wurschen entscheidet das Landratsamt.« Dass aus Teilen des Ritterguts drei immerhin 30 Hektar große eigenständige neue Betriebe gebildet wurden, von denen einer sogar dem ehemaligen Gutsinspektor (vorerst) zur Pacht überlassen werden sollte, scheint der Überlegung geschuldet, dass man mitten in der Erntezeit die Kontinuität der Bewirtschaftung wahren und auf den Sachverstand der Verwalter nicht verzichten wollte. *(vgl. KrA Bautzen, Bestand Nechern, Nr. 175/1)*

Abwicklung eines Ritterguts

Schon am darauf folgenden Tag erging aus Bautzen die Aufforderung an die Gemeinde Nechern/Wurschen, die Unterlagen über die Aufteilung des Ritterguts nach Bautzen ins Landratsamt zu bringen. Diese Unterlagen sind für die Gemeinde Nechern/Wurschen wie auch für die Gemeinde Drehsa nicht erhalten. Einziges Zeugnis sind hier die späteren Einträge im Kataster und in den Flurbüchern, die im Staatsfilialarchiv Bautzen lagern. Für die Gemeinde Drehsa wurden die Einträge der aus dem Rittergut gebildeten Siedlerstellen am 27. Juli 1946 abgeschlossen, für Wurschen am 30. Juli 1946 und für Nechern am 17. Dezember 1946. Die Neubauernfamilien bekamen je nach Bodengüte Flächen zwischen fünf und acht Hektar zugeteilt, Kleinsiedler bis zu einem Hektar. Unter den Neubauern waren auch »Umsiedlerfamilien«. In den Katastern sind sie nicht eigens ausgewiesen. Auch in den untersuchten Gemeindeakten, die die Listen der Siedler enthalten, werden sie von anderen Neubauernfamilien nicht unterschieden.[19] Nur die Bodenreformkarten, die für jeden Betrieb ausgestellt wurden, weisen die Kennung »Umsiedler«, meist mit Angabe der Geburtsorte von Bäuerin und Bauer, auf. *(vgl. KrA Bautzen, Bestand Nechern, Nr. 175/1; StFilA Bautzen, 50069, Nr. 147; StFilA Bautzen, 50069, Nr. 824; StFilA Bautzen, 50023, Nr. 1064)*

Über die Vorgänge der Bodenreform gibt es für die untersuchten Dörfer im Kreis Bautzen keine weiteren Unterlagen.[20] Auch die Erlebnisperspektive der enteigneten Großgrundbesitzerfamilien bleibt nach gegebener Aktenlage im Dunkeln. Die Absicht der Bodenreformkommissionen und der übergeordneten Behörden, das Geschehen möglichst nicht unter dem Aspekt des Eigentumsverlustes der »Junker«, sondern des Eigentumsgewinns von Neubauern- und Kleinsiedlerfamilien zu propagieren, liegt auf der Hand. Dabei wurde nicht zuletzt auch die jahrhundertealte Tradition der Führung von Katastern missachtet. Ganz im Sinne eines revolutionären Eingriffs in dieses Rechtsprinzip wurden in sämtlichen Katastern die Einträge über die enteigneten Letztbesitzer der Rittergüter – in der Regel erscheinen sie unter Nr. 1, weil sie die größten Flächen in der Gemarkung besaßen – mit dicken Balken geschwärzt. Ihre Namen wurden so für immer ausgelöscht.

In der Gemeinde Nechern/Wurschen sollten zusätzlich zu den gebildeten Siedlerstellen auch die drei bereits zur Verpachtung angewiesenen relativ großen Einzelbetriebe (30 Hektar) erhalten bleiben, die den drei lokalen Zentren des ehemaligen

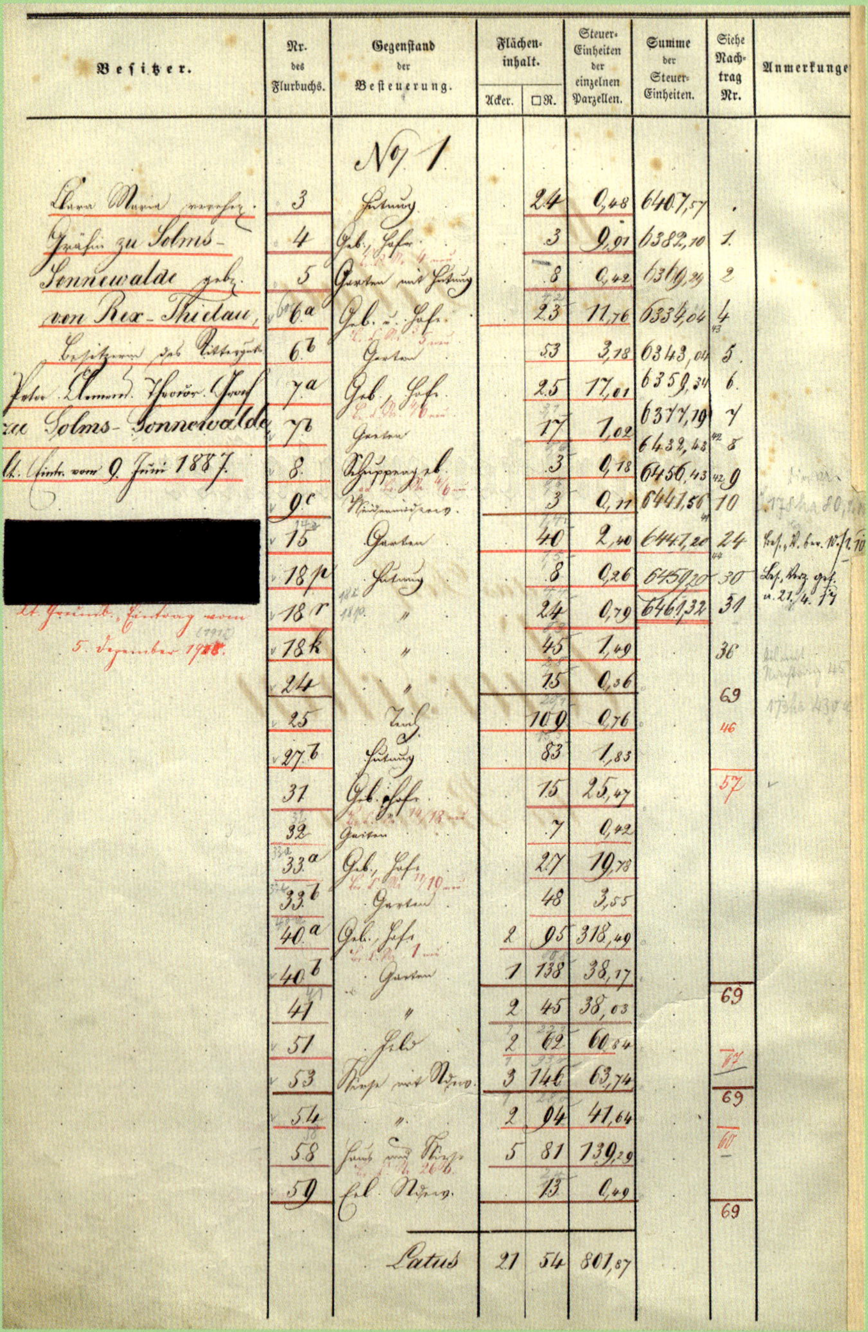

No 1

Clara Maria verehel. Gräfin zu Solms-Sonnewalde geb. von Rex-Thielau, Besitzerin des Rittergutes
Peter Armand Theodor Graf zu Solms-Sonnewalde lt. Eintr. vom 9. Juni 1887.
[redacted]
lt. Grundb. Eintrag vom 5. Dezember 1918.

Besitzer.	Nr. des Flurbuchs.	Gegenstand der Besteuerung.	Flächeninhalt. Acker.	Flächeninhalt. □R.	Steuer-Einheiten der einzelnen Parzellen.	Summe der Steuer-Einheiten.	Siehe Nachtrag Nr.	Anmerkungen
	3	Hutung		24	0,48	6407,57	.	
	4	Geb. Hof		3	9,91	6382,10	1	
	5	Garten mit Hutung		8	0,42	6369,24	2	
	6a	Geb. u. Hof		23	11,76	6334,04	4	
	6b	Garten		53	3,18	6343,04	5	
	7a	Geb. Hof		25	17,01	6359,34	6	
	7b	Garten		17	1,02	6377,19 / 6432,43	7 / 8	
	8	Schuppen		3	0,18	6456,43	9	
	9c	[illegible]		3	0,11	6441,56	10	
	15	Garten		40	2,40	6447,20	24	
	18p	Hutung		8	0,26	6459,20	30	
	18r	"		24	0,79	6461,32	31	
	18k	"		45	1,49		36	
	24	"		15	0,36		69	
	25	Teich		109	0,76		46	
	27b	Hutung		83	1,83			
	31	Geb. Hof		15	25,47		57	
	32	Garten		7	0,42			
	33a	Geb. Hof		27	19,78			
	33b	Garten		48	3,55			
	40a	Geb. Hof	2	95	318,49			
	40b	Garten	1	138	38,17			
	41	"	2	45	38,03		69	
	51	Feld	2	62	60,84		77	
	53	[illegible]	3	146	63,74		69	
	54	"	2	94	41,64		60	
	58	[illegible]	5	81	139,29			
	59	[illegible]		13	0,49		69	
		Latus	21	54	801,87			

Abb. 54: Auszug aus einem Grundsteuerkataster mit Schwärzung des ursprünglichen Besitzers des 1945 enteigneten Rittergutes.

Guts (Nechern, Belgern, Wurschen) – zwei Vorwerken und dem Rittergut – entsprachen. Die erste Verfügung vom 3. September 1945 wies zwar überraschenderweise dem ehemaligen Gutsinspektor F. wie dem vom Landrat eingesetzten Interimsverwalter S. jeweils einen der Betriebe zu, aber schon wenige Tage später wurde diese Verfügung durch jeweils einander ablösende Anweisungen an den Necherner Bürgermeister wieder verworfen. Zu vermuten ist, dass es um die Zuteilung dieser relativ großen Flächen ein erhebliches Gerangel gab und man dem ehemaligen Gutsinspektor F. dies am wenigsten gönnte bzw. es von seiten der höheren Instanz der Bodenreformkommission als politisch nicht annehmbar angesehen wurde. An den Inspektor erging konsequenterweise am 7. September 1945 ohne weitere Begründung eine Mitteilung, die das Ende seines Dienstes auf dem Rittergut erklärte. Anders als seine Dienstkollegen, die Gutssekretärin und der Förster, sowie sein ehemaliger Dienstherr wurde er aber weder verhaftet noch ausgewiesen. Das lässt sich aus der Verfügung des Landratsamts schließen, die am 7. September 1945 an den Gendarmerie-Hauptmann M. geschickt wurde: »Der z. Zt. in Nechern bei R. [bei dem abgesetzten Necherner Bürgermeister, US] befindliche Graf zu Solms sowie der Förster M. sind sofort festzunehmen und nach Neschwitz einzuliefern. Die Gutssekretärin Fräulein M. ist aus dem Ort Nechern mit sämtlichen Ortsteilen zu verweisen.« Die Bewirtschaftung des Restguts Wurschen wurde noch am selben Tag einem Emil K. aus Ober-Eulowitz übertragen, »bis zur endgültigen Aufteilung«. Das dem Gutsinspektor F. wieder entzogene Teilgut Belgern ging an einen Herrn R., aber diese Zuweisung hatte nur einen Tag Gültigkeit, schon am 8. September wurde sie widerrufen, das Gut sollte nun ein Johannes W. aus Gröditz bewirtschaften. Doch auch dabei blieb es nicht. Eine Woche später gab es erneut Anweisungen: der Interimsverwalter S. aus Milkel, dem das Restgut Nechern übertragen worden war, bekam nun das von Belgern, dessen eben erst benannter Betriebsleiter Johannes W. das Restgut Nechern. Was es mit diesen Rochaden auf sich hatte, kann nur vermutet werden. Möglicherweise ging es um Bodengüte und Betriebsausstattung, vielleicht gaben die besseren Beziehungen nach oben den Ausschlag. Am 2. Oktober 1945 erging die letzte das Rittergut von Wurschen betreffende Anweisung an den Necherner Bürgermeister: »Der Reinerlös für Holzeinschlag 1944/45 des vormaligen Besitzers Graf zu Solms ist an die Gemeindekasse abzuführen. [...] Dafür muss die Gemeinde sämtliche Restforderungen an den ehemaligen Gutsbetrieb begleichen. [...] Der Rest soll für Reparaturen verwendet werden. [...] Der Wald gehört nunmehr der Gemeinde, sie muss nach den Richtlinien der Forstverwaltung vorgehen [...] und darf nicht die vorgeschriebene Einschlagsmenge überschreiten.« Wie sich die Neubauern- und Kleinsiedlerfamilien einrichteten und wie die Altbauernfamilien sich auf die neuen Besitzverhältnisse im Dorf einstellten, darüber schweigen die Necherner Akten. Die Überlieferungslücke reicht vom Juli 1946 bis Mai 1947. Für die Gemeinde Drehsa gibt es keinerlei lokale Überlieferung zur Bodenreform. Einziger Hinweis in den Akten ist die Aussage in einem Gemeinderatsprotokoll anlässlich der Bürgermeisterwahl vom 23. November 1945: »Anschließend wurden noch einige Bodenreformfragen besprochen«. *(vgl. KrA Bautzen, Bestand Nechern, Nr. 175/1; KrA Bautzen, Bestand Drehsa, Protokolle; KrA Bautzen, Bestand Cannewitz, Nr. 107/1)*

Bodenreform und statistische Berichterstattung

Anders als im Landkreis Bautzen fehlen im zweiten Untersuchungsgebiet des Altkreises Grimma (Archiv des Landkreises Leipzig) vergleichbare Gemeindeakten der unmittelbaren Nachkriegszeit und dementsprechend auch konkrete Verlaufsdokumente zu Ereignissen um die Bodenreform. In den gleichwohl vorhandenen Unterlagen zur Administration des Bodenreformlandes wird bei späteren Vorgängen (zum Beispiel bei Besitzerwechsel) auf sie verwiesen.[21] In Beständen des »Amts zur Regelung offener Vermögensfragen«, das in Sachsen bald nach der Wende 1989 zur Bearbeitung der Restitutionsforderungen ehemaliger Rittergutsbesitzerfamilien gebildet wurde, finden sich Dokumente zur Bodenreform, sofern sie von Angehörigen der 1945 enteigneten Familien bei ihrem Bemühen, ein Restitutionsverfahren in Gang zu bringen, als Beweise eingebracht wurden. Ein solches Dokument ist beispielsweise die Erklärung des Familienoberhaupts des Ritterguts in der Gemeinde Seelingstädt, Werner Bretschneider, die dieser am 24. September 1945 an seinen Rechtsanwalt und »Vorsitzenden der Christlich-Demokratischen Union« Carl R. in Grimma schickte: »Heute um ½ 8 Uhr morgens kam die Bodenreformkommission zu mir und überreichte mir folgendes Schreiben: ›Auf Grund der Verordnung der Landesverwaltung Sachsen vom 11.9.45 über die Enteignung des Großgrundbesitzes sind Sie ab 24.9.45 Ihres gesamten Grundbesitzes, einschließlich des toten und lebenden Inventars enteignet. Sie haben sich jeder Einmischung in die Verwaltung des gesamten landwirtschaftlichen Betriebes zu enthalten, die Leitung des Betriebes übernimmt ab 24.9.45 der von der örtlichen Bodenkommission eingesetzte Verwalter Richard M.[22] Auf Grund des Beschlusses der Gemeindekommission für Bodenreform und des Antifaschistischen Blocks Seelingstädt haben Sie Ihr ehemaliges Besitztum bis Ende September zu verlassen.‹ gez. Sch., Bürgermeister.«[23]. Erklärungen wie die des Seelingstädter Rittergutsbesitzers sind seltene Wortmeldungen aus der Perspektive der Enteigneten. Dass auf ihrer Grundlage eine Restitution nicht erfolgen konnte, hat mit den juristischen Debatten und Gerichtsurteilen der 1990er Jahre zu tun, wonach die Unumkehrbarkeit der Bodenreform im Einigungsvertrag nicht gegen das Grundgesetz verstoße und es sich nach seinerzeitigem Rechtsverständnis um legale Enteignungen gehandelt habe.[24] Der Enteignungsvorgang hat sich in der Regel, einmal abgesehen von der Auslöschung der Besitzernamen in den Katastern, sonst nur in statistischen Erhebungen niedergeschlagen. *(vgl. KrA LK Leipzig, Archiv Vermögensamt, Nr. 2110)*

Die Kreisbodenkommissionen Sachsens, so auch die der untersuchten Orte im Kreis Bautzen und Altkreis Grimma, schlossen die statistische Erfassung der Bodenreform Ende 1949 ab. Entgegen den offiziellen Verlautbarungen, nach denen die Enteignung der Rittergutsbesitzerfamilien auch als Maßnahme gegen NS-Verbrecher bzw. Nutznießer der NS-Herrschaft zu rechtfertigen sei, lässt sich diese Folgerung aus den statistischen Aufstellungen, die nicht öffentlich zirkulierten, sondern für die Landesverwaltung und die Sowjetische Militäradministration Sachsen (SMAS) erstellt wurden, nicht ziehen. Am Beispiel der Statistik für den Kreis Bautzen sei dies gezeigt: Auch hier war die Zahl der Rittergüter (mit Flächen von über 100 Hektar) enorm: Es wurden 97 Güter mit einer Fläche von insgesamt 24.104 Hektar erfasst,[25] durchschnittlich hatte jedes Gut somit etwa 250 Hektar landwirtschaftlich genutzte Fläche (inklusive Wälder). Die Zahl der enteigneten bäuerlichen Großbetriebe unter 100 Hektar war im Kreis Bautzen mit 52 Besitzern (mit einer Fläche von zusammen 1.765 Hektar, also durchschnittlich 34 Hektar) ebenfalls nicht gering. Diese in Abhebung von den Großgütern gesondert aufgeführte Gruppe ist nach Anzahl und Flächen nahezu identisch mit der Gruppe der »Kriegsverbrecher und Nazis«, wie sie an anderer Stelle der Statistik in einer nach sozialen Kategorien vorgenommenen Aufstellung aufgeführt ist, nämlich 50 Besitzer mit zusammen 1.666 Hektar, was den Schluss erlaubt, dass unter den Großgrund besitzenden »Junkern« eher keine Kriegsverbrecher und Nazis ausgemacht wurden oder alle pauschal dafür gelten sollten und deshalb nicht unter der gesonderten Rubrik erschienen. Laut Statistik wurden wegen nationalsozialistischer Täterschaft nur diese 50 bäuerlichen Besitzerfamilien enteignet. *(vgl. KrA Bautzen, Bestand 509, Bodenreform)*

Aufschlussreich ist der Vergleich der im gesamten Landkreis Bautzen enteigneten Fläche (25.869 Hektar)[26] mit den Größenangaben, die für die tatsächlich in »Individualeigentum überführten« Flächen gemacht wurden; letztere gingen an landlose Bauern und Landarbeiter (a), landarme Bauern (b), »Umsiedler« (c), Kleinpächter und nicht landwirtschaftliche Arbeiter und Angestellte (d) und als Waldzulage an Altbauern (f). Sie betrugen insgesamt aber »nur« 16.148 ha, woraus zu schließen ist, dass mehr als ein Drittel der Gesamtfläche, die im Kreis Bautzen aus Privatbesitz beschlagnahmt und enteignet wurde (d.h. 8.423 Hektar), nicht verteilt, sondern in »Landeseigentum« an verschiedene Körperschaften überführt wurde. Es waren dies zum größeren Teil »Forste und Teichwirtschaft« (zusammen 7.713 Hektar), zum geringeren Teil Zuchtbetriebe, die aus Teilen der Rittergüter gebildet wurden (Saatzucht: 392 Hektar; Tierzucht: 261 Hektar) sowie Flächen für Lehr- und Versuchsanstalten, Obst- und Baumschulen, Schulen (zusammen 48 Hektar) sowie für die neuen landwirtschaftlichen »Maschinenausleihstationen« (MAS), die sich bereits gebildet hatten (9 Hektar). Die restlichen Flächen (etwa 2.500 Hektar) verteilten sich auf den Landkreis und einzelne Gemeinden sowie auf die Vereinigung der gegenseitigen Bauernhilfe (VdgB), die Vorläuferorganisation der LPG. Unter den Kategorien der Landempfänger findet sich in der Statistik auch die Rubrik »In die Hände der Sowjetarmee«; diese blieb für den Kreis Bautzen ohne Eintrag. In der Empfänger-Aufstellung sind zudem neun Besitzer landwirtschaftlicher Betriebe (mit 26 Familienangehörigen) als »Opfer des Faschismus« ausgewiesen – allerdings ohne genauere Größenbestimmung, so dass nicht auszumachen ist, auf welche Besitzerkategorie sich diese Gruppe bezog.[27]

Der Staat nahm im Kreis Bautzen mehr als ein Drittel der enteigneten Güter an sich, die Bodenreform war somit auch eine Verstaatlichung in großem Ausmaß, die hier sogar den für alle Länder der SBZ ermittelten Durchschnittswert übertraf.[28] An 559 »Umsiedlerfamilien« gingen im Kreis Bautzen 3.042 Hektar landwirtschaftliche Fläche (durchschnittliche Hofgröße: 5,44 Hektar). Etwa die dreifache Anzahl einheimischer landloser Familien (ehemalige Landarbeiterinnen und Landarbeiter der Rittergüter) erhielt Flächen von jeweils etwa vier Hektar. Während die »Umsiedlerfamilien« oftmals erfahrene selbständige Bäuerinnen und Bauern waren, die in den ehemals deutschen Gebieten Polens und Böhmens eigene Betriebe geführt hatten, war die Landarbeiterschaft in der Regel unter Leitung einer Gutsverwaltung arbeitsteilig auf großen Flächen tätig gewesen. In den Folgejahren waren es oft diese Familien, die ihre Kleinbetriebe bald wieder aufgaben. Die ersten LPG des Typs III (vollgenossenschaftliche Landwirtschaft) wurden vorrangig von solchen ehemaligen Landarbeiterfamilien gebildet, die das gemeinschaftliche Wirtschaften der individuellen bäuerlichen Familienwirtschaft vorzogen, das wird aus LPG-Gründungsakten des Kreises Grimma ersichtlich.

Am 9. Oktober 1948 erreichte »ein telefonischer Anruf der Landesregierung Sachsen« den Kreisrat von Bautzen. Es sollte ermittelt werden, wie der Zuspruch der Bevölkerung zur Bodenreform einzuschätzen sei, insbesondere wurde gefragt, wie viele Versammlungen unter dem Motto »3 Jahre Bodenreform« zum Jahrestag der erfolgten Landverteilung im Kreis stattgefunden hätten. Eine Aktennotiz des Kreisrats Bautzen vom 14. Oktober 1948 hält fest, dass sechs Versammlungen für insgesamt 20 Ortsvereinigungen und 125 Gemeinden einberufen worden seien, und vermerkt: »Besuch gering infolge Kinderlähmung«. Ob es tatsächlich die gefürchtete ansteckende Krankheit war, die die Menschen davon abhielt, zu den Versammlungen zu kommen, oder sich bereits eine gewisse Reserviertheit gegenüber dem politischen Aktionismus der neuen Machthaber breitgemacht hatte, lässt sich aufgrund einer solchen Notiz nicht klären. Vielleicht war genau dies bezweckt. *(vgl. KrA Bautzen, Kreisrat Bautzen, Bestand 509: Bodenreform)*

»Umsiedler«-Neubauern unter besonderer Beobachtung

In den Verlaufsstatistiken zur Bodenreform im Kreis Bautzen, beginnend im Februar 1946, fallen russischsprachige Dokumente bzw. zweisprachige Vordrucke ins Auge. Es sind offensichtlich Übersetzungen der monatlichen Aufstellung über den Fortgang der Bodenaufteilung, über erfolgte bzw. nicht erfolgte Zahlungen der Bodenreformgelder und den Fortgang beim Bau von Neubauerngehöften, die von den Landratsämtern an die Kommandanturen der Sowjetischen Militäradministration (SMAD) weitergereicht wurden; in Bautzen gingen sie »z. Hd. Herrn Major Gutin, Bautzen, Stadtwall«. Besonderes Interesse scheint man von seiten der Militärverwaltung am raschen Fortgang der Verteilung des Bodens an individuelle Bodennehmer (Neubauernfamilien) und deren Festschreibung im Grundbuch sowie an der Kontrolle der nicht unbeträchtlichen Übereignungen an Körperschaften (Land Sachsen, Gemeinden etc.) gehabt zu haben. Die Unumstößlichkeit der Bodenreform war für die Besatzermacht offenbar von zentraler Bedeutung; sie galt als Mittel, die Landbevölkerung für die Ziele der Sozialistischen Einheitspartei Deutschlands (SED) zu gewinnen, denn die Blockparteien Liberaldemokratische Partei (LDP) und Christlich Demokratische Union (CDU), die auf dem Land wie überhaupt in Sachsen erheblichen Einfluss hatten, standen der Bodenreform wie auch der Zuteilung von Land an »Umsiedlerfamilien« zunächst unentschieden, wenn nicht sogar kritisch gegenüber: erstens, weil sie die Enteignungen als unrechtmäßigen Vorgang betrachteten, zweitens, weil mit der Landverteilung an Vertriebene die Option der Rückkehr ins Heimatgebiet kein

Совет уезда Бауцен
отдел земельной реформы

Бауцен 23 октября 1948 года

В/комендатуре района Бауцен.

Касается: земельной реформы/статистики

Ежемесячный отчет за октябрь месяц 1948 г.
по земельной реформе, уезд Бауцен, состояние на 25 октября 1948 г.

1. Количество выданных уркундов:

а/ Индивидуальные владельцы	6 968
б/ Организации	147

2. Отчет насчет записей в грунбухе:
Участковые владения индивидуальных владельцев и организаций:

Валовое измерение:		Окончательное измерение:	
Индивид. влад.	– Организац.	Индивид. влад.	– Организации
7 158	221	7300	150
16 260 га	9 698	16 271 га	9 545

3. Уплата за полученную землю:
Установленный взнос уплаты за землю:

Индивидуальные владельцы 7158		Организации 221
1. срок	498 469.60 н. марок	17 311.93 нем. марок
2. "	498 469.60 " "	17 311.93 " "
3. "	498 469.60 " "	17 311.93 " "
4.-10. "	3 489 287.16 " "	121 189.55 " "
	4 984 695.96 " "	173 119.34 " "

= 5 157 815.30 нем. марок

Уплоченные суммы в сроках:
Индивидуальные владельцы:

1. срок	7232	= 498 952.55 нем. мар.	- 89	= 11 978.00 марок
2. "	7083	= 489 457.65 " "	- 79	= 8 183.76 "
3. "	6186	= 440 054.24 " "	- 56	= 7 742.04 "
4. - 10. "	4211	= 591 563.95 " "	- 35	= 33 072.15 "
		2 020 028.39 н. марок		60 975.95 марок

4. Состояние строительства:
Согласно согласования с отделом новых крестьян, состояние строительства следующее:
а/ 410 начатых жилых зданий
б/ 188 законченных усадьбы
в/ 52 полностью готовые переданные усадьбы
240

По поручению
/ Даушер /

Abb. 55: Monatliche Aufstellung über den Fortgang der Bodenaufteilung für die Kreiskommandantur der SMAD Bautzen, in russischer Sprache, 1948.

politisches Ziel mehr sein konnte. Dass die Gebiete östlich der Oder polnisch bleiben würden und damit unter sowjetischer Kontrolle, galt allerdings schon Anfang 1947 als besiegelt.[29] *(vgl. KrA Bautzen, Bestand 509, Bodenreform)*

Besonderes Augenmerk richteten die Behörden ab April 1948 dann auf negative Folgeerscheinungen der Bodenreform, die sich im Verlassen von Neubauernstellen manifestierten. Bei der regelmäßigen Erfassung dieser Vorgänge wurde auch der statistische Anteil der »Umsiedlerfamilien« erfragt. Als mögliche Gründe für die Aufgabe einer Neubauernstelle wurden die Kategorien »Unfähigkeit«, »Krankheit«, »Aufgabe des Wohnorts«, »Abwanderung bzw. Repatriierung nach Polen«, »fehlendes Kapital«, »Übergabe an Verwandte« benannt. Bis Oktober 1948 hatten aber nur fünf »Umsiedler«-Neubauernfamilien im Kreis Bautzen (von insgesamt 82 Neubauern-Familien) ihre Siedlung aufgegeben und bis Mitte Juli 1949 gab es auch nur drei »Umsiedler«-Neubauernfamilien zu vermelden, die nach Polen zurückgegangen waren. Abwanderung in den Westen wurde nicht direkt erfragt bzw. vermeldet. Möglicherweise sind diese geringen Zahlen ein Zeichen der Integration der »Umsiedler«-Neubauernfamilien im Unterschied zu den »Umsiedlern«, die andere Berufe ausübten bzw. in den Städten wohnten. Denn der »Umsiedleranteil« unter den »Zonenflüchtigen« war nachgewiesenermaßen bis weit in die 1950er Jahre beachtlich.[30] Für die bäuerlichen Familien (Alt- und Neubauern, darunter die »Umsiedler«) wurde die Flucht in den Westen dagegen erst ab 1952, als der Druck zum Beitritt in die LPG verstärkt wurde, zunehmend zur Option. Befunde aus den hier untersuchten Regionen legen das nahe.

Neben den monatlichen Erhebungen zum Fortgang der Bodenreform finden sich jährliche Erhebungen zur Betriebsausstattung der Neubauern, aufgefächert nach den Zuteilungskategorien der Bodenreform: Landlose Bauern, »Umsiedler«, Landarme Bauern, Kleinpächter und Gemeinden. Gefragt wurde nach den Beständen des lebenden und toten Inventars, Maschinen, Geräten, übernommenen Gebäuden (aus den Rittergütern), dem Nachweis der Bautätigkeit, aber auch die Parteizugehörigkeit der Mitglieder der Vereinigung der gegenseitigen Bauernhilfe und die Zahl der handwerklichen Kleinbetriebe, die im Besitz von Bodennehmern waren, wurden vermerkt. Vergleicht man die Zahlen der Jahre 1946 bis 1949, zeichnen sich die »Umsiedlerfamilien« durch kontinuierlich ansteigenden relativ hohen Pferdebestand aus. Die Zahl der Pferde im Besitz der Bodennehmer/Neubauern im ganzen Kreis Bautzen stieg in dieser Zeitspanne beachtlich: von nur 144 Pferden im Jahr 1946 auf 827 Pferde im Jahr 1949. Davon hatten 1946 allein die zahlenmäßig weit unter der Zahl der anderen Bodennehmer liegenden 560 »Umsiedlerbetriebe« im Kreis 99 Pferde (größtenteils aus Schlesien mitgebrachte Tiere sowie in geringerem Maße Zuteilungen aus den Rittergütern) und 1949 dann sogar schon 384 Pferde. Hinzu kommt, dass diese Betriebe auch die meisten der im Kreis anerkannten Zuchtpferde (32 von 44 Tieren) besaßen. Dies kann als Indiz für die landwirtschaftliche Kompetenz der »Umsiedlerbäuerinnen« und »-bauern« gewertet werden, aber auch für ihr rasches Einfinden in die landwirtschaftliche Praxis am fremden Wohnort. Weiter fällt aber auf, dass die »Umsiedlerbetriebe« fast keine Maschinerie hatten, in Abhebung von den unter der Kategorie »landarme Bauern« aufgeführten Bodennehmern. In deren Betrieben

Abb. 56: Familienfoto vor dem Haus im schlesischen Dorf, um 1935. Die beiden Jüngsten wurden nach 1945 hinzugefügt.

befanden sich 1948 die meisten Dreschmaschinen (295 von 388) und Elektromotoren (307 von 498) im Kreis Bautzen. Die VdgB war 1948 ebenfalls schon im Besitz eines Großteils der landwirtschaftlichen Maschinen wie Anhängepflüge, Dreschmaschinen, Garbenbinder, Strohbinder, Elektromotoren, die wohl zum größeren Teil aus den Rittergütern stammten. Die »Umsiedlerbetriebe« waren hingegen außer mit Pferden nur mit landwirtschaftlichen (Klein-)Geräten relativ gut ausgestattet. *(vgl. KrA Bautzen, Kreisrat Bautzen, Bestand 509: Bodenreform)*

Um die Zahl der Milchkühe und Rinder, die 1946 im ganzen Kreis nur (noch) 485 betrug, war es bei allen Bodennehmerkategorien gleichermaßen und anhaltend schlecht bestellt. Es wurde auch nach Eigentum an Werkstätten gefragt, u.a. nach Brennereibetrieben. Neben der Vereinigung der gegenseitigen Bauernhilfe, die 19 von 30 Brennereien (der ehemaligen Rittergüter) in Besitz genommen hatte, waren 1948 neun Brennereien in der Hand von landarmen Bauern, und immerhin sechs gehörten »Umsiedlerfamilien«. Auch dies, angesichts der relativ kleinen Gruppe von »Umsiedler«-Neubauern (560 Betriebe) und ihrer Fremdheit am Ort, ein positiver Befund, der für ihre Kompetenz spricht.

Dass die statistischen Erhebungen nicht nur die technischen Umstände des landwirtschaftlichen Neubeginns nach der Bodenreform erfragten, sondern auch die sozialpolitische Zusammensetzung der Bodenkommissionen und der VdgB, ist angesichts des radikalen Einschnitts, den die Bodenreform für die Dorfgemeinden der SBZ darstellte und deshalb beobachtet werden musste, kaum überraschend. Und doch erstaunt die Schnelligkeit, mit der sich in wenigen Jahren in den Dörfern eine neue Parteienlandschaft gebildet hatte, die sich durch (wenn vielleicht auch nur formale) Diversität auszeichnete. Die 1946 in der SBZ aus Sozialdemokratischer Partei (SPD) und Kommunistischer Partei (KPD) unter Zwang gebildete Einheitspartei SED fand unter den Bodennehmern, die sich in den Bodenkommissionen und der VdgB engagierten, hohen Zuspruch. Aber fast so großen Anteil hatten die Personen, die keiner Partei angehörten. Die Christlich Demokratische Union (CDU) und die Liberaldemokratische Partei (LDP) waren gering vertreten, weil in den Bodenkommissionen die Altbauern, die diesen Parteien vorwiegend angehörten, kaum eine Rolle spielten. Von den 95 Kommissionen im Kreis Bautzen, mit 515 Mitgliedern, gehörten im September 1947 etwa die Hälfte der Mitglieder der SED an (249), der CDU nur 27, der LDP sechs Personen, 233 Personen waren parteilos. Dieser Verteilungsschlüssel traf in etwa auch für die Teilgruppe der »Umsiedler«-Neubauern in diesen Kommissionen zu, sie hoben sich somit von den ortsansässigen Neubauern und Kleinsiedlern in ihrer Parteiorientierung nicht wesentlich ab, außer dass bei ihnen die CDU- und LDP-Zugehörigkeiten etwas überrepräsentiert waren. Auffällig ist aber, wie stark repräsentiert die »Umsiedler«-Neubauern in den Bodenreformkommissionen waren. Sie machten beinahe die Hälfte der Mitglieder aus (248 von 515 Mitgliedern), obwohl sie eine relativ zu den anderen Bodennehmern erheblich kleinere Gruppe darstellten; zusammen besehen ist dies als Zeichen hohen korporativen Zusammenhalts zu deuten.

Von den 248 Personen, die die »Umsiedler« vertraten, gehörten 99 der SED, 18 der CDU, vier der LDP an, 127 Vertreter waren parteilos. Eine vergleichbare Parteienzusammensetzung, aber bei weitem schwächere Teilhabe der »Umsiedler«-Gruppe wurde im selben Jahr (1947) für die Mitgliederzusammensetzung der lokalen VdgB im Kreis Bautzen festgestellt. Hier vertraten nur 215 Personen (von insgesamt 2.008), also etwa zehn Prozent, die »Umsiedler«. Man könnte daraus den Schluss ziehen, dass die »Umsiedler«-Neubauernfamilien einen strikten indivuellen Landwirtschaftskurs verfolgten (großes Interesse an der Aktivität der Bodenkommissionen, weniger Interesse an den Zielen der VdgB, die in gewisser Weise schon Vorläuferorganisationen der LPG war) und dies auch entsprechend, in ihren Mitgliedschaften, darstellen konnten. Die Parteienzugehörigkeit der »Umsiedler«-Gruppe in den damals 90 Verbänden der VdgB im Kreis war aber mit der in den Bodenkommissionen fast identisch (SED: 87, CDU: 6, LDP: 2, parteilos: 120 Personen), lässt also keinen Schluss auf die unterschiedliche Interessenlage der »Umsiedler«-Gruppe hier und dort zu. Tatsache ist, dass für die Zusammensetzung der VdgB andere Verteilungsschlüssel zur Anwendung kamen (neben den Neubauern auch Altbauern, Kleinbauern und andere Dorfbewohner), das zeigt die vergleichbare Aufstellung der Vertreterpersonen in der VdgB für 1948, in der allerdings die »Umsiedler« nicht mehr eigens gezählt, sondern unter Neubauern aufgeführt wurden. Aus der Aufstellung wird ersichtlich, dass in der VdgB neben den Neubauern auch die Altbauern und »Sonstige« (Handwerker, Selbständige) stark vertreten waren und die CDU-Angehörigkeit bei den Altbauern am stärksten ausgeprägt war. In den mittlerweile 125 Verbänden der VdgB im Kreis Bautzen hatte die SED 1948 den höchsten Zuspruch bei den Neubauern (1.024 Personen), die CDU bei den Altbauern (193 Personen) und die LDP bei den »Sonstigen« (72 Personen). *(vgl. KrA Bautzen, Kreisrat Bautzen, Bestand 509: Bodenreform)*

Nur bis 1948 wurden die »Umsiedlerfamilien« in der Bodenreformstatistik gesondert aufgeführt.[31] Ihre Eingliederung und Versorgung mit dem Nötigsten, in den ersten Nachkriegsjahren vor allem wohl aus politischem Interesse angestrebt, schien sich danach erledigt zu haben. Die Kategorie »Umsiedler« hatte sich in den statistischen Erhebungen für die Landgemeinden allerdings nur auf Familien mit landwirtschaftlichen Vollerwerbsbetrieben bezogen. Im Dezember 1947 gab es hierzu eine Rundverfügung, die besagte, dass »in der Spalte ›Umsiedler‹ nur Individualeigentümer aufzuführen (sind), welche aus den Ostgebieten gekommen sind und durch die Bodenreform eine selbständige, lebensfähige Wirtschaft erhielten.« *(vgl. KrA Bautzen, Kreisrat Bautzen, Bestand 509: Bodenreform)*

Konflikte um Wald und Feld

Während die landwirtschaftlichen Betriebe der »Umsiedlerfamilien« in den Statistiken nominell von den anderen Neubauern bald nicht mehr unterschieden wurden und die »Umsiedler« auch in den Gemeinderatsprotokollen als eigene Gruppe im Dorf so gut wie keine Erwähnung fanden, um nicht zu sagen, beschwiegen wurden, lässt sich in der – administrativ getrennt erfolgten – dorfbezogenen Aktenüberlieferung zur Bodenreform einiges Anschauungsmaterial für Konflikte und Auseinandersetzungen ausmachen, wie sie in der zeitgleichen Überlieferung der politischen Gemeinden nicht gegeben sind.[32] In den ersten Jahren nach der Landzuteilung aus den enteigneten Rittergütern überwogen die Konflikte zwischen »Bodennehmern« und den Ortsbodenkommissionen. Es gab auch Neid und Missgunst zwischen »Umsiedlern« und Einheimischen im Dorf, ebenso unter »Umsiedler«-Neubauern, etwa wenn die einen später als die andern im Dorf ankamen und sich übervorteilt sahen. Die meisten Vorgänge betreffen die amtliche Kontrolle der neu geschaffenen Bauernstellen. Sie durften nicht verkauft werden, jeder Erbgang, der als solcher nicht automatisch erfolgen konnte, wurde genauestens überprüft und formell als Ab- und Übergabe von Bodenreformland gehandhabt. Auch die mehr oder weniger sachgemäße Bewirtschaftung gab viel Anlass zum Einschreiten der Kreisbodenkommissionen. Die freiwillige Aufgabe oder erzwungene Abgabe von Neubauernstellen machen die Routine dieser für einige Gemeinden im Altkreis Grimma eingesehenen »Bodenreformunterlagen« aus. Hauptmotiv des Aufgebens von Neubauernstellen waren die Fluchtbewegungen aus der Landwirtschaft, sei es aus Protest gegen die wirtschaftliche Unfreiheit und die hohen Auflagen zur Sollerfüllung in der landwirtschaftlichen Produktion, sei es wegen besserer Verdienstmöglichkeiten in der nahen Industrie. Sie setzten fast unmittelbar nach der Bodenreform ein. Einen politischen Einschnitt stellten die Austritte aus den eben erst gegründeten LPG und die Flucht außer Landes dar, die für den Altkreis Grimma verstärkt in den Jahren 1952 bis 1954 dokumentiert sind. Hier überschneidet sich die Überlieferung der Vorgänge in den Bodenreformunterlagen mit Vorgängen, die in der Dokumentation der LPG aktenkundig wurden.[33] Letztere tangierten alle bäuerlichen Betriebe eines Dorfes, die in die LPG eingetreten waren, auch die der sogenannten Altbauern. Eindrücklich sind hier die Listen der ausgetretenen LPG-Mitglieder mit Vermerk ihrer in die LPG eingebrachten landwirtschaftlichen Flächen, die bei Flucht nun ganz aufgegeben worden waren. Hinter den Namen der jeweiligen nominellen Besitzer steht nur noch das Datum des Austritts aus der LPG sowie als knapper Zusatzvermerk: »Republikflucht« oder »nach dem Westen«. Kollektives dörfliches Handeln wird hier in Ansätzen spürbar. Dagegen finden sich in den Bodenreformunterlagen nur individuelle, auf einzelne Familien bezogene Vorgänge. Die Flucht in den Westen wurde hier entsprechend als Anlass für die Abgabe einer Neubauernstelle vermerkt. Sowohl in den Bodenreformunterlagen wie auch in den LPG-Registrierungen finden sich für den Altkreis Grimma nicht wenige Vorfälle, in denen bäuerliches Besitzrechtsdenken und darauf gegründetes Selbstbewusstsein der Agierenden eine wichtige argumentative Rolle spielen. Diese Haltungen legen es nahe, dass die dörfliche Bevölkerung aus ihrer Lage, auch aufgrund der ständigen Nahrungsmittelknappheit in den Nachkriegsjahren und entsprechender Abhängigkeit der Herrschenden von den bäuerlichen Nahrungsmittelproduzierenden, durchaus Kapital schlagen konnte. *(vgl. KrA LK Leipzig, LPG-Gründungsprotokolle, Nr. 7962; KrA LK Leipzig, Bodenreformunterlagen, Nr. 8305)*

Die im Folgenden dargelegte Geschichte der zwei »Umsiedlerbauern« Joseph B. und Wilhelm R. aus der Gemeinde Großsteinberg wurde aktenkundig, weil einer von ihnen es wagte, sich an höchster Stelle, bei der SMAD in Berlin-Karlshorst, über Benachteiligung zu beschweren. Der Brief selbst ist nicht erhalten. Bezug darauf nimmt eine Anordnung des sächsischen Ministeriums für Landwirtschaft und Forsten an das Landratsamt Grimma. Es ging um Unstimmigkeiten in der Verteilung der Waldanteile

Abb. 57: Werbeplakat für den LPG-Beitritt, um 1960.

bei der Bodenreform. Beide Bauern(familien) fühlten sich von zwei anderen Neubauern-Waldbesitzern betrogen und hatten sich darüber beschwert. »Diese Anordnung der obersten SMA Berlin-Karlshorst ist unverzüglich durchzuführen«, schrieb man aus Dresden nach Grimma. »Mitteilung über Ausführung bis zum 15.2.1947 erwartet.« Die Kreisbodenkommission Grimma reichte die Anordnung an die Ortsbodenkommission von Großsteinberg weiter: »Der Neubauer R. wandte sich beschwerdeführend an die SMA und die LRS [Landesregierung Sachsen, US]. Von dort wird mit Schreiben vom 8.2.1947 die Rückgabe der Parzelle an R. angeordnet.« Die Ortsbodenkommission in Großsteinberg zeigte sich zunächst uneinsichtig. Neun Monate lang passierte nichts. Am Ende nahm sich der SED-Kreisvorstand Grimma der Sache an und schrieb an die Kreisbodenkommission: »Bezugnehmend auf Besprechung und Besichtigung am 12.11.1947 im Streitfall R. und B. gegen N. und N. hat die Besichtigung ergeben, dass kein wirklich stichhaltiger Grund vorhanden ist, der die Umbesetzung der Waldparzellen bedingte. Da bei der Verschiebung einzelner Parzellen die R. und B. gehörigen Parzellen in ihrer Ganzheit erhalten blieben, machte sich eine Umänderung der Besitzer nicht nötig. Die ganze Angelegenheit lässt stark vermuten, dass bestimmte Interessenten hier irgendwie eingegriffen haben. Leider läßt sich dies nicht mit Sicherheit nachweisen. Man versucht nunmehr die Schuld auf den Vermesser abzuschieben. Es wirkt befremdend, wenn eine so wichtige Angelegenheit der Reihenfolge der einzelnen Waldparzellen allein dem Vermesser überlassen bleiben soll. Da aber im allgemeinen die Reihenfolge eingehalten ist und lediglich die Umsiedler-Neubauern R. und B., die ihren Wald pfleglich behandelt haben, gegen N. und N. vertauscht sind (N.'s Wald ist stark gelichtet, ja man kann fast von Kahlschlag reden), erscheint die Angelegenheit nicht als zufälliger Irrtum, sondern als bestellte Arbeit. Unseres Erachtens kann es in diesem Fall nur eine Lösung geben: die ›irrtümliche Eintragung‹ der Waldparzellen R. und B. auf den Namen N. und N. muß geändert werden, weil kein ersichtlicher Grund die Veränderung notwendig machte. Die bisherigen Entscheidungen des Ministeriums für Land und Forstwirtschaft müßten längst durchgeführt sein. Es wird die Umänderung im Grundbuch angeordnet, damit die Angelegenheit endlich zu Gunsten der Neubauern R. und B. gelöst werden kann. Mit sozialistischem Gruß! SED Kreisvorstand Grimma, Abt. Landwirtschaft und Ernährung.« *(vgl. KrA LK Leipzig, Bodenreformunterlagen, Nr. 8299)*

Waldfrevel mit Folgen

Die Geschichte begann damit, dass die »Umsiedler« Joseph B. und Wilhelm R. ins Dorf kamen, als die Bodenreform schon im Gange war. Sie erhielten im Januar bzw. März 1946 ihre Neubauernstellen zugeteilt, bis Mitte Mai hatten sie aber weder Land noch Inventar erhalten. Mit ihnen beschwerten sich sodann noch weitere drei Neubauern, die sich bei der Zuteilung der Landstücke (6 Hektar Land, 2 Hektar Wald) aus dem »Hermann'schen Gut«[34] ebenfalls im Nachteil sahen, weil das Land »3 km von der Unterkunft entfernt« war, aus »minderwertigem Ackerboden« bestand, »über Winter größtenteils unter Wasser stand« und im Unterschied zu den Flächen der anderen Bauern, auf denen »30 dz Getreide auf einen Hektar geerntet wird«, nur 12 Doppelzentner einbringe und es im Ort allgemein bekannt sei, dass dieses Land »weder Weizen noch Gerste noch Rüben« gedeihen lasse und auch Klee darauf überhaupt nicht wachse. Sie baten um Neuzuteilung von Land. In einem weiteren Schreiben berichtete Joseph B., dass er im Herbst 1946 teilweise besseres Ackerland erhalten habe, dafür aber von der Ortsbodenkommission gezwungen worden sei, die (ihm ebenfalls zugeteilte) Waldparzelle gegen die eines anderen Neubauern umzutauschen, die dieser aber kurz vor dem Tausch noch »total abgeholzt« habe. »Aus dem vertauschten Wald hat N. in ca. drei Wochen 78 Bäume gefällt und abgefahren.« Auch beschwerte sich Joseph B. wegen der Verteilung des Inventars (aus dem enteigneten Landgut). »Ich bitte den Landrat, auch bei den Gebäuden anzuordnen, wie verteilt wird, dass jeder weiß, was ihm gehört. Sonst bin ich nicht in der Lage noch einen Winter zu wirtschaften, da jeder durch meinen Stall durchgeht und die Türen niemand zumacht. Im vergangenen Winter musste ich eine Kuh wegen Erkältung notschlachten lassen. Nach der letzten Untersuchung hat der Tierarzt schon festgestellt, dass auch die jetzige Kuh schon wieder etwas tuberkulös ist. [...] Ich besitze die schlechteste Wohnung von der Herrmannschen Gutsverwaltung, habe nur eine Küche und ein Schlafzimmer, die Küche ist nass und feucht, die Wohnung war früher möbliert, wurde aber vor meinem Einzug ausgeräumt, der frühere Bürgermeister H. hat sie [die Möbel] einem Junggesellen geschenkt, der mit der Siedlergemeinschaft nichts zu tun hat. [...] Da die Kartoffeln gemeinschaftlich herausgenommen wurden, hat man mich um viele Zentner betrogen. Es sind etwa 100 Ztr. abhanden gekommen, habe dies dem Wirtschaftsamt Grimma gemeldet. [...] Ich musste meine Saatkartoffeln abliefern wegen Erfüllung des Ablieferungssolls, jetzt muss ich Saat kaufen. [...] Ich bin Umsiedler aus Ostpreußen und dort total bombengeschädigt. Ich habe meine Sachen und mein Vermögen verloren. Hier will ich mir eine neue Heimat errichten, aber von allen Seiten werden mir Schwierigkeiten gemacht. Ich bitte den Herrn Landrat recht höflich, recht bald eine Regelung anzuordnen.« *(vgl. KrA LK Leipzig, Bodenreformunterlagen, Nr. 8299)*

Auch Wilhelm R., der den Brief an die SMAD geschrieben hatte, wurde in der Sache weiter vorstellig und schrieb noch einmal an den Landrat: „Im März 1946 wurde mir als Neubauer und Umsiedler die Waldparzelle 32, bzw. 645 zugewiesen. Anfang November 46 wurde mir jedoch diese Parzelle in eine nahezu wertlose Parzelle meines Erachtens ohne Grund und gegen jegliche rechtliche Grundlage ausgetauscht. Da die mir neu zugewiesene Parzelle wertlos war, habe ich gegen den Tausch Verwahrung eingelegt mit dem Erfolg, dass der Herr Landrat am 28.11.46 sich gegen diesen Austausch aussprach und eine Notwendigkeit nicht für gegeben hielt. Er forderte die Gemeinde[boden]kommission dies zu ändern. Auch das Ministerium mit Schreiben vom 6.2.47 hatte es so angeordnet. Nun habe ich wohl meine Parzelle wieder, bekam aber dafür am 28.2.1947 von der Gegenseitigen Bauernhilfe Großsteinberg ein Schreiben, das mir und noch drei weiteren Neubauern das Schlagen von Holz verbietet unter der Begründung, in den Waldungen wäre wahllos Raubbau betrieben worden. Es wird mir jedes Holzeinschlagen strikt verboten. In gegenteiligen Fall würde ich als Saboteur an der Bodenreform angesehen und der Landesregierung als solcher gemeldet werden. Gegen dieses Verbot erhebe ich Einspruch. Begründung: als mir die umstrittene Parzelle zugewiesen wurde, hatte ich nachweisbar keine Zeit und Gelegenheit, Holz zu schlagen, so dass der Vorwurf eines Raubbaus mich niemals betreffen kann. Außerdem bin ich mir als ehemals schlesischer Bauer dessen bewusst, wie ein Wald zu behandeln ist. Wenn von anderen in den bezeichneten Waldungen willkürlich und unbedacht Holz geschlagen und vielleicht verkauft wurde, kann man mich doch unmöglich dafür verantwortlich machen und mir, nachdem ich mir nun endlich das dringendste notwendige Holz machen muss, dieses unter schwerer Strafandrohung verbieten. Ich bitte daher anzuordnen, dass dieses Verbot unter Hinweis auf die von mir angeführten Tatsachen umgehend aufgehoben wird. In der Hoffnung auf Erfüllung meiner dringenden Bitte zeichne ich Hochachtungsvoll Wilhelm R.« *(vgl. KrA LK Leipzig, Bodenreformunterlagen, Nr. 8299)*

Aus relativ kleinen Konflikten können in archivalischen Akten große Geschichten werden, sofern Beschwerdeführer sich schriftlich äußern können und nicht müde werden, dies zu tun.[35] Die Briefe wurden handschriftlich eingereicht, ohne Datum.[36] Die Schreibenden waren demnach wohl eher ungeübte Schreiber. Es fällt auf, dass der Schriftverkehr der beiden »Umsiedler«-Neubauern Joseph B. und Wilhelm R. sich vor allem auf die Monate beschränkte, in denen das Land nicht bestellt werden musste; bäuerliches Schreiben war Saisonarbeit. Von den Gegnern der beiden »Umsiedlerfamilien« ist allerdings keine Zeile überliefert. Statt Briefe zu schreiben, verließen die sich offenbar auf bessere Beziehungen im Dorf,[37] auf räumlich und gegenständlich vollendete Tatsachen und »die Sprache der Dinge«.[38]

Ausgelöst wurde der Konflikt zunächst durch den Umstand des Zuspätkommens der beiden »Umsiedlerfamilien«. Erschwerend kam wohl hinzu, dass Joseph B. dem Bürgermeister H., ebenfalls Neubauer und Vorsitzender der Ortsbodenkommission, den Vorwurf gemacht hatte, dass dieser sich nicht nur die besten Bodenstücke zuteilte, sondern auch noch seine beiden Töchter mit Land versorgte, was nach den Regeln der Bodenreform nicht zulässig war.[39] Außerdem unterstellte ihm Joseph B., dass er die Wohnungseinrichtung, Bettwäsche usw. der enteigneten Gutsbesitzerfamilie an sich genommen und nicht verteilt hatte. Im Konflikt spielte auch eine Rolle, dass einer der Gegner, Neubauer N., der seinen Wald, bevor er ihn an Wilhelm R. abgab, abgeholzt hatte, wiederum mit Joseph B. den Stall des Gutshofs teilen musste und die Stalltür immer offenließ, so dass die Kuh von Joseph B. sich erkältet hatte und geschlachtet werden musste. Der Vorsitzende der Kreisbodenkommission in Grimma duzte sich mit dem Bürgermeister von Großsteinberg, das wird aus deren Schriftverkehr ersichtlich, beide äußerten sich abfällig über Joseph B., weil dieser nicht nachgab. Joseph B. musste infolge seiner Beschwerde wegen der Waldparzellen dann auch noch hinnehmen, dass der Stall ihm ganz entzogen wurde, und sein Mitnutzer ihn allein nutzen durfte. Auch darüber beschwerte sich Joseph B. in höflicher Form in Grimma. Und bevor er und Wilhelm R. die Waldstücke, die sie während der ganzen Zeit nicht aufgeben wollten, mit vollem Recht wieder zugeteilt bekamen, hatten ihre Gegner auch in diesen Parzellen noch einmal Holz geschlagen. Hinzu kam, dass die Bäuerin N. – sie ist die einzige Person der gegnerischen Seite, die in den Akten auch verbal präsent ist – bei der Kreisbodenkommission in Grimma persönlich darüber Klage geführt hatte, dass Joseph B. aus »ihrer« Parzelle, die wiederum nach Meinung Joseph B.'s die seinige war, Holz geschlagen hatte. Sie hatte durch ihren Auftritt in Grimma erreicht, dass die Sache der Polizei übergeben wurde, obwohl zu der Zeit schon die Anordnung der SMAD aus Karlshorst hätte befolgt werden müssen. Immerhin war der inzwischen abgesetzte Bürgermeister, der als Vorsitzender der Ortsbodenkommission weiterhin tätig war, durch die Anwürfe von Joseph B. gezwungen worden klarzustellen, dass nicht seine Töchter Land zugeteilt bekommen hatten, sondern deren Verlobte und (spätere) Ehemänner bzw. Schwiegersöhne des Bürgermeisters. Die Sache war aber doch so zweifelhaft, dass der Landrat persönlich sich für den Amtsträger einsetzte und an die Landesverwaltung in Dresden Meldung machen musste, an dieselbe Adresse, bei der auch Joseph B. sich beschwert hatte. *(vgl. KrA LK Leipzig, Bodenreformunterlagen, Nr. 8299)*

Mit der Anordnung der SED-Kreisleitung war die Sache aber noch nicht beigelegt. Mitte Dezember 1947 fand in Großsteinberg eine (nach Aktenlage zu der Angelegenheit letzte) Versammlung von Ortsbodenkommission und »Ausschüssen« (VdgB, Gemeinderat) statt. Es wurde einstimmig beschlossen, auf die Streitparteien dahingehend einzuwirken, dass sie die Waldparzellen zusammenlegten und so neu verteilten, dass »die unterschiedliche Qualität« ausgeglichen sei. »Danach wurden die Besitzer zur Besprechung hinzugezogen, und darüber unterrichtet, dass dieser Beschluss rechtsgültig ist. Die zwei Parteien wurden nochmal aufgefordert, die Angelegenheit auf gütlichem Wege zu regeln und das Protokoll zu unterschreiben. N. und N. waren einverstanden, B. und R. blieben stur. Als Bürgermeister kann ich nur beipflichten, dass der Beschluss gut ist, eine gerechtere Lösung kann es nicht geben. Ich bitte Sie, in diesem Sinne den zwei Bauern R. und B. mitzuteilen, dass nun endlich einmal Schluss gemacht wird mit solchen Quertreibern. [Unterz.] Die Ausschussmitglieder.« *(vgl. KrA LK Leipzig, Bodenreformunterlagen, Nr. 8299)*

Mutmaßungen über Integration

Wie die Sache endete, ist nicht dokumentiert. Der Fall findet keine Fortsetzung in den Akten, er ist wohl beigelegt worden. Die Anrufung höchster Beschwerdestellen, in diesem Fall die Sowjetische Militäradministration, scheint für »Umsiedlerfamilien« eine Strategie gewesen zu sein, um sich im Dorf Gehör zu verschaffen. Sie wussten ihren prekären und doch politisch sensiblen, von höchster Stelle aus beobachteten Status zu gewichten und als Joker einzusetzen. Fast könnte man hier von einer Komplizenschaft der Dorffremden mit den staatlichen Organen sprechen und den Staat bzw. die sowjetische Militäradministration als »gerechte Instanz« für die Außenseiter ansehen, falls denn die Sache zu einem gerechten Ende gekommen ist. Für die SED, der ja daran gelegen war, die »Umsiedlerfamilien« in den neuen Staat einzubinden, war die Rechnung aufgegangen. Beide Beschwerdeführer hatten Vertrauen in die staatlichen Instanzen gezeigt und diese um Rechtsfindung angerufen. Allerdings wissen wir nicht, welche anderen Tatsachen in dem Fall noch eine Rolle spielten (SED, Bodenkommission, NKWD bzw. Staatssicherheit auf Kreis- und Landesebene), mit welchen sozialen Kosten vor Ort die Beschwerden eingehandelt wurden und welche Weiterungen der Fall für die betroffenen Familien hatte, gerade weil sie sich nach ganz oben gewandt hatten. Auch wäre zu ergründen, warum die gegnerischen Waldbesitzer überhaupt so niederträchtig handelten und diese nicht vor Gericht gestellt wurden. Die Tatsache, dass Bäuerin N., gewissermaßen die weibliche Hälfte des ehepaarlich geführten landwirtschaftlichen Betriebs N. repräsentierend, als Einzige von der gegnerischen Seite sich in der Sache vor einem Amt äußerte, könnte dafür sprechen, dass in dem Fall innerdörfliche Diskurse auf mehreren Bühnen geführt wurden, zwischen Frauen, Männern, Einheimischen, Zugezogenen. Zu gewichten wäre auch noch, dass Joseph B. sich als »Bombengeschädigter« aus Ostpreußen, als Kriegsopfer, darstellte, während Wilhelm R. seine Ehre als »schlesischer Bauer« in Abrede gestellt sah. Beide Selbstdarstellungen müssen als argumentative Figuren gedeutet werden, die im Konfliktfall von ihren Verwendern für politisch angemessen erachtet wurden, um in den ersten Nachkriegsjahren Wirkung zu erzielen.

Eine andere Art, mit den zugewiesenen Waldparzellen umzugehen, findet sich zeitgleich für eine Gruppe von vier Neubauernfamilien in der Gemeinde Seelingstädt, unweit von Großsteinberg. Sie bildeten nämlich eine Waldgemeinschaft. Vielleicht war diese Gemeinschaftsbildung nur realisierbar, weil alle vier Familien »Umsiedler« waren und vermutlich aus derselben Gegend in Schlesien stammten. Vielleicht waren sie verwandtschaftlich geeint. Ihr Fremdsein im Dorf scheint das Projekt befördert zu haben.

Zwischen Joseph B. und Wilhelm R. und den (vermutlich einheimischen) Neubauern N. und N. konnte sich hingegen kein Vertrauen entwickeln. Für die schlesische Familie R. scheint die Waldgeschichte hinsichtlich ihrer Integration in der Gemeinde Großsteinberg nicht unbedingt gut ausgegangen zu sein. Knapp zwei Jahre nach den Auseinandersetzungen trat Wilhelm R. mit einer formlosen Verzichtserklärung von seiner Neubauernstelle zurück. Er schrieb nun auch keine langen Briefe mehr. *(vgl. KrA LK Leipzig, Bodenreformunterlagen, Nr. 17064; KrA LK Leipzig, Bodenreformunterlagen, Nr. 8299)*

Die Übergabeprozedur in diesem Fall ist nur ein Beispiel für viele solcher Übergaben von Neubauernstellen, wie sie in den Bodenreformunterlagen dargestellt sind. Sie führt vor Augen, welche unterschiedlichen Interessen dabei konvergierten und innerdörfliche Querelen in Gang brachten, obwohl die Kreisbodenkommission Grimma verfügt hatte, dass Neubauernstellen nicht mehr durch Ortsbodenkommissionen vergeben werden durften, ganz offensichtlich eine Reaktion auf früheren Missbrauch bei der Vergabe. Als Nachfolger der Neubauernstelle von Wilhelm R. wurden innerhalb von nur wenigen Tagen drei verschiedene Familien in Folge benannt und von der Kreisbodenkommission oder dem Kreisrat jeweils auch bestätigt. Zunächst sollte die »Umsiedlerfamilie« Martha und Theodor K. zum Zuge kommen. Theodor K. bat »um Zuweisung einer Neubauernstelle wenn möglich des Neubauern R. in Groß Steinberg. Ich bin von Beruf Bauer, Flüchtling aus Schlesien und besitze 1 Pferd, 1 Kuh, Kleinvieh und Geräte. Ich besaß in Schlesien eine Landwirtschaft und bitte daher nochmals um Zuweisung einer Neubauernstelle.« Möglicherweise kannten sich der abgebende »Umsiedler« Wilhelm R. und die sich bewerbende Familie bereits. Von der Kreisbodenkommission Grimma wurde die Eingabe umgehend positiv beantwortet: »Herr Theodor K. mit seiner Ehefrau Martha übernimmt die Neubauernstelle von Herrn Wilhelm R. in Großsteinberg. K. besitzt 2 Pferde [im Schreiben des Bauern war die Rede von 1 Pferd, US], 1 Kuh, 1 Ziege, 3 Gänse, 9 Hühner. Er benötigt dringend zur Fortführung der Neubauernstelle an totem Inventar: 3 Pferdewagen. Es wird gebeten, der Familie K. keine Schwierigkeiten zu bereiten und beim Umzug von Hohenstein-Ernsttal nach Großsteinberg behilflich zu sein.« Doch schon nach einer Woche kam eine neue Mitteilung von der Kreisbodenkommission. Den Zuschlag erhielt jetzt ein Fritz W. aus Machern: »Die VdgB Großsteinberg soll ihm Unterstützung an Futtermitteln leisten. W. ist politisch einwandfrei und Mitglied der SED. Nach seinen Angaben hat er Aussicht ein Pferd von Leipzig zu bekommen.« Ob diese neue Entscheidung mit der guten Beziehung des Vorsitzenden der Kreisbodenkommission zum Ortsvorsitzenden in Großsteinberg zu tun hatte, die Joseph B. und Wilhelm R. zum Nachteil geraten war, ist denkbar. Angesichts der besseren Ausstattung der schlesischen Familie K. mit Tier und Gerät wäre ihr sicherlich die tragfähigere Bewirtschaftung gelungen. Aber Fritz W. war »politisch einwandfrei«. Vielleicht war das entscheidend. Und doch sollte es auch bei dieser Zuweisung nicht bleiben. Noch im April 1949 schickte der Kreisrat einen neuen Bescheid, der die abgegebene Bauernstelle von Wilhelm R. nun einem »Richard F. aus Süptitz, Kr. Torgau« zusprach. »Es wird gebeten, Herrn F. keine Schwierigkeiten bei dem Transport seines Pferdes und beim Umzug zu bereiten. Das Pferd wird unbedingt zur ordnungsgemäßen Bewirtschaftung der Neubauernstelle benötigt. Er muss sofort die Stelle übernehmen, damit die Frühjahrsbestellung begonnen werden kann.« *(vgl. KrA LK Leipzig, Bodenreformunterlagen, Nr. 8299)*

Weggehen oder dableiben

Wohin die Familie R. nach Abgabe ihres Hofs ging, erschließt sich nicht weiter. Von Joseph B., ihrem Verbündeten in der Waldgeschichte, ist in Akten des Jahres 1949 wieder die Rede, erneut erscheint er in der Rolle des Benachteiligten und Briefschreibers. Eine Koppel des ehemaligen Herrmannschen Guts sollte verteilt werden. Laut einer Beschwerde Joseph B.'s beim Kreisrat in Grimma war diese nur an Neubauern, die ohnehin schon guten Boden hatten, gegeben worden. »Die Koppel des Rittergutes soll so aufgeteilt worden sein, daß etwa 2 ha des besten Bodens an Fritz E. zur Anpflanzung von Weidenplantagen vergeben wurden. Der übrige Teil der Koppel ist verlost worden. [...] B. ist der Meinung, dass nicht gerecht verlost wurde. Er hatte Los Nr. 19 gezogen, Tage später erfuhr er, dass die Nr. 19 gar nicht vergeben wurde, und dass ihm Nr. 2 zufällt, was man extra für ihn herausgesucht hatte. Es war nur Ödland. Ein Umackern sei unmöglich. Diese Fläche von 29 a ist ihm in der Anbaufläche angerechnet worden. Es ist schon so weit, daß ihm bald sein Vieh verhungert. B. verlangt, dass Sachverständige kommen und besichtigen.« Von Grimma erging die Anordnung, dass eine Versammlung in Großsteinberg die Sache klären sollte. Der Gemeinderat antwortete unverzüglich, dass »der Häusler Fritz E. kein Land der besten Bodenklasse zur Anpflanzung von Korbweiden erhalten hat. Weiterhin ist die ganze Angelegenheit bereits durch den Ausschuss der VdgB geregelt worden.« Joseph B. wollte daraufhin auf die Zuteilung des Landstücks ganz verzichten, weil er den Nachteil sah, dass dadurch das nach Flächengröße bemessene Ablieferungssoll für landwirtschaftliche Produkte erhöht wurde. Der Verzicht wurde nicht angenommen, »da dieses Flurstück inmitten mehrerer Neubauern liegt und Land aus einer Koppel ist, so daß die VdgB und OBK [Ortsbodenkommission, US] dieses Land nicht anders verteilen kann, deshalb wurde die Verzichtserklärung bereits vernichtet.« Die Kreisbodenkommission Grimma gab den in Großsteinberg, am Wohnort von Joseph B., gefassten und nach Grimma mitgeteilten Beschluss nun wiederum an Joseph B. weiter und forderte ihn auf, selbst nach einem Abnehmer für das Land zu suchen und, wenn dies geschehen sei, erneut eine Verzichtserklärung an die Kreisbodenkommission zu schicken. Ortsbodenkommission, VdgB und die Gemeinde Großsteinberg hatten ihren Entscheid so begründet: »Da die VdgB nicht mehr als 0,5 ha besitzen darf, mussten die 4,6 ha [der Koppel, US] an 17 Neubauern verteilt werden. Diese Aufteilung hat viel Mühe gemacht, weil keiner der 17 Neubauern etwas davon haben wollte, weil es ganz minderwertig ist. Wir mussten sogar einen gewissen Zwang ausüben, um das Land loszuwerden.« Die Gemeinde habe mehrere Eingaben gemacht bei der Kreisbodenkommission, damit dieses Land aus dem Abgabesoll herausgenommen werde, eine Kommission sei zur Besichtigung vor Ort gewesen. Joseph B. müsse sein Landstück behalten. *(vgl. KrA LK Leipzig, Bodenreformunterlagen, Nr. 8299)*

Der Ausgang dieser Sache ist nicht dokumentiert. Erst im Frühjahr 1951 trat Joseph B. wieder auf den (Akten-)Plan. Es ging um die Verteilung von Land, diesmal aus einer verlassenen Neubauernstelle, die aufgelöst werden musste, weil sich kein Nachfolger fand. In einer Mitteilung aus Großsteinberg nach Grimma wurde Joseph B. beschuldigt, zwar das Land an sich genommen, sich dann aber geweigert zu haben, es zu bestellen: »B. führte schon am nächsten Tag Stalldünger auf das ihm neu zugeteilte Land. Einige Tage später, als die Ablieferungsmengen in der Bauernversammlung bekanntgegeben wurden, lehnte B. die weitere Feldbestellung mit der Begründung ab, dass er unmöglich die tierischen Produkte für das ihm neu zugeteilte Land erbringen könne, wenn er gar kein Vieh zusätzlich erhalte.« Der Viehstand des Neubauern betrug: zwei Kühe, eine Färse, drei Schweine, davon eine Sau, zwei Schafe, zehn Hühner. In Gegenwart des Vorsitzenden der VdgB, des Gemeinderats Kurt P., des Vorsitzenden des Volkskontrollausschuss (VKA), der Bürgermeisterin Frl. Maria T. und der Bauern Frau G. und Otto W. »sei er darauf aufmerksam gemacht worden, das Feld sofort zu bestellen. Darauf erwiderte er, dass er kein Saatgut habe und sich das teure Saatgut nicht beschaffen könne. Von seiten der Kommission wurde vorgeschlagen, die Landnehmer des bereits im Herbst bestellten Landes zu veranlassen, das Saatgut zu bezahlen und ihm für die Anschaffung diese Gelder zur Verfügung zu stellen. Auch mit diesem Vorschlag war B. nicht einverstanden.« Bei einem zweiten Treffen habe er sich wieder geweigert. »Bis heute liegen die Dunghaufen auf dem Stoppelfelde und von B. wird die Bearbeitung des Feldes nicht durchgeführt.« Der Kreisrat sollte nun Abhilfe schaffen. Auch hier ist der Ausgang der Sache nicht dokumentiert. Die Namen des ostpreußischen Ehepaars Meta und Joseph B. finden sich allerdings später in den Gründungsakten der LPG »Bundschuh« Großsteinberg vom Oktober 1952 und

April 1954 wieder, d.h. sie waren in der Gemeinde geblieben und hatten sich mit den Gegebenheiten arrangiert. Ebenfalls in die LPG eingetreten waren die ehemaligen Widersacher von Joseph B., die Neubauern Elsa und Max H., abgesetzter Bürgermeister und weiterhin Vorsitzender der Ortsbodenkommission. Er war Mitglied der SED und gehörte zum Führungsstab der Genossenschaft. *(vgl. KrA LK Leipzig, Bodenreformunterlagen, Nr. 8299; KrA LK Leipzig, LPG-Gründungsprotokolle, Nr. 7960; KrA LK Leipzig, LPG-Gründungsprotokolle, Nr. 7962)*

Die Mühen der Bodenreformverwaltung

Die Bodenreformunterlagen spiegeln den enormen Arbeitsaufwand und den damit einhergehenden Verwaltungsapparat wider, den die Enteignung der Rittergüter notgedrungen hervorbrachte. Faktisch entstand mit dieser Praxis ein staatlich beaufsichtiger Landwirtschaftssektor, in dem eigene Erb-, Verkaufs- bzw. Abgabe- und Bewirtschaftungsregeln herrschten; Bodenreformland war unverkäuflich. Jede Milchkuh, jeder Zuchtbulle, jedes zu schlachtende Schwein, sämtliches Landwirtschaftsgerät, das aus einem Rittergut stammte oder anderweitig zugeteilt worden war,[40] war registriert, wurde jeweils in den Neubauernstellen verortet und beschäftigte die Bodenreformverwaltung, sobald sich Probleme ergaben. Durch die Akten der Nachkriegsjahre »geistern« auch die Überreste einer zerstörten Lebensform, kulturhistorische Objekte und Einrichtungsgegenstände aus den Rittergütern: Spiegeltische, Ölgemälde, Klaviere. Sie mussten, wenn sie nicht schon verbotenerweise andere Verwendung gefunden hatten, in das »Amt zum Schutz des Volkseigentums« oder ins Albertinum nach Dresden gebracht, an Kindergärten, Altenheime oder – im Falle von Gebrauchsmöbeln – an »Umsiedlerfamilien« abgegeben werden (Altkreis Grimma). Spuren der Sonderkulturen, die auf den Bodenflächen der Rittergüter gepflegt wurden, sind auszumachen wie z.B. die Plantagen von Maulbeerbäumen in der Gemeinde Nechern (Landkreis Bautzen). Man besprach im Gemeinderat, wie die Blätter – für die Seidenraupenzucht oder für andere Zwecke, das erschließt sich aus der Akte nicht – zu ernten seien. Auch das Problem des Saatgutmangels machte das Fehlen der Rittergüter, die als regionale Saatzuchtbetriebe funktioniert hatten, spürbar. Schlösser, die erhalten bleiben und umgewandelt werden sollten, mussten nun ihrer adligen Symbolik entkleidet, Säulen, die zu herrschaftlich wirkten, entfernt werden. In Gemeinderatssitzungen ging es zuweilen auch nur um ein Storchennest, das sich auf dem Dach einer Rittergutsscheune befand und umgesetzt werden musste, bevor man die Scheune abriss (Landkreis Bautzen).

Eine »hochtragende Milchkuh« aus dem Stall der »Umsiedler«-Neubäuerin Maria S. in Großsteinberg beschäftigte im Februar 1949 die Kreisbodenkommission wie auch die SED-Kreisgeschäftsstelle in Grimma. Maria S.,von Threna nach Großsteinberg gekommen, war »Flüchtling aus Schlesien, [hatte] dort ein Gut von 12 ha gehabt, welches [sie] durch den Hitlerkrieg verloren [hat]«. Ihren Betrieb hatte sie Ende 1947 erworben und wollte ihn nun wieder aufgeben. Der übernehmende Bauer Martin M. hatte bei der Übergabeverhandlung statt der registrierten zwei Kühe nur eine vorgefunden. In einem Brief an die Kreisbodenkommission Grimma legte er am 8.2.1949 sein Anliegen dar: »Bei der Übernahme der Neubauernstelle durch Frau Maria S. wurden zwei Milchkühe übernommen. Durch den damaligen Futtermangel war Frau S. gezwungen, eine Milchkuh (hochtragend) an Herrn Max H.[41], Großsteinberg, gegen ein Schlachtrind, 4 Hühner und Nutzholz einzutauschen. Diese Milchkuh wurde von seiten der Frau S. am 22.12.47 Herrn H. ausgeliefert. Die Gegenleistung ist jedoch bis heute noch nicht erfolgt. Nach der Abgabe der Milchkuh war die Neubäuerin Maria S. nur noch im Besitz einer Milchkuh, dieselbe mußte leider im Dezember 1947 notgeschlachtet werden (wg. Fremdkörper). Als der Unterzeichnete, Herr Martin M., die Neubauernstelle von Frau S. übernommmen hat, war keine Milchkuh vorhanden. Durch die Übernahme wird aber das Rind, welches noch im Besitz des Herrn H. ist, als mir von der Bodenreform übereignet angerechnet. Nach der Futterveranlagung für 1949 wird mir ein Milchsoll auferlegt. Da die veranlagte Milchkuh sich in dem Besitz von Herrn H. befindet, bitte ich höflichst die Kreisbodenkommission, Herrn H. zu veranlassen, daß die Milchkuh, welche zu Unrecht bei Herrn H. steht, umgehend an den derzeitigen Besitzer, Herrn Martin M. zurückgegeben wird.«

Wie später in einer Darlegung von seiten der Gemeinde und Ortsbodenkommission Großsteinberg festgestellt bzw. behauptet wurde, hatte der Neubauer M. ein Schreiben gleichen Wortlauts auch an die SED-Kreisgeschäftsstelle Grimma zugeleitet. So wird vordergründig nachvollziehbar, dass die SED in der Sache aktiv wurde und den Fall schlichtete bzw. entschied und nicht die Kreisbodenkommission selbst, die zunächst nur die Gemeinde um Stellungnahme bat. Über den weiteren Hergang informiert ein Schreiben der Gemeinde Großsteinberg vom 2. März 1949 an die Kreisbodenkommission, in dem das Ergebnis einer Gegenüberstellung zwischen Maria S. und Max H., die bei der SED Kreisgeschäftsstelle in Grimma am 28.2.1949 anberaumt war, dargelegt wird. Bei dem Treffen waren sowohl der Bürgermeister M., ein Vertreter der VdgB als auch der Neubauer Martin M., der um Klärung gebeten hatte, mit anwesend. »Das Ergebnis dieser Verhandlung, die durch den Genossen M. [von der SED Grimma, US] geleitet wurde, war: Neubauer Max H. hat für die von Frau S. erhaltene Kuh (deren Barerlös in voller Höhe an M. ausbezahlt wurde) zwei Fuhren Stroh, 1 Fuhre Spreu, zu 2½ qm Nutzholz und Arbeitsleistung eines Pferdes geleistet. Außerdem hat Max H. vereinbarungsgemäß das aus der Kuh hervorgegangene Kalb im Gewicht von ca. 100 kg ohne Sollbuchung zum Preis von 150 Reichsmark (vor der Währungsreform) zurückgeliefert. Genosse M. stellte als Verhandlungsleiter nach Anhören sämtlicher Zeugen und Argumente fest, daß H. einwandfrei gehandelt hat und die Anwürfe des Neubauern M. zu Unrecht bestehen. Wenn M. nicht über das Fleischsoll aus der von H. gelieferten Schlachtkuh verfügen konnte, dann ist dies auf die Einschaltung der Gemeinde Großsteinberg zurückzuführen. Der Bürgermeister veranlasste nämlich, als er erfuhr, daß dieses Soll nach außerhalb (Sägewerksbesitzer Sch., Nachbargemeinde Grethen) gehen sollte, die Aufteilung an Großsteinberger notleidende Betriebe. Sollten noch weitere Fragen vorhanden sein, bitte direkt an die Kreisgeschäftsstelle SED, Abtlg. Landwirtschaft zu wenden.« Der Inhalt dieser Mitteilung erschließt sich nicht ohne weiteres. Deutlich wird, dass Max H. die Gegenleistung für die über ein Jahr zurückliegende Einstellung einer Kuh offensichtlich erst zum Zeitpunkt der Klärungsversuche des Neubauers M., also im Nachhinein erbracht hatte, dass sein Verhalten von der SED aber dennoch als ordnungsgemäß eingestuft wurde. Ein weiterer kompliziert erscheinender Austauschvorgang mit einem außerhalb der Ortschaft liegenden Adressaten, dem Sägewerk, wird unter Verweis auf eine von der Gemeinde getroffene Hilfeleistung an Notleidende als gelöst dargestellt. Als Informationsinstanz für alle weiteren Fragen wird an die SED verwiesen, d.h. die Partei hatte das Verhalten des Vorsitzenden der Ortsbodenkommission Max H. gutgeheißen. Der Bericht an die Kreisbodenkommission erläuterte nicht, dass in der Zwischenzeit in der Gemeinde Großsteinberg schon längst entschieden war, dass Neubauer Martin M. seine eben erst angetretene Bauernstelle verlassen musste. Darüber informieren die Protokolle einer Ortsausschusssitzung vom 25. Februar sowie einer Sitzung der Ortsbodenkommission am 28. Februar, also an demselben Tag, an dem auch die Versammlung der SED in Grimma stattgefunden hatte, wobei z.T. die identischen Personen anwesend waren (oder gewesen sein sollen). Die Ortsbodenkommission hatte eigenmächtig[42] bereits einen Treuhänder für die Bauernstelle eingesetzt. Die Versammlung in Großsteinberg endete laut Protokoll mit dem gemeinsamen Besuch der Kommission (14 Personen und ein Polizist) beim Neubauern M., um diesen zu der Herausgabe aller Tiere, darunter ein Pferd, zu zwingen, die bei Nachbarbauern eingestellt werden sollten. Neubauer M., der, glaubt man dem ersten Protokoll, an demselben Tag bei der SED in Grimma anwesend war, nun aber offenbar schon wieder in seinem Haus, »verweigerte die Herausgabe des Viehs«, »erklärte sich dann aber bereit, alles herauszugeben, wenn ihm das, was er über den Baukredit hinaus investiert hat, zurückerstattet wird«.

Welche Gründe bei diesem Vorgehen eine Rolle gespielt hatten, wird aus dem Protokoll der Versammlung vom 25. Februar zwar nicht in Gänze verständlich, die ganz eigene Sprache der Bodenreform- und Sollerfüllungsrhetorik, die die Zeitgenossinnen und -genossen von damals offenbar mühelos beherrschten, scheint oft hermetisch. Aber es wird soweit deutlich, dass dem Neubauer M. viele Vorwürfe gemacht wurden, die, und das wäre hier die Frage, ihm vielleicht nicht gemacht worden wären, hätte er nicht die Sache mit der Milchkuh von Frau S. und der Schuld des Max H. angerissen. Erstens hatte Martin M. »in den letzten zwei Jahren in drei Wäldern« große Mengen von Holz geschlagen (46 Stämme), das er bereits zum Sägewerk nach Grethen gefahren hatte; es sollte zum Hausbau verwendet werden. Mit dieser Aneignung eines Bodenreformguts, das ihm für den beabsichtigten Hausbau aber offenbar zustand, hatte der beschuldigte Max H. die noch zu liefernde Milchkuh verrechnen wollen, die SED hatte dem zugestimmt. Zweitens wollte man in Großsteinberg nun auch noch einige Stämme, die vor dem Haus von Neubauer M. herumlagen, abholen und in der Gemeinde verteilen, auch das war in Grimma abgesegnet worden. Drittens, weil befürchtet wurde, dass M. das Pferd, das zu seiner Neubauernstelle gehörte, »verschiebt«, beschloss man, »es sicher zu stellen«. Der Vorsitzende der VdgB erklärte sich bereit, »es bei sich unterzustellen und ordnungsgemäß zu füttern, noch vorhandenes Futter bei M. soll sichergestellt werden.« Viertens ging es um eine Zahlschuld M.'s bei einem anderen Bauern »für die Möhren, die er für M. geliefert hat, 15 Ztr. à 15 Mark«. »M. habe selbst noch Möhren im Boden, um diese im Frühjahr zu verkaufen. Der Ausschuss beschließt, ehe M. die Möhren verkaufen darf, müsse er S. erst geldlich oder in natura befriedigen. Wenn die Bauernstelle in andere Hände übergeht muss M. das bare Geld entrichten.« Aus den geschilderten Vorgängen erhellt sich nicht wirklich, was Sache war. Auch die zeitlichen Angaben gehen durcheinander. Wenn M. seit zwei Jahren Holz schlug, hatte er offensichtlich schon länger eine Neubauernstelle. Den Hof von Maria S., auf dem die Kuh vermisst wurde, hatte er aber erst Ende 1948 übernommen; möglicherweise war er Mitarbeiter von Frau S. gewesen. Es ging dann auch noch um einen Baukredit, den M. erhöhen wollte, um seine eigenen Vorlagen daraus zurückzuerhalten. Der Ausschuss beschloss, »dass aus der Summe erst alle Handwerker bezahlt werden müssen und erst, wenn die Neubauernstelle fertig gebaut ist, werden die von M. verauslagten Baurechnungen zurückerstattet.« *(vgl. KrA LK Leipzig, Bodenreformunterlagen, Nr. 8299)*

Das verschwundene Pferd

Martin M. verzichtete am 20. Mai 1949 auf seine Bauernstelle; im Grundbucheintrag ist der Passus »verzichtete freiwillig« durchgestrichen. M. zog von der Gemeinde weg nach Mecklenburg, wo ihn Briefe der Kreisbodenkommision Grimma weiter mit Unklarheiten der Übergabe an seinen Nachfolger behelligten, weil dieser, ohne Rücksprache mit der Kreisbodenkommission, die gesamten Schulden M.'s übernommen hatte, auf denen er nun sitzenblieb. Es folgten weitere Bewerber. Zuweilen erwähnten sie in ihren Schreiben immer noch, dass sie »nicht Mitglied der N.S.D.A.P. gewesen« seien. Es gab auch Fälle von im Nachhinein (durch Mitbewerber?) bekannt gewordenen Mitgliedschaften in NS-Organisationen, denen die Kreisbodenkommission nachgehen musste, wenn auch widerwillig, denn ihr Interesse war es, die vakanten Neubauernstellen möglichst schnell wieder zu besetzen.[43] Einer der Zwischenbesitzer der aufgegebenen Neubauernstelle von Martin M. war der »Umsiedler« Franz W. aus Suggorat (Sudetenland), in Leipzig als Fuhrunternehmer tätig. Er wurde von der Kreisbodenkommission Grimma zwar »als Landwirt« vorgeschlagen und machte der VdgB Großsteinberg »einen guten persönlichen Eindruck, konnte allerdings seine landwirtschaftlichen Fähigkeiten nicht ausweisen«. Wie sich später herausstellte, hatte er »ohne unser Wissen das Pferd gegen eine Muttersau eingetauscht und diese wegen des bestehenden Futtermangels nach Leipzig geholt«, erklärte die VdgB im November 1949. Nun war das Pferd, das dem Neubauer M. streitig gemacht worden war, also doch noch abhanden gekommen, wenn auch nicht durch M., wie man in Großsteinberg befürchtet hatte, sondern durch die Eigenmächtigkeit seines Nachfolgers. Mit »Tauschvorgängen« dieser Art, bei denen oft nicht nachvollziehbar war, ob es sich um Veruntreuungen von Bodenreformgut handelte oder um tatsächlich notwendige Umsetzungen, wurden die Bodenreformkommissionen herausgefordert, um nicht zu sagen provoziert. Auch nicht angemeldete Schlachtungen, sogenanntes Schwarzschlachten, haben die Bodenreformverwaltung immer wieder beschäftigt. *(vgl. KrA LK Leipzig, Bodenreformunterlagen, Nr. 8299)*

In der Regel wurden bei der Übergabe von Neubauernstellen das Inventar und die Produktvorgaben aufgelistet. Deren Komplexität lässt an mittelalterliche Urbare denken, in denen die Abgaben der Lehnsleute einst schriftlich niedergelegt wurden. Im Falle der Neubauernstelle M. mit ihren laufend wechselnden Besitzerfamilien waren das, nachdem das Pferd und das dafür eingetauschte Schwein schon nicht mehr mitzählte: »Lebendes Inventar: 1 Zugochse, 2 Kalben, 1 Schwein ca. 50 kg, 1 Jungziege, 1 Huhn. An Gerät: 1 Ackerpflug, 1 Kultivator, 1 Kartoffelroder und 1 Wagen. – Getreide ist 100%ig erfüllt, Ölfrucht zu 50 %, fehlen noch 20 kg. [An] Kartoffeln fehlt das gesamte Soll 30 dz. [An] Gemüse fehlen noch 24 dz. Kartoffeln sind 55 a angebaut worden. B. [der abgebende Neubauer, US] erklärt, dass er nur 6–8 Ztr. geerntet hat, bestätigt durch Herrn F., VdgB, weil der Vorbesitzer wahrscheinlich nur alle paar Meter eine Kartoffel gelegt hat. Fleischsoll 100 % erfüllt. Milchsoll noch 255 kg offen, ebenso 163 Eier. Sollverpflichtung bleibt bestehen, evtl. Hilfe aus dem Naturalhilfsfonds.« Bei der Übergabe einer Neubauernstelle die Inkompetenz des Vorbesitzers anzuprangern – hier wegen des (zu spärlichen) Auslegens der Saatkartoffeln – scheint eine Methode gewesen zu sein, gegenüber den Bodenreformkommissionen auf örtlicher wie auf Kreisebene eine bessere Ausgangsposition für die Ablieferungsquoten zu erreichen. *(vgl. KrA LK Leipzig, Bodenreformunterlagen, Nr. 8299)*

Aus diesen und vielen vergleichbaren Fällen, an denen die Kreisbodenkommissionen sich abarbeiten mussten, werden die Konsequenzen einer staatlich beaufsichtigten Landwirtschaft, wie sie auf dem Bodenreformland praktiziert wurde, überdeutlich. Abgesehen von den komplizierten Verrechnungsvorgängen und Sollvorgaben, die wegen der Nahrungsmittelknappheit der Nachkriegsjahre für alle bäuerlichen Betriebe galten und in vielem an die Kriegsagrarwirtschaft der nationalsozialistischen Herrschaft anschlossen,[44] bedurfte es von seiten der beaufsichtigenden Kommissionen für die Neubauernstellen noch eines besonderen Maßes an fachlicher Kompetenz, an Kontrollmitteln und -praktiken, um dem Chaos bzw. den Paradoxien einer nominell privaten, d.h. familienwirtschaftlich und doch irgendwie auch staatlich geführten Landwirtschaft Genüge zu tun. Die Ortsbodenkommissionen, die VdgB und auch die Bürgermeister und Bürgermeisterinnen[45] erscheinen in den überlieferten Dokumenten als Instanzen, die (fast) nichts anderes zu tun hatten, als permanent die Augen im Dorf offenzuhalten, in den Ställen der Nachbarn nach illegalen Umtrieben (z.B. Schwarzschlachten) zu schauen, Kartoffelmieten zu kontrollieren, Anbaupläne zu besprechen und beispielsweise auch dafür zu sorgen, dass »die Sauen gedeckt«[46] wurden, mithin eine umfassende Verhaltensaufsicht und Bevormundung der bäuerlichen Wirtschaften zu betreiben, deren Alltagsgeschäft Bäuerin und Bauer, sollte man meinen, ganz gut allein beherrschten. Insbesondere für diejenigen »Umsiedler«-Neubauernfamilien, die schon in ihren Heimatorten selbständig gewirtschaftet hatten, war dies eine Zumutung. Das lokale Aufsichtsgeschehen über die Wirtschaftsaktivitäten stellte aber auch ein politisches Feld der Kontrolle und Einflussnahme dar. Es verdichtete den Blick von oben ins Dorf. Die Verpflichtung zur Weitergabe von Informationen ermöglichte sicherlich manchem/mancher Funktionsträger/in im Dorf, diese Informationskompetenz auszunützen, sich Vorteile zu verschaffen und selbst Einfluss zu nehmen.

Die komplizierten Austauschmodalitäten von Wirtschaftsleistungen, wie sie im Fall der Neubauernstelle von Maria S. erkennbar werden – wer versteht schon, dass

»ein Schlachtrind, vier Hühner und Nutzholz« die Gegengabe zu einer tragenden Milchkuh sein konnten, dass die nachträgliche Bezahlung einer Kuh, zusätzlich mit »zwei Fuhren Stroh, einer Fuhre Spreu, zu 2½ qm Nutzholz und Arbeitsleistung eines Pferdes« abgegolten, Gerechtigkeit wieder herstellte oder dass das Schlagen von 46 Holzstämmen als Äquivalent zur Kuh plus Kalb gelten konnte usw. –, müssen den Administratoren einiges an Kompetenz abverlangt haben. Die Bodenreformverwaltung wurde so gewissermaßen zu einem landwirtschaftlichen Bildungswerk für SED-Funktionäre und -Funktionärinnen. Wer waren diese Personen? Befanden sich unter ihnen, was durchaus Sinn gemacht hätte, auch ehemalige Gutsinspektoren und Buchhalterinnen der Rittergüter? Die Dynamik, die sich aus der immer häufiger geschehenen Umbesetzung von Neubauernstellen ergab, nachvollziehbar anhand der Dokumente bis Anfang der 1950er Jahre, mag manche dieser Verwalterpersonen auch unabhängig von der bald einsetzenden ideologischen Ausrichtung der DDR-Landwirtschaftspolitik hin zur genossenschaftlichen Landwirtschaft auf die Idee gebracht haben, dass es sinnvoller wäre, wenn das Land vor Ort in relativer Autonomie bewirtschaftet werden würde. Und es wird umgekehrt aus der Perspektive der Dörfer auch vorstellbar, dass um 1952 die LPG für viele zur annehmbaren Option werden konnte, weil damit wieder mehr Ruhe ins Dorf einkehren sollte. Schon Mitte 1951 gab es eine neue Regelung für die Abgabe von Neubauernstellen: »Bodenreformland kann in Zukunft nur bis zum 10.6. mit voller Ernte abgegeben werden«, damit wurde die Arbeit der Bodenkommissionen insofern erleichtert, als die Bewertungssituation für alle Beteiligten auf einen einheitlichen Zeitpunkt festgelegt wurde. *(vgl. KrA Bautzen, Bestand Nechern, Nr. 175/3)*

Otto Grotewohl und die Hackfruchternte

Abgesehen von den Neubauern-Familienbetrieben, die unter besonderer Kontrolle der Bodenreformverwaltung standen, lebten und arbeiteten in den untersuchten Dörfern die sogenannten Altbäuerinnen und -bauern. Sie bildeten die bäuerliche Elite. Ihre Betriebe, meist größeren Zuschnitts als die der Neubauern, standen ebenso unter dem Diktat von Sollerfüllung und Ablieferungspflicht für ihre Produkte. Nur was über die (in der Regel als zu hoch empfundenen) Ablieferungsmengen hinausging, die »freien Spitzen«, durften sie selbst vermarkten. In den Gemeinderatsprotokollen der untersuchten Dörfer der Oberlausitz macht die wirtschaftliche Praxis der staatlichen Marktkontrolle den größeren Teil des lokalen Verwaltungshandelns aus. Vermittelt wurde sie zuweilen auch über emotionale an das staatsbürgerliche Engagement jedes Einzelnen appellierende Einlassungen, deren rhetorisches Material sicherlich nicht jeder Bürgermeisterin oder jedem Bürgermeister geläufig war, sondern in Schulungen und Lehrgängen angeeignet werden musste. So wurden politische Tagesereignisse, die mit der Landwirtschaft nicht unbedingt etwas zu tun hatten, auf die lokale Ebene »übersetzt«, indem sie den Versammelten zum Anlass für freiwillige Unterstützungsbekundungen gemacht wurden, in Form von Mehrleistung beim landwirtschaftlichen Produzieren. »Die Gemeindevertretung und der Gemeinderat der Gemeinde Nechern begrüßt den Volkskammerappell und verpflichtet sich alles einzusetzen und sich zu bemühen den Appell so zu fördern, dass dieser in kürzester Zeit realisiert werden kann. Unsere Verbundenheit mit unserer Regierung und der von unserem Ministerpräsidenten O. Grotewohl vorgetragenen Regierungserklärung wollen wir besonders dadurch zum Ausdruck bringen, dass unsere Bauernschaft sich verpflichtet die Hackfruchternte und Winteraussaat so schnell als möglich abzuschließen.« In einer Resolution vom Februar 1950 ging es u.a. um die Anerkennung der Oder-Neiße-Grenze: »Die Gemeindevertretung steht geschlossen hinter der Regierungserklärung der Deutschen Demokratischen Republik, Freundschaft mit der Sowjet-Union, sowie zur Erfüllung des Volkswirtschaftsplanes 1950. Es ist uns bewußt, daß nur durch die Erfüllung des Planes unser Lebensstandart [sic] gehoben werden kann. Wir verpflichten uns deshalb, in unserer Gemeinde alles zu tun, damit der Plan erfüllt wird. Die Oder-Neiße-Grenze als Friedensgrenze wird anerkannt.« Auf einer öffentlichen Gemeindevertretersitzung in Verbindung mit einer Einwohnerversammlung in »Beckers Gasthof« in Wurschen wurde im März 1950 über das »Staatssicherheitsgesetz« sowie über das Problem gesprochen, wie »die Friedenshektarerträge« erreicht werden können: »Das Gesetz der Staatssicherheit hat die Aufgabe alle Elemente welche die Aufwärtsentwicklung der DDR hindern wollen zu bestrafen. Es ist die Angelegenheit aller dem Staate solche Elemente zur Anzeige zu bringen. Bunt- und Schrottmetallsammlung erfolgt in nächster Zeit. Desweiteren weist der Referent auf die Demontagen im Westen (Watenstedt – Salzgitter). Das kapitalistische System im Westen wird angeprangert. Zur Wahl im Herbst wird ausgeführt, daß die Wahl um die Einheit Deutschlands und Abzug aller Besatzungstruppen gehen wird. [...] Es hat sich jeder selbst Gedanken zu machen, wie die Friedenshektarerträge zu erreichen sind. [...] Als weiteres werden Steigerungsbeträge für Feldfrüchte und Viehbestand aus der Zeitung vorgelesen. Die Kunstdüngermenge ist [...] fast um 100 % höher als im Vorjahre. Als großes Ziel steht bevor die Abschaffung des Kartensystems.« *(vgl. KrA Bautzen, Bestand Nechern, Nr. 175/1; KrA Bautzen, Bestand Nechern, Nr. 175/3)*

Beim Verfassen der Gemeinderatssitzungsprotokolle wurde scheinbar mühelos das neue Vokabular der Marktkontrolle benutzt, Begriffe wie »Erfassung« (der Anbaufläche und entsprechenden Produktmengen), »Differenzierung« (Berücksichtigung der Bodengüte bei der Festlegung der Ablieferungsmengen) , »Sollablieferung in Schwein«, »Ferkel-Lenkung« (Problem der Umverteilung an nicht züchtende Betriebe) oder »Sollrückstände in Kartoffeln«. Sie folgten offensichtlich – wie übrigens auch bei anderen Themen zu Schule, Kultur, Dorfverschönerung – einer politischen Programmatik für den ländlichen Raum. Es wurden »Dorfwirtschaftspläne« öffentlich vorgestellt. Für das Jahr 1951 war in der Gemeinde Cannewitz vorgesehen, dass zweimal im Jahr »Stallbegehungen« durch die VdgB stattfanden, außerdem sollten »ein Druschplatz in Cannewitz und zwei Druschplätze in Belgern, einer im ehemaligen Gutshof, der andere an der großen Feldscheune«, errichtet werden. Geplant war auch, dass »Flurbegehungen gemeinsam mit Werktätigen aus der Stadt veranstaltet werden, um die Brücke zwischen Stadt und Land zu festigen«, sowie der Bau von »zwei Stallungen für 2 Neubauernfamilien«. Am Ende des Jahres 1951 gab »Kollege B.« in der Gemeinde Nechern/Wurschen »zur Freude aller bekannt, dass unsere

Gemeinde mit die beste in der Sollablieferung Schweinefleisch ist. Wir stehen jetzt bei Schwein mit 99 % und bei Rind mit 96 %, in Eiern mit 98 % und bei Ölsaaten mit 101 %. Er appelliert an alle Landwirte Stroh zu verkaufen oder zu spenden.« Nur der Bürgermeister merkte, laut Protokoll, kritisch an: »Wenig Beachtung wurde der sehr wichtigen Flurbegehung, dem Viehhalteplan, den bäuerlichen Vorträgen u.a.m. geschenkt, das muss in Zukunft unbedingt besser werden.« Auch Anfang März 1952 wurde »Kritik geübt, dass die Gemeinde Nechern mit Ortsteil Wurschen in der quartalsmäßigen Sollabgabe stark hängt. Die Betriebe werden einzeln durchgegangen und die Säumigen angesprochen. Auf den Ernst der Lage weist Kollege B. besonders hin. Die Neubauern beklagen sich darüber, dass für die Schweinemast zu wenig Futtermittel zur Verfügung gestellt werden (Kleie, Kraftfutter usw.). Die Ursache der schlechten Sollablieferung in Schwein ist in der schlechten Kartoffelernte 1951 zu suchen. Eine Kommission aus der Gemeinde wird am 9.3. die Schweinebestände nochmals sichten.« Im Juni 1952 ordnete der Bürgermeister eine Flurbegehung zur Kontrolle der Anbauflächen an, Treffpunkt war um halb neun Uhr am Gasthaus Kubsch in Wurschen. Bei der hierzu anberaumten öffentlichen Gemeindevertretersitzung ging es außerdem noch um Fangprämien für Kartoffelkäfer, es gab eine »Aussprache über die Totalbehandlung« derselben, auch wurde mitgeteilt, dass im »Wettbewerb um die Ablieferung Schwein und in Milch mit der Nachbargemeinde Cannewitz« es für die Gemeinde Nechern nicht gut stand, nämlich »2:6 für Gemeinde Cannewitz«. In der Gemeinde Drehsa war für den 13. Juli 1952 die Körung[47] von Bullen, Ebern und Ziegenböcken geplant, ebenso eine Flurbegehung für den kommenden Sonntag. *(vgl. KrA Bautzen, Bestand Cannewitz, Nr. 107/1; KrA Bautzen, Bestand Nechern, Nr. 175/3)*

Wo und wie das Dorf sich versammelt

Aus den Protokollen der dörflichen Gemeindevertretersitzungen ist schwerlich herauszulesen, wie die verwalterische Praxis der in beiden Richtungen agierenden und vermittelnden Amtspersonen aussah. Sie waren weisungsgebunden von seiten des Kreisrats und mussten gegebenenfalls auch nicht zustimmungsfähige Richtlinien ans Dorf weitergeben. Umgekehrt waren sie Teil der dörflichen Gemeinde und deshalb wohl auch bemüht, deren Zustimmung zu erhalten. Die Worthülsen der Offizialsprache gaben ihnen Sicherheit, zumindest was die Verfassung der Protokolle anbelangt, die ja in erster Linie für den Kreisrat geschrieben wurden. Und doch lässt manche Textstelle auf eine gewisse Überzeugungsnot bzw. auf die Bemühung schließen, es dem einheimischen Publikum recht machen zu wollen. Schon die Tatsache, dass die meisten Termine im Wirtshaus veranstaltet wurden, machte dies nötig. Das kleine Detail, dass Ministerpräsident Otto Grotewohl, der, als gemäßigt geltende Politiker, zum Adressaten für die Sollerfüllung bei der Hackfruchternte erkoren wurde und nicht etwa Walter Ulbricht, Generalsekretär der SED, spricht für die Umsicht der Amtsträger. Es wurden »kundenfreundliche Angebote« gemacht, z.B. im Juli 1951 in der Gemeinde Nechern mit der Anordnung, dass »Druschgemeinschaften« gebildet werden sollten unter Zusicherung, dass bei »Landwirten ohne Scheune vordringlich gedroschen wird«.[48] Die Frustration der als »Intermediäre der großen Politik« eingesetzten Amtspersonen wird spürbar, wenn es in der Feststellung zum Tagesordnungspunkt 3, »Warum muss der Versammlungsbesuch und die gesellschaftliche Mitarbeit besser werden?«, heißt: »Kollege B. bemängelt schlechten Besuch der Bauern- und Einwohnerversammlungen. Der Grund hierfür liegt zum Teil daran, dass unsere Einwohner von seiten der Gemeindeverwaltung verwöhnt worden sind. Es wird zu viel ins Haus getragen und zu viel an die Anschlagtafeln gebracht. In Zukunft werden Bekanntgaben nur noch in Einwohner- und Bauernversammlungen veröffentlicht. Ferner werden die Versammlungen abwechselnd einmal in Nechern und einmal in Wurschen abgehalten.« An dem »verwöhnten« Dorfvolk biss sich die Partei offenbar manchen Zahn aus. Denn abgesehen von ihrer gesellschaftlich wichtigen Funktion als Nahrungsmittelproduzenten verfügten Bäuerinnen und Bauern mit ihrem Fokus auf Natur und Landbesitz über »räumliche« Souveränität, die auch (und vielleicht gerade) in Zeiten von Diktatur bzw. Nicht-Pluralität der politischen Verhältnisse von Vorteil sein konnte. Landbesitz konnte auch im politischen Sinn eine Existenzgrundlage sein. Seine räumliche Gegebenheit – in nahebei liegenden autonomen häuslichen Zentren der Besitzenden – erlaubte kommunikative Durchlässigkeit und relative Abschottung zugleich. Durch Landbesitz und Wohnrecht im Dorf garantierter sozialer Status konnte eben auch das Privileg beinhalten, dass man die Informationen vom Gemeindediener ins Haus gebracht bekam und sie nicht auf einer Versammlung einholen musste.[49] Für eine auf die Industriearbeiterschaft ausgerichtete Partei wie die SED war diese »versammlungsfeindliche« Haltung des (groß-)bäuerlichen Dorfs eine Herausforderung. Hochzeiten, Beerdigungen, Gottesdienste oder der Stammtisch waren akzeptierte Gesellungsformen, dagegen mied man die politische Gemeindeversammlung. *(vgl. KrA Bautzen, Bestand Nechern, Nr. 175/3)*

Es spricht für die psychologische, am dörflichen Habitus geschulte operative Arbeit der SED bzw. der Verantwortlichen auf Kreisebene in Bautzen, wenn diese im November 1950 anordneten, dass in der Gemeinde Storcha[50] gegen diejenigen bäuerlichen Betriebe, die ihr Ablieferungssoll nicht erfüllten, eine ganz besondere Strategie gefahren werden sollte. Auch hier waren Versammlungen, bei denen Einwohner unter Druck gesetzt wurden, ohne Erfolg geblieben. Zudem stand der Bürgermeister im Verdacht, dass er den »Großbauern« dabei half, ihre landwirtschaftlichen Nutzflächen kleiner anzugeben, nämlich unter die für geringere Ablieferungsquoten relevante Größe von 20 Hektar, indem Verpachtungen vorgetäuscht wurden. Auch wurde er beschuldigt, die mit ihm befreundeten Betriebsinhaber bei der »Obstschätzung« zu bevorzugen. Die Verbesserungsstrategie aus Bautzen setzte nun da an, wo die Versammlungsfreude der Dorfbewohnerinnen und -bewohner nicht geschmälert war, nämlich am sonntäglichen Kirchenbesuch. Im Protokoll der Sitzung des Kreisrats Bautzen vom 11. November 1950 heißt es: »Eine Tafel in Storcha soll angebracht werden früh um 7 Uhr am Sonntag, in [sic] der die rückständigen Sollerfüller der Gemeinde angeprangert werden sollen. Die Tafel ist möglichst vor der Kirche auf Gemeindeland aufzustellen. Ein Volkspolizist soll dafür sorgen, dass die Tafel nicht entfernt wird.« Die Partei wollte ihre Bürgerinnen und Bürger also da »abholen«, wo diese aus eigener Motivation ohnehin zugegen waren. Ob dieses um »Anschlussfähigkeit«

bemühte Verfahren Erfolg hatte, ist anhand der Dokumentation nicht festzustellen. Die Überzeugung, dass es funktionieren könnte, muss auf der Annahme beruht haben, dass das bäuerliche Dorf sich beim sonntäglichen Kirchenbesuch gegenseitig mustert und misst, ganz konkret auch, vor allem die Bäuerinnen, an der Kleidung, dem neuen Hut etc. Der Gottesdienst war eine in Ehre und gegenseitiger Ehrerbietung verbrachte Zeit. Angeprangert zu werden durch eine Tafel, auf der der eigene Name mit Sollrückständen vermerkt war, »entheiligte« diese repräsentative Situation. Vielleicht hob die Bautzener Strategie aber auch nur auf die Psychologie des Wettbewerbs, die Konkurrenz unter den Höfen ab und war gerade deshalb eher kontraproduktiv. Statt den Wetteifer anzuspornen, beförderte sie möglicherweise gerade die Solidarisierung mit den »Rückständigen«. Aus dem Vorfall lässt sich aber mit Sicherheit folgern, dass man in Bautzen die Kirche für einen so relevanten gesellschaftlichen Ort hielt, dass er für die Aktion geeignet schien. *(vgl. KrA Bautzen, Rat des Kreises Bautzen, SGB 3, Teilbest. Ratssitzungen 1950)*

Wie wichtig die Kirche als Versammlungsort (noch) war, zeigt sich an einer fast zeitgleich zum Vorfall in Storcha ablaufenden Petition von Dorfbewohnern der Gemeinde Cannewitz. Sie reagierten damit auf die Zuordnung ihrer Gemeinde zu einem neuen Standesamt in Baruth. Die Vorsitzenden von CDU, DBD, VdgB, FDJ und »Nationaler Front«, des »Blockausschusses Cannewitz«, baten um Beibehaltung des alten Standesamts in Gröditz und argumentierten: »Die Gemeinden Drehsa, Nechern, Cannewitz und Rackel gehören zum Kirchspiel Gröditz, welche auch das gleiche Standesamt haben. Hier liegt nun auch die Zentrale für alle Angelegenheit sei es bei Hochzeiten oder Begräbnissen. Wenn nun die Gemeinde, sowie auch die Nachbargemeinden nach Baruth gehen müssten, so ist dies ein besonderer weiter Weg zurückzulegen, als nach Gröditz. Für die älteren Leute ist dies besonders sehr schwer, denn da lag schon das Standesamt Gröditz in bester Lage, wo die meisten auch einen kürzeren Weg zurückzulegen haben. Im Interesse der Gemeinde wird hiermit der Kreisrat gebeten, darüber die Entschließung zu geben, dass das Standesamt Gröditz in bisher gegebener Stelle verbleibt, da wie schon angegeben, dies für alle Bewohner dieser Gegend am besten in der zentralen Lage liegt. Der Blockausschuss der Gemeinde Cannewitz b. Gr.« Die Argumentation war deutlich: das Standesamt musste in der Nähe der gemeinsamen Kirche bleiben, weil für die Betroffenen jede standesamtliche Angelegenheit auch eine kirchliche war. *(vgl. KrA Bautzen, Bestand Cannewitz, Nr. 107/1)*

Kirchliche Themen sind in den erhobenen Aktenbeständen nur vereinzelt anzutreffen. So war die »verbrecherische Tätigkeit« der »Jungen Gemeinde Jugendorganisation der Evangelischen Kirche, US]« im April 1953 Gegenstand einer Debatte im Kreisrat Bautzen, weil »die Geistlichen die Jugend bewusst von der gesamten politischen Tätigkeit fernhalten«. Im Juli 1953, wenige Tage nach dem 17. Juni, wurde im Kreisrat Bautzen darüber gesprochen, dass »die Zusage unseres Ministerpräsidenten eine sehr starke Diskussion ausgelöst [hat], dass für den evangelischen Kirchenkongress in Hamburg 10.000 Interzonenpässe ausgestellt werden sollen«; offensichtlich wurde dies als übereiltes Zugeständnis an die oppositionelle Bewegung im Land gesehen. Bei einer Sitzung der Gemeindevertreter in Nechern am 21. Dezember 1953 – dieser vorweihnachtliche Tag war in vorhergehenden Jahren Anlass für (verordnete) Feiern

Abb. 58: Kindergartengruppe in der Oberlausitz, Anfang der 1950er Jahre.

Abb. 59: »Umsiedlerkinder« auf dem Rittergutshof Seelingstädt, um 1950.

zu Stalins Geburtstag gewesen, nun, im Jahr des politischen Umbruchs nach Stalins Tod wurde dies offenbar vermieden – äußerte sich der Bürgermeister spitzfindig gegen »Raubbau im Wald«, es solle »kein Frevel an den jungen Baumbeständen durch unbefugtes und planloses Absägen von ›Christbäumen‹ begangen werden«. Im März 1954, es ging um freiwillige Arbeitsdienste in der Gemeinde Nechern, sogenannte Subbotniks[51], wurden diese nicht nur für Samstag, sondern auch für »Sonntagmorgen ab 8 Uhr« angeordnet, wohl mit Blick auf den zeitgleich abgehaltenen Gottesdienst. Dass die Dokumente dennoch einem durch die religiöse Orientierung der Bevölkerung möglicherweise virulenten Kulturkampf im Dorf[52] wenig Platz einräumen, fast möchte man meinen in der Absicht, ihn nicht unnötig aufzubauschen, scheint naheliegend. Religiösen Haltungen war schlecht beizukommen, bestenfalls würden sie sich durch die Generationenabfolge von selbst erledigen. Wie an der Geschichte des »Kirchenprangers« aber erkennbar wird, glaubte die Kreisverwaltung diese Haltungen für gewisse Zwecke auch instrumentalisieren zu können.

Politische Wahl – Gras oder Leinsaat

Die Dokumente geben mehr Aufschluss darüber – und hierdurch wird dies auch als politisch beabsichtigte Linie erkennbar – wie in den Nachkriegsjahren auf dörflicher Ebene versucht wurde, neue Elemente der sozialistischen Gesellschaftsordnung zu propagieren und »konsumentenorientiert« einzelnen Zielgruppen anzubieten, anstatt tradierten Haltungen zu viel (protokollierte) Bedeutung zuzumessen. Die Idee der Kinderkrippe, Alternative zur häuslichen Kinderbetreuung, wurde so zunächst als Angebot während der Erntezeit aufgebaut. Dafür mussten Räumlichkeiten in gemeinschaftlicher Arbeit hergerichtet werden. In der Gemeinde Nechern/Wurschen nutzte man dafür ein »Jugendzimmer« im Schloss. Aber die Idee wurde von den Bäuerinnen offenbar nicht ohne weiteres angenommen. »Der Bürgermeister bittet alle Mütter ihre Kleinkinder in den Erntekindergarten zu schicken,« heißt es im Gemeinderatsrotokoll im Juli 1951 in beinahe flehentlichem Ton. Der »Erntekindergarten« war von Juni bis Mitte Oktober in Betrieb. In der Gemeinde Drehsa plante man schon 1949 eine Kindertagesstätte, sie wurde 1952 eröffnet, fand offenbar keinen großen Zuspruch, denn im Protokoll heißt es: »Eine Aufklärung bei den Eltern ist von seiten des Gemeinderats erforderlich.« Als man in Wurschen 1951 endlich daran ging, im »ehemaligen Schloss« einen Kindergarten einzurichten, nachdem die Gemeindevertretung »sich schon seit Jahren damit beschäftigte«, meldete ein Gartenbesitzer Protest an, weil von seinem Gelände im Schlosspark ein Stück Land abgezweigt werden sollte, auf dem Bäume standen, die abgeholzt werden sollten. Wieder wurde die Eröffnung verzögert. Die »Kinderkrippe« war bis 1955 noch im Planungsstadium.

Für die heranwachsende Jugend mussten FDJ-Gruppen initiiert und Sportplätze geschaffen werden. In der Gemeinde Drehsa gab es eine aktive junge Frau, die sich darum kümmerte, eine »Umsiedlerin« aus Schlesien. Sie baute einen FDJ-Stützpunkt auf und wurde bald auch Bürgermeisterin. In der Gemeinde Nechern/Wurschen tat man sich schwerer mit der neuen sozialistischen Jugendarbeit. Für einen SED-Gemeinderat am Ort war das der Grund, von seinem Amt zurücktreten zu wollen. Er schilderte seine Durchsetzungsschwierigkeiten ausführlich in einem Rücktrittsgesuch: »Am 1.9.46 wurde ich als Gemeindevertreter gewählt. Ich wollte am Aufbau Deutschlands helfen. Nach 1-jähriger Tätigkeit habe ich festgestellt, dass es sich dabei nur um die Ausführung der laufenden Befehle, Anordnungen und Auflagen des Kreisrats handelt. Die Aufbauarbeit der Demokratie im Dorf wird nicht gefördert, sondern nach meiner Überzeugung verhindert. Vorschläge oder beschlossene Anträge werden seitens des Gemeinderats entweder anders oder gar nicht durchgeführt. Versuche, bei mehreren Instanzen um eine Besserung herbeizuführen, blieben erfolglos. [...] Der großen Verantwortung, die gerade in der jetzigen Zeit von Jedem und von den Gemeindevertretern insbesondere verlangt wird, bin ich mir voll bewusst. Man kann mich aber nicht zwingen, mich an einer Aufbauarbeit zu betätigen, die nicht vorwärts geht, sondern nach meiner demokratischen Schulung und Überzeugung gehemmt wird. Ich bitte deshalb um Genehmigung des Austritts.« Zur näheren Begründung erklärte er weiter: »1. Von der Regierung, den Blockparteien und anderen demokratischen Organisationen vorgeschlagenen Richtlinien zum Neuaufbau und zur Demokratie im Dorfe kennt und sieht man fast nichts. Die dazu vorgesehenen Ausschüsse können praktisch nicht arbeiten (Ausgenommen sind hiervon 3 sich selbständig verwaltende Organisationen im Ort). 2. Am 2.12.1946 wurde in einer öffentlichen Gemeindevertretersitzung ein Antrag einstimmig angenommen, dass im Zuge der Bodenreform der Schule Wurschen der übereignete Schulsportplatz vorgerichtet wird und mit Gras einzusäen ist. Unter Führung der FDJ hatte sich die Dorfjugend mit eingeschalten. Aber anstatt Gras wurde zum Erstaunen aller Leinen gesät und geerntet. Ein erneuter Vorstoß der Schulleitung, der Jugend, der Partei und der Gemeindevertretung wird voraussichtlich mit Einsaat von Sommerweizen beantwortet werden. Der Platz wird dringend zur Förderung der Schule und der Jugend benötigt. [...] Ich werde auch in Zukunft bestrebt sein, meine ganze Kraft dem Neuaufbau Deutschlands zu widmen und hoffe, dass der Kreisrat meine Stellungnahme billigt. Paul S., Wurschen Nr. 1 über Löbau.« *(vgl. KrA Bautzen, Bestand Nechern, Nr. 175/1)*

Das hier resigniert vermerkte »Erstaunen aller« darüber, dass im Sommer 1947 anstelle von Gras plötzlich hochschießende Flachspflanzen das Sportplatzgelände bedeckten – Flachs hat eine kurze Vegetationszeit und blüht im Juni unübersehbar schön in blau –, korrespondiert in seiner vermeintlichen Arglosigkeit mit der sanften Qualität einer Handlungsweise, die, dramaturgisch subtil, auf den zeitlich verschobenen (Wachstums- und) Überraschungseffekt abzielte und die Aktion von Resistenz als bereits vergangene und nicht mehr rückgängig zu machende Tatsache augenscheinlich werden ließ. In einer Flachs anbauenden Region konnte eine solche Handlung auch als landwirtschaftlich nützliche Praxis durchgehen, war also mehrdeutig und umso effektvoller. Dass Bäuerinnen, Mütter der ersten FDJ-Generation, es sich ausgedacht hatten, liegt nahe. Und dies mag auch der Grund dafür sein, dass Gemeinderat Paul S. nicht umhin konnte, diese Aktion als gelungen und irgendwie auch unangreifbar anzuerkennen und ihren Witz gedanklich weiterzuspinnen mit der Überlegung, dass im nächsten Jahr vielleicht Sommerweizen ausgesät werden würde. Das lokale Vorkommnis hatte breitere Wirkung erlangt, weil es durch das Schreiben von Paul

S. an den Kreisrat in Bautzen zum politischen Fall gemacht wurde und sogar den Kreisvorstand der SED, Herrn D., und Kreisrat J. aus Bautzen zum Klärungsgespräch in die Gemeinde Nechern bewegte. Im Protokoll der Unterredung stellten die beiden fest: »Es handelte sich wohl zum größten Teil um den Sportplatz, der zum Streitobjekt ausersehen war. Der eine Teil wollte, daß die Jugend wieder Sport treiben soll, der andere Teil stand auf dem Standpunkt, dass durch die Arbeit allein schon genügend Sport getrieben würde. [...] Ergebnis der Aussprache: Sportplatz soll in Angriff genommen werden, es soll kein Zank mehr darüber entstehen. Der Gemeindevertretervorsitzende wacht als Hüter der demokratischen Gemeindeordnung darüber, dass alle Beschlüsse ohne Abänderung durchgeführt werden.« Das Aussäen von Leinen war durch diese Feststellungen als widerständige Handlung gewertet worden. Die ausgetauschten Argumente zum Sport der Jugend blieben aber offensichtlich auf dem Boden des »bäuerlichen« gesunden Menschenverstands, wurden also nicht unnötig provokant politisierend vorgetragen, was sie ebenfalls wieder unangreifbar machte und beide Parteien des Konflikts das Gesicht wahren ließ; letzteres sicherlich eine durch das enge Zusammenleben aus langer Erfahrung gewonnene »dörfliche« Verhaltensweise, um Konflikte handhabbar zu machen, sie nicht in Feindseligkeit ausarten zu lassen. *(vgl. KrA Bautzen, Bestand Nechern, Nr. 175/1)*

Mit dem Sportplatz in Nechern ging es dennoch nicht voran. Anfang 1950 bedurfte es erneut eines Antrags der SED, mit dem die Fertigstellung des Geländes ultimativ bis zum 30. April 1950 gefordert wurde. Das muss wohl geschehen sein, denn im Februar 1951 sollten laut Protokoll für den Sportplatz »demnächst« (Fußball-)Tore angeschafft werden. Immerhin war Gemeinderat Paul S. doch im Amt verblieben, wie das Protokoll der Gemeindevertretersitzung vom Februar 1950 zeigt, bei der er sich zu außenpolitischen Fragen äußerte: »Herr S. macht Ausführungen über den Sinn der Freundschaft mit der Sowjetunion und gibt einen gewissen Vorausblick über die Entwicklung in der Ostzone, wenn wir an dieser Freundschaft festhalten. Er kommt zu dem Schluß: ›Lieber Freundschaft mit der SU und damit den Frieden erhalten als mit dem Westen dem Untergang geweiht sein.‹ Über diesen Punkt wird reich debattiert.« Im Dezember desselben Jahres, anlässlich einer Feierstunde zu Stalins Geburtstag, war Paul S. ebenfalls noch präsent und hielt das Einstimmungsreferat. *(vgl. KrA Bautzen, Bestand Nechern, Nr. 175/3)*

Die Necherner Leinsaat-Geschichte hatte in Bautzen Nachhall gefunden. Noch zwei Jahre später schlug sie sich in einem Sitzungsprotokoll des Kreisrats im August 1950 nieder. Zum »Tagesordnungspunkt 10. Bau von Sportplätzen aus landwirtschaftlicher Nutzfläche« wurde der Beschluss vermerkt, »es soll möglichst kein landwirtschaftlich genutzter Boden für die Errichtung von Sportplätzen genommen werden.« Eine Kommission sollte dies laufend überprüfen. In vielen Gemeinden gab es auch zu diesem Zeitpunkt noch keine Sportplätze, so dass der Beschluss Sinn machte.[53] Ihm ist der Versuch anzumerken, die widerständige Note der Leinsaat-Aktion in der Gemeinde Nechern, die möglicherweise Nachahmung gefunden hatte, zu neutralisieren, indem er auf bäuerliches Nützlichkeitsdenken abhob, das berücksichtigt werden musste. Ironie der Geschichte: Auf einer Gemeinderatssitzung in Nechern, im Mai 1952, stand die Leinsaat erneut auf der Tagesordnung, als landwirtschaftliches Thema. Das Protokoll vermerkt: »Ferner spricht der Bürgermeister über den Flachsanbau in unserer Gemeinde«. *(vgl. KrA Bautzen, Rat des Kreises Bautzen, SGB 3, Teilbest. Ratssitzungen 1950; KrA Bautzen, Bestand Nechern, Nr. 175/3)*

Eine Geschichte des Endlosversuchs, ohne erkennbare Ergebnisse erzielt zu haben, ergibt das staatlich verordnete garten- und agrarwirtschaftliche Projekt der sogenannten Mitschurin-Felder, um die sich die dörflichen »Mitschurin-Zirkel« kümmern sollten. Jahrelang wurde es den Landgemeinden anempfohlen und den LPG zur Pflicht gemacht, auf den Spuren des heute als umstritten geltenden sowjetischen Pflanzengenetikers Ivan V. Michurin (1855–1935) Obstbäume zu pfropfen und Versuchsfelder anzulegen, zur Beobachtung der von der Umwelt bewirkten – so Mitschurins Hypothese – genetischen Veränderungen landwirtschaftlicher Nutzpflanzen. Mit der Bildung dieser Zirkel sollten »die Ergebnisse und Erfahrungen besonders der sowjetischen Agrarwissenschaft unseren werktätigen Bauern vermittelt werden«. Mitschurin-Felder sollten als Vorbild für Produktionssteigerung wirken und »die Erfahrungen der Neuerer und der Meisterbauern allen werktätigen Bauern zugänglich machen,« hieß es beispielsweise im Statut der VdgB der Gemeinden Altenhain, Beiersdorf und Seelingstädt (Altkreis Grimma) vom Mai 1951. Auch in den LPG-Statuten dieser Gemeinden finden sich ähnliche Formulierungen und Verpflichtungen, diese Felder einzurichten. Auf den Versammlungen der untersuchten Gemeinden des Kreises Bautzen wie auch bei den Kreisratssitzungen in Bautzen gab es Appelle ohne Ende, Mitschurin-Aktivs oder -zirkel zu bilden. Genaueres erfährt man nicht. Wahrscheinlich ist es bei den Appellen geblieben. Auch in der Gemeinde Nechern/Wurschen wurde emphatisch geworben, in einem Protokoll heißt es: »Unsere Aufgabe muss es sein, in diesem Jahr einen Mitschurin-Zirkel zu gründen und es muß auch bei uns möglich sein, ein Mitschurin-Feld zu erstellen. An Interessenten fehlt es nicht. Daran schließt sich eine aufgeschlossene Aussprache.« Am ehesten scheinen die Mitschurin-Schulgärten Anwendung gefunden zu haben. Ihre Einrichtung war nicht vom selbstauferlegten Beschluss erwachsener Bäuerinnen und Bauern abängig, die sich gegenüber der sowjetischen Pflanzenpädagogik eher wenig aufgeschlossen zeigten. *(vgl. KrA Bautzen, Bestand Nechern, Nr. 175/3)*

Fürsorgliche Vereinnahmung

In den Dorfgemeinden Vertrauen zu schaffen und regelmäßige Loyalitätserweise einzufordern, scheint für die Kreisverwaltung, abgesehen von der Einsicht in die wirtschaftliche Relevanz des ländlichen Raums, das vorrangige Interesse an der regelmäßigen Kommunikation mit den Dörfern gewesen zu sein. In den Protokollen der Gemeinderatssitzungen finden sich immer wieder rhetorische Einsprengsel, die diesem Erwartungsdruck nachkommen. Wenn von »lebhafter Diskussion« oder »reichem Debattieren« die Rede ist, wenn betont wurde, dass in einer Frage »starke Tendenzen« zu vermelden waren oder anlässlich der Frühjahrsbestellung festgestellt werden musste, dass »die MAS [Maschinenausleihstation] [...] Traktoren zur Verfügung [hat], aber die Inanspruchnahme bei den Landwirten [...] nicht sehr hoch [ist]«, so wurde ein entsprechendes Signal gegeben, ohne dass man zu sehr ins Detail ging. Die Formulierungen wirken wie verabredete Zeichen eines nicht jedem zugänglichen Codes. In einem Protokoll der Gemeinde Nechern vom Februar 1950 heißt es etwas verklausuliert: »Bezüglich des Volkswirtschaftsplans ist man der Ansicht, dass seitens der höheren Dienststellen noch viel gearbeitet werden muss, um die Voraussetzung der Planerfüllung zu schaffen. [...] Mangel an Eigeninitiative unter den Bauern selbst wurde festgestellt. Im Übrigen wird der Punkt sehr lebhaft diskutiert. Die Debatte verlief gemäß der örtlichen Struktur ausschließlich einseitig in Richtung der Landwirtschaft.« Mit Andeutungen dieser Art wird sowohl Kritik von unten mitteilbar, als auch Kritik an den Dorfmenschen, die oben gut ankommt, weil sie die »richtige Linie« der/des Protokollierenden bestätigt. Als es im Februar 1950 um die Anerkennung der Oder-Neiße-Grenze ging, die die Flüchtlingsfamilien im Ort besonders berühren musste, weil ihre schlesischen Heimatorte künftig definitiv zu Polen gehören würden, wurde umsichtig protokolliert: »Gründe werden nach verschiedenen Richtungen gesucht und lebhaft durchgesprochen. Es muß vor allen Dingen die soziale Lage der Umsiedler noch gehoben werden, um ihnen wirklich eine neue Heimat einzuräumen. Dem Ganzen schwebt das große Ziel ›Frieden‹ vor.« Es war das letzte Mal, dass in den Protokollen der Gemeinde das »Umsiedlerthema« angesprochen wurde. Der abschließende Satz bringt das Geschehen gleichsam auf Linie, wobei der in Anführungszeichen gesetzte »Frieden« wiederum missverständlich wirken konnte, im Sinne einer Parodie. Ein anderes Beispiel: Nach der ersten Volkskammerwahl im Herbst 1950 war offenkundig darüber diskutiert worden, dass die Einheitsliste bei vielen Dorfbewohnern und -bewohnerinnen nicht dem Verständnis einer demokratischen Wahl entsprochen hatte. Dazu hieß es im Protokoll: »Als nächstes spricht unser Jugendfreund Manfred S. [Vertreter der FDJ, US] über die Durchführung der demokratischen Volkswahlen. Es wird erwähnt, dass die SED-Ortsgruppe eine sehr positive Arbeit geleistet hat. Die Arbeit in Nechern wurde bemängelt. Von 330 Wahlberechtigten haben 328 Wähler ihr »Ja« für den Frieden und für die Kandidaten der Nationalen Front abgegeben. [...] Herr K. [der Schulleiter, US] führt aus: Ganz allgemein stand die Frage ›War das eine Wahl?‹ Es wird nochmals klargestellt: dass durch die mehrfach angesetzten Versammlungen jeder die Möglichkeit hat, seine Ansichten über die Kandidaten zu äußern. [...] Herr D. wundert sich wie alle anderen Mitglieder über das passive Verhalten der Einwohnerschaft bei den Versammlungen vor der Wahl.« Die kritische Frage des Schulleiters K. wurde im Protokoll gleichsam abgepolstert durch die beigefügten affirmativen Feststellungen weiterer Personen. In der Gemeinde Drehsa wurde zu demselben Thema festgestellt: »Es haben 6 öffentliche Versammlungen stattgefunden, deren Besuch zu wünschen übrig ließ. Mit Transparenten und Plakaten wurde die Sichtwerbung gut durchgeführt. Ein Aufklärerlokal war jeden Tag geöffnet, ebenfalls war ein hauptamtlicher Aufklärer tätig. Der Erfolg der Aufklärungsarbeit war, dass Drehsa die Wahl mit 100 % Teilnehmern melden konnte.« *(vgl. KrA Bautzen, Bestand Nechern, Nr. 175/3)*

Im Frühjahr 1952 stilisieren die Berichte in freundlichem und abgeklärtem Ton die Situation auf dem Land als eine gute. »Die Menschen haben Vertrauen zur Politik unserer Regierung gewonnen«, heißt es über die Gemeinde Drehsa im Januar. Im März erfolgte ein Rundschreiben an die Gemeinden, das hinsichtlich der Lage im Dorf unter verschiedenen Aspekten beantwortet werden musste. Im Rückschreiben der Gemeinde Drehsa wurde die »Erfüllung des Volkswirtschaftsplans 1951« gemeldet sowie eine Kurzbeschreibung des Dorfs geliefert: es habe 400 Einwohner, keine Industrie, eine Tbc-Heilstätte im ehemaligen Schloss mit 120 Patienten.[54] Der Charakter des Dorfs sei bäuerlich. Außer einer Schrottsammlung und der Erfüllung des Ablieferungssolls habe sich nichts Besonderes ereignet. Die Teilnahme der Bevölkerung an den Maßnahmen sei zurückhaltend und »nur mit der selbstlosen Hilfe von seiten des Kreisratsamtes« zustandegekommen. »Deutsch-sorbische Abende wurden durchgeführt, die aber dann mangels Besuch eingestellt wurden. Durch die Maul- und Klauenseuche mussten weitere geplante Kulturveranstaltungen auf das Jahr 1952 verschoben werden.« Wieder musste eine Epidemie, diesmal eine Tierseuche, herhalten für den mangelnden Zuspruch der Dorfbevölkerung gegenüber den Angeboten der Kulturverantwortlichen; 1948 war es die Kinderlähmung gewesen, die die Absenz der Bürgerinnen und Bürger bei den Bodenreformjubiläumsveranstaltungen erklären half. Die Beargwöhnung von oben scheint mit dörflicher Hinhaltetaktik beantwortet worden zu sein, die ihre Stärke aus der Gewissheit bezog, dass die Landwirtschaft abseits von ideologischen Differenzen für Staat und Gesellschaft äußerst relevant war. Eher positive Resonanz erfolgte hingegen auf einer Einwohnerversammlung in Drehsa, bei der im März 1952 insgesamt 65 Einwohner (von 400) anwesend waren, ebenso ein Vertreter des Bautzener Kreisrats; letzteres mag der Grund für das gute Ergebnis der Versammlung gewesen sein. Es wurde ein Dorfwirtschaftsplan einstimmig beschlossen, der »schöne Aufgaben für die kommende 5-Jahresplanzeit bereitstellt: Kindertagesstätte, Bauernstube, Ortsbeleuchtung, Gemeindeamt, Straßenbau«. Die erbrachten Leistungen wie Anlage eines Feuerlöschteichs und Neuanpflanzungen wurden lobend vermerkt. Ein Appell an die Bauern zur Sollerfüllung und zur Abgabe von Land für die Errichtung von Schrebergärten schien dennoch notwendig. Auch sollte man das »Eigentumsrecht der in privatem Besitz befindlichen Wäschemangel überprüfen«; gut denkbar, dass diese noch aus dem Rittergut stammte. Als Gemeinschaftsaufgaben wurden festgehalten: die »Errichtung der restlichen Neubauerngehöfte – viel Arbeit!«, »die Erträge der Felder zu steigern«, und »evtl. den Teich in Oberdrehsa zu schlemmen, damit gebadet werden kann«. *(vgl. KrA Bautzen, Rat des Kreises Bautzen, SGB 1, Teilbest. Ratssitzungen 1952; KrA Bautzen, Bestand Drehsa, Protokolle)*

1952, in der Zeit zwischen 19. und 27. März, wurde in den Gemeinden des Landkreises Bautzen damit begonnen, sogenannte Hausvertrauensleute zu wählen, die jeweils für einen Dorfbezirk bzw. eine Haus- und Hofgemeinschaft verantwortlich waren. Die Engmaschigkeit der zum Zweck der Kontrolle hergestellten topographischen Struktur ist beachtlich, wie am Beispiel der Gemeinde Drehsa, einem Dorf von ca. 120 Häusern/Familien, zu sehen ist. Ein relativ kleiner dörflicher Raum wurde in neun Bezirke aufgeteilt, dem jeweils ein Hausvertrauensmann – in einem Bezirk war es eine Frau – vorstand, sodass zehn bis 15 Häuser einen Bezirk ergaben. Mit diesen Wahlen, die in den Privathäusern von Gemeindevertretern stattfanden, realisierte sich für die politisch Verantwortlichen in Bautzen ein geordnetes Soziogramm der dörflichen Bevölkerung. Dass sich die neugeschaffene Struktur an ältere Einteilungen des dörflichen

Kommunikationsraums (oberes, unteres Dorf, Gruppierungen um Straßen, Plätze, zum Schloss hin usw.) anlehnte, ist anzunehmen. Dass sie als Nachbildung des Blockwart-Systems aus der Zeit der NS-Diktatur nicht nur empfunden, sondern nach diesem Vorbild geschaffen wurde, scheint erwiesen.[55] Im Protokoll der Wahlergebnisse für die Gemeinde Drehsa steht außer den Namen der Wählenden und der Gewählten keine Begründung für den Zweck dieser Einrichtung. Die Funktion der Hausvertrauensleute ist in den Gemeindeakten weiter nicht erwähnt. In der Gemeinde Nechern/Wurschen wurde der Vollzug der Bildung von Haus- und Hofgemeinschaften mehr als ein Jahr später, erst im November 1953, vermeldet, d.h. es gab Spielraum durch Verzögerung. Chronologisch gesehen bildete die Anordnung gleichsam die Vorhut für die ab Juni 1952 wirksam werdenden Maßnahmen zur sozialistischen Umgestaltung, die schon im Herbst 1952 Bauernfamilien zur Flucht in den Westen veranlassten; nach der »Blitzaktion« vom 26. Mai 1952, bei der die DDR-Regierung alle Verbindungen zu den Westzonen sperren ließ und den kleinen Grenzverkehr stoppte, blieb nur noch der Weg über die Hauptstadt Berlin.[56] *(vgl. KrA Bautzen, Bestand Drehsa, Protkolle)*

Leerstelle 17. Juni 1953

Lokale Dokumente, die den Verlauf und die Auseinandersetzungen im Zusammenhang mit der Einrichtung von landwirtschaftlichen Produktionsgenossenschaften beschreiben – zunächst des Typs I, bei dem die Felder zusammengelegt wurden, die eigene Tierhaltung aber noch beibehalten wurde –, sind für die untersuchten Dörfer im Landkreis Bautzen nicht erhalten. Hinweise auf Konflikte ergeben sich allerdings indirekt aus zahlreichen, Ende 1952 einsetzenden Fällen von »devastierten« (verlassenen oder für insolvent erklärten) landwirtschaftlichen Betrieben, deren Felder, Tiere, Hab und Gut nach Flucht oder erzwungener Aufgabe durch ihre Besitzerfamilien den örtlichen LPG einverleibt wurden; sie sind in Protokollen des Kreisrats dokumentiert. Für die untersuchten Gemeinden Drehsa und Nechern/Wurschen wurden solche Fälle nicht vermerkt. Für den ehemaligen Kreis Grimma (heute Landkreis Leipzig) gibt es zwar zahlreiche LPG-Gründungsakten, die die Protokolle der Gründungssitzungen für die LPG Typ I bis III sowie die jährlichen Wahlen des Führungspersonals enthalten. Konfliktuelles ist darin aber ebenfalls weitgehend ausgespart. Nur anhand von knapp gehaltenen Austrittslisten der Jahre 1952 bis 1954 kann auch hier auf Auseinandersetzungen geschlossen werden, die im Frühjahr und Sommer 1953 kulminierten. *(vgl. KrA Bautzen, Rat des Kreises Bautzen, SGB 3, Teilbest. Ratssitzungen 1950; KrA LK Leipzig, LPG-Gründungsprotokolle, Nr. 7962; KrA LK Leipzig, Bodenreformunterlagen, Nr. 8305)*

In den Gemeindeprotokollen Drehsa sowie Wurschen/Nechern sind erhebliche Dokumentationslücken festzustellen. Für Drehsa reicht sie vom 20. Juni 1953 – das Protokoll erwähnt den Volksaufstand nicht – bis März 1954; eine LPG-Gründung oder Auseinandersetzungen werden in den Protokollen des Jahrs 1952 nicht erwähnt, obwohl in diesem Jahr die LPG in Drehsa gebildet wurde. In Nechern/Wurschen gibt es zwischen Ende Mai 1952 bis Januar 1953, die Zeitspanne, in der die sozialistische Umgestaltung des Dorfs einsetzte, keine Protokolle. Die Berichterstattung erfolgt bis März 1953, bricht dann erneut ab und wird erst im Oktober 1953 fortgesetzt. Das Stichwort LPG erscheint erstmals in einem Protokoll vom 27. November 1953. Anlässlich der Aufstellung der gemeindlichen »Kinosteuer« (neben Kfz- und Hundesteuer) wurde vermerkt, dass die Gemeinde Nechern davon noch nicht betroffen sei, da »die Nachbargemeinde Drehsa Mittelpunkt für die Kinoveranstaltungen werden sollte«. Die Gemeinde Nechern werde aber »wegen der bestehenden LPG wieder regelmäßig mit Veranstaltungen betreut.« Die Versorgung des Dorfs mit Kinofilmen war also gleichsam Belohnung für die erfolgte Einrichtung einer LPG. Dass in Nechern nur wenige bäuerliche Betriebe sich zum Eintritt in die LPG entschlossen hatten, wird indirekt aus einer Aufstellung der Gemeindegrundsteuer ersichtlich, die infolge der LPG-Beitritte (beigetretene Betriebe waren von der Steuer befreit) nur geringfügig weniger betrug als im Vorjahr. Die Betriebe mit größeren Flächen waren 1953 demnach noch nicht beigetreten. Im Protokoll einer Versammlung vom 21. Dezember 1953 – in den Vorjahren wurde an diesem Tag Stalins Geburtstag gefeiert, sein Tod im Frühjahr 1953 und die darauf folgenden Unruhen in der DDR waren wohl noch zu frische Sachverhalte, um den neuen mit den dörflichen Adventsfeiern konkurrierenden Brauch fortzusetzen – tritt zum ersten Mal der Vorsitzende der LPG Wurschen, Kollege M., auf. Er berichtete von hundertprozentiger Sollerfüllung in der Pflanzenproduktion, von einer in Plan genommenen Obstanlage sowie vom demnächst beginnenden Bau eines (gemeinschaftlichen) Rinderstalls und versicherte, dass »die Neuaufnahme von Mitgliedern jetzt wieder möglich« sei. Für den 27. Dezember wurde eine Feier angekündigt, die im Kulturraum anlässlich des einjährigen Bestehens der LPG stattfinden sollte. *(vgl. KrA Bautzen, Bestand Nechern, Nr. 175/3)*

Die lobende Erwähnung des Verhaltens des Bürgermeisters Ernst W. am 17. Juni 1953 in einer Folgeakte der Gemeinde Nechern (1955) ist der einzige lokale Hinweis, dass es an jenem Tag auch auf dörflicher Ebene »Ereignisse« gegeben haben muss. Die Kaderakte über den seit 1949 im Amt stehenden (sorbischen) Bürgermeister, Neubauern und ehemaligen Traktoristen des Ritterguts, Mitglied der SED, des FDGB und der Domowina, vermerkt: »Sein Verhalten in den Tagen des 17. Juni war durchdrungen von der Verbundenheit zur Partei und Regierung.« Es findet sich hier allerdings auch die kritische Bemerkung, dass Herr W., nachdem er mehrere Schulungen erfolgreich absolviert hatte (dazu gehörten: Staatspolitische Schule Stufe I, Parteilehrgang KPdSU II sowie zwei mehrmonatige Verwaltungslehrgänge), einem Mitte 1955 neuerlich angesetzten »zentralen Bürgermeisterseminar und einer darauffolgenden Wochenendschulung« unentschuldigt ferngeblieben war: »Eine derartige Missachtung der Beschlüsse des Rates kann in Zukunft nicht mehr geduldet werden, da die Beschlüsse des Rats für die untergeordneten Dienststellen bindend sind.« In einer weiteren Necherner Akte des Jahres 1953 ist – zeitnah zum 17. Juni – ein Brief erhalten, in dem Bürgermeister W. am 21. Dezember 1953, »anlässlich des Geburtstages des großen Stalin« vom Vorsitzenden des Rates des Kreises Bautzen »eine Prämie in Höhe von 200 DM« in Aussicht gestellt wurde, »für die gute Arbeit in der Verwaltung, als Dank und Ihnen hoffentlich als Ansporn für die weitere einsatzfreudige und verantwortungsbewusste Arbeit bei der Durchführung des neuen Kurses.« Herr W. verwaltete in dieser Zeit auch die Nachbargemeinde Drehsa kommissarisch mit. *(vgl. KrA Bautzen, Bestand Nechern, Nr. 175/2; KrA Bautzen, Rat des Kreises Bautzen, SGB 1, Teilbest. Ratssitzungen 1952)*

In der Dokumentation der Sitzungen des Kreisrats Bautzen, die für 1952 und 1953 lückenlos ist, erscheinen Nachrichten aus den Landgemeinden zu LPG-Gründungen und den Ereignissen im Frühjahr 1953. Die erste LPG wurde am 21. Juli 1952 (Sitzungsprotokoll Nr. 29) vermeldet: »In unserem Kreis haben sich einige fortschrittliche Bauern zusammengefunden, die die Gründung einer landwirtschaftlichen Produktionsgenossenschaft beschlossen haben. Sie wird wahrscheinlich in Kreckwitz gebildet, die Bauern wollen dort gemeinsam an die Arbeit ihrer Felder herangehen.« Die zweite Gründung erfolgte in Malwitz, laut Protokoll Nr. 30 vom August 1952, in dem auch auf Schwierigkeiten verwiesen wurde: »Es machte sich erforderlich, dass die Ortsausschüsse der VdgB wegen der Bildung von Produktionsgenossenschaften Ausspracheabende durchführen.« Im Protokoll Nr. 32 ist die Rede von »sehr starken Tendenzen«, die »in Kreckwitz und Malschwitz durch die Bildung der Produktionsgenossensschaften eingetreten sind.« In Protokoll Nr. 33 werden »Organisationskomitees für die LPG in Prischwitz, Göda und Purschwitz« erwähnt, weiter heißt es: »In den Gemeinden verstärkt sich der Kampf gegen die fortschrittlichen Bauern täglich. Wir müssen unsere fortschrittlichen Bauern in jeder Weise unterstützen.« In Protokoll Nr. 36 wird eine »Aktion gegen großbäuerliche Betriebe« ins Auge gefasst: »soweit sie ihren Verpflichtungen bezüglich der Erfüllung der Pläne nicht nachkommen, sind sie unverzüglich zu überprüfen und zu bestrafen. In erster Linie ist eine Aktion durchzuführen in Burk, gegen die großbäuerlichen Betriebe M., K., St., Sch. und P., inwieweit sie ihren Anbau-, Viehhalte- und Sollerfüllungsplan 1951 und 1952 nachgekommen sind.« *(vgl. KrA Bautzen, Bestand Nechern, Nr. 175/3)*

Im Protokoll Nr. 7 vom 18. Februar 1953 wurde kritisch über Faschingsveranstaltungen in der Gemeinde Schirgiswalde berichtet: »Hinweise auf die Vorfälle in Schirgiswalde, anlässlich Faschingsveranstaltungen, bei denen einige faschistische und reaktionäre Tendenzen auftraten. Der Kreisausschuss der Nationalen Front befasste sich mit dem Faschingszug und hat einige Änderungen vorgenommen.« Im Protokoll Nr. 9 vom 4. März 1953 hieß es: »Es ist besonderes Augenmerk auf die Großbauern zu richten, da jetzt täglich einige das Gebiet der DDR verlassen.« Im Protokoll Nr. 10 vom 11. März 1953 machte sich Erschütterung über den Tod Stalins breit: »Die Anteilnahme der ganzen Welt war ein Beweis für die Größe Stalins.« Als besonders bemerkenswert empfand man die große Anteilnahme in Frankreich, wo die Fahnen auf Halbmast gesetzt wurden. Bei dieser Kreisratssitzung wurde auch über mögliche Maßnahmen gegen »eine Meisterbäuerin in der Gemeinde Seitschen« gesprochen, die der LPG nicht beitreten wollte und die Meinung im Dorf beeinflusste. Zur Abhilfe sollte eine Gemeindeversammlung anberaumt werden. In Vorbereitung des 1. Mai lautete eine Anweisung in Protokoll Nr. 19 vom 29. April 1953: »Ganz besonderes Augenmerk müssen wir an diesem Tag auf die Landgemeinden legen, da sich der Klassenkampf jetzt in verstärktem Maße auf dem Lande abspielt.« In den Protokollen häuften sich nun die Auflistungen von »devastierten« großbäuerlichen Betrieben, mit Flächen bis zu 50 Hektar, deren Besitzerfamilien geflohen waren oder wegen angeblicher Veruntreuung enteignet wurden. Auch erste Missstände in der LPG wurden vermerkt, so zum Beispiel in der Gemeinde Drehsa die

»18 Morgen Rüben, die noch nicht verzogen sind«; zur Behebung wurde »ein freiwilliger Arbeitseinsatz Samstag und Sonntag« angeordnet. Die Anweisung des Politbüros der SED, die Gründungen von LPG zu drosseln und die vorhandenen zu stärken, wurde begrüßt (Protokoll Nr. 24 vom 4. Juni 1953). Das Sitzungsprotokoll vom 17. Juni 1953 (Nr. 25) macht den Eindruck ruhiger Routine. Die LPG in der Gemeinde Cölln sollte überprüft werden, da »Schweine und 1 Kuh fehlen«. Um eine »verlustlose und schnelle Bergung der Ernte« zu garantieren, wurde angeordnet, dass »die Angestellten des Kreises in den Gemeinden mitmachen müssen.« Erst das Protokoll der zwei Tage später angesetzten Sitzung (Protokoll Nr. 26) handelte die Ereignisse des 17. Juni in wenigen Zeilen ab: »Der Vorsitzende wies auf die weltpolitische Lage und die Ereignisse der letzten Tage hin. Die Beschlüsse der Regierung und des ZK werden von der Bevölkerung begrüßt, die Kriegstreiber benutzten jedoch diese Gelegenheit um Unruhe unter die Bevölkerung zu bringen, wie dies die letzten Tage gezeigt haben.« Alle Anwesenden sollten »den Artikel im Neuen Deutschland von heute« studieren, außerdem wurde festgestellt, dass je schneller die gefassten Beschlüsse ausgeführt würden, desto schneller das Vertrauen der Bevölkerung gewonnen werden könnte. Über Ereignisse in einzelnen Dörfern und Gemeinden gibt es keine Informationen. In den folgenden Protokollen sind mehrere Hinweise auf Verbesserungen eingestreut, ohne dass diese als Folge des Aufstands vom 17. Juni ausgewiesen werden: Konditionen für bäuerliche Kredite, auch solche von »republikflüchtigen Bauern«, die noch Nachzahlungen zu leisten hatten, wurden verbessert, Lebensmittelpreise gesenkt. Im Protokoll Nr. 30 vom 8. Juli 1953 werden die landwirtschaftlichen Aufgaben routinemäßig in den Vordergrund gerückt. So wurde angewiesen, die Aussaat auf den großen LPG-Flächen »in Zeitabständen vorzunehmen, so wie die LPG Wurschen es macht«. Die Zahl der LPG belief sich zu diesem Zeitpunkt auf 36 im Kreis Bautzen, davon 30 des Typs I und sechs des Typs III. Kritisch wurde vermerkt: »Nach dem Ministerratsbeschluss vom 11.6.1953 zeigte sich in fast allen LPGen eine missmutige Stimmung, besonders in den LPGes, die Betriebe nach der Verordnung vom 19.2.1953 bewirtschaften. Seit dieser Zeit leidet die genossenschaftliche Arbeit sehr, was sich durch die Ereignisse des 17.6.53 noch verschärfte.« Es wurde festgestellt: »Auch unter den Klein- und Mittelbauern gibt es Elemente, die nur ihren eigenen Vorteil suchend in die Genossenschaft eintraten. Meist haben sich diese reaktionären Kräfte selbst entlarvt und konnten erkannt werden.« Die Erleichterungen bei der Sollerfüllung hatten inzwischen dazu geführt, dass einige LPG-Mitglieder die Genossenschaft verließen, weil sie sich in der Lage sahen, wieder eigenständig zu wirtschaften, auch das wurde erklärend vermerkt. *(vgl. KrA Bautzen, Rat des Kreises Bautzen, Niederschriften der Sitzungen)*

Zustimmung im Gesang

In den Protokollen der Dorfversammlungen des Landkreis Bautzen wird viel gesungen und gefeiert. Fast scheint es, als hätten die Verfasser und Verfasserinnen dieser knappen dörflichen Texte allzugern die Gelegenheit ergriffen, Ereignissen des dörflichen Zusammengehens Platz einzuräumen und die mühevollen staatlich beaufsichtigten Akte der Landwirtschaftsverwaltung einmal nicht in den Vordergrund rücken zu müssen. Es war unverfänglicher, die bei Festakten entstandenen Erregungen zu schildern bzw. zu evozieren, als die Konflikte mit den dörflichen, oft widerspenstigen Staatsbürgern und -bürgerinnen in korrekte Worte zu fassen, die gleichermaßen vor Ort und in Bautzen akzeptiert sein würden. Im Moment der Feierstunde, so scheint es, wurden Sorgen beschwichtigt, Entspannung vom politischen Alltagszwist konnte einkehren. Die Protokollierenden waren an diesen Textstellen mit sich und dem Dorf im Reinen, ihre Ängste, sich im Dorf unbeliebt zu machen, minimiert. Die kulturelle Mischform von Darbietungen, die sich aus der Pflege alter und neu eingeführter (sozialistischer) Bräuche ergaben, scheint die dörflichen Verhältnisse befriedet zu haben. In den Akten finden sich zwar keine ausführlichen Schilderungen der Feiern zu Stalins Geburtstag, die am 21. Dezember in der Endphase der Weihnachtsvorbereitungen angesagt waren, dennoch kann ein Protokollsatz wie: »Herr K. [Schulleiter, US] eröffnet die Feierstunde mit begrüßenden Worten. Das Referat hält Herr S. aus Wurschen«, unter »Tagesordnungspunkt 1 Feierstunde Stalins Geburtstag« angeführt, mühelos die Vorstellung von Lebkuchenduft und adventlichem Beisammensein erwecken, zumal wenn die Versammlung als öffentliche deklariert war. In einem Sitzungsprotokoll vom 8. Mai 1951 aus Belgern, Gemeinde Cannewitz, dessen Papierbogen mit dem Motto »Nur in Freundschaft mit der Sowjetunion werden wir einen neuen Krieg verhindern und Deutschland retten« versehen ist, wurde das zahlreiche Erscheinen der Einwohnerschaft betont: »Nach einem Eingangslied trug Gemeindevorsteher B. die Bedeutung des 8. Mai vor. Er gab einen Rückblick aus dem Jahre 1945 und wies auf die großen Verdienste der Sowjetunion hin. FDJ Walter S. trug ein mahnendes Gedicht vor. Hierauf spielte der Pionier Hans D. einige Lieder auf dem Klavier und gab dem Abend einen feierlichen Klang. Nach einem gemeinsamen Gesang der Nationalhymne wurde die Feierstunde beendet.« Das Protokoll einer »öffentlichen Gemeindevertretersitzung anlässlich des 8. Mai im Gasthof Wurschen« vermerkt: »Der Raum war festlich geschmückt mit Fahnen und Blumen. Die Feier wurde umrahmt mit Liedern und Gedichten. Ausführende: Junge Pioniere FDJ und Schule. Bürgermeister W. eröffnete um 10 Uhr 30 die Feier. Pioniere singen ›Brüder seht die Freiheitsfahne‹. Schulleiter K. rezitiert ein Gedicht von Weinert aus dem Kapitel Krieg dem Kriege. Danach folgte ein sorbisches Kampflied, gesungen von den Jungen Pionieren. Herr Paul S. Wurschen hält Referat, in dem die Bedeutung des 8. Mai ins rechte Licht gestellt wird. Er betont, dass wir der Roten Armee zu allergrößtem Dank verpflichtet sind, für die Befreiung vom Hitlerjoch. Das große Entgegenkommen, welches die Sowjetunion der DDR zeigt und täglich beweist wird aufgezeigt. Aufbau bei uns in der DDR weiter fortgeschritten als in der Westzone. Die Hetze vom Westen wird aufs Schärfste angeprangert, insbesondere die Kriegshetze. Auf das Verhältnis von sorbischer und deutscher Bevölkerung wird eingegangen. Es wird von der Gemeindevertretung bestätigt, dass wir alle hinter unserer Regierung stehen und begrüßen, dass ein Danktelegramm von der Regierung an das sowjetische Volk gesandt worden ist. Alle Treiber, Spalter, Saboteure und Reaktionäre haben bei uns keinen Platz. Anschließend spricht Herr Martin N. zur sorbischen Bevölkerung. Auch das sorbische Volk will den Frieden. Auch wir Sorben sind dem Sowjetvolk zu

Abb. 60: Dörfliche Festveranstaltung mit sorbischer Tanzgruppe, 1960er Jahre.

großem Dank verpflichtet, denn nur durch die Macht der Sowjetunion konnte großes Unheil vom sorbischen Volk abgewendet werden. Wir begrüßen das Grußtelegramm, welches die Regierung an Generalissimus Stalin gesandt hat.« Über die Versammlung der Gemeinde Drehsa, in der es um die »Volksbefragung gegen Remilitarisierung und für Abschluss eines Friedensvertrags«, aber auch um neue Freizeiteinrichtungen wie Kegelbahn, Sportplatz und Jugendheim ging, heißt es im Protokoll: »Die Tagesordnung wird umrahmt von frischen Liedern der FDJ – Gruppe Drehsa, die dem Abend ein festliches Gepräge geben.« Die Lungenheilstätte Drehsa, die im ehemaligen Rittergut untergebracht war und zunächst im Dorf für Empörung gesorgt hatte, weil die Kranken im Dorf spazierengingen, ohne dass man wusste, ob sie ansteckend waren, hatte bald ihren eigenen Chor, der zuweilen auch für Gemeindefeiern eingesetzt wurde. Das Protokoll einer öffentlichen Gemeindevertretersitzung, bei der »Bürgermeisterin Fräulein Q. eine Resolution verliest, die der Gemeinde und Patienten der Tbc-Heilstätte vorgelegt werden soll«, endet mit den Worten: »Der Chor der Heilstätte schließt mit der Friedenskantate die heutige Versammlung.« Zu einer anderen Gelegenheit, der »Feier zum zweiten Jahrestag der DDR«, übertrug die Bürgermeisterin dem Chor die gesamte Ausgestaltung des Festakts. Auch Reden konnten Stimmung erzeugen. Zum 75. Geburtstag von Wilhelm Pieck »gab Bürgermeister D. in seinem Referat das Bild des Staatspräsidenten. Er schilderte ihn als Staatsmann und als vorbildlicher Kämpfer [sic] für die Arbeiterschaft. Vor allem unterstrich er in seiner Rede die Verbundenheit mit der UdSSR mit Lenin und Stalin. Es wird der Wunsch ausgesprochen, dass der Staatspräsident Wilhelm Pieck vergönnt sein möge [sic], den Frieden für alle Menschen zu behalten. Hiernach sprach Johann L. und gab auch über den Staatspräsidenten Wilhelm Pieck über die Reise nach Bautzen und die Verbundenheit mit dem Sorbenvolk Ausdruck.« Zum 135. Geburtstag von Karl Marx fanden im Mai 1953 im ganzen Kreis Bautzen Marx-Gedächtnisfeiern statt, deren »würdige Durchführung« vom Kreisrat durch Schulung der Bürgermeister vorbereitet worden war; in der Gemeinde Cannewitz offenbar mit Erfolg: »Bürgermeister D. schilderte in guter Form die Verdienste Karl Marx. Sein Vortrag war bewegend und nach fast 1 stündiger Rede schloss er die Ansprache. Um ½ 11 Uhr wurde die Versammlung geschlossen.« *(vgl. KrA Bautzen, Bestand Nechern, Nr. 175/3; KrA Bautzen, Bestand Cannewitz, Nr. 107/1; KrA Bautzen, Bestand Drehsa, Protkolle)*

Die Maifeiern in den Dörfern der Oberlausitz, ein alter Frühlingsbrauch, von Maibaumsetzen und Maitanz begleitet, waren nun zum Vorfest für den Tag der Freundschaft mit der Sowjetunion am 8. Mai mutiert und wurden vom Gemeinderat und einem von ihm bestellten Festkomitee organisiert. So heißt es in einem Protokoll aus der Gemeinde Nechern/Wurschen unter Tagesordnungspunkt 7, »Maifeier in Wurschen«: »Die Festfolge wird durch das Maikomitee festgelegt. Der Platz des Maibaumes wird auf dem Platz vor dem Kulturgebäude sein. Die Feier selbst findet auf dem Sportplatz statt. Abends – Maitanz.« *(vgl. KrA Bautzen, Bestand Nechern, Nr. 175/3)*

Abschließende Bemerkung

Das dörfliche Schrifttum der Nachkriegsjahre, wie es in den vorgestellten Briefen von Bürgerinnen und Bürgern, Gemeinderatsprotokollen, gemeindlichen Personalakten, Akten der landwirtschaftlichen Verwaltung der Bodenreform und den LPG-Registrierungen überliefert ist, hat überwiegend bürokratischen Charakter. Selbst die Umbrüche des Jahres 1945 scheinen in amtlicher Routine aufgehoben. Es präsentiert sich eine im Großen und Ganzen wieder gut hergestellte Ordnung, in der dörfliche Konflikte bearbeitet und lokale Erregungen durch amtliche Maßnahmen beschwichtigt werden konnten. Der amtliche Filter lässt wenige Ereignisse durchscheinen, die der Verwaltung etwas mehr Anstrengung abverlangten: unscheinbare Formen von Resistenz, Ängste der enteigneten Gutsbesitzerfamilien, Intrigen unter den dörflichen Nutznießern des gewonnenen Bodenreformlands.

Es überrascht die sprachliche Kompetenz der Texte und die zum Ausdruck kommende Selbstverständlichkeit der Kommunikation mit den Ämtern und innerhalb der Lokal- und Kreisverwaltung. Einigen Schreibenden ist der Humor nicht abhanden gekommen. Die Kunst der sprachlichen Pointierung scheint gepflegt worden zu sein. Sie gibt Spuren einer elaborierten und lebhaften dörflichen face-to-face-Kommunikation preis, von der Stadtmenschen nur träumen können.

In Gänze besehen bleibt das »Umsiedler«-Thema auffallend abwesend. Möglicherweise hat dies, abgesehen von der Tabuisierung, dem das Thema ganz offensichtlich unterlag, auch sprachlich-kommunikative Gründe. Die Art von Fremdheit, die mit den Flüchtlingen 1945 ins Dorf kam, musste erst im Stillen oder im Mündlichen verarbeitet werden, das Entwickeln von eigenen neuen sprachlichen Formulierungen brauchte Zeit.

Am erstaunlichsten aber ist, angesichts des gewaltigen, ja revolutionären Umbruchs, der mit der Enteignung der »Rittergüter« vollzogen wurde, die sprachliche Abwesenheit von Reflexion über diese einschneidende kulturelle und politische Erfahrung. Es scheint als habe der untergehenden, so besonderen Verfasstheit einer dörflichen Zivilgesellschaft, von der das Rittergutsdorf geprägt war, niemand eine Träne nachgeweint.

Anmerkungen

1 In den beiden Untersuchungsgebieten wurden die meisten Neubauernstellen in Sachsen eingerichtet. Der Anteil der sogenannten »Umsiedler«-Neubauern-Betriebe (landesweit 34 %) lag im Kreis Bautzen bei 22 %, im Kreis Grimma bei 29 %. Vgl. den Beitrag von Sönke Friedreich in diesem Band.

2 In den eingesehenen Bodenreform-Akten des Altkreis Grimma sind erwähnt: ein Brief an die Sowjetische Militäradministration (SMAD) (1947), an den Präsidenten der Deutschen Demokratischen Republik (1955, 1956), ein den örtlichen Behörden »angedrohter« Brief an den stellvertretenden Ministerpräsidenten Walter Ulbricht (1954), ein Antwortbrief von Staatspräsident Wilhelm Pieck (1955).

3 Für den Altkreis Grimma finden sich Kopien von Gemeinderatsprotokollen nur ausnahmsweise in den Bodenreformunterlagen bei entsprechender Thematik, vgl. z.B. KrA LK Leipzig, Bodenreformunterlagen, Nr. 17064.

4 Unmittelbar häusliche Nähe zum Tier war auch noch gegeben, als die Kuh- und Schweinehaltung in der LPG Typ III bereits kollektiviert war, denn für die »Hauswirtschaft« konnte jede LPG-Mitgliedsfamilie eigene Tiere halten, dies waren laut eines Statuts der LPG »Junge Garde« Seelingstädt: »1 Kuh mit Kälbern, 1 Schwein mit Nachwuchs, bis zu 5 Schafe, unbegrenzte Zahl: Ziegen, Geflügel, Kaninchen und anderes Kleinvieh, und bis zu 10 Bienenstöcke.« Vgl. KrA LK Leipzig, LPG-Gründungsprotokolle, Nr. 7958.

5 Auch in späteren Akten tauchen diese immer wieder auf; Flüchtlingspferde landeten zuweilen auch in den Ställen von Einheimischen und wurden weiterhin als »Flüchtlingspferd« oder »Pferd von Ostumsiedlern« identifiziert.

6 Schon während der nationalsozialistischen Herrschaft wurde der Begriff »Umsiedlung« zur Verharmlosung eingesetzt. Er verschleierte die Verschleppungen der jüdischen Bevölkerung aus ihren Heimatländern und aus den Ghettos in die Todeslager.

7 In der Akte von 1945 wird er als »Wende« bezeichnet, KrA Bautzen, Bestand Drehsa, Bürgermeister Fritz Q.: »Da das Dorf überwiegend von Wenden bewohnt wird und der jetzige Bürgermeister auch Wende ist, habe ich den dortigen Leiter der Domowina, Herrn Bäckermeister S. gebeten, einen geeigneten Mann zu finden«. In späteren Akten ist von »Sorben« die Rede, die neue Sprachregelung in der DDR.

8 In einer späteren Version des Lebenslaufs vom 7.10.1945, vgl. KrA Bautzen, Bestand Drehsa, Bürgermeister Fritz Q., erwähnte Oskar M. seine Arbeit auf Rittergütern und Betriebsratstätigkeit nicht (mehr), dort heißt es: »Ich arbeitete in der Landwirtschaft« und: »Politisch war ich niemals organisiert«. Zu diesem Zeitpunkt war es wohl politisch nicht mehr opportun, an Rittergut und demokratisches Betriebsratssystem der Weimarer Republik zu erinnern.

9 Möglicherweise ein russischer Kriegsgefangener, der in Deutschland geblieben war. Dass der Drehsaer Bürgermeister, der später in Drehsa angekommen war als Wladimir S., diesen dennoch als »ortsfremd« bezeichnet, sagt einiges aus über seine Selbstwahrnehmung und die (des-)

integrativen Potentiale des Dorfs.

10 Abkürzung für russisch »Gosudarstvennoe Politicheskoe Upravlenie« (Staatliche Politische Leitung); gemeint ist der sowjetische Geheimdienst; das GPU war schon seit 1934 in NKWD umbenannt, in Deutschland vermutlich noch aus nationalsozialistischem Sprachgebrauch gebräuchlich.

11 Flüchtlinge und Vertriebene in der SBZ waren in regionalen und lokalen politischen Ämtern in den ersten Nachkriegsjahren in hohem Maße integriert: 1949 stammten zwölf Prozent aller Kreistagsabgeordneten und Bürgermeister sowie 17 Prozent aller Kreisräte aus den ehemaligen deutschen Ostgebieten, vgl. Katrin Fröhlich, »Wir fanden in diesem ganzen Gewühl auch einen Platz«. Eine Flucht aus Schlesien, in: Ira Spieker/Uta Bretschneider (Hg.), Lebens(um)wege. Flucht, Vertreibung und Neubeginn in biographischen Skizzen (Thüringer Hefte für Volkskunde 19), Erfurt 2011, S. 43-62, hier S. 58.

12 Aussagen über die Beschäftigung von Zwangsarbeitern bzw. Kriegsgefangenen im eigenen landwirtschaftlichen Betrieb waren u. a. ein Kriterium für die Bemessung der NS-Belastung von Amtsträgern. Dem Bürgermeister R. wurde diesbezüglich aber von seiten seines Amtsnachfolgers ein gutes Zeugnis ausgestellt: R. sei schon seit 1921 Bürgermeister gewesen (d. h. nicht erst seit 1933), habe »sehr viel Gutes für die Gemeinde getan« und »im Krieg besonders für die Ausländer gesorgt«, vgl. KrA Bautzen, Bestand Nechern, Nr. 175/1.

13 Eine für beide Ortsteile geltende Liste vermerkt 17 Personen, überwiegend Frauen, die von der Wahl ausgeschlossen waren, darunter auch die Frau des Inspektors des Ritterguts Wurschen sowie der Inspektor selbst; vermutlich handelt es sich um NS-belastete Einwohner; 156 Personen blieben wahlberechtigt, vgl. KrA Bautzen, Bestand Nechern, Nr. 175/1. Die Liste vermerkt auch die Berufe der Wahlberechtigten, daraus erkennbar sind neben »Landarbeiterin« bzw. »Landarbeiter« auch die vielfältigen im Rittergut ausgeübten Funktionen wie »Melkmeister«, »Brennmeister«, »Förster«, »Kontoristin« usw., aber auch die im Dorf selbständigen Landwirtinnen und Landwirte sowie »Stickerinnen«.

14 Bei seiner Verhaftung im September 1945 hielt er sich beim früheren Bürgermeister R. auf, vgl. KrA Bautzen, Bestand Nechern, Nr. 175/1.

15 Die Herstellung von Saatgut scheint ein relevanter Wirtschaftszweig der ostelbischen Rittergüter gewesen zu sein; negativ spürbar wurde dies, als nach der Bodenreform diese Praxis nicht sofort ersetzt wurde in entsprechend großen Staatsgütern. Im Untersuchungsraum wurde dies 1955 in der Gemeinde Nechern/Wurschen artikuliert, vgl. KrA Bautzen, Bestand Nechern, Nr. 175/2. Vgl. eine ähnliche Diagnose für Brandenburg: Ines Langelüddecke, Fortschritt durch Saatzucht. Wie die DDR den adligen Gutsbesitzer Ferdinand von Lochow wiederentdeckte, in: Marcus Böick/Anja Hertel/Franziska Kuschel (Hg.), Aus einem Land vor unserer Zeit. Eine Lesereise durch die DDR-Geschichte, Berlin 2012, S. 67-77.

16 Der Teichmeister betrieb die Wurschener Teiche bis Mitte 1955 weiter als Pächter, vgl. KrA Bautzen, Bestand Nechern, Nr. 175/2.

17 Selbstverwaltung der sorbischen Gemeinden. Im Gebiet der Kreishauptmannschaft Bautzen/Oberlausitz wurde die Domowina einige Wochen vor dem hierzu erteilten Befehl der SMAD Nr. 2 vom 10. Juni 1945 wieder erlaubt. Vgl. Martin Broszat/Hermann Weber/Gerhard Braas (Hg.), SBZ-Handbuch. Staatliche Verwaltungen, Parteien, gesellschaftliche Organisationen und ihre Führungskräfte in der Sowjetischen Besatzungszone Deutschlands 1945–1949, München 1993, S. 804.

18 In einer zeitlich früheren Aussage hatte der Kreisrat schon vom »früheren Besitzer« gesprochen, die Enteignung also vorweggenommen, vgl. KrA Bautzen, Bestand Nechern, Nr. 175/1.

19 Für die Gemeinde Drehsa befinden sie sich in einer Akte des Ritterguts Drehsa, die in den Bestand der Gemeinde eingegangen ist, darin am Ende der Akte eine Aufstellung der 20 Neubauernstellen datiert vom 30.11.1948, und eine Gesamtliste der Neubauern und Kleinsiedler vom 12.12.1946. Vgl. KrA Bautzen, Bestand Drehsa, Besitzverzeichnisse, Pachtverträge.

20 Für die untersuchten Gemeinden des Kreises Bautzen liegen soweit bekannt keine Bodenreformakten vor. Im Untersuchungsgebiet Altkreis Grimma, heute Landkreis Leipzig, konnten einige wenige Bodenreform-Karten aufgefunden werden in: KrA LK Leipzig, Bodenreformunterlagen, Nr. 17063 und Nr. 17096.

21 Hinweise auf die vollzogene Bodenreform finden sich z. B. in: KrA LK Leipzig, Bodenreformunterlagen, Nr. 8305, darin z. B. Liste der Landübergaben an 28 Neubauernfamilien mit jeweils 8 ha vom 22.4.49, Erläuterungsbericht zur Ortslagenplanung vom 2.9.1947 (Aufteilung 258 ha Fläche des Ritterguts, 28 Neubauernstellen, 52 Siedlerparzellen, Schloss in gutem Zustand, für soziale Einrichtung geeignet, Rittergutsanlage von Teich und Bachgelände umgeben, deshalb für Errichtung von Neubauernstellen nicht geeignet, Brennerei benötigt Nebengebäude, die übrigen Gebäudeteile werden abgebrochen als Material für Bau der Neubauernstellen, vier Neubauernstellen sollen in der ehemaligen Schäfereianlage errichtet werden, alle andern entlang der nach Beiersdorf führenden Straße, Siedlerstellen auf dem Gelände zwischen ehemaliger Schäferei und Bahnhofsgelände), Protokoll Übereignung Grund und Boden aus dem enteigneten Gut des ehemaligen Besitzers Werner Bretschneider-Bodemer, Seelingstädt, vom 13.2.1946 (Unterschriften von sechs Mitgliedern der Gemeindekommission inkl. Bürgermeister).

22 Der Vorsitzende Richard M. erscheint auch als Unterzeichnender der Feststellung der Enteignung des Guts des ehemaligen Besitzers Werner Bretschneider-Bodemer in: KrA LK Leipzig, Bodenreformunterlagen, Nr. 8305. Es unterschrieben die Mitglieder der Gemeindekommission Richard M. (Neubauer), Otto M., Martha C., Kurth O., Hein D. und Bürgermeister Richard S.

23 In der Akte KrA LK Leipzig, Archiv Vermögensamt, Nr. 2110, befindet sich eine aus anderen Akten zusammengestellte Liste von 14 enteigneten Rittergutsbesitzerfamilien im Altkreis Grimma. Eine solche Liste fehlt in den Akten der Bodenreformstatistik für den Kreis Bautzen; sie scheint nachträglich entfernt worden zu sein, da sie in einem Schreiben vom 31.10.1946 als mitgeschickt erwähnt wird, vgl. KrA Bautzen, Rat des Kreises Bautzen, Bestand 509: Bodenreform.

24 Literaturhinweise zu dieser Debatte in: Arnd Bauerkämper, Die Bodenreform in Sachsen-Anhalt zwischen Neuanfang und Kontinuität, unter: http://www.fes.de/magdeburg/inhalt/1_7_5.html (Zugriff am 6.5.2013), S. 1, Anm. 1. Einige Altbesitzerfamilien haben nach der Wende ihre Immobilien zurückgekauft, so die Familie Solms, Gemeinde Nechern/Wurschen.

25 Für die ganze SBZ gilt: Es wurden 14.000 landwirtschaftliche Betriebe beschlagnahmt, davon 7.100 Güter mit Flächen über 100 ha, vgl. Bauerkämper, Bodenreform (wie Anm. 24), S. 12.

26 Zu den Flächen der enteigneten Betriebe wurden verstreute Liegenschaften des Staates beigefügt, die künftig im Bestand des Bodenfonds geführt wurden (Landwirtschaft: 197 Hektar, Staatswälder: 173 Hektar).

27 In den untersuchten Bodenreformunterlagen des Altkreises Grimma findet sich ein einziger Hinweis auf (vermutlich jüdische) Bodenempfänger, die als »rassisch Verfolgte« ausgewiesen wurden.

28 Bezogen auf die ganze SBZ fielen 30 % der enteigneten Flächen an den Staat, vgl. Bauerkämper, Bodenreform (wie Anm. 24), S. 12.

29 Unter dem Druck der SED gab die CDU mit dem neuen Vorsitzenden Jakob Kaiser ihre prinzipielle Ablehnung der Neubauernhilfe im Januar 1946 dann auch auf und richtete ein eigenes »Umsiedlerreferat« ein, vgl. Stefan Donth, Die Sowjetische Militäradministration in Deutschland und die Vertriebenenpolitik der CDU in Sachsen von 1945 bis 1952, unter: http://www.kas.de/upload/ACDP/HPM/HPM_18_11/Donth.pdf (Zugriff am 15.5.2013), S. 13-47, hier S. 25-32.

30 Von den in die westlichen Besatzungszonen Geflüchteten waren 1949 die Hälfte »Umsiedler«, in späteren Jahren immer noch etwa ein Drittel, vgl. Donth, Militäradministration (wie Anm. 29), S. 47.

31 In Vorgängen der untersuchten Bodenreformunterlagen des Altkreis Grimma hat der Status »Umsiedler« dennoch immer wieder eine identifikatorische Bedeutung, s. im Folgenden der Darstellung.

32 Von den im Archiv des Landkreises Leipzig aufbewahrten Akten für den Altkreis Grimma konnten sechs Konvolute zur Administration der Bodenreformflächen erschlossen werden; sie wurden für die jeweilige Besitzerfamilie bis in die 1980er Jahre geführt, auch nachdem der Boden längst in die LPG eingebracht war. [Angesichts der Auslöschungstaktik, mit der die Enteignung der Rittergüter gehandhabt wurde, überrascht die Akribie dieser Dokumentation. Die Identität des Bodenreformlandes wurde bis zur Wende 1989/90 gewahrt.] Herkunftsorte von Umsiedlerfamilien in diesen Akten sind: Schlesien (Militsch, Ohlau), Sudetenland (Suggorat), Rumänien, Ungarn, Ostpreußen (Memel, Lichtenroda, Begehnen, Insterburg), aber auch ein so weit entfern-

ter Ort wie Zhitomir in der Ukraine. Vgl. KrA LK Leipzig, Bodenreformunterlagen, Nr. 17063.

33 Von den im Archiv des Landkreises Leipzig aufbewahrten Akten für den Altkreis Grimma konnten drei Aktenkonvolute zu LPG-Registrierungen erschlossen werden.

34 Es handelte sich hier um einen Hof von nur 28 Hektar, der an elf Neubauern und einige Altbauern verteilt wurde. Seine Eigentümerfamilie fiel unter die Kategorie »Kriegsverbrecher«, die auch dann enteignet wurden, wenn das Gut weniger als 100 Hektar umfasste. Von seiten des Eigentümers gab es mehrere Beschwerden. Er führte sie von einem Internierungslager aus, das in der Westzone lag: Deutsches Internierungslager, H.L.F. – Block B – Handw.Gemeinde, Darmstadt (Großhessen), vgl. KrA LK Leipzig, Bodenreformunterlagen, Nr. 8299. Der Familie des Internierten, nicht ihm selbst, wurde erlaubt, in den Kreis Döbeln nach Sachsen zurückzukehren.

35 Da die Bodenreformakten nicht fallbezogen geordnet sind und bis zu 500 Seiten umfassen, scheint die Dauer solcher Konfliktgeschichten dadurch noch potenziert, dass sie immer wieder sporadisch auftauchen und zu gleichsam unendlichen Geschichten ausarten, im vorliegenden Fall datieren die Schriftsätze von 1946 bis 1949.

36 Daten sind aus den amtlich erstellten Abschriften ersichtlich.

37 Sie werden als »Neubauern« bezeichnet, waren also wohl Einheimische, die Land erhalten hatten.

38 Vgl. die Charakteristik dörflicher Konflikte im Kontext des Nationalsozialismus in: Wolfgang Erler/Ursula Schlude, Zur Sprache der Dinge im Rückblick auf die NS-Zeit. Zwei Fallbeispiele aus einem fränkischen Dorf, in: Lutz Niethammer (Hg.), »Wir kriegen jetzt andere Zeiten«. Auf der Suche nach der Erfahrung des Volkes in nachfaschistischen Ländern, Berlin 1985, S.152-172.

39 Fälle von Familienakkumulation von Bodenreformland wurden streng observiert. Auch in der monatlichen Bodenreformstatistik wurde danach gefragt, ob die Landstücke, die nominell verschiedenen Neubauernstellen zugehörten, »von einem Hof aus bewirtschaftet werden«, was auf Akkumulation hätte hinweisen können. »Umsiedler«- und Neubauernfamilien konnten ihr Land nur dann an ein Kind weitergeben, wenn dieses die Wirtschaft führte. In einem Fall in der Gemeinde Seelingstädt wurde z.B. nicht erlaubt, die Neubauernstelle an einen minderjährigen Enkel abzugeben. Der »Umsiedler«-Neubauer drohte daraufhin der Kreisbodenkommission mit einer Beschwerde »an den stellvertretenden Ministerpräsidenten Walter Ulbricht«. Vgl. KrA LK Leipzig, Bodenreformunterlagen, Nr. 17064.

40 Ein Neubauernbetrieb erhielt 1946 beispielsweise: einen Spreuwagen, eine Lochmaschine für Kartoffeln, eine Holzwalze, einen Rübenheber, einen Igel, eine Mistgabel, eine Schaufel, einen Rechen, eine Abstechgabel, eine Düngermulde, zwei Körbe, vier Wagenräder und zwei Achsen zum Ausbau eines Wagens, einen Behnert, eine Rübenhacke. Vgl. Listen bei der Übergabe von Neubauernstellen in Großsteinberg in: KrA LK Leipzig, Bodenreformunterlagen, Nr. 8299.

41 Es handelte sich um den Vorsitzenden der Ortsbodenkommission von Großsteinberg und ehemaligen Bürgermeister Max. H., den Widersacher von Joseph B. in der Waldgeschichte.

42 Wegen Eigenmächtigkeiten dieser Art wurde am 13.3.1949 die Vergabe von Neubauernstellen durch die Ortsbodenkommissionen verboten, vgl. KrA LK Leipzig, Bodenreformunterlagen, Nr. 8299.

43 Für ehemalige Mitglieder der NS-Partei wurde der Eintritt in die SED bereits Mitte 1946 möglich, die Beschränkungen für NSDAP-Mitglieder wurden mit einem Gesetz vom September 1952 aufgehoben. Vgl. Sandra Meenzen, Praktizierter Antifaschismus. Der Funktionär Heinz Tittl und der Umgang der SED mit einer NSDAP-Vergangenheit, in: Marcus Böick/Anja Hertel/Franziska Kuschel (Hg.), Aus einem Land vor unserer Zeit. Eine Lesereise durch die DDR-Geschichte, Berlin 2012, 25-35, hier S. 26.

44 Am Beispiel Oberfranken dargestellt in: Heide Inhetveen/Ursula Schlude/Wolfgang Erler, Frauen, Dorf und Nationalsozialismus: Erkundungen im Fränkischen Jura (Ms. DFG-Abschlussbericht, UB Erlangen/Bibliothek Institut für Zeitgeschichte München), Institut für Soziologie Erlangen 1987, S. 128-143.

45 Bürgermeisterinnen erscheinen in den eingesehenen Akten beider Regionen immer wieder; es waren meist unverheiratete Frauen, erkennbar an der damals noch gebräuchlichen Anrede »Fräulein«, so z.B. in der Gemeinde Großsteinberg (Altkreis Grimma), sowie den Gemeinden Drehsa (zwei Fälle) und Storcha (Landkreis Bautzen).

46 Die Tagesordnungspunkte einer vom Bürgermeister anberaumten Bauernversammlung im April 1951 in der Gemeinde Cannewitz lauteten: 1. Sauen gedeckt? 2. Bekanntmachung über Entschädigung von Rotlauf-Verlusten 3. Bildung einer Gesundheitskommission 4. Durchführung der Fangstreifen – Kartoffel 5. Rückständige Landwirte über Zahlung der Ingenieursgebühren erinnern 6. Wiesenbewertungskommission 2 Mann 7. Wettbewerbskommission 8. Tabakanbau – Bekanntmachg. Schwefelsaures Kali 9. VdgB Arbeitskleidung 10. Sämereien – Abholung in der Dorfgenossenschaft Baruth 11. Mitschurin-Feld 12. Differenzierung. Vgl. KrA Bautzen, Bestand Cannewitz, Nr. 107/1.

47 Jährlich erfolgende Einstufung von Vatertieren in Zuchtwertklassen.

48 Dreschgemeinschaften waren im bäuerlichen Dorf nichts Neues; neu am Angebot in der Gemeinde Nechern war die soziale Komponente, dass die »Bauern ohne Scheune« zuerst dran kamen.

49 Ohne hier einen Vergleich mit nationalsozialistischer Herrschaft anstrengen zu wollen, sei dennoch verwiesen auf vergleichbare Befunde dorfbezogener Obstruktionen gegenüber der großen Politik in der Studie: Inhetveen/Schlude/Erler, Frauen, Dorf (wie Anm. 44).

50 Storcha war ein großbäuerliches Dorf; Familien aus der Gemeinde flohen 1953 in den Westen und hinterließen ihre Betriebe als sogenannte »devastierte« Höfe, die dann verstaatlicht und in die LPG eingebracht wurden. Vgl. KrA Bautzen, Rat des Kreises Bautzen, Niederschriften der Sitzungen.

51 Von russisch »subbota« = Samstag, also eigentlich keine sonntäglichen, sondern samstägliche Dienste.

52 Vgl. die auf religiöser Ebene ausgetragen Auseinandersetzungen mit dem Nationalsozialismus am Beispiel von Dörfern in Oberfranken in: Heide Inhetveen, Religion, Konfession und dörfliche Kultur, in: Dies./Schlude/Erler, Frauen, Dorf (wie Anm. 44), S. 336-520.

53 In der Gemeinde Drehsa war 1952 von Planung die Rede. Vgl. KrA Bautzen, Rat des Kreises Bautzen, SGB 1, Teilbestand Ratssitzungen 1952. Die Gemeinde Cannewitz plante den Sportplatz Mitte 1951, anlässlich der Weltjugendfestspiele in Berlin. Vgl. KrA Bautzen, Bestand Cannewitz, Nr. 107/1.

54 In der vorausgehenden Gemeindevertretersitzung, bei der Bürgermeisterin Fräulein Q. ihren Rücktritt bekanntgab, wurde am »freien Auslauf der Patienten« Kritik geübt; ein Gemeindevertreter versicherte den Anwesenden, »dass die Patienten nicht ansteckend seien, weil sie keine offene Tbc haben«. Vgl. KrA Bautzen, Bestand Drehsa, Nr. 175/3.

55 Falco Werkentin (Hg.), Der Aufbau der »Grundlagen des Sozialismus« in der DDR 1952/53, Berlin 2007, S. 7.

56 Vgl. der stacheldraht 5 (2011), S. 6.

Quellenverzeichnis

KrA Bautzen, Bestand Cannewitz
Nr. 107/1: Protokolle der Gemeinderatssitzungen, 1950–1955

KrA Bautzen, Bestand Drehsa
Besitzverzeichnis, Pachtverträge, 1922–1948
Dreßa, Bürgermeister Fritz Q., 1945–1954
Kandidaten des Ortsblocks der Gemeinde Drehsa zur Volkswahl 1950, 1950–1953
Protokolle der Gemeinderatssitzungen, 1949–1954

KrA Bautzen, Bestand Nechern
Nr. 175/1: Allgemeines der Gemeinde, 1956 (1945–1953)
Nr. 175/2: Protokolle der Gemeinderatssitzungen, 1955.
Nr. 175/3: Protokolle der Gemeinderatssitzungen, 1949–1954

KrA Bautzen, Kreisrat Bautzen
Bestand 509: Bodenreform (Statistik, Berichterst.), 1946–1950

KrA Bautzen, Rat des Kreises Bautzen
Niederschriften der Sitzungen vom 1.1. bis 8.7.1953.
SGB 1, Teilbestand Ratssitzungen 1952
SGB 3, Teilbestand Ratssitzungen 1950

KrA, LK Leipzig, Archiv Vermögensamt
Nr. 2110: [Enteignungen und Restitutionen], 1945–1997

KrA, LK Leipzig, Bodenreformunterlagen
Nr. 8299: Gemeinde Großsteinberg, 1946–1952
Nr. 8305: Großbothen, Kleinbothen, Kloster Nimbschen, Seelingstädt, 1945–1952
Nr. 17063: Gemeinde Großsteinberg II und Großbothen, 1950–1987
Nr. 17064: Gemeinde Sermuth und Seelingstädt, 1950–1980er Jahre
Nr. 17096: Gemeinde Sermuth und Seelingstädt III, 1950–1980

KrA, LK Leipzig, LPG-Gründungsprotokolle
Nr. 7958: LPG Ammelshain, Bernbruch, Skoplau, Motterwitz, Bockwitz, Beiersdorf, Seelingstädt, Rohrbach, Belgershain, Zschoppach, o.J.
Nr. 7960: LPG Collmen, Zschadraß, Commichau, Skoplau, Seidewitz, Großsteinberg, Grimma, 1952–1960
Nr. 7962: LPG Kleinbothen, Kössern, Schaddel, Hohnstädt, Bahren, Grimma, Grethen, Großsteinberg, 1955–1962

StadtA Bautzen, 63004: Rat der Stadt
Nr. 6: Neuaufbau in Verwaltung und Schulwesen, Dez. 1945–April 1948

StFilA Bautzen, 50023: Katasteramt Bautzen
Nr. 1064: Grundsteuerkataster über das Dorf Nechern bei Weißenberg

StFilA Bautzen, 50069: Rat des Bezirkes Dresden, Abteilung Liegenschaften Außenstelle Bautzen (Katasteramt Bautzen)
Nr. 145: Flurbuch über Drehsa
Nr. 146: Nachtrag zum Flurbuch über Drehsa
Nr. 147: Grundsteuerkataster über Drehsa
Nr. 823: Flurbuch über Wurschen
Nr. 824: Grundsteuerkataster über das Dorf Wurschen bei Budissin
Nr. 825: Namensverzeichnis zum Besitzstandsbuche über Wurschen
Nr. 829: Flurbuch über das im IV. Steuerkreise im Steuerbezirk Budissin liegende Rittergut und Dorf Nechern bei Weißenberg
Nr. 831: Namensverzeichnis für Nechern

Zwischen Geschichte und Erinnerung
»Umsiedler« und Neubauern in der Literatur der SBZ/DDR

Nadine Kulbe

Die Vergangenheit war noch nicht vergangen; solange noch einer nach dem Warum der Umsiedlung fragte, war die Vergangenheit nicht vergangen.
Franz Fühmann: Böhmen am Meer, S. 30[1]

Mögen Erinnerungen auch keine verläßliche Quelle sein, mögen sie sich verändern und Gelebtes mit Gehörtem verwechseln, sie sind dennoch die einzige Wirklichkeit, die wir in uns haben.
Ursula Höntsch: Wir Flüchtlingskinder, S. 7

Wie sind wir so geworden, wie wir heute sind? Eine der Antworten wäre eine Liste mit Buchtiteln.
Christa Wolf: Kindheitsmuster, S. 477

Geschichte und Erinnerung

Als »unerwünschte Erfahrung« bezeichnet die Literaturwissenschaftlerin Ursula Heukenkamp das,[2] was durch und nach dem Zweiten Weltkrieg Spuren in den Menschen hinterlassen hat, die auf dem Gebiet der SBZ und späteren DDR lebten und leben. Gemeint ist damit, dass der Krieg und seine Auswirkungen das Leben der Menschen vor und nach der »Stunde Null« bestimmt haben, dass die politische Führung der SBZ/DDR diese Erfahrungen aber, sofern sie sich nicht für den Aufbau des Sozialismus instrumentalisieren ließen, zum großen Teil aus der Wirklichkeit verbannen wollte. Im Speziellen kann man darunter fassen, was vier Millionen Menschen, die aus den ehemaligen deutschen Gebieten im östlichen Europa geflüchtet waren oder von dort vertrieben und auf dem Gebiet der SBZ/DDR angesiedelt wurden, erlebt haben: ihr Leben in der »alten Heimat«, die Flucht oder Vertreibung von dort, der Weg bis auf deutsches Gebiet westlich der Oder-Neiße-Grenze und schließlich die Ankunft in der »neuen Heimat«. Die neuen Grenzen durften nicht infrage gestellt werden, was bedeutete, dass der Wunsch auf Rückkehr erstickt, die neue Heimat akzeptiert und durch Integrationsmaßnahmen und Integrationswillen eine Eingliederung der neuen Bewohner in die alteingesessene Bevölkerung erreicht werden sollte. Doch waren die individuellen Erfahrungen der Menschen – der neuen wie auch der alten Bewohner

– nicht ohne weiteres auf eine politisch konforme Ebene zu nivellieren, sie konnten auch nicht einfach aus der Wirklichkeit gestrichen werden.

Auch unter den Schriftstellern der SBZ/DDR waren solche, die nach dem Ende des Zweiten Weltkrieges aus Polen oder der Tschechoslowakei »umgesiedelt« worden waren, die die Erfahrung von Flucht oder Vertreibung gemacht hatten und diese in ihrer Erinnerung bewahrten – und die diese Erinnerungen in einigen ihrer Texte im doppelten Wortsinne »verarbeiteten«. Aber nicht nur diese »Umsiedler«-Schriftsteller – Franz Fühmann, Christa Wolf, Ursula Höntsch –, sondern auch Autoren, die vergleichbare Erlebnisse nicht gehabt hatten (wie Annemarie Reinhard, Erik Neutsch, Erwin Strittmatter), beschrieben Flucht, Vertreibung, »Umsiedlung« und deren Konsequenzen. Zwischen den Gegensatz von offizieller Geschichte und individueller Erinnerung trat als vermittelndes Element das der Verarbeitung der »unerwünschten Erfahrungen« in der Literatur. Die Frage, die sich dabei stellt, ist, wie Flucht, Vertreibung und »Umsiedlung« in literarische Texte eingebaut wurden. In welchem Ausmaß bevölkern Figuren von Flüchtlingen, Vertriebenen und »Umsiedlern« Romane, Erzählungen oder Dramen? Sind sie eine Randerscheinung, ein seltener Gast?

Welchen Sinn hat es zu untersuchen, ob die »Umsiedlung« ein Thema für literarische Texte gewesen ist, wenn doch die Literatur der SBZ/DDR einem politischen Diktum der Verfremdung, Instrumentalisierung und der Zensur unterworfen war? Neben der primären Funktion der Unterhaltung geben literarische Texte nicht nur Einblicke in die (künstlerische) Wahrnehmung historischer Vorgänge, sondern auch in das Selbstbild einer Gesellschaft in einer bestimmten Zeit. Im Fall der SBZ/DDR beanspruchte diese für sich, die ab 1945 millionenfach ins Land geströmten Flüchtlinge und Vertriebenen nicht nur aufgenommen und unterstützt, sondern auch erfolgreich integriert zu haben. Literarische Texte sind in diesem Sinne eine Ergänzung archivalischer Quellen, autobiografischer Aufzeichnungen oder auch von Zeitzeugeninterviews, denn sie erweitern nicht nur den Blick um ein massenhaft zur Verfügung stehendes Medium, das von mit der offiziellen Darstellung konformen bis hin zu subversiven Inhalten reichen konnte, sondern sie stehen gleichermaßen zwischen einer offiziellen Historiografie und persönlichen Geschichte(n). Literatur, in diesem Sinne verstanden, besitzt eine Gedächtnisfunktion, denn sie bewahrt eine besondere Form der Erinnerung: eine ästhetische, überformte, oft verfremdete, unter einem bestimmten – oft persönlichen – Blickwinkel bewahrte Erinnerung zwar, aber dennoch eine Erinnerung an ein historisches Faktum.

Wenn man einige literarische Texte, die zwischen 1945 und 1989 in der SBZ/DDR entstanden sind, genauer betrachtet, fällt auf, dass Flucht und Vertreibung, Flüchtlinge, Vertriebene und »Umsiedler« und alles, was damit in Verbindung steht, nicht gänzlich verschwiegen wurden. Es gab zwar »Leerstellen«, aber das Thema mit allen Randerscheinungen wurde nicht völlig totgeschwiegen. Es stellt sich somit die Frage, wie die »unerwünschten Erfahrungen« und ihre literarischen Schilderungen zusammenpassen.

Es soll im Folgenden nicht darum gehen, den historischen Wahrheitsgehalt oder die Authentizität der literarischen Darstellung von Flucht, Vertreibung und »Umsiedlung« zu untersuchen. Vielmehr ist interessant, welche Wahrheit literarische Texte erst schufen, welches Bild sie vermittelten und welcher Funktionalisierung sie unterworfen waren. Der Aufbau der folgenden Ausführungen ist daher so angelegt, dass zuerst ein Überblick über die Literaturgeschichte und die Literaturpolitik der DDR gegeben wird. Danach wird die Darstellung von Flucht, Vertreibung und »Umsiedlung« in ausgewählten Texten der DDR-Literatur erfolgen, die bisweilen mit denen in der Literatur der BRD und der gesamtdeutschen Nachwende-Literatur kontrastiert werden soll.

Die Politik und die Aufgaben der Literatur

Stärker noch als in anderen Ländern waren Politik und Kultur in der SBZ/DDR zwischen 1945 und 1989 eng miteinander verzahnt, sollte insbesondere die Literatur politische Vorgaben, die auf die Herausbildung, Entwicklung und Manifestierung einer neuen sozialistischen Gesellschaft ausgerichtet waren, aufnehmen und umsetzen.

Nach der Wiederzulassung »antifaschistischer« Parteien in der SBZ am 10. Mai 1945 veröffentlichte das Zentralkomitee der Kommunistischen Partei Deutschlands (KPD) am folgenden Tag einen Aufruf, in dem die Partei den »gewissenlosen Ausbeutern und Verbrechern« des Faschismus und deren »imperialistischen Auftraggebern« die Schuld am Krieg und dessen Folgen gab: »Der totale Krieg Hitlers – das war der ungerechteste, wildeste und verbrecherischste Raubkrieg aller Zeiten. Das Hitlerregime hat sich als das Verderben für Deutschland erwiesen: denn durch seine Politik der Aggression und der Gewalt, des Raubes und des Krieges, der Völkervernichtung hat Hitler unser eigenes Volk ins Unglück gestürzt und es vor der gesamten gesitteten Menschheit mit schwerer Schuld und Verantwortung beladen.«[3] Die KPD versäumte es nicht, selbst – voller Pathos – einen Teil der Verantwortung an der »faschistischen Pest« einzugestehen: »Wir deutschen Kommunisten erklären, daß auch wir uns schuldig fühlen, indem wir es trotz der Blutopfer unserer besten Kämpfer infolge einer Reihe unserer Fehler nicht vermocht haben, die antifaschistische Einheit der Arbeiter, Bauern und der Intelligenz entgegen allen Widersachern zu schmieden, im werktätigen Volk die Kräfte für den Sturz Hitlers zu sammeln, in den erfolgreichen Kampf zu führen und jene Lage zu vermeiden, in der das deutsche Volk geschichtlich versagte.« Gemeint war mit dieser »Reihe unserer Fehler« vor allem die Weigerung, gemeinsam mit der Sozialdemokratischen Partei Deutschlands (SPD) zu Beginn der 1930er Jahre gegen die Nationalsozialistische Deutsche Arbeiterpartei (NSDAP) zu opponieren, stattdessen die Sozialdemokratie – und gerade nicht den Nationalsozialismus – als Feind des Kommunismus zu betrachten. Mit der Vereinigung von SPD und KPD zur Sozialistischen Einheitspartei Deutschlands (SED) im April 1946 wurde dieser »Fehler« in der SBZ revidiert.

Den dritten Schuldigen am »Hitler-Faschismus« erkannte die KPD im »deutschen Volk«, dessen nicht unbedeutender Teil »Mitschuld und Mitverantwortung für den Krieg und seine Folgen« trug: »Ihr Teil Schuld [sic!] tragen auch die zehn Millionen Deutsche, die 1932 bei freien Wahlen für Hitler stimmten, obwohl wir Kommunisten warnten: ›Wer Hitler wählt, wählt den Krieg!‹ [...] Unser Unglück war, daß Millionen und aber Millionen Deutsche der Nazidemagogie verfielen, daß das Gift der tierischen Rassenlehre, des ›Kampfes um Lebensraum‹ den Organismus des Volkes verseuchen konnte. [...] So wurde das deutsche Volk zum Werkzeug Hitlers und seiner imperialistischen Auftraggeber.«

In zehn Punkten schilderte der Aufruf des ZK der KPD den Weg aus der gesellschaftlichen Misere und forderte eine gemeinsame Verantwortung, um »die Sache der Demokratisierung Deutschlands [...] zu Ende zu führen [...].«[4] Und zwar, indem Deutschland »den Weg der Aufrichtung eines antifaschistischen, demokratischen Regimes, einer parlamentarischen Republik mit allen demokratischen Rechten und Freiheiten für das Volk« gehen solle. Für die »mitschuldigen« Millionen Deutschen hieß dieser Weg der »demokratischen Erneuerung«, des »Wiederaufbaus Deutschlands« und der »Neugeburt unseres Volkes« die (kulturelle) (Um-)Erziehung im Sinne einer geistigen Umkehr und eines ideologischen Wandels. Diese kulturelle und ideologische Umerziehung konnte nur durch eine gänzliche Erneuerung der Kultur geschehen. Daher rekrutierten die Besatzer in Form der Sowjetischen Militäradministration in Deutschland (SMAD) neben den in der Sowjetunion (SU) geschulten Politikern wie Walter Ulbricht (1893–1973) und Wilhelm Pieck (1876–1960) z.B. auch Exilschriftsteller aus der SU, Lateinamerika und den USA, darunter Johannes R. Becher (1891–1958), Friedrich Wolf (1888–1953), Anna Seghers (1900–1983), Ludwig Renn (1889–1979) und Bertolt Brecht (1898–1956), die das neue politische und gesellschaftliche System repräsentieren sollten und die eine »gemeinsame politische Überzeugung«[5] einte: die des Kommunismus.

Die erste kulturpolitisch bedeutsame Institution, die 1945 in der SBZ ins Leben gerufen wurde, war der »Kulturbund zur demokratischen Erneuerung Deutschlands«, dessen Gründungsmanifest die Leitbegriffe für die zukünftige kulturelle Arbeit mit dem Ziel der Gesundung des »nazistischen Deutschlands« zementierte: Antifaschismus, Antimilitarismus und bürgerlich-humanistisches Kulturerbe. Unter allen künstlerischen Ausdrucksformen wurde insbesondere die Literatur als Möglichkeit der (Um-)Erziehung des Volkes ins Visier genommen. Schon Anna Seghers hatte 1944 im Exil – halb resignativ, halb hoffnungsfroh – festgehalten, dass »allerorts gestritten [wird], wie man den Verlorenen Sohn, den deutschen Jugendlichen ›erziehen‹ kann. Unter ›Umerziehung‹ versteht man ungefähr Heilung, denn Umerziehung setzt irgend eine, wenn auch falsche Erziehung voraus. Wo und was soll man umerziehen, wenn die Brüder und Väter mit nationalen Begründungen zum Abschlachten von Juden und zum Massenmord von Gefangenen abgerichtet wurden? Das erhabenste Kunstwerk kann kaum ein Gehirn ›umerziehen‹, das durch diese Dressur gegangen ist. Doch bei der Umwandlung des Volkes kann jenes Buch oder jenes Drama nützlich sein, das der Jugend einige verlorene Begriffe, einige längst gefälschte Begebenheiten eindeutig darstellt.« Der Literatur, vor allem der erzählenden Literatur, den Vorzug vor z.B. der Malerei zu geben, lag und liegt in der geringeren Hemmschwelle zu ihrer Rezeption und in der eingängigeren Darstellungsweise begründet, denn Kunst, im Sinne der Kulturpolitik der SBZ/DDR verstanden, sollte wirklichkeitsnah, volksverbunden und allgemeinverständlich sein. Den Erfolg, den die Literatur hier tatsächlich hatte, verdeutlichen die Zahlen zur Buchproduktion: Zwischen 1945 und 1990 wurden in der SBZ/DDR insgesamt 215.000 Titel mit einer Gesamtauflage von vier Milliarden

Exemplaren verlegt. Für ein Land mit 16 bis 17 Millionen Einwohnern entsprach das einem statistischen »Jahresverbrauch« pro Kopf von sechs bis neun Büchern.[6]

Den Namen, den man für die neue, volksnahe Kunstrichtung fand, war der des »sozialistischen Realismus«. Er bestimmte maßgeblich alle künstlerischen Ausdrucksformen in der SBZ/DDR bis zu deren Ende. Die Kulturpolitik und mit ihr die Ausrichtung der Kunst hin zum »sozialistischen Realismus« wurden allerdings nicht erst nach dem Ende des Zweiten Weltkrieges entworfen. Sie gehen zurück auf Entwicklungen in der SU in den frühen 1930er Jahren und fußten auch auf Überlegungen emigrierter (deutscher) Politiker und Künstler wie dem ungarischen Philosophen und Literaturwissenschaftler Georg Lukács (1885–1971), dem Schriftsteller und späteren SED-Funktionär Alfred Kurella (1895–1975) und dem Dichter, DDR-Minister für Kultur, Präsident des Kulturbundes und Verfasser des Textes der Nationalhymne der DDR, Johannes R. Becher: Im Sommer des Jahres 1934 fand in Moskau der »Erste Allunionskongress der Sowjetschriftsteller« unter der Präsidentschaft von Maxim Gorki (1868–1936) statt, auf dem eine gänzlich neue Position des Dichters in der sozialistischen Gesellschaft entwickelt und ein kultureller Gegenpart zur faschistischen Bedrohung aus Deutschland geschaffen werden sollte. Zahlreiche deutsche Schriftsteller nahmen an diesem Kongress teil und zeigten sich, wie der Publizist Wieland Herzfelde (1896–1988), tief beeindruckt von der Bedeutung, die der Literatur in der SU beigemessen wurde: »Diesen Literaturenthusiasmus eines ganzen Landes muss man erlebt haben, um zu verstehen, dass dieser Kongress ohnegleichen in der Geschichte ist.« Im Ergebnis der Vorträge und Diskussionen wurde einerseits der sowjetische Schriftstellerverband gegründet, andererseits der »sozialistische Realismus« als verbindliche Norm künstlerischen Schaffens festgelegt – nicht nur für die SU, sondern nach dem Ende des Zweiten Weltkrieges auch für alle anderen kommunistischen Staaten, die unter sowjetischem Einfluss standen. Für alle Folgezeit wurde der »sozialistische Realismus« folgendermaßen als Richtlinie sowohl der Literaturproduktion und -theorie, wie auch der Literaturkritik definiert: »Der sozialistische Realismus, der die Hauptmethode der sowjetischen schönen Literatur und Literaturkritik darstellt, fordert vom Künstler eine wahrheitsgetreue, historisch konkrete Darstellung der Wirklichkeit in ihrer revolutionären Entwicklung. Wahrheitstreue und historische Konkretheit der künstlerischen Darstellung muß mit den Aufgaben der ideologischen Umgestaltung und Erziehung der Werktätigen im Geiste des Sozialismus verbunden werden.«[7] Vier Forderungen wurden an die literarischen Werke gestellt:

- ihnen sollte eine lebensechte und volkstümliche Darstellung eigen sein, es sollte keine Unterscheidung in »hohe« und »niedere« Literatur mehr geben, sondern eine Literatur für alle;
- sie sollten den Klassenkampf und soziale Ideen abbilden sowie Partei für den Kommunismus ergreifen;
- sie sollten gesellschaftlichen Optimismus und die Hoffnung auf eine bessere Zukunft verbreiten;
- und schließlich sollte in ihnen ein positiver und »typischer« Held auftreten, wobei typisch nicht im Sinne des Durchschnittlichen, sondern des Nachahmenswerten gemeint war.

Der »sozialistische Realismus« in der Prägung der SBZ/DDR fußte auf dem sogenannten Erbekonzept: Die Schriftsteller der Klassik und des Bürgertums des 18. und 19. Jahrhunderts (wie Goethe, Schiller, Fontane) galten für die Kunst der SBZ/DDR als Leitbilder, da sie in der Auslegung der Kulturpolitiker ein kritisches Abbild ihrer »kapitalistischen Wirklichkeit« im humanistischen Geist entworfen hätten. Ihr moralisches Engagement, gegossen in die Form der Literatur, sollte nun, nach der »Barbarei des Faschismus«, wieder zum literarischen Programm werden. Insbesondere Johann Wolfgang von Goethe wurde an den Anfang einer Traditionslinie gesetzt, aus der schließlich die sozialistische, wirklichkeitsverbundene und volksnahe Literatur der SBZ/DDR hervorgehen sollte: »Erst weit über hundert Jahre, nachdem Goethe die Feder für immer aus der Hand legen mußte, haben die Arbeiter und Bauern, die Angestellten und Techniker, haben die Werktätigen der Deutschen Demokratischen Republik begonnen, diesen dritten Teil des ›Faust‹ mit ihrer Arbeit, ihrem Kampf für Frieden und Sozialismus zu schreiben.« (Walter Ulbricht 1962 in einer Rede vor dem Nationalrat der Nationalen Front). Vor allem in Goethes »Faust-Figur entdeckte die SED die Inkarnation des vom Geist des Humanismus erfüllten tätigen Menschen, dessen Produktivität den Arbeitern der DDR ein Vorbild sein sollte.«[8]

Auf zahlreichen Kongressen und Parteikonferenzen der SED wurden Schriftsteller und alle anderen Künstler seit Ende der 1940er Jahre regelmäßig auf ihren »gesellschaftlichen Auftrag« eingeschworen. So kritisierte Walter Ulbricht, und hieran wird wiederum die Einflussnahme und enge Verflechtung von Politik und Kultur – insbesondere der Literatur – in der SBZ/DDR deutlich, auf einer Arbeitstagung der SED in Kleinmachnow 1948 »das Zurückbleiben der Nachkriegsliteratur hinter der gesellschaftlichen Wirklichkeit.«[9] Auf der gleichen Tagung bemerkte der SED-Kulturpolitiker Anton Ackermann (1905–1973), dass »der große Aufbauroman nicht geschrieben, [...] das Leben der Neubauern künstlerisch [noch] nicht gestaltet« sei. Beide forderten eine Arbeits- und Produktionsliteratur nach sowjetischem Vorbild, die nahe an den gegenwärtigen Problemen und dem Leben der Menschen sein sollte.

Im späten Nachgang verabschiedete das »Amt für Literatur und Verlagswesen«, das für die Druckgenehmigungsverfahren, das Zensurinstrument in der SBZ/DDR, zuständig war, im Jahr 1953 einen »Schwerpunkt-Literaturentwicklungsplan«, der die Förderung bestimmter, parteipolitisch forcierter Themen vorsah: den Kampf um nationale Einheit und Entlarvung des Imperialismus, die deutsch-sowjetische Freundschaft, die Entwicklung der sozialistischen Industrie, die sozialistische Umgestaltung des Dorfes, die Schaffung nationaler Streitkräfte, die Hebung der Verteidigungsbereitschaft sowie die fortschrittlichen Traditionen des deutschen Volkes und der Arbeiterbewegung.

Nicht zuletzt forderte der V. Parteitag der SED 1958 die endgültige Aufhebung der Trennung von Kunst und Leben und der Entfremdung von Künstlern und Volk, was schließlich ein Jahr später im »Bitterfelder Weg« und dem Slogan »Greif zur Feder, Kumpel, die neue sozialistische Nationalliteratur braucht dich!« mündete. Die Arbeiterschaft sollte »die Höhen der Kultur erstürmen und von ihnen Besitz ergreifen« (Walter Ulbricht), die Schriftsteller hingegen in die Fabriken gehen.

Zusammenfassend lässt sich feststellen, dass der Literatur des »sozialistischen Realismus« in der Prägung der SBZ/DDR und unter Berufung auf die SU vor allem drei Funktionen innewohnten: Sie sollte den neuen, sozialistischen Menschen erziehen und umerziehen – durch pädagogische und gleichzeitig unterhaltende Inhalte –, zweitens eine Möglichkeit der Identifizierung mit positiven, nachahmenswerten Helden schaffen und drittens die Emanzipation des freien, werktätigen Menschen in einer demokratischen Gesellschaft vorantreiben. Eine Literatur dieser Couleur hatte wirklichkeits- und volksnah, sozialistisch und antifaschistisch, pädagogisch und »typisch« zu sein.

Der Literaturwissenschaftler Wolfgang Emmerich teilt die DDR-Literatur in vier aufeinander folgende Phasen ein. Diesen folgend, bestimmte insbesondere der Antifaschismus die Literatur der Jahre bis 1949, indem er als »quasimythisches Sinnkonstrukt« für Traditionsbildung und Neubeginn stand: »Die zwischen 1945 und 1949 erstmals veröffentlichte erzählende Prosa [...] knüpft ganz überwiegend an Formen und Tendenzen der Exilliteratur an und hat fast durchweg die nationalsozialistische Vergangenheit zum Thema.«[10] Die Jahre, die darauf folgten, waren bis zu Beginn der 1960er Jahre geprägt von einer »Literatur des sozialistischen Aufbaus«, die die seit Anfang der 1950er Jahre von der Politik an die Literatur gestellten Forderungen umsetzte und vor allem in Produktions- und Agrarromanen ihren Niederschlag fand. Ab den 1960er Jahren setzten sich die Schriftsteller schließlich immer kritischer mit dem System, ihren Lebensumständen und auch der Vergangenheit auseinander. Für Emmerich sind die Jahre etwa zwischen 1960 und 1970 daher die des beginnenden »Widerspruchs gegen Entmündigung und instrumentelle Vernunft«, die ab etwa 1970 von einer »Literatur als Zivilisationskritik« abgelöst wurden, die bis zum Ende der DDR andauerte.

Das, was ursprünglich ein politisches und pädagogisches Ziel gewesen war: die Verzahnung von Realität, Politik und Literatur, erweist sich im Nachhinein als Glücksfall, denn so lässt sich noch heute an der Literatur der DDR eine Entwicklung ablesen, die die gesellschaftliche Auseinandersetzung mit bestimmten Themen widerspiegelt. Der Kultur- und Literaturwissenschaftler Hartmut Böhme beschreibt dieses »Potential der Literatur als ausgezeichnete Form der Selbstbeobachtung [und Beobachtung, NK] von Gesellschaften«. Wie im Folgenden am Beispiel der »Umsiedler« und Neubauern in der Literatur gezeigt werden soll, löste sich die Grenze zwischen dem, was »unerwünscht«, und dem, was darstellbar und sagbar war, mit den Jahren immer mehr auf. In diesem Sinne zeigt die Literatur auch ihr Funktionalisierungspotential durch die Politik der SBZ/DDR und dessen Grenzen auf, denn obwohl die Schriftsteller mit den Jahren zunehmend freier in ihrer Themenwahl und ihren Darstellungsweisen wurden, gab sich zumindest die publizierte Literatur niemals subversiv oder offen kritisch, denn kein solches Buch hätte es geschafft, die Zensur des Ministeriums für Kultur zu überwinden; so wenig, wie ein Schriftsteller dauerhaft eine kritische Stellung dem System gegenüber beziehen konnte, ohne irgendwann ins Visier der Hauptabteilung Aufklärung des Ministeriums für Staatssicherheit (MfS) zu geraten.

Was die Literatur der DDR vermittelte, war dem Literaturwissenschaftler Carsten Gansel zufolge eine narrative Inszenierung von Erinnerung – einer Erinnerung, die im Dienste der Gegenwart zu stehen hatte und der politischen Doktrin nicht widersprechen durfte. Vielleicht könnte man für die Zeit ab den 1950er Jahren ergänzen, dass die Literatur eine narrative Inszenierung auch der Gegenwart darstellte. Eine authentische Darstellung des Krieges war in der Literatur nicht möglich und wurde zur »unerwünschten Erfahrung« gemacht. Stattdessen war ein Erinnern an den Krieg nur dann zulässig, wenn es im Dienste einer Darstellung von individueller wie kollektiver Wandlung stand.[11] Wie dies geschah, welche Erinnerungen an »Umsiedler« und Neubauern zulässig und vor allem darstellbar waren, welcher Funktionalisierung sie in der Literatur unterlagen, soll im Folgenden anhand von ausgewählten Texten betrachtet werden.

Die Darstellung von Flucht und Vertreibung

Textauswahl

Im Unterschied zur Literatur der BRD hat es auf dem Gebiet der SBZ/DDR eine genuine Literatur von Flucht und Vertreibung nicht gegeben,[12] weil diese der »unerwünschten Erfahrung« das Wort geredet hätte und gleichzeitig eine literarische Zentrierung von Flucht- und Vertreibungserfahrungen dem Selbstverständnis des Landes (und – das sei vorerst unterstellt – den Schriftstellern) zuwider gelaufen wäre. Dennoch waren, das wird im Folgenden zu zeigen sein, Flüchtlinge und Vertriebene notwendige Figuren, weil sich die Literatur der SBZ/DDR der Wirklichkeitsnähe verschrieben hatte, und Flüchtlinge und Vertriebene zur Wirklichkeit gehörten, und weil sie sich zweitens den Zielen des »sozialistischen Realismus« gemäß funktionalisieren ließen.

Die für die folgenden Ausführungen zur literarischen Behandlung von Flucht, Vertreibung und »Umsiedlung« herangezogenen Texte stellen eine Auswahl dar (vgl. dazu Tab. 1). Es wurden vor allem solche Arbeiten ausgewählt, die zur kanonisierten Literatur der DDR gehörten bzw. von vielgelesenen und beachteten DDR-Schriftstellern stammen. Auf diese Weise kam eine recht heterogene Textmenge zustande, die aus Erzählungen, Romanen, Dramen und einem Kinderbuch besteht. Der Aufgabenstellung, nicht nur die Figuren von »Umsiedlern«, sondern auch von Neubauern zu untersuchen, ist es geschuldet, dass vor allem Texte der »agrarischen« Literatur ausgewählt wurden. Nicht in die Untersuchung eingeflossen sind hingegen Gedichte, die ebenso Erfahrungen von Flucht und Vertreibung ansprechen konnten, denn dies hätte den Rahmen der vorliegenden Arbeit gesprengt. Um dennoch einen Einblick zu bieten, sei stellvertretend für andere Peter Huchels Gedicht »Das Gesetz« in Auszügen zitiert:

[…] Erwürgte Abendröte / stürzender Zeit! / Chauseen. Chauseen. / Kreuzwege der Flucht. / Wagenspuren über den Acker, / der mit den Augen / erschlagener Pferde / den brennenden Himmel sah. /
Nächte mit Lungen voll Rauch / mit hartem Atem der Fliehenden, / wenn Schüsse / auf die Dämmerung schlugen. / Aus zerbrochenem Tor / trat lautlos Asche und Wind, / ein Feuer, / das mürrisch das Dunkel kaute. /
Tote, / über die Gleise geschleudert, / den erstickten Schrei / wie einen Stein am Gaumen. /
Ein schwarzes / summendes Tuch aus Fliegen / schloß ihre Wunden – /
während in heller Sonne / das Dröhnen des Todes weiterzog.

Nicht mehr hörend | den fremden Hufschlag | auf fremder Straße, | aber im Ohr Geläut der Herde, | den alten Hirtengang | des schlafenden Dorfs, | der näher kam durch Disteln und Tau – | was wohl wußte, von Stimmen verlassen | und hockend am alten Meilenstein, | die Greisin vom wahren Tag? |
Auf den Knieen | die Truhe der Nacht, | in der sie Wiesen und Flüsse | der Heimat schleppte, | hielt sie umklammert | den letzten Besitz, | das weiße Garn, | mit dem sie immer noch nähte. |
Wie wochenlanger Regen | hing die Trauer in ihren Kleidern. | Und das Garn entfiel der Hand | und wehte zerrissen über die Felder. [...][13]

Allerdings wäre es gerade vor den Maßgaben des »sozialistischen Realismus« interessant, die Verarbeitung des Themas in der Lyrik auf dessen Darstellungs- und »Unterwanderungs«-Möglichkeiten hin zu untersuchen.

Autor	**Titel**	**Genre**	**Jahr der Ersterscheinung**
Annemarie Reinhard * 1921 in Dresden † 1976 in Dresden	Treibgut	Roman	1949
Annelise Jahnke k.A.	Neue Heimat. Ein Erstleseheft	Kinderbuch	1949
Anna Seghers * 1900 in Mainz † 1983 in Berlin (Ost)	Die Umsiedlerin	Erzählung	1950
Benno Voelkner * 1900 in Ohra bei Danzig (Orunia, Polen) † 1974 in Schwerin	Die Tage werden heller	Roman	1952
Erwin Strittmatter * 1912 in Spremberg † 1994 in Schulzenhof	Katzgraben	Drama	1953
Erwin Strittmatter	Tinko	Roman	1954
Heiner Müller * 1929 in Eppendorf † 1995 in Berlin	Die Umsiedlerin	Drama	1961
Franz Fühmann * 1922 in Rochlitz an der Iser (Rokytnice nad Jizerou, Tschechoslowakei) † 1984 in Berlin (Ost)	Böhmen am Meer	Erzählung	1962

Helmut Sakowski * 1924 in Jüterbog † 2005 in Wesenberg	Daniel Druskat	Roman	1976
Christa Wolf * 1929 in Landsberg an der Warthe (Gorzów Wielkopolski, Polen) † 2011 in Berlin	Kindheitsmuster	Roman	1976
Erik Neutsch * 1931 in Schönebeck † 2013 in Halle/Saale	Der Hirt	Erzählung	1978
Günter de Bruyn * 1926 in Berlin	Herr Müller, diesseits und jenseits der Oder	Erzählung	1980
Ursula Höntsch * 1934 in Frankenstein (Ząbkowice Śląskie, Polen) † 2000 in Berlin	Wir Flüchtlingskinder	Roman	1985

Tab. 1: Ausführlich behandelte Texte der DDR-Literatur in chronologischer Reihenfolge.

Annemarie Reinhard beschreibt in »Treibgut« das Schicksal der Geschwister Ralf und Rosemarie, die mit ihrer Mutter aus den östlichen deutschen Gebieten vor der Roten Armee fliehen. Im Bombenangriff auf Dresden kommt ihre Mutter ums Leben. Die beiden Kinder werden in einem Kinderheim untergebracht, aus dem sie nach einiger Zeit evakuiert werden müssen. Dabei verlieren sie ihre Betreuerin und finden sich allein auf der Straße wieder – in *dichtströmende[m] Regen. [...] Er hatte die Hunderte von Menschen die unterwegs waren, ihre Tiere und Wagen und ihre mitgeführte Habe durchnäßt. Auf der rechten Seite der Straße quoll der Strom der Flüchtenden mit Pferd und Wagen oder Ochsengespannen, mit Handkarren oder zusammengebündelten Lasten auf dem Rücken. Soweit man die Straße übersehen konnte, zog sich die Menschenschlange hin. (S. 5)* Nach einigem Hin und Her – und getrieben von der permanenten Suche nach Nahrung und Unterkunft, während der sie gar Mitglieder einer Räuberbande, die im zerbombten Dresden ihr Unwesen treibt, werden – landen sie schließlich wieder in einem Kinderheim und lernen mit viel Mühe, sich an ein normales Leben und ein menschliches Miteinander zu gewöhnen. Am Ende finden sie in einem Ehepaar, das seine Söhne im Krieg verloren hat, neue Eltern. Reinhard transportiert in ihrem Buch keinen politischen Inhalt. Ihr geht es zwar in erster Linie um die Darstellung, wie die beiden Kinder in ihrem neuen Leben ankommen – der Sozialismus spielt dafür aber keine klar formulierte Rolle. Vielmehr zeigt sie, wie Ralf und Rosemarie zurück in eine Gemeinschaft finden und nach ihren schlimmen Erlebnissen wieder Vertrauen fassen und Respekt anderen Menschen gegenüber lernen.

Ganz anders verfährt Annelise Jahnke in »Neue Heimat«: Eine Mutter und ihre beiden Kinder Rita und Uli gelangen nach einer Zugfahrt, die wie eine Urlaubsreise erscheint, ins Dorf Rimow. Gänzlich offen lässt Jahnke dabei, ob es sich bei der kleinen Familie um Flüchtlinge aus dem Osten handelt oder um Ausgebombte aus der Stadt, die auf dem Land ein Dach über dem Kopf finden. Das Buch lässt beide Lesarten zu. In Rimow angekommen, werden sie von einem Bauern und seiner Frau aufgenommen. Der Bauer nimmt sich des Sohnes an und lässt ihn auf dem Bauernhof mitarbeiten, wodurch eine Identifikation mit dem neuen Wohnort als Heimat möglich wird: *Vor einem Jahr sind Mutti, Rita und Uli nach Rimow gekommen. Unser Uli meint, so schön wie hier sei es nirgendwo. Er will auch nicht mehr weg von Onkel Emil, Tante Ida und seinen Freunden. Wenn er von »zu Hause« spricht, sagt er: »Bei uns in Rimow!« Das ist seine neue Heimat. (S. 32)*

Beginnend mit der Erzählung »Die Umsiedlerin« von Anna Seghers transportieren die Texte in den 1950er und 1960er Jahren zunehmend politische Forderungen des »sozialistischen Realismus«. Auf einer Tagung von Künstlern und Schriftstellern im Oktober 1948 hatte Walter Ulbricht noch gefragt, warum es z. B. keine Literatur über die Bodenreform in der SBZ gäbe, denn der »Stoff ist doch da. Aber als der Kampf geführt wurde, waren wir allein. Unsere Genossen Schriftsteller haben in dieser Zeit Emigrationsromane geschrieben, und so ist ein großer Teil zurückgeblieben. Inzwischen ist der Kampf um eine neue gesellschaftliche Ordnung geführt worden, aber ihr hinkt drei Jahre hinterher und fangt an, jetzt Probleme zu gestalten, die längst gestaltet sein sollten. Das ist augenblicklich die reale Lage.«[14] Und die Literaturwissenschaftlerin Leonore Krenzlin resümiert 1979 in einem Buch der Akademie der Wissenschaften der DDR über die Literatur in der DDR von 1945 bis 1960, »daß 1948 noch kaum ein Schriftsteller Gegenwartsstoffe aufgegriffen hatte, [...] daß bald darauf [aber] verhältnismäßig viele Schriftsteller sich daran versuchten. Ohne die energische Orientierung der Parteiführung wäre dies kaum so schnell zustande gekommen.«[15] Also nahmen sich die Schriftsteller in den folgenden Jahren vor allem der Bodenreform an (so Anna Seghers, Heiner Müller, Benno Voelkner und Erwin Strittmatter), weil es gerade die Bodenreform war, anhand derer sich die politischen und gesellschaftlichen Umwälzungen, die die Parteiführung intendierte, am einprägsamsten darstellen ließen. Die Bodenreform bedeutete aus Sicht der DDR-Führung nicht nur die Entmachtung und Vertreibung der großgrundbesitzenden »Junker«, Adligen und Großbauern, sondern auch eine darauf folgende gerechte Verteilung von Land an ehemalige Klein- und Mittelbauern und an die »Umsiedler«. Ihnen allen sollte sich auf diesem Weg eine Möglichkeit bieten, beim Aufbau des Sozialismus zu helfen: durch geregelten Anbau von Nahrungsmitteln, die Zucht von Tieren, durch die Modernisierung der Landwirtschaft und die Belebung der ländlichen Gebiete. Kurzum – die Bodenreform war der »Heilige Gral« des Sozialismus, zumindest bis zur Kollektivierung in den Landwirtschaftlichen Produktionsgenossenschaften (LPG). Und diesen »Heiligen Gral« nutzten die Schriftsteller für ihre Geschichten. Am besten war es – ganz dem DDR-Gründungsmythos folgend – wenn sich Bodenreform und Antifaschismus verbinden ließen. Benno Voelkners Roman »Die Tage werden heller« erzählt die Geschichte von Karl Stiemer, einem *antifaschistischen Kämpfer*, KPD-Mitglied, *in jahrelanger illegaler Arbeit geschult (S. 8)*, der die letzten Kriegstage in seiner Heimat an der polnischen Ostseeküste

Tut! – Tut!
Der Zug hält.
Der Schaffner ruft: „Aussteigen!“
Nur schnell! – nur schnell!
Tsch, tsch, tsch, tsch –
schon fährt er weiter.

3

Abb. 61: Ankunft in der »neuen Heimat« - im Kinderbuch idealisiert, 1949.

erlebt. Von hier aus werden er und eine große Gruppe von Freunden, Bekannten und Nachbarn in einer konzertierten und gemeinsam mit der Roten Armee geplanten Aktion mit einem Zug über die Oder in den Westen gebracht: *Sie übernahmen es, überall Umsiedlungskomitees zu bilden. Wer trecken wollte, sollte beginnen. Gemeinschaften mußten gebildet, Wagen instand gesetzt werden. Sobald die Eisenbahn wieder verkehren würde, sollte die Bevölkerung davon Gebrauch machen. (S. 76f.)* Eher zufällig landen sie im Dorf Kranau in der brandenburgischen Provinz. Stiemer wird schnell zum Bürgermeister und treibt als solcher unter Einsatz aller seiner Kräfte die Integration der neuen Bewohner, die Bodenreform und die Durchsetzung des Sozialismus voran: *Jetzt ging es los! [...] Blaskovits weg, abends Versammlung, Kommission wählen, alten Bürgermeister ablösen, Umsiedler neu auf den Wohnraum verteilen, Vorbereitung für Verlosung treffen, den Boden aufteilen in Neubauernland, Inventar aufnehmen [...]. (S. 207)* Am Ende des Romans stirbt Stiemer vor Entkräftung den »Märtyrertod« für die sozialistische Zukunft: *Karl Stiemer lag wie ein Ruhender. Von seinem Gesicht war der willensstarke, verbissene Zug gewichen, er sah aus wie einer, der seine Arbeit vollbracht hat, und der nun schläft. [...] »Wie stolz er gestorben ist, mitten in der Arbeit« [...]. (S. 335)*

Anna Seghers Erzählung »Die Umsiedlerin« gehört zu einem Zyklus mit dem Titel »Friedensgeschichten«, den sie 1950 in Wiepersdorf in der Nähe von Berlin verfasste. Diese Geschichten erzählen von einschneidenden, aber erfolgreichen Umgestaltungen des Lebens und vom »Beginn einer grundlegenden politischen Veränderung der Menschen«[16] auf dem Land, den Seghers bei den Dorfbewohnern in Wiepersdorf zu erkennen glaubte: Die »Gegend [ist] sehr einsam, das Dorf mit 250 Einwohnern aus Umsiedlern, Altbauern, Neubauern, die früher Tagelöhner waren, ist eine Art winziger Maggiwürfel von Klassenkampf.«[17] »Die Umsiedlerin« Anna Nieth ist mit ihren Kindern bei einem ehemaligen Großbauern untergekommen, der ihr nur eine spärliche, nasse und kalte Kammer zur Verfügung stellt und keinen Tag versäumt, sie spüren zu lassen, dass er sie nicht in seinem Haus und »Ihresgleichen« nicht in seinem Dorf haben will. Während eines Diskussionsabends mit dem Landrat meldet sie sich das erste Mal zu Wort und spricht über die Zustände, in denen sie leben muss, über das *Dreckloch*, in das man sie *gestopft* hat und in dem sie wohnt *wie in einem Schweinestall.* Auf einmal nehmen sie die Flüchtlinge und die Alteingesessenen anders wahr: *Gar nicht schlecht sieht die aus, das hat man vorher gar nicht gemerkt*, und der Landrat sorgt am nächsten Tag persönlich dafür, dass sie bei einem anderen Bauern ein besseres Quartier bekommt. *(S. 342f.)*

Elf Jahre später nutzte Heiner Müller den Seghers'schen Text als Grundlage für sein Drama »Die Umsiedlerin oder Das Leben auf dem Lande«. Das Grundgerüst der Erzählung blieb erhalten, die Rahmenhandlung ergänzte Müller um einige Nebenepisoden wie die des Neubauern Ketzer (!), der die Pfändung seiner Habe aufgrund von Rückständen bei der Sollablieferung nicht verkraftet und sich das Leben nimmt. Obwohl Müller nichts anderes darstellte als Anna Seghers, obwohl er weder die SED, noch die Bodenreform grundsätzlich in Frage stellt, verpasst er der gesamten Darstellung einen fragenden, sarkastischen Anstrich bis hin zu derbem Humor:

BAUER mit Fahne, noch gebückt: Hier. Und der fünfte steckt schon in der Mutter | Wächst um die Wette mit der Saat, wie stehts | Mit Saatgut überhaupt, aus nichts kommt nichts. | Vor meinem ersten Halm schießt er heraus | Und kräht nach seinem Fünftel von der Ernte | Was sag ich ihm? Kehrt marsch, die Bodenreform | Hat dich nicht vorgesehen, für dich kein Halm?
BEUTLER: Dein Kind soll füttern wers gemacht hat. Hat dir | Die Bodenkommission die Frau gepflügt?
BAUER mit Fahne: Der Russe.
BEUTLER: Dann halts Maul und räsonier nicht. | Er hat dir eine Bodenreform gemacht dazu. (S. 185)

Was Müller von Seghers unterscheidet, ist sein In-Frage-Stellen des Gegebenen, das aber immer in der Bestätigung der Ereignisse mündete:

Keine Regierung drüber, selber sind wirs | Und Pieck ist Trumpf und Macht macht Sorgen. So stehts. | Der Staat lenkt sich nicht aus dem Handgelenk wie ein | Ochse. Bergab vielleicht, da hat der Stein Beine, aber | bergauf geht's unsre Richtung. Und so sieht er aus, unser | Staat: zusammengeflickt, mit eignen Resten aus zwölf | Jahren Heil und zwei Kriegen, nach einer Vorlage, die | nicht auf unsrem Mist gewachsen ist. Und wir haben ihn | nicht selber demontiert, da haperts mit der Montage. [...] | Jetzt mach Gesetze, Junge. Hast das Maul | Gehalten vor den Gummiknüppeln eisern | Red jetzt. Du kannst nicht? Was du nicht kannst, lern | Im Schnellgang. Alles mußt du wissen, und | Das auch noch: wenn du alles weißt, es langt nicht | Wenns bei dir bleibt. Sä aus, was du im Kopf hast. | Agitation und Feldbau, Viehzucht und Klassenkampf. | Vom Gaul auf den Trecker, vom Acker ans Schaltbrett.
[...] Der Sozialismus siegt durch Überzeugung. [...] | Das Feld ging übern Bauern und der Pflug | Seit sich die Erde umdreht in der Welt. | Jetzt geht der Bauer über Pflug und Feld. | Die Erde deckt uns alle bald genug. (S. 240f., 287)

Für die Staatsmacht war dies zu viel des Guten. Nach der Uraufführung an der Studentenbühne der Berliner Hochschule für Ökonomie im Herbst 1961 wurde das von der SED als »konterrevolutionär« und ideologisch verwerflich beurteilte Stück verboten. Ein wenige Tage später angefertigtes Gutachten des »Staatssekretariats für Hoch- und Fachschulwesen« kam zu dem Urteil, dass die »sozialistische Umwälzung auf dem Dorfe [...] in dem ganzen Stück als etwas den Bauern Fremdes, das nicht ihren Interessen entspricht und sie vor die Alternative Selbstmord oder passiven Widerstand stellt, dargestellt [wird]. Nimmt man dazu die Darstellung der Bodenreform und ihrer Auswirkungen, so erscheint die Landwirtschaftspolitik der Partei insgesamt genommen als ein Verhängnis für die Bauern, das ihnen nur ›Saures‹ bringt. [...] Die neuen Beziehungen zwischen den Menschen, die im Ergebnis dieser Umwälzungen geschaffen werden, kommen überhaupt nicht zum Ausdruck [...]. Im Stück findet sich keine Figur, die man als menschlich sympathisch bezeichnen könnte. Es gibt kein Vorbild, dem nachzueifern wäre. [...] Das Stück erzeugt ein falsches, der Wirklichkeit widersprechendes und niederdrückendes Bild des Lebens auf dem Lande und im Lande. Es begeistert nicht, sondern lähmt die Initiative der Menschen.«[18] Heiner Müller wurde aus dem Schriftstellerverband der DDR ausgeschlossen, was einem Berufsverbot gleichkam. Erst 1975 durfte das Stück wieder publiziert werden, die Wiederaufführung fand im Mai 1976 an der Berliner Volksbühne statt. Was dieses Vorgehen zeigt, ist, dass eine »Schönfärberei« der Alltagsrealität in der Literatur nicht mit einem Lachen über die DDR einhergehen durfte, oder, wie es die Literaturwissenschaftlerin Marianne Streisand für Müllers »Umsiedlerin« ausdrückt: »Das Lachen, das hier über sich selbst angesagt gewesen wäre, hätte ein Heraustreten aus der Zeit bedeutet und eine Souveränität gegenüber den eigenen historischen Geschicken verlangt.«[19] Lachen war erlaubt, aber nur, wenn es so »realitätsnah« wie in »Katzgraben« oder so »naiv« wie in »Tinko« provoziert wurde. Beide Werke siedelte Erwin Strittmatter in der Zeit der Bodenreform an, wobei er diese in »Katzgraben« wesentlich stärker thematisiert als in »Tinko«. Im Dorf »Katzgraben« soll eine neue Straße gebaut werden, die es nicht nur den Dorfbewohnern möglich machen soll, schneller in die Stadt zu gelangen, sondern die auch dem in der Nähe des Dorfes liegenden Bergwerk als Zufahrtsstraße dienen wird: *Her mit dem neuen Weg! Das ist der Fortschritt. (S. 13)* Am Bau dieser Straße entzünden sich nun grundsätzliche Diskussionen um die neuen Gesellschaftsverhältnisse, um Groß-, Mittel- und Kleinbauern, um die Bodenreform, den Fortschritt, die »Ewiggestrigen«, um alte und neue Abhängigkeiten:

Der Augenblick, da unsere Traktoren / auf unsren Feldern unsre Fuhren fahren, / verwandelt unsre Fuhren und verwandelt / auch unsre Arbeit und verwandelt uns. / Den Mehrwert unserer Arbeit, den zuvor / Mätressenhälse als Geschmeide trugen, / laßt uns für Schulen und Maschinen nutzen! (S. 114)

»Tinko« ist der Rufname des etwa neunjährigen Martin Kraske, der bei seinen Großeltern auf einem Bauernhof lebt. Seine Mutter ist bei einem Bombenangriff ums Leben gekommen, sein Vater in sowjetischer Kriegsgefangenschaft. Eines Tages kehrt dieser als *Heimkehrer* zurück und bringt nach der sozialistischen Umerziehung neue Gedanken und eine neue Einstellung mit ins Dorf, durch die er in scharfen Konflikt mit Tinkos Großvater gerät, der noch immer an den alten Verhältnissen festhält, sich der maschinellen Modernisierung der Landwirtschaft in den Weg stellt und die Planvorgaben im Anbau wie auch das Abgabesoll für seine Ernte nicht einhalten will oder kann: *Weder der Kahlwicht [ein Großbauer, NK] noch Großvater haben abgeliefert, als das ganze Dorf seine Soll-Kartoffeln abgab. Wir hatten unsere um diese Zeit noch nicht aus der Erde. Andere Bauern lieferten für uns ab. Der Heimkehrer hatte sie gebeten. (S. 186f.)* Strittmatter beschreibt die Verhältnisse auf dem Land so, wie sie Ende der 1940er Jahre ausgesehen haben könnten. Dazu gehört auch, dass »Umsiedler« ins Dorf gekommen sind. Tinkos Vater heiratet schließlich die »Umsiedlerin« Frau Clary, die mit ihrer Tochter Stefanie geflüchtet war. Tinko ist derweil hin- und hergerissen zwischen seinem Vater, den er anfangs nur den *Heimkehrer* nennt, dessen positivem, verständnisvollem Wesen er sich aber mit der Zeit kaum noch entziehen kann, und dem Großvater, der jähzornig und stur ist, der aber seit dem Tod der Mutter und der Gefangenschaft des Vaters dessen Rolle übernommen hatte: *»Warum holen wir uns* *nicht die Lochmaschine von der Bauernhilfe, Großvater?« »Borg ich dort die Maschine, borgen sie mir morgen den Bläker [das Pferd, NK] ab. Ich bin doch nicht von Gott verlassen. Summa summarum: Pferd und Frau verborgt kein Bauer. Lieber die Frau. Selbst ist der Mann!« (S. 80)*

Die Erzählung »Böhmen am Meer« von Franz Fühmann erschien 1962. Fühmann ist neben Benno Voelkner, Christa Wolf und Ursula Höntsch einer der DDR-Autoren, die Flucht und Vertreibung selbst erlebt haben. Er stammt aus dem heutigen Rokytnice nad Jizerou (Rochlitz an der Iser, Tschechoslowakei) und gehört der gleichen Generation wie Wolf und Höntsch an, die etwa im Alter von zehn bis 20 Jahren ihre Heimat verlassen mussten. In »Böhmen am Meer« schildert er, wie auch Voelkner, Wolf und Höntsch, einen Teil seiner eigenen Biografie: Ein Schriftsteller aus Berlin reist zehn Jahre nach dem Ende des Krieges an die Ostsee, um sich nach der Fertigstellung einer *Arbeit, mit der ich mich lange herumgeschlagen hatte (S. 8)*, zu erholen. Unterkunft findet er in einem alten Fischerhaus am Meer. Seine Wirtin, Hermine Traugott, ist eine verschlossene, schweigsame Person, die sich, wie der Schriftsteller bald feststellt, unsagbar vor dem Meer fürchtet. Er merkt auch, dass sie nicht von der Küste stammen kann, weil ihre Sprache eine andere ist – mehr seiner gleicht. Vom Bürgermeister erfährt er, dass sie einst gemeinsam mit ihm aus dem Osten gekommen sei. Auch ihre Angst vor dem Meer sei ihm bewusst, aber Frau Traugott *»kann hier nicht recht leben, aber sie will auch nirgend woanders hin.« »So hofft sie, noch einmal in die alte Heimat zurückzukehren?« fragte ich, doch der Bürgermeister schüttelte den Kopf. »Ich bin ja selbst Umsiedler und kenne meine Leute«, sagte er, und er sagte, daß Frau Traugott gewiß nicht wieder zurückwolle. (S. 34)* Ausgelöst durch seine Rückkehr zum Meer findet der Schriftsteller in seinem eigenen Leben schließlich die Antwort darauf, was Frau Traugott zugestoßen ist: Ein gemeinsamer Bekannter, der *Baron v. L, Edelmann und Vorkämpfer des Deutschtums in der Tschechoslowakei (S. 22)*, hatte einst sein Dienstmädchen Hermine Traugott, weil sie unverheiratet schwanger geworden war, vor die Tür gesetzt – während eines Urlaubs der Familie von L. an der Ostsee. In ihrer Verzweiflung und ihrer Existenzgrundlage beraubt stürzte sich die junge Frau in die Fluten – und überlebte. Das Trauma der Nacht hatte sich aber für Jahre festgesetzt. Ihr früheres Leben war *eine Bürde*, die sie *mit sich schleppte, die furchtbar war wie wohl keine andre unseres täglichen Lebens, und doch hatte sie ihr Kind großgezogen und ihr Haus versehen und ihr Land bestellt und sich die Achtung ihrer Mitbürger erworben. (S. 57)* Und das war auch der Grund dafür, dass sie ihr neues Leben nicht aufgeben, aus der immer noch furchteinflößenden, aber inzwischen vertrauten Nähe des Wassers nicht wegziehen wollte: *»Sie hat hier zum ersten Mal im Leben menschliche Güte erfahren«, sagte ich, »und die will sie nicht verlieren, darum erträgt sie sogar das Meer!« (S. 58)*

Die aus den 1970er und 1980er Jahren stammenden Texte zeigen schließlich mehr und mehr die bereits angedeutete Ambivalenz im Umgang mit dem Thema Flucht und Vertreibung, die im Laufe der 1970er Jahre aus den größeren inhaltlichen und kreativen Freiheiten der Schriftsteller erwuchs. Nachdem Annemarie Reinhard in »Treibgut« zuletzt 1949 Szenen von Flüchtlingen und Vertriebenen geschildert hatte, war Christa Wolf 1976 die erste, die das wieder tat. Ihr folgten zwei Jahre später Erik Neutsch (1978) und schließlich neun Jahre später Ursula Höntsch (1985). Im selben

Jahr wie »Kindheitsmuster« erschien aber auch »Daniel Druskat« von Helmut Sakowski, der Roman zum gleichnamigen und im gleichen Jahr erstmalig gesendeten, erfolgreichen Fernsehfilm mit Hilmar Thate und Manfred Krug in den Hauptrollen. Zu Beginn des Romans wird Daniel Druskat verhaftet. Seine Tochter, die nicht weiß warum, begibt sich auf die Suche bei Freunden und Bekannten, um den Grund dafür zu erfahren. Was der Autor Helmut Sakowski dem Leser dabei vorführt, ist das Leben auf dem Land, die Schwierigkeiten, die Bauern von der Kollektivierung zu überzeugen, und das Entstehen der LPG: Daniel Druskat und Max Stephan sind Freunde, die sich immer wieder aneinander aufreiben. Stephan leitet die sehr erfolgreiche Produktionsgenossenschaft in Horbeck, Druskat hat erst vor kurzem die gleiche Stelle im benachbarten Altenstein übernommen und versucht dort, den Betrieb zum Laufen zu bringen. Sakowski beschreibt die Schwierigkeiten, die der parteitreue Druskat einst hatte, Stephan und dessen Freunde in Horbeck zum Eintritt in die LPG zu bewegen, und wie dies (fast) ihre Freundschaft kostete:

»Bis heute hab ich gehofft, du würdest es nicht zum Äußersten kommen lassen. Ich hätte es Hilde gerne erspart. Aber du läßt nicht mit dir reden. Nun muß ich dich behandeln, wie man die Beschränkten und Uneinsichtigen in allen Dörfern behandelt. Vor deinem Haus wird der Lautsprecherwagen auffahren, verrammle die Tore, schließ die Läden, verstopf dir die Ohren, es wird nicht zu überhören sein, daß ich vor deinem Hause aufspielen lasse, flotte Weisen, Marschmusik, zum Gaudium für das Dorf. […] und alle zehn Minuten dröhnt meine Stimme aus dem Lautsprecher: Hier spricht das revolutionäre Dorfkomitee. Bauer Max Stephan, die Stunde der Entscheidung ist gekommen!« (S. 168)

Christa Wolfs Roman »Kindheitsmuster« ist wie Franz Fühmanns Text stark autobiografisch geprägt. Er ist der literarische Versuch der Autorin, ihr eigenes Schicksal und ihre Jugend im Nationalsozialismus zu verstehen und zu verarbeiten: *Das Vergangene ist nicht tot; es ist nicht einmal vergangen. Wir trennen es von uns ab und stellen uns fremd. (S. 9)* Das Alter Ego Wolfs, Nelly Jordan, lebt mit ihren Eltern, den Ladenbesitzern Charlotte und Bruno Jordan in *L., heute G.* – dem polnischen Gorzów Wielkopolski, bis 1945 Landsberg an der Warthe, der Geburtsstadt Christa Wolfs. Auf drei Erzählebenen, die sie ineinander und nebeneinander laufen lässt, erzählt die Autorin das Schicksal Nellys und ihrer Familie seit den 1920er Jahren bis zur Flucht und Ankunft in Brandenburg 1945, von der Reise der Erzählerin mit Bruder Lutz, Ehemann H. und Tochter Lenka in die ehemalige Heimatstadt 1971 und schließlich von der gegenwärtigen Situation der Erzählerin zu der Zeit, als sie den Roman schreibt, etwa zwischen 1972 und 1975. Der Auslöser für ihre Überlegungen ist die besagte Reise in die alte Heimat. In einer für DDR-Romane bis zu diesem Zeitpunkt untypischen Erzählweise, die Wolf selbst »subjektive Authentizität« nennt, konstruiert sie diese Ebenen und spricht über sich selbst in der dritten Person oder mit sich selbst in der zweiten Person: *Damals, im Sommer 1971, gab es den Vorschlag, doch endlich nach L., heute G., zu fahren, und du stimmtest zu. Obwohl du dir wiederholtest, daß es nicht nötig wäre. Aber sie sollten ihren Willen haben. Der Tourismus in alte Heimaten blühte. (S. 10)* Vor allem beschreibt Wolf ungeschönt, wie sie selbst als Kind und Jugendliche trotz ihrer Erziehung in einem liberalen, unpolitischen und behüteten Elternhaus der nationalsozialistischen Indoktrination bis zu einem gewissen Grad verfallen konnte und nichts infrage stellte:

So lang sitzt Nelly abends vor ihrem Tagebuch an der Schmalseite des Tisches und legt – daran kann kein Zweifel sein, auch wenn das Tagebuch als Dokument verloren ist – ihren Entschluss schriftlich nieder, dem Führer auch in schweren Zeiten unverbrüchliche Treue zu bewahren. Mit Eve, einer gleichaltrigen Evakuierten aus Berlin, die schon länger in der »Grünen Linde« lebt, hockt sie nachts in der Ecke des Luftschutzkellers und trägt in ein grünes Wachstuchbüchlein Liedanfänge ein, die ihnen beiden lieb und teuer sind und die sie nicht vergessen wollen, auch wenn es vorläufig keine Gelegenheit geben sollte, sie zu singen: Kampflieder, Volkslieder, Hitler-Jugend-Lieder. (S. 395)

Das Ziel, das Wolf mit ihrem Text verfolgt, ist zu verstehen, wie jemand den »Verführungen« des Nationalsozialismus erliegen konnte – und gleichzeitig, dass dies ein »typisches« (nicht im Sinne des »sozialistischen Realismus«, sondern im Wortsinn verstanden) Verhaltensmuster, eben ein »Kindheitsmuster« der Zeit gewesen ist:

Alle Figuren in diesem Buch sind Erfindungen der Erzählerin. Keine ist identisch mit einer lebenden oder toten Person. Ebensowenig decken sich beschriebene Episoden mit tatsächlichen Vorgängen. Wer Ähnlichkeiten zwischen einem Charakter der Erzählung und sich selbst oder ihm bekannten Menschen zu erkennen glaubt, sei auf den merkwürdigen Mangel an Eigentümlichkeit verwiesen, der dem Verhalten vieler Zeitgenossen anhaftet. Man müßte die Verhältnisse beschuldigen, weil sie Verhaltensweisen hervorbringen, die man wiedererkennt. C.W. (S. 6)

Die Autorin diskutiert dabei in einer bis dahin nicht gewagten Offenheit das Verdrängen und Verschweigen der »unerwünschten Erfahrung«, die das Wesen der DDR-Literatur bis in die 1970er Jahre ausgemacht hatten:

Der Krieg ist trotz allem bis heute etwas nicht Aufgeklärtes oder nicht genügend Besprochenes. Wir sind übereingekommen, über ein gewisses Bild des Krieges, in einem gewissen Stil vom Krieg zu schreiben oder ihn zu verdammen, doch fühlt man darin irgendein Verschweigen, ein Vermeiden jener Dinge, die immer wieder eine seelische Erschütterung verursachen. […] »Die Flucht« zum Beispiel – wenig beschrieben. Warum? Weil die jungen Männer, die über ihre Erlebnisse später Bücher schrieben, Soldaten waren? Oder weil dem Gegenstand etwas Heikles anhängt? Allein das Wort … Es verschwand später. Aus Flüchtlingen wurden Umsiedler – ein Ausdruck, der zu Recht jene im Juni 1945 aus den polnischen und tschechischen Gebieten Ausgesiedelten bezeichnet, die nicht geflohen waren. (S. 225)

Erik Neutsch schildert in »Der Hirt« (1978) wie in einer Fabel die Flucht des Hirten Godefred vom Gut Dragenberg. Er rettet die beiden Kühe Clothilde und Clio sowie Clothildes namenloses Kalb vor dem drohenden Tod, als deutsche Soldaten alle Rinder des Gutes niedermetzeln:

Ein Kommando ertönte. Der Hirt vernahm nur den Schrei, ein Wort, das ein betäubendes Echo fand. Eine Detonation. Geratter aus Maschinenpistolen. Die Rinder brüllten. Plötzlich stampften sie wild um sich. […] Der Hirt warf sich zu Boden. Er lag mit dem Kopf in der Jauche, kroch, spie den Unflat aus und kroch in den Schutz einer Nische. […] Hinter ihm splitterte Holz. Die Kühe bäumten sich auf. Ihre schweren Körper zerbrachen im Fallen die Gitter. Sie stöhnten, röchelten, brüllten. Jammertal, Hölle. […] Der Hirt richtete sich auf. Jetzt sah er, wie eins nach dem anderen der Tiere zusammenbrach. Das Jungvieh lag schon still. Doch einige Färsen reckten sich noch einmal auf, öffneten wie gähnend ihre Mäuler, stemmten sich auf, ehe sie endgültig niederstürzten. Sie wehrten sich gegen das Sterben. Das Leben ist zäh. Dicht vor ihm streckte eine Kuh ihre Beine. Ihre Augen weiteten sich. Sie scharrte im Todeskampf das Stroh von den Steinen. Deutlich sah er das Zittern ihrer Muskeln. Aus ihrer Kehle schoß ein Strahl schwarzen Blutes, das gegen die Stallwand klatschte. […] Überall dampfte im Licht das warme, aus den Leibern strömende Blut. Überall Blut. Hier und dort wälzten sich noch die Tiere in den Lachen und ächzten und schrien. Ihm rann der Schweiß vom Körper. Und er weinte. (S. 19f.)

Mit drei Tieren macht er sich auf den Weg in den Westen und erlebt unterwegs die Tragik der Flucht: die Menschen haben Hunger, sie werden krank, sie sterben und werden auf der Straße von Tieffliegern angegriffen. Am Ende überlebt er nur wegen der beiden Kühe, die ihn mit ihrer Milch ernähren, und gelangt mit ihnen nach Oranienburg. Vor der Stadt lagern Menschen, die nicht hineingelassen werden:

»Wir kommen nicht in die Stadt. Die SS läßt uns nicht durch. Wir liegen hier schon seit Tagen. Ich weiß nicht, warum. Aber irgendwas muß da im Schwange sein. Sieh mal dort drüben…« Müde hob er die Hand und zeigte auf eine Gruppe rauchender Schlote: »Seit wir hier liegen, qualmen die Schornsteine dort… […]. Und einmal beobachteten wir, wie am anderen Ufer der Havel eine Kolonne von Sträflingen mit Wachhunden abgeführt wurde. Es war schrecklich.«
Der Mann sah ihn aus ratlosen Augen an. Auch seine Lider waren aufgequollen und eitrig. Krank, dachte der Hirt, krank und leer. Kein Hunger, kein Haß, nur leer. (S. 111f.)

Er pflockt daraufhin die beiden Kühe inmitten der Menschen an und geht davon:

Für wen hatte er denn die Tiere gerettet, wofür, für wen? Es ist die Bestimmung der Rinder, dachte er, die Menschen zu ernähren. […] Dann fiel ein Schuß. Er zuckte zusammen. Ihm war, als würde er selber getroffen. Ein zweiter Schuß fiel. Aber er senkte den Kopf, sah nicht zurück. Den Anblick des Todes, das Sterben der beiden Tiere hätte er nicht ertragen. Die Beine wurden ihm schwer. Woher kommt der Schmerz, dachte er, der brennende Schmerz in der Brust? Doch er ging und ging. Und er wußte nur noch, daß die Qual nun ein Ende hatte. (S. 114f.)

Die Dinge, die Wolf offen zur Sprache bringt, schildert Neutsch versteckt, zwischen den Zeilen, fabelhaft und metaphorisch. Er nutzt diese stilistischen Mittel, um über einen Wissenskonsens zu schreiben, der nicht ausformuliert werden musste. Allein das

Abb. 62: Zeichnung eines Tieffliegerangriffs auf einen Treck – sonst kaum erwähnt oder dargestellt, 1978.

Bild der rauchenden Schornsteine in Verbindung mit den Häftlingsgruppen macht es überflüssig, das Konzentrationslager Sachsenhausen und den Beginn des »Todesmarsches« auch nur wörtlich zu erwähnen.

Die kurze Erzählung mit dem langen Titel »Herr Müller, diesseits und jenseits der Oder«, 1980 entstanden, schildert ein Vorkommnis, das zuvor schon bei Christa Wolf anklang: die Rückkehr in die alte Heimat. Dass dies erst so spät Thema in der Literatur wurde, liegt anders als bei den Darstellungen von Flucht und Vertreibung weniger an einem Tabu oder einer Selbstzensur der Autoren. Vielmehr war es für die meisten DDR-Bürger erst ab den späten 1960er Jahren überhaupt möglich, ihre ehemaligen Heimaten im Osten Europas zu besuchen. Obwohl Reisen in die Staaten des Ostblocks grundsätzlich erlaubt waren, wurde eine Einreiseerlaubnis des Ziellandes nur ausgestellt, wenn eine Einladung aus dem jeweiligen Staat vorlag. Nach und nach fiel diese Visumspflicht jedoch weg: 1966 für Rumänien, 1967 für die Tschechoslowakei und 1972 für Polen.[20] Die Ich-Erzählerin in »Kindheitsmuster« reist übrigens mit ihrer Familie schon im Sommer 1971 nach Polen – zu einem Zeitpunkt, zu dem der *visafreie Reiseverkehr [...] zwar noch nicht eingeführt [war], aber schon damals wurden die Bestimmungen lax gehandhabt, so daß der nichtssagende Vermerk »Stadtbesichtigung«, in die zweifach auszufertigenden Antragsformulare unter der Rubrik »Begründung« eingetragen, anstandslos durchging. (S. 10)*

Erst mit dem Wegfall der Visapflicht konnten ehemalige »Umsiedler« eine Reise in ihre alte Heimat ohne Einschränkungen antreten. Herr Müller in Günter de Bruyns Erzählung tut das. Er ist Verkaufsstellenleiter einer Bäuerlichen Handelsgenossenschaft in der Nähe der polnischen Grenze:

In der Neumark, gleich hinter der Oder, hatte er früher einen Bauernhof besessen – so groß und reich natürlich, wie es hier keinen gibt. Nach dem Krieg hatte er als Neubauer wieder begonnen und war bald nach der Kollektivierung Rentner geworden. […] Nach dem Tod seiner Frau erst (aber nicht in Folge von diesem) war er zu dem unausstehlichen Alten geworden, der ständig nicht nur, mit Recht, über die viele Arbeit klagte, die er sich machte, sondern auch über das fehlende Geld – was lächerlich war, weil jedermann wußte, daß er mit seiner Rente, seinem Gehalt und dem Erlös aus Schaf-, Gänse- und Hühnerzucht, aus Spargel- und Tomatenanbau viel verdiente. Er bereite eine Champignonzucht vor, zu der es dann nicht mehr kam. Das Haus, das er dem verheirateten Sohn verekelt hatte, vermietete er und zog in die Waschküche um. (S. 28)

Herrn Müller umgibt, so der Erzähler, ein Geheimnis, das erst nach dessen Tod aufgedeckt werden kann:

Als das Rätsel gelöst war, wurde klar, daß die Geldscheffelei über die Rentnerzufriedenheit in dem Jahr gesiegt hatte, in dem das visumfreie Reisen nach Polen möglich geworden war. Der Gedanke, in die alte Heimat zu fahren, war nicht von ihm gekommen. Herr Kühn, ein ehemaliger Nachbar, hatte ihn überreden müssen mitzufahren. Die beiden Dörfer, in denen er die zerrissenen Hälften seines Lebens verbracht hatte, trennte nur eine knappe Autostunde. (S. 29)

Herr Müller kehrt auf seinen Hof zurück und findet ihn im Besitz eines jungen Paares: *alles [war] noch wie sonst, nichts fehlte, nichts war neu gebaut. Die Bäume, die du gepflanzt hast, stehn noch da, nur schöner, größer; die Scheunenleiter hängt noch am selben Platz; die schwarze Klinke an der Kirchentür, die dir als Kind stets Schwierigkeiten machte, bewegt sich noch immer so schwer; zufällig sieht auch die Katze, die auf der Treppe in der Sonne liegt, wie deine aus. (S. 29)* Herr Müller ist dadurch so nachhaltig beeindruckt, dass er sofort nach dem ersten Besuch beginnt, die jungen Leute finanziell zu unterstützen – bis zu seinem Tod, der all das ans Licht bringt.

Ursula Höntschs Roman »Wir Flüchtlingskinder«, vier Jahre vor der Wende 1989 erschienen, markiert schließlich das Ende und wohl maximal Mögliche des Umgangs mit dem Thema Flucht und Vertreibung in der DDR-Literatur. Schon der Titel, der das Thema offen aufgreift und benennt, markiert einen Wendepunkt, der wegen der politischen Entwicklung aber keine Nachfolger mehr fand. In Thema und Bearbeitung gleicht »Wir Flüchtlingskinder« Christa Wolfs »Kindheitsmuster«. Auch hier geht es um eine Jugend im Nationalsozialismus – wieder die autobiografisch angelegte Geschichte der Autorin – und schließlich um die Flucht in Richtung Westen. Doch Höntsch interessiert nicht die Analyse einer Generationenbiografie wie Christa Wolf. Ihr geht es um die Auswirkungen, die die Flucht auf die Familie Hönow hat. Viele Motive gleichen denen Christa Wolfs, doch sind sie diesen auch entgegengesetzt. So versucht in beiden Romanen eine Lehrerin Einfluss auf die Mädchen zu nehmen. Während sie bei Nelly Jordan damit Erfolg hat, wehrt sich das Mädchen Marianne Hönow vehement gegen die nationalsozialistische Indoktrination.

Höntsch hat versucht, ihrem Text durch eine Kombination aus Erzähltext, Tagebuchaufzeichnungen, historischen Exkursen und dem Zitieren historischer Dokumente den Anstrich von Authentizität zu verleihen – etwas, das man in Anlehnung an Christa Wolf vielleicht »objektive Authentizität« nennen könnte. Die Auseinandersetzung mit der alten Heimat ist für Höntsch zentral. Dies äußert sich z. B. darin, dass sie die Mutter von Marianne ausschließlich in niederschlesischer Mundart zur Sprache kommen lässt:

»Weihnachten gibt's in diesem Joahre nicht.« Elsa fragte, warum nicht. »Nu weil der Jusef bei der Wehrmacht ies, die Maria hoan se dienstverpflichtet, doas Kindla evakuiert, die Weisa aus'm Murgalande kriega keene Erlaubnis, einzureisa, der Stern vun Bethlehem doarf nich leuchta wega dar Verdunklung, die Krippe hoan se zur Volkswohlfahrt geschoafft, die Wehrmacht hoat Heu und Struh beschloagnoahmt, im Stoalle doa liegt die Flak, die Hirta hoan se zum Oarbeitsdienst eingezoaga, und wega dam Esel oalleene luhnt's nich.« (S. 42)

Nachdem Mutter Hönow und Marianne das erste Mal aus Liegnitz (poln. Legnica) fliehen, finden sie Unterschlupf bei Verwandten in Emmendorf in Brandenburg. Doch die Mutter findet sich nicht damit ab, ihre Heimat verlassen zu müssen. Gleich nach Kriegsende machen sich die beiden Hönow-Frauen auf den Rückweg. Mutter Hönow findet Arbeit in Liegnitz, ebenso Mariannes Schwester Elsa, die dort wieder zur Familie stößt. Doch das scheinbare Glück währt nur kurz. *Jede noch so dürftige Bemerkung, die auf ein Bleiben hindeutete, war für uns wie der Strohhalm, nach dem ein Ertrinkender greift. Wir redeten uns ein, daß die Umsiedlung nur ein Gerücht sei. [...] Hätte sie ihm geglaubt, wenn sie dieses Dokument gekannt hätte? (S. 136)* Was folgt ist ein Auszug aus einem Rundschreiben des Zentralkomitees der Polnischen Arbeiterpartei vom Juni 1945, in dem über die Umsiedlungs- und Aussiedlungsaktionen der deutschen Bevölkerung informiert wird. Wieder schildert Höntsch die Strapazen der Flucht:

Jetzt, da ich dies schreibe und meine Gedanken in den September fünfundvierzig zurückgehen, sehe ich sie wieder vor mir, die Kinder, die Alten, die Frauen, wie sie gehen und gehen. Ich sehe die blutig aufgescheuerten Schultern meiner Mutter und Elsas geschwollenen Leib. Ich sehe die beiden Alten an einem Ast hängen und die junge Frau mit ihrem toten Kind im Wagen. Ich sehe mich auf einem Pferdefuhrwerk fremder Leute liegen, und ich sehe den weinenden russischen Soldaten. Als Liegnitz hinter uns lag, als der winkende Michael unseren Augen längst entschwunden war, als die Bewacher uns allein hatten weiterlaufen lassen, marschierte der Treck zur Autobahn. Irgendeiner mußte diese Richtung eingeschlagen haben, keiner scherte aus, alle liefen hinterher, schleppend und langsam. Keiner, dem es eingefallen wäre, schneller zu gehen. Und doch machten die ersten schon nach zehn, zwölf Kilometern schlapp – die Alten und die Frauen mit den Kindern, mit den kleinen Kindern. (S. 152f.)

Die Hönows müssen zurück nach Emmendorf und dort endgültig »ankommen« – was besonders Mariannes Eltern, der Vater ist inzwischen aus der Kriegsgefangenschaft zurückgekehrt, schwer fällt. Der Text endet im Juli 1950, als die DDR und Polen mit dem »Görlitzer Abkommen« die »Oder-Neiße-Friedensgrenze« anerkannten, und damit die Hoffnung auf Rückkehr in die Heimat bei vielen, so auch bei Mariannes Eltern, endgültig zerstört wurde:

Niemand von den Hönows hatte die Aussiedlung vergessen, weil kein Mensch vergißt, woher er gekommen ist. Wenn die Alten sterben, verwischt ihr Tod nicht alle Spuren. Was bleibt, ist auch die Geschichte der Familie und die ihres Volkes. Wir Jungen haben sie weiterzuführen, haben voranzubringen, was uns die Alten an Menschlichkeit hinterließen. Und können das nur tun, wenn wir um die schlechten wie um die guten Tage der Vergangenheit auch wissen, dürfen nicht da aussteigen, wo wir etwas vergessen oder übersehen möchten, und dort wieder einsteigen, wo wir ein reines Gewissen haben, müssen uns zu allem bekennen, was in unserem Namen geschah und geschieht. (S. 152)

Flüchtlinge, Vertriebene, »Umsiedler« und Neubauern – Figuren und Benennungen

In den Texten kommen sowohl »Umsiedler«- als auch Neubauern-Figuren vor, wobei die Neubauern »Umsiedler« oder Alteingesessene sein können. Die folgende Tabelle zeigt, in welchen Texten diese Figuren auftreten und wo die Figuren explizit als solche bezeichnet werden (ohne Anführungszeichen wiedergegeben) bzw. wo eine Bezeichnung vermieden wird (mit Anführungszeichen wiedergegeben). Dabei wird zwischen Haupt- und Nebenfiguren unterschieden. Außerdem verzeichnet sie, ob die Bodenreform bzw. die Kollektivierung thematisiert werden. Zwar wird auf beide Ereignisse erst in einem späteren Kapitel (Phase 3: Das Leben in der »Neuen Heimat«) näher eingegangen, hier verdeutlichen sie aber bereits, dass Figuren von Neubauern nur in den Texten vorkommen, in denen es auch um die Bodenreform bzw. die Kollektivierung geht.

Text	Hauptfiguren	Nebenfiguren	Bodenreform/ Kollektivierung als zentrales Thema
Treibgut	Ralf und Rosemarie (»Flüchtlinge/ Umsiedler«)		
Neue Heimat	Mutti, Uli und Rita (»Flüchtlinge/Umsiedler«?)		
Die Umsiedlerin (Seghers)	Anna Nieth (Umsiedlerin)	Diverse (Umsiedler/Flüchtlinge)	

Die Tage werden heller	Karl Stiemer (»Umsiedler«)	Diverse (Umsiedler und Neubauern)	Bodenreform
Katzgraben	Kleinschmidt und Frau Kleinschmidt (Neubauern)	Hermann (»Umsiedler«), Diverse (Neubauern)	Bodenreform
Tinko	Großvater und Großmutter Kraske (»Neubauern«)	Frau Clary und Stefanie, Familien Wurm und Bogratzki (Umsiedler), diverse Namenlose (Neubauern)	Bodenreform / Vereinigung der gegenseitigen Bauernhilfe
Die Umsiedlerin (Müller)	Niet (Umsiedlerin/ »Neubäuerin«)	Diverse (Umsiedler und Neubauern)	Bodenreform / Kollektivierung
Böhmen am Meer	Schriftsteller (Umsiedler)	Frau Traugott, Bürgermeister (Umsiedler)	
Daniel Druskat	Daniel Druskat (»Umsiedler«), Max Stephan (»Neubauer«)	wenige Umsiedler und Neubauern	Kollektivierung/LPG
Kindheitsmuster	Nelly Jordan (»Umsiedlerin«)	Familie Jordan (»Umsiedler«)	
Der Hirt	Godefred (»Flüchtling«)		
Herr Müller	Herr Müller (Neubauer)		
Wir Flüchtlingskinder	Marianne Hönow und ihre Familie (Flüchtlinge/ Vertriebene/Umsiedler)	Diverse und Namenlose (Flüchtlinge, Umsiedler, Neubauern)	

Tab. 2 Flüchtlinge, »Umsiedler« und Neubauern als Haupt- oder Nebenfiguren.

Alle Autoren unterschieden sehr genau, welche Begrifflichkeit sie für ihre geflüchteten oder vertriebenen Figuren verwendeten. In der überwiegenden Zahl der Texte treten sowohl die Haupt- wie auch die Nebenfiguren unter der Benennung »Umsiedler« auf. Damit folgen sie der offiziellen Terminologie der SBZ/DDR. Den Begriff »Flüchtling« verwenden nur Anna Seghers (»Die Umsiedlerin«) und Ursula Höntsch (»Wir Flüchtlingskinder«) – wenn auch parallel zum Begriff »Umsiedler«. Obwohl Seghers gleich am Anfang ihres Text das Wort »Flüchtling« im Sinne der staatlichen Vorgaben relativiert – *Man nannte die Fremden auch immer weiter im Dorf »die Flüchtlinge« statt »die Umsiedler«, wie sie in den Gesetzen hießen. (S. 339)* – verwendet sie beide parallel und synonym:

Der Landrat ermunterte nun die Versammlung, da er schon einmal in Lossen war, alle Sorgen zur Sprache zu bringen. Er drehte sogar seinen Kopf nach der Umsiedlerbank. Er fragte sogar die Umsiedler, ob sie alle schon in den Wohnungen säßen, die ihnen gesetzlich zustünden. Bei dieser Frage sahen alle Dorfleute streng die Flüchtlinge an, als ob sie sie warnen wollten, hier eine Beschwerde verlauten zu lassen. (S. 342)

Die augenfälligere Verwendung des Flüchtlingsbegriffes findet sich bei Ursula Höntsch, die ihrem Roman den programmatischen Titel »Wir Flüchtlingskinder« gegeben hat. Allerdings vermeidet die Autorin im Text die Verwendung als Selbstbezeichnung der Hönows, vielmehr spricht die Ich-Erzählerin Marianne Hönow von der Flucht als Aktion: *Heute ist ein ganz trauriger Tag gewesen. Wir müssen doch flüchten.* Sehr selten nur verwendet sie ihn als Status-Bezeichnung: *Wegners waren Flüchtlinge wie wir.* Da die Familie Hönow zweimal ihre Heimat verlassen muss – das erste Mal flüchten sie vor der näher rückenden Roten Armee, kehren dann zurück und werden schließlich das zweite Mal vertrieben – verwendet Höntsch auch unterschiedliche Begriffe. Während sie beim ersten Verlassen der Heimat tatsächlich von »Flucht« spricht, verwendet sie für die Phase der Vertreibung andere, dem offiziellen Sprachduktus entsprechende Formulierungen:

Meine Mama [...] hat gesagt, ein zweites Mal würde sie sich nicht aus der Heimat vertreiben lassen [...].
Jede noch so dürftige Bemerkung, die auf ein Bleiben hindeutete, war für uns wie der Strohhalm, nach dem ein Ertrinkender greift. Wir redeten uns ein, daß die Umsiedlung nur ein Gerücht sei. [...] Auch über die Umsiedlung der deutschen Bevölkerung einigten sich die drei Mächte. [...]
Niemand von den Hönows hat die Aussiedlung vergessen [...]. (S. 135, 152)

Auch in Heiner Müllers Drama »Die Umsiedlerin« gibt es eine Figur, die die Bezeichnung »Flüchtling« trägt, mit dem Unterschied allerdings, dass Müller damit keinen Ostflüchtling meint, sondern einen, sich selbst so bezeichnenden, *politischen Flüchtling*:

FLÜCHTLING Ich bin auf der Durchreise. Im Amt bis gestern, / von unten geschmiert, von oben traktiert, hoch im Kurs / bei der Bevölkerung, mein Bauch ist der Beweis, mit der / Regierung auch auf DU, der Schrecken der Vorzimmer im / Kreismaßstab, politischer Flüchtling heute. Sie kämmen / die Dörfer ab, vornweg der Kreisparteimensch, SED auf / Zündapp, jeden nackten Hintern fragt er, warum er keine / Hose hat, der neue Landrat hinterher im alten Opel und / erntet, was die Partei ihm gesät hat, setzt ab und setzt ein. / Hinter mir ist Polizei her auch noch. Einer hat Feuer / gelegt an den Maschinenschuppen, Trecker drin. Mir / hängen sie Beihilfe an, weils mit gemeindeeigenem Ben/zin war. Woher sollt ers nehmen, alles rationiert. Du mußt / mir an die Elbe helfen, Beutler, es kann im Jauchkübel / sein, aber Tempo, ich hab keine Lust auf Bergwerk oder / Bautzen. (S. 197)

Wie auch der Bürgermeister des fiktiven Dorfs, in dem Müllers Drama spielt, wird dieser ehemalige Bürgermeister, jetzt *Flüchtling*, des Amtsmissbrauchs und der Unterschlagung beschuldigt und von der Polizei verfolgt. Diese Auslegung des Flüchtlingsbegriffes passt zu seiner Verwendung in anderen Texten. Wird »Flüchtling« dort überhaupt verwendet, dann meist als abwertendes Schimpfwort wie in »Tinko«:

»Weshalb hast du den Baumpfahl klargesägt? Weshalb, du Flüchtlingsbrut, du?« (S. 204)
»Laß ihn, laß ihn zu seiner Flüchtlingswitwe.« (S. 211)
»Sie machen mit uns, was sie wollen. Flüchtlinge sind wir, Hergelaufene.« (S. 136)

Nur ein einziger DDR-Text verwendet übrigens den Flüchtlingsbegriff im Titel: die Erzählung »Der Flüchtling« von Herbert Reinhard, 1958 in einer vom Ministerium für nationale Verteidigung in Berlin herausgegebenen Erzählreihe erschienen. Allerdings spielt diese Erzählung in der ersten Hälfte der 1940er Jahre und handelt von einer Gruppe Zwangsarbeiter, die fliehen wollen.

In den meisten Texten treten »Umsiedler« als Hauptfiguren auf, nur in »Katzgraben« und »Tinko« von Erwin Strittmatter sind es Neubauern. In beiden Texten sind die Figuren aber keine »Umsiedler«, sondern »alteingesessene« Kleinbauern, die durch die Bodenreform Land erhalten haben: in »Tinko« die Großeltern Kraske und in »Katzgraben« das Ehepaar Kleinschmidt.

Ansonsten besetzen Neubauern sehr oft als undefinierte, namenlose Gruppe die Neben- und Randrollen – oft wird ihre Existenz nur angedeutet, z. B. über die Erwähnung von Neubauernhäusern:

Gomolla blickte über den Schloßplatz und fühlte Genugtuung bei dem Gedanken, daß er sich seinerzeit energisch dem Abbruch der feudalen Zwingburg widersetzt hatte – wo wären die Umsiedler, die vielen, wohl sonst geblieben –, nein, Schloß Horbeck sollte erhalten bleiben, ebenso das prächtige Blumenrondell. Allerdings war Gomolla der Meinung gewesen, dieses Schloß im Tudorstil dürfe, zumindest von der Dorfstraße aus, nicht mehr als Adelssitz erkennbar sein oder auf den Beschauer fassadenmäßig als ein solcher wirken, und hatte veranlaßt, daß zwei Neubauernhäuser in Lehmbauweise auf dem Schloßplatz errichtet und dem protzigen Zinnenbau gewissermaßen vor die Nase gesetzt wurden. (Daniel Druskat, S. 179)

Oder aber, wie in »Tinko«, als positives Gegenbeispiel zu den Alteingesessenen:

Die Altbauern nisten sich in ihren Stuben ein. […] Zwar hat das Vieh auch im Winter Hunger, aber den stillen die Frauen. Wozu sind die Frauen da? […]
Die Neubauern lassen sich nicht von der Kälte in ihre Häuser treiben. Sie bauen Zäune für ihre Gehöfte. […] Ihre Frauen benötigen Mäntel, Schuhe und Gardinen, und die Kinder wollen zu Weihnachten nicht vor einer leeren Tischplatte vom »aufgeschleußten Himmelreich« singen. Die Neubauern kennen keinen Hunger mehr, aber die Bäuche ihrer Geldtäschchen sind meist leer. Das Anwesen schluckt hier einige und dort einige von den losen Markscheinen. (S. 241f.)

Was die Verwendung des in der SBZ/DDR politisch korrekten »Umsiedler«-Begriffes betrifft, so sind die Texte dahingehend zu unterscheiden, ob die Figuren als »Umsiedler« bezeichnet werden oder ob diese Bezeichnung und damit eine wörtliche Charakterisierung nicht erfolgt, vielleicht sogar vermieden wird. Ist dies der Fall, stellt sich die Frage, anhand welcher Indizien geschlussfolgert werden kann, ob eine Figur ein »Umsiedler« ist oder nicht. Wie die Tabelle 2 zeigt, werden in sechs Texten die Hauptfiguren nicht explizit als »Umsiedler« bezeichnet: »Treibgut«, »Neue Heimat«, »Die Tage werden heller«, »Daniel Druskat«, »Kindheitsmuster« und »Der Hirt«. In Katzgraben wird die einzige »Umsiedler«-Figur, der eine Nebenrolle bekleidende Hermann, nicht als »Umsiedler« benannt, obwohl er aus Schlesien kommt. Seine Herkunft wird auch nur an einer einzigen Stelle angedeutet.

KLEINSCHMIDT: Wer hatte das?
HERMANN: Mein Vater.
KLEINSCHMIDT: Wo?
HERMANN: In Schlesien auf dem Gute.
KLEINSCHMIDT: War er …
HERMANN: Kutscher. Hier fehlt ein Hebel. (S. 47)

Eine Sonderstellung unter den Texten, in denen die Bezeichnung der Hauptfiguren als »Umsiedler« ausbleibt, nimmt Erik Neutschs »Hirt« ein. Die Figur Godefred als »Umsiedler« zu bezeichnen, hätte nicht den Tatsachen entsprochen, da Neutsch die Handlung der Erzählung noch vor der »Ankunft« der Hauptfigur abbricht. Allerdings bezeichnet Neutsch ihn auch nicht als »Flüchtling«, denn das Ziel von Godefreds »Flucht« ist weniger, sich selbst in Sicherheit zu bringen, als vielmehr die drei Kühe zu schützen und zu retten. Dieses Ziel vor Augen separiert sich Godefred sogar von den anderen Flüchtlingen: *Er mied fortan die Straßen, den Weg durch die Dörfer, wich auch den Flüchtlingskolonnen aus, die in der Ferne, auf den Chausseen am Horizont, auftauchten. (S. 83)*

Benno Voelkner wie auch Helmut Sakowski vermeiden es, ihre Hauptfiguren Karl Stiemer und Daniel Druskat als »Umsiedler« zu titulieren. Während Voelkner seinen Roman zumindest in Polen beginnen lässt, von wo Stiemer nach dem Ende des Krieges die selbstorganisierte »Umsiedlung« beginnt, man also durch die Handlung auf Stiemers Status schließen kann, schildert Sakowski Druskats Schicksal erst nach mehr als 100 Seiten, dass er nämlich im Frühjahr 1945 mit einem Wolhyniertreck im Dorf angekommen sei: *kaum konnten die Pferde noch die Panjekarren zerren, Frauen, Kinder, Alte zwischen Lumpen und Bündeln, so kamen sie – [Daniel Druskat] und seine Leute – vom Ende der Welt hergezogen und waren wohl seit Jahren unterwegs, wer weiß denn, wo das gelegen hat, dieses Wolynien [sic!], weit weg jedenfalls, hinten irgendwo in der Walachei. (S. 113)* Für den Roman ist Druskats Herkunft nicht von Bedeutung. Und so verhält es sich auch mit der alten Heimat Karl Stiemers. Beide bauen sich in der SBZ/DDR eine neue Existenz auf und helfen mit am Aufbau des Sozialismus – Stiemer als Bürgermeister, Druskat als LPG-Vorsitzender. Was die Autoren mit der Vermeidung des »Umsiedler«-Begriffes womöglich darstellen wollten, ist eine Art von Egalisierung: die Gleichstellung der »Umsiedler« und der alteingesessenen Bevölkerung, die beide dieselben Möglichkeiten der Aufbauhilfe und Integration in der neuen Gesellschaft haben.

Der Grund, warum Voelkner seinen Roman gerade in Polen beginnen lässt – er hätte seine Figur Stiemer genauso gut auch als Ausgebombten aus Dresden oder Berlin gestalten können – ist sicher dem eigenen Erleben des Autors geschuldet, denn der Roman trägt stark autobiografische Züge: Auch Voelkner stammt wie seine Hauptfigur aus Danzig, war als KPD-Anhänger im Widerstand aktiv, führte 1945 einen Flüchtlingstreck von Danzig nach Mecklenburg und war schließlich einige Jahre Bürgermeister in einer mecklenburgischen Gemeinde.

Die Vermeidung des »Umsiedler«- oder Flüchtlingsbegriffes in »Neue Heimat« von Anneliese Jahnke geht sogar so weit, dass die Autorin des Kinderbuches gänzlich offenlässt, um welche Art von »Land-Ankömmlingen« es sich handelt: um Ausgebombte oder Flüchtlinge. Ihr geht es wie im weiteren Sinne auch Sakowski und Voelkner um die Darstellung der erfolgreichen Integration sowie um den Gewinn einer neuen Heimat.

Auch bei der Geschichte der beiden Kinder Ralf und Rosemarie in »Treibgut« verwendet die Autorin Annemarie Reinhard weder den Begriff »Umsiedler«, noch spricht sie von Flüchtlingen. D. h. aber nicht, dass sie die Begriffe grundsätzlich vermeidet. Allerdings erscheint es so, dass Flüchtlinge, Vertriebene und »Umsiedler« immer »die anderen« und niemals die Hauptfiguren sind, obwohl beide Gruppen das gleiche Schicksal teilen. Zwar lässt Reinhard an der Herkunft und am Schicksal der beiden Kinder keinen Zweifel: *Sie beide besaßen kein Zuhause mehr. Im Februar hatten sie es verlassen müssen, als der Krieg immer näher an die Heimatstadt heranbrandete. Die Erlebnisse jener Flucht hatten sich in [Ralfs] Erinnerung schon ziemlich verwischt, so viele Eindrücke waren seither auf ihn eingestürmt. Er wußte noch von überfüllten Eisenbahnzügen, von stundenlangem Warten auf kalten Bahnhöfen. (S. 16)* Erst vierzig Seiten später wird Reinhard konkreter und gibt der Heimatstadt der Kinder einen Namen: Greiffenberg in Schlesien (Gryfów Śląski, Polen). Verwendet sie aber den Flüchtlings- oder »Umsiedler«-Begriff, dann nur in Bezug auf andere Menschen und differenziert dabei zugleich zwischen »guten Menschen« und »schlechten Menschen«: *Freilich, die Mehrheit der Anwesenden [bei einer Einwohnerversammlung] bestand aus Ausgebombten und Umsiedlern, die natürlich nicht helfen konnten [bei der Verpflegung der Kinder im Kinderheim], während die ›Alteingessenen‹ ihre Teilnahme an solchen Veranstaltungen zum größten Teil nicht für nötig hielten. (S. 241)* Dies ist symptomatisch und zeigt sich an den vielen, zum großen Teil namenlosen Nebenfiguren, die als »Umsiedler« bezeichnet werden, wenn dies bei der Hauptfigur nicht erfolgt: in »Die Tage werden heller«, »Tinko« oder »Daniel Druskat«.

Obwohl die Thematik und die Erzählung der Familiengeschichte bei Christa Wolf und Ursula Höntsch sehr ähnlich gelagert sind, unterscheiden sich die beiden Texte in ihrer Umsetzung voneinander. Während Wolf sehr selbstreflexiv vorgeht und sich und die Familie immer wieder in Frage stellt, erzählt Höntsch sehr viel stringenter und allgemein-dokumentarischer im Sinne auch einer historischen Be- und Aufarbeitung von Flucht und Vertreibung. Dies spiegelt sich in der Verwendung der Begriffe »Umsiedler« und Flüchtling wider. Während Höntsch beide in allen Varianten verwendet, vermeidet Wolf diese Zuschreibung für die Hauptfigur und die Familie Jordan komplett. Sie verschweigt zwar die Flucht nicht und widmet ihr zwei Kapitel (»13. Strukturen des Erlebens – Strukturen des Erzählens. Flucht wider Willen« und

»14. ›Verfallen‹ – ein deutsches Wort. Familientreck«), bezeichnet aber die Jordans an keiner Stelle als Flüchtlinge oder »Umsiedler«.

Obwohl der Begriff »Umsiedler« DDR-spezifisch ist, vewendet ihn aber auch der BRD-Autor Arno Schmidt in seinem 1953 in Frankfurt a. M. erschienenen Kurzroman »Die Umsiedler«, der in der Originalausgabe den Untertitel »2 Prosastudien. Kurzformen zur Wiedergabe mehrfacher räumlicher Verschiebung der Handelnden bei festgehaltener Einheit der Zeit« trägt. Dieser Untertitel verweist darauf, in welchem Zusammenhang Schmidt den Begriff verwendet: zwar für Flüchtlinge (in der BRD), aber für solche, die im Jahre 1950 von Niedersachsen nach Rheinhessen »umsiedeln«, um dort endlich einen neuen Anfang wagen zu können:

Als wir dann bei Bingen am Rhein abbogen, wurden Gesichter flach und lang wie die fruchtbare Öde ringsum; manchmal trieb der platte Erdenbauch bucklige Runddörfer, geduckt, dächerwarzig, krötig : hier also ist das Wort vom ›platten Lande‹ entstanden. Zuerst wollten wir gar nicht aussteigen, als sie in Gau-Bockenheim am Zuge entlang schrien : ein zu einsamer Bahnhof; Nieselwetter, Niemandswetter; aber das Komitee stand schon zum Empfang. Ein Landrat, Einer vom Wohnungsamt, ein Bürgermeister. (S. 264)

Die meisten (DDR-)Autoren verwenden die Begriffe Flüchtling oder »Umsiedler« entweder aus politischen oder persönlichen Gründen. Beim Begriff des Neubauern ist das anders. Neubauern-Figuren tauchen in den untersuchten Texten zwar deutlich seltener auf, deren Bezeichnung als »Neubauern« wird aber nicht vermieden. Dessen Verwendung war politisch weniger problematisch, weil sich daran nicht automatisch auf »Umsiedler« schließen ließ, denn damit konnte auch die Altbevölkerung gemeint sein – wie in »Tinko« oder »Katzgraben« von Erwin Strittmatter. Gleichzeitig stand »Neubauer« immer auch für die Bodenreform, dem politisch motivierten Instrument der Umstrukturierung der ländlichen Gebiete und Verhältnisse, war also ein »Aushängeschild« des Sozialismus der SBZ/DDR. Die Verwendung des Begriffs Neubauer geschah zudem immer positiv, d. h., dass er anders als der Flüchtlingsbegriff niemals negativ konnotiert war. Gleiches gilt für den Begriff des Bauern generell, der im Verständnis der DDR eine positive Aura besaß. Keiner der (Neu-)Bauern wird (bis auf die Kontrastfiguren) als rückständig oder provinziell dargestellt. Eine Brandmarkung von Bauern oder des Lebens auf dem Land mit städtischer Überheblichkeit wie in Arno Schmidts »Die Umsiedler« hätte es in der SBZ/DDR keinesfalls geben dürfen:

»Nicht ärgern,« sagte mir Katrin unerschütterlich, »das sind doch gar keine Menschen. Sind doch Bauern.« Sie zog aus dem hübschen Bündel einen veilchenfarbenen Fünfzigmarkschein, und zahlte holdlächelnd ein Vierteljahr [Miete] voraus, vergällte ihm [dem Vermieter] allerdings den Besitz durch die unschuldige Frage: »Ratten hats keine, oder?« »Und die Quittung geben Sie nachher, ja?« Das Klo zwar im Hof, aber mit Wasserspülung, also eine Sehenswürdigkeit des Ortes. Ich sah mich verbissen um: ehrbar geweißte Gemüter, Gehirn wie gehabt, für Erdarbeiten hervorragend geeignet. (S. 276)

Von der »alten« in die »neue Heimat«

Keiner der kanonisierten Texte der DDR-Literatur beschäftigt sich ausschließlich mit den Vorgängen von Flucht und Vertreibung. Diese Feststellung mag natürlich erst einmal verwundern bei Titeln wie »Die Umsiedlerin« (Anna Seghers 1950 bzw. Heiner Müller 1961), denn gerade hier würde man eine Fokussierung auf dieses Thema erwarten. Doch für die Literatur der DDR waren andere Dinge ausschlaggebend. Flüchtlinge, Vertriebene und »Umsiedler« blieben ein randständiges Thema, das einen bestimmten Zweck zu erfüllen hatte.

Chronologisch gliedert sich der Prozess von Flucht, Vertreibung und »Umsiedlung« in drei Phasen:

1. das Leben in der alten Heimat,
2. Flucht, Vertreibung und Ankunft,
3. das Leben in der neuen Heimat.

Diese drei Stufen könnten 4. noch um den Besuch in der alten Heimat erweitert werden, der sich in der zeitlichen Abfolge aber in das Leben in der neuen Heimat einreiht. Der Begriff ›Heimat‹ bezeichnet an dieser Stelle den Ort, an dem man lebt, eine Wohnung, ein Haus, Arbeit, Bekannte und Familie hat. Die folgende Tabelle veranschaulicht, welche der eben erwähnten »Umsiedler-Phasen« in ihnen ausführlich behandelt oder zumindest angedeutet werden (Kreuz in Klammern). Diese Aufschlüsselung liefert eine erste Einschätzung darüber, welche Schritte die Autoren als maßgeblich für ihre Texte ansahen, denn kaum einer stellt jede Phase dar:

Autor, Titel (Jahr der Ersterscheinung) (Genre)	**Phase 1: Leben in der alten Heimat**	**Phase 2: Flucht, Vertreibung, Ankunft**	**Phase 3: Leben in der neuen Heimat**	**Phase 4: Besuch in der alten Heimat**
Annemarie Reinhard, Treibgut (1949) (Roman)		X	(X)	
Anneliese Jahnke, Neue Heimat. Ein Erstleseheft (1949) (Kinderbuch)		(X)	X	
Anna Seghers, Die Umsiedlerin (1950) (Erzählung)			X	
Benno Voelkner, Die Tage werden heller (1952) (Roman)	(X)	X	X	
Erwin Strittmatter, Katzgraben (1953) (Drama)			X	
Erwin Strittmatter, Tinko (1954) (Roman)			X	

Heiner Müller, Die Umsiedlerin (1961) (Drama)			X	
Franz Fühmann, Böhmen am Meer (1962) (Erzählung)	(X)		X	
Helmut Sakowski, Daniel Druskat (1976) (Roman)		(X)	X	
Christa Wolf , Kindheitsmuster (1976) (Roman)	X	X	X	X
Erik Neutsch, Der Hirt (1978) (Erzählung)	(X)	X		
Günter de Bruyn, Herr Müller, diesseits und jenseits der Oder (1980) (Erzählung)			(X)	X
Ursula Höntsch, Wir Flüchtlingskinder (1985) (Roman)	X	X	X	

Tab. 3 Übersicht über die in den Texten behandelten »Umsiedlungsphasen«.

Die Darstellung des Lebens in der neuen Heimat ist zumeist zentral, denn diese Phase wird fast immer dargestellt. Nur in einem Werk wird dieser Teil vollständig ausgespart: in »Der Hirt« von Erik Neutsch. Die chronologische Übersicht zeigt auch, dass noch Ende der 1940er Jahre die Phase der Flucht in der Handlung nicht ausgeklammert wurde. In den 1950er und 1960er Jahren wurde dann ausschließlich das Leben in der »neuen Heimat« thematisiert. Auf die Ausnahmen (»Die Tage werden heller« von Benno Voelkner und »Böhmen am Meer« von Franz Fühmann) wird noch eingegangen. Erst in den 1970er Jahren wurde die Literatur wieder offener, Flucht und Vertreibung wieder dargestellt.

Phase 1: Das Leben in der »alten Heimat«

In den Texten wird das Leben in der »alten Heimat« auf zwei Arten thematisiert: entweder als chronologischer Teil der Handlung oder in Form von Erinnerungen der Figuren. Insgesamt behandeln diesen Abschnitt nur fünf der Texte, wobei nur zwei dies in aller Ausführlichkeit und als Teil der Handlung vollziehen. Es sind dies »Kindheitsmuster« und »Wir Flüchtlingskinder«. Die drei übrigen, »Die Tage werden heller«, »Böhmen am Meer« und »Der Hirt«, schildern das Leben in der alten Heimat in Form von Erinnerungen. Das bedeutet auch, dass diese drei Texte zu einem späteren Zeitpunkt spielen, als das Leben in der »alten Heimat« eigentlich stattgefunden hat. Voelkners Text beginnt mit dem Ende des Krieges 1945, »Der Hirt« wenige Stunden vor der Flucht am Anfang des Jahres 1945 und »Böhmen am Meer« etwa zehn Jahre nach Kriegsende. Höntsch und Wolf erzählen hingegen eine chronologische Entwicklungsgeschichte – die Schilderung des Lebens in der alten Heimat nimmt dabei den zentralen Platz und auch den meisten Raum ein. In zwölf ihrer 18 Romankapitel beschreibt Wolf die Kindheit und Jugend der Protagonistin Nelly in Landsberg an der Warthe in Ostpreußen. So auch bei Ursula Höntsch: Sie schildert das Leben der Familie Hönow aus den Augen der jungen Marianne Hönow in Liegnitz in Niederschlesien. In »Kindheitsmuster« gibt die Autorin ihrem Heimatort keinen Namen, sondern bezeichnet ihn nur mit seinen Anfangsbuchstaben: *Damals, im Sommer 1971, gab es den Vorschlag, doch endlich nach L., heute G., zu fahren, und du stimmtest zu. (S. 10)*

L., heute G. – das ist Landsberg an der Warthe, ab 1945 Gorzów Wielkopolski in Polen. Diese Reise in die Vergangenheit, die das Alter Ego der Autorin gemeinsam mit Tochter Lenka, dem Bruder Lutz und ihrem Mann H. antritt, ist der Anlass für die Beschäftigung und den Versuch, die Vergangenheit zu verstehen und zu bewältigen. Konkreter lokalisiert Wolf das Ziel der Reise nicht. Wohl aber beschreibt sie im Zuge der Schilderungen des Besuchs im Heimatort dessen Gestalt, einzelne Straßen und Gebäude und gibt diesen auch konkrete Namen:

Der Sonnenplatz ist, soviel du weißt, in deinen Träumen niemals vorgekommen. Nie hast du im Traum vor diesem Eckhaus Nummer 5 [das Elternhaus] gestanden, das heute, sachlich den Tatsachen Rechnung tragend, diese seine Nummer zweimal bekannt gibt: durch die altbekannte, verwitterte, mit Zement an die Hauswand gespritzte 5 und gleich daneben durch das neue weiße Emailleschild mit derselben Zahl in Schwarz. Nie hast du von den roten Geranien geträumt, die heute wie damals vor fast allen Fenstern blühen und blühten. [...] – du kannst auf dem an der Hauswand angebrachten Straßenschild die polnische Schreibweise des Wortes »Sonnenplatz« erahnen: Plac Słoneczny, was du ohne Vermittlung durch das Russische kaum entziffert hättest. [...] Die meisten Straßen waren gepflastert, teils mit Katzenköpfen, meist aber doch schon mit Großflächenpflaster aus der sogenannten Grauwacke, einem unverwüstlichen Stein, der womöglich noch heute unter der Asphaltdecke der modernen Straßen liegt, zum Beispiel auch unter der einen Hälfte der zu zwei Fahrbahnen erweiterten und mit Teersplit überzogenen Soldiner Straße, an der übrigens linker Hand – wenn man von der Stadt kommt – der heute vernachlässigte Adlergarten, etwa vierhundert Meter weiter oben aber (die Straße steigt ja an) zur Rechten jenes Zweifamilienhaus liegt, das Bruno Jordan im Jahre 1936 bauen ließ und in dem die Familie zuletzt, das heißt bis zur Flucht, neun Jahre lang gewohnt hat. (S. 19, 21, 78)

Bei den Beschreibungen ihrer Heimatstadt verliert sich Christa Wolf niemals in sentimentalen Ausführungen, sondern bewahrt immer einen gewissen Abstand, auch wenn bestimmte Zeichen sie an die vertraute Heimat erinnern:

Es ist übrigens merkwürdig, wie eine einzelne Bauersfrau, die ihr weißes Kopftuch auf eine bestimmte Weise gebunden hat und eine Heuharke über der Schulter trägt, eine bekannte Gegend – es war die beiderseits von flachen Feldern gesäumte Landstraße hinter Górzyca (früher Gohritz) – in eine östliche Landschaft verwandelt, auf die du neugierig wirst. Nicht im Widerspruch dazu zähltest du auf, was du am Straßenrand erkanntest: Schafgarbe, Wiesenschaumkraut, Johanniskraut, blaue Wegwarte, Huflattich, Beifuß, Wegerich und Hirtentäschelkraut. Wie es eben überall vorkommt, behauptet H. [...] Da sei auch nicht die Spur von etwas Besonderem. Du sahst aber, und jeder mußte es doch sehen, daß auf diese Weise, in dieser botanischen Zusammensetzung, nur ein Straßengraben jenseits – oder vielmehr: diesseits – also jedenfalls östlich der Oder bewachsen sein kann. (S. 76f.)

Ursula Höntsch geht bei der Beschreibung, Lokalisierung und Benennung ihrer Heimatstadt sehr viel offener vor:

Die Geschichte, die hier erzählt werden soll, ist die Geschichte der Familie Hönow aus dem Schlesischen. Sie trug sich zu während der Völkerwanderung unseres Jahrhunderts, als über zehn Millionen Menschen auf der Suche waren nach einer neuen Heimat, westlich von Oder und Neiße. [...] Der 23. Oktober 1944 war ein Montag, ein trüber, regenverhangener Tag mit stürmischem Wind. Als Mutter wie jeden Morgen vorschriftsmäßig um sechs das Verdunklungsrollo heraufzog und das Wohnzimmerfenster öffnete, meinte sie: »Die Wuche fängt joa gutt oan.« Dabei wußte sie noch gar nicht, daß vor ein paar Stunden sowjetische Truppen die deutsche Grenze in Ostpreußen überschritten hatten. Jetzt war der Krieg nicht mehr weit von Liegnitz entfernt. (S. 7, 11)

Anders als Wolf nennt Höntsch nicht die polnischen Namen der Orte. Allerdings nimmt die Handlung, die Höntsch in Liegnitz spielen lässt, einen sehr viel geringeren Raum ein als bei Wolf. Sie umfasst nur etwa ein Drittel des Buches. Was Höntsch über das »vergangene« Liegnitz schreibt, ist weniger ein spätes Erinnern an die Heimatstadt und den Ort der Kindheit anhand von Straßen, Orten, Plätzen, als vielmehr eine Beschreibung der Jahre von 1933 bis 1945 anhand historischer Fakten:

Frau Winkler war eine freundliche und gutherzige Frau, die für ihren Sohn nur das Beste wollte. Sie sah in ihm den Ersatz für den fehlenden Mann und ließ ihn gewähren, wie sie auch einen Mann hätte gewähren lassen. Ihr Werner würde nie etwas Unrechtes tun, daran glaubte sie fest, schließlich hatte sie ihn doch zu Ehrlichkeit und Anstand erzogen. Daß er für die Nazis mehr übrig hatte als für sie, tat schon weh, aber die Jugend ist nun einmal so, sie braucht etwas, woran sie glauben und wofür sie sich begeistern kann, das geht auch wieder vorbei. Wenn er über Politik sprechen wollte, wehrte sie ab, weil sie nichts davon verstehe und auch nichts mit Politik zu tun haben wolle.
Meine Mutter sah also keinen Grund, die Nachbarschaft aufzugeben, bloß weil Frau Winkler einen SS-Sohn hatte, der sowieso nur selten auf Urlaub kam und immer nur für kurze Zeit. Weihnachten 1943 aber blieb er länger. Dorle und ich erschraken über das neue Zeichen auf seiner Uniform, über den Totenkopf.
Die Totenkopfverbände, Teil der Waffen-SS, existierten neben der Allgemeinen Schutzstaffel und waren zur Bewachung der Konzentrationslager abkommandiert, die seit 1934 der SS unterstellt waren.
Werner Winkler sah zehn Jahre älter aus und redete kaum. Beim Abschied sagte er seiner Mutter, daß er nicht mehr dahin zurückkehre, woher er gekommen sei, daß er das weder gewollt noch geglaubt habe...

Das Konzentrationslager Groß-Rosen bestand am Mai 1941 und lag etwa fünfundzwanzig Kilometer südlich von Liegnitz entfernt. Es hatte hundertvier Außenlager in der Lausitz, der Tschechoslowakei und in Schlesien. [...] Von den 180 000 Häftlingen aus siebzehn Nationen sind ungefähr 100 000 ums Leben gekommen, viele durch medizinische Versuche.
Werner Winkler war nach seinem Weihnachtsurlaub 1943 ins Außenlager Peterswaldau versetzt worden, von dort hatte seine Mutter noch eine Karte von ihm erhalten.
Peterswaldau! Hundert Jahre davor war es in diesem Ort zum Aufstand gekommen, der einer Lawine gleich durch die Lande rollte. Die schlesischen Weber hatten sich gegen die Fabrikanten Zwanziger und Dierig erhoben. (S. 52f.)

Die Beschreibung der ehemaligen Heimat bei Voelkner, Fühmann und Neutsch geschieht weit weniger ausführlich. In »Die Tage werden heller« lässt sich allein aus dem Text auf keinen konkreten Ort, nur allgemein auf eine Stadt in Polen – wohl die Hafenstadt Danzig – schließen, und diese bezeichnet Voelkner auch nicht als Heimatstadt der Hauptfigur Karl Stiemer:

Jetzt lag vor ihm, von diesem Vorort keine vier Kilometer entfernt, die Stadt mit dem Häusergewirr, den engen Gassen, den hohen Kirchen, den verschlungenen Flußläufen, den Werften und Fabriken. Und alles voller Menschen! Einwohner, Soldaten, Flüchtlinge. [...] Mehr als fünfeinhalb Jahre war es her, da hatte er am Morgen jenes denkwürdigen ersten September an dieser selben Stelle gestanden. Das Krachen der schwerkalibrigen Geschütze des Panzerschiffes hatte damals die Bewohner der Stadt aus den Betten gerissen; die platzenden Granaten nahmen das polnische Territorium im Hafen urplötzlich unter Feuer und leiteten den Überfall auf das entsetzte polnische Volk ein. (S. 7)

Die Stadt wird anders als bei Höntsch und Wolf nicht als Heimat der Figuren installiert, sondern dient eher als Sprungbrett in die Zukunft – in eine neue und bessere Heimat. Die Abreise erscheint dann eher als Befreiung denn als Abschied ohne Rückkehr oder schmerzhafter Verlust, der noch dazu dank der Hilfe des sowjetischen »Befreier« ein Geschenk ist. Darüber hinaus hat Voelkner der Szene eine Menge völkerverständigen Pathos beigemischt:

»Leben Sie wohl, Genosse Stiemer, werden Sie gesund. Und allen eine gute Reise. – – Sie werden es nicht leicht haben unterwegs, und drüben so schnell auch nicht, doch es ist ein Weg, der aufwärts führt, und jetzt haben Sie Hilfe. Nochmals – leben Sie alle wohl.«
Immer noch blickten sich beide an, die Augen sprachen mehr als Worte.
»Wir danken Ihnen, Kapitän Andrejew, wir danken Ihnen ...«
Mehr konnte Karl Stiemer nicht antworten. Auch seine Frau reichte dem Kapitän die Hand und nickte stumm zu ihm hinauf; sie wußte, was sie gerade ihm verdankte.
Während sie zurückgingen, sagte Anna Wedel: »Er wird uns fehlen, wir haben viel verloren.«
»Viel verloren ...?« wiederholte Karl Stiemer. Dann meinte er, halb versunken in Gedanken: »... verloren? Gewiß Doch wieviel haben wir durch ihn gewonnen!« [...]

*»Komm, Karl, die polnischen Genossen sind da, die wollen sich verabschieden.«
Das hatten sie nicht erwartet. Viele strömten nun zusammen. Es waren einige Genossen vom Sekretariat der Polnischen Arbeiter-Partei. Ihr Sekretär sprach: »Wir sind hier, Genossen, um von euch Abschied zu nehmen und von den Antifaschisten, die mit diesem Transport mitgehen. Wir waren keine Feinde... [...] ihr fahrt nun hinüber. Wir glauben daran, daß ihr drüben ein freies, wahrhaft demokratisches Deutschland aufbauen werdet. Wir tun hier in unserem Lande das gleiche, wir bauen ein freies Polen und werden damit in gemeinsamer Arbeit das Gift des Völkerhasses austilgen. – – Eines Tages, wenn wir den gemeinsamen Feind aller Werktätigen, die kapitalistischen Ausbeuter, niedergerungen haben in unseren Ländern, sehen wir uns wieder, irgendwo – als freie Bürger freier Länder. Es lebe die Freundschaft der Völker!« (S. 97f.)*

In einer solchen Darstellung hat der Verlust der Heimat keinen Platz, denn was hätte man auch vermissen sollen, wenn das, was war, falsch gewesen ist, und nur die Zukunft das einzig Wahre und Gute bringen kann? Sie bietet zugleich eine Folie, um das Credo des Sozialismus – Antifaschismus, Frieden und Völkerfreundschaft – zu transportieren, und die Aufgaben, die auf Karl Stiemer und seine Gefolgschaft im zweiten Teil des Romans warten, anzureißen.

In »Böhmen am Meer« steht die Vergangenheit der Hauptfigur im Dienste der Erklärung der Gegenwart. Auch hier wird – wie bei Voelkner – die Vergangenheit nicht im Verlust verklärt. Zumindest nicht die Erinnerung an die alte Heimat. Vielmehr ist es die Sehnsucht nach dem Meer und die Erinnerung an vergangene Reisen, die die Hauptfigur auf den Weg bringen:

Zehn Jahre nach dem Krieg konnte ich zum ersten Mal wieder ans Meer fahren. Die Stunde meiner Abreise war traumhaft; sie steht in meinem Leben wie eine Birke im zerklafften Land. Ich liebe das Meer; wir alle, die wir Böhmen, diesem innigsten Binnenland, entstammen, lieben das Meer, diese Wüste aus Wogen und Wolken, mit einer verzehrenden Liebe, und ich stamme aus Böhmen und hatte zwölf Jahre nicht mehr das Meer gesehen. Als siebenjähriger Junge war ich an der Adria gewesen und hatte seitdem das Bild einer unermeßlich geschwungenen Bläue und großer, fleischig wuchernder Pflanzen im Hirn; den Sommer vor dem Krieg hatte ich auf einer Nordseeinsel verbracht, und dann war ich, Soldat, übers griechische Meer gefahren, das grau war und gestachelt vom Sturm, und da war das Meer nur die Flut, in der die Mine trieb. Dann hatte ich zwölf Jahre nur Land gesehen: die russische Ebene und die Trümmerstätten Berlins; ich hatte eine neue Existenz begonnen, und nun fuhr ich zum ersten Mal wieder ans Meer. [...] Das offene Meer, nun lag es vor meinem Blick! Ich stand auf dem Hügel der Düne und sah hinaus und fühlte den Schlag der Wellen in meinem Blut. [...] In dieser Minute war ich vollkommen glücklich. (S. 7-11)

Die Erinnerungen an die »alte Heimat« Böhmen, die der Urlaub am Meer in der Hauptfigur nach langer Zeit wieder hervorruft, sind in erster Linie mit dem *Herr Baron von L.* verbunden, dem die Hauptfigur als Zwölfjähriger in seinem Elternhaus zum ersten Mal begegnet. Dieser Baron, *Vorkämpfer des Deutschtums in der Tschechoslowakei* ist die Personifikation der deutschtümelnden, nationalsozialistischen Vergangenheit:

Der Baron hatte gesagt, es könne kein Nebeneinander der Völker mehr geben, es gebe nur eins: die Unterwerfung unter das deutsche Gebot oder die Tilgung aus dem Buch der Geschichte. Dann hatte mein Vater die Gläser gefüllt, und ich hatte stumm, voll stummer Ehrfurcht auf den Baron gesehen, der die Völker wie Steine auf dem Mühlbrett hin- und herrückte, und er war in meinen Augen ein Gott gewesen, ein Lenker des Schicksals, und dann hatten wir auf ein Böhmen am Eismeer angestoßen, und als ich dann aus russischer Kriegsgefangenschaft zurückgekommen war und gelernt hatte, eine Stunde wie jene richtig zu deuten, hatte ich immer wieder dieses Stück lesen wollen, dessen Szenerie bereits in meinem Leben stand: Böhmen am Meer. (S. 24)

Diese Umkehr der »faschistischen Vergangenheit« in eine »aufgeklärte, antifaschistische Gegenwart und Zukunft« findet sich im Übrigen auch in der Biografie Franz Fühmanns wieder, der nach der Annexion des Sudetenlandes durch Deutschland der Reiter-SA beitrat, 1941 zur Wehrmacht eingezogen wurde, in der Sowjetunion und Griechenland im Einsatz war, schließlich in sowjetische Kriegsgefangenschaft geriet und von dort erst 1949 in die DDR zurückkehrte. Mit Verweis auf das obige Zitat zeigt sich auch an Fühmanns Text deutlich die Verschränkung von Autobiografie und Fiktion – etwas, das auch für Benno Voelkner gilt.

Der fünfte Autor, der in seinem Text zumindest in Ansätzen das Leben in der alten Heimat thematisiert, hat anders als die vier vorgenannten das Flucht- und Vertreibungsschicksal nicht geteilt. Erik Neutsch, u.a. Autor von »Spur der Steine« (1964), war einer der angepasstesten und systemkonformsten DDR-Autoren. Seine Erzählung »Der Hirt« verwundert daher beim Blick auf sein sonstiges Oeuvre, was dem Autor selbst wohl bewusst gewesen sein muss, denn immerhin setzte er der Erzählung ein kurzes Vorwort voran:

Nichts von dem, was ich bisher erzählte, ist von meinen persönlichen Erlebnissen und Erfahrungen jemals so weit entfernt gewesen wie die Geschichte des Hirten. [...]
Als die Geschichte dann erschien, wollten manche Kritiker sie gar nicht haben. Nach dem Zimmermann Balla [aus »Spur der Steine«, NK] war der Hirt Godefred für die etwas sehr Ungehöriges meinerseits. Ich allerdings habe meine weltanschaulichen und künstlerischen Positionen niemals verengen wollen und sie stets so weit zu spannen versucht, daß sie alle Menschen in meinem Lande erreichen, mit denen ich lebe und für die ich schreibe. [...]
Für mich persönlich war die Geschichte vom Hirten überdies der Beweis, daß meine Phantasie noch intakt ist. In der innigen Umarmung mit dem jederzeit härteren Realismus geht es ihr wie jedem Brautpaar: Sie empfindet Freude am Schöpferischen. (S. 1)

Als »ungehörig« muss nicht nur die Schilderung der Flucht des Hirten mit seinen Kühen und die Begegnungen mit anderen flüchtenden, hungernden, sterbenden Menschen vorgekommen sein (noch dazu in der Buchausgabe mit Holzschnitten des Künstlers Volker Wendt versehen), sondern wohl auch die intertextuelle Verwendung der biblischen Geschichte von Hiob:

Und das Buch. Die Bibel brauchte er, um sie nach Rat zu fragen. Die Geschichte Hiobs wollte er lesen. [...] Die Geschichte Hiobs sollte ihn trösten. Er war von Gott niemals verlassen worden. Die Vertreibung von Haus und Hof, die Vernichtung von allem, was ihm lieb und teuer gewesen war, der Verlust seiner Herden, das Umherirren in der Fremde, in einem Wald mit Kiefern vielleicht wie dieser, Krankheiten und Demütigung. Trotzdem war Hiob stets der Knecht Gottes geblieben. (S. 27)

Die biblische Geschichte von Hiob ist für Neutsch der Archetext für Flucht und Vertreibung, für Leid und Mühsal. Dieser Rekurs auf einen unerschütterlichen christlichen Glauben muss den Kritikern in einem Land wie der DDR, in dem Kirche und Glaube als politische Opponenten angesehen wurden, wirklich »ungehörig« vorgekommen sein. Zugleich scheint an dieser Stelle etwas durch, was in allen übrigen Texten, die das Leben in der alten Heimat thematisieren, so niemals zur Sprache kommt: die Trauer über den Verlust dieses Lebens und über *die Vernichtung von allem, was ihm lieb und teuer gewesen war* – sein *Zuhause, [...] die Hütte, die Herde. (S. 100, 14)* Auch dies, *Zuhause*, eine Formulierung, die die anderen Texte in diesem Zusammenhang niemals bemühen.

Neutschs »Hirt« ist schließlich auch der einzige Text, der die dritte Phase, das Leben in der neuen Heimat, nicht thematisiert, weil er mit dem Tod der Kühe, die die vor Oranienburg lagernden Menschen ernähren sollen, abbricht. Eine Darstellung der Ankunft, der Beginn eines neuen Lebens jenseits der Vergangenheit, passte so gar nicht zur Intention des Autors – und vermied oder versperrte sich so gleichzeitig gegen die Forderung des »sozialistischen Realismus«, dem Neutsch bereits in seinem Vorwort eine metaphorische Absage erteilte: *In der innigen Umarmung mit dem jederzeit härteren Realismus geht es ihr [der Phantasie] wie jedem Brautpaar: Sie empfindet Freude am Schöpferischen. (S. 1)* Mit diesen Worten spricht er sich deutlich gegen eine Vereinnahmung seiner literarischen Schaffenskraft – zumindest in diesem einen Fall des »Hirten« – für den »sozialistischen (*härteren*) Realismus« aus, und Godefred ist alles andere als ein positiver, »typischer« Held, der mit hoffnungsfrohen Augen in die Zukunft blickt: *Und Hiob starb alt und des Lebens satt. (S. 114)*

In allen anderen Texten kommen die Vergangenheit, die ehemalige Heimat oder der Herkunftsort der Protagonisten nur dann zur Sprache, wenn es für die Zeichnung der Figuren wichtig ist, deren Vergangenheit zu kennen. Das Ausmaß der Darstellung des Vergangenen bleibt aber immer marginal.

Die Ausblendung oder gar der Verzicht auf eine Verlustbeschreibung, die in den DDR-Texten auffallen, finden sich in der BRD-Literatur zum Thema Flucht und Vertreibung nicht. In »Heimatmuseum« von Siegfried Lenz (1978) z.B. fällt die Darstellung des neuen Lebens auf dem Gebiet der BRD zugunsten der Darstellung des Lebens in der »alten Heimat« sehr knapp aus. Hunderte Seiten lang beschreibt Lenz das Leben der Hauptfigur Zygmund Rogalla in seinem Heimatdorf Lucknow in Masuren, die Landschaft, die Geschichte, die Bräuche und Traditionen, die Rogalla in seinem »Heimatmuseum« für Besucher zusammenträgt, mit dem er im Januar 1945 flieht und das er schließlich in Deutschland (BRD) wiedereröffnet:

Siehst du, und du mußt mir schon glauben, daß ich die Funde und Dokumente, daß ich Belege und vielfache Beweise für unsere tief verfädelte Existenz nicht deshalb zum Transport fertig machte, weil sie dereinst einen Anspruch begründen, ein Recht einklagen sollten; vielmehr packte ich und legte alles zurecht, weil es einfach zu uns gehörte, zu unserer Gegend, zu unserem Leben, zu den gesicherten Erkenntnissen über uns selbst, mit deren Hilfe wir die krummen Pfade unserer Herkunft zurückverfolgen konnten... (S. 571)

In den DDR-Texten wird Heimat zwar thematisiert, aber keine Heimatromantik geschaffen. Was der Literaturwissenschaftler Louis Ferdinand Helbig für die westdeutsche Literatur festgestellt hat, dass nämlich hier »Heimat [...] Ort der Kindheit und des Friedens«, quasi der Urzustand der Harmonie[21] ist, gilt nicht für die ostdeutsche Literatur. Die »alte Heimat« – im Dienste der Erwähnung des Vergangenen – wird zwar nicht ausgespart, steht aber immer in einem Spannungsverhältnis zur »neuen Heimat«, die bis auf den »Hirt« von Erik Neutsch zugunsten der »neuen Heimat« aufgelöst wird, weil eine »neue Heimat« zu schaffen das Ziel der Integrationspolitik und Propaganda gewesen ist.

Die mit der alten Heimat verbundenen Assoziationen sind daher in der DDR-Literatur auch andere. Landschaftsdarstellungen fehlen fast gänzlich. Nur in Strittmatters »Tinko« beschreibt Martin Kraske in kindlichen Worten die Schönheit seiner Heimat – was nicht verwundert oder im Widerspruch zum eben Behaupteten steht, da diese Heimat Tinkos einzige Heimat ist.

Der Winter ist lang. Der Ofen warm. Die Betten sind weich. Wir sind eingeschneit. Die Hasen kommen bis in unser Gärtchen. Die Nähte ihrer Spuren gehen quer übers Feld. Im Gärtchen steht Grünkohl. Großmutter braucht ihn für das Weihnachtsessen. Die Hasen naschen ihn gegen den Hunger. Sie schlüpfen durch die Löcher im Staket und mümmeln Unterblätter des Grünkohls. Später erreichen sie auch die oberen Blätter. Wie machen sie es? Stellen sie sich dabei auf die Hinterläufe? Wenn ich noch in der Oberstube schlafen würde, könnte ich nachts ein wenig wachen und aufpassen, wie die Hasen an die oberen Kohlblätter kommen. (S. 264)

Die Diskussion dessen, was Heimat eigentlich ist, ist im Roman von Siegfried Lenz besonders stark ausgeprägt. Die Hauptfigur Rogalla nimmt die Museumsstücke mit auf die Flucht, um die Vergangenheit vor dem Vergessen zu bewahren, nicht um die Heimat zu verklären. Rogalla muss sich bereits am ursprünglichen Standort seines Museums im masurischen Lucknow nach 1933 gegen eine Indienstnahme seiner Sammlung für die nationalsozialistische Heimattümelei und »Blut und Boden«-Ideologie wehren:

Was nützt es, wenn Fund auf Fund zusammenkommen – ihre Bedeutung gewinnen die Dinge erst in der Organisation, und das heißt, wenn sie einer Idee dienstbar gemacht werden, einem großen Gedanken. Jeder weiß, daß unsere Vorfahren arbeiteten, kämpften, daß sie ihr Brauchtum pflegten; dies zu belegen, ist beinahe müßig; worauf es ankommt: daß die Fundstücke zu einem Beweis dafür herangezogen werden, daß sich der Masure seit je als Vorposten des Deutschtums im Osten empfand. Die Funde haben nicht nur etwas zu verbürgen, sie müssen auch agitieren. [...] Laß dich nicht darauf ein, Zygmunt, werde nicht ihr Lieferant. Es gibt Dinge, sagte er, denen wir keine Unschuld zugute halten können, und dazu gehört ein Heimatmuseum: ungewollt weckt es völkische Arroganz. (S. 390, 404)

Nach der Flucht und dem Aufbau eines neuen Museums in Schleswig-Holstein wird dieses sehr schnell zum beliebten Anlaufpunkt ehemaliger masurischer Nachbarn und sonstwie Interessierter. Es gründet sich bald ein Heimatverein, der aus den Lucknower Vertriebenen besteht, und der eines Tages beschließt, Rogallas Museum im »revanchistischen« Sinne zu übernehmen:

Er und der neue Vorsitzende [des Heimatvereins] hatten bereits ausgemacht, uns unmittelbar nach dem Heimat-Treffen in Egenlund zu besuchen; auch was besprochen werden sollte, lag schon fest: es galt, unser Museum aus seinem Schattendasein zu erlösen und ihm neue Möglichkeiten zu eröffnen – nicht durch Anbau, nicht durch Bereicherung oder Verlagerung des Standortes, sondern durch die Übernahme des Museums durch den Lucknower Heimatverein. (S. 695)

Am Tag nach dieser Ankündigung brennt Zygmunt Rogalla sein Haus mit dem darin befindlichen Museum bis auf die Grundmauern nieder: *Es ging zuviel verloren? Unersetzbares? Es tut Ihnen weh, wenn Sie an den Verlust denken? Wer reinen Tisch macht [...], der muß einen Schmerz in Kauf nehmen, und mir blieb nichts anderes mehr übrig, als reinen Tisch zu machen, nach allem, was geschehen ist, nach allem, ja... (S. 11)*

Besonders stark mit der »alten Heimat« und damit mit einem positiven Bild wird die Figur der Mutter assoziiert. Sie ist das Sinnbild eines Zuhauses, bei Ursula Höntsch gar die Personifikation der Heimat. Deutlich wird dies z.B. daran, dass Mutter Hönow nur in schlesischer Mundart zu Wort kommt. Sowohl bei Christa Wolf wie auch bei Ursula Höntsch sind die Mütter neben der Hauptfigur die zentralen Figuren. Im Gegensatz zu den Vaterfiguren, die in beiden Romanen an die Front geschickt werden und erst nach Kriegsende zurückkehren – dann schon auf SBZ-Gebiet – sind sie ständig präsent, trösten, pflegen, organisieren und nehmen schließlich auch die Vorbereitung und Umsetzung der Flucht in die Hand:

Meine Mutter konnten weder die »Schlesische Tageszeitung« mit ihren Aufrufen, Anordnungen, Befehlen noch mündliche Schreckensnachrichten zur Flucht bewegen. Doch eins tat sie: Sie holte alle Lebensmittelvorräte von den Schränken und aus den Regalen. Von diesen Vorräten war bis jetzt kaum etwas angerührt worden, es könne ja noch schlimmer kommen. Nun war's wohl schlimm genug. Einen Teil verschenkte meine Mutter, mit dem anderen ging sie verschwenderisch um. Ich habe nie wieder Kaninchenkeulen zum Frühstück, zum Mittagessen, zur Vesper und zum Abendbrot gegessen. Und nie wieder einen Kuchen aus zwanzig Eiern. [...] Als Mutter drei Eier mit Zucker und Margarine verrührt hatte, griff sie nicht wie sonst nach der Tüte mit dem Mehl, sondern in den Steintopf mit den eingelegten Eiern. Ich konnte gar nicht so schnell zählen, wie sie eins nach dem an-

deren aufschlug und in hohem Bogen in die Schüssel schleuderte. Als keins mehr da war, setzte sie sich hin und starrte minutenlang ins Leere. Ich wagte nicht, sie anzusprechen. Endlich stand sie wieder auf, holte Kartoffelstärke und Puddingpulver, Backpulver und Backaroma, rührte und rührte, fettete die zwei Springformen ein, goß den Teig rein und schob die Backformen in die Röhre vom Gasherd. Sie sagte noch immer nichts. Nach einer halben Stunde sah sie nach. »Iech kunnt's mer bale denka, zwee Forma woarn zu wing.« Mutter hatte den teuersten Kuchen ihres Lebens gebacken und den höchsten und lockersten. Er zerging im Mund wie Schlagsahne. Sie stopfte Unmengen davon in mich hinein. Als wollte sie mich auf Jahre satt machen. Als wollte sie mich für jenen Tag stärken, den sie kommen sah. (S. 67f.)

In der überwiegenden Zahl der Texte sind die Mütter aber entweder verstorben (»Treibgut«, »Tinko«, »Daniel Druskat«) oder spielen als Mutter-Figur erst in der neuen Heimat eine Rolle (»Neue Heimat«, »Die Umsiedlerin« von Seghers und Müller, »Die Tage werden heller«). Auch daran zeigt sich wiederum die literaturpolitische Ambition, die »alte Heimat« nicht überzubewerten.

Phase 2: Flucht, Vertreibung und Ankunft

Seit den späten Abendstunden des Vortages war ein schwerer, dichtströmender Regen niedergegangen und hatte die Wirrnis und Undurchdringlichkeit der Nacht noch gesteigert. Er hatte die Hunderte von Menschen, die unterwegs waren, ihre Tiere und Wagen und ihre mitgeführte Habe durchnässt. Er hatte immer wieder die kleinen, mühsam entzündeten Wagenlaternen verlöscht, so daß die völlige Lichtlosigkeit jeden Schritt unsicher machte und die letzten Funken von Mut und Hoffnung erdrückte. Er hatte die Wege aufgeweicht und die Straßen glatt und glitschig werden lassen, so daß die Pferde strauchelten, die Autos, die ohne Licht fahren mußten, ins Rutschen kamen. Sein Rauschen hatte zeitweise sogar den Geschützdonner übertönt, der bald näher, bald ferner grollte. [...]
Auf der rechten Seite der Straße quoll der Strom der Flüchtenden mit Pferd und Wagen oder Ochsengespannen, mit Handkarren oder zusammengebündelten Lasten auf dem Rücken. Soweit man die Straße übersehen konnte, zog sich die Menschenschlange hin. Unerklärlicherweise stockte zuweilen der Zug, manchmal stundenlang, manchmal kürzer, um sich dann wieder langsam weiterzuquälen.
Links fuhren in der gleichen Richtung die Motorfahrzeuge, Pkw und Panzer, Lkw, Kräder und Raupenschlepper, Zivil und Wehrmacht durcheinander. Auch sie kamen nur langsam vorwärts, suchten sich gegenseitig zu überholen, streiften oft an beiden Seiten und brachten Verwirrung in die Trecks. (S. 5f.)

Diese Fluchtszene in »Treibgut« von Annemarie Reinhard aus dem Jahr 1949 sollte für die folgenden 27 Jahre die letzte Beschreibung von Flüchtenden in der Literatur der DDR sein. Erst 1976 schrieb Christa Wolf in »Kindheitsmuster«:

Am Spätnachmittag des ersten Tages, vor den Seelower Höhen, heißt es abspringen, den Wagen erleichtern, schieben helfen. Die Straße ist schneebedeckt, eisglatt, von Flüchtlingstrecks verstopft. Der verfluchte Wagen, dem diese Steigung unter normalen Wit-

terungsbedingungen überhaupt kein Problem wäre, rückt und rührt sich nicht. Nelly erwachte für kurze Zeit aus ihrer Betäubung und sah, was auf der Straße vor sich ging. Die sinnlosen Aktionen, welche die Wagen nur noch mehr ineinander verkeilten. Den sinnlosen Hausrat, der auf den Bauernwagen aufgehäuft war, ein Zeichen dafür, daß sie alle sich am Rande der Verwirrung, um nicht zu sagen, des Wahnsinns bewegten. Dazu kleine Wehrmachtseinheiten, die ihnen entgegenkamen und sich in den Flüchtlingszug verknäulten: Was meinten sie eigentlich an der Oder auszurichten? (S. 378)

Insgesamt werden Situationen von Flucht und Vertreibung in den untersuchten Texten nur sehr selten beschrieben. Obwohl »Flucht und Vertreibung als Bestandteil der Erfahrungswelt«[22] aller Vertriebenen-, Flüchtlings- oder »Umsiedler«-Figuren in den untersuchten Texten gelten können, bleiben gerade diese Erlebnisse zumeist Leerstellen. Warum das so ist, scheint auf den ersten Blick klar: Der Fokus der Texte sollte weder auf der Beschreibung des Lebens in der »alten Heimat«, noch auf der Flucht und den z.T. schrecklichen Erlebnissen liegen, vielmehr sollten Figuren und Handlung in der »neuen Heimat« im Mittelpunkt stehen – somit die Gründe für Flucht und Vertreibung nicht diskutiert und deren Ergebnisse als unabänderlich dargestellt werden. Selbst wenn Flucht oder Vertreibung thematisiert werden, sind sie in keinem der Texte zentral – außer in Neutschs »Hirt«. Dennoch geschieht ihre Einbindung in den Text aus unterschiedlichen Gründen. Gerade diejenigen Texte, in denen Flüchtlinge und Vertriebene zwar benannt werden, die Entstehung dieses Zustandes aber nicht behandelt wird – wie z.B. in der »Umsiedlerin« von Anna Seghers – zeigen, dass die Erzählungen, Romane und Dramen auch ohne diese Darstellungen funktionieren konnten, entweder weil Flüchtlinge und Vertriebene, also »Umsiedler«, als zentrale Personen ohnehin keine Rolle spielten oder weil der »Umsiedler«-Status bekannt war und nicht weiter diskutiert und erklärt werden musste. Denn Flucht und Vertreibung gehörten nicht nur zur Erfahrungswelt der Figuren, sondern auch zu der der DDR-Gesellschaft.

Auch wenn die Flucht- und Vertreibungsvorgänge thematisiert wurden, wurden sie nur ungenügend kontextualisiert: Es wurden zwar Begründungen gegeben, diese aber nur in geringem Maße an historische Geschehnisse angebunden. In »Treibgut« wird die Flucht von Ralf und Rosemarie mit der ihrer Heimatstadt Greiffenberg in Schlesien immer näher kommenden Front erklärt:

Sie beide besaßen kein Zuhause mehr. Im Februar hatten sie es verlassen müssen, als der Krieg immer näher an die Heimatstadt heranbrandete. Die Erlebnisse jener Flucht hatten sich in seiner [Ralfs] Erinnerung schon ziemlich verwischt, so viele Eindrücke waren seither auf ihn eingestürmt. Er wußte noch von überfüllten Eisenbahnzügen, von stundenlangem Warten auf kalten Bahnhöfen. (S. 16)

Ganz anders in »Die Tage werden heller« von Benno Voelkner. Aufgrund der antifaschistischen Ausrichtung des Romans kann die hier vollzogene »Umsiedlung«, die nicht als überstürzte Flucht oder gar unorganisierte Vertreibung dargestellt wird, schon als im Verständnis der Figuren absolut notwendige Aktion gesehen werden, die auch korrekt an historische Ereignisse angebunden wird:

»Ich denke noch an etwas anderes«, warf Stiemers Frau ein, »wir sollen doch hier raus – wird es dabei bleiben?«
Die Erwachsenen blickten beklommen vor sich hin. Die Heimat zu verlassen, mit Kind und Kegel, ist nur selten jemandem leicht geworden. Hier waren es Tausende von Menschen – Millionen.
Karl Stiemer sah ernst aus: »Das wird uns kein Regen abwaschen – – – Hitler und seine Finanzhyänen haben die Ostgebiete verspielt, die Lumpen haben noch viel mehr angerichtet! Natürlich werden wir rausmüssen.« [...]
Nach einer Weile setzte er sich wieder und sprach nun ruhiger: »Tatsache ist jedenfalls, daß sie in Jalta beschlossen haben, die Gebiete diesseits der Oder für die Polen frei zu machen, das ist Staatsvertrag. Das heißt für uns alle: raus. Da gibt es kein Drehen und Wenden. Aber, was zerbrechen wir uns den Kopf, Anna? Glaubst du, daß sie uns fragen werden? Vorerst werden die Siegermächte befehlen – und wir haben zu gehorchen. Solange die Waffen nicht ruhen und der Faschismus nicht ausgerottet ist, kann es nichts anderes geben. Erst muß Schluß sein.« (S. 22)

Die darauffolgende »Umsiedlung« geschieht, wie bereits dargestellt, mit der Eisenbahn, wobei der Transport in Zusammenarbeit mit den sowjetischen Besatzern vorbereitet wird. In allen übrigen Texten werden Flucht und Vertreibung zu Fuß, mit Pferdewagen oder sonstigen Fahrzeugen auf den Straßen geschildert:

Viele Umsiedler standen in Gruppen vor den Wagen; die langen, ungewissen Wochen und die trübseligen Tage, das bange Warten waren vorbei. [...] Die Transporte liefen, die Zukunft lag vor ihnen. Wie würden sie aussehen? – – – Arbeit wird sie heißen! Arbeit, Quelle des Lebens – gemeinsame Arbeit. Doch nicht mehr zu Nutz und Frommen einzelner, nein, das würde sich ändern! Alle Menschen müssen teilhaben an den Werten, die sie schaffen, allen Menschen gehören die Schätze dieser Erde. Viel Altes wird zertrümmert werden müssen, damit das Neue wachsen kann. (S. 98, 103)

Die Eisenbahnfahrt in Richtung sowjetische Besatzungszone westlich der Oder verläuft dann mit den üblichen Problemen: Die Transporte werden in den meisten Bahnhöfen weitergeschickt, weil kein Platz mehr für weitere »Umsiedler« vorhanden ist, und je mehr Zeit vergeht, desto größer werden der Hunger und die Unruhe der Menschen. Schließlich landet der geschlossene Transport zwar entkräftet, aber einigermaßen wohlbehalten im Dorf Kranau.

In »Tinko« und »Daniel Druskat« werden Flucht und Vertreibung der Figuren überhaupt nicht beschrieben. Der Status wird festgestellt, aber nicht erklärt, woher genau die Menschen stammen und wie es dazu kam, dass sie ihre Heimat verlassen mussten:

Ich sitze auf dem Holzkasten in der Küche und muß an Frau Clary denken: Sie kam gleich nach dem großen Krieg mit einem Trupp Umsiedler ins Dorf. Die Umsiedler kamen von jenseits der Neiße. Frau Clary trug ein Bündel auf dem Arm. Es war die in Tüchern verpackte Stefanie. Stefanie konnte nur aufrecht stehen, wenn sie an eine Wand gelehnt wurde. (Tinko, S. 31)

»Wir standen auf der Schloßtreppe, die Frau Gräfin, der Inspektor, und das Gesinde lief zusammen, Max Stephan, ich seh ihn noch dastehen, und Hildchen – du mußt wissen, daß sie auf Horbeck ihr Pflichtjahr machte –, wir standen auf der Schloßtreppe, da zogen sie schon durch die Allee heran, ich mußte daran denken, was ich mal in der Schule gelernt hab über die Armee von diesem Napoleon: ›Mit Mann und Roß und Wagen hat sie der Herr geschlagen‹, kaum konnten die Pferde noch die Panjekarren zerren, Frauen, Kinder, Alte zwischen Lumpen und Bündeln, so kamen sie – dein Vater [Daniel Druskat] und seine Leute – vom Ende der Welt hergezogen und waren wohl seit Jahren unterwegs, wer weiß denn, wo das gelegen hat, dieses Wolynien [sic], weit weg jedenfalls, hinten irgendwo in der Walachei.« (Daniel Druskat, S. 113)

Ihre Steigerung erfährt diese Form der Auslassung in »Neue Heimat«, wo nicht einmal klar benannt wird, ob es sich bei der Mutter und ihren beiden Kindern um »Umsiedler« aus dem Osten handelt. Wichtig ist in all diesen Texten nicht, woher die Personen stammen und wie sie dahin gelangt sind, wo sie sich zum Zeitpunkt der Texthandlung aufhalten, sondern nur, dass sie nun da sind und wie sie ihr Leben in der »neuen Heimat« gestalten.

Zuerst in »Kindheitsmuster«, später dann in »Wir Flüchtlingskinder« nehmen Flucht und Vertreibung eine bedeutende Position in der Romanhandlung ein, weil sie essentiell für die Entwicklung der Figuren und die Intentionen der Texte sind. Beide thematisieren in der Form eines Entwicklungsromans die Kindheit und Jugend zweier Mädchen im heutigen Polen, später in der SBZ und DDR – Flucht und Vertreibung gehören also zwingend zu dem, was dargestellt werden muss, um die Entwicklung der Mädchen beschreiben und erklären zu können.

Erik Neutschs »Hirt« schließlich dreht sich ausschließlich um eine Flucht – allerdings nicht um eine Flucht vor Besatzern, Armeen, näher rückenden Fronten, sondern um eine Flucht zum Schutz der Tiere:

Der Inspektor stierte ihn aus geröteten Augen an. »Du hast keine Ahnung«, sagte er, »was noch kommen wird. Die Front ist nahe. Die Feldgendarmen werden die Kühe holen. Die Truppe muß die Stellungen halten, und dazu braucht sie die Kühe.«
»Haben sie denn keine Tanks und keine Kanonen?«
»Doch ... doch ... Aber die Truppe hat nichts zu essen.« Der Hirt erschrak.
»Die ganze Herde?« flüsterte er. (S. 11)

Verschiedene Erzählmotive werden seit Ende des Krieges immer wieder in Zeitschriftenartikeln, Spiel- und Dokumentationsfilmen aufgegriffen. Dazu zählt z.B. die visuelle Darstellung der Flucht anhand von fotografischen oder filmischen Aufnahmen von Trecks: »Dass sich der Treck als zentrales Motiv von Flucht und Vertreibung der Deutschen tatsächlich unmittelbar nach der Zwangsmigration durchzusetzen begann, lässt sich an unterschiedlichen Beispielen zeigen, darunter eine Briefmarke zur Erinnerung an die Zwangsumsiedlung. Diese wurde von der Deutschen Bundespost im Jahr 1955 herausgegeben – eine der wenigen Marken mit politischem Motiv, die in der frühen Bundesrepublik überhaupt hergestellt wurden.«[23] Dazu zählt aber auch die symbolische Verknüpfung des Leids von Flucht und Vertreibung mit Frauen und Kindern, die per se als unschuldig und damit auch unschuldig an Nationalsozialismus und Krieg und allen Folgen gelten,[24] oder die Begründung der Zwangsmigration mit der Rache der Russen, Polen und Tschechen als verdienter Vergeltungsmaßnahme.[25] Sie stellt auch fest, dass sich diese Narrative, die in den Medien der BRD erzählt wurden, von denen in der SBZ/DDR unterschieden: »Bis zum Umbruch im Jahr 1989 bildeten sich in der [...] DDR und der BRD unterschiedliche Erzählungen der Zwangsaussiedlungen der Deutschen heraus.«[26] Auch in der erzählenden Literatur werden solche Narrative verwendet, wenn auch nicht so regelmäßig wie im medialen Diskurs, weil jeder Autor seine eigene Kreativität und Inspiration aufzeigen will, was Wiederholung größtenteils ausschließt. Dennoch gibt es bestimmte wiederkehrende Figuren und Motive, die immer wieder anders kombiniert und funktionalisiert werden – auch in der Literatur der DDR. Zwar sahen sich alle Autoren den literaturpolitischen Ansprüchen der SED ausgesetzt – die Darstellung der erfolgreichen Integration oder die Vermeidung einer Grundsatzdiskussion um die Gründe von Flucht und Vertreibung –, es ist aber nicht festzustellen, dass sich die literarischen Texte sehr ähneln und im Großen und Ganzen auf ein gemeinsames Repertoire von Motiven und Mustern zurückgreifen – bis auf wenige Ausnahmen in den Erzählungen über Flucht und Vertreibung wie auch in denen über das Leben in der neuen Heimat. Dazu gehört z. B. die Darstellung von ankommenden Müttern mit ihren Kindern. Diese finden sich im größten Teil der untersuchten Texte, auch bei denen, die Flucht und Vertreibung nicht thematisieren. Diese allerdings mit dem Motiv der Unschuld zu verbinden, scheint für die Literatur der SBZ/DDR kein gangbarer Weg zu sein. Wie bereits dargestellt, diskutierten die Autoren, wenn sie denn die Gründe für Flucht und Vertreibung thematisierten, gerade die Mitschuld der Deutschen an Nationalsozialismus und Krieg und somit auch an der Zwangsmigration. Vielmehr könnten die immer wieder auftauchenden Mütter- und Kinderfiguren mit der gesellschaftlichen Realität der Nachkriegszeit begründet werden: Viele Ehemänner und Väter waren im Krieg gefallen oder befanden sich nach Kriegsende in Gefangenschaft. Alleinstehende Frauen, mit oder ohne Kinder, gehörten einfach zur Realität.

Stattdessen dienen solche Figuren in der Literatur der DDR eher der Vermittlung eines Aufbauwillens. Zumeist wird das Leben der Frauen als besonders beschwerlich dargestellt, weil sie allein, ohne Mann in einer fremden Umgebung für ihr eigenes und das Überleben ihrer Kinder kämpfen müssen. Sehr oft wird beschrieben, dass solche Familien auf Bauernhöfen untergekommen sind und dort unter den schlechtesten Bedingungen wohnen müssen. In »Katzgraben«, »Tinko« (beide von Erwin Strittmatter) sowie den »Umsiedlerinnen« von Anna Seghers und Heiner Müller leben sie z. B. in Abstellkammern, werden von den Bäuerinnen drangsaliert und müssen sich den Respekt der anderen erst verdienen:

Frau Clary fand auch ohne den Hund kein Unterkommen bei den Bauern. Die kranke Stefanie war lästiger wie ein Hund. Clarys wurden mit anderen Umsiedlern ins alte Gutshaus eingewiesen. [...] Clarys erhielten dort eine Stube, Stroh und Decken. Nach und

nach kam ein wenig Hausrat dazu. [...] »Frau Clary ist geschickt.« [...] Großmutter ist freundlich zu Frau Clary. Sie gibt ihr hin und wieder ein Kleckschen Quark. Frau Clary ist dankbar. Wenn sie nicht zum nähfädeln hat, hilft sie bei uns. An die Töpfe und in die Küche läßt Großmutter Frau Clary nicht.
»Die Clarysche kommt so mehr aus Polen«, sagt Großmutter. »Sie haben dort andere Methoden. Sauer und süß gekocht, heißt bei ihnen Schlesisches Himmelreich.« [...] Sie wird dem Großvater auf dem Felde immer unentbehrlicher. Sie bekommt ihr Essen bei uns. Am Abend bekommt sie auch für Stefanie etwas mit. Nach der Feldarbeit sitzt Frau Clary in ihrer trüben Gutshausstube und näht für die Dorfleute, bis sie darüber einschläft. (S. 31ff.)

Selbst Benno Voelkner nutzt in »Die Tage werden heller« dieses Motiv:

Auch auf den Riedelschen Hof waren Umsiedler gekommen: eine Mutter mit drei schulpflichtigen Kindern. Die ehemalige Geschirrkammer neben dem Pferdestall wurde ihnen als Wohnraum zugewiesen. Das kleine, nicht zu öffnende Fenster hing voller Spinnweben, die Wände waren schwarz, und über den Boden huschten Ratten. Eine Holzkiste, wackelig und halb verfault, konnte als Tisch dienen. Wasser war draußen in der Pumpe. (S. 166)

Andere wiederkehrende Motive neben den Mütter- und Kinderfiguren sind die des Hungers bzw. der Versorgungsprobleme (in so gut wie allen Texten) oder des Heimkehrers (»Tinko«, »Kindheitsmuster«, »Wir Flüchtlingskinder«), auf die im folgenden Kapitel noch näher eingegangen wird.

Wirklich ausführliche und detaillierte Beschreibungen von Fluchterlebnissen finden sich nur in der Literatur der BRD und in der Nachwendeliteratur. Der 1930 in Gleiwitz (poln. Gliwice, Oberschlesien) geborene, 1946 von dort vertriebene Schriftsteller Horst Bienek veröffentlichte zwischen 1972 und 1985 die vierteilige Oberschlesien-Chronik »Gleiwitz«, in derem vierten Teil (»Erde und Feuer«, 1985) er auch Szenen der Flucht beschreibt:

Sie hielt sich an einer Sprosse des Leiterwagens fest. Sie sah, wie eine Bombe im Feld einschlug, sie sah, wie ein Baum entwurzelt wurde und wie die Erde, vermischt mit Schnee, in die Luft wirbelte, und sie spürte, wie der Luftdruck den Wagen anhob. Sie hielt sich mit beiden Händen an der Sprosse fest, um nicht weggedrückt zu werden, und sie sah, wie die Flugzeuge im Tiefflug auf sie zukamen, wie die Menschen in die Luft geschleudert wurden als seien sie Puppen, wie die Treckwagen umstürzten und die Pferdeleiber aufgerissen wurden und den Schnee rot färbten [...]. (S. 165)

Angriffe von Tieffliegern auf Flüchtlingstrecks sind bei diesen Beschreibungen ein von vielen Autoren immer wieder verwendetes Motiv (u.a. auch bei Neutsch), das auch Walter Kempowski in seinem 2006 erschienenen Roman »Alles umsonst« über das Leben der Familie Globig auf ihrem ostpreußischen Gutshof in den letzten Monaten vor dem Einmarsch der Roten Armee und über deren Flucht aufgreift:

Da kam ein einsames Flugzeug geflogen, langsam die Straße entlang, über den Treck dahin. Es wackelte und warf Bomben auf die Wagenkolonne, man konnte die Bomben sehen, wie sie heruntersegelten. Eine davon fiel neben die kleine Kutsche mit dem Tantchen und dem fest schlafenden Peter. Der Wallach stieg brüllend auf und fiel über die Deichsel, und das, was von dem Tier übrig war, streckte sich. Die Kutsche stürzte um, und Peter lag im Freien.
Das Flugzeug kam noch einmal zurück, der Pilot wollte wohl wissen, ob er getroffen hatte. Machte er Striche auf seinem Schreibblock? Einen, zwei, drei, vier, fünf Pferdewagen der faschistischen Mordbrenner vernichtet?
Zur Sicherheit schoß er noch einmal mit dem Maschinengewehr die Kolonne entlang. Dann zog er eine Schleife über das Feld hinweg und holte neue Bomben. (S. 328)

Flucht und Vertreibung – jenseits aller Varianten ihrer literarischen Beschreibung – kennzeichnen immer das Ende des Alten und den Beginn des Neuen und damit den Übergang von einer Phase des Lebens in eine neue: vom Leben in der »alten« in das Leben in der »neuen Heimat«. Nicht zwangsläufig, das haben einige Texte der SBZ/DDR deutlich gemacht, müssen aber Flucht und Vertreibung, nur weil sie das Ende eines Lebensabschnitts kennzeichnen, automatisch mit Verlust in Verbindung gebracht werden. Deutlich wird das bei Christa Wolf, deren Roman zwar das Ende der Kindheit der Protagonistin Nelly – war sie vorher noch das auf ihre Eltern angewiesene Kind, übernimmt sie danach eine Arbeit im Sekretariat des Bürgermeisters eines kleinen Dorfes, um ihre Familie zu unterstützen – darstellt, dieses Ende aber nicht mit einem Verlust gleichsetzt. Vielmehr stellt Wolf das Ende der Kindheit als Gewinn, als Ablösung von der Phase der nationalsozialistischen Indoktrination heraus.

Es gibt nur zwei Dinge, die in dieser Übergangsphase verloren gehen können – und darin gleichen sich die Literatur der DDR wie der BRD unabhängig von ihren poetischen oder ideologischen Funktionen: das Leben und die Erinnerung. Aus welchen Gründen auch immer an das alte Leben erinnert werden soll – ob aus dem Glauben heraus, Lehren für eine bessere Zukunft ziehen oder die Erinnerung an eine »alte Heimat« wachhalten zu können –, die Erinnerung, aber auch Dinge und Emotionen werden in die »neue Heimat« mitgenommen.

Phase 3: Das Leben in der »neuen Heimat«

Bei der Thematisierung des Lebens in der »neuen Heimat« reichen die Handlungen zeitlich zumeist vom Ende des Zweiten Weltkrieges bis etwa Ende der 1940er, Anfang der 1950er Jahre. »Daniel Druskat« spielt etwa in den 1960er, »Herr Müller diesseits und jenseits der Oder« in den 1970er Jahren. Die Texte stellen also zum größten Teil den Beginn des Lebens in der SBZ/DDR dar und im Zuge dessen die Schwierigkeiten dieser frühen Jahre – nicht nur die, die für die gesamte Bevölkerung der SBZ bestanden, sondern auch spezifische »Umsiedler«- und Neubauernprobleme.

Die geschilderten Probleme und Konflikte sind »subjektiver« und »objektiver« Art. Subjektiv meint das, was nur dem einzelnen Menschen zugänglich ist: Konflikte, die auf persönlichen Erfahrungen oder Erlebnissen beruhen. Diese subjektiven Konflikte können zwar verschiedene Menschen gemeinsam haben, z. B. den fehlenden Integrationswillen in der »neuen Heimat« aufgrund des Wunsches nach Rückkehr in die »alte Heimat«, sie lassen sich aber nur anhand des spezifischen Einwirkens neuer Erfahrungen auf einen bestimmten Menschen, im schlimmsten Fall gar nicht, lösen. Objektive Konflikte sind Konflikte zwischen Personen, zwischen Gruppen, aber auch zwischen Personen, Gruppen und Institutionen. Sie werden von mehreren Personen wahrgenommen und erlebt und sollen daher als »objektiv« bezeichnet werden – auch wenn verschiedene Personen oder Gruppen unterschiedliche Meinungen vertreten, und solche Konflikte darum auch von verschiedenen Seiten betrachtbar sind. In der Regel beruhen diese objektiven Konflikte auf wirtschaftlichen oder politischen, weniger auf persönlichen Problemen.

Die generelle Darstellung von Konflikten dient nicht nur dem Zweck, die Authentizität des dargestellten Lebens in den frühen Jahren der SBZ/DDR zu suggerieren, sondern sie bieten vor allem die Möglichkeit, ihre Lösung herauszuarbeiten. Keiner der Texte bleibt bei der Erwähnung von Schwierigkeiten stehen – immer werden verschiedene Strategien dargestellt, die ihre Überwindung oder eine »Ankunft« der »Umsiedler« in der »neuen Heimat« fördern konnten. In erster Linie sind dies eine persönliche und kollektive Wandlung, die Umerziehung, das Erreichen von Anerkennung, die Gleichstellung und vor allem die Integration anhand verschiedener »Integrationshilfen«.

Die Allgemeinheit der SBZ betreffende subjektive Probleme und Konflikte hängen in erster Linie mit dem Zweiten Weltkrieg zusammen. Hier ist insbesondere der Verlust von Familienangehörigen – Ehemännern, Vätern oder Brüdern – zu nennen: Die Geschwister Ralf und Rosemarie haben beide Eltern verloren; Tinko seine Mutter, sein Vater kehrt erst einige Jahre nach Kriegsende aus der Gefangenschaft zurück; ebenso die Väter von Marianne Hönow und Nelly Jordan. In »Die Tage werden heller«, den Dramen von Anna Seghers und Heiner Müller oder »Daniel Druskat« tauchen immer wieder Frauenfiguren auf, die ihre Ehemänner im Krieg verloren haben. Nicht immer muss dieser Verlust eine endgültige Erfahrung sein, wenn die Angehörigen eines Tages wieder zur Familie stoßen – auch wenn dieses Zurückkehren unterschiedlich wahrgenommen wird und verschiedene Emotionen hervorrufen kann:

Das sollte mein Vater sein? Dieser kleine, zerlumpte und abgemagerte Mann mit den grauen Haaren und dem eingefallenen Mund? In meiner Erinnerung war er groß gewesen und dunkelblond, und über der Oberlippe trug er einen kleinen Bart, mit dem er mich immer gekitzelt hatte. Vater stand auf und kam einen Schritt auf mich zu. Er zitterte. Er streckte die Arme nach mir aus. Hilflos und ungelenk. Da erfaßte mich ein so tiefes, ein so schmerzliches Mitleid, das anhielt, noch anhielt über seinen Tod hinaus. (Wir Flüchtlingskinder, S. 183f.)

Dem verwunschenen »Vater« hatte man ehrlicherweise in der Fremde eine von Grund auf andere Gestalt verliehen. Was da, gestützt von Werner Frahm und Charlotte Jordan vom Wagen kletterte, war ein altes, verhutzeltes Männchen mit einem Bärtchen auf der Oberlippe, mit einer lächerlichen Nickelbrille, die hinter den Ohren von schmutzigen Leinenschlaufen gehalten wurde, mit einem kurzgeschorenen, eisgrauen runden Kopf, von dem die Ohren abstanden, angetan mit einer schlotternden Montur und zu großen, entsetzlich untauglichen Stiefeln. Wenn ein Fremder eintrifft, kann ja von Rückkehr keine Rede sein. Auch von Wiedersehensfreude nicht, höchstens von Verlegenheit und Mitleid. Von Erbarmen. Das aber ist es nicht, was die Siebzehnjährige für den heimkehrenden Vater empfinden will. […] Die Mutter, Charlotte Jordan, war verstört. Sie wiederholte mit dem immer gleichen törichten Gesichtsausdruck, sie hätten einander nicht erkannt. Sie seien auf dem Bahnsteig mehrmals aneinander vorbeigelaufen. (Kindheitsmuster, S. 518f.)

Persönliche Konflikte können auch aus einer bestimmten politischen Auffassung heraus entstehen: dem Verhaftetsein im nationalsozialistischen Denken. Doch werden solche Konflikte in den Texten nicht thematisiert (außer von Christa Wolf). Es tauchen so gut wie überhaupt keine Figuren auf, die sich noch als überzeugte Nationalsozialisten bezeichnen lassen würden. Einzig dem Schwiegervater von Max Stephan in »Daniel Druskat« wird der Vorwurf gemacht, Nazi gewesen zu sein:

Bald zogen Umsiedler im Dorf ein, [Gomolla] brachte sie im Schloß unter, requirierte, als es vollgestopft war, Räumlichkeiten in den Bauernhäusern, gnadenlos. »Was heißt gute Stube, Herr Krüger? Hier zieht Frau Sacher mit ihren drei kleinen Mädchen ein. Und wenn Sie es an Freundlichkeit fehlen lassen, zieh ich Ihnen die SA-Hosen wieder an. Verstanden?« (S. 142)

Es bleibt bei dieser Drohung – eine weitere Erwähnung findet sich nicht. Selbst bei Figuren, die vom Autor eher negativ angelegt sind, wird keine Nazi-Vergangenheit als Begründung für Antipathie installiert. So ist der Großvater von Tinko alles in allem eine unsympathische Gestalt, seine politische Vergangenheit verortet Strittmatter aber eher im kommunistischen oder sozialdemokratischen Lager:

[Großvater] ist nicht immer Bauer gewesen. Sechs Schulhosen hatte er aufgetragen, da schickte ihn sein Vater Christian zu den Maurern. […] Großvater ging mit den Maurern in die Stadt und baute Fabriken und Willen. Da wurde er rot. »Großvater, wo warst du rot?« »Das ist nicht zu sehen, du Neuhörnchen. Es ist mehr innerlich…« (S. 22f.)

Subjektive Konflikte der »Umsiedler«-Figuren können auf (schlechten) Erfahrungen beruhen, die noch aus dem Leben in der »alten Heimat« stammen bzw. auf Fluchterlebnissen basieren. In »Treibgut« stellt sich vor allem Ralf aufgrund seiner Erfahrungen einem neuen Leben in den Weg. Die Erfahrungen der Flucht, das Misstrauen anderen Menschen gegenüber, das er dabei entwickelt hatte, die Notwendigkeit, Dinge für sich und die Schwester zu stehlen, um überleben zu können, sind traumatische Erfahrungen, die ihn daran hindern, Vertrauen in eine neue Gemeinschaft zu fassen:

Früher hatte er solche Träume nicht gekannt. Dann hatte er freilich auch tagsüber keine Angst auszustehen gehabt. Höchstens, wenn er mal die Schulaufgaben vergessen hatte. Aber das war kaum vorgekommen, die Mutter hatte darauf geachtet. Sie hatte auch darauf geachtet, daß er die Wahrheit sagte. Bei ihr gab es kein Lügen und Flunkern. Und

daß man nicht Dinge stehlen durfte, die andern Leuten gehörten, war so selbstverständlich, daß man gar keine Worte mehr darüber verlor.
Damals war das aber auch nicht nötig gewesen. Sie hatten immer satt zu essen gehabt, sie brauchten nicht zu frieren. Und die Menschen waren noch nicht so mißtrauisch und feindselig wie jetzt. (S. 46)

Nachdem Rosemarie und Ralf am Ende ihrer Odyssee im Kinderheim angekommen sind, sollte eigentlich ihr neues Leben beginnen, doch Ralf ist weiterhin in den alten Mustern – Misstrauen, Lügen, Stehlen – verfangen. Nur mit viel Mühe kann die Leiterin des Kinderheims Ralfs Vertrauen gewinnen und ihn davon überzeugen, dass in den neuen Zeiten eine andere Einstellung – Vertrauen, Zutrauen, Respekt, Wahrheit – das Verhalten der Menschen bestimmen soll:

Ralf bekam wieder den alten, verschlossenen Gesichtsausdruck. Hedwig erkannte, daß es jetzt darauf ankam, den Jungen für die Gemeinschaft zu gewinnen, sonst würde er für lange Zeit zurückgestoßen. [...] »Wenn ich nicht geklaut und geschwindelt hätte, dann wären wir verhungert, Rosemarie und ich!«
»Ja, freilich, Ralf, und das ist schlimm. Das ist nun nicht so sehr deine Schuld als die der Erwachsenen, die euch im Stich gelassen und euch solch ein schlechtes Beispiel gegeben haben. Denn ihr zwei Kinder konntet euch allein nicht helfen. Die Großen hatten eben zu einem sehr großen Teil den Kopf verloren. Die ganzen letzten Jahre ist sehr vielen geschehen, was nie hätte geschehen dürfen. Nicht zuletzt deshalb, weil sehr viele Menschen angefangen hatten, sich das, was sie im eigenen Land nicht fanden, einfach woanders zu nehmen und zu behaupten, damit im Recht zu sein. Damit niemand merken sollte, daß sie gestohlen haben, haben sie gelogen, was das Zeug hielt. Jetzt sehen wir, welches Unheil daraus erwachsen ist. Und weil nun jeder versuchen will, sich vor den Folgen zu drücken, deswegen denken die meisten nur an sich und lügen und stehlen weiter oder fangen vor lauter Angst damit an. Es hat dich ja auch niemand bestraft, Ralf, weil du geklaut und geschwindelt hast. Aber nun, wo du mit Rosemarie wieder so versorgt wirst, daß das nicht mehr nötig ist, da muß das aufhören. Wir wollen doch ein Zusammenleben erreichen, bei dem einer dem andern trauen kann, nicht wahr?« (S. 217, 223)

In Benno Voelkners »Die Tage werden heller« spielen solch subjektive Probleme keine Rolle, weil hier z.B. alle Flüchtenden gemeinsam eine z.T. beschwerliche Flucht erleben, aber eben nicht jeder für sich allein. Immer wieder gibt es jemanden – insbesondere Karl Stiemer – der sich für sie einsetzt und das »Böse« von ihnen fernhält. Aber auch Voelkner lässt Stiemer betonen, dass der Mensch abhängig ist von den Verhältnissen, in denen er lebt, und dass der Staat die Voraussetzungen schaffen muss, dass diese Verhältnisse die Menschen zu ihrem Besten formen:

»Die Verhältnisse formen den Menschen, die Verhältnisse, in denen sie leben müssen: wer Hunger hat, wird leicht zum Dieb, wem man einen Säbel in die Wiege legt, der wird bald zum Eroberer, wer unter Räubern leben muß, wird schnell zum Mörder. Schaffen wir

einen Staat, in dem es nicht Herren und Knechte gibt, in dem die Arbeit als das Höchste gilt, und ersäufen wir die Kriegshetzer wie räudige Hunde, dann wird unser sogenanntes Schicksal heißen: froh und glücklich leben! Unser Schicksal ist das, was wir Menschen selber aus unserem Leben machen!« (S. 34)

Eine zeitspezifische Form der Angst, die sowohl von Flucht- und Vertreibungserfahrungen, aber auch von tradierten Stereotypen oder Propaganda herrühren konnte, wird in verschiedenen Texten geschildert: die Furcht vor gewalttätigen, vergewaltigenden oder plündernden Russen, Tschechen und Polen. Als in »Tinko« die Jungpioniere des Dorfes nach Polen eingeladen werden, ist die Reaktion der Eltern darauf sehr unterschiedlich:

In manchen Häusern wird an diesem Tag das Mittagessen der Kinder kalt. Das Echo auf die Einladung nach Polen ist in dem Elternhäusern verschieden.
»Nach Polen fahrt ihr?«
»Nach Polen, Mutter.«
»Du gerade, da fahren doch mehr die von der Partei.«
»Die Jungen Pioniere fahren, Mutter.«
»Bist du nicht auch im Schulverein?«
»Ich bin drin, Mutter, aber die Besten, die besten Zwanzig fahren.«
»Bist du ein Bester?«
»Ich will's versuchen, Mutter.«
Beim kleinen Kubaschk daheim geht es andersherum.
»Du kannst nicht nach Polen fahren, Junge, Gott steh mir bei!«
»Weshalb kann ich nicht nach Polen fahren, Mutter? Und wenn ich der zwanzigste Beste bin?«
»Der liebe Gott mag's verhüten!«
»Weshalb soll er sich einmischen?«
»Du könntest dem Ignatz in die Hände laufen, dann wär's aus.«
»Welchem Ignatz, Mutter?«
»Dem Ignatz, der bei uns war, wie der große Krieg immer länger gegangen ist.«
»Weshalb soll ich ihm nicht in die Hände fallen? Er wird mich hochheben und drücken. Hast du nicht immer erzählt, er hat mich aus der Wiege genommen und abgedrückt?«
»Das auch! Aber nachher hat er einen Haß gehabt, Gottlob, daß er uns das Haus nicht abgebrannt hat, so hinterhältig, wie er war.«
»Wovon ist er hinterhältig geworden, Mutter, hab ich zu sehr geschrien, wenn er mich gedrückt hat?«
»Er hat ... der Vater hat ihn bloß mal ein bißchen verprügelt. Es ging so nicht.«
»Weshalb hat ihn Vater verprügelt?«
»Ach, laß das sein. Nach Polen fährst du jedenfalls nicht. Es ging doch nicht ... nach den Mädels war er immer ... immer hinterher.«
»Weshalb sollt er es nicht? Der kleine Preppko ist auch hinter den Mädels her. Niemand verprügelt ihn.«
»Er war ein Polscher und fertig. Iß jetzt!« (S. 288f.)

Wie stark diese Angst weniger von Erfahrungen als von Stereotypen und der nationalsozialistischen Propaganda herrührt, beschreibt Christa Wolf:

Bloß dem Russen nicht in die Hände fallen, sagte Schnäuzchen-Oma. Sie hatte in ihrem Leben noch keinen Russen gesehen. Woran dachte sie, wenn sie »der Russe« sagte? Woran hat Nelly gedacht? Was sah sie? Das bluttriefende Ungeheuer auf dem Buchdeckel des Bandes »Der verratene Sozialismus«? Die Filmstreifen mit den Herden von sowjetischen Gefangenen – geschorene Köpfe, ausgemergelte, stumpfe Gesichter, Lumpen, zerrissene Fußlappen, schleppender Gang – die nicht aus dem gleichen Zeug gemacht schienen, wie ihre straffen deutschen Bewacher?
Oder sah sie gar nichts? Genügte ihrer Angstbereitschaft der Schrecken, der von dem düster-geheimnisvollen Wort »vergewaltigen« ausging? (Die Russen vergewaltigen alle deutschen Frauen: unbezweifelte Wahrheit [...]). (S. 417f.)

Eine reale Angst – die zugleich ein Aufeinanderzubewegen von deutscher Bevölkerung und russischer Besatzung ist und ein zaghafter Beginn der Versöhnung durch Verständnis sein kann – beschreibt Christa Wolf mit den mehrmaligen Überfällen russischer Soldaten auf das Haus, in dem Nelly und ihre Familie mit weiteren Flüchtlingen untergekommen sind:

Das Haus lag ungünstig. In den Wäldern gab es, wie man hörte, Unterschlüpfe für Gruppen von Soldaten, die sich von der regulären Truppe entfernt hatten. Die meisten der vierzehn Überfälle, die in den nächsten anderthalb Jahren auf Frahms Gehöft verübt wurden, waren folgenschwerer als der erste: Eine ausgedehnte Lehrzeit in Angst. Einzelheiten sind in den beteiligten Familien als Legende überliefert: Wie Charlotte einmal, als sie nachts im Haus die jungen Frauen schreien hörte, auf ihrer Türschwelle eine Flasche Lysol auskippte und dem Einlaß fordernden Soldaten entgegenrief: Typhus! Ein Wort, das in jeder Sprache verstanden wird und wie ein Bannfluch wirkt. [...]
Leutnant Pjotr ließ die Telefonverbindung zwischen Frahms Gehöft und dem Dorf in Ordnung bringen. Im Wohnzimmer stand nun ein Feldtelefon mit direkter Verbindung zur Kommandantur. Zweimal vertrieb der Kommandant, der in wildem Ritt, in die Luft schießend, von Bardikow herüberkam, die Plünderer, ohne sie zu fassen. [...]
Ein Dolmetscher im Offiziersrang [...] forderte die Frauen auf, zu prüfen, ob sie einen dieser Männer von den nächtlichen Überfällen her erkannten. Charlotte erkannte zweifelsfrei den langen Schwarzen mit der hohen Fellmütze, der auf ihrer Schwelle stand, als sie »Typhus« brüllte. Unbegreiflicherweise hat sie ihn nicht angezeigt. Er habe so einen verzweifelten Blick gehabt. Er habe ihr leid getan. (S. 489f.)

In »Tinko« und auch in »Wir Flüchtlingskinder« finden sich andere persönliche Faktoren, die für Konflikte verantwortlich sind und die z. T. die Sphäre des Politischen berühren: Heimweh und die Hoffnung auf Rückkehr in die »alte Heimat«. Nicht nur in den literarischen Texten, sondern auch in offiziellen Äußerungen (wie in dem Aufruf des ZK der KPD vom 11. Mai 1945) wird deutlich, was in der SBZ mit Heimat assoziiert wurde und womit sie identifiziert werden sollte: Heimat bedeutete, eine Wohnung,

Arbeit und genügend zu Essen zu besitzen, aber auch, all das durch einen tatkräftigen und integrationswilligen Einsatz zu gewinnen, der dann auch durch Hilfe unterstützt wurde. In »Tinko« fasst Strittmatter treffend zusammen:

Wenn die Partei Schuhe, Hosen oder Anzugsstoffe an die Umsiedler verteilt, dann heißt sie Volkssolidarität. Manche Umsiedler loben die Leute von der Partei, die die Volkssolidarität in Gang gebracht haben. Andere Umsiedler wollen von der Partei nichts wissen. Sie soll erst dafür sorgen, daß sie alles wiederbekommen, was sie früher gehabt haben. [...] Es gibt Umsiedler, die sich in Märzbach schon eingelebt haben. Sie arbeiten in der Glashütte und schaffen sich wieder neue Möbel und Geschirr an. Die Umsiedler, für die die Partei ein Bauernhaus gebaut hat, haben ihre Sehnsucht nach der Heimat verloren. ›Kartoffeln und Korn wachsen überall, und wenn man fleißig ist, kommt man überall zu was‹, sagen sie. Andere Umsiedler vergessen ihre Heimat nicht. Sie möchten barfuß dorthin gehen. Zu ihnen gehören die Familien Wurm und Bogratzki. Sie schlafen noch auf Stroh unter einer Viehdecke. Sie haben keine Schränke. (S. 84)

Die offizielle Auslegung von »Heimat« sah hingegen anders aus, wie ein Ausschnitt aus der Kino-Wochenschau der SBZ, der »Augenzeuge«, zeigt. Hier wird die Ankunft und Integration von »Umsiedlern« als Erfolgsgeschichte präsentiert:

»Mut und Tatkraft können viel erreichen. [...] 120 neue Siedlerstellen sollen entstehen, auch eine Baumschule und ein zu errichtender Holzverarbeitungsbetrieb. Umsiedler Sachse gründete die Genossenschaft Lebusa. Ihm und seinen Mitarbeitern ist es zu verdanken, daß viele Menschen eine neue Heimat finden.«[27]

In diesem Sinne ist auch die offizielle Forderung nach Verwendung des Begriffs »Umsiedler« zu lesen: »Während Flüchtlings- und Vertriebenenbegriffe angesichts der tristen Nachkriegs-Gegenwart retrospektiv die ›alte Heimat‹ beschworen und auf Rückkehrchancen hofften, kündete der Umsiedlerbegriff von der Zukunftschance einer ›neuen Heimat‹. Rückwärtsgewandte Wiederherstellung stand hier gegen zukunftsgerichtete Gleichstellung.«[28]

Wer eine »neue Heimat« gefunden hatte, der konnte kein Heimweh mehr haben und wollte auch nicht mehr dahin zurück, woher er gekommen war. Jeder Rückkehrwunsch barg die Gefahr, die neue östliche Grenze der SBZ/DDR infrage zu stellen. Besonders in Ursula Höntschs Roman »Wir Flüchtlingskinder« ist diese Hoffnung auf Rückkehr – vor allem bei der Figur der Mutter – stark ausgeprägt; zumindest bis zum für sie enttäuschenden Abkommen über die Anerkennung der Oder-Neiße-Grenze zwischen der DDR und Polen 1950. Ihr Heimweh führt dazu, dass Mutter Hönow – mit ihrer Tochter Marianne nach Emmendorf geflohen – gleich nach Ende des Krieges nach Liegnitz zurückkehrt, bis sie von dort vertrieben werden. Als sie nun endgültig in Emmendorf ankommen müssen, tut sich die Mutter schwer damit, denn sie kann die »alte Heimat« nicht vergessen. Diesen Konflikt stellt Höntsch exemplarisch anhand des »Riesengebirgsliedes« dar:

Kurz vor Weihnachten lud Hans Rathmann [der Bürgermeister von Emmendorf, NK] alle Umsiedler zu einer Weihnachtsfeier in die Schulaula ein. [...] Zwischendurch wurde wieder gesungen, einer stimmte auch das »Riesengebirgslied« an: »Blaue Berge, grüne Täler, mittendrin ein Häuslein klein, herrlich, dieses Stückchen Erde, denn ich bin ja dort daheim...«
Bei der Zeile »Riesengebirge, deutsches Gebirge« war der kleine dicke Mann auf dem Podium unruhig geworden. Er fuhr sich ein paarmal mit dem Taschentuch über die Glatze, stand schließlich auf und rief: »Das ist verboten!«
Da verstummten die Leute. Mutter aber wollte wissen, wer's verboten habe und wo das geschrieben stehe. Weil sie keine Antwort bekam, stimmte sie die zweite Strophe an, und einige sangen mit. [...] Sie ließen uns aussingen. Hans Rathmann sagte, er könne verstehen, daß wir unsere Heimatlieder singen möchten. Bloß bei diesem Lied wäre es nun mal so, daß das Riesengebirge jetzt zu Polen und zur Tschechoslowakei gehöre. »Deutsches Gebirge« klänge dann so, als erkenne man nicht an, was die Alliierten beschlossen hätten. [...]
Tagelang waren wir Dorfgespräch. Die meisten Leute fanden nichts dabei, daß wir von der Heimat gesungen hatten und zeigten Verständnis dafür. Manche aber witterten einen Skandal, der noch Folgen haben würde. Uns wieder loszuwerden wäre ihnen wohl die liebste Folge gewesen. [...] Andere wiederum behaupteten, revanchistische Töne in unserem Lied gehört zu haben. Deshalb ließen sie nicht zu, daß sich die Schlesier, die Pommern, die Ostpreußen noch einmal trafen. Vielleicht taten sie recht damit. Vielleicht würden sonst auch in Emmendorf die Enkel aufmarschieren und die Rückkehr in ein Land verlangen, das ihnen fremd ist.
Vater und Mutter, die Wegners und Szczepanskis aber wußten nichts von Revanchismus. Sie wollten auch gar nicht marschieren oder Reden hören. Sie wollten ganz einfach nur mit ihren Landsleuten zusammen sein, Erinnerungen austauschen, ihre Lieder singen und von ihren Bergen und Flüssen, Dörfern und Städten erzählen. (S. 187f., 192f.)

Ein Zusammenschluss der Flüchtlinge in Form der bundesdeutschen Vertriebenenverbände wird in keinem der Texte als Option beschrieben, sondern vielmehr als »revanchistisches«, rückwärtsgewandtes Denken dargestellt. Wohl Ende der 1940er Jahre nutzen die Hönows in Berlin ein sogenanntes Schlesiertreffen, um Familienangehörige ausfindig zu machen. Dort treffen sie zufällig auf Lucie Grambow, Mariannes ehemalige Lehrerin und treue Hitler-Anhängerin, die nun in den westlichen Besatzungszonen lebt: *»Die Flüchtlinge müssen sich zusammenschließen, um ihre Forderungen durchsetzen zu können. Gut, daß Sie zu diesem Treffen gekommen sind, wir sind dabei, eine schlesische Landsmannschaft zu gründen.« »Mir wullda joa eigentlich bluß amoal sahn, ob mer Verwandte und Bekannte hier finda.« (S. 244)* Politische Agitation, die sic mit der Nationalsozialistin Grambow verbindet, liegt der Hönow-Mutter fern – ihr Heimweh nach Schlesien und Liegnitz ist nicht dafür gemacht, sich politisch instrumentalisieren zu lassen, von keiner politischen Richtung oder Partei. So lässt sie sich, anders als ihr Mann, auch nicht überreden, 1945 in die SPD einzutreten: *Hans Rathmann habe wissen wollen, ob Vater vor dreiunddreißig einer Partei angehört*

habe, und ihn dann gefragt, ob er nicht der SPD beitreten wolle. [...] Das klinge doch alles recht vernünftig, das könne man doch reinen Gewissens unterstützen. Und ob Mutter nicht mit ihm zusammen eintreten wolle, das wäre doch so was wie ein neuer Abschnitt ihrer Ehe. (S. 185f.) Zuerst noch hoffnungsfroh und in dem Glauben, mit diesem Parteieintritt helfen zu können, etwas zu verändern, wandelt sich diese Haltung mit der Vereinigung von KPD und SPD zur SED, als Vater Hönow ernüchtert erkennen muss, dass ihm nun auch seine politische »neue Heimat« genommen wird:
Könne nicht die SPD innerhalb der neuen Einheitspartei in irgendeiner Form weiterbestehen? Käme nicht die völlige Verschmelzung der über 680 000 Sozialdemokraten mit den rund 620 000 Kommunisten einer Liquidierung von Tradition, Verwurzelung und politischer Heimat gleich? Vater hing wohl zu sehr an der deutschen Sozialdemokratie und ihrer fast 80 Jahre alten Partei [...] als daß er sich von heute auf morgen von ihr hätte trennen können. [...] Und wie würde es nun um die Religion bestellt sein? Die Kommunisten waren doch Atheisten und leugneten ganz radikal die Existenz eines höheren Wesens. Für die Sozialdemokratie aber war die Kirche nie Gegenstand grundsätzlicher Auseinandersetzungen gewesen, sie ließ die Genossen nach ihrer Fasson selig werden. Nicht nur in Glaubensfragen schienen Vater die Kommunisten manchmal zu radikal zu sein. [...] Dann kam der Tag der Vereinigung, es war ein Sonntag. [...] Dieser Sonntag hatte Vater verändert. Er begann immer mehr in die Vergangenheit zu flüchten. Und die Vergangenheit hieß Schlesien. (S. 209-212)

Ob Mutter und Vater jemals begonnen haben, sich wirklich einzuleben und die »neue Heimat« als ihre »neue Heimat« zu sehen, lässt Ursula Höntsch offen. Für den Leser löst sie diesen persönlichen Konflikt damit auf, dass sie zumindest die Ich-Erzählerin Marianne »ankommen«, sich integrieren und eine »neue Heimat« finden lässt:[29]

Ja, wir fühlten uns hier zu Hause, und wir waren bereit, für dieses Land uns einzusetzen, auch wenn wir nicht alle Vorgänge verstanden. [...]
An diesem Tag, am 8. Juli 1950, hatten die Zeitungen über das Grenzabkommen an Oder und Neiße geschrieben. Robert war derselben Meinung wie ich, daß Polen für alles Unglück entschädigt werden mußte. [...] Ich pflückte für Mutter einen Strauß Butterblumen. Als ich nach Hause kam, starrte sie immer noch auf die Zeitung. So sprachlos, so fassungslos hatte ich sie nur ein einziges Mal gesehen, und das war fünf Jahre her. Damals, im Februar fünfundvierzig, hatte sie noch ein Ziel gehabt.
Ich wollte sie trösten.
»Ies schunn gutt, Marjandla, doa muß iech oalleene durch, doa koann mir keener halfa. Gieh nur.«
Und ich ging auch. Denn auf mich wartete Robert. Und Cilli und Wille, Hannchen und Mannchen, Eva und Adam warteten auf mich. In Bernsdorf war Tanz.
Was tanzten wir in diesem Sommer fünfzig! Was hatten wir für Träume in diesem Sommer fünfzig! Und keiner, der nicht an sie glaubte! (S. 266f.)

Was hier als Integrationshilfe besonders der jüngeren »Umsiedler«-Generation angesprochen wird, ist der nicht unwesentliche Faktor Freundschaft – eine Freundschaft,

Nun hat Uli einen Freund.
Der zeigt ihm das ganze Dorf
und nimmt ihn auch mit in die Schule.
Der Lehrer ist nett.
Uli darf neben Horst sitzen
und in seinem Buch mitlesen,
bis er selbst eins hat.
In der Pause spielt der Lehrer
mit den Jungen Fußball,
und die Mädchen gucken zu.
Uli ist Torwart.

22

Abb. 63: Neue Freunde – »Integrationsprozess« im Kinderbuch, 1949.

die nicht immer nur auf gemeinsamen Flucht- oder Vertreibungserfahrungen beruhen muss, sondern auf Akzeptanz, Respekt und einem verbindenden Glauben an eine positive Zukunft, die alle Möglichkeiten offen lässt: Freundschaft ist es, die Ralf in »Treibgut« die Integration ermöglicht; Freundschaft und das Gefühl des Willkommenseins sind es, die der Familie in »Neue Heimat« einen gänzlich konfliktfreien Start in ein neues Leben ermöglichen. Freundschaft ist etwas, was in allen Texten meist den Kindern und Jugendlichen zugestanden wird, für die es keinen Unterschied macht, woher jemand kommt: Zwar ist den Kindern in »Tinko« bewusst, wer »Umsiedler« ist und wer nicht – *»Der heißt Sepp Wurm, aber wir sagen Tschechen Sepp zu ihm. Sie essen sonntags Knödel und sind vor den Tschechen ausgerissen.« (S. 8)* –, einer Freundschaft steht das aber nicht im Weg.

Auch Franz Fühmann schildert in »Böhmen am Meer« einen persönlichen Konflikt: den der Nebenfigur Hermine Traugott, die sich in ihrer »neuen Heimat« an der Ostseeküste nicht wohlzufühlen, aber auch nicht wegzuwollen scheint. Wie bereits dargestellt, entdeckt der Ich-Erzähler den Grund für diesen Konflikt in der Vergangenheit Hermine Traugotts, auch wenn er ihn dadurch nicht lösen kann. Eine Lösung scheint aber nicht notwendig zu sein, denn auch, wenn sich ihre Furcht vor dem Meer nicht beseitigen lässt, so ist sie doch »angekommen«, wie der Ich-Erzähler am Ende resümiert:

»Sie war den größten Teil ihres Lebens geschunden und getreten und herumgestoßen worden, und dann hatte sie das erste Mal eine menschliche Gemeinschaft erfahren, in der man ihr half, in der man ihr ein Häuschen gab und Land und eine Heimat, die mehr war als das altvertraute Land mit seinen Bergen und Bächen und Kapellen überm Hang; es war eine menschliche Gemeinschaft, in der sie sich geborgen fühlte trotz der fremden Landschaft, vor der ihr schauderte.« (S. 58)

Ein subjektives Problem, das vor allem bei den Figuren der Neubauern zum Tragen kommt, ist die fehlende Erfahrung in der landwirtschaftlichen Arbeit, der fehlende Mut, die erforderlichen Aufgaben zu bewältigen – vor allem, wenn ein Mann im Hause fehlt. Als Mutter Hönow vom Bürgermeister eine Neubauernstelle angeboten wird, lehnt sie nicht nur mit der Begründung ab, dass sie dies nicht ohne ihren Mann schaffen würde, sie wehrt sich damit auch gleichermaßen gegen den Versuch, ihr eine »neue Heimat« gewissermaßen zuzulosen:

»Ich habe gehört, daß Sie aus der Landwirtschaft stammen. Hätten Sie nicht Lust, Neubäuerin zu werden? Ihre Schwester hat Ihnen doch bestimmt von der Bodenreform erzählt, daß die Felder vom Gute in Kattenbach aufgeteilt werden, an kleine Bauern und Landarme, vor allem aber auch an die Umsiedler. […] Aber nein, es stimmt. Wir verkaufen nichts, wir verteilen alles. Das einzige, was wir dafür haben wollen, sind so hohe Erträge wie nur möglich, damit wir alle bald mal wieder satt werden. Aber das können Sie sich ja selber denken. Überlegen Sie es sich, aber nicht zu lange. Das wäre doch ein guter Beginn in der neuen Heimat.« Das hätte Hans Rathmann nicht sagen sollen, er traf Mutters verwundbarste Stelle. […] »Was heeßt hier neue Heimat? Iech hoa eene, die ies in

Schesingen, und es ies noch goar nischte heraus, ob mer nich wieder zuricke kinna. Und ohne mein' Mann moach iech suwiesu nischte.« (S. 170f.)

Bei den objektiven Konflikten sind die wirtschaftlichen Probleme, egal ob sie die Allgemeinheit, »Umsiedler« oder Neubauern betreffen, absolut zentral. Besonders deutlich wird das z.B. daran, dass ihre Signifikanz weit über derjenigen der politischen Differenzen steht. Werden politische Probleme angerissen, dann beruhen diese immer auf wirtschaftlichen Auseinandersetzungen. In »Katzgraben« z.B. ist die Neubäuerin Kleinschmidt überhaupt nicht einverstanden mit den Anbauvorgaben, die der Familie von der Gemeinde auferlegt werden:

Kleinschmidt: nimmt seinen Anbaubescheid | Macht sie wohl kopfscheu – unser erster Plan! | Bis heute haben wir gesät, geerntet, | wie es uns grade in den Sinn kam: | Anarchisch, glaub ich, heißt das. | Braucht einer Weizenmehl, schwupp, baut er Weizen; | was frug er, ob er Weizenboden hatte. | Das Land verplempert, was mit andren Früchten | viel höhere Erträge ausgegeben hätte.
Elli: Das ist der Fortschritt. [...]
Bäuerin Kleinschmidt: Steht Weizen drauf?
Kleinschmidt: Von Weizen steht nichts hier.
Bäuerin Kleinschmidt: Großartig, können wir uns Mehl zum Kuchen | vom Oberschinder Großmann borgen. (S. 14f.)

Die neuen Vorgaben treiben sie ihrer Meinung nach in eine erneute Abhängigkeit vom verhassten Alt- und Großbauern Großmann und dessen Frau – die jedoch von Strittmatter in keinen nationalsozialistischen Mantel gekleidet werden, sondern vielmehr als Freunde des vertriebenen Adels in Erscheinung treten:

Grossbäuerin: Daß sich das Weibstück [Frau Kleinschmidt, NK] da nicht schämt, Das Haus | geklaut vom armen Herrn Baron. | Der Tochter ist auch das nicht gut genug: Sie muß studiern, | Ackernomie für sieben Furchen Land. | [...] Gnad ihnen Gott, wenn's wieder anders kommt! | Hochmut kommt vor dem Knall. | Der Herr Baron, wenn der zurückkommt, schickt sie | mit bloßen Fingern Pferdekäulchen sammeln | und sie an seine Rosenstücke streun. | Wie mich das aufregt.
[...]
Steinert: Großbauerndeutschland meinst du – deine Pfründe, | in der du Speck und Butter schieben konntest | und dein Revier bebocken, Kriegerfrauen | beschwängern, forsch in brauner Uniform | mit Reitstiefeln von anderen Germanentreue fordern.
Grossmann: Folgt nur dem roten Russenfetzen. Werdet | schon sehen, wo das hinführt. (S. 35f., 82)

Das wirtschaftliche Gerangel um Anbaupläne und Abgabesoll treibt viele Neubauern-Figuren um: In »Tinko« wehrt sich Großvater Kraske gemeinsam mit dem Altbauer Kimpel nicht nur vehement gegen Anbauvorgaben, sondern auch gegen die Ablieferung. In der »Umsiedlerin« von Heiner Müller nimmt sich Neubauer Ketzer das Leben, weil er die Forderungen nicht mehr erfüllen kann. Die Lösung für die in »Katzgraben« und allen anderen Texten dargestellten, spezifisch landwirtschaftlichen Konflikte heißt Wandel »Vom Ich zum Wir«: die gemeinsame Veränderung der Zukunft durch Modernisierung und vor allem durch Kollektivierung der Landwirtschaft.

Karl: Und ohne Grenzstein bis zum Horizont | fruchtvoll die Felder der Genossenschaften, | Gemeinbesitz, bebaut gemeinsam.
Hermann: Maschinen säen und Maschinen ernten.
Günter: Kein Brocken Brachland, alle Öden grün. | Der Weizen wächst auf Lüneburger Heide.
Elli: Der Berg, den ehemals auch nicht tausend Hände | von seiner Urzeit-Stelle rücken konnten, | weicht einem Fingerdruck, die Flüsse ändern | den Lauf, das Wasser fließt bergan. | Die Menschen meistern den Planeten Erde.
Erna: Und diese Zukunft kann man wie sein Leben lieben; | für solch ein Leben wird man alles wagen.
Günter: Und jede Tatze, die es ankrallt, niederschlagen. (S. 120)

Im Vergleich dazu stellt der in der BRD entstandene Kurzroman »Die Umsiedler« von Arno Schmidt den Einzelnen heraus, dessen individuelles Schicksal nicht an eine Gemeinschaft gebunden ist – vielleicht noch nicht einmal an ein Zusammenleben zweier Personen. Die Ankunft des Protagonisten in einem bundesdeutschen Dorf gemeinsam mit einer Frau, die er auf der Fahrt durch die BRD kennengelernt hat und mit der gemeinsam er sein zukünftiges Leben (vorerst) verbringen will, formuliert das Vage und gleichzeitig Individuelle des künftiges Lebensweges: *So leben wir zunächst zusammen; wie es weiter wird, weiß ich noch nicht. (S. 284)*

In »Tinko« bringt die neue Maschinenausleihstation Hilfe für den Feldbau – und in Tinkos Fall ist sie vor allem ein Segen für die Kinder, die Dank der Hilfe der Traktoren und Erntemaschinen nicht mehr auf dem Feld mithelfen müssen, stattdessen ihre Freizeit mit Freunden verbringen oder regelmäßig in die Schule gehen können: *Ich habe mich mit einem Traktoristen angefreundet. Mein Traktorist heißt Otto. […] »Wie heißt dein Traktor eigentlich, Otto?« »Ich hab noch nicht darüber nachgedacht, ob er wie heißt.« »Kannst du ihn nicht ›Kinderglück‹ nennen?« (S. 341f.)*

Großvater Kraske widersetzt sich dem Einsatz der Maschinen und bestellt seine Felder lieber weiterhin mit seinem altersschwachen Pferd (übrigens sein wertvollster Besitz und außerdem ein »Abschiedsgeschenk« der sowjetischen Besatzer), weil er befürchtet, sich durch die Nutzung der Maschinen in eine Abhängigkeit zu begeben, von der er sich sein Leben lang zu befreien versucht hat:

Sie gehen zum Traktoristen und bringen ihn auf Großvaters Feld. […] Die Mähmaschine beginnt zu fressen. Der Großvater kommt aufs Feld. »Was habt ihr in meinem Korn herumzuwühlen, he?« »Ich dachte, Kraske, du würdest auf deine alten Tage vernünftig werden«, sagt Bürgermeister Kaldaune friedlich. […] »Und bezahlen wirst du ihn, du Tintenkleckser, he?« »Das zahlst du nach der Ernte mit dem kleinen Finger.« […] »Schert euch weg! Lasst mich in Ruh! Was geht euch mein Korn an? Ich mach, was ich will, ihr Sowjetsklaven! […] Geht, geht! Packt euch! Ihr wärt mir die richtige Freundschaft. Auf der Lauer liegen, ehrbare Leute zwingen. Weg, weg! Summa summarum: Den Großen nehmt ihr's, die Kleinen stopft ihr. Nicht einen Pfennig für Kommunistenmaschinen!« (S. 345f.)

In Voelkners »Die Tage werden heller« betreffen die zu lösenden objektiven Probleme und Konflikte ebenso die wirtschaftliche Sphäre, und hier vor allem die Versorgung mit Nahrung, Brennstoffen oder Baumaterial. In einer Episode nimmt Voelkner auch die »Umsiedler« nicht von unrechtem Verhalten durch widerrechtliches »Bedienen« an fremdem Besitz aus:

Da ließ Bamberger seine Sachen stehen und schlenderte durch die Zimmer des Schlosses, überall von den Umsiedlern, die nun hier hausten, lächelnd begrüßt. Sie kannten ihn vom Transport. […]
Bambergers Blick verweilte auf einem großen Haufen Kohle, der nahe am Herd in einer Ecke lag […]. Es waren Schmiedekohlen. […] Dann wandte er sich den Frauen zu: »Weshalb feuert ihr nicht mit Holz?« fragte er hart. »Es ist doch genügend da. Der Wald ist ganz nah.«
Sie rümpften die Nasen; es war doch einfacher so und leichter auch, und das Feuer konnte den ganzen Tag brennen.
»Wer soll denn das Holz holen? … und dann ist kein Beil da, nichts zum Spalten. Außerdem sind ja Kohlen genug da.«
»Jeder, der essen will, wird von jetzt an sein Holz holen«, sagte er kurz. »Schmiedekohlen sind nicht zum Essenkochen, sie gehören euch auch nicht. Wer sie nimmt, der stiehlt.« Dann ging er ärgerlich hinaus.
Die zurückbleibenden Frauen sahen ihm empört nach. Was fällt dem ein?! Der will sich hier wohl eine goldene Nase verdienen? Meckert über ein paar Kohlen! Stehlen!?
»So was«, blähte eine sich auf, »was will der lange Grobian? Das gehört uns nun doch alles hier – –? Dann sollen sie vorher nicht solch ein Geschrei machen, daß der Gutsherr enteignet ist.« (S. 230)

Als Lösung der Probleme und Konflikte wird die (sozialistische) Gemeinschaft dargestellt. In einer Ansprache während der Landverlosung im Zuge der Bodenreform sagt Karl Stiemer:

»[…] Jeder Handschlag, jeder Sensenhieb, den wir jetzt tun, ist für uns. Dies ist heute ein feierlicher Tag wie nie zuvor – wir sind frei! Aber frei sein heißt auch eigene Verantwortung tragen. Wir müssen nun eine feste Gemeinschaft bilden auch mit denen, die neu zu uns gekommen sind und uns schon viel geholfen haben. Dann werden wir bald besser leben, besser essen, besser wohnen, kein Unrecht mehr erfahren – dafür mehr Freude. Wir werden gemeinsam für uns arbeiten, jeder auf seinem eigenen Grund und Boden: wie der Bürgermeister sagte: Gemeinsam für das ganze Volk.« (S. 215)

Einen ähnlichen Konflikt um die Versorgung, wie schon bei Voelkner anhand des Brennmaterials dargestellt, schildert Heiner Müller in »Die Umsiedlerin«. Auch hier geht es um die unrechtmäßige Bedienung an fremdem, in diesem Falle kollektivem Eigentum:

Flint Bücher. Woher?
Bauer Vom Schloß, wo sonst.
Flint Schaff sie zurück.
Bauer Warum? Kein Hahn kräht danach, seit die Herr|schaft Ausgang hat, das halbe Dorf kocht seine Wasser|suppe und wischt sich den Arsch mit der Schloßbücherei. | Warum soll gerade ich die Ausnahme machen, acht Mäuler | und kein trockner Ast im ganzen Landkreis nach drei | Wochen Regen, acht Ärsche und kein Papier? Willst du | Bücher lesen, den Magen an den Knien? Ich bin schon spät | dran, die dicken sind vorbei. Am besten ist Meinkampf, das | kauft in Berlin der Amerikaner. Geht.
Flint ihm in den Weg: SchillerundGöthe, wer hat ihm den | Bauch gefüllt? Homer, wer hat ihn erzogen? | Kein Buchstab ohne dich und kein Gedanke. | Dein krummer Buckel, deine krumme Hand. | Und dir ists für den Rauch und für den Hintern. | Die Bücher sind Gemeindeeigentum. | Schaff sie zurück aufs Schloß, Kulturhaus morgen. (S. 189)

Und auch bei Müller bietet die Gemeinschaft die Lösung aller Konflikte und Probleme:

Siegfried Du hältst den Sozialismus auf, Treiber. | Du bist das Rad, das ihm am Wagen fehlt | Auf seinem Siegeszug durch die Gemeinde. | Der Daumen, der von unsrer Faust absteht. | Wie soll die, wenn der Daumen Abstand nimmt | Den Imperialismus auf die Bretter schicken | Eh er uns mit der Bombe übern Kopf kommt? | Der weiße Fleck auf unsrer Siegesmeldung | Auf die der Kreis seit sieben Wochen spitzt. | Er hat dich schon an den Bezirk gemeldet | Als LPG und nicht mehr einzeln in | Vertraun auf deine baldige Einsicht, Treiber. | Du stehst als neuer Mensch auf dem Papier | Wie lange willst du dem Papier noch nachstehn? [...]| Drei Jahre sinds im August, daß unsre Trecker | Benzin verfahrn und Arbeitszeit im Bogen | Um deine vierzig Hektar, weil du blind bist | Für deinen Vorteil und den Holzweg vorziehst | Der breiten Straße in den Sozialismus | Und, wie der Gaul vorm ersten Auto, scheust | Vorm Umzug aus dem Ich ins Kollektiv | Das dir den Buckel freimacht. (S. 283)

In »Katzgraben« und der »Umsiedlerin« von Anna Seghers verhält es sich ähnlich: die Integration in die Gemeinschaft bringt alle gemeinsam wirtschaftlich und politisch voran. Während aber »Die Tage werden heller«, Seghers und Müllers »Die Umsiedlerin«, »Katzgraben« und »Tinko« das kollektive Vorankommen am Beispiel und zu Zeiten der Bodenreform darstellen, schildert es Helmut Sakowski anhand der Kollektivierung der Landwirtschaft. Neben den persönlichen Konflikten zwischen Daniel Druskat und Max Stephan zeigt der Autor insbesondere die Probleme, mit denen Druskat im Zuge des Aufbaus der LPG konfrontiert wird:

Die Industrie, große sozialistische Betriebe, entwickle sich planmäßig, die Landwirtschaft stagniere, warum? Weil die Grenze dessen erreicht sei, was man mit herkömmli-

cher Wirtschaftsweise schaffen könne, das sei so ähnlich wie weiland mit dem Segelschiff, nicht wahr, man habe umsteigen müssen auf Dampfbetrieb. Und wer hindere die Gesellschaft am Umsteigen? Die Privatbauern, dreißig Prozent, und leider, leider sind es die erfolgreichsten Landwirte, die pfeifen auf die LPG und blockieren den gesellschaftlichen Fortschritt. (S. 154)

Zu diesen uneinsichtigen Bauern gehört auch Max Stephan, den Druskat nur mit einem blauen Auge und dem Versprechen von der Kollektivierung überzeugen kann, dass Stephan die LPG in Horbeck leiten wird, während er selbst darauf verzichtet und aus dem Dorf weggeht:

Dann wurde die Tür aufgerissen. Daniel taumelte herein, [er] sah schrecklich aus, wirr das Haar, das Gesicht totenbleich, und der Mund verletzt. Druskat versuchte mit dem Taschentuch das Blut abzuwischen, jemand mußte ihn erbarmungslos zusammengeschlagen haben. [...] »In einer Viertelstunde sind sie zur Unterschrift bereit, alle, auch Stephan. Sie werden im Schloß auf euch warten, ihr müßt euch beeilen.« [...] »und ich muß noch was erklären. Ich hab mit den Leuten verhandelt. Es sind die erfolgreichsten Bauern von Horbeck, jeder weiß es, Stephan ist der beste von ihnen, er ist Meisterbauer. Unsere Losung heißt: Die Besten die Leitung. Ich werde auf den Vorsitz verzichten zugunsten von Max Stephan.« (S. 212ff.)

Interessanterweise wird zwar die landwirtschaftliche Kollektivierung von einigen Figuren infrage gestellt, über die Rechtmäßigkeit, Richtigkeit und Verhältnismäßigkeit der vorangegangenen Bodenreform herrscht demgegenüber aber allgemeiner Konsens. Am detailreichsten stellt sie Benno Voelkner dar – von den ersten Nachrichten, die über Forderungen der Landaufteilung ins Dorf gelangen, über die Vertreibung des ansässigen Adligen, bis hin zur Aufteilung und Verlosung des Landes und der Mobilien des Gutshofes. In »Katzgraben«, »Tinko« und der »Umsiedlerin« von Heiner Müller ist die Bodenreform ebenso Thema, hat aber zum Zeitpunkt der jeweiligen Texthandlung bereits stattgefunden. Selbst Tinkos Großvater sieht nach allen früheren Entbehrungen die Gerechtigkeit mit dem ihm zugeteilten Land endlich hergestellt:

»Fünfzig Morgen hinter dem Pfluge. Wiese und den Wald nicht mitgerechnet. Aus solcher Wolle sind wir jetzt gemacht, der August, der Kraske und ich, hehe!« Der Heimkehrer räuspert sich: »Aus geschenkter Wolle, mußt du sagen!« Großvater besieht seine Hände. »Du Grünfrosch – und die Scherereien als Bürgermeister? Soll ich sie umsonst gehabt haben, wie? Die anderen haben nur genommen. Ich mußte austeilen und mir den Brägen zerschinden. Summa summarum: Wer nicht nimmt, wenn die Gelegenheit ihn zwingt, hätt lieber ein Ochse werden sollen. Und abgezahlt wird auch, damit du es weißt.« (S. 28)

Bei Sakowski wie auch bei Voelkner ist das Vorankommen der Gemeinschaft an das Schicksal und das Ausmaß des Leidens eines Einzelnen gebunden. Während Karl Stiemer am Ende des Romans vor Entkräftung sein Leben lässt, wird Druskat nach Aufklärung der Vorgänge um den Tod des Gutsverwalters zwar aus der Untersuchungshaft entlassen, aber um den Preis, sein Ansehen und seine erreichte Position zu verlieren.

Diese »Leid-« und »Leitfiguren« bleiben aber die Ausnahme. Vor allem der Märtyrertod ist keine Alternative, weswegen Sakowski seinen Roman auch mehr oder weniger in einem Happy End mit Aufklärung der Geschehnisse und Rehabilitierung der Titelfigur enden lässt. Der typische und nachahmenswerte Held des »sozialistischen Realismus« sollte eine positive Figur sein, die entweder selbst den Wandel durchläuft (z. B. Anna Nieth, Tinko oder Nelly Jordan) oder – seltener – andere in ihrem Wandel anleitet (Karl Stiemer, Daniel Druskat). Der persönliche oder kollektive Wandel ist es, der nach einer körperlichen auch die geistige Ankunft in der »neuen Heimat« und eine Integration in der neuen Gesellschaft überhaupt möglich macht – und diese geistige Ankunft bezieht sich nicht nur auf die »Umsiedler«, sondern ebenso auf die ansässige Bevölkerung. Dem moralischen – und mitgedachten politischen – Verständnis der DDR nach sollte der sozialistische Mensch ein politisch denkender, von hoher Arbeitsmoral geprägter, pazifistischer, solidarischer und die Gemeinschaft achtender Mensch sein. Und innerhalb dieser Wertmaßstäbe agieren auch die Autoren mit ihren Darstellungen. Sämtliche Konflikte, Differenzen und Schwierigkeiten werden so immer im Sinne des Sozialismus gelöst, womit der Sozialismus automatisch zur »richtigen« Lebensweise erhoben wird, die Probleme entweder adäquat lösen oder von vornherein vermeiden kann. Dies muss nicht so plakativ geschehen, wie es Karl Stiemer zu Beginn von »Die Tage werden heller« formuliert: *»wir werden eine ganz neue Welt zusammenbauen, eine ganz neue Welt! [...] [Diesmal] übernimmt die Arbeiterschaft die Führung im Staatswesen. Wir werden menschenwürdige Verhältnisse schaffen.« (S. 12)*

Es lässt sich auch mit einem Augenzwinkern – und mit wohl zu viel Wahrheit und zu viel Raum für Missverständnisse – wie bei Heiner Müller ausdrücken:

Der Zweck von unserm Staat ist, daß er aufhört. | Nicht wenn die Posten verteilt sind, ist er fertig | Sondern, wenn er nicht mehr gebraucht wird. Und | Sehr müssen wir ihn noch verbessern, uns auch | Und die halbe Welt mit, daß er aufhören kann. | Die Jugend scharrt schon mit den Füßen in | Erwartung der Kapelle, nämlich Tanz | Nach der Versammlung steht auf dem Programm. | Was wir gutheißen, denn jede Freude ist | Ein Vorgeschmack vom Kommunismus und | Der Kommunismus ist, was Spaß macht, sonst | Wozu den langen Weg mit Blut und Schweiß. | Die große Mühe lohnt der größte Preis. (S. 277)

Phase 4: Besuch in der »alten Heimat«

Weil ein visumfreier Besuch in der »alten Heimat« erst spät möglich war, taucht er als Thema auch erst in den Texten auf, die ab den 1970er Jahren entstanden sind: »Kindheitsmuster« von Christa Wolf und »Herr Müller, diesseits und jenseits der Oder« von Günter de Bruyn. Bei Christa Wolf ist die Reise der Auslöser für die Auseinandersetzung mit der Vergangenheit und damit auch für die Entstehung des Romans. Bei Günter de Bruyn bildet sie das Hauptthema seiner kurzen Erzählung. Die Behandlung des Lebens in der »neuen Heimat« seiner Hauptfigur Herr Müller ist dafür lediglich die Basis.

Die Ich-Erzählerin in »Kindheitsmuster« tritt die Reise an, weil *der Tourismus in alte Heimaten blühte: Damals, im Sommer 1971, gab es den Vorschlag, doch endlich nach L., heute G., zu fahren, und du stimmtest zu. (S. 10)* Ihr Bruder, ihr Mann und ihre Tochter überreden sie zu der Reise, der sie eigentlich gar nicht zustimmen wollte und die sie nicht für nötig hält, denn sie scheut die Begegnung mit dem jungen Mädchen, das sie damals gewesen ist: dem Kind, das dem nationalsozialistischen Gedankengut offen gegenüber stand und dessen ideologische Fehlprägung sich erst mit und nach Krieg und Flucht mühsam wandelte:

Dir ist jetzt klar, warum du sechsundzwanzig Jahre lang nicht erpicht gewesen bist, hierherzukommen. Unausgesprochene und uneingestandene Vorwände – Heimatverlust, möglicher Wiedersehensschmerz – hielten nicht länger stand. Du scheutest eine Begegnung, die unvermeidlich sein würde. Vielleicht sind es nicht die beneidenswerden Leute, die das nicht kennen: Verlegenheit gegenüber dem Kind.
Bis hierher, bis zu diesem Haus hattest du dich vorgearbeitet, nicht in gerader Linie, sondern scheinbar ziellos, im Zickzackkurs, um das Kind – womöglich mit Hilfe eines Gedächtnisses, das, hilflos dem Anprall von Einzelheiten ausgesetzt, erstaunliche Nebensächlichkeiten auszuliefern beginnt – »in den Griff« zu kriegen. Hier aber mußtest du einsehen, daß du nie wieder sein Verbündeter sein konntest, sondern ein zudringlicher Fremder warst, der nicht eine mehr oder weniger markierte Spur, sondern am Ende es selbst verfolgte: Sein inneres, niemanden sonst betreffendes Geheimnis. (S. 159)

Die wenigen Gefühle für die *sogenannte Vaterstadt* wandeln sich im Laufe der Reise kaum. Ist sie zu Beginn skeptisch und distanziert, so verbindet sie auch nach ca. zweieinhalb Reisetagen am Ende nur noch wenig mit ihrer »alten Heimat«:

Noch einmal die Richtstraße (Marienkirche, Abschiedsblicke). Noch einmal die ehemalige Soldiner, noch einmal vorbei am ehemals Jordanschen Haus. Man wiederholt sich. Was also jetzt? Umkehren, oder was? Umkehren. Das ehemals Jordansche Haus nun im Rückspiegel, kleiner werdend. Keiner taktlos genug, zu sagen: Seht euch noch mal um. Keiner gibt seinen Mangel an Empfindungen zu. Die allgemeine Frage, ob man noch bleiben solle, blieb an dir hängen. (S. 445)

In einer letzten Erinnerung in den Minuten des Abschieds manifestiert sich noch einmal der Grund für das distanzierte, zum Schluss nicht einmal mehr ambivalent zu nennende Verhältnis der Autorin zu ihrer Heimatstadt: der Nationalsozialismus als lieber zu vergessender, dennoch nicht zu negierender Teil ihres Lebens. *Nein, hörst du dich sagen – von mir aus [...] nicht. Fahren wir (S. 446)*, ist darum ihre knappe Antwort auf die Frage nach der Abreise.

Die eigentliche Verarbeitung der Erlebnisse findet bei Wolf erst nach der Reise statt: im Schreiben. Die Fragen, die sich die Erzählerin nach der Reise stellt – *Das Kind, das in mir verkrochen war – ist es hervorgekommen? Oder hat es sich, aufgescheucht, ein tieferes, unzugänglicheres Versteck gesucht? Hat das Gedächtnis seine Schuldigkeit getan? Oder hat es sich dazu hergegeben, durch Irreführung zu beweisen, daß es unmöglich ist, der Todsünde dieser Zeit zu entgehen, die da heißt: sich nicht kennenlernen wollen? (S. 530)* – kann sie erst durch den Prozess der Verschriftlichung beantworten: Es hat sich nicht länger versteckt.

Die Reise in die »alte Heimat« wird damit bei Christa Wolf zu einer Reise in die Vergangenheit gegen die Vergangenheit. Sie war niemals als Mittel gegen Heimweh oder als Ausdruck der Heimatverbundenheit geplant, sondern vielmehr zur Bewältigung eines Teils der eigenen Geschichte. Wie schwer dieser Prozess der Autorin fällt, manifestiert sich in der Verwendung der dritten Person für sich selbst – Schreiben über jemanden, der man nicht sein will –, was sie bis zur letzten Seite beibehält, weil auch ein ganzes Buch dieses Dilemma nicht lösen kann: *Und die Vergangenheit, die noch Sprachregelungen verfügen, die erste in eine zweite und dritte spalten konnten – ist ihre Vormacht gebrochen? Werden die Stimmen sich beruhigen? Ich weiß es nicht. (S. 530)*

Die Reise, die Herr Müller in Günter de Bruyns Erzählung antritt, ist im Gegensatz zu Wolfs eine Reise in die Zukunft und für die Zukunft. Auch Herrn Müller scheint nichts mehr mit seiner früheren Heimat, die *nur eine knappe Autostunde entfernt* von der »neuen Heimat« lag, zu verbinden: *Der Gedanke, in die alte Heimat zu fahren, war nicht von ihm gekommen. Herr Kühn, ein ehemaliger Nachbar, hatte ihn überreden müssen mitzufahren.* Das erste Wiedersehen mit dem alten Hof scheint, so Herr Kühn, Müller in einen Schockzustand versetzt zu haben, weil alles noch genauso aussah wie vor 30 Jahren: *Außer der blauen Tünche auf der Straßenseite und einem neuen Zaun war alles noch wie sonst, nichts fehlte, nichts war neu gebaut. (S. 29)*

Vielleicht in diesem Schockzustand fällt Müller die Entscheidung, das junge Paar, das nun seinen ehemaligen Hof besitzt, finanziell zu unterstützen. Bis zu seinem Tod lässt er sich von Kühn regelmäßig über die Grenze fahren, um sein Geld abzugeben: *Länger als zwei Stunden seien sie nie jenseits der Oder gewesen, und Freude oder auch nur Zufriedenheit habe sich bei Müller nie gezeigt, wenn er die Baufortschritte gesehen habe. Man habe den Eindruck bekommen müssen, er erfülle nur eine lästige Pflicht. (S. 30)*

Auch mit diesen letzten Worten der Erzählung lichtet sich das Rätsel um Herrn Müller nicht – einen griesgrämigen, nörgelnden, unzufriedenen Alten, dessen Motive für den *Baukostenzuschuss* im Dunkeln bleiben.

Das Verhältnis von Geschichte und Erinnerung am Beispiel von Flucht, Vertreibung und »Umsiedlung«

Die Vergangenheit war noch nicht vergangen; solange noch einer nach dem Warum der Umsiedlung fragte, war die Vergangenheit nicht vergangen. (Böhmen am Meer, S. 30)
Auch wenn Franz Fühmann die Frage nach dem »Warum« der »Umsiedlung« in seine Erzählung »Böhmen am Meer« schrieb, so bedeutete dies keineswegs, die (historischen) Gründe der »Umsiedlungen« zu diskutieren oder gar in Frage zu stellen. Vielmehr deutet sich in dieser Passage an, was für die meisten der hier untersuchten Texte gelten kann: Mit der »Umsiedlung« verband sich weit mehr als nur eine Heimatvertreibung oder Flucht vor der näher rückenden Front. Sie bedeutete auch

nicht automatisch den Verlust des Vergangenen oder von Heimat. Stattdessen standen Flucht und Vertreibung für eine Zwangsläufigkeit der Geschichte: die Rache der Alliierten für die ehemals nationalsozialistischen, völkerunterwerfenden und -mordenden Deutschen. Und dieses »Warum« war es, das wachgehalten werden sollte – auch wenn es nur in den seltensten Fällen, wie in Benno Voelkners »Die Tage werden heller«, explizit formuliert wurde:

»[...] Hitler hat damit angefangen, daß er alle demokratischen Organisationen zerschlug und alle demokratischen Rechte und Freiheiten beseitigte. Die Sowjetunion beginnt umgekehrt: sie gibt den Deutschen die demokratischen Rechte und Freiheiten in die Hand. – – Doch was ich Ihnen jetzt sage, war umfassend gemeint und betrifft Deutschland –, hier haben wir andere Verhältnisse. Dieses Gebiet ist auf Beschluß der Siegermächte bis zur Oder der polnischen Regierung übergeben worden. Hier entscheidet das polnische Volk über seine Zukunft.« »Dann heißt das also: Die Deutschen müssen das Gebiet räumen –?« »Die Umsiedlung ist ebenfalls ein Beschluß der Alliierten.« | »Das ist für die Bewohner dieser Gebiete das Härteste, Kapitän.« »Der deutsche Faschismus hat anderen Völkern noch Härteres aufgezwungen. Im besetzten Polen wie anderswo ist nicht eine Politik der Umsiedlung, sondern eine Ausrottung betrieben worden.« (S. 71)

Und auch Ursula Höntsch, in ihrem Roman weit weniger politisch und ideologisch, ist sich dieser Verantwortung und Verpflichtung bewusst:

Niemand von den Hönows hatte die Aussiedlung vergessen, weil kein Mensch vergißt, woher er gekommen ist. Wenn die Alten sterben, verwischt ihr Tod nicht alle Spuren. Was bleibt, ist auch die Geschichte der Familie und die ihres Volkes. Wir Jungen haben sie weiterzuführen, haben voranzubringen, was uns die Alten an Menschlichkeit hinterließen. Und können das nur tun, wenn wir um die schlechten wie um die guten Tage der Vergangenheit auch wissen, dürfen nicht da aussteigen, wo wir etwas vergessen oder übersehen möchten, und dort wieder einsteigen, wo wir ein reines Gewissen haben, müssen uns zu allem bekennen, was in unserem Namen geschah und geschieht. (S. 152)

Die Beschreibung von Flucht und Vertreibung als Zwangsläufigkeit steht zumeist im Dienste einer Schilderung der neuen, besseren, sozialistischen Verhältnisse, also des Lebens in der »neuen Heimat« SBZ/DDR und sie ist kein Ort für tiefe politische Auseinandersetzungen. Und daher sind die zentralen Motive auch nicht – wie es der Literaturwissenschaftler Louis Ferdinand Helbig für die Flucht- und Vertreibungsliteratur der BRD behauptet[30] – die alte Heimat und das Herausgerissenwerden aus ihr, sondern die Beschreibung eines individuellen oder kollektiven Wandels hin zum guten sozialistischen Menschen. Vor allem über die Darstellung von unterschiedlichen Konflikten und Problemen, die mit der Ankunft der »Umsiedler« entstanden, ergab sich für die meisten Autoren die Möglichkeit, diesen Wandel darzustellen, also die Lösung der Konflikte und Probleme herauszuarbeiten und als Sieg des Sozialismus gegen alle Widrigkeiten zu festigen. Nach dem Motto »Vom Ich zum Wir« waren (sozialistische) Gemeinschaft und Freundschaft der Schlüssel für Integration,

Zusammenwachsen und eine positive Zukunft. Obwohl aber die sozialistische Gegenwart und Zukunft in ihrer Bedeutung weit vor einer Verlustbeschreibung des Vergangenen standen, durfte die Vergangenheit nicht dem Vergessen anheim fallen. Denn – wie Voelkner, Reinhart oder Wolf es eindrücklich dargestellt haben – die Verhältnisse formten und formen den Menschen, und nur über eine Kontrastierung des Gegenwärtigen und Zukünftigen mit dem Vergangenen konnten die sozialistischen Verhältnisse als Korrektur und Fortschritt gegenüber der nationalsozialistischen Vergangenheit dargestellt werden.

Mögen Erinnerungen auch keine verläßliche Quelle sein, mögen sie sich verändern und Gelebtes mit Gehörtem verwechseln, sie sind dennoch die einzige Wirklichkeit, die wir in uns haben. (Wir Flüchtlingskinder, S. 7) Das Verhältnis von Geschichte und Erinnerung kann von zwei Blickpunkten aus betrachtet werden. Einmal – und das ist es, was Ursula Höntsch hier meint – als Überformung und Wandel der individuellen Erinnerung, die nicht immer mit der objektiven Wirklichkeit konform gehen muss. Zum Zweiten als das, was man »unerwünschte Erfahrung« nennen kann: Das konstruierte, offizielle Gedächtnis einer Gemeinschaft oder Gesellschaft bewahrt als kollektives Gedächtnis eine andere Version der Erinnerung an die Geschichte als das Individuum. Als Beispiel einer realen Geschichtskonstruktion sei nochmals auf die Adaption der »Frahm-Geschichte« durch Helmut Sakowski in »Daniel Druskat« verwiesen: Nachdem Bruno Frahm nach Beweis seiner schuldhaften Verstrickung in die Deportation der polnischen Zwangsarbeiter aus der SED ausgeschlossen worden war, wandte er sich direkt an Erich Honecker. Daraufhin prüfte die Zentrale Parteikontrollkommission den Fall erneut und kam nun zu dem Urteil, dass die damalige Justiz Schuld am Tod der beiden Landarbeiter habe – und nicht Frahm und sein Verrat. Ihn träfe nur die Schuld, die Vorkommnisse in seinem Lebenslauf verschwiegen zu haben. Die Aussage des Anfang der 1970er Jahre einzig noch lebenden Zeugen wurde zugunsten einer neuen, parteikonformen Wahrheit umgedeutet: »Es ist eine Tatsache, daß der ehemalige Gutsinspektor der einzige lebende Zeuge ist, der diese Dinge jetzt hochspielt. Er selbst war der Urheber der Verhaftung der polnischen Landarbeiter.«[31] Die polnischen Landarbeiter, deren Schicksal in einer Gedenkpublikation über den nationalsozialistischen Widerstand in Mecklenburg behandelt worden war, tauchten in einer späteren Auflage dieser Publikation nicht mehr auf: »Verwischte Spuren, zu leicht hätten sie zu einer unerwünschten Vergangenheit führen können.«[32] Und auch Sakowski dichtete die »reale« Geschichte, ob nun wider besseren Wissens oder in Kenntnis der tatsächlichen Vorkommnisse, seinen literarischen Intentionen gemäß um.

Literatur entsteht so also immer im Zusammenspiel der Kreativität, der Beobachtungsgabe und der persönlichen Einstellungen sowie Erlebnisse eines Schriftstellers. Somit erhält sie, wenn sie sich dem Anspruch der Wirklichkeitsnähe unterwirft, in erster Linie die (individuell) überformte Version dieser Wirklichkeit. Darum sollte sich auch die Frage nach dem Maß an dargestellter Realität in der Literatur nur bedingt stellen. Ob das in einem literarischen Text Dargestellte als authentisch wahrgenommen wird oder nicht, bleibt dem Leser selbst zu entscheiden: Erkennt er sich und sein Leben, seine Erfahrungen, Wünsche und Hoffnungen in dem wieder, was er liest? Ist es der Zukunftsoptimismus des Buches, der mich anspricht oder angesprochen hat, oder öffnet es nur alte Wunden und holt längst verdrängte Erinnerungen hervor?

Die hier betrachteten Texte zeigen, dass sich die Erwähnung und Verarbeitung des Themas Flucht und Vertreibung vom Ende der 1940er bis Mitte der 1980er Jahre gewandelt haben: Während Flucht und Vertreibung zu Anfang vor allem im Dienste der Festigung der sozialistischen Gemeinschaft Darstellung der (fortschrittlichen) Entwicklungen auf dem Lande standen, wandelte sich die Literatur in den 1970er Jahren zu einer Verarbeitung persönlicher Erlebnisse und Darstellung individueller Schicksale, die nicht mehr primär Fortschrittlichkeit und Gedankengut des Sozialismus, sondern die Einbindung von Einzelpersonen in die Geschichte und die Auswirkungen der Geschichte auf diese aufzeigten. Inwieweit diese Veränderung der literarischen Intentionen auf eine Aufweichung politischer Forderungen und größerer künstlerischer Freiheiten zurückgeführt werden kann, muss dahingestellt bleiben. Zwar schienen Kunst und Kultur nach dem Machtantritt von Erich Honecker 1971 vorerst einer stärkeren Liberalisierung und größeren Meinungsfreiheit entgegenzusehen, doch wurden anfänglich gemachte Zugeständnisse spätestens mit der Ausbürgerung Wolf Biermanns im November 1976 zum großen Teil wieder zurückgenommen. Christa Wolfs »Kindheitsmuster« erschien ebenfalls 1976, vermutlich aber noch vor der Ausbürgerung Wolf Biermanns im November 1976. Erik Neutschs »Hirt« 1978 durfte vielleicht erscheinen, weil der Autor dem System prinzipiell wohlwollend gegenüber stand (auch die wenige Tage nach Biermanns Ausbürgerung von namhaften DDR-Künstlern verfasste Petition nicht unterschrieben hatte). Vielleicht – und dies sei die letzte These zur Betrachtung unterschiedlicher Zeitschichten in der literarischen Verarbeitung von Flucht und Vertreibung in der DDR-Literatur – waren auch persönlichere, biografische Motive ausschlaggebend. Christa Wolf und Ursula Höntsch waren zum Zeitpunkt der Veröffentlichung ihrer Romane etwa 50 Jahre alt. Bedenkt man die Zeit, die es gedauert hat, den jeweiligen Roman zu schreiben (bei Wolf waren es wohl fünf Jahre nach der Reise nach Polen), so waren beide vielleicht Anfang, Mitte 40, als erste Romanideen zu greifen begannen – und ihre Kinder in einem Alter, in dem sie sich für die Geschichte der Eltern zu interessieren begannen. Gerade Christa Wolf stellt dies in »Kindheitsmuster« über die Figur der Tochter, die Eltern und Onkel auf der Reise nach Polen begleitet und die gleichzeitig als »Korrektiv« der eigenen Geschichte auftritt, dar:

Ähnlich, sagt Lenka, wie sie sich immer an den Tag erinnern wird, an dem den Kindern die halbverrottete Laube in einem ihrer früheren Gärten zur beliebigen Verwendung übergeben wurde. So denke sie also, fragst du sie, auch an die alte Laube, wenn sie das Wort »Heimat« höre? – Nein. – Woran aber sonst? – Heimat ist für mich kein Wort, bei dem ich mir was denken kann, sagt Lenka. Du überlegst. Es könnte wahr sein. Zuhause, sagt Lenka: Ja. Das sind ein paar Leute. Wo die sind, ist Zuhause. Sie will wissen – fast erstaunt über ihren Verdacht –, ob etwa ihr, Lutz und du, heimatliche Gefühle hegt. Hierher zum Beispiel. Ihr zögert. Es habe sich ja vieles sehr verändert. Aber andererseits … Natürlich sehne man sich nicht hierher zurück, das nicht. Lenka schweigt. Du sagst ihr, daß Nelly sich nie hat vorstellen können, jemals woanders zu leben als hier. Lenka verlangt Einzelheiten über Nel-

lys Spiele zu wissen. Sie hat doch, wie Lenka weiß, in einem bestimmten Alter Prinz und Prinzessin gespielt, mit Leidenschaft, wie sie selbst, Lenka auch. (S. 160f.)

Dieses klare oder angenommene Interesse der nachfolgenden Generation könnte eine Auseinandersetzung mit der eigenen Geschichte ausgelöst haben.

Die Art und Weise, in der die Texte Vergangenheit verarbeitet und mit ihr gearbeitet haben, ist in erster Linie nach dem vorrangigem Ziel zu bewerten, die Erinnerung unbedingt zu bewahren und für die Zukunft fruchtbar zu machen. Zwar wandelten sich die Erwähnung und Darstellung von Flucht und Vertreibung in 40 Jahren DDR, gänzlich verschwiegen wurden sie aber nie. Auch wenn Flucht und Vertreibung niemals im Zentrum der Darstellungen standen – auch nicht bei Reinhart, Wolf oder Höntsch – waren sie in jedem der behandelten Texte präsent, ob nun durch explizite, wenn auch kurze, Erwähnungen von »Umsiedlern« oder Neubauern, oder durch indirekte Beschreibung. Und diese indirekte Erwähnung funktionierte in erster Linie deshalb, weil Flucht und Vertreibung nicht nur zur Erfahrungswelt der »Umsiedler« gehörten, sondern in dem gleichen Maße auch zu der der »alteingesessenen« Bevölkerung und damit automatisch zu der von Millionen SBZ- und DDR-Bürgern.

Interviewfrage: Glauben Sie an die Wirkung von Literatur? – Gewiß, doch wahrscheinlich anders als Sie. Ich glaube, daß jener Apparat, der die Aufnahme und Verarbeitung von Wirklichkeit zu tätigen hat, von Literatur geformt wird; [...] Wie sind wir so geworden, wie wir heute sind? Eine der Antworten wäre eine Liste mit Buchtiteln. (Kindheitsmuster, S. 477) Literatur wirkt über einen sehr langen Zeitraum. Sie entfaltet ihre Wirkung nicht nur zum Zeitpunkt ihrer Entstehung und Erstveröffentlichung, sondern noch weit darüber hinaus. Dadurch bietet die Literatur der DDR noch heute, mehr als zwanzig Jahre nach ihrem Ende, Einblicke in Bewusstseinsvorgänge, persönliche Einstellungen und Ideologien, die uns heute fremd geworden sind. Aber sie hilft zu verstehen, wie sich die Gesellschaft durch die Augen der Schriftsteller darstellte. Im Falle der untersuchten Literatur mit dem Fokus auf »Umsiedler« und Neubauern hat sie vor allem den Willen zur Auseinandersetzung mit der Vergangenheit und den hoffnungsvollen Blick in eine positive Zukunft offengelegt. Zwar stellte keiner der betrachteten Texte den Staat DDR oder gar den Gang der Geschichte in Frage, doch verschwieg auch keiner die gesellschaftlichen Realitäten, zu denen die millionenfach ins Land geströmten Flüchtlinge und Vertriebenen zählten, die nach ihrer Ankunft das Land prägten und mitaufbauen halfen. Ob die Schriftsteller diesen Menschen auch eine Stimme gaben, sei dahingestellt. Nicht einmal eine Schriftstellerin wie Christa Wolf, die die Flucht selbst erlebt hatte, machte das zum Ziel ihres Schreibens. Vielmehr sollte wohl der gesamten Gesellschaft der DDR, in der Stadt wie auf dem Land, eine Stimme verliehen und ihre Vergangenheit, Gegenwart und Zukunft dargestellt werden.

Anmerkungen

1 Die häufig zitierten literarischen Werke werden im Folgenden nicht mehr angegeben. Es erfolgt nur der Nachweis der Seitenangabe. Zitiert wird aus folgenden Ausgaben: Horst Bienek, Erde und Feuer, München: Hanser-Verlag 1982; Günter de Bruyn, Herr Müller, diesseits und jenseits der Oder, in: Nach den Gewittern. Ein polnisch-deutsches Lesebuch, Göttingen: Steidl Verlag 1995, S. 26-30; Franz Fühmann, Böhmen am Meer, Rostock: VEB Hinstorff Verlag [3]1965; Ursula Höntsch, Wir Flüchtlingskinder, Halle/Leipzig: Mitteldeutscher Verlag 1985; Annelise Jahnke, Neue Heimat. Ein Erstleseheft. Mit Bildern von Ursula Wiche, Berlin/Leipzig: Volk und Wissen Verlag 1949; Walter Kempowski, Alles umsonst, München: Albrecht Knaus Verlag 2006; Siegfried Lenz, Heimatmuseum, Stuttgart/Hamburg/München: Deutscher Bücherbund 1978; Heiner Müller, Die Umsiedlerin oder Das Leben auf dem Lande, in: Ders., Werke, hrsg. v. Frank Hörnigk. Band 4: Die Stücke 2, Frankfurt a. M.: Suhrkamp Verlag 2009, S. 181-287; Erik Neutsch, Der Hirt, Halle/Leipzig: Mitteldeutscher Verlag [2]1987; Annemarie Reinhard, Treibgut, Dresden: Sachsenverlag 1949; Helmut Sakowski, Daniel Druskat, Berlin: Verlag Neues Leben [3]1976; Arno Schmidt, Die Umsiedler, in: Ders., Sämtliche Romane und Erzählungen 1946–1964, Zürich: Haffmans Verlag 2000, S. 250-284; Anna Seghers, Die Umsiedlerin, in: Dies., Erzählungen 1950–1957. Bearb. v. Ute Brandes (Anna Seghers Werkausgabe), Berlin: Aufbau-Verlag 2009, S. 338-344; Erwin Strittmatter, Katzgraben, Berlin: Aufbau-Verlag 1955; Erwin Strittmatter, Tinko, Berlin: Kinderbuchverlag [31]1954; Benno Voelkner, Die Tage werden heller, Schwerin: Petermänken-Verlag 1952; Christa Wolf, Kindheitsmuster, Berlin/Weimar: Aufbau-Verlag [8]1983.

2 Ursula Heukenkamp (Hg.), Die unerwünschte Erfahrung. Kriegsliteratur und Zensur in der DDR, Berlin/Weimar 1990.

3 Abgedruckt in: Ossip Kurt Flechtheim, Die Parteien der Bundesrepublik Deutschland, Hamburg 1973, S. 292-299. Die folgenden Zitate daraus.

4 Dazu gehörten u. a. der Kampf gegen Hunger, gegen Arbeits- und Wohnungslosigkeit, für die Bodenreform und für die Wiedererrichtung eines demokratischen Staates. Vgl. dazu den Aufruf des ZK der KPD (wie Anm. 3).

5 Volker Wehdeking, Erzählliteratur in der frühen Nachkriegszeit (1945–1952), München 1990, S. 39.

6 Eigene Berechnung nach Wolfgang Emmerich, Kleine Literaturgeschichte der DDR, Leipzig [2]1997, S. 49.

7 Wehdeking, Erzählliteratur (wie Anm. 5), S. 67.

8 Ebd., S. 64.

9 Katarzyna Śliwinska, Sozialistischer Realismus in der DDR und in Polen. Doktrin und normative Ästhetik im Vergleich, Dresden 2005, S. 70.

10 Emmerich, Kleine Literaturgeschichte (wie Anm. 6), S. 89. Die folgenden Zitate daraus.

11 Vgl. Carsten Gansel, Die »Grenzen des Sagbaren überschreiten« – Zu ›Formen der Erinnerung‹ in der Literatur in der DDR, in: Ders. (Hg.), Rhetorik der Erinnerung – Gedächtnis und Literatur in den ›geschlossenen Gesellschaften‹ des Real-Sozialismus zwischen 1945 und 1989, Göttingen 2009, S. 19-36, hier S. 31.

12 Louis Ferdinand Helbig, Der ungeheure Verlust. Flucht und Vertreibung in der deutschsprachigen Belletristik der Nachkriegszeit, Wiesbaden [3]1996. – Natürlich hat sich die Literaturwissenschaft ausführlich mit dem Thema beschäftigt: z. B. Jörg B. Bilke, Unerwünschte Erinnerungen. Flucht und Vertreibung in der DDR-Literatur, in: Stiftung Europäische Akademie Külz-Kulice (Hg.), Pommern in der Literatur nach 1945 (Külzer Hefte 3), Kulice 2005, S. 137-161; Michael Braun, »Da fremdelt man mit Fremden...« Zum Vertriebenendiskurs in Christoph Heins Roman »Landnahme« (2004), in: Literatur in Wissenschaft und Unterricht 37 (2004), H. 2, S. 103-117; Gregor Gumpert, Noch einmal: das »gemiedene Thema«. Zur literarischen Reflexion auf Flucht und Vertreibung 1945/46, in: Internationales Archiv für Sozialgeschichte der deutschen Literatur 30 (2002), H. 2, S. 104-116; Carola Hähnel-Mesnard, Narrative der Flucht, Vertreibung und Integration in der DDR-Literatur der 1950er Jahre, in: Günter Häntzschel u. a. (Hg.), Die Anfänge der DDR-Literatur, München 2009, S. 121-143; Katja Hartleb, Flucht und Vertreibung. Ein Tabuthema in der DDR-Literatur?, Marburg 2011; Elke Mehnert, »Flucht und Vertreibung« aus den histori-

schen deutschen Ostgebieten – wenig geliebte Themen in der DDR-Literatur, in: Peter Haslinger u. a. (Hg.), Diskurse über Zwangsmigration in Zentraleuropa. Geschichtspolitik, Fachdebatten, literarisches und lokales Erinnern seit 1989, München 2008, S. 237-245; Michael Schwartz, Tabu und Erinnerung. Zur Vertriebenen-Problematik in Politik und literarischer Öffentlichkeit der DDR, in: Zeitschrift für Geschichtswissenschaft 51 (2003), H. 1, S. 85-102. – Zu Flucht und Vertreibung in audiovisuellen Medien vgl. z. B. Michaela S. Ast, Flucht und Vertreibung im bundesdeutschen Spielfilm der 1950er-Jahre, in: Deutschland Archiv Online 2 (2012), unter: http://www.bpb.de/geschichte/zeitgeschichte/deutschlandarchiv/74912/flucht-und-vertreibung?p=all (Zugriff am 15.9.2012); Thomas Heimann, Umsiedler im Spiegel von Wochenschau und Film in der Sowjetischen Besatzungszone bis 1949, in: Sylvia Schraut/Thomas Grosser (Hg.), Die Flüchtlingsfrage in der deutschen Nachkriegsgesellschaft, Mannheim 1996, S. 377-393; Maren Röger, Flucht, Vertreibung und Umsiedlung. Mediale Erinnerungen und Debatten in Deutschland und Polen seit 1989, Marburg 2011.

13 Peter Huchel, Das Gesetz, in: Sinn und Form 2 (1950), H. 1-3, S. 127-136, hier S. 128 ff.

14 Zitiert nach: Leonore Krenzlin, Theoretische Diskussionen und praktisches Bemühung um die Neubestimmung der Funktion der Literatur an der Wende der fünfziger Jahre, in: Autorenkollektiv, Literarisches Leben in der DDR 1945 bis 1960. Literaturkonzepte und Leseprogramme, Berlin (Ost) 1979 S. 152-195, hier S. 161.

15 Ebd., S. 166.

16 Ute Brandes, Anhang – Kommentar, in: Anna Seghers, Erzählungen. 1950–1957. Bearbeitet von Ute Brandes, Berlin 2009, S. 426.

17 Zitiert nach: ebd.

18 Zitiert nach: Matthias Braun, Das Verbot von Heiner Müllers Komödie »Die Umsiedlerin« im Jahre 1961 – Ein Beispiel einer konzertierten Aktion von SED, MfS, FDJ und Ministerium für Kultur, in: SPIEL 14 (1995), H. 2, S. 180-190, hier S. 187.

19 Zitiert nach: Matthias Braun, Drama um eine Komödie: das Ensemble von SED und Staatssicherheit, FDJ und Kulturministerium gegen Heiner Müllers »Die Umsiedlerin oder Das Leben auf dem Land« im Oktober 1961, Berlin 1995, S. 44.

20 Vgl. Sönke Friedreich, Urlaub und Reisen während der DDR-Zeit. Zwischen staatlicher Begrenzung und individueller Selbstverwirklichung (Bausteine aus dem ISGV 22), Dresden 2011, S. 24 f.

21 Helbig, Der ungeheure Verlust (wie Anm. 12).

22 Hähnel-Mesnard, Narrative der Flucht, Vertreibung und Integration (wie Anm. 12), S. 124.

23 Röger, Flucht, Vertreibung und Umsiedlung (wie Anm. 12), S. 256.

24 Vgl. ebd., S. 274 ff.

25 Vgl. ebd., S. 170 und 219.

26 Ebd., S. 208.

27 Der Augenzeuge, Nr. 130, 1948 (Hervorh. NK).

28 Michael Schwartz, »Vom Umsiedler zum Staatsbürger«. Totalitäres und Subversives in der Sprachpolitik der SBZ/DDR, in: Dierk Hoffmann u. a. (Hg.), Vertriebene in Deutschland. Interdisziplinäre Ergebnisse und Forschungsperspektiven, München 2000, S. 135-166, hier S. 142.

29 An dieser Stelle knüpft dann der zweite Teil der Hönowschen Familiengeschichte an. Vgl. Ursula Höntsch, Wir sind keine Kinder mehr, Halle a.d.S. 1990.

30 Vgl. Helbig, Der ungeheure Verlust (wie Anm. 12).

31 Aus einem Brief an Erich Honecker vom 15. März 1972, zitiert nach Christiane Baumann, Die »Frahm-Geschichte« und Helmut Sakowskis Fernsehfilm »Daniel Druskat« – Ein Neubrandenburger Parteiskandal und sein Weg ins kollektive Gedächtnis, in: Carsten Gansel (Hg.), Gedächtnis und Literatur in den ›geschlossenen Gesellschaften‹ des Real-Sozialismus zwischen 1945 und 1989, Göttingen 2007, S. 171-186, hier S. 180.

32 Ebd. (Hervorh. NK).

»Die Bodenreform wurde auch für sie die Rettung.«

»Umsiedler« als Neubauern in der zeitgenössischen Presse (1945–1960)

Uta Bretschneider

»Drei Aufgaben stellt sich unsere Zeitschrift. Sie will das Sprachrohr aller jener sein, die als Neubürger im neuen Deutschland ein neues Leben beginnen. Sie will eine Waffe gegen bürokratische Hemmnisse sein, gegen Engherzigkeit, Engstirnigkeit, gegen alle Überbleibsel des fluchbeladenen Gestern. Sie will das Bindeglied zwischen den Eingesessenen und den Neuangekommenen sein.« So umriss Michael Tschesnow, Vizepräsident der Zentralverwaltung für deutsche Umsiedler (ZVU) und erster Chefredakteur der »Neuen Heimat«, in der ersten Ausgabe 1947 die Ziele des Blattes: Es sollte nicht weniger als »Sprachrohr«, »Waffe« und »Bindeglied« zugleich sein (1/1947, S. 1).[1] Die »Neubürger« sahen sich dieser Aussage zufolge besonderen bürokratischen Hindernissen ausgesetzt, bedurften der Vermittlung gegenüber den Alteingesessenen und sollten zum Neubeginn in der Sowjetischen Besatzungszone (SBZ) ermuntert werden.

Inwiefern und in welcher Form diese Ziele publizistisch umgesetzt wurden, ist im Folgenden zu fragen. Dabei soll anhand von vier Zeitschriften und einem Kalender aufgezeigt werden, welches Bild die überwiegend landwirtschaftliche Presse von Flüchtlingen, Vertriebenen (»Umsiedlern«, »Neubürgern«) und Neubauern im Allgemeinen sowie von »Umsiedler«-Neubauern im Besonderen zeichnete. Ausgewertet wurden der »Deutsche Bauernkalender« (von 1946 bis 1960 von der Vereinigung der gegenseitigen Bauernhilfe veröffentlicht), »Die Ähre. Mitteilungsblatt für die Vereinigung der gegenseitigen Bauernhilfe« (1947 bis 1950 erschienen), »Der Genossenschaftsbauer. Zeitschrift für die Landwirtschaftlichen Produktionsgenossenschaften« (zwischen 1955 und 1960 herausgegeben vom Ministerium für Land- und Forstwirtschaft) sowie – als nicht-landwirtschaftliches Blatt – »Die neue Heimat. Illustrierte Monatszeitschrift«, von 1947 bis 1949 von der ZVU herausgegeben.[2]

»Umsiedler« und Neubauern werden zunächst getrennt voneinander betrachtet, da beide Gruppen nicht unbedingt deckungsgleich waren. Um die Schnittmenge geht es dann anschließend: die »Umsiedler«-Neubauern in den Jahren von der Bodenreform 1945 bis zum Abschluss der Kollektivierung der Landwirtschaft 1960.

»Umsiedler« in der zeitgenössischen Presse

»Umsiedler« – »ehemalige Umsiedler« – »Neubürger«. Begriffe

In den zeitgenössischen Periodika wurde überwiegend der Begriff »Umsiedler« verwendet: Er war ab 1945 die offizielle Bezeichnung für all jene, die ihre Heimat in den vormals deutschen oder deutsch besiedelten Gebieten im östlichen Europa verloren hatten und verschleierte das erlittene Leid. Wiederholt war auch von »Flüchtlingen« die Rede, während »ehemalige Umsiedler« eher selten vorkamen, ebenso »Neubürger«. In Bezug auf die Benennung zeigten sich der Kalender und die Zeitschriften als wenig konsequent. »Die neue Heimat« forderte jedoch 1948: »Je eher der Begriff Alt- und Neubürger verschwindet, um so besser für unseren demokratischen Aufbau« (5/1948, S. 20). Ein ebenfalls im Jahr 1948 unter den Initialen B. B. in der »Neuen Heimat« veröffentlichtes Gedicht mit dem Titel »Wunsch eines Umsiedlers« stellte den offiziellen Standpunkt zum »Umsiedler«-Begriff aus (vermeintlich) individueller Perspektive dar: »Nun endlich mal Schluß mit der Umsiedlerei, | drei volle Jahre schon sind wir dabei, | haben nach trüben und bitteren Stunden | längst eine neue Heimat gefunden! - - | Ein Ackerstück – und ein kleines Haus, | fast sieht es wie unser altes aus; | im Hof die Hühner, im Stall zwei Pferde, | dazu ein Pflug, zu pflügen die Erde. | Der Birnbaum blüht im Garten so weiß; - | und kostet es auch viel Mühe und Schweiß, | die Saat wird wachsen, die Frucht gedeihen, | dann wollen wir uns des Herbstes freuen! | Und wollen sie bitten, die Leute ringsum, | davon Kenntnis zu nehmen: Wir siedelten um! | Damit wir nunmehr – nach vielen Beschwerden | aus Umsiedlern endlich die ›Ansiedler‹ werden!« (8/1948, S. 19). Einerseits erschien das Gedicht mit seiner Verklärung und Beschönigung einem Großteil der Betroffenen vermutlich als Verhöhnung. Wohl die Wenigsten, die ihr Hab und Gut in der »alten Heimat« zurücklassen mussten, hätten das karg ausgestattete Neubauernhaus mit ihrem ehemaligen Besitz gleichgesetzt. Andererseits könnten Flüchtlinge und Vertriebene durchaus mit dem Ende des Textes einverstanden gewesen sein. Denn es gehörte in der Anfangszeit zu ihren Bestrebungen, nicht länger als ›Fremde‹ stigmatisiert zu werden, jedoch – und das kommt in diesem Gedicht nicht zum Ausdruck – ging es ihnen gleichzeitig darum, ihr Schicksal offiziell anerkannt zu wissen.

Seltener wurde in der zeitgenössischen (landwirtschaftlichen) Presse die Verwendung von Begriffen in den westlichen Besatzungszonen bzw. der Bundesrepublik Deutschland reflektiert. Lediglich in der »Neuen Heimat« setzte man sich vereinzelt mit der westdeutschen Terminologie auseinander und kam zu dem Ergebnis, die dortige Benennung der Flüchtlinge und Vertriebenen als »Heimatvertriebene« sei der Integration hinderlich und vom Revanchismus geprägt (12/1948, S. 21). Ein Autor frohlockte beim Blick auf die westdeutsche Presse sogar regelrecht: »Der Münchner Zeitung ›Die Union‹ paßt das Wort ›Umsiedler‹ nicht. Es ärgert sie. Es regt sie auf. Es bringt sie auf den Baum« (6/1948, S. 15).

Flucht, Vertreibung und »alte Heimat«

Die Umstände, unter denen die Heimat verlassen werden musste, fanden in den untersuchten Presseerzeugnissen kaum Erwähnung. Wenn überhaupt, dann wurden das »Hitlerregime« oder der »faschistische Krieg«, bisweilen auch das »deutsche Junkertum« dafür verantwortlich gemacht. Beschönigend war vom »verschlagen werden« und »eine neue Heimat finden« die Rede, davon, dass »das Geschick sie hierher führte« oder sie »heimatlos wurden«. Ein Beispiel für eine nüchterne und dennoch verharmlosende Darstellung veröffentlichte »Die Ähre«: »Der Meisterbauer des Dorfes ist Karl Schwaß, er stammt aus Landsberg (Warthe) und kam im Herbst 1945 mit einem Stock in der Hand ins Dorf« (9/1950, S. 5). Zwar deutet der Text die Besitzlosigkeit an, zugleich wurde jedoch das Bild eines Wanderers mit Stock gezeichnet und entsprechend die Dramatik der Situation bagatellisiert sowie ein Stück weit auch romantisiert. In besonderem Maße pathetisch-bildhaft und dabei nicht weniger beschönigend beschrieb »Die neue Heimat« eine Flucht aus Ostpreußen: »Dort [...] blieben sie, bis ein Inferno, ein wilder Orkan, der über Europa raste, tief in ihr bisheriges Leben griff und sie aus der gewohnten Stille riß. Urplötzlich kam nun die Hast über sie und trieb sie über das Land, über Ströme, über das vereiste Haff. Als sie, aus der Betäubung erwachend, wieder zur Besinnung kamen, fanden viele sich einsam in Thüringen, Mecklenburg, Sachsen oder sonstwo wieder. Sie standen einem Nichts gegenüber und waren Flüchtlinge geworden[,] mehr oder weniger gern gesehen – Ihre Heimat war nun ein Lager, und das Dasein war freudlos; das einst so frohe Lied hatte einen müden Klang« (9/1948, S. 17). Hier erschien der Krieg als ›Naturgewalt‹, die die »Umsiedler« gen Westen trieb. Die Traumatisierung und der Verlust der Betroffenen fand lediglich im »freudlosen Dasein« eine Andeutung.

Auch das Porträt eines als Gärtner tätigen »Umsiedlers« in der »Ähre« blieb in Hinblick auf den Flucht- oder Vertreibungsweg nebulös. Dabei stellt es eines der seltenen Beispiele dar, das die Flucht im Treck benannte: »Mit Schrecken denke ich an die Wochen zurück, als wir uns auf dem Treck befanden« (6/1949, S. 18). Noch im März 1960 druckte auch »Der Genossenschaftsbauer« anlässlich des Frauentages einen Beitrag über Frieda Sternberg, die Vorsitzende einer Landwirtschaftlichen Produktionsgenossenschaft (LPG) in Bennewitz, in der Nähe von Wurzen. Darin hieß es: »Der Faschismus, der Millionen Menschen auf dem Gewissen hat, machte auch vor dem Hof der Sternbergs nicht halt. Der Vater, seit 1922 Mitglied der Kommunistischen Partei, wurde eingekerkert, und 1944 wurde die Familie auf den großen Treck geschickt. Sie zog von Ostpreußen durch die ČSR und fand nach vielem Umherirren in Kanitz [Canitz, Kreis Wurzen] eine neue Heimat. Dort begann ein neuer Abschnitt im Leben Frieda Sternbergs« (10/1960, S. 8). Die Tatsache, dass ihr Vater als Kommunist in der »alten Heimat« verfolgt wurde, rechtfertigte offenbar den Blick in die ostpreußische Vergangenheit von Frieda Sternberg im ideologischen Selbstverständnis. Im vorangegangenen Abschnitt versäumte der Autor zudem nicht – gemäß der Standarddarstellung – auf das Leiden der Sternbergs unter der Herrschaft der ostpreußischen Großgrundbesitzer zu verweisen. Frieda Sternberg wurde 1920 im ostpreußischen Aszlauken (später Aschlauken, Kalkhöfen) geboren und starb 2009 in der Nähe von Wurzen. Von 1952 bis 1988 leitete sie als Vorsitzende die LPG »Ernst Thälmann« in Bennewitz. Damit war sie eine der ersten Frauen, vielleicht sogar die erste Frau, die einer LPG vorstand. In den DDR-Medien wurde die auch politisch sehr aktive Frieda Sternberg zur regelrechten ›Vorzeigegenossenschaftsbäuerin‹ stilisiert. Sie geriet selbst nach der Wiedervereinigung nicht in Vergessenheit.[3]

Mitunter benannten die Artikel nur kurz die Herkunftsgebiete der Flüchtlinge und Vertriebenen, dabei gab es selten Hinweise auf die Endgültigkeit der Ostgrenze oder etwaige Revisionsabsichten seitens der Betroffenen. Wurden »Umsiedler« porträtiert, lag der Fokus auf dem Hier und Jetzt der Sowjetischen Besatzungszone bzw. DDR – eher selten gab es Hinweise auf die »alte Heimat« (z.B. »Die Ähre«, 10/1949, S. 2f.; 2/1950, S. 7f.). Eine Ausnahme stellt der Text »Bauern, Blockpolitik, gegenseitige Hilfe« von Fritz Brauer, Mitglied des brandenburgischen Landtags und Vorstandsmitglied der CDU, im »Deutschen Bauernkalender« dar. Er zählte detailliert stereotype regionale Spezifika von »Umsiedlern« und die daraus resultierenden Problemfaktoren des Einlebens auf: »Der Flüchtling aus der Ebene Westpreußens fühlt sich fremd im thüringischen Bergland, er spricht eine andere Mundart. Der Schlesier ist gewohnt, sein Pferd mit dem Kumt zu schirren, und der Brandenburger und der Mecklenburger kennen nur das Brustblattgeschirr. Die Frau der Tucheler Heide kocht anders als die Frau der Börde, und dem wortkargen Hinterpommer schmeckt das gute sächsische Essen nicht. Der ostpreußische Bauer ist gewohnt, hinter schnellen Pferden flüchtig zu schreiten, die Arbeit mit dem Kuhgespann ist ihm neu. Bräuche und Sitten zu Weihnachten und Neujahr, zu Fastnacht und Ostern sind andere« (1949, S. 38).

Einen Hinweis auf mitgebrachtes Wissen und Können lieferte auch »Die Ähre«. Auf die Bedenken des Kreisbaumeisters gegenüber Lehmbauverfahren antwortete (in einem offenbar konstruierten Fall) ein »Umsiedler«-Neubauer: »Die Verantwortung – Herr Kreisbaumeister – übernehme ich. In meiner Heimat habe ich meinen ganzen Hof selbst aufgebaut – und dann soll es hier nicht klappen?« (2/1949, S. 10). Eines der wenigen Beispiele für eine Übernahme von Kulturtechniken durch die alteingesessene Bevölkerung und damit eine Abweichung vom Konzept der Assimilation, das die Anpassung an die Aufnahmegesellschaft vorsah, stellte ein kurzer Beitrag über die »Bäuerliche Bienenzucht von Erich Gudszus« dar: »Da zur Zeit gute Bienenwohnungen schwer erhältlich sind und ein Teil der Umsiedler aus Ost- und Westpreußen mit der Bienenzucht im Kanitzkorb vertraut ist und darin große Erfolge erzielt, ist dies ein gut gangbarer Weg, die bäuerliche Bienenzucht zu heben« (»Deutscher Bauernkalender« 1948, S. 65). Der kriegsbedingte Mangel an Bienenbeuten war hier Ausgangspunkt, das ›unsichtbare Gepäck‹ der »Umsiedler«, ihr mitgebrachtes Wissen und Können, näher zu prüfen.

In Bezug auf die Besitzverhältnisse in der »alten Heimat« enthielt ein Text des Agrarwissenschaftlers Bruno Skibbe zum Bodenbesitz der Vereinigung der gegenseitigen Bauernhilfe (VdgB) einen ungewöhnlichen Querverweis auf die Großgrundbesitzer in den vormals deutschen und deutsch besiedelten Territorien im östlichen Europa. Skibbe schrieb in der »Ähre«: »Im Verhältnis zur bäuerlichen Betriebsfläche mit rund 6 Millionen ha und der Gesamtfläche von 9,2 Millionen ha landwirtschaftlich genutzten Bodens ist der Bodenbesitz der VdgB klein, wenn die absolute Zahl auch ansehnlich ist. Immerhin haben beispielsweise einzelne schlesische Latifundienbesitzer früher einmal wesentlich mehr Land gehabt« (5/1949, S. 13). Die vorgestellten »Umsiedler« waren – wenn die Leserin oder der Leser dieses Detail aus ihrer Vergangenheit überhaupt erfuhr – in der »alten Heimat« meist Landarbeiter, die unter eben jenen »Latifundienbesitzern«[4] litten. Dabei wurden diese »Junker« nie genauer beschrieben, blieben konturlose ausbeuterische Machtmenschen und repräsentierten ein diffuses Feindbild.

»Heimat finden«. Lebensumstände von »Umsiedlern«

Die Lebensumstände von »Umsiedlern« machten die landwirtschaftlichen Zeitschriften und der Kalender selten zum Thema. »Die neue Heimat« hingegen widmete ihnen einigen Raum: Die beiden dringlichsten Grundbedürfnisse, Unterkunft und Arbeit, wurden in nahezu jeder Facette dargestellt. Vermutlich war die Ernährungsversorgung aber im Jahr 1948 mehr oder weniger gewährleistet, denn dieser Aspekt kam – wider Erwarten – kaum in den Beiträgen vor. Und sicherlich wäre die unzureichende Versorgung mit Nahrungsmitteln auch nicht ohne weiteres in der Presse problematisiert worden. Einer der wenigen Hinweise auf dieses Thema fand sich ausgerech-

Abb. 64: Karikatur zur Verweigerung des LPG-Beitritts, 1956.

net in der Rubrik »Rätsel und Witze«, wo ein Vater zu seinem Sohn sagt: »Mit dem Hamstern – mein Kind – ist es wie mit dem Schnarchen! Nur wenn es ein anderer tut, ist es schlimm!« (2/1947, S. 13). Überhaupt wurden viele Probleme und Konflikte auch oder nur auf den Humorseiten der Zeitschriften bearbeitet. Karikaturen thematisierten etwa – neben dem Mangel an Nahrung – Sollschulden bei der Ablieferung landwirtschaftlicher Erzeugnisse und später Schwierigkeiten bei der Propagierung des Maisanbaus oder die mangelnde Arbeitsmoral in der LPG sowie das Fehlen von Zugtechnik.

»Die neue Heimat« veröffentlichte immer wieder auch Beiträge über Einquartierungsprobleme. Diese Artikel thematisierten beispielsweise Maßnahmen, die die Einheimischen ergriffen, um die Aufnahme von »Umsiedlern« zu verhindern. Zudem wiesen sie auf die zum Teil ungerechte Verteilung des Wohnraums hin: Enge bei den Einquartierten – viel Platz bei den Hausbesitzern. Und sie dokumentierten immer wieder Schikanen der Alteingesessenen gegenüber den Zugewiesenen. Darüber hinaus erschienen in der »Neuen Heimat« häufiger Artikel über Orte, in denen man sich besonders wenig um die angemessene Unterbringung der »Umsiedler« bemühte, beispielsweise Sangerhausen in Sachsen-Anhalt: »Sangerhausen nennt sich ›Rosenstadt‹. Uns will es scheinen, als wären die Rosen, die das Städtchen so stolz in seinem Wappen führt, zu einer dichten Hecke zusammengewachsen, hinter der die Bewohner friedlich einen Dornröschenschlaf halten. Hoffen wir, daß bis zum Eintreffen des nächsten Transportes ein Prinz sie wieder wachgeküßt hat« (2/1947, S. 5). Das dem Märchen von »Dornröschen« entlehnte Bild einer dichten Dornenhecke symbolisierte hier die ablehnende Haltung der Einheimischen gegenüber den Neuankommenden. Der Zusatz »friedlich« verdeutlichte zudem die von einigen Flüchtlingen und Vertriebenen als Ungerechtigkeit wahrgenommene Diskrepanz: Ihr eigenes Schicksal hatten die Kriegswirren geprägt, während die Einwohner Sangerhausens mehr oder weniger unbeschadet aus dem Krieg hervorgegangen waren. Die Einheimischen erschienen jedoch nicht ausschließlich als ›Problemverursacher‹, gelegentlich wurden auch durch die »Umsiedler« hervorgerufene Schwierigkeiten dargestellt, etwa unter der Überschrift »Auch Umsiedler sind nicht alle Engel« (»Die neue Heimat«, 5/1948, S. 7 f.). In kurzen Berichten klang an, dass »Umsiedler« mitunter die ihnen überlassenen Wohnräume nicht in Ordnung hielten.

Zwei Beispiele für die Lebensumstände von »Umsiedlern« publizierte die »Neue Heimat« im Januar 1948: »Die im Umsiedlerheim Neustrelitz untergebrachte Umsiedlerin Emmi Belter aus Oberschlesien konnte in diesen Tagen ihren 102. Geburtstag feiern. Den ihr zahlreich zugegangenen Glückwünschen schließen wir uns mit dem besten Wunsch für einen frohen Lebensabend an.« Und auch die goldene Hochzeit in einem »Umsiedler«-Lager war vermutlich ein eher trauriges Jubiläum: »Im Umsiedlerlager Seelow im Kreise Teltow feierte das aus Schlesien stammende Umsiedlerehepaar Hoffmann sein 50-jähriges Ehejubiläum. Die Lagerleitung bereitete den Jubilaren eine Feier und bekundete damit erneut ihre weitreichende Fürsorge gegenüber den Umsiedlern, die bereits in zahlreichen Briefen von ehemaligen Insassen des Lagers ihre Anerkennung gefunden hat« (4/1948, S. 21). Derartige Hinweise auf eine Unterbringung in Lagern blieben selten, das Hoffnung-Machen war zentral, verkündete man doch schon drei Jahre nach dem Kriegsende offiziell die erfolgte Unterbringung von 98 Prozent aller Flüchtlinge und Vertriebenen in Wohnungen. Demnach lebten nur noch etwa 87.000 Personen in Notunterkünften.[5]

Ungewöhnlich deutliche Worte fand der stellvertretende Leiter der Hauptabteilung Umsiedler, Wilhelm Thiele, im August 1948 in der »Neuen Heimat« zu den Problemen der Eingewöhnung: »Dennoch ist die Tatsache nicht zu bestreiten, daß die Neubürger in ihrem Hauptanteil noch nicht das Gefühl bekommen haben, in einer wirklichen neuen Heimat zu leben. Die wohnliche Unterbringung ist bei aller Verbesserung oft doch noch sehr unzureichend. Die Einquartierungen bei fremden Menschen führen zu ständigen persönlichen Reibungen, die das Leben verbittern, und in der Frage des Besitzes an den Dingen des täglichen Bedarfs klafft noch eine große Kluft zwischen den Alt- und Neubürgern. Dazu kommen nicht zu unterschätzende psychologische Hemmungen. Die Neubürger werden noch allzuoft als unerbetene Eindringlinge betrachtet, die augenscheinlich die schmal gewordene Existenzbasis noch mehr zu schmälern drohen. Im günstigsten Fall setzt man voraus, daß die ›Neuen‹ sich den Verhältnissen der Alteingesessenen eben anzupassen haben, was den Verzicht der Neubürger auf ihre alten Gewohnheiten und Sitten bedeutet und bei ihnen das Gefühl der Fremde noch verstärkt. Gegenseitiges Verstehen und Anpassen ist jedoch notwendig, den tatsächlichen Verschmelzungsprozeß zu fördern« (8/1948, S. 3). Auch der »Deutsche Bauernkalender« enthielt einen Beitrag, der nach den Ursachen für die ablehnende Haltung vieler Dorfbewohner gegenüber den »Umsiedlern« fragte: Für die Dörfer mit ihrer gewachsenen, geschlossenen Gemeinschaft bedeutete die Aufnahme und Integration der Neuankommenden im Nachkriegschaos, in einer Zeit der Zusammen- wie Umbrüche und des »Aufbaus des Sozialismus« eine enorme Herausforderung und tiefgreifende Veränderungen. »Denn das Dorf des Jahres 1946 war etwas wesentlich anderes, als etwa das Dorf des Jahres 1940 gewesen ist. Damals gab es im Dorf Altbauern und Landarbeiter. Das Dorf war ein geschlossener Körper, und derjenige, der neu in die Gemeinde hineinkam, mußte erst durch jahrelange Arbeit beweisen, daß er ›wert‹ war, in den Kreis der Altansässigen einzutreten. Der Prozeß des Zusammenwachsens im Dorf ging außerordentlich langsam und oft nur unter schmerzhaften Auswirkungen für den einzelnen vor sich. Heute aber, durch die Aussiedlung von Millionen Deutschen aus Polen, Schlesien, der Tschechoslowakei usw. hat das Dorf ein anderes Gesicht bekommen. In den meisten Landgemeinden ist die Zahl der ›Fremden‹ höher als die Zahl der ›Altansässigen‹« (1947, S. 45 f.).

Die Problematik, wieder eine Heimat zu finden, wurde des Weiteren in der Dezemberausgabe der »Neuen Heimat« 1948 angesprochen – hier nicht als Zustandsbeschreibung, sondern vielmehr als konkrete Handlungsanweisung, pathetisch formuliert aus der Sicht eines Betroffenen: »Ich werde heimatlos sein, solange ich mir einrede, ein lästiger Flüchtling, ein Nirgendsgeduldeter zu sein, überall herumgestoßen, überall überzählig. Dann werde ich nie zur Ruhe kommen. Denkt anders, denkt gütig! Vor allem ihr Frauen, die ihr berufen seid, Heimat zu schaffen, Heimat zu sein, für eure Männer und Kinder. Versucht einmal zu denken: In die alte Heimat kann ich nicht mehr zurück. Sei es denn! Schaffe ich mir eine neue Heimat! […] Beklage nicht, was du besessen, wenn Dir die Welt noch Zuflucht gibt. Die alte Heimat unvergessen!

Die neue Heimat neu geliebt!« (12/1948, S. 18).[6] Besonders die letzten beiden Sätze verwiesen auf die Gleichzeitigkeit von Erinnerungs- und Ablösungserfordernissen und -leistungen: Die »Umsiedler« sollten sich einleben und integrieren, auch wenn es mitunter lange dauerte, bis sie selbst ihren Aufenthaltsort als »neue Heimat« sahen. Die »alte Heimat« aber sollten sie im Herzen und in der Erinnerung bewahren. Später wurden keine derartigen Erinnerungsanstöße mehr publiziert, die Vergangenheit sollte vergangen bleiben und möglichst geringe Auswirkungen auf die Gegenwart und die Zukunft zeigen.

Mit der Unterbringung eines größeren Teils der Flüchtlinge und Vertriebenen in Wohnungen und Behausungen verlor das Thema Wohnen in der »Neuen Heimat« im Laufe des Jahres 1948 an Bedeutung. Allerdings ließ es sich die Redaktion nicht nehmen, hin und wieder Berichte über die »schrecklichen Bedingungen«, unter denen Flüchtlinge im Westteil Deutschlands leben mussten, abzudrucken. Derlei Negativbeispiele sollten bei den in der SBZ/DDR untergekommenen »Umsiedlern« den Wunsch nach einer Übersiedlung in die Bundesrepublik unterbinden. Sie sollten verdeutlichen: Den Flüchtlingen und Vertriebenen, die in den Westen gelangten, geht es auch nicht besser bzw. sogar schlechter. Derartige ›erzieherische Maßnahmen‹ waren nicht unbegründet, wenngleich ihre Wirkung gering blieb. Die »Umsiedler« stellten eine der größten Gruppen der sogenannten »Republikflüchtlinge«: Unter den etwa 2,7 Millionen Menschen, die die DDR bis 1961 in Richtung Westen verließen, befanden sich ungefähr 900.000 Flüchtlinge und Vertriebene.[7] Neben der Aussicht auf bessere wirtschaftliche Bedingungen lieferten vor allem die Familienzusammenführungen die Begründung für ein Weiterziehen in den Westteil Deutschlands.

Das zweite Schwerpunktthema bildeten in der »Neuen Heimat« die beruflichen Lebenswege. Immer wieder wurde von – auch jenseits der Landwirtschaft – erfolgreichen »Umsiedlern« berichtet, etwa aus dem thüringischen Verwaltungsapparat: »Die Stadtverwaltung Erfurt, deren Belegschaft 4268 Personen umfaßt, beschäftigt 19,5 Prozent Neubürger. Unter 1983 Beamten und Angestellten machen die Neubürger ein Prozent der Beamtenschaft und 20,3 Prozent der Angestelltenschaft aus. Von 2285 Arbeitern beträgt der Prozentsatz der Neubürger 19,8« (4/1948, S. 22). Und noch 1957 veröffentlichte »Der Genossenschaftsbauer« das ausführliche Porträt eines »hervorragenden Genossenschaftlers«: »Otto Bobrowski ist Umsiedler. Schon sein Vater war Melkermeister; was lag da näher, als daß der Sohn den gleichen Beruf ergriff. Otto wurde Gehilfe, legte 1936 die Meisterprüfung ab und arbeitete, genau wie der Vater, in die Tasche irgendeines Nichtstuers, der wohl wußte, was ein tüchtiger ›Ober‹ wert ist. Natürlich wurde auch Kollegen Bobrowski klar, daß sein Wissen und Können nicht ihm selbst zugute kam, doch was sollte er tun? – Daß er einmal eigenes Land besitzen, selbst Bauer sein würde, daran glaubte er nicht. Die Faschisten begannen ihren Raubkrieg, der mit ihrer völligen Zerschlagung endete. So kam Otto Bobrowski mit seiner Frau nach Gussow. Er schlug sich durch, tat, was sich gerade ergab. Er arbeitete als Waldarbeiter und beim Bauern. Im Dezember 1952 wurde im Ort eine LPG gegründet. Bobrowski sagte nicht zu allem so schnell ›ja‹, und er konnte sich als Parteiloser (der er heute noch ist) unter sozialistischer Wirtschaftsweise nicht viel vorstellen« (6/1957, S. 7). Hierbei handelte es sich um eine für den »Genossenschaftsbauer« eher seltene Schilderung einer männlichen »Umsiedler«-Biografie. Bobrowski beteiligte sich offenbar nicht an der Bodenreform. Vielfach gingen »Umsiedler« wie er zögerlich an die Übernahme einer Neubauernstelle, vor allem weil sie lange Zeit auf eine Rückkehr in ihre »alte Heimat« hofften. Mit diesem Porträt zeichnete »Der Genossenschaftsbauer« ein typisches Bild eines erfolgreichen »Umsiedlers«, der in seiner »alten Heimat« unter »irgendeinem Nichtstuer« zu leiden hatte und durch den »Raubkrieg« der »Faschisten« in die SBZ/DDR gelangte. Mit dem letzten Satz, der Bobrowski als »Parteilosen« auswies, wurde darüber hinaus deutlich, dass die Nicht-Mitgliedschaft in der SED dem propagierten Idealbild widersprach. Der Autor setzte dies sogar mit einem gewissen Grad an Nicht-Wissen gleich: Wer nicht in der Partei war, konnte nicht darüber im Bilde sein, was genau sich hinter der »sozialistischen Wirtschaftsweise« verbarg.

Von der Anzeige bis zur Wirtschaftsmeldung. In welchen Rubriken wurde über »Umsiedler« berichtet?

Das Schicksal der Flüchtlinge und Vertriebenen fand in Wirtschaftsartikeln, Gerichtsreportagen, Porträts, Statistiken und Berichten ebenso Erwähnung wie in Statistiken zum Zweiten Weltkrieg und bisweilen sogar im Anzeigenbereich.

In der »Neuen Heimat« wurden immer wieder auch Artikel zu den Aktivitäten von Umsiedlerausschüssen und staatlichen Hilfsmaßnahmen, etwa in Folge des Befehls 304 der Sowjetischen Militäradministration in Deutschland (SMAD)[8] oder im Rahmen von »Umsiedlerwochen«[9] veröffentlicht. Zudem stellte die Zeitschrift vor allem in ihren ersten Ausgaben Genossenschaften vor, in denen »Umsiedler« erfolgreich ihrem Handwerk nachgingen, etwa der Glasfertigung im nordsächsischen Zinna oder in einer Spitzenklöppelgenossenschaft im brandenburgischen Grünheide (1/1947, S. 5f.; 2/1947, S. 2f.). Unter der Rubrik »Das gute Beispiel« wurde zudem in jedem Heft eine individuelle »Umsiedler«-Erfolgsgeschichte mit Porträtfoto veröffentlicht, während die Zeitschrift unter der Überschrift »An den Pranger!« Fälle »schamlosen Verhaltens gegenüber Neubürgern« aufführte. Den elternlosen »Umsiedler«-Kindern widmete »Die neue Heimat« in den ersten Ausgaben die Rubrik »Ich suche meinen Vater und meine Mutter«. Gesucht wurden Väter, Mütter und Geschwister, die auf der Flucht von ihren Kindern bzw. Geschwistern getrennt worden waren. Zum Teil lagen – je nach Alter der Kinder – einige Informationen zu den Vermissten vor. So suchte beispielsweise ein 14-Jähriger seine Mutter: »Kulch, Ulrich, geboren am 24.5.1933 in Wartenburg, sucht seine Mutter Martha, die ungefähr 52 Jahre alt ist und die er im Dezember 1944 auf der Flucht verloren hat. Die Heimatanschrift des Kulch lautete Wartenburg, Krs. Allenstein« (4/1948, S. 20). Immer wieder wurden jedoch auch Fotografien von Kindern publiziert, die noch zu jung waren, um Auskünfte über ihre Familie zu erteilen: »Elli, nähere Angaben unbekannt« (4/1948, S. 20). Bis September 1948 erschienen solche Anzeigen, in denen Kinder ihre Angehörigen suchten, ab November 1948 wurden dann vorwiegend Suchanzeigen für vermisste Soldaten veröffentlicht.

»Die Ähre« publizierte in den ersten Heften wiederholt »Kleine Anzeigen«, in denen »Umsiedlerinnen« und »Umsiedler« eine Anstellung und/oder eine Partnerin bzw. einen Partner suchten: »**Welche Frau** ohne Anhang braucht Hilfe auf ihrem

Obstgrundstück od. kl. Landwirtschaft? Bin Umsiedler, 52, ohne Anhang, Bauhandwerker u. Landwirt. Angb. u. 3188 Fr. B.« (1/1947, S. 14). Oder: »**Umsiedlerin**, Schlesierin, 55, alleinst., oh. Anhang, fleißig, zuverläss., m. Land-, Garten-, Haus-, Näharbeit u. Kleintierzucht vertraut, sucht Wirkungskreis in Land-, Gastwirtsch. od. frauenl. Haushalt. W. Kroke, Berlin SW 29, Heimstraße 12.« (2/1947, S. 14). In Ausnahmefällen wurden in Stellenangeboten auch explizit »Umsiedler« nachgefragt: »**Für Gärtnerei** tüchtigen, strebsamen anhangslos. Gärtner bis 35 (Umsiedler), sucht Frau Erdmann, Potsdam-Babelsbg., Fürstenweg« (2/1947, S. 14). Die Annoncen zeigen: Das Bild der strebsamen, verlässlichen und mobilen »Umsiedler« war weit verbreitet und entsprach (in weiten Teilen) wohl gleichermaßen der Selbst- wie Fremdsicht.

Der »Deutsche Bauernkalender« nannte »Umsiedler« vor allem im Zusammenhang mit den Umbrüchen in den Dörfern nach 1945, zum Beispiel der Bodenreform und dem Neubauernbauprogramm. Porträts wie in der »Neuen Heimat« oder dem »Genossenschaftsbauer« gab es hier nicht. Wie in der »Ähre« wurden »Umsiedler« (erwartungsgemäß) fast ausschließlich als Neubauern präsentiert und fanden daher in Texten zu verschiedensten Aspekten der Bodenreform Erwähnung.

»Der Genossenschaftsbauer« hingegen schrieb seltener über »Umsiedler«; wenn überhaupt, dann kamen sie in Porträts vor, hierbei handelte es sich vornehmlich um weibliche Flüchtlinge oder Vertriebene. Im »Genossenschaftsbauer« zeigte sich die Tendenz, dass die wenigen Nennungen von »Umsiedlerinnen« auf der ›Frauenseite‹ im Verlauf des Jahres 1956 noch weiter abnahmen. Mit der Umstellung auf wöchentliches Erscheinen wurden Porträts und damit eine Textform, in die »Umsiedlerinnen« immer wieder Eingang fanden, rar. Auch 1959 waren Flüchtlinge und Vertriebene kaum in den Artikeln präsent, bezeichnenderweise tauchten sie hier erst im Heft 40 vom 3. Oktober 1959, anlässlich des zehnjährigen Bestehens der DDR, wieder auf. Die im »Genossenschaftsbauer« porträtierten »Umsiedlerinnen« und »Umsiedler« waren dabei stets erfolgreiche LPG-Mitglieder, zum Teil fand der ›Zwischenschritt‹ von Bodenreform und Neubauernexistenz keine Erwähnung: Dann wurde kurz angedeutet, dass sie 1945 ins Dorf kamen, einen schweren Anfang hatten, und schon entwikkelten sie sich – in der Lesart des »Genossenschaftsbauer« – zu bestens integrierten, den anderen gleichwertigen LPG-Mitgliedern (vgl. 3/1956, S. 13). Vermutlich rückten damit auch jene »Umsiedler« immer wieder in den Fokus, die nicht zu den Landnehmern der Bodenreform gehörten oder nur ein kleines Stück Gartenland erhielten und die ab Anfang der 1950er Jahre dennoch den LPG beitraten.

Idealbilder. »Umsiedler«-Darstellungen

Die Presseerzeugnisse zeichneten das Idealbild eines aktiven »Umsiedlers«, der trotz aller Schicksalsschläge seine Zukunft selbst in die Hand nahm und engagiert mitgestaltete. Auch »Umsiedler«-Kinder wurden als besonders fleißig und bescheiden dargestellt.

Eine Traumatisierung und psychische wie physische Belastungen, die sich aus den Erlebnissen von Flucht, Vertreibung und Ablehnung ergaben, wurden durchweg ausgeblendet. Die Zeitschriften vermitteln den Eindruck, dass alle »Umsiedler« vormals Bauern bzw. Arbeiter gewesen seien, andere Berufsschichten fanden keine Erwäh-

Frau Anna Gabriel aus Neugaul bei Wriezen (Oderbruch), Umsiedlerin aus Königsberg (Neumark). Sie ist 55 Jahre alt, ihr Mann starb im Jahre 1945. Mit ihrer 25 Jahre alten Tochter und drei Söhnen im Alter von 24, 22 und 17 Jahren bearbeitet sie 28 Morgen Acker. Sie hat im Jahre 1948 sehr viel Gemüse angebaut und ihr Soll vorfristig abgeliefert. Dafür wurde sie in Potsdam prämiiert.

Abb. 65: Porträt einer »Umsiedlerin«, 1948.

nung. In einigen Fällen kamen zu den Eigenschaften ›fleißig‹ und ›integrationswillig‹ noch ›wirtschaftlich schlecht gestellt‹ und ›in der Dorfgemeinschaft hilfsbereit aufgenommen‹ hinzu. Das Blickfeld wurde hier in Richtung ›Aufnahmegesellschaft‹ erweitert. Das im »Genossenschaftsbauer« vermittelte Bild war in besonderem Maße ein weibliches. Die »Umsiedlerin« war eine vormalige Landarbeiterin, die in ihrer ›alten Heimat‹ unter den »Junkern« gelitten hatte. Einst wohlhabendere und/oder aus städtischen Milieus stammende »Umsiedlerinnen« kamen auch hier nicht vor. So griff die zeitgenössische Presse aus der großen und durchmischten Gruppe der »Umsiedler« einzelne heraus, die dann stellvertretend für die gesamte Gruppe stehen sollten:

Der »Arbeiter- und Bauernstaat« duldete keine anderen »Umsiedler« als solche mit Arbeiter- oder Landwirtschaftshintergrund.

Wurden »Umsiedler« explizit benannt und gleichsam fotografisch porträtiert, handelte es sich meist um klassische Brustbilder, auf denen weder Objekte noch Hintergründe zu sehen waren. Solche Bilder sollten die ›Glaubwürdigkeit‹ des Geschilderten unterstreichen. Durch die Nicht-Visualisierung von Flucht oder Vertreibung infolge der weitgehenden Tabuisierung der Thematik, fehlten jedoch in der zeitgenössischen Presse ›typische Darstellungen‹ wie Frauen mit Kindern, Leiterwagen und Trecks, die heute längst zu den omnipräsenten Bildern aus der Zeit um 1945 gehören.

Neubauern in der zeitgenössischen Presse

»Neue Bauern«. Der »Neubauern«-Begriff

Mit der Bodenreform entstanden ab 1945 in der SBZ rund 210.000 Neubauernstellen. Die »neuen Bauern« sollten sich über die gewachsenen dörflichen Strukturen hinwegsetzen und die Interessen der KPD und später der SED auf dem Land vertreten. Im Rundschreiben Nr. 103/48 veröffentlichte die thüringische Landeskommission zur Durchführung der Bodenreform am 7. Oktober 1948 eine Definition des Begriffs »Neubauer«: »Maßgebend für die Bestimmung als Neubauer im Sinne der geltenden Erfassungsbefehle ist nicht die vorherige Bewirtschaftung einer begrenzten Höchstfläche, sondern vor allem die Tatsache, daß der Inhaber nur infolge dieser Landzuteilung durch die Bodenreform in der Lage war, Landwirt im Hauptberuf, also Neubauer, zu werden.«[10] Ermäßigungen bei der Pflichtablieferung erhielten demnach nur jene Neubauern, die – neben dem Bodenreformland – keine zusätzliche landwirtschaftliche Nutzfläche gekauft oder gepachtet hatten. Inklusive schon vor der Bodenreform gepachteter oder erworbener Flächen durfte der Gesamtbesitz nicht über dem der anderen Neubauern im Ort liegen.[11]

Der Begriff »Neubauer«, so ideologiebeladen er auch sein mochte, wurde in den zeitgenössischen Presseerzeugnissen ganz ohne nähere Erläuterung, selbstverständlich verwendet. Zum Teil benutzten die Autoren auch die Bezeichnung »Neusiedler« oder seltener »Siedler«.

Baureportagen und Darstellungen zur Bodenreform. In welchen Rubriken wurde über Neubauern berichtet?

Oft zeigten die Zeitschriften die Neubauern als Gegenpart zu den Altbauern oder fassten sie mit den Kleinbauern zu einer Gruppe zusammen. Neubauern tauchten am häufigsten im Kontext des ländlichen Bauens in Folge der Bodenreform auf. So brachte etwa »Die Ähre« anlässlich des Bauprogramms gemäß dem Befehl 209 der SMAD ein Sonderheft heraus und veröffentlichte unter der Überschrift »Ein Dorf verändert sein Gesicht« Beispiele für die erfolgreiche Beseitigung der »steinernen Machtsymbole der Junker« (8 u. 9/1947 sowie 9/1950, S. 4 f.). Auch Reportagen über das Bauen mit Lehm publizierte »Die Ähre« häufiger. Sie wurden in der Absicht veröffentlicht, die Ablehnung der Neubauern gegen diese Bauweise zu reduzieren (z. B. 1/1949, S. 3 f.;

Betrachten wir einmal folgende Gegenüberstellung (Bilder 9 und 10):

Ein altes deutsches Dorf mit einer auf engem Raum gewachsenen vorbildlichen Baueinheit als Ausdruck eines einheitlichen Bauwillens.

Ein neues deutsches Dorf, mit einer auf weitem Raum geplanten vorbildlichen Baueinheit, die vornehmlich nach hof- und feldwirtschaftlichen Gesichtspunkten errichtet wurde.

Es ist zu wünschen, daß sich die bei der Planung der Dorflage zugrunde gelegten Voraussetzungen hinsichtlich des Aufbaues und der Bepflanzungen, die noch keine restlose Erfüllung der Bauwünsche unserer Neubauern und Architekten zuließen, im Laufe der nächsten Jahre zum Besten der Dorfbewohner und im Interesse der Ernährung des gesamten deutschen Volkes erfüllen lassen.

Abb. 66: Artikel »Das schöne Dorf«, 1951 (Ausschnitt).

2/1949, S. 10 f.; 1/1950, S. 10 f.). Zum Teil gingen darüber hinaus Beiträge zur Rechtsberatung der – auch im juristischen Sinne – besonderen Situation der Neubauern nach.

In der Zeitschrift »Der Genossenschaftsbauer« waren die Neubauern selten Thema. Durch das Verschweigen der Vergangenheit, wollte man offenbar den neuen Typ Bauer, den ›Genossenschaftsbauer‹, dazu bringen – im Sinne der herrschenden Ideologie – nur nach vorn und nicht zurück zu blicken.

Generell stellten die Presseerzeugnisse die Bodenreform oft als erfolgreichen Umbruch der Verhältnisse in den Dörfern und als die Befreiung von den ausbeuterischen »Junkern« dar. Dabei fanden verschiedene Bilder immer wieder Verwendung: die schlechte Bezahlung, die unwürdigen Lebensbedingungen sowie die schwere körperliche Arbeit auf den Höfen der »Junker«. Das Idealbild eines Neubauern mit starkem Willen zur sozialistischen Umgestaltung kam häufig zum Ausdruck, etwa in der »Ähre«: »Freudig und stolz sind diese Neubauern an der Arbeit, mit allen Mitteln sind sie bestrebt, das Gesicht des Dorfes gründlich zu verändern, so daß nicht nur ihre Arbeit zur Sicherung der Volksernährung mit Erfolg durchgeführt werden kann, sondern auch die letzten Überreste von Feudalismus und Großgrundbesitz ein für allemal von der Bildfläche verschwinden« (1/1948, S. 8). Hier ließ der Autor die Neubauern sogar als Initiatoren und Träger der Bodenreform erscheinen, ganz wie es der Grundgedanke einer »Reform von unten« vorsah, der jedoch nicht realisiert wurde.

Die Bodenreform selbst – auch ohne Bezüge zu den von ihr profitierenden Personen – thematisierten unzählige Artikel, weil sie stets am Anfang der »glorreichen Entwicklung« der sozialistischen Landwirtschaft gesehen wurde.

Gegenpart der »Junker«. Bilder der Neubauern

Das Bild der Neubauern in den betrachteten Medien ist ein ambivalentes. In der »Ähre« war nicht selten von »unseren Neubauern« die Rede (z. B. 5/1949, S. 9). Diese Gruppe erschien als hilfsbedürftig und unterstützenswert. Anders die wenigen Darstellungen im »Genossenschaftsbauer«: Unter der Rubrik »Unsere Genossenschaftsbäuerinnen haben das Wort« werden Neubäuerinnen als selbstbewusste, starke Frauen dargestellt, die zwar einst unter der Herrschaft der »Junker« gelitten hatten, dann jedoch eine Neubauernstelle übernehmen konnten und sich später zu begeisterten und erfolgreichen Genossenschaftsbäuerinnen entwickelten. Dabei wurde nie an Häme für die enteigneten Großgrundbesitzerfamilien gespart. Gegen die »Junker« richtete sich auch das Gedicht »Schichtwechsel« von Horst Lommer im »Deutschen Bauernkalender«: »Ein paar Dutzend feine Pinkel | teilten sich in den Besitz | Preußens bis zum letzten Winkel: | Zeßkow, Preßkow, Itzenplitz. [...] Und sobald der Krieg verloren, | fanden sie sich wieder ein, | wollten dreist und unverfroren | wiederum die Herren sein. | Doch der Bauer reckt die Glieder | und das Land ward sein Besitz. | Fort mit euch, nie kehrt ihr wieder, | Zeßkow, Preßkow, Itzenplitz« (1947, S. 47 [Text gekürzt]).

Artikel rund um das neubäuerliche Bauen in Folge des Befehls 209 wurden oft durch Abbildungen ergänzt. Zu sehen waren vielfach im Abriss befindliche Gebäude als Symbol für die ideologisch motivierte Beseitigung des »Gutscharakters« und als Maßnahme der Baustoffbergung. Noch häufiger waren jedoch Fotografien abgedruckt, die den Bau von Neubauernhäusern zeigten. In diesem Zusammenhang wurden Neubauern als zupackende Handwerker, die sich zu helfen wussten und die nötigen Eigenleistungen erbrachten, dokumentiert (z. B. »Deutscher Bauernkalender« 1947, S. 60; »Die Ähre« 2/1948, S. 8; 7/1948, S. 4 f.). Bisweilen waren auch stolze Familienangehörige vor ihrem neuen Heim abgebildet; diese Fotografien erinnern stark an Werbeanzeigen (etwa: »Deutscher Bauernkalender« 1949, S. 54 f.).

»Umsiedler«-Neubauern in der zeitgenössischen Presse

»Umsiedlerneubauern« – »Neubauern-Umsiedler«. Der Begriff »Umsiedler«-Neubauern

Von den circa 210.000 Neubauernfamilien waren ungefähr 91.000 »Umsiedler«. Diese Gruppe soll nun im Mittelpunkt stehen.

Komposita aus den Begriffen »Umsiedler« und »Neubauer« fanden in den drei Zeitschriften und dem Kalender äußerst selten Verwendung: als »Umsiedler-Neubau

Abb. 67: Titelbild des »Deutschen Bauernkalenders«, 1954: Blick in die Zukunft.

ern« (»Die neue Heimat« 4/1948, S. 21, 22) oder »Umsiedlerneubauern« (»Die neue Heimat« 8/1948, S. 6). Nur in Auszügen einer Rede des damaligen Staatspräsidenten Wilhelm Pieck kamen 1950 »Neubauern-Umsiedler« vor (»Die Ähre« 10/1950, Umschlaginnenseite). Für Pieck waren sie demzufolge in erster Linie Neubauern und erst danach »Umsiedler«. Alle weiteren Hinweise auf Flüchtlinge oder Vertriebene unter den Landnehmern der Bodenreform wurden meist als Teil der Charakterisierung hinzugefügt, beispielsweise in der »Ähre«: »Der Neubauer Schirmer, ein 65 Jahre alter Umsiedler, ist glücklicher Besitzer von 2 Milchkühen, 2 Kälbern, 1 Pferd und 3 Schweinen sowie Geflügel« (1/1948, S. 9). Mitunter wurden dabei auch die Herkunftsgebiete benannt, jedoch selten umfangreicher als in einem Einschub: »Besonders stolz ist der Neubauer Franz Bußke, ein Umsiedler aus Schneidmühl, der uns freudig bewegt sein Haus zeigt« (»Die Ähre«, 1/1948, S. 8).

»Umsiedler«-Neubauernwirtschaften

»Die Ähre« richtete sich explizit an die »Mitarbeiter in den Bauernorganisationen, an Ausschußmitglieder und Delegierte, an Revisionskommissionsmitglieder, an die Landes-, Kreis- und Ortsbauernsekretäre, an die Abteilungsleiter und Angestellten der Bauernsekretariate« (1/1947, S. 1) und vermittelte dennoch den Eindruck, als wollte man Besonderheiten der hiesigen Landwirtschaft speziell für die (»Umsiedler«-) Neubauern weitergeben und hervorheben. Hauptsächlich, wenn es um die (Land-) Wirtschaftsberatung ging, tauchten die (»Umsiedler«-)Neubauern als eine Gruppe auf, die besonders auf Beratung angewiesen war. Sie erschienen als hilfsbedürftig und mussten aus der Sicht der Einheimischen noch mehr und härter arbeiten als sie selbst. Die dennoch positiven Darstellungen – in Form von Erfolgsgeschichten – fußten so in erheblichem Maße auf schwerer körperlicher Arbeit, Fleiß und Anstrengung. »Die Ähre« ermunterte, ohne die Gruppe der »Umsiedler«-Neubauern konkret anzusprechen, offenbar diese innerhalb ihrer Leserschaft dazu, Rat bei einheimischen Bauern einzuholen: »Zum Schluß soll denjenigen Berufskollegen, die ihre Böden noch nicht lange bewirtschaften, besonders gesagt sein, daß es keine Schande ist, die mit den örtlichen Verhältnissen vertrauten und erfahrenen Bauern um Rat zu fragen« (5/1948, S. 1). Auch im »Deutschen Bauernkalender« wurden die unterschiedlichen Ausgangsbedingungen der »Umsiedler«-Neubauern gegenüber den einheimischen Neubauern hin und wieder thematisiert: »Es sind ortseingesessene kleine Landwirte darunter, mit den örtlichen und beruflichen Verhältnissen wohl vertraut, andererseits Menschen aus entfernten Gegenden, unbewandert in den Boden- und Wirtschaftsbedingungen ihrer neuen Heimat, den Ortseingesessenen gegenüber fremd und naturgemäß in mancher Hinsicht unsicher.« Zugleich machte der Autor an dieser Stelle aus den Abhängigkeiten keinen Hehl: »Der Neubauer braucht den Altbauern. Da fehlt es an Gespann und Gerät. Er braucht den Rat des Altbauern und gewiß in manchen Fällen sein menschliches Mitgefühl und seine Freundschaft« (1947, S. 35).

Von einer anderen ›Kontaktzone‹ zwischen Einheimischen und Zugezogenen war im »Deutschen Bauernkalender« noch 1952 die Rede: Ein (Neu-)Bauerngarten wurde hier in einem äußerst umfangreichen Beitrag mit einigen Schwarz-Weiß-Abbildungen zur »Brücke« einer »Umsiedlerfamilie« zu den Alteingesessenen stilisiert. Die

»Umsiedler«-Neubauern erscheinen darin als Staffagefiguren in einer pittoresken, inszenierten ländlichen Idylle. Eine ähnliche Darstellungsweise findet sich bis heute in Zeitschriften über das Landleben: Auf Abbildungen und im Text werden die Gärtnerinnen und Gärtner mit dem Ziel porträtiert, den Eindruck von Authentizität zu erwecken und den Leserinnen und Lesern eine Projektions- und Identifikationsfläche zu bieten. Im »Deutschen Bauernkalender« heißt es: »Ganz heimisch ist sie schon im Dorf geworden, die Menzelfamilie, und das dankt sie nicht zuletzt all den Blumen. Sind es doch fast die gleichen, die in dem alten Bauerngarten jenseits der Oder erblühten und die nun in dem neuen Garten von der jungen Bäuerin mit viel Liebe und Sorgfalt herangezogen werden« (1952, S. 56 ff.). Der Text ist ein Beispiel für die Agrarromantik der frühen 1950er Jahre und zeigt zugleich den nächsten Schritt nach dem Ankommen: Nach der Sicherung der elementaren Bedürfnisse entwickelte Frau Menzel bereits wieder Freude am Schönen, an den Blumen im Garten. Dies suggeriert: Die »Umsiedlerfamilie« ist integriert und fühlt sich am neuen Ort wohl. Die Leserinnen und Leser sollten sich ein Beispiel daran nehmen. Zugleich bot ein blühender Garten tatsächlich eine Möglichkeit, den Schwierigkeiten der Nachkriegszeit etwas Positives entgegenzusetzen. Nicht zuletzt waren das Äußere des Neubauernhauses, Garten und Feld oftmals eine Art ›Aushängeschild‹, das im Dorf kritisch beobachtet wurde.

Teil der Erfolgsbilanzen. In welchen Rubriken wurde über »Umsiedler«-Neubauern berichtet?

»Umsiedler«-Neubauern waren – wie die Neubauern im Allgemeinen – häufig Teil der Erfolgsbilanzen zur Bodenreform. Immer wieder tauchten sie in Statistiken zur Landverteilung auf, etwa in der »Neuen Heimat«: »Am 1. Dezember 1947 gab es in der sowjetischen Besatzungszone 519301 Neubauernstellen, geschaffen durch die Bodenreform. Das bedeutet seit 15. November 1946 eine Zunahme von 35564 Stellen = 6,8 Prozent. Den Umsiedlern wurden bis 1. Dezember 1947 85656 Siedlungen zugeeignet = 16,5 Prozent aller Neusiedlungen. Gegenüber dem 15. November 1946 ist das eine Zunahme von 7685 Stellen = 11,1 Prozent. Die durch die Bodenreform an die Neubauern verteilte Bodenfläche hatte am 1. Dezember 1947 eine Ausdehnung von 2093921 ha erreicht. Davon besaßen die Umsiedler-Neubauern am gleichen Stichtag 708338 ha und damit 61804 ha mehr als am 15. November 1946 – eine Zunahme von 8,26 Prozent« (4/1948, S. 21).[12]

Zudem fanden sich in Zustandsschilderungen über die Dörfer nach 1945, die zum Teil wie kleine Ortschroniken aufgebaut waren, häufiger Hinweise auf »Umsiedler«-Neubauern, zum Teil jedoch indirekte: So sei die Anzahl der Bewohner nach dem Krieg sprunghaft angestiegen und die Bodenreform habe den Menschen in den Dörfern eine Chance zur ›Landnahme‹ gegeben. Ab Anfang 1948 dienten »Umsiedler« mit Neubauernstelle immer wieder als gelungene Einzelbeispiele für das Neubauernbauprogramm gemäß dem Befehl 209. Auch im Heft der »Ähre« zum dritten Jahrestag der Bodenreform im Oktober 1948 hatten sie Konjunktur: Vielfältig wurde gezeigt, wie ›segensreich‹ die »demokratische Bodenreform« für sie war.

Mit dem Abschluss der Kollektivierung nahm die Erwähnung von »Umsiedler«-Neubauern in der zeitgenössischen Presse ab. Neubauern generell spielten – in An-

Abb. 68: Titelblatt der »Ähre« mit Neubauernhaus, 1948.

betracht der neuen Herausforderungen des Genossenschaftswesens in der Landwirtschaft – offenbar kaum mehr eine Rolle.

Bodenreformgewinner. Bilder von »Umsiedler«-Neubauern

Die »Umsiedler«-Neubauern und -bäuerinnen erschienen in der zeitgenössischen Presse stets als gut integriert. Sie hatten sich mit viel Mühe eine neue Existenz geschaffen, waren ›genügsam‹ und ›freundlich‹. Gezeigt wurde ein Idealbild, fern von den realen Problemen und Unwägbarkeiten.

»Die Ähre« berichtete beispielsweise im Vorfeld des im September 1950 verabschiedeten »Gesetzes über die weitere Verbesserung der Lage der ehemaligen Umsiedler in der Deutschen Demokratischen Republik« unter der Überschrift »Sind wir vorwärts gekommen?« ausführlich, im Modus einer Erfolgsgeschichte, über die Familie Stopp: »1945 kam der Umsiedler Erich Stopp mit seiner Frau und einem Kleinkind aus Crossen an der Oder in die Gemeinde Gebersbach bei Waldheim in Sachsen. Sie hatten nicht viel mehr, als sie auf dem Leibe trugen. Die Bodenreform wurde auch für sie die Rettung. Der Umsiedler Stopp erhielt eine 6,52 ha große Neubauernstelle. Die Felder waren verqueckt, 2,70 ha der zugeteilten Fläche mußten erst urbar gemacht werden. Ein Berg von Arbeit wartete; fast zu viel, um von zwei Menschen bewältigt zu werden. Der Neubauer Stopp ging mit seiner Frau, die von Beruf Näherin war, an die Arbeit. Heute besitzt die Bauernfamilie Stopp ein schönes Gehöft. Im schmucken Neubauernhaus befinden sich vier gut ausgestattete Zimmer mit den nötigen Vorratsräumen. Im anschließenden Stall stehen ein Zugochse, zwei Milchkühe, eine tragende Färse, ein Fresser und ein Jungkalb. Im Schweinestall befinden sich eine Muttersau und neun Mastschweine. Außerdem sind noch zwei Milchschafe und das nötige Federvieh vorhanden. Der Bauer Stopp ist nicht nur arbeitsam, sondern auch fortschrittlich. Im Herbst vorigen Jahres wandte er das Tiefdrillverfahren an; er hat einen Weizen stehen, der sich sehen lassen kann. Alle schweren Arbeiten läßt Stopp von der MAS vornehmen. ›Pferdehaltung ist viel zu teuer‹, äußerte er; ›schon mein schwerer Zugochse steht [ein] dreiviertel Jahr nutzlos im Stall.‹ Mit Leichtigkeit ist Stopp seinen Ablieferungspflichten immer nachgekommen. Auch im gesellschaftspolitischen Leben steht unser Neubauer Stopp seinen Mann. In der Gemeinde und im Kreis bekleidet er wichtige Funktionen. In jeder Hinsicht ist der Neubauer Stopp ein Vorbild für seine Berufskollegen, rastlos tätig in seinem Betrieb und für die Gemeinschaft. Er liefert damit den Beweis, wie ein tüchtiger Neubauer rentabel wirtschaften kann und in der Öffentlichkeit aufklärend und helfend zur Sicherung unseres demokratischen Aufbaus beiträgt« (8/1950, S. 5). Derart umfangreiche journalistische Beiträge über das Leben von »Umsiedler«-Neubauern waren eher selten. Die ›typische Erfolgsgeschichte‹ fand hier eine besonders ausschweifende Darstellung. An Übertreibungen, Ausblendungen, Euphemismen und Stereotypen wurde dabei nicht gespart. Das Leid von Flucht oder Vertreibung und das Moment der Unfreiwilligkeit blieben unerwähnt. Auch die Probleme der Anfangszeit deutete der Autor nur an: »Sie hatten nicht viel mehr, als sie auf dem Leibe trugen.« Von der mangelhaften Ausstattung der Neubauernwirtschaften war keine Rede: Die Stopps besaßen »ein schönes Gehöft« mit »schmuckem Neubauernhaus« und einigem Vieh im Stall. Der

Abb. 69: Gestellte Szene: Familie im Neubauernhaus, 1951.

Abb. 70: Inszenierter Alltag: Neubäuerin in ihrer Wirtschaftsküche, 1951.

Neubauer Stopp wurde – gemäß dem zeitgenössischen Idealbild eines »Umsiedlers« – mit Attributen wie »arbeitsam« und »fortschrittlich« und »rastlos tätig in seinem Betrieb und für die Gemeinschaft« beschrieben. Interessant ist auch die Chronologie der Begrifflichkeiten: Zunächst war Stopp als »Umsiedler«, dann als »Neubauer« und schließlich als »Bauer« benannt – eine ›Integration in Worten‹ fand hier statt. Auch das gesellschaftliche Engagement Stopps entsprach natürlich dem Wunschbild eines »Umsiedlers«.

Zu den Erfolgsgeschichten gehörten gelegentlich auch die politischen Karrieren von »Umsiedler«-Neubauern jenseits oder neben der Landwirtschaft wie im Porträt Adolf Langs in der »Ähre«: »Daß ein Umsiedler und Neubauer Bürgermeister einer Gemeinde wurde, ist in den Anfängen unseres Wiederaufbaues nicht oft vorgekommen. Die Schwierigkeiten, mit denen der Neubauer Adolf Lang zu kämpfen hatte, brachten es mit sich, daß er seine Nase auch in Gemeindeangelegenheiten steckte. [...] Man wählte den tüchtigen Neubauern in die Gemeindevertretung und schließlich auch als Abgeordneten in den Meininger Kreistag. Mit der deutschen Sprache haperte es bei ihm, aber was er wollte, war so klar, daß es keine Mißverständnisse gab« (9/1950, Sonderheft zu fünf Jahren Bodenreform, S. 8).[13] Der Beitrag umfasst das Spektrum von Bewertungen zwischen mitleidvoll und anerkennend: Er verweist auf Kommunikationsprobleme durch unterschiedliche Dialekte und zeigt ebenso das Engagement des »Umsiedlers«. Von diesem »selbstlosen« Einsatz zeugt auch die unter der Überschrift »Das gute Beispiel« veröffentlichte Geschichte der Ruth Wipprecht: »Thüringens erster weiblicher Polizeileutnant, Fräulein Ruth Wipprecht, ist Umsiedlerin. Sie stammt aus Beuthen in Oberschlesien. Nach ihrer Aussiedlung im Jahre 1945 sagte sie ihrem Kontoristenberuf, in dem sie keine Arbeit fand, Ade und meldete sich kurzentschlossen zur weiblichen Verkehrspolizei. [...] Ruth Wipprecht bietet [...] einen schönen Beweis dafür, wie man sich auch als Umsiedlerin in der neuen Heimat durchsetzen kann – wenn man den guten Willen dazu mitbringt« (»Die Ähre«, 2/1947, S. 4). Der Zusatz »auch als Umsiedlerin« spiegelte die erschwerten Ausgangsbedingungen für die Flüchtlinge und Vertriebenen wider und galt als ein Beweis der Bewältigung des Erlebten. Zugleich verwies die Ergänzung jedoch darauf, dass der Autor das ›Vertriebenen-Schicksal‹ offenbar – wie viele in jener Zeit – als eine Art Makel wahrnahm und zugleich die Verantwortung für Erfolg oder Misserfolg an die Betroffenen delegierte.

»Umsiedler«-Neubauern wurden in der zeitgenössischen Presse als ›fleißig‹, ›bescheiden‹, ›optimistisch in die Zukunft blickend‹ präsentiert. Sie erschienen als ›fortschrittlich‹, ›tatkräftig‹ und ›ehrgeizig‹. Im Umgang mit den Einheimischen sowie untereinander wurden sie als ›freundlich‹ dargestellt. Und selbstverständlich waren die porträtierten »Umsiedler«-Neubauern ›unermüdlich im Einsatz für ihre Familie und die sozialistische Idee‹. Sie hatten sich – gemäß dieser Darstellungsweise – mit redlicher Mühe ihre Wirtschaften mit »beschaulichen Häusern« und kleinem Viehbestand auf dem vormaligen Land der »Junker« aufgebaut. Diese idealtypischen »Umsiedler«-Neubauern hatten, anders als es beispielsweise Interviews mit Zeitzeuginnen und Zeitzeugen verdeutlichen, nie Ablieferschulden, erfüllten ihr Soll problemlos stets hundertprozentig. Oft wurden sie mit den Attributen ›glücklich‹ und

Abb. 71: Darstellung einer »Umsiedler«-Familie als Erfolgsgeschichte, 1949.

›stolz‹ beschrieben – was in Anbetracht der erheblichen wirtschaftlichen und sozialen Schwierigkeiten beim Einleben und Aufbau einer Wirtschaft wohl nur auf einen sehr geringen Teil der »Umsiedler«-Neubauern zugetroffen haben dürfte.

Bevor sie in der publizistischen Bedeutungslosigkeit verschwanden, fügte die Kollektivierung den Geschichten eine neue ›Erfolgsebene‹ hinzu: Nach dem gelungenen Aufbau einer Neubauernwirtschaft wurden aus »Umsiedlern« zufriedene und beliebte LPG-Mitglieder.[14] Allerdings fand sich eine solche Darstellung eher selten. Auch in diesen Fällen hatten die Genossenschaftsbäuerinnen und -bauern vor der Bodenreform meist keine andere als eine Landarbeitervergangenheit. »Der Genossenschaftsbauer« porträtierte zum Beispiel in seiner ersten Ausgabe im Juni 1955 die Genossenschaftsbäuerin Ella Kalsow aus Manderow: »Seit meinem 15. Lebensjahr arbeite ich in der Landwirtschaft. Wenn ich an die Verhältnisse vor 1945 zurückdenke und sie mit meinem heutigen Dasein vergleiche, dann erfüllt mich jedesmal Dankbarkeit über die vor sich gegangenen Veränderungen. Ich habe früher in Pommern gelebt und ebenso wie meine Eltern und viele andere Mitglieder unserer LPG als Tagelöhnerin auf einem Gut meinen Lebensunterhalt verdient. Es war ein hartes Brot. Oft haben wir mit unserem Los gehadert, das uns zwang, uns zu schinden, damit die ›Herrschaft‹ ein angenehmes Leben führen konnte, während wir darben mussten« (1/1955, S. 13). Vergangenes Leid bezog sich – wie in diesem Fall auch – fast ausschließlich auf die Ausbeutung durch die »Junker«, keinesfalls aber auf die Traumatisierung durch die Erlebnisse von Flucht und Vertreibung.

Fotografien, die »Umsiedler«-Neubäuerinnen und -Neubauern zeigen, gibt es wenige. »Die Ähre« bildete eine Personengruppe (vielleicht eine Familie) großformatig auf der Rückseite einer Ausgabe aus dem Jahr 1949 ab. Darunter ist zu lesen: »So begann die Bodenreform. Umsiedler aus dem Osten beziehen im September 1945 ihre neue Heimstätte auf einem ehemaligen Junkergut.« Das Foto zeigt drei Erwachsene (zwei Frauen und einen Mann), mit vier Kindern (zwei Jungen und zwei Mädchen). Die Frau in der Bildmitte, die eine Kuh an einer Kette führt, lächelt, ebenso die beiden Jungen und etwas verhaltener auch der Mann links im Bild. Die Frau und die beiden Mädchen in der rechten Bildhälfte schauen dagegen unglücklich in Richtung Kamera. Diese Inszenierung sollte offenbar verdeutlichen, dass diejenigen, die schon angekommen waren und durch die Bodenreform Land und Vieh erhalten hatten, optimistisch in die Zukunft blicken und zupackend daran gehen, sie selbst zu gestalten. Die drei Personen rechts im Bild aber, die vermutlich erst hinzugekommen waren, wie ihre für landwirtschaftliche Arbeiten unpassende Kleidung vermuten lässt, sehen eher leidend und unzufrieden aus.

Zusammenfassung

Tabu? – Erfolgsgeschichten

Die Darstellung und Erwähnung von »Umsiedlern« wurden Anfang der 1950er Jahre zwar seltener, verschwanden jedoch nicht gänzlich aus der Presse. Flüchtlinge und Vertriebene tauchten vor allem in Artikeln zur Bodenreform oder über erfolgreiche

Genossenschaftsmitglieder auch weiterhin auf. Eine völlige Tabuisierung des Themas in der (publizistischen) Öffentlichkeit gab es in den 1950er Jahren nicht. Wenn der Hintergrund der »Umsiedler« nähere Erwähnung fand, dann jedoch durchweg als Erfolgsgeschichte voller blinder Flecken und Stereotype. So kann von einer partiellen Tabuisierung gesprochen werden: Das Leid von Flucht und Vertreibung sowie die daraus hervorgegangenen Traumata und Beeinträchtigungen blieben in den (landwirtschaftlichen) Presseerzeugnissen unerwähnt.

Die Berichte, die »Umsiedler« thematisieren, hatten in der zeitgenössischen Presse verschiedene Konjunkturphasen. Zahlreiche Beiträge wurden etwa im Oktober 1959 anlässlich des zehnjährigen Bestehens der DDR veröffentlicht. Ebenso häuften sich die Artikel vor Wahlen, und auch um die Jahrestage der Bodenreform fand das Thema immer wieder verstärkt Beachtung.[15] In der »Ähre« beispielsweise verschwanden die »Umsiedler« Anfang 1949 vorübergehend, um im Oktober, im Rahmen der DDR-Gründung, in beachtlichem Ausmaß wieder in der Berichterstattung präsent zu sein.

Die zeitgenössische Presse setzte damit nur bedingt die politisch forcierte Tabuisierung des Themas Flucht und Vertreibung in der Öffentlichkeit um. »Umsiedler« fanden ab Ende der 1940er Jahre seltener Erwähnung, sie wurden dann jedoch als solche benannt und nur ausnahmsweise als »ehemalige Umsiedler« oder »Neubürger« bezeichnet.

Weiblich, fleißig, genossenschaftlich. Darstellungsweisen

Einblicke in das Wirtschaften der »Umsiedler«-Neubauernfamilien gewähren die drei Zeitschriften in begrenztem Maße, da sie die Sicht von außen und – in Bezug auf die bäuerliche Wirtschaftspraxis – den angenommenen Beratungsbedarf repräsentieren. Das alltägliche (Familien-)Leben aber bleibt hinter landwirtschaftlichen Schwerpunkten zurück. Selten richtete sich der Blick der Journalisten auf die Geschehnisse im Innern des Neubauernhauses.[16] Gezeigt wurden lediglich Ausschnitte aus dem gesamten Themenbereich, so dass auch das Bild der »Umsiedler«, Neubauern und »Umsiedler«-Neubauern auf bestimmte Rollenzusammenhänge begrenzt war.[17]

Der »Bauernkalender« konnte – anders als die betrachteten Zeitschriften – keine tagesaktuellen Themen aufgreifen, da er nur einmal jährlich erschien. Hier ging man augenscheinlich mit dem brisanten Thema »Umsiedler« besonders vorsichtig um. Ein derartiges Printerzeugnis musste zukunftsweisend das ›Zusammenwachsen‹ von »Umsiedlern« und Alteingesessenen sowie von Neu- und Altbauern propagieren. Auf einzelne Ereignisse und kurzfristige Entwicklungen konnte es nicht reagieren.

In der »Ähre« erschienen die »Umsiedler« mit ihren Lebensgeschichten als Mahnung gegen den Krieg. Sie wurden zum Symbol des sozialistischen Aufstiegs und zugleich zum Vorbild in Sachen Fleiß und Engagement. Nicht zuletzt fanden die Flüchtlinge und Vertriebenen Erwähnung als Profiteure der vielgefeierten Bodenreform.

Auch »Die neue Heimat« präsentierte überwiegend das Idealbild des aktiven »Umsiedlers«, der trotz aller Schicksalsschläge seine Zukunft selbst in die Hand nahm und engagiert mitgestaltete. Landwirtschaftliche Themen fanden hier weniger Erwähnung. Allerdings war »Die neue Heimat« diejenige Zeitschrift, in der verhältnismäßig häufig Konflikte und Problemlagen zur Sprache kamen. Dennoch blieb auch dieses

Format hinter seinem eigenen Anspruch weit zurück: »›Die neue Heimat‹ beschönigte nichts und verschleierte nichts. Sie übte offene Kritik und lobte auch, wenn es angebracht erschien« (Verabschiedung von den Leserinnen und Lesern in der letzten Ausgabe, 18/1949, S. 5).

Ein in besonderem Maße weiblich geprägtes Bild von Flüchtlingen und Vertriebenen vermittelte »Der Genossenschaftsbauer«. Mit der Kollektivierung wurde den Erfolgsgeschichten der »Umsiedlerinnen« darin eine neue Stufe hinzugefügt: Nach gelungenem Aufbau einer Neubauernwirtschaft wurden sie erfolgreiche LPG-Mitglieder.

Das Spektrum, in dem »Umsiedler« thematisiert wurden, war breit: In der »Neuen Heimat« waren sie um ihres Schicksals und ihrer Schwierigkeiten wie Erfolge wegen Gegenstand der Veröffentlichungen (Artikel über »Umsiedler«). In den landwirtschaftlichen Druckerzeugnissen hingegen wurde die in einem Nebensatz formelhaft angedeutete Vergangenheit eher zu einem Attribut neben anderen. Der Hinweis »Umsiedler« bürgte für Fleiß, Aufbauwillen und Genügsamkeit (Artikel, in denen »Umsiedler« lediglich erwähnt werden). Die Flüchtlinge und Vertriebenen erschienen hier in anderen Rollenzusammenhängen: als Neubauern, Bauherren oder LPG-Mitglieder.

Oft sollten die Leserinnen und Leser aus den Artikeln eine Art Lehre ziehen: Die Zeitschriften setzten sowohl auf abschreckende Negativbeispiele als auch auf vorbildliche positive Exempel. Häufig waren die ›lehrreichen‹ Informationen auch in Anekdoten, Karikaturen o. ä. verpackt.

Die »Umsiedler« in der (landwirtschaftlichen) Presse wurden als Opfer des »faschistischen Krieges«, zur Mahnung gegen den Krieg und als Profiteure der »segensreichen« Bodenreform sowie als Symbole des sozialistischen Aufstiegs instrumentalisiert. Sie sollten als Vorbilder in Sachen Arbeitsamkeit, Beharrlichkeit, Bescheidenheit und Engagement dienen. Bisweilen kam jedoch auch ihre besondere Hilfsbedürftigkeit zum Ausdruck. In jeder Darstellungsweise aber waren ihre Geschichten Bestandteil der sozialistischen Propaganda, in Bezug auf die Hetze gegen die »Junker« wie auch die Erfolgsbilanzen der Bodenreform, des Neubauernbauprogramms oder der Kollektivierung der Landwirtschaft: Zeitgenössische Artikel zeigten stets Erfolgsgeschichten.

Die Darstellungsweise der Porträts von »Umsiedlerinnen« oder »Umsiedlern« war ideologisch bedingt im Hier und Jetzt der SBZ bzw. DDR verwurzelt. Zunächst bedeutete dieses Hier und Jetzt die Neubauernexistenz, später die genossenschaftsbäuerliche Beschäftigung. Der Blick wurde maximal auf die sozialistische Zukunft gerichtet. Einen Blick zurück – auf das »fluchbeladene Gestern« – gestatteten Journalisten sich und den Leserinnen und Lesern nur in sehr geringem Umfang und wenn, dann nur als Teil der Erfolgsgeschichte.

Durch die wiederkehrende Gestaltung der Berichte über »Umsiedler« als Schilderungen des Gelingens entstand eine gewisse publizistische Uniformität, die jedoch der Unterschiedlichkeit und der Vielzahl der Schicksale der Vertriebenen und Flüchtlinge keinesfalls gerecht wurde. Die Artikel setzten sich meist aus ähnlichen Elementen zusammen, wobei nicht jeder Beitrag alle ›Stationen‹ umfasste. Zu den häufig anzutreffenden Bestandteilen der Erfolgsgeschichten gehörten die Andeutung oder Nennung der Herkunft aus dem ländlichen Raum und die dortige Ausbeutung durch einen »Junker«. Die »Umsiedler« wurden dann in Folge des Zweiten Weltkriegs »verschlagen« und mussten nach der Ankunft Hilfstätigkeiten übernehmen. Die Bodenreform gab ihnen eine Möglichkeit zum Neuanfang, und die Kollektivierung der Landwirtschaft erleichterte ihnen schließlich die Arbeit. Damit wurde der Beitritt zur LPG zum wichtigsten, weil aktuellsten Element der Erfolgsinszenierung.

Aus dem hier Dargelegten lassen sich folgende Ergebnisse zur Darstellung von »Umsiedlern« und »Umsiedler«-Neubauern in den zeitgenössischen, überwiegend landwirtschaftlichen Presseerzeugnissen formulieren: In den medialen Präsentationen von »Umsiedlern«, Neubauern und »Umsiedler-Neubauern« wurden ideologisch aufgeladene Idealbilder mit fragwürdigem Wahrheitsgehalt vermittelt. Die »Umsiedler« verschwanden auch im Verlauf der 1950er Jahre nicht völlig aus der Berichterstattung. »Umsiedler«-Geschichten und damit auch die Biografien von »Umsiedler«-Neubauern wurden jedoch immer im Modus der Erfolgsgeschichte präsentiert, Brüche, erfahrenes Leid und Traumatisierungen ausgeblendet. Die porträtierten Flüchtlinge und Vertriebenen waren überwiegend weiblich, sie stammten stets aus dem ländlichen Raum und litten – gemäß der zeitgenössischen Darstellung – in der »alten Heimat« unter den »ausbeuterischen Junkern«. »Umsiedler« selbst, mit ihren Problemen und Möglichkeiten, waren nur in der »Neuen Heimat« häufig Thema, in den anderen analysierten Presseerzeugnissen stellte der Hinweis »Umsiedler« eher ein Attribut neben anderen dar, das für besonderen Fleiß und Beharrlichkeit bürgte. Schließlich wurde die Kollektivierung in den Berichten aus der Zeit nach 1952 zu einem weiteren ›Erfolgsschritt‹ oder gar zum ›Abschluss‹ der Erfolgsgeschichten der »Umsiedler«(-Neubauern) stilisiert.

Anmerkungen

1 Manfred Wille setzt dieser Selbstcharakterisierung entgegen: »Es [›Die neue Heimat‹] war kein Medium der Vertriebenen, sondern in erster Linie ein Organ zur Popularisierung und Umsetzung des Integrationskonzeptes von Besatzungsmacht und SED, das darauf hinauslief, bei den Vertriebenen die Vergangenheit auszulöschen und ihnen ein neues Heimatbewußtsein einzupflanzen.«. Manfred Wille, Die Zentralverwaltung für deutsche Umsiedler – Möglichkeiten und Grenzen ihres Wirkens (1945-1948), in: Ders./Johannes Hoffmann/Wolfgang Meinicke (Hg.), Sie hatten alles verloren. Flüchtlinge und Vertriebene in der Sowjetischen Besatzungszone Deutschlands, Wiesbaden 1993, S. 27-54, hier S. 48.

2 »Die neue Heimat« erschien einmal im Monat im Deutschen Zentralverlag Berlin; enthaltene Themen u. a.: nationalsozialistische Herrschaft; Einquartierung von »Umsiedlern« – Wohnungsbeschaffung; Gartenarbeit; Selbsthilfe und -versorgung; Handwerk; Literatur und Gedichte; Kriegsheimkehrer; beruflicher Aufstieg von »Umsiedlern«; Arbeit der Umsiedlerausschüsse; Sammelaktionen und Solidaritätsmaßnahmen; Kinderleid und -hilfe.
»Der Deutsche Bauernkalender« erschien jährlich im Deutschen Bauernverlag Berlin; erster Teil: Kalendarium; zweiter Teil: Artikel; Themen u. a.: Vereinigung der gegenseitigen Bauernhilfe (VdgB); Informationstabellen; Landtechnik; Tier- und Pflanzenzucht; Rechtsberatung; Ablieferung; Genossenschaftswesen; Annäherung Stadt-Land; Landwirtschaft international; neuartige Methoden in der Landwirtschaft; Gesundheitspflege; Kinder und Jugendliche auf dem Land; Haushaltstipps; Vorratshaltung; Erste Hilfe; Bauernregeln; (Volks-)Kunst; Sport; Mode; Theater

und Film; Erzählungen und Romanausschnitte; Humoristisches und Rätsel [analysiert: Ausgaben 1947 (1946) bis 1954 (1953)].
»Die Ähre. Mitteilungsblatt für die Vereinigung der gegenseitigen Bauernhilfe«, ab 1948: »Die Ähre. Monatsschrift der Zentralvereinigung der gegenseitigen Bauernhilfe«; ab 1951 Zusammenlegung mit »Die Bauerngenossenschaft« zu »Das Demokratische Dorf« (erschien bis 1958). Erschien anfangs zwei Mal monatlich (nicht immer realisiert), ab Januar 1948 als Monatsschrift im Deutschen Bauernverlag Berlin; Themen u. a.: Wirtschaftsführung; Anbaupläne; VdgB; Tierzucht; Rechtsberatung; Maschinenausleihstationen/Maschinen-Traktoren-Stationen (MAS/MTS); Entwicklung der Jugend auf dem Land; Landwirtschaft im Ausland; Forstwirtschaft; Kulturarbeit auf dem Land; ländliches Bauen; Landtechnik; Ablieferung; Ertragssteigerung; Kompensation von Mangel durch Improvisation.
»Der Genossenschaftsbauer. Zeitschrift für die landwirtschaftliche Produktionsgenossenschaft«, ab Heft 7/1958: »Der Genossenschaftsbauer. Wochenzeitung für die LPG«, erschien 1955 bis April 1958 zwei Mal monatlich, danach bis 1960 als Wochenzeitung im Deutschen Bauernverlag Berlin; Themen u. a.: Technik; Politik; vorbildliche LPG; Viehhaltung; Wettbewerbe; Planerfüllung; Übergang zu LPG Typ III; Maisanbau; Mechanisierung; landwirtschaftliches Bauwesen; Sport; kulturelles Leben in den Genossenschaften; Tipps zu Fernsehsendungen [analysiert: alle Ausgaben mit Ausnahme des Jahrganges 1958].

3 Marion Gräfin Dönhoff, Der Traum vom neuen Menschen. Vom Begriff des Rechtes und der Freiheit im kommunistischen Staat, in: Die Zeit (08.05.1964), http://www.zeit.de/1964/19/der-traum-vom-neuen-menschen/komplettansicht (24.01.2013); Wie geht's, Frieda Sternberg? Gedanken zu LPG und Ostpreußen, in: Neues Deutschland (27.08.1997); Siegfried Kuntsche, Sternberg, Frieda, in: Wer war wer in der DDR? Ein biografisches Lexikon, hrsg. v. Helmut Müller-Enbergs/Jan Wielgohs/Dieter Hoffmann, Bonn 2001, S. 825; Christel Panzig, Frauen auf die Traktoren oder in den Kälberstall? Chancen und Defizite beruflicher Entwicklung von Frauen in der LPG, in: Ilona Buchsteiner/Siegfried Kuntsche (Hg.), Agrargenossenschaften in Vergangenheit und Gegenwart. 50 Jahre nach der Bildung von landwirtschaftlichen Produktionsgenossenschaften in der DDR, Rostock 2004, S. 123-133, hier S. 125; http://www.mdr.de/damals/artikel75290.html (24.01.2013); Conny Hanspach, Frieda Sternberg ist tot, Leipziger Volkszeitung (15.01.2010), http://www.lvz-online.de/region/wurzen/frieda-sternberg-ist-tot/r-wurzen-a-10287.html (22.01.2013).

4 »Latifundien« meint eigentlich Landgüter im Mittelmeerraum; im allgemeinen Sprachgebrauch auch für Großgrundbesitz verwendet.

5 Wolfgang Meinicke, Flüchtlinge, Umgesiedelte, Vertriebene in der Sowjetischen Besatzungszone. Ein kurzer Überblick, in: Alexander von Plato/Wolfgang Meinicke, Alte Heimat – neue Zeit. Flüchtlinge, Umgesiedelte, Vertriebene in der Sowjetischen Besatzungszone und in der DDR, Berlin 1991, S. 23-81, hier S. 53.

6 Formulierungen wie »Die alte Heimat unvergessen!« finden sich vielfach auf den bundesdeutschen Vertriebenendenkmalen. Sie sind für den Sprachgebrauch in der SBZ/DDR eher untypisch. Vgl. Hans Hesse, Denkmäler und Gedenkstätten der deutschen Vertriebenen, in: Detlef Brandes/Holm Sundhausen/Stefan Troebst (Hg.), Lexikon der Vertreibungen. Deportation, Zwangsaussiedlung und ethnische Säuberung im Europa des 20. Jahrhunderts, Wien u. a. 2010, S. 114-117.

7 Michael Schwartz, Vertriebenenproblem und Umsiedlerpolitik in der SBZ/DDR, http://www.fes.de/magdeburg/pdf/6_10_14_schwartz.pdf (06.04.2011), S. 7.

8 Der 1946 von der SMAD erlassene Befehl 304 sicherte arbeitsunfähigen, alten und besonders hilfsbedürftigen Vertriebenen und Flüchtlingen eine einmalige Unterstützung in Höhe von 300 RM für Erwachsene und 100 RM für deren Kinder zu. Bis 1949 wurden über 400 Millionen Mark ausgezahlt: Manfred Wille, Gehasst und umsorgt: Die Eingliederung der Vertriebenen in Thüringen, Stadtroda 2006, S. 33.

9 Ende 1947 sollten die Umsiedlerausschüsse auf Landes-, Kreis- und Gemeindeebene mit der Durchführung von »Umsiedlerwochen« ihrer Arbeit einen Höhepunkt verleihen und sie zugleich beenden: Manfred Wille, Die Zentralverwaltung für deutsche Umsiedler – Möglichkeiten und Grenzen ihres Wirkens (1945–1948), in: Ders./Johannes Hoffmann/Wolfgang Meinicke (Hg.), Sie hatten alles verloren. Flüchtlinge und Vertriebene in der Sowjetischen Besatzungszone Deutschlands, Wiesbaden 1993, S. 27-54, hier S. 51.

10 Rundschreiben Nr. 103/48 der Landeskommission zur Durchführung der Bodenreform im Ministerium des Innern des Landes Thüringen, Weimar, 7. Oktober 1948, Archiv des Hennebergischen Museums Kloster Veßra, AIII Nr. 17, S. 1.

11 Ebd., S. 2.

12 Offenbar verwechselte der Autor die Zahl der Landnehmer mit der der Neubauernstellen. Tatsächliche Werte: 559.089 private Landnehmer; 210.276 Neubauernstellen. Jochen-Christoph Kaiser, Klientelbildung und Formierung einer neuen politischen Kultur. Überlegungen zur Geschichte der Bodenreform in Thüringen, in: Arnd Bauerkämper (Hg.), »Junkerland in Bauernhand«? Durchführung, Auswirkungen und Stellenwert der Bodenreform in der Sowjetischen Besatzungszone, Stuttgart 1996, S. 119-131, hier S. 125 sowie Jens Schöne, Das sozialistische Dorf. Bodenreform und Kollektivierung in der Sowjetzone und DDR (Schriftenreihe des Sächsischen Landesbeauftragten für die Stasi-Unterlagen 8), Leipzig 2008, S. 62.

13 Einen ähnlichen Beitrag über einen »Umsiedler« als Bürgermeister druckte »Die Ähre« in Heft 4, 2. Jg. Januar 1948, S. 10. Die Kommunikationsprobleme bezogen sich augenscheinlich auf den schlesischen Dialekt Langs.

14 Zum Frauenleben zwischen Bodenreform und Kollektivierung grundlegend auch: Uta Bretschneider, Umsiedlerin. Neubäuerin. Genossenschaftsbäuerin – Lebensumstände und Handlungsspielräume 1945-1960, in: Ariadne 63 (2013), S. 64-71.

15 Vgl. etwa Die Ähre, Heft 10, 2. Jg. Oktober 1948, 3 Jahre Bodenreform; Heft 9, 4. Jg. September 1950, Sonderheft zu fünf Jahren Bodenreform; Heft 10, 3. Jg. Oktober 1949, S. 2-3: Artikel »Wer hilft den Umsiedlern?« von H. Brüggemann.

16 Fotografien (gestellter) Familienszenerien finden sich beispielsweise im Artikel über Erich Stopp (karge Möblierung, im Mittelpunkt des Fotos: Der Küchentisch, an dem die Familie sitzt. Die Ähre, Heft 8, 4. Jg. August 1950, S. 5) und unter der Überschrift »Wie lebt der Bauer in der Deutschen Demokratischen Republik?« (»Umsiedler«-Familie in einem nicht von der Einrichtung Einheimischer zu unterscheidenden Wohnzimmer. Die Ähre, Sonderheft Eisenach, 4. Jg., 1950, S. 7ff.).

17 Ina Merkel analysierte das Frauenbild auf Fotografien und Abbildungen der Illustrierten »Die Frau von heute« (später »Für Dich«) und der »Neuen Berliner Illustrierten« zwischen 1946 und 1989 und kam auch hier zu dem Ergebnis, dass es sich bei den Abbildungen um »ideologisch intendierte Leitbilder und Idealvorstellungen« handelte, die »Wirklichkeitsausschnitte« zeigten. Ina Merkel, Leitbilder und Lebensweisen von Frauen in der DDR, in: Hartmut Kaelble/Jürgen Kocka/Hartmut Zwahr (Hg.), Sozialgeschichte der DDR, Stuttgart 1994, S. 359-382, hier S. 361.

Abkürzungsverzeichnis

BArch	Bundesarchiv
BHG	Bäuerliche Handelsgenossenschaft
CDUD	Christlich-Demokratische Union Deutschlands
ČSR	Tschechoslowakische Republik
DBD	Demokratische Bauernpartei Deutschlands
DFD	Demokratischer Frauenbund Deutschlands
DM	Deutsche Mark
DSF	Gesellschaft für Deutsch-Sowjetische Freundschaft
DWK	Deutsche Wirtschaftskommission
FDGB	Freier Deutscher Gewerkschaftsbund
FDJ	Freie Deutsche Jugend
fol.	Folium (Blatt)
GPU	Gosudarstvennoe Politicheskoe Upravlenie (russ.): Staatliche Politische Leitung; 1934 Umbenennung in NKWD
HA	Hauptabteilung
HStA Dresden	Sächsisches Hauptstaatsarchiv Dresden
KBK	Kreisbodenkommission
KD	Kreisdirektion
KL	Kreisleitung
KPD	Kommunistische Partei Deutschlands
Kr.	Kreis
KrA	Kreisarchiv
KT/KR	Kreistag/Kreisrat
LAA	Landesarbeitsamt
LBK	Landesbodenkommission
LDP(D)	Liberaldemokratische Partei (Deutschlands)
LK	Landkreis
LNF	Landwirtschaftliche Nutzfläche
LPG	Landwirtschaftliche Produktionsgenossenschaft
LRS	Landesregierung Sachsen
MAS	Maschinen-Ausleih-Station
MdI	Ministerium des Innern
MfS	Ministerium für Staatssicherheit

Min. f.	Ministerium für
MTS	Maschinen-Traktoren-Station
NAW	Nationales Aufbauwerk
NKWD	Narodnyj Kommissariat Wnutrennich Del (russ.): Volkskommissariat für innere Angelegenheiten (1934–1946); ab 1946 MWD (Ministerium für innere Angelegenheiten)
NS	Nationalsozialismus
NSDAP	Nationalsozialistische Deutsche Arbeiterpartei
OBK	Ortsbodenkommission
RM	Reichsmark
SBZ	Sowjetische Besatzungszone
SED	Sozialistische Einheitspartei Deutschlands
SMAD	Sowjetische Militäradministration in Deutschland
SMAS	Sowjetische Militäradministration in Sachsen
StA Leipzig	Sächsisches Staatsarchiv Leipzig
StadtA	Stadtarchiv
StFilA Bautzen	Staatsfilialarchiv Bautzen
SU	Sowjetunion
Tbc	Tuberkulose
UdSSR	Union der Sozialistischen Sowjetrepubliken
VdgB	Vereinigung der gegenseitigen Bauernhilfe
VEB	Volkseigener Betrieb
WHW	Winterhilfswerk
ZK	Zentralkomitee
ZVU	Zentralverwaltung für deutsche Umsiedler

Abbildungsverzeichnis

Literaturauswahl

Als der Osten noch Heimat war. Was vor der Vertreibung geschah: Pommern, Schlesien, Westpreußen, Berlin 2009.

Als die Deutschen weg waren. Was nach der Vertreibung geschah: Ostpreußen, Schlesien, Sudetenland, Berlin [4]2010.

Heike Amos, Die Vertriebenenpolitik der SED 1949 bis 1990, München 2009.

Stefan Aust/Stephan Burgdorff (Hg.), Die Flucht. Über die Vertreibung der Deutschen aus dem Osten (BpB), Bonn 2003.

Evemarie Badstübner-Peters, »... aber stehlen konnten sie...«. Nachkriegskindheit in der Sowjetischen Besatzungszone, in: Ostdeutsche Kulturgeschichte. Mitteilungen aus der kulturwissenschaftlichen Forschung 33 (1993), S. 233-272.

Arnd Bauerkämper, Von der Bodenreform zur Kollektivierung. Zum Wandel der ländlichen Gesellschaft in der Sowjetischen Besatzungszone Deutschlands und DDR 1945–1952, in: Hartmut Kaelble/Jürgen Kocka/Hartmut Zwahr (Hg.), Sozialgeschichte der DDR, Stuttgart 1994, S. 119-143.

Arnd Bauerkämper, Die Neubauern in der SBZ/DDR 1945–1952. Bodenreform und politisch induzierter Wandel der ländlichen Gesellschaft, in: Richard Bessel/Ralph Jessen (Hg.), Die Grenzen der Diktatur. Staat und Gesellschaft in der DDR, Göttingen 1996, S. 108-136.

Arnd Bauerkämper (Hg.), »Junkerland in Bauernhand«? Durchführung, Auswirkungen und Stellenwert der Bodenreform in der Sowjetischen Besatzungszone, Stuttgart 1996.

Arnd Bauerkämper, Agrarwirtschaft und ländliche Gesellschaft in der Bundesrepublik Deutschland und der DDR. Eine Bilanz der Jahre 1945–1965, in: Aus Politik und Zeitgeschichte. Beilage zur Wochenzeitung »Das Parlament« B 38 (1997), S. 25-37.

Hermann Bausinger/Markus Braun/Herbert Schwedt, Neue Siedlungen. Volkskundlich-soziologische Untersuchungen des Ludwig-Uhland-Instituts Tübingen, Stuttgart [2]1963.

Mathias Beer/Martin Kitzinger/Marita Krauss (Hg.), Migration und Integration. Aufnahme und Eingliederung im historischen Wandel, Stuttgart 1997.

Mathias Beer, Flucht und Vertreibung der Deutschen. Voraussetzungen, Verlauf, Folgen, München 2011.

Michael Beleites/Friedrich Wilhelm Graefe zu Baringsdorf/Robert Grünbaum (Hg.), Klassenkampf gegen die Bauern. Die Zwangskollektivierung der ostdeutschen Landwirtschaft und ihre Folgen bis heute, Berlin 2010.

Detlef Brandes (Hg.), Lexikon der Vertreibungen. Deportation, Zwangsaussiedlung und ethnische Säuberung im Europa des 20. Jahrhunderts, Wien u. a. 2010.

Lucia Brauburger, Abschied von Lübchen. Bilder einer Flucht aus Schlesien. Mit Fotografien von Hanns Tschira, Berlin 2004.

Uta Bretschneider, Umsiedler, in: Online-Lexikon zur Kultur und Geschichte der Deutschen im östlichen Europa, 2013. http://ome-lexikon.uni-oldenburg.de/61788.html (28.05.2013).

Uta Bretschneider, Umsiedlerin. Neubäuerin. Genossenschaftsbäuerin – Lebensumstände und Handlungsspielräume 1945–1960, in: Ariadne 63 (2013), S. 64-71.

Andreas Dix, »Freies Land«. Siedlungsplanung im ländlichen Raum der SBZ und der frühen DDR 1945–1955, Köln u. a. 2002.

Stefan Donth, Vertriebene und Flüchtlinge in Sachsen 1945 bis 1952. Die Politik der Sowjetischen Militäradministration und der SED, Köln u. a. 2000.

Matthias Donath (Hg.), Die Erfindung des Junkers. Die Bodenreform 1945 in Sachsen (LpB), Dresden 2011.

R. M. Douglas, »Ordnungsgemäße Überführung«. Die Vertreibung der Deutschen nach dem Zweiten Weltkrieg, München 2012.

Heinz Drewniok, Zweite Heimat Sachsen. Lebenswege deutscher Flüchtlinge und Vertriebener, Dresden 2007.

Michaela Eigmüller, Neubauernhöfe in Sachsen 1945 bis 1952. Am Beispiel des Rittergutes Blankenhain/Sa. (Blankenhainer Berichte 3), Blankenhain 1997.

Michael von Engelhardt, Die Bewältigung von Flucht und Vertreibung. Zum Verhältnis von Lebensgeschichte, Gesellschaftsgeschichte und biographisch-historischer Identität, in: Rudolf Endres (Hg.), Bayerns vierter Stamm, Köln 1998, S. 215-251.

Elisabeth Fendl, Mitgenommen. Das Gepäck der Heimatvertriebenen, in: Jahrbuch für ostdeutsche Volkskunde 36 (1993), S. 229-243.

Elisabeth Fendl, Reisen in die verlorene Vergangenheit. Überlegungen zum »Heimwehtourismus«, in: Jahrbuch für deutsche und osteuropäische Volkskunde 41 (1998), S. 85-100.

Elisabeth Fendl (Hg.), Zur Ikonographie des Heimwehs. Erinnerungskultur von Heimatvertriebenen (Schriftenreihe des Johannes-Künzig-Instituts 6), Freiburg 2002.

Elisabeth Fendl (Hg.), Zur Ästhetik des Verlusts. Bilder von Heimat, Flucht und Vertreibung (Schriftenreihe des Johannes-Künzig-Instituts 12), Münster 2010.

Sönke Friedreich, »Es hat doch alles keinen Zweck mehr, es kommt ja doch in Kürze zu einem neuen Weltkrieg«. Stimmungslagen und Gerüchte in der unmittelbaren Nachkriegszeit in Sachsen, in: Volkskunde in Sachsen 25 (2013), S. 29-54.

Sönke Friedreich/Ira Spieker, Ausgrenzen und anerkennen. Umsiedlerfamilien in der ländlichen Gesellschaft der SBZ und frühen DDR, in: Zeitschrift für Volkskunde 109 (2013), H. 2, S. 205-235.

Beata Halicka, Polens Wilder Westen. Erzwungene Migration und die kulturelle Aneignung des Oderraums 1945–1948, Paderborn u. a. 2013.

Katja Hartleb, Flucht und Vertreibung. Ein Tabuthema in der DDR-Literatur?, Marburg 2011.

Mateusz J. Hartwich, Das schlesische Riesengebirge. Die Polonisierung einer Landschaft nach 1945, Wien u. a. 2012.

Louis Ferdinand Helbig/Johannes Hoffmann/Doris Kraemer (Hg.), Verlorene Heimaten – neue Fremden. Literarische Texte zu Krieg, Flucht, Vertreibung, Nachkriegszeit, Dortmund 1995.

Helga Hirsch, Schweres Gepäck. Flucht und Vertreibung als Lebensthema, Hamburg 2004.

Dierk Hoffmann/Michael Schwartz (Hg.), Geglückte Integration? Spezifika und Vergleichbarkeiten der Vertriebenen-Integration in der SBZ/DDR, München 1999.

Dierk Hoffmann/Michael Schwartz/Marita Krauss (Hg.), Vertriebene in Deutschland. Interdisziplinäre Ergebnisse und Forschungsperspektiven, München 2000.

Antonia Maria Humm, Auf dem Weg zum sozialistischen Dorf? Zum Wandel der dörflichen Lebenswelt in der DDR von 1952 bis 1969 mit vergleichenden Aspekten zur Bundesrepublik Deutschland, Göttingen 1999.

Regine Just, Die Integration der Umsiedler im Land Sachsen, in: Sächsische Heimatblätter 35 (1989), H. 4, S. 145-174.

Heinke M. Kalinke (Hg.), Brief, Erzählung, Tagebuch. Autobiographische Dokumente als Quellen zu Kultur und Geschichte der Deutschen in und aus dem östlichen Europa (Referate der Tagung des

Johannes-Künzig-Institutes für ostdeutsche Volkskunde vom 8./9. September 1999), Freiburg 2000.

Heinke M. Kalinke/Klaus Roth/Tobias Weger (Hg.), Esskultur und kulturelle Identität. Ethnologische Nahrungsforschung im östlichen Europa, München 2010.

Ulrich Kluge/Winfrid Halder/Katja Schlenker (Hg.), Zwischen Bodenreform und Zwangskollektivierung. Vor- und Frühgeschichte der »sozialistischen Landwirtschaft« in der SBZ/DDR vom Kriegsende bis in die Fünfziger Jahre (Beiträge zur Wirtschafts- und Sozialgeschichte 92), Stuttgart 2001.

Christel Köhle-Hezinger, Neue Siedlungen – Neue Fragen. Eine Folgestudie über Heimatvertriebene in Baden-Württemberg – 40 Jahre danach, Tübingen 1995.

Christel Köhle-Hezinger, Neue Siedlungen – neuer Glaube? Frömmigkeit in der neuen Heimat, in: Jahrbuch für deutsche und osteuropäische Volkskunde 45 (2003), S. 1-15.

Andreas Kossert, Kalte Heimat. Die Geschichte der deutschen Vertriebenen nach 1945 (Schriftenreihe der BpB 712), Bonn 2008.

Marita Krauss (Hg.), Integrationen: Vertriebene in den deutschen Ländern nach 1945, Göttingen 2008.

Marita Krauss/Sarah Scholl-Schneider/Peter Fassl (Hg.), Erinnerungskultur und Lebensläufe. Vertriebene zwischen Bayern und Böhmen im 20. Jahrhundert – grenzüberschreitende Perspektiven, München 2013.

Albrecht Lehmann, Im Fremden ungewollt zuhaus. Flüchtlinge und Vertriebene in Westdeutschland 1945–1990, München 1993.

Hilke Lorenz, Heimat aus dem Koffer. Vom Leben nach Flucht und Vertreibung, Berlin 2011.

Helmut Müller-Enbergs/Jan Wielgohs/Dieter Hoffmann (Hg.), Wer war wer in der DDR? Ein biografisches Lexikon, Bonn 2001.

Daniela Münkel (Hg.), Der lange Abschied vom Agrarland. Agrarpolitik, Landwirtschaft und ländliche Gesellschaft zwischen Weimar und Bonn, Göttingen 2000.

Michael Parak, Integration durch Bildung? »Umsiedlerstudenten« und »Umsiedlerkinder« in der Sowjetischen Besatzungszone und der DDR, Bonn 2007.

Michael Parak (Hg.), Schlesier in der DDR. Berichte von Flüchtlingen, Vertriebenen und Umsiedlern, Görlitz 2009.

Alexander von Plato/Wolfgang Meinicke, Alte Heimat – neue Zeit. Flüchtlinge, Umgesiedelte, Vertriebene in der Sowjetischen Besatzungszone und in der DDR, Berlin 1991.

Silke Satjukow (Hg.), Kinder von Flucht und Vertreibung, Erfurt 2007.

Barbara Schier, Alltagsleben im »sozialistischen Dorf«. Merxleben und seine LPG im Spannungsfeld der SED-Agrarpolitik 1945–1990, Münster u. a. 2001.

Jens Schöne, Die Landwirtschaft der DDR 1945–1990 (LpB), Erfurt 2005.

Jens Schöne, Das sozialistische Dorf. Bodenreform und Kollektivierung in der Sowjetzone und DDR (Schriftenreihe des Sächsischen Landesbeauftragten für die Stasi-Unterlagen 8), Leipzig 2008.

Stephan Scholz, Nur eine Stunde der Frauen? Geschlechterkonstruktionen in der Erinnerung an Flucht und Vertreibung, in: Edeltraud Aubele (Hg.), Femina migrans. Frauen in Migrationsprozessen (18.–20. Jahrhundert) (Tagung »ZwischenWelten – Frauen in Migrationsprozessen«, Bad Urach 2010), Sulzbach/Taunus 2011, S. 99-128.

Notker Schrammek, Alltag und Selbstbild von Flüchtlingen und Vertriebenen in Sachsen 1945–1952 (Europäische Hochschulschriften, Reihe 3: Geschichte und ihre Hilfswissenschaften 990), Frankfurt a. M. u. a. 2004.

Irina Schwab, »Neue Heimat, neues Leben«? Flüchtlinge und Vertriebene in Leipzig 1945 bis zum Beginn der 50er Jahre, Leipzig 1999.

Irina Schwab, Flüchtlinge und Vertriebene in Sachsen 1945–1952. Die Rolle der Kreis- und Stadtverwaltungen bei Aufnahme und Integration (Europäische Hochschulschriften, Reihe 3: Geschichte und ihre Hilfswissenschaften 927), Frankfurt a. M. u. a. 2001.

Michael Schwartz, Umsiedlerpolitik in der Krise? Das Vertriebenenproblem in der Gründungsphase der DDR 1948–1950, in: Dierk Hoffmann/Hermann Wentker (Hg.), Das letzte Jahr der SBZ. Politische Weichenstellungen und Kontinuitäten im Prozeß der Gründung der DDR, München 2000, S. 185-205.

Michael Schwartz, »Zwangsheimat Deutschland«. Vertriebene und Kernbevölkerung zwischen Gesellschaftskonflikt und Integrationspolitik, in: Klaus Naumann (Hg.), Nachkrieg in Deutschland, Hamburg 2001, S. 114-148.

Michael Schwartz, Tabu und Erinnerung. Zur Vertriebenen-Problematik in Politik und literarischer Öffentlichkeit der DDR, in: Zeitschrift für Geschichtswissenschaft 51 (2003), H. 1, S. 85-101.

Michael Schwartz, Vertriebene und »Umsiedlerpolitik«. Integrationskonflikte in den deutschen Nachkriegs-Gesellschaften und die Assimilationsstrategien in der SBZ/DDR 1945–1961, München 2004.

Ira Spieker/Uta Bretschneider (Hg.), Lebens(um)wege. Flucht, Vertreibung und Neubeginn in biographischen Skizzen (Thüringer Hefte für Volkskunde 19), Erfurt 2011.

Ira Spieker, Neubauern, in: Online-Lexikon zur Kultur und Geschichte der Deutschen im östlichen Europa, 2012, ome-lexikon.uni-oldenburg.de/55207 (08.04.2013).

Matěj Spurný, Flucht und Vertreibung. Das Ende des Zweiten Weltkrieges in Niederschlesien, Sachsen und Nordböhmen, hrsg. v. der LpB und der Brücke/Most-Stiftung zur Förderung der deutsch-tschechischen Verständigung und Zusammenarbeit, Dresden 2011.

Philipp Ther, Deutsche und polnische Vertriebene. Gesellschaft und Vertriebenenpolitik in der SBZ/DDR und in Polen 1945–1956, Göttingen 1998.

Thomas Urban, Der Verlust. Die Vertreibung der Deutschen und Polen im 20. Jahrhundert (BpB), Bonn 2005.

Alena Wagnerová, 1945 waren sie Kinder. Flucht und Vertreibung im Leben einer Generation, Köln 1990.

Ulrich Wieler, Bauen aus der Not. Architektur und Städtebau in Thüringen 1945–1949 (Veröffentlichungen der Historischen Kommission für Thüringen, Kleine Reihe 31), Köln u. a. 2011.

Manfred Wille/Johannes Hoffmann/Wolfgang Meinicke (Hg.), Sie hatten alles verloren. Flüchtlinge und Vertriebene in der Sowjetischen Besatzungszone Deutschlands, Wiesbaden 1993.

Manfred Wille (Hg.), Die Vertriebenen in der SBZ/DDR. Dokumente, 3 Bde (Studien der Forschungsstelle Ostmitteleuropa an der Universität Dortmund 19/1-3), Wiesbaden 1996/1999/2003.